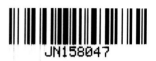

編集復刻版

学童保育関係資料集成

石原剛志＝編

第3巻

学童保育連絡協議会編Ⅰ

六花出版

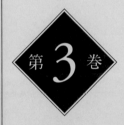

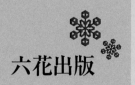

編集復刻版『学童保育関係資料集成』第3巻

刊行にあたって

一、本資料集成は、1960年代に入って認識されるようになった共働きやひとり親世帯の小学生の放課後の生活問題、それに対する教育・福祉・青少年行政としての調査や対策、学童保育をつくり求める保護者と学童保育指導員による運動と実践について、相互の関連と展開を歴史的に明らかにするための資料集である。

　収録の対象とした時期は、1960年代以降、各地の学童保育運動が全国的に組織化されるようになった1970年代半ばまでとした。

一、本資料集成（第Ⅰ期）では、全国および各地での実態調査、全国的な運動に関する資料のみならず、各地域における資料の収録にもつとめたが、大阪府・市や愛知県における資料の収録が多くなった。第Ⅰ期では収録できなかった地域の資料について、第Ⅱ期以降の資料集成で復刻・収録できるよう調査研究を進めていく予定である。

一、第1巻巻頭に編者による「解説」を掲載した。

一、最終巻である第16巻に編者による「資料解題」を掲載する。

一、本資料集成は、原資料を原寸のまま、あるいは適宜縮小・拡大し、復刻版1ページに付き1面または2面を収録した。

一、資料の中の氏名・居住地などの個人情報については、個人が特定されることで人権が侵害される恐れがあると考えられる場合は、■で伏せ字を施した。

一、資料の中には、人権の視点から見て不適切な語句・表現・論もあるが、歴史的資料の復刻という性質上、そのまま収録した。

一、収録した資料のなかには、下記の機関・団体にご提供いただいたものがある。ここに記して、厚くお礼申し上げます。

　大阪保育研究所、全国学童保育連絡協議会、富山県立図書館、日本社会事業大学附属図書館

一、石原剛志研究室所蔵資料のなかには、下記の団体・個人から寄贈をうけたものが含まれている。ここに記して、厚くお礼申し上げます。

　愛知学童保育連絡協議会、城丸牧夫氏（元・学童保育指導員）

（編者・六花出版編集部）

付記　本研究の一部は、JSPS科研費JP24K05833，JP24530697の助成を受けたものです。

（編者）

第3巻｜目次

資料名（所蔵機関名蔵『簿冊名』）●編著者名／発行所●発行年月●〈資料提供機関／団体（簿冊の所蔵機関と同じ場合、略。その他、記載のないものは静岡大学石原剛志研究室）〉……復刻版ページ
＊資料名、編著者名、発行所、発行年月が明示されていない場合、内容から類推し、〔　〕で補充した。

学童保育の経験から●婦人民主クラブ●1962.7……3

よりよい学童保育のために――その手びきと問題点の解明 1964
●学童保育連絡協議会●1964.8……16

改訂 よりよい学童保育のために――その手びきと問題点 1965
●学童保育連絡協議会●1965.8……69

よりよい学童保育のために――施設作りと豊かな内容をめざして 1966
●学童保育連絡協議会●1966.8……114

よりよい学童保育のために――その現状と運動の手引き 1968
●学童保育連絡協議会／児童文化研究所●1968.7……177

〔あなたも学童保育連絡協議会へ入会してください〕●学童保育連絡協議会
●〔1968.7〕……230

学童保育――生活と指導●東京保育問題研究会保育政策部会●1965.7……(1)

子どものしあわせ 1966年3月号〔抜〕●日本子どもを守る会／草土文化●1966.3
●〈大阪保育研究所〉……(55)

子どものしあわせ 1966年9月号●日本子どもを守る会／草土文化●1966.9
●〈大阪保育研究所〉……(112)

子どものしあわせ 1968年3月号〔抜〕●日本子どもを守る会／草土文化●1968.3
●〈大阪保育研究所〉……(204)

◉『学童保育関係資料集成』第Ⅰ期 全巻収録内容

第1巻	「留守家庭児童／不在家庭児童」調査資料編Ⅰ	解説＝石原剛志
第2巻	「留守家庭児童／不在家庭児童」調査資料編Ⅱ	
第3巻	学童保育連絡協議会編Ⅰ	
第4巻	学童保育連絡協議会編Ⅱ	
第5巻	全国学童保育連絡協議会編Ⅰ	
第6巻	東京編Ⅰ	
第7巻	東京編Ⅱ／埼玉編Ⅰ	
第8巻	神奈川編Ⅰ	
第9巻	大阪編Ⅰ	
第10巻	大阪編Ⅱ	
第11巻	大阪編Ⅲ	
第12巻	大阪編Ⅳ	
第13巻	愛知編Ⅰ	
第14巻	愛知編Ⅱ	
第15巻	愛知編Ⅲ	
第16巻	京都編Ⅰ／兵庫編Ⅰほか	解題＝石原剛志

学童保育連絡協議会編 I

学童保育の経験から

婦人民主クラブ●学童保育連絡協議会●神谷こどもクラブ

目次

1962・7

学童保育を育てましょう

水沢耶那

「働らく婦人に保育所を！」ともう何年も何年もいゝくらし、青空保育をやったり板がこいをつくったり、予算要求をしたり、お母さんたち、保母さんたちが血の出るような努力を積み重ねながら、ようやくこのごろ保育所要求運動もひろがってきつゝありますが、子どもたちは、赤ちゃんも六年たてば六つになり、苦労して育てた保育所も卒業して小学校へ入学です。そしてこんどは、三時間か四時間の授業が終れば家へ帰っても働らく両親はルスで、子どもたちは遊び場もない街へ放り出されてしまうのです。そして、その街道は、身の毛もよだつ交通地獄、保護の目のない子どもたちを非行えさそう種もいっぱいです。

このように、かって保育所を要求した母たちの悩みが、子どもが学校へ上るようになったからといって、どうして解決されましょう。お母さんたち保母さんたちは、いままた青空保育をはじめた頃の苦労を放課後の学童保育を育てることでなめているのです。

婦人民主新聞は、このような現実を、なんとか婦人全体の問題にしたい、保育所要求とあわせて、すぐその後につゞく要求運動にしたいと、今年のはじめからいくつかの学童保育の実情を紙上でお知らせして与論を喚起してきました。

こんど、おなじ思いの学童保育協議会の方たちと協力して、新聞で取り上げた記録を小さいパンフレットにまとめることにしました。どうかこのパンフレットを、職場でも、地域でも、ひろく大ぜいの方たちに読んでいただきたいと思います。そして、保育所要求と併せて、学童保育施設要求の運動になるキッカケの役にたてゝいただけたらどんなにうれしいか、と思います。

一九六二年七月

東京・北区「豊島こどもクラブ」

町内自治会の手で運営
六年ごしの願いみのる

○…「豊島こどもクラブ」は一口でいえば学校がひけてからの子どもたちの〝たまり場〟です。子どもたちが学校からクラブに帰ってくるのが十二時半頃で、それから夕方の六時までをクラブを中心に自由にすごし、友達の家に遊びに行く子、校庭で遊ぶ子なども自分の行き先きを保母さんに報告しさえすればよく、

ただ、約束としては

(1)友達の家でいただいたお菓子はクラブへ持ってこないで家に帰って食べること

(2)お金は使わないこと

の二つがきめられています。また学校の宿題はクラブに帰ってきたらすぐやってしまいます。

○…父母や校長、連合町会長や児童委員などをふくめた二十三人でできている運営委員会では、このクラブの性格を保育園や幼稚園や学習塾とはちがって、家庭の延長のような所にしたいと考え、学校での緊張感をほぐすよう保母さんも努力しているので、子どもたちの行動には自由があたえられています。

三時にはおやつを食べに帰ってき、また遊びに行きますが、このおやつも週に二回は現金で渡し、勝手に買わせているのもおもしろいやり方です。預かるのは家に面倒をみてくれる人が誰もいない家庭の子どもに限り現在預かっているのは一年生から五年生まで三十二人います。保母さんは一人ですが、子どもたちはみんなよくなついており、学校の成績も中以上をとっています。

六年ごしの課題三度目にやっとみのる

○…このクラブが、子どもたちに理解ある人たちの協力で自治会立となるまでには大へんな苦労がありました。

ことの起りは北区の〝労働者クラブ保育園〟の卒業生をどうするかということでした。どうにも解決のつかない子どもは放課後保育園に帰ってきてもよいことにしたものの、子ども自身、卒業した保育園にまたもどり小さい子どもといるのはいやだ、そのうえいる所もない、というようなことで、保育園には居つかずどこかへ行ってしまうという状態で、いつしか学童保育は立ちきえてしまいました。

○…六年ほど前、なんとかしてほしいという十人ほどの父母がすぐ近所の〝労働者クラブ生活協同組合〟の六畳間を一つ借り父母の中から二人が交代でめんどうをみることにして発足したものの、運営難でわずか十ヵ月でつぶれてしまいました。

それから二年たった三十三年、保育園卒業生の将来を心配する豊川保育園の畑谷先生や労働者クラブ保育園の塩谷先生などが中心になって、この問題を町内会に持ちこみました。「環境の悪い豊島町」「子どもチンピラの多い所」と評判されただけに、町会も「地域の中から不良少年を出さないように自治会でも力を入れよう」ということになり、青少年の犯罪防止運動とむすびついて町会でも討論された結果、豊島町二丁目から八丁目までの町内自治会が運営する連合自治会立の〝豊島こどもクラブ〟が生れました。

○…自治会立になって、すでに四年たちましたが、その間には保母さんが長続きしなかったり、資金不足で苦しいときもありましたが、いまでは町会長を先頭に、区へたびたび陳情したかいがあって、区の予備費から年十万円（三十六年度）の補助をもらい親からは月七百円の保育料をとって苦しいながらもどうにか運営されています。

○…このクラブの蕈見保母さんは「七百円の保育料すら払えないでやめてゆく子どもがあるのがなやみの種です。そういう子ほどクラブが必要だと思います。また家が留守のためにクラブに遊びに来る子が大ぜいいるのですが、わずか五円のおやつをわけてあげられずクラブのことを親に話すと、次の日から子どもを遊びにこさせなくするので、そこがむつかしいのですがどうしようもなくて困っています。

三十二人に保母さんがたった一人なので休むこともできず、病気になってもむりをしています」と今の悩みを語っていました。（婦人民主新聞一九六二・一・二一号）

（東京都北区豊島町三の二豊島こどもクラブ）

東京・北区「神谷こどもクラブ」
ここもやっぱり場所で苦労
山のような問題をかかえる

○…「神谷こどもクラブ」は一昨年、学童父母の知人の紹介で借りた柔道場を教室にしてやっています。二つの小学校からきている三十人の子供たちは二十九畳のだだっぴろい道場で保母さんを中心にネンドや折紙や切紙で静かに遊んでいます。持ち帰った宿題はここですませ、宿題のたい子供はクラブに備えつけてあるテキストで学習をしています。

ここの道場は隣りがフスマ一つでアパートにつながっているためさわぐことができず、便所なども共同なので、学童も保母も気をつかっていなければならないのがなやみです。しかしすぐ近所に公園があるのでそこでとび廻ったりはねたりして放課後の解放感を満喫しています。

○…保母さんは坂本先生のほかに地域の婦人団体の方が一人手伝っています。子供たちは学校が終ると道場に帰ってきておやつをたべますがこのおやつ代は月弐百円です。

保育料はおやつ代のほか最高が六百円、家庭の事情によって安くなっています。

△ やっと篤志家もでて出来る　　クラブができるまでには、ここもいろいろのことがありました。毎年送り出されていく神谷保育園の卒業生の中には両親が働いているため学校の放課後いるところがなく、もといた保育園に帰ってきて窓の下でウロウロしている子供がたくさんいました。保母さんたちは気になりながら、園がせまいために中に入れてやることもできず困っていました。

こうした状態の中で六、七年前卒業しても保育園にそのままおいてほしいと熱心にたのむ父母が八人ほどあり、一方、協力できることがあったら…という篤志家があらわれたので、相談の結果、何とか学童保育をしようということになりました。

○…そこでカバンをあずかったり親からあずかった小遣いを管理したり、子供の遊びに行く先を注意しておくていどの放課後保育をはじめました。しかしこの放課後保育も二カ月でこの保母さんの家庭の事情でだめになってしまいました。

△ 子供が悪くなったことから再開　　○…その後、場所も働き手もないまま

三年間放置されていました。その間にも保育園では共稼ぎ園児がふえて行くばかりで何とかしなければならないところまできていました。こうしたとき、保育園にいた頃は〝しっかりした子〟といわれていた子が、卒業後誰もいない家から砂糖ツボを持ち出して皆でなめてしまったり、お金を持出すなど困ったことがつぎつぎ起ったため保育園では卒業生をほおっておくことができなくなってしまいました。

そして三年前の三十四年四月、十人の希望者と学童保育の意義を感じてきてくれた新しい保母さんによって放課後保育が再開されたのでした。

△ 窓もないアパートを会場に　　○…再開したといっても学童と保母さんがいるだけで場所がなく学童の留守宅のアパートを借りながら転々としました。

地区でもこの辺りは窓のないようなアパートが多く、窓があってもほとんど日がささないので昼間でも電気をつけ、部屋の出入りは窓からしているありさまです。こういう場所で洗面所や便所が共同のため、回りから苦情がでて長くつづけられませんでした。

転々と四軒の家を回ったあげく一年たったときには子供も二人にへってしまいました。

△ 学校解放はＰＴＡが反対　　○…こうした場所のなやみはじめるときから予想できたので、最初に保育園の母親が学校長に会い校庭と教室を使わせてほしい、保母さんはこちらで用意するからとたのんだところ、校長は学童保育を理解してＰＴＡに話してくれました。ＰＴＡの中には校外補導部があって、放課後問題を心配していたにもかかわらず、保育園からの申込みには「一部の生徒のために学校を解放すると取り締りができなくなる」といって強く反対したため、学校を使うことができませんでした。

△ やっと今の道場に落つく　　○…一年目の終りに学童二人と保母さんだけになった保育園も、区長からの寄付金がのこっていたのでもちこたえていくことができました。二年目の四月には希望者も二十五人になったので父母の知人のつてで現在の道場をかりることができ、やっと落着いた放課後保育ができるようになりました。

○…いままでは神谷保育園学童部として保育園の援助でやっていた放課後保育を、保育園から独立させて、名前も〝神谷こどもクラブ〟とし、運営委員会（地元有志、保育園長、学童母の会、保育園母の会で結成）をつくってやってゆくことになったものの保母さんの生活保障ができないため、現在は午前中神谷保育園の事務を手伝い午後から学童保育をしています。

△ 苦労する保母さん　　○…道場にうつって二年、どうにか落着いているようにみえるここの学童保育でも一番のなやみは場所です。道場の契約は一年毎で、月四千五百

円の部屋代を払っていますが、契約にいろいろの条件があり学童の定員も二十人と一応きめられているため、大きな子供はやめてもらうか、場所をどこかにうつさなければなりません。

もう一つのなやみは放課後保育に対する親たちの考え方がまだ十分でなく、保育が必要だと思う家庭の子供がやめて行くことです。こうした親たちの考えは「学校に行くようになれば放っておいてもなんとかなる。五百円の保育料がもったいない。子供には二百円も小遣いをやればよろこぶし安上りだ」というのです。

そのため保母さんはあずかった学童の安全と教育のほかに、こうした親たちとの話し合いや、学校の先生との連絡などの仕事が毎日々山のようにあるのです。（一九六二・二・二五号）　（北区神谷町二ノ三二八　神谷保育園内）

東京・板橋区「みどり会」

雑木林が遊び場
はじめは留守宅を転々

○…板橋区の「みどり会」は、昨年の四月すでに四年間も保育園のおせわになった石川さんたちが、わが子の卒業をま近にひかえて今後どうしようかと考えたすえつくられたものです。石川さんたちは同じなやみを持つ区内の小山、風の子、陽光保育園の父母と話しあい、三つの園長の協力で保母さんをやとい、一刻も早くというので父母の一人のお宅を借りて、一年生ばかり七人の学童保育をはじめたのです。

集まって来る学童は学校も板橋第十小、第六小、大山小学校などとまちまちですが、保母の松本先生を中心に図画や工作をしたり、あるときはみんなで原ッパに遊びにゆくなどして夕方の五時頃まで楽しくすごしています。

○…宿題はこの保育所ですませ、あるていどの予習や復習も一人一人保母さんにしてもらっています。夜は保母さんに送られて帰りますが、まだお母さんの帰っていない家は、保母さんがカギをあけて電気をつけてやり、近所の人にたのんで行くという気のくばりようです。

△　場所と遊び場をどうするか

○…ところがこの保育所にも困ったことがた

くさんあります。まず場所の問題です。はじめは、学童の家を一週、二週と転々したあげく、昨年の十二月、陽光保育園の好意で二階の保母休養室を借りることができました。しかし、ここも一時的なもので、依然として場所のなやみは解決したわけではないのです。

○…つぎは遊び場です。学童の留守宅をぐるぐる回っていたため、ほとんど遊び場にめぐまれず、いまいる陽光保育園も回りに遊び場がないので近くにある病院裏の雑木林などが遊び場になっています。

○…また、共同保育なので参加する子どもの人数次第で保育所の経費が左右されるのもなやみの一つです。保母さんの給料を出すため、学童保育を提案した父母の中には、ひとの二倍も保育料を払っている人もおり、少ない人で千円だしています。ですから学童がへったときは保母さんの給料もへるというありさまです。一時は六人ぐらいのこともありましたが、いまでは十六人になり、千円の教材費がだせるようになりました。

○…しかし部屋代や備品などは三つの保育園や父母の好意的な寄付でまかなっています。また工作に使う空箱やオモチャはみんなで持ちよって遊んでおり、学校の先生の中にも個人的に教材などを援助してくれる人があります。

経営は大へんですが、たいせつな保育所だというので、みんなが手をとりあってこれを育てています。

△　先生役と母親役の保母さん

○…また、学童保育の場合には、ただ子どもをあずかるということだけでなく、宿題やおさらいも大切になります。保母さんは児童福祉員と塾の先生の二つの仕事をかねなければなりません。したがって今の学校教育の方法を知ることや、学校の先生との連絡など、乳幼児の保母さんにくらべて仕事は多方面にわたっています。

○…学童保育をはじめる前に、父母の代表が小学校の校長と話し合ったにもかかわらず、学童保育を塾と思っている先生など理解がまちまちなため、担任の先生から学童の様子がきけなかったり、ＰＴＡに参加するとへんな目でみられるなど苦労もありました。

しかし保母さんの努力で、いまでは一ヵ月に一回ずつ学童の先生に会い、勉強のこと、生活指導の打合わせなどができるようになりました。

○…人数が少なければそれだけ目のとどいた保育ができるのですが運営のことを考えれば多い方がよい、しかし今のところは場所もない、親の中には人数がふえると面倒がみきれないのではないかと心配する人もあります。

○…こうした問題をかかえて、「みどり会」では板橋教職員組合と話し合をもったり、区議会へ陳情して何とか解決させたいと園長、保母、父母全員でできている運営委員会では努力しようということになりました。

△　校長会や板橋教組にも働きかけ　○…そこでまず「みどり会」では、学校の空教室や運動場を使わせてほしいと、板橋教職員組合の先生方と話し合いをしたところ、空教室を借りることは教育委員会では、学校長の権限だ、といい、校長は管理の責任があるので貸したがらない、ということがわかってきました。けれども新入生は年々へっているので今のうちに確保することが必要なので、それには校長に父母からと、担任の先生からと、教組からいろいろなかたちで何べんも申入れをするのがもっとも効果的だというので早速運動をおこしています。

またこの問題を大勢の人にわかってもらうため区内の小学校で学童保育を必要とする者を調査してもらいました。その結果十七校の一、二年生のうちこれを必要とするもの三百八十人位でした。三十七年三月保育園を卒業するもののうち必要者は二十二保育園で二百四人。すぐ学童保育の必要なものが六百人ちかくいることがわかりました。そこでこの問題を教組だけでなく区内の小学校長会でもとりあげてもらうよう、会長におねがいしています。

△　教室を使いたいと区議会に請願　○…「みどり会」では、板協組に働きかけをする一方で、区議会にも昨年から「教室を使わせてほしい」と何度も請願してきましたが、本年二月二十六日板橋区社会事業協議会や板橋子どもを守る会とともに区議会にもう一度請願書を出しました。「学童保育のための区立小中学校教室の使用援助を求める」と「学童保育のための教室解放と補助金要請」です。

区議会には長年保育問題で活躍の東京自由保育園長谷川正太郎氏が厚生経済委員をしているので三月八日の同委員会でさっそく討議されました。しかしこのときは教室解放は文教委員会の問題だということで期限つき継続審議になり十九日の委員会に持ちこまれました。十九日の委員会では補助金はいまのところできないが、教室解放は学校が支障がなければよいだろうということになりました。しかし問題はこれからがたいへん、この結論にもとづいてこれを実現させるため、学校長や教組と話し合いをすすめねばならないのです。

（一九六二・二・一一号、三・二五号）（板橋区大谷口上二三　陽光保育園内）

大阪・「今川学園」

卒園児を放っておけない　保育園の中に学童組

○…大阪市の南のはずれ、東住吉区今川町にある「今川学園」（社会福祉法人）は創立三十一年の歴史をもった保育園で、定員一一三名、保母さんも十二名という、ほとんど小さい学校ほどの規模です。学童組や絵や習字の子供クラブもあり、二年前からお年玉ハガキの分配金百万円で精薄児の特別保育室もできています。

○…夕方近く、保育園の子どもたちは大方帰って、お残りの十人ばかりが掃除をしている保母さんたちにまつわっていましたが、玄関わきの五坪ぐらいの学童組の室では、新しい大きな四つの机のまわりに、一年、二年、三年、四年と大体学年別に集まってにぎやかに宿題や勉強をやっています。女の先生がひとり、それに、園長さんがここで面倒みてあげているという十五、六になるお兄ちゃんが小さい人たちの算数のノートをみてやっています。

○…この学園で学童保育をはじめたのは昭和二十五年からだそうです。

「もともと園児が卒業して学校へ上るようになっても、保育園を必要とした不在家庭の子どもの問題が解消するわけがありません。お母さんたちはいっそう困るばかりです。学童組をはじめた直接の動機は、近所の父親と三人の子の家庭で、学校から帰った子供が近所のうちへ入りびたっていましたが、そのうちの机の引出しからお金を盗み出した、という事件がありました。毎年こういう事情の子どもが幾人か卒業します。放っておけばみすみす悪くなるかも知れない子どもをそのままにはできません」半生をこの仕事に献身し、すでに五十半ばとみられる園長の三木達子先生は語ります。

△　はじめたのは昭和二十五年　○…はじめのうちは、学校から帰ってきたらここで遊ばせていたけれど、児童福祉法ができたので、それにのっとって二十五年から正式に放課後保育をはじめた、ということです。正式に手続きをとれば、児童一人について大阪では八百円の公費が出るから、十人もいればなんとか事務費が出る、とのこと。現在二十名からの学童組に先生は一人、午前中は事務をやり午後から五時まで子どもたちの面倒

をみています。全額無料の措置児が六名で、あとは親の負担月百円と二百円（未亡人家庭など）三百円（両親揃って外勤）の三段階の自由契約児です。

○…学童組には普通給食はありませんが、一年生は学校給食のはじまる五月まで、それから学校が半日の土曜日はみんな給食です。

たいへんなのは夏休みや冬、春の長いお休み、学童保育は朝から、給食は毎日、まったくたいへんにちがいありません。

給食は専門の先生が一人いて、お母さん方が当番をきめて週一回奉仕だそうです。会費は実費をとっていて、主食ともに一日二十円（パン八円五十銭、副食費十一円五十銭）。お八ツは、伸びざかりの子どもなのに、措置費には含まれていないので、自由契約児と同じにこれも一日四円（二十五日分百円）実費をとっています。払えない子は後援会から補助してきましたが、年毎にそうした家庭が増えており後援会でもまかない切れなくなってきたのが学園の悩みです。

△　学期末には親子で晩さん会　　○…ふだん母と子が話し合うこともすくないので、一学期の終りに親子いっしょの晩さん会を開いてみんなで話合うそうです。これも費用は隣保事業のお金でまかなわれています。この学園では、隣保事業としてほかにも小学一年から中学一年までの子供会や母の会、小唄、民踊の会もやる、というようにかなり多角的な経営でやっているようです。

○…三木園長は保育の仕事について次のように語っています。

「保育園の仕事は、地域全体の中で守られるようにしなければダメだと思います。また貧しい子どもたちの吹きだまりのような保育園になってはならず、どんな人も安心して預けられ、最低の生活の人たちがはみ出さないものでなければ、と思います。だからうちの保母さんたちは最高の人たちばかりです。

学童保育にも委託費や補助費が公費から出ることになっているのですから、要求するお母さんたちが声を大きくすればきっと道はひらけると思いますよ」

（一九六二・四・一号）（大阪市東住吉区今川町今川学園内）

東京・杉並区「白鳩会」　―投書―

個人の家をかりてはじめる　苦しいやりくり、早く公費に

○…「白鳩会」ができたのは、保育園に子供をあずけているKさんが「この子が来年学校に行くようになったら、おつとめをやめなければならない。生れてすぐ主人が病気になったため、赤ちゃんからあずけて今の会社に五年もつとめ、せっかく仕事になれて来たのに」と私に話しました。私にも後二年たつと学校に行く子供がいます。夫のいる人はよいが、私のように一人で育て、一生働き通さなければならない母親はどうすればよいのでしょう。せっかく小さい時から保育所にあずけ、集団的に育った子供が、学校に行くようになってから午後は街頭に放り出されるようになったら、どんな子供になることでしょう。

「ああそうだ。一人で悩み考えても解決できない。私と同じように悩んでいるお母さんが保育園には、いるはずだ」と思い、まず阿佐ヶ谷保育園（杉並区阿佐ヶ谷三）保母さんに相談しました。昭和三十六年卒園児を対象にアンケートをとった結果、回答者三十名中十一名の方が困っていることがわかりました。

○…今年になって婦人民主新聞の紙上に、各地の学童保育運動のようすがくわしく報導され、私もこの記事に教えられ、杉並区にも何とかしてバラックでもよいから公費で学童保育所をつくってくれたら親も安心して働け、子供達もどんなに喜ぶだろうと思うと、じっとしていられなくなりました。

今年の二月、この問題が保育園ＰＴＡ総会の議題にとりあげられ、私が現在都内で行なわれている状況を婦民をたよりに話し、この設置運動をすすめていただきたいとお母さんたちに訴え、また全児童にアンケートをとりました。

その結果、保母さんとお父さんと十名ほどで学童保育運営委員会がつくられ、それから二、三カ月間は毎週土曜日の夜八時から十時ごろまで、昼間の勤めで疲れているお母さんたちが、子供をつれて保育園に集まり対策をねりました。

△　場所の問題　　○…いくつか出された案の中でも、とくに皆が希望したのは、保育園で面倒をみてもらうことでした。しかし阿佐ヶ谷保育園は未就学児だけで手いっぱ

い、子供の方も一年になった誇りで、学校から、保育園に帰るのをきらいます。

次の案は、町会の集会所を借りる事、これも、「一日か二日なら貸してもいいが」という答えと、部屋代でだめ。

第三の案は、学校の教室を借りることで、これも実現困難。

最後には、個人の家を解放してもらう外なくなり、児童一人一人当ったのですが、結局私が提供することになりました。庭が全然なく、しかも、二階なので低学年の教室には適しませんがとりあえず昼留守になるので提供することにしたのです。

△　人の問題　○…保母か教員の資格のある人をということですが財政のうらづけのない所にはそんな人は望めません。保育園をやめた方に聞いてみましたが、矢張りダメ。とうとう子供を保育園にあずけている人で半年程前まで病院の看護婦さんをしていたお母さんに相談し八千八百円の低賃金でこの重い責任をひきうけてもらい、出発しました。

△　金の問題　○…一人、月謝千二百円、おやつ代一日十円の出費が苦しいのと自宅から遠いので、希望者は四人に減りました。これでは保母さんの毎月の給料も出せません。そこで運営委員会として「とりあえず不足分だけでも一般家庭から募金してもらう」ことにし、早速「学童保育基金奉賀帳」をつくり、十人の委員が二、三人ずつ交代で、休暇をとったり遅刻や早退を重ねて、町内を歩き、現在八万円程集りました。しかしこれは、運営委員だけの力ではなく町会役員がこの子供をまもる運動を理解し協力をして下さったおかげです。

○…また一般の方々に対するアピールとして「学童保育所つくり署名簿」を作成し、阿佐ヶ谷保育園P・T・A総会、杉並区母親大会、其の他運営委員のお母さんが勤めている職場のまわりから署名活動を始めています。署名簿をもって区に請願すると共に集まったカンパは保育所づくりのための運動資金にします。

天沼から選出されている自民、共産党二議員にも協力方をお願いし、寄附と共に議会内にもちこんでいただくことを約束してもらいました。

外部団体の協力として、「杉並区民共闘会議」「杉並教組」など子供の教育を守る立場から共闘をお願いしました。

六月七日の杉並区議会には、共産党石井区議より学童保育について質問していただき、区長、教育委員の見解をただした所「学童保育については全然知らなかった、これから研究する」との回答を得ました。母親も数名傍聴しました。それとともに、学童保育所についての請願書を作成し、次の区議会には、区長、教育委員、厚生委員の方々に請願書を提出することになっています。その内容は、

区内に数ヵ所の学童保育施設を設置、既設保育園（公・私立）に学童保育室の増設、区内公共施設（寮・町会事務所・公民館道場）を当面の保育室として解放、小学校の教室や校庭の使用を許可、専門の保母を頼み、教材を整備できるよう補助金交付特に今苦難の中に保育を続けている阿佐ヶ谷、天沼地域の「白鳩会」の認可など。（窪川えい子）

保母の立場から　子供相手の仕事ははじめてなので、はじめはどうしたものかと色々不安に思いましたが、考えるより子供達の中に入り毎日共に暮してみてはじめて一人一人の性格、能力、強さ弱さがわかりなんとか三ヵ月間が過ぎ、やっとこれからの方針のようなものが出されてきました。子供達も始めは落着がなく、外にとび出したり勝手な行動をしたりして、どうしてこれをまとめてゆこうかと心配しました。

それで話し合いをすることをきめ、週一回はじめました。はじめは中々まとまりませんでしたが、回をかさねるごとに少しずつ話し合えるようになり、はじめの心配はなくなり、きめたことはよくまもるようになりおたがいの悪口をいうこともだんだんなくなってきました。これから夏休みも近づき色々な問題も出てくることでしょうがなんとか続けてゆけそうになりました。（矢　野　百　代）

母の立場から　はじめてわが子が小学校にあがったという大きな喜びとともに、勤めをもっている私には放課後から私が帰るまでのこの子をどうしたらよいかと頭をいためたものでした。それで同じ悩みをもつておられたお母さん方と相談しあって学童保育の施設をつくる運動をはじめたのです。そして、今年は四人だけですがとにかくも一人の保母さんがついて、本をよんでもらったり、散歩をしたり、母親がわりに面倒をみてもらっています。

このごろでは、私が家にいる日でも、「ぼく学童保育にいってくるよ」といさんで出かけてゆくので私の心はやすらぎをおぼえるのです。元気でおおらかに育っておくれ、自分で考え労働を尊び、平和を愛して、自分の力で生きぬく人間にと働きながらも祈る気持です。

（学童保育運営委員　柿　本　千　枝　子）　（一九六二・七・一号杉並区[redacted]窪川えい子方）

埼玉県の読者から　―投書―

放置される学童たち
見かねて自宅を開放

一月二十一日の学童の放課後保育の記事はとても感銘深く読みました。私はこのことについては数年前から心を悩ましていたからです。

私ども一家は七年余り前に住宅難で東京からはみ出て当所に住んでいます。近所は夫婦共稼ぎが多く（私のとこも息子夫婦共稼ぎでやっとくらしております。）昨年春頃から物価高などのためか、内職していたおかあさんたちもほとんどが工場に働きに出ています。そして低学年の幼いこどもたちは放置されております。中には経済的にはそれ程困らないようなおかあさんたちも、幼いこどもをおっぽりだして働きに行っています。

男女同権や婦人解放からも、また一人の人間としても、基本的には婦人も社会に出て働くのが当然ではありますが、放置されている幼いこどもたちを見ていますと、せめて経済上何とかやっていけるおかあさんだけでも、こどもが小学校、できれば中学卒業までは家にいてこどもをみていてもらえないものかというような基本に反することさえも考えたりいたします。それ程こどもたちは放任されているのです。

一方おかあさんたちはどのおかあさんも留守中「けっこう何とかあそんでいますよ」と心配ないといったようにいいます。そして放置された街頭のこどもたちはふえてゆくだけです。

私はこれまで何かの集会のとき機会あるごとにこの問題を訴えてきました。しかしいつもあまりこの問題には関心が寄せられず、私の放言みたいな有さまになっていました。かえって女は家庭に帰れといっているみたいに誤解されたりもしてきました。これが問題にされないのは集りに出てくるおかあさんたちが、おおかたはこの問題に用のない家庭の奥さんという人や、あるいは働きに出ていてもるすの心配のないお母さんたちが多いからではないかと思ってきました。

母親大会にしろ何々会にしろ、最も出席の必要なおかあさんたちは、生活に追われ勤めに追われていつもおいてきぼりになっていることも、このこどものことに関連して考えさせられます。

私の町でも一般の例にもれず、保育所さえも不足で今、ある私立保育園を大きくして認可をとる運動が進められています。年寄りの私もこのところ足らぬ力でそのお手伝いをしているところです。こんな町として話してみても学童放課後のことまで考えてくれる人はいません。

放課後や日曜などは私のところはこどもたちの集りの場所です。バラックで畳数七枚を二間ふうにしきり、そこへ古タンスや茶戸棚、机、本棚、行李などがごちゃごちゃあって、空いているほんとうに猫のひたい程の狭いところへ孫の友だち（殆んどるす居の子）が毎日三、四人から多いときは七、八人もきて、ここを天国のようにあそびさわぎます。これ以上は収容しきれないのです。この中にはおかあさんが帰ってくるまで戸にかぎがかかっていてしめだされている孫と同級の一年生の女の子もいます。五、六年の上級生もたまには男の子もきたりします。ときには私の居場所もなく用事もできず悲鳴をあげたくなるようなときもあります。私はこのこどもたちにせめて三畳の板の間でも、専用のあそび場と文庫をこしらえてやりたいのが日頃の念願です。文庫の本類はおねがいすれば、所属している会のお友だちや知人からも集まるでしょうと思いますがしかし部屋の方は建て増す土地も資力もなし、今のところどうしようもなく、ただ心いためながらこのこどもたちに、できるだけの便宜をはかっているにすぎません。

豊島こどもクラブの悩みをみましても、これはいろいろと困難な要因をもつ、大へんむつかしい問題のように思います。しかし放ってはおけない、どうしても私たちがとりくまねばならない大事な今日の課題の一つではないでしょうか。多くのおかあさんがたにとりあげていただくことを切にねがうものです。（一九六二・二・一八号）

（埼玉県戸田町[redacted]　石塚るい　70才）

東京・渋谷区「区立母子会館」

区がのりだした学童保育
十年の努力が実をむすぶ

いままで何回か低学年の放課後保育を紹介してきましたが、今回は東京でははじめて、全国でも数すくない例の一つ、自治体がはじめて放課後保育をしようとしている渋谷区の場合を紹介してみましょう。

× × ×

渋谷では三月開かれた区議会で「区政三十周年記念行事」として学童保育をとりあげ、その法案を可決しました。これは渋谷区原宿三丁目にある区立渋谷保育園の三階に母子会館(仮称)をつくり、学童保育を行なうというもので、冬には完成する見込みです。

区がここまでふみ切ったのには区内六つの保育園の園長さんが協力して十年近く運動を展開してきたことと、共稼ぎ家庭などがふえて学童保育の必要性が大きくなってきたこと、テレビなどの普及によって子供に悪い影響が見えはじめたため、その不良化防止という点でみなの関心が出てきたことなどがおもな原因です。

新宿や渋谷の繁華街を近くにもつ渋谷区の保育園では、そこの卒業生の調査をしたところ、親が家にいないため、おやつ代として渡された十円でオモチャを買い、学校を休んでぶらぶらしている先輩たちにそれを贈って遊んでもらっていたという子供がいたことがわかり、これが不良化の温床になるのだと区議会でも考えました。

そして渋谷区には公、私立あわせて六つの保育園があり、毎年百六、七十人の卒業生を出しており、そのうちの二・五〜三割は学童保育を必要としていながら、区内の二十の学校にばらばらにちり、放りっぱなしにされていたのでした。

△ 運動はじめて十年

昭和二十八年に第一回の卒業生を送り出すことになった渋谷区原宿の渋谷保育園で卒業生の放課後をどうするかが問題になりました。保育園に帰らせるにはせまくて収容できず、困った園長の川田先生は区内の他の保育園に相談したところ、他の保育園でも同じなやみを持っていたので一緒に解決することになりました。

園長さんたちは、まず、区内の小学校の先生に一、二年生の中で学童保育を必要とする家庭をしらべてもらったところ、二十一校で百人たらずの人数でした。しかもそれがほうぼうの学校に少しずつおり、学級別にすると一人か二人ぐらいでした。調査の仕方に問題はあったようでしたが、これでは学校の先生が放課後のことまで問題にしないのは当然だと思い、保育園の方としてこれを解決しようときめたのです。

その後もひきつゞき運動をすすめ三十年頃には都立保育園全部で都庁の児童部に働きかけ、都教育委員会の「社会教育」の人たちや全都の校長会と話し合いを持つまでになりました。しかし、この頃はまだ一般に学童保育の気運がないため、「よいことだが放課後責任をもつ人がないのでなんとも仕方がない」ということになってしまいました。

こうして全都的な話し合いは一応終りましたが、渋谷区の六園長は区内の学校やお寺、教会をまわって、何とか放課後保育をひきうけてくれる人はないかと歩き回ったのです。引受けてもいいという教会とお寺が一つありましたが、ここでも問題は人件費を出してくれたらということだったので、この話しもだめになり、ついに区議会へ運動しようということになりました。

たびたびの請願で区議会は「よいことだから採択してあげよう」と取りあげてくれたものの、実現はしませんでした。これと同時に三十一、二年のころ、区の社会福祉協議会とも話し合いを持ちました。こうして区議会や福祉協議会に学童保育の必要性を理解させることができましたが、場所のかくとくはながく実現できず、五年かかって今年になってやっと母子会館(仮称)が三月の区議会に出されこれを学童保育の場として利用しようというのです。

△ 成功すれば区内各所に

学童保育ではおやつと工作の実費をとるていどで、すべて区費でまかない、管理者と指導員を一名ずつ、そのほかに図画、工作、学習などの専門教師を数名おく予定です。

テストケースとしてはじめられるこの学童保育は、成功すれば区内の各所にもふき、環境からもっとも影響を受けやすい低学年の子供たちを守ろうとしています。

一方、渋谷保育園では昨年の十月から月二回子供会を向い側にある社会事業大学の学生さんの協力でやっています。会館ができたときにはこの子供会が中心になるようにいまから準備をしているのです。(一九六二・二・一八号)

(東京都渋谷区原宿三ノ二四九　区立渋谷保育園)

東京・目黒区「雀の学校」

つぶされた学童保育
学校の補習教育の犠牲

○…一人っ子の教育—これは兄弟がたくさんいる親にはわからない悩みです。一人っ子の家庭がだんだんふえてきている、そのうえ母親が共稼ぎだったり、仕事をもっていたりして放課後の目がとどかない場合の不安や心配は予想外につよいものです。こうしたこどもたちにつくられた実験的な試みのひとつがこの目黒区の「雀の学校」でした。

○…話は昭和二十一年ごろにさかのぼります。「雀の学校」の設立者の一人岡本歌子さんは夫婦とも慶応大学病院生理学の先生。一人娘の久美ちゃんを同居している娘さんにまかせて幼稚園通いをさせていたのですが、いよいよ小学校入学となった時、当時の学校が二部授業で帰宅が早く、放課後のことがとても気に掛りました。

そのなやみを幼稚園で話したところ、家で仕事をしていて子どもの面倒を十分にみてやれない人、仕事は持っていないが一人子なので帰宅後の長い時間を大人の中だけにおくのは心配だという人などが十人ほどいて、この人たちが相談して学童保育の独創的な形である「雀の学校」を開くことにしたのです。教室には岡本さんの七畳間を解放し、幼稚園から机と椅子を借りてスタートしました。

○…費用は一年生のときは九百円の月謝と二百円のおやつ代ではじめましたが、五年生の頃は千五百円ぐらいになりました。集まった月謝は先生方のお礼にほとんど使われ、部屋代その他運営のための諸雑費はすべて岡本さんの好意的な負担でまかなっていました。岡本さんのような熱心な提唱者がいて、これに共鳴した親たちもわが子の教育に関心がふかく、暮しの程度もそれほど低くない、というような恵まれた条件が発足を容易にしたともいえましょう。

○…「雀の学校」の特長はふつうの学習塾や学校の補修教育の場とちがって、勉強と同時に、とかく大人の中で育つ一人子がおちいりやすい欠点をなおして、集団のなかでしか身につけられない人間形成をめざした点にあります。最初に学校側との間に起りそうな問題を校長先生と十分話し合って解決し、校長先生を顧問の一人に迎えることもできました。先生には家庭的によくみて下さる方を一人おき、そのほか国語、絵、音楽、理科、生物などの先生を必要に応じてお願いしました。

○…「雀の学校」は一週間に四日で、放課後一たん自宅に帰ってカバンをおき、それから集まるようにしていました。終るのは四時で、その間に皆で一緒におやつを食べ、学校の宿題や勉強は「雀の学校」が終ってから各家庭でするようにしました。

ここでは規律正しい団体生活を子どもたちにさせて行くなかで、基礎的なしつけをし、面白く一しょに遊ぶのが狙いなので、共同生活の訓練と学校ではできない勉強をしていました。集まった子どもの半分以上が一人っ子だったのでなおさらこういう教育が必要だったのです。三年生まではみんなで絵を共同製作したり、共同作曲などして楽しく遊んですごしました。四年生の頃から少し勉強をさせようということになり、これも学校ではなかな

かできないこと、たとえば理科の実験などをさせました。また大学の研究室まででかけて勉強するなど「雀の学校」独特の勉強法がだんだんと実っていきました。

○…こうして、とてもうまくいっていた「雀の学校」がなぜ解散しなければならなくなったかというと、いまの小学校の六年生の学校教育が猛烈な入学準備であるため進む学校、たとえば区立や私立によって勉強の量がまちまちな上、進学教室へ行った子はそこでの競争がはげしいため「雀の学校」へ集まるだけの時間的なゆとりがなくなるなど、子どもたちがまとまらなくなってしまったためです。

このことについて岡本さんは、「これは雀の学校だけの問題というよりも、いまの学校教育全体がしょっている課題であり、文教政策というもっと大きな場で私たちが考え、解決してゆかなければならない問題でしょう」といっていました。

こんな事情で「雀の学校」は昭和三十一年に発足し、昨年三月で解散しました。しかし少年期の五年間をここですごした子どもたちはいまも「雀の同窓会」で交流をつづけ、ゆくゆく機関紙もつくりたいというほど仲のよいグループになっています。小学校とはまた別の新しい教育グループの中で子どもたちが得た貴重な経験と影響はいつまでも消えないことでしょう。（一九六二・一・二八号）

学童保育・共通の問題点

人と金と場所、解決に組織的な協力

―谷川正太郎―

○…北区の豊島こどもクラブ、神谷こどもクラブにしても、板橋のみどり会にしても、多少の違いはあるが当面している困難な問題点は共通であり、場所がないこと、経済的に保母の人件費が充分に出せないことである。

神谷の場合、現在の会場は二十人までという条件があり、小学校の教室は、ＰＴＡが、「一部の生徒のために学校を解放すると取り締りができない」と強く反対しているので、どうしてよいか分らないというのである。

豊島の場合は、連合町会長が責任者になり運営委員が、小学校長、保母、父母も参加して構成されている点が特徴的でこうした運営はみならう価値があろう。

○…板橋のみどり会の場合、区内の保育園長会である板橋区社会事業協議会がこれをとりあげ、会長名で三月の区議会に対し、学童保育のための区立小中校教室の使用等についての援助を求める請願となり、三月十九日の厚生経済委員会で請願採択、本会議で承認されることになり、一応教室解放の途が開けたが、これから、学校長に対する工作が問題であろう。

以上のような学童保育の問題点をみてくると、北、板橋に限らず多くの共稼ぎの家庭のこどもたちに関する重要な問題が社会のおもてに出ずにかくれたままその底に沈んでいることに改めてまず世の中の良識に目をむけてもらう必要を痛感するのである。

○…私たち保育関係の幼児教育にたずさわる者は三年、四年と手塩にかけた子どもを小学校に送るについて、毎年多くの不安を持つのである。

神谷保育園の福光園長がいっているように、保育園では〃しっかりしたいい子〃であった子どもが、学校へ上っていつのまにか、砂糖のつぼを持ち出してなめてしまったり、お金を持ち出すような子になってしまい、ほっておけないという不安である。

要するに、園を出てしまった子は、もう私たちの責任の外にあるのだとは考えることができないのである。

自分で考える子、思った事をはっきり発言し、行動する子どもにと、幼児の性格の基礎教育をすることは、小学、中学、社会へと集団の中でまっとうな生活のできることを期待しての上であれば、どうしても保育園側の私たちが、進学した低学年児のための学童保育というような仕事を考えなければならない。そういうことから、細々と、たえだえにこの火がもえつづけているのである。

○…児童福祉法には〃すべての児童はひとしくその生活を保証され愛護されなければならない〃という第一条文が忘れられてるにしても、私たち認可保育施設から、監督当局である福祉事務所に対し毎月報告する、「児童福祉施設実績報告書」の三項の月末人員報告、出席人員状況の欄には〃低学年児〃というのがれっきとして記入されてある。これは児童福祉法が、保育園から小学校に進学しても、共稼ぎの条件の子どもは、下校後保育園で保育することを法文第三十九条の②（保育に欠けるその他の児童）によって改めて、視定しているからである。

法文は前に述べた通りであるし教育関係諸法律からみても、家庭でみることのできない、低学年児を、強制的（？）に下校させてよいとは読みとれない。

○…保育園でもみられず、小学校でもみない。

一口にいえば、子どもに背をむけている日本の政治のあり方に深い根があるから、学童保育が日陰の存在にされているのである。

○…今後の問題点をあげると

第一　保母の問題、働き手の問題は、仕事が仕事であるだけに充分配慮される必要がある。保母は経験の深い、教育にもねれた人物がのぞましいし、児童もできれば保母一人に十五人程度はほしい。然し、家庭の負担を考えれば二十人程度もやむをえないかしれない。だから何にもまして、給料は生活のできるだけ、できれば一万七、八千円は出せるようにすることが考えられてほしい。

第二　場所の問題は、板橋の場合のように住民の権利として、議会に対し請願権を行使して、教室の解放をみとめさせることである。その場合、個人ではなくて解放してもらったあとの管理の責任を負える団体が必要であるから、組織的に行なわれる必要がある。

個人の家では協力の限界があって永続する可能性が少ない。

板橋の場合、板教組が組織的に協力してくれて、小学校別の学童保育必要家庭のアンケートをとって、これと、区内保育園の資料が、区議会における担当委員会に提出されたこと、こうした地道な組織的協力なしには、成功しない。

北区では年間区側から約二十万円の補助金が出されているようだが、板橋区では、子どもを守る会から学童保育の補助金の請願もあったが、不成功に終った。

いづれにしろ、人間をやとい、永くつづける事業であれば、人と所と、金の問題をちみつに考えに入れておかねばならない。（板橋区議、保育問題研究会委員）

（一九六二・四・八号）

手を結ぼう学童保育・・・・

＝学童保育連絡協議会＝

学童保育は歩みだしました。そして、豊島こどもクラブ、神谷こどもクラブ、板橋みどり会、阿佐ヶ谷白鳩会、友和保育園学童部では、いま、連絡協議会をつくり、三十六年の末から厚生省や東京都や各区に補助金要求、学校解放要求の陳情をたびたびするとともに、学童保育の内容や方向を話し合っています。また、この学童保育が学校の先生とも協力してやってゆかなければ解決できない問題がたくさんあるので、教職員組合と話し合いをもつことも考えています。子供の不良化、しかもその年令がだんだん低下している事実、共稼ぎ家庭が年々ふえていることを考えると学童保育はいたる所に必要です。

渋谷区立母子会館、大田区仲よし保育園、葛飾区青戸団地などでは目下準備中です。この他で、もしこれからつくろうとしているところがあれば、この学童保育連絡協議会にご連絡下さい。（連絡先は、北区王子三ノ七　豊川保育園内、電話（九一一）四六六一）

中国とチェコの学童保育〔付録〕

中国の場合　子供たちが自主的にグループつくり

学童の放課後問題について、おとなりの国、中国ではどうしているか、昨年の十一月、二十六年ぶりに帰国した伊藤克さんにうかがってみました。

「中国では低学年の子供の放課後の組織はありません。帰宅して家に誰もいない子供はたくさんいます。しかし子供を社会主義建設の次の時代をになうものとして大切にするので、子供が一人でいても近所の人たちで注意してあげています。地域にある人民公社でも、誰の家は共稼ぎだから子供が放課後は一人になる、ということをいちいち知っていて気をくばっています。それに交通巡査が沢山いるので交通事故の心配はぜんぜんありません。

高学年になると学校の勉強を帰宅後集まってするグループがあります。「学集小組」といって近所の何人かがある家に集まるのですが部屋の大きさで集まる人数はちがい、四、五人のグループから十人位のグループまでできます。このグループの組わけは学校の先生が生徒と話し合ってしまいます。貧富による差別はしませんし、勉強のできない子は、できる子が一緒になっておしえてやっています。先日もある週間誌で、浩宮さまのご学友になるため親が夢中になっているということがでていましたが、中国ではどんなグループにも親が口を出すことはありません。できたグループは自分たちで小組長をきめ、勉強しています。子供たちは全部ピオニールという子供の組織に入り、学年別に隊長がいるので、この隊長が学習小組を見廻っています。こうして中国では社会全体で子供を守りそだてているので不良になる子供はぜんぜんありません」とあかるい話をしてくれました。（一九六二・三・一号）

チェコの場合　学校の付近に放課後教室

チェコスロバキアでは、ドゥルジナという時間外教室があり、働く母親の子はそこで特別の教師の指導の下に時間を過すことができます。学校内、またはその近くに特別の教室を持ち、予習復習宿題などをするほか、スポーツその他をたのしみ、またみんなで見学展らん会映画など）にいったりします。

その話をきいたり、みたりして、「日本にもこのようなものがあったら！」と思いました。また更に夜も仕事のある母親のために、ソビエトが力を入れているような寄宿学校があったらどんなによいでしょう。チェコの教育文化相と記者会見をしたとき（全日学校を作るにはふつうの学校の二倍の費用がかかる、更に夜もあずかる寄宿学校となると四倍が必要です。わが国はソ連ほどの国力がまだないから、山村避地をのぞいて、当分寄宿学校をふやしていくことは計画せず、試みに二つはじめているだけです」という話をきゝ、やはりこういうことは、到底民間の資力や情熱だけではできぬことだと気がつきました。乳幼児保育の場合も、こうした方法の限界が明らかになり問題になっていますが学童保育の場合、二部授業のない所では、さしあたって、既存の学校の教室や運動場を、特別の指導者の管理の下に使わせることを認めさせるという方向に努力することが必要ではないかと思います。その場合、場所という点から、現在の入試のための補習の問題と関係して来て、補習の内容を変えさせていく問題にもなってくるのではないでしょうか。

現在日本でも、内職や商店の主婦などをふくめれば、働く母親はかなりの数になるでしょうし、子供の安全な遊び場も少く、街の文化の影響をうけて、子供の不良化の心配もある場合、家事育児に専心できる母親にとっても、身心の健全な子供を育てていく上でこのような集りを歓迎する人もあるのではないでしょうか。この場合、場所は、学校を解放させても会の運営や内容は、あくまで両親や子供の自主的な要求に基礎をおき、官僚的なものにならないようにすることも大切でしょう。

またチェコスロバキアをはじめ社会主義諸国には、青年男女に指導された子供たちの自主的組織（ピオニール）があり、これがまた実に多面的な方法で、子供たちの各種の才能をのばし、たのしい集団生活の機会となっています。このような組織はフランス、イタリア、オーストリアなど多くの資本主義国にもあり、夏のキャンプなど国際的交流も行なわれていて、日本でも従来の民主的子供会の運動を統一発展させていけば十分可能性があるということをつけ加えたいと思います。（井出弘子）（一九六二・三・四号）

学童保育の経験から

発　行　婦人民主クラブ
東京都港区芝新橋7の12
TEL.(431)4468・2106

連　絡　学童保育連絡協議会
東京都北区王子3～7 豊川保育園内
TEL (911) 4661

販　価　30円　送料 実費

1962・7

よりよい学童保育のために

―その手びきと問題点の解明―

1964

学童保育連絡協議会

よりよい学童保育のために

その手びきと問題点の解明

この小冊子は，学童保育連絡協議会が，「学童保育施設推進運動」をたかめるためにまとめたものです。「学童保育に関する資料や参考文献は，現在の日本ではほとんどありませんので，未熟な私たちですが，少しでもお役にたちたいと，このたび「よりよい学童保育のために ― その手びきと問題点の解明 ― 」を発行することにしました。

この小冊子は，「学童保育」関係者が，各々の分担をきめて，執筆した原稿を，学童保育連絡協議会がまとめたものです。

このささやかな小冊子が，これからの学童保育を少しでも高めてくれたら，望外のよろこびです。

学童保育連絡協議会

―本誌の執筆者―

巻頭言	近藤　亮三郎
序　文	今城　甚　造
第Ⅰ章	三輪　政太郎
	今城　甚　造
第Ⅱ章	浜野　聡　子
	蓮見　みち子
	松本　伊　藤
第Ⅲ章	手塚　直　樹
第Ⅳ章	一番ケ瀬　康　子

―巻　頭　言―

学童保育連絡協議会
会長　近藤　亮三郎

子供が学校から家庭に帰つて「お帰りなさい」と愛情をもつて迎へられることは子供に安心感と幸福感を与へることは云う迄もありません。

然し乍ら夫婦共稼ぎやその他の事情で子供が帰宅してもいつも留守家庭の子供をマスコミ等はこれを「鍵つ子」と呼んでおりますが鍵つ子と云う表現はこの環境にある子供達によい感じは与へません。

好んで夫婦共稼ぎをしたり内職をして愛する吾子を手放しておるのでなくその原因があるのです。物価が高い、所得が低い、従つて生活が苦しい、片親が居ない等、必ならずも家を留守にしなければならぬので、云う迄もなく社会保障の不備と政治の貧困がそうさしているのであります。

為政者はこれ等の点を認識し退校後の低学年の学童保育に真剣に取り組む必要があります。

昨年は都が520万円で都内30カ所の学童保育施設の予算化をしましたが、23区区長会は都の図算な計画と予算が少いことを理由に実現不能になりました。

39年度都は学童保育予算を都区財政調整で予算化しましたが社会教育上欠くことの出来ない学童保育事業予算を財政調整で行いそのシワ寄せを特別区に押しつけることは誤魔化し予算と云わなければなりません。この予算の組み方では熱意のない区では区の自由財源を投じることを好のまず学童保育事業をなまける傾向があります。

然しながら都の予算が少い事を理由にこの事業をさぼることは区民感情とし児童憲章からみても放任することは出来ません。

現在小学校の児童家庭で共稼片親が居ない内職等退校後、学童保育の必要な対象児童は10％あることは云うまでもありません。学校側も教育委員会もこの問題に積極的に協力する必要があろうかと思います。

私は学童保育の必要性を7年前T保育園の園長さんに指摘されて以来今日迄学童保育を通じ正しい人間形成とその人格を高めること基本として児童と接してきましたが益々その必要性を痛感しております。北区では39年度区から大巾な予算が組まれ3カ所実施されました。これは永年に亘る地域社会の協力の成果です。この事業を本格的に発展させるため母親の愛情と地域社会の協力を心から切望いたします。

目　次

序文にかえて

学童保育施設が欲しい
—力を合せて運動をすすめよう—

学童保育育とは 保育所に子どもを預けて安心して仂いていた父母も、その子どもがいよいよ保育所をおわり、小学校に入学する時期になると深刻な悩みにぶつかつてしまう。保育所と同じように、父母が迎えに行くまで学童を預つて教育してくれる施設がないからである。

児童福祉法には、国及び地方公共団体は、児童の保護者とともに、児童を心身ともに健やかに育成する責任を負うこと、及び保育所に乳幼児とともに、児童すなわち学童を入所せしめて、保護し教育すべきことが明記されている。けれども、保育所の絶対数が不足している現状では、これは全くの空文であり、どこの保育所でも乳幼児だけで満員で、学童を受入れるスペースはない。

しかし、仕事をやめることができない以上、親は教育的に配慮された環境の中で、放課後の生活を過せるようにしてやらなければならない。このことは、保育所の保母にとつても、また深刻な悩みであつた。数年前、心をこめて教育した子どもたちが、小学校に入学したその日から、危険な状態に放置されるのを見るのは、しのびないことだつた。こうして、保育所から小学校に入学した学童のための保育所が欲しい、学童保育所を作らなければならない、という要求が至る所から自然発生的に起つてきたのであつた。

要求の正当性はどこにあるか 一方、「婦人よ家庭に帰れ」「育児は家庭の主婦が専心愛情こめて行なうのが最もよい」という宣伝が執拗にくり返えされ、仂きにくい状況が職場の内外で作られつつある。これは、中央児童福祉審議会保育制度部会が、昭和３８年７月３１日に、保育に関する７原則を答申して以来いつそう強化されている。しかし、それにもかかわらず「学童保育所をつくれ」という要求は、日ましに強くなり、その運動は全国的に拡がりつゝある。それは何故か。いうまでもなく、学童保育所の要求が、乳幼児の保育所と全く同じ社会的教育的必然性をもつているからである。

学童保育所要求の社会的必然性は、二つの側面をもつている。その一つは、両親の賃金が低く、生活を維持してゆくために、夫婦共稼ぎ、あるいは内職も含めて家族総稼ぎを余儀なくされている経済的側面である。もう一つは、「子供ができたら女性は家庭へ帰れ」という明治以来一貫して支えられている封建的思想をはねかえし、能力に応じて仂く婦人の権利と職場を守つていこうという民主々義を守る社会的・政治的側面である。なお、この点では田中寿美子氏の「新しい家庭の創造」（岩波新書）の第２章「日本の社会は家庭を守らない」が参考となろう。

教育的必然性は、松田道雄氏も指摘するように、現代の家庭が教育的環境として十分な条件を備えていない点に求められる。松田氏は、ふさわしくない理由として今の家庭は子どもには狭すぎるし、友だちがたりないことの二点をあげ、婦人が家庭へ帰つたとて問題が解決しないことを述べ、家庭婦人のためにも保育所が必要であると主張している（巨視的しつけ法・筑摩新書）。

たしかに、１対１の家庭保育だけでなく、教育機関としての保育所の、指導された集団の中で切磋琢磨されてこそ、子どもははじめて十全な成長をとげることができる。これは単に乳幼児だけにあてはまるのでなく、学童にとつてもまたいいうることである。

カギッ子だけが問題なのではない　したがつて学童保育は、発生的には世にいわゆるカギッ子対策として起つてきたが、現段階ではもはやそれのみに止まらず、すべての学童の問題として取上げられなければならない。

放課後の学童は、好ましい環境を与えられているだろうか。遊び場を取り上げてみてもボーリング場やゴルフ場が続々作られても、子どもの遊び場は全く不足しているではないか。厚生省が発表した全国家庭児童調査の結果によれば、児童のいる家庭の３４％という多数が遊び場の不足を訴えている。全児童の２６％は自分達の遊び場を求めており、１１％は遊び場の設備などの改善を希望している。満足しているのは、わずか２％にも満たない。また、保護者がよい環境にいると思つている児童は、全体の１０％に過ぎないという。いきおい交通禍を恐れて、屋内での遊びが多くなり、身体の発育にも悪影響を及ぼしているし、風呂場での溺死など傷ましい事故が発生している。

また一方、俗悪なテレビや映画の氾濫、悪書や汚職の横行など目にあまるものがある。また企業の所得倍増のため、新聞・ラジオ・テレビとあらゆるマスコミを総動員してのレジャーと消費への呼びかけは、子どもの健康な心をむしばみ、欲求不満を増大させている。子どもたちをとりまく環境は劣悪であり、大人の腐敗と退廃ムードが非行の温床となつている。

国や地方自治体は、このような事態に対処するため青少年保護育成条例を制定しようとしている。しかし、青少年の保護育成は、「子ども白書」が主張するとおり、取締りの条例によつてではなく、教育・進学諸制度の民主化と教育施設の完備、社会福祉・文化諸施設の完備、青少年の生活と権利、文化の十分な保障、腐敗した政治の在り方を一掃することによつて、はじめて可能である。その意味で、今は児童憲章・児童福祉法・教育基本法の完全実施がなによりも必要なのである。高度成長経済政策の犠牲となつて圧迫されている教育費や社会福祉予算を大巾に増大して、前記諸施設の拡充整備を予算的に裏付けるととが緊急事なのである。

したがつて、乳幼児保育所・学童保育所に限つていえば、国や地方自治体は自らの責任を転稼して「婦人よ家庭に帰れ」などとはかりそらにもいうべきでなく、積極的に設備や内容のすぐれた乳幼児保育所や学童保育所をたくさんつくり、子どもの健康で文化的な生活を保障しなければならない。それゆえ学童保育は、救貧対策としてのみ取り上げられるべきでなく、また対象児童も小学校1・2年生にのみ限定すべきでない。すべての児童の問題としての取組みがなされるなかで、過半数を占める家事以外の労仂に従事する母と、その子が守られなければならない。

忘れられている学童保育 このように、学童保育は社会的教育的必然性をもちながら、現段階では福祉行政と教育行政の谷間にあつて、予算はおろか、その必要性すらかえりみられないでいる。このことは、公私立を問わず、既設の学童保育所が数えるほどしかなく今すぐ入所せしめなければならない条件下にある学童の大半が、危険な状態に放置されている事実に徴して明らかである。

したがつて目下の急務は、学童保育の社会的教育的必然性と必要性を、国や地方自治体に認識させ、これを制度化することによつて、その社会的教育的位置づけを明確にし、十分な予算措置をとらせることである。そして一日もすみやかに、ポストの数ほどの設備と内容の充実した学童保育所を開設させることである。われわれは、子どもを忘れたのは父母ではなく、国や地方自治体であると思う。この忘れられた母と子に、危機的段階にある福祉政策に、太陽の光をあてなければならない。

そのためには、外勤（共仂き）・内勤（自営・内職）世帯を問わず、切実な悩みをもち、またこの問題に関心をもつている多くの人たちと手を結び、教育予算、社会福祉予算の大巾増額、ポストの数ほどの乳幼児保育所及び学童保育所の新設、保母の労仂条件の改善、児童館、遊び場の増設など広範な要求をかかげ、着実なねばり強い運動を続けなければならない。そして、その運動は現に全国各地で行なわれている。われわれは、決して孤立しているのではない。ただ分散しているだけである。われわれは、日本の子どもを守り、その幸せを確保するために団結しなければならない。

幸い中央の組織として、学童保育連絡協議会（東京都北区王子3の7・豊川保育園内・電話911・4661）が昭和37年5月に発足しているので、ここに結集して運動を進めて行こう。学童保育所をつくりたいと考えている人々、またすでにつくつたグループは、ぜひ協議会に連絡をとつていただきたい。

昭和39年8月

学童保育連絡協議会
青戸学童保育会
今城甚造

Ⅶ

I　学童保育施設をこのようにしてつくつた

ー学童保育所づくりをすすめるためにー

〔1〕　東京杉並の「白鳩会」のあゆみ
自主経営から区立移管へ

三　輪　政太郎

はじめに

ここにご報告するのは、或る自主的にはじめられた学童保育施設が区立へ移管されるまでの経緯である。

今年の7月13日（月）の午後から、杉並区（主管は民政課）では、区内7カ所ー各学区域に1カ所ーの小学校で学童クラブが開設された。杉並第九小学校もその一つであつたが、この場合は、他の6カ所とはちがつた経緯がその背後にあつた。区当局は当初から、この学区内では杉九小が選定されることをあきらかにしていた。その地域における「白鳩会」の2年間にわたる実績と運動を当局としても無視するわけにはゆかなかつたからである。

杉並区内では、学童保育施設としては、この「白鳩会」に外にはこれまでなかつた。「白鳩会」はその開設いらい、一貫して「区立への移管」を要求しつづけ、ついに今年7月、その実現をみたわけであつた。むろん、その背後には、前年度の東京都予算に各区内1カ所づつの学童保育施設設置の予算が計上されたこと、その推進のちからとなつた学童保育協議会の地味ながらたゆみない運動とそれを支持した与論のちからがあつたことはいうまでもない。しかし、杉並区で、一挙に7カ所、しかも、1カ所あたり年間75万円という比較的ーいまの段階においてのことではあるが一多い予算をもつてこれが行われるようになつたことについては、「白鳩会」を中心とする区内の運動を無視することはできない。

その「白鳩会」なるものは、どうして生まれ、なぜ、「区立移管」を当初から要求しつづけてきたのか、また、どういう運動を行つてきたのか、以下、それについて、かんたんにご報告することとしたい。

「白鳩会」の発足

「白鳩会」は、個人の家の一室で、10人前後の子供たちと1人の指導員によつて行われてきたものであつた。それは、或る保育園の父母たちが、自主的につくり、そして、運営してきたものであつた。むろん、終始、その保育園の協力のもとにすすめられてきはしたが、その中心となり、原動力となつてきたのは切実な必要に迫られていた父母たちであつた。また、それを支えてきたのは、八千円という薄給、一それすらもとどこおりがちであつたーに堪えて頑張つてきた指導員の努力であつた。

「白鳩会」がはじめられたのは37年4月からであるが、そのうごきはその一年前からはじまつていた。その中心になつた母親の一人は当時の模様について次のように記している。

保育園に子供を預けているKさんが「この子が来年学校へゆくようになつたらお勤めをやめなければならない、生まれてすぐ主人が病気になつたため、赤ちやんから預けていまの会社に5年も勤め、せつかく仕事になれてきたのに」と私に話しました。私にもあと2年たつと学校にゆく子供がいます。夫のいる人はよいが、私のように1人で育て一生働き通さなければならない母親はどうすればよいのでしょう。せつかく小さい時から保育所に預け集団的に育つた子供が、学校へゆくようになつてから午後は街頭へ放り出されるようになつたらどんな子供になることでしよう。「ああそうだ、一人で悩み考えても解決できない。私と同じように悩んでいるお母さんが保育園にはいるはずだ」と思い、あさがや保育園の保母さんに相談しました。昭和３６年卒園児を対象にアンケートをとつた結果、回答数３０名中、１１名の方が困つていることがわかりました。

保育園の父母の間からこういう問題が提起されるに至つたのは、たてまえとしては保育所で扱われることになつている学童保育が現況ではそれに応えられぬ実情にあるからに外ならない。４月のはじめには何人かいた「学童」措置児も、夏休みを過ぎるころには１人もいなくなつてしまう、という状態をここの保育園でも毎年くりかえしていた。他の園でも事情は同様らしい。その体制を整えることが現状では不可能であるからに外ならない。

ともあれ、こうして提起された問題はその翌年（３７年）の２月、同保育園ＰＴＡ総会の議題としてとりあげられ、再度アンケートがとられた後、学童保育運営委員が設けられ、その後２、３カ月間は毎週土曜日の夜子供をつれて保育園に集まり、対策が練られた。指導員は看護婦の資格をもつＰＴＡ会員の或るお母さんにお願いすることとなり、月謝は１,２００円、おやつ代１日１０円に決まつたが、いちばん困つたのが場所の問題であり、保育園、町会の集会所、学校の教室等の案が出されたがいづれもダメ。結局、委員の中のひとりの家の一室を解放してもらうこととなつた。そして、発足に当つて次のような「訴え」が地域の人々に向けて出された。

このたび、あさがや保育園の父母と保育園の協力によつて学童保育を行なうことになりました。両親の働いているもの、片親しかいない小学校へ入つた子供たちが、放課後放置されたため、自宅前で自動車にはねられて大怪我をした子、保育園に預けられても学童施設がないため遊具にあきて続いて来なくなり、近所を遊び歩いて自分の昼食代パン代などで玩具を買つてしまう子、保育園にいた頃は〃しつかりした子〃といわれた子が、上級生のぶらぶらしている子の手先きになつて不良化したり、交友関係が円満でなくなり、学校ぎらいになつてしまう子等があちこちに出てきました。

こういう子供たちの、面倒をみてもらう施設（学童保育施設）が痛切に必要となつています。いままでも、いろいろ考えられてきたのですが、今年はどうしてもできるところから解決し実行してみようということになりました。現在のところでは、保育園にも学童保育部をつくることがむずかしいので、保育園ＰＴＡの中に学童保育運営委員会をつくり、今年の進学卒園児の希望者から学童保育を実行しはじめております。

ゆくゆくは、各学区域にりつぱな学童保育施設がつくられるように運動を展開する方針で長期のプランがたてられています。なにしろ、はじめての試みですのでいろいろ困難の多いことですが、未来を荷なう子供たちがすくすく成長する一助とするためにもあくまでも成功を期しておる次第です……。

〃区立〃が実現されるまで

発足してまずぶつかつたのはおカネの問題。おやつ代を含めて月１,５００円の出費が苦しい、自宅から遠い等の事情から、当初は、４人の子供で出発せねばならなかつた。そこで、１０人の運営委員が町内を廻つて、カンパを集め、ようやく指導員の給料にあてる、というありさまだつた。一方、区民共斗会議、杉並教組等に共斗を願うとともに、区議会へも問題をもちこんだ。だが、区長、教育委員らの答弁は「学童保育については全く知らなかつた。これから研究する」というものだつた。

その後、指導員をしてくれていたお母さんが引越す等のことがあつたりしたが、夜間保母学校へ通つている人をあらたに得て続行することができた。だが、「場所」にまつわる苦労は絶えなかつた。「9人の男の子と1人の女の子を預つて、庭が全くなく、個人の道具が並んでいる8帖間の保育にはすつかり参つてしまいました」と指導員の平山さんは述懐しているが、それだけでなく、「塾」なみに考えて〃もうけてるんじやないか〃などという心ない人のうわさなどにも堪えねばならなかつた。

そして38年春から夏にかけて、都が学童保育予算を組んだのを契機に、対区交渉を精力的に展開していつた。区内の母親連絡会、子どもを守る会、新婦人の会、婦人民主クラブ等の婦人団体はもとより、区労協、都職労杉並支部、杉並教組等にも共同請願人になつてもらい、区内に1カ所でも多くの区立学童施設を、既設の施設には補助を、という請願を区議会に出した。厚生委員の区議の家を歴訪して理解を求めた。その審議が行われる厚生委員会には「白鳩会」代表が出席して主旨説明を行つた。こんどは区議会でも熱心に討議され、ようやく継続審議にもちこむことができた。他方、杉教組総会へいつて「共斗」を訴え、また、杉並母親大会へも、右の請願内容を実現するための運動を強力に推進してゆくことを提案、満場一致の支持を得ることができた。

かくて、同年秋には、区内に3カ所ていどの学童保育所を発足させる予定、という区当局の言明を得るところまでこぎつけた。ところが、その後、この「予定」はいつこうに実現しそうもなかつた。東京23区の区長会と都当局との間の意思の疎通が欠け、区長会が「慎重」な態度をとることを申し合わせたためだつた。何回か区長に会つたが、ラチはあかなかつた。この間、「白鳩会」は、夏から秋にかけて家の改造工事が行われる等のことがあつて、オチオチ保育もできないという困難な事態をのりこえてゆかねばならなかつた。そのため、子供の数も減り、指導員の給料も遅欠配がつづいた。

こうして迎えた今年4月、保母学校を卒業した指導員の平山さんは求人難の保育所からの就職のさそいをふりきつて学童保育へ打ち込むことを決意、これを軸として「白鳩会」は「3年目」の発足をしたのであつた。再び、署名とカンパあつめが開始された。区当局へも足しげく通つた。そして、6月末、区議会はついに、区内7カ所で7月から実施、を可決するに至つたのであつた。

〃移管〃されてから

区立への移管にあたつてもつとも懸念されたのは、〃人事〃の問題だつた。が、これは、杉九小の校長さんの理解ある態度によつて円満に、従来の指導員の平山さんが移管後もひきつづき就任することがきまつた。また、「白鳩会」の子供たちは、他の学校へ通学している子供たちをも含めて、そつくり杉九小の学童クラブへ優先的に移された。学童クラブの部屋として、特別室のひとつが解放され、室の半分は、できるだけ家庭の雰囲気を、という校長さんの配慮から畳敷きとされた。学校の先生たちに負担がかからないように、ということから、当初から指導員は2名確保された。保育時間は下校時から5時まで。校庭はむろん解放されている。家庭負担はもちろんゼロ。校長さんは、保育内容には介入しない。指導員におまかせする、というたてまえでいる。ただ、勉強が主でなく、子供たちができるだけ「家庭的」な条件の中で過せることを願つている、といつている。そして、できれば一校にひとつづつ設置されるようにしたい、そのためにも、ここでよい実績をつくりたい、とたいへん意欲的である。

むろん、公立移管に伴ういろいろな問題の発生は予想されぬことはない。が、はじめてまだ1カ月も経たない現在、それについて云々するのはすこし早すぎよう。だが、予想されたより子供の数が少い、という現象については一言せざるをえない。かねて、区当局の指示で各小学校ごとに学童保育を必要とする子供の調査が行われていた。その数の少ないことにわたしたちは疑念をもち、調査方法に疑問をもつた。ところが、実際にフタをあけてみたところ、さらにそれを下廻わるに至つた。(杉九小の場合、発足当初28名)。だが、これはあきらかに〃知らされていない〃からであることが次第にあきらかになりつつある。ことに、施設がもたれていない学校の場合にはそれが甚だしい。ここにあらわれた当局の消極性についてはきびしく指摘されねばならない。これが、「あんなにさわぎたてるほどのことはないじやないか」等という後向きの宣伝の具に供されるようなことになつてはたいへんである。そのおそれなしとしないげんざい、これに対する緊急な対策が必要とされている。

以上で、このかんたんなご報告をおわらせていただくが、″移管〃によつて「白鳩会」の要求は″いちおう〃達成されたにすぎず、問題はこれからであることはいうまでもない。ただ、右のような現況も、「白鳩会」のささやかながら、ひたむきな実践とねばりづよい運動がその背後にあつたからこそ、といつて過言ではないとおもう。公立に伴う諸問題と取り組んでゆける条件もまたここに培われてきているのではなかろうか。

こんご、各地で、公立の学童保育施設が設けられるだろうが、この「白鳩会」の経験から何かを汲みとつていただければ幸だとおもう。

（あさがや保育園園長
「白鳩会」運営委員）

〔2〕 青戸団地の青戸学童保育所のあゆみ
青戸学童保育所をどのようにしてつくつたか

今　城　甚　造

—まず学童保育の勉強を—

青戸学童保育会が公団住宅内に開設している青戸学童保育所は、青戸共同保育園の運動のひとつの発展として生まれたものである。保育園創設時に零才であつた子も、どんどん成長して保育園最後の年を迎えた。残された1年間に、われわれは、小学校から帰つた子どもたちを温く迎えてくれる人と場所を確保しなければならない。そこで早速準備に着手したわけであるが、以下に開設に至るまでの準備活動や問題点を簡単に述べてみたいと思う。

いよいよ来年は学校という年の4月に、学童保育を必要とする親たちが集まつて、学童保育準備会（会費月１００円）という組織を作り、毎月研究会を開くことにした。6月に経験者の「北区豊島子どもクラブ」の蓮見先生・「世田谷すずめの学校（今は解散）」の永井先生・「板橋みどり会」の松本先生をお招きして現状や問題点を伺い、やればできるのだという自信をえた。

その際、保育所段階とは違い、子どもが通信簿をもらつてくるようになると、どんな親でも動揺を押えきれず、それが学童保育のガンになつているときいたので、私たちの気持を合わせていくために「どんな子どもに育てたいか」を中心としてたがいの教育観を語り合つた。さらにそれを深め、また私たちの仕事に対する地域の人々の理解と協力をうるために、秋から冬にかけ3回にわたる保育研究会を開催した。チラシを青戸共同保育園を中心に、自治会にも働きかけて広範にくばり、3回通しの会場整理券を買つていたゞくなど、会員がそれぞれ努力したので、3回とも非常な盛会で、熱心な質疑応答が行なわれた。

法政大学の早川元二先生から「6才児の心理としつけ」、世田谷区三宿小学校長金沢嘉市先生から「小学校入学前後の子供をもつ母親の心構え」、豊島区教育委員宗像なみ子先生から「子どもの新しい出発を成功させるために」と題するお話しをおききした。われわれが、これらの研究会で知りたいと思つたことは、およそ次のとおりである。

① 放課後、母親はどの程度子どもの面倒を見ればよいか。② 「ただ今」、といつて帰つた時、母親がいない場合どんな影響があるか。③ 学童保育をしようとしている、どんな注意が必要か。④ 放課後の過し方は、どういうのが望ましいか。⑤ 働く母親としてＰＴＡに寄与する姿勢はどういう風なものか。⑥ 学校の担任と父母の考え方がくい違つた場合どうすればよいか。

これらの研究会を通して、われわれは子どもが小学校に入つた後も、保育所時代と同じ親子関係を持続する限り問題はなく、むしろプラスになることを指摘され、勇気づけられたのであつた。例えば、「親が家にいない子の不良化の心配は」、との質問に対して、早川先生は、「それは母が勤めに出るという条件にあるのではないか。父親がノンダクレのために母が働かざるを得ないというような、むしろ母の仕事以外の要因があると思う。これからの子どもは、むしろ社会に出て仕事のできる母親の方に魅力を感じますよ。話せる母として尊敬してくれますよ」と激励された。

さらに入学式も迫つた3月末に、子どもの入学する中青戸小学校の先生をお招きして、教育方針などをおききした。

―請願はしたけれど―

こうした活動と平行して、場所をどうするか、指導者は誰にお願いするか、費用はいくらかかるか、会則と運営細則はどういうものにするか、などどれをとつても重大な問題ばかりであるが、これらの一つ一つについて会合を重ね検討のうえ決定した。幸い指導者には、立派に子どもを育てた経験をもち、学童保育に深い関心をもつておられる星道子先生をお迎えすることができたが、一番困つたのは場所である。

できることなら、子どもたちがわが家のように親しんできた青戸共同保育園に学童保育部を併設してもらいたかつたが、これは乳幼児だけで満員であり、予約者が殺到している以上、とうてい不可能であつた。ちようどそのころ、公立青戸保育園が12月に開園される見通しが明らかになり、また学童保育連絡協議会から学童保育に対して都が助成金を交付するとの情報を得た。われわれは、早速3月区議会に、青戸保育園に学童保育所を併設すること、及び青戸学童保育会へ助成金を交付していたゞくよう請願した。しかしこれは、青戸学童保育会が現実にはまだ発足していないこともあつて、十分な理解をうることができず不採択になつてしまつた。

しかし、学童保育の運動を成功に導くためには、この種の請願や陳情を繰返し実施する必要がある。ところで請願と陳情であるが、陳情は法的拘束力がないので受取りばなしにされる恐れがある。これに対して、請願は自治体に対し法的拘束力をもち、自治体は審議のうえ提出者に採択されたかどうかを返答しなければならない。だから運動の方法としては、請願の方がより有効である。たゞし請願は、議会召集日の数日前までに議員の紹介をえて提出しなければならないので、いつでも請願権を行使できるわけではない。したがつて、請願と陳情を適宜つかい分けることが必要であろう。

いずれの場合でも、できるだけ多くの署名を集めることが望ましい。それは第1に、地方自治体に対して住民の多くの要求であることを知らせるために、第2には署名を通してより多くの人々に学童保育の必然性と必要性を認識してもらい、運動に参加していたゞくために必要である。〔請願の具体例は、「区から助成金をもらう」の項参照〕。

さて話がやゝ横道にそれたが、こうしているうちにも日が経つて、とうとう3月末になつてしまつた。そこで止むをえず、6人の家庭を順次開放する持ち廻りの共同保育の形で出発することにし、会長・事務局長・渉外・会計・保健と各自の分担する仕事を決めた。こうして、とにもかくにも1年間の準備期間は終つてしまつた。

ー設備は貧しいが楽しい学童ー

昭和38年4月6日の午後2時より、私の家で青戸学童保育所の開所式が行なわれた。集まつたのは、入学式を終えた学童6名、担当の星先生、星先生が出張あるいは有給休暇の際に代つて指導される村瀬先生、それに親が6名、6畳の部屋は満員で足の踏み場もない位だつた。使用できる部屋は、6畳・ダイニングキッチンで、設備としては座机2・リンゴ箱利用の整理箱2・日曜大工の作つたカバン掛とタオル掛・開所祝いにいたゞいた鉛筆削り、それに雑誌若干という誠にお粗末なもので出発した。もつとも、この外に便所・テレビ・レコードプレイヤーなどを利用することができたが。

こんな貧しい状況の中でも、子供たちは保育園の自由遊びで身につけた創造性を存分に発揮して、実にうまく工夫して遊んだ。座机を横に倒して人形劇の舞台とし、あり合わせの人形や指人形を作り、配役を決めて即席の芝居をするという工合である。開所直後の4月8日に、たどたどしい文字で綴つた作文をみて、親はまずまず順調な滑り出しだとホッとしたものである。

ボクの1日　　今城周造(中青戸小1年)

たか子ちゃんと　くもんくんが　おばけで
るとの　さゆりちやんと　ぼくと　まりちやん
が　おどかされる人で　たのしく　あそびまし
た。はなしは　わすれましたが　とても　おも
しろかつた。でも　ちえちやんが　やらなくて
さびしかつた。　がつこうも　たのしかつた
が　かえるときが　つらかつた。どうしてかと
いうと　げたばこで　おしあいをしたことと
うんどうじように　でたとき　おしあいをした
ことが　いやだつた。やつと　がくどうほいく
の　うちについた。はじめに　じゆうあそび
おべんとう　おえかき　おりがみだつた。たの
しかつた。これで　おかあさん　おとうさんが
かえつてくるだけだ。

われわれが学童保育を始めた際に、「子供たちは学校という集団の中で緊張した生活を行なつているのだから、放課後はのびのびと自由に遊ばせた方がよい。学童保育など・・・・」という批判が間接的に耳に入つてきた。また夕方、ランドセルを背負つて帰る子どもに「今ごろ帰るの」と声をかけてくれるおせつかいな子どもや親もあつた。このような声の背景には、恐らく「カギッ子でかわいそうに」という意識があるのであろうが、事実は全くこれに反して、「学童」の子どもたちは保母の指導の下に、毎日をのびのびと楽しく遊んだり学んだりしているのである。われわれの青戸共同保育園が団地保育所の第1号であり、そこから生まれた青戸学童保育所も団地学童保育所のトップバッターなので、後に続く人のためにも、どうしても成功させねばならないという責任があつた。そこで、このような心ない声に対しては実績で証明するより方法がない、ともかく頑張らなくてはと思つたものである。

ー学童保育のイメージー

われわれが学童保育所をつくつたのは、単に共稼ぎの子どもを夕方まで便宜的に預つてもらうためだけではなかつた。学童保育にもつともつと積極的な意味を見出していたのである。そのことは、キイプロダクションが関東一円の公団住宅に無料配付している「キイ」紙上に、私の妻が青戸団地を紹介した中に次のように書いていることによつても知られると思う。

「学童保育といつても特別の枠の中に入れるのではなく、或はまた学習塾でもなく、保母さんを中心とする家庭生活のなごやかさの中で、社会生活のルールを身につけさせようとしているわけである。・・・・・子供たちの城ともいうべき施設の必要性は、単に学童保育の子供だけの問題ではなく、広く放課後の学童全般についていえることである。・・・・・年令の大きくなつた

子供は一歩外に出ると、全く満足できる遊び場がない。聞けば公団入口にある葛飾営業所が、近々新しく改築されるというが、その中にぜひ児童文化センター（映画も上映でき、会議室にも使える図書室）や、下の家に気兼ねなく跳ねたり、また卓球などのできる小さな体育館を組み入れて、遊び場の不足を立体的拡張によつて解決してもらいたいものである」（キイ211号　昭和38年8月5日発行）

今から考えてみると、これはたとえ小規模ではあつても、ソ連のピオニール宮殿や日本の児童館のような施設を考えていたわけであり、その中での学童保育を構想していたのだと思う。そしてそのような学童保育所は、保育所が幼稚園と共に幼年教育の機関であるのと同様、集団生活を通して全人教育を施す教育機関である、との認識が芽生え始めていたのだといえよう。営業所改築に当つての提案は、われわれの力が弱くて実現できなかつたが、今日でもそうあつてほしいという願いは変つていない。

―指導方針の作成―

理想はともかく、現実には自宅開放の貧しい施設である。しかし、われわれの場合、同じ保育園の同じ年度の卒業生から始まつたので、保育園の教育の成果を継承し、それを伸ばして行けばよいという恵まれた条件があつた。これが各学年の混合保育であれば、複雑な問題をあれこれと処理せねばならなかつたであろうが、保母も父母も学童保育の1年生として、先輩の教を受けながら、共に悩み考え、子どもたちと一緒に成長することができた。保育園の継承としては、社会生活のルールを守つてゆくこと、創造性や自主的判断を尊重すること、話し合いによつて物事を処理することなどがあり、これらはその後の経験と共に「青戸学童保育所指導方針」（昭和38年11月30日制定・青戸学童ニュース2号に全文掲載）の中に定着せしめられた。

この青戸学童保育所指導方針により、生活・学習・情操の三領域にわたる指導が、随時有機的に行なわれているが、最も意を用いているのは、家庭的雰囲気の中で行なわれる生活指導である。格別あらたまつたカリキュラムはなく、3時のオヤツを前後する大まかな時間帯を設けているだけで、時に応じて遊びの時間が長くなることもあれば、宿題の多い時など夕方まで学習することもある。

青戸の指導方針が制定された直後に、都の学童保育指導要領案が示された。比較検討してみると、考え方において相当の違いを認めたので、学童保育連絡協議会ニュース4号に都案に対する青戸の意見を述べた（本書巻末に収載）。

―学校・家庭・保母の連絡はどうしているか―

学校と保母と家庭の緊密な協力は、学童保育を成功させるための必須条件である。保母と家庭の連絡は、夕方お迎え時の話し合いのほか、毎日連絡帳を携行して互に必要な事項を連絡し合う。連絡帳には、父母の勤務先とその電話、かかりつけの医者、かかりやすい病気・保健証の番号などを第1頁に書いておく。その他、毎月1回開かれる父母会の席上で、互に意見を交換し合つている。この父母会は、今のところ会員すべてが委員として保育会の仕事を分担しているので、委員会としての機能を兼ね、学童保育所運営についてのさまざまの問題や、運動をどのように進めて行くべきかなどを、自由に討論し民主的に運営している。

学校との連絡は、もとより重要である。そこでわれわれは、先に触れたように、開設直前に小学校の先生をお招きして話をうかがつたし、初めて迎えた夏休み（昨年）に学校を訪問して、校長先生とクラス担任の先生との話し合いをもつた。クラスＰＴＡには、努めて出席するように心がけているが、出られない場合は、これまた連絡帳で意志を通じ合うようにしている。クラス担任の家庭訪問の際に、学年主任の先生が学童保育所を訪問して、保母と意見を交換し保育の実際を見て行かれた。また、青戸学童ニュースを出すたびに、校長・教頭・各学年主任・クラス担任の先生方にお配りして、学童保育についての理解を深めていたゞくよう努力してきた。

ＰＴＡの会長にも数回会つて、学童保育の実情を話し、われわれの運動に対する理解を求めた。またＰＴＡ会報にも投稿して、青戸学童保育会の様子ならびに都内の状況を報告して、一般会員にも学童保育に関心をもつていたゞくよう訴えた。

昨年秋、葛飾教育組合婦人部が学童保育に関する実態調査を実施した際、調査票作成につき意見を求められたので協力した。その結果、葛飾区内に相当数の保育に欠ける学童が危険な状態で放置されている事実が判明した。

―ニュースを出す―

学童保育所を開設した翌月、青戸共同保育園の総会が開かれた。その席上、学童保育の運動を推進するため準会員になつていたゞくよう要請した。この呼びかけに20世帯が応じてくれた。本年度に入つて、再び青戸共同保育園と、新に公立青戸保育園に呼びかけた所、新加入があつて準会員数は３９名に達した。会費は月額５０円（一括払いの場合は年額５００円）で、これは学童保育連絡協議会負担金や青戸学童ニュース発行費などに当てさせていたゞいている。このほか、準備期間に実施したような研究会を開催する予定であつたが、昨年度は自治体交渉に全力を傾注せざるを得なかつたので、研究会は開けなかつた。

青戸学童ニュースは、昨年９月に創刊、本年７月で６号になつた。その間、区議会に提出した請願書の全文、青戸学童保育所指導方針・都の指導要領案、学童保育についての論説（学童保育の位置・学童保育の位置づけと問題点・のぞましい設置場所はどこか・設備はどうあるべきか）・実情の報告・参考書紹介などを掲載した。

ニュースは、組織の維持強化のためにも、またわれわれの実情や主張を広く一般に理解していたゞくためにも、ことに地方自治体に対して学童保育の社会的教育的必然性と必要性を訴えていくためにも、ぜひ必要である。

―狭い場所と高い保育料―

さて場所は、先にも触れたように、各家庭の持ち廻りで、２ＤＫの６畳とダイニングキッチンだけである。これではとても狭い。昨年の６人でさえも狭かつたが、今年は２人増えて８名になつたので、座机１脚を２人で使用しなければならない。「ちよつと教科書を持ちあげて！こうやつて私のノートを下に入れると２人で使えるでしよ」と子どもなりの解決をしているようだが、とてもとても。窒息しそうな狭さである。広い場所が欲しいというのは、開設以来の切実な要求である。場所さえ広ければ、人数をふやせるし、ひいては保育料の軽減と給料のベースアップもできるのだが、現状では如何ともしがたい。保育料は月額３，４００円で、学童保育の保育料としては日本一であり、われわれの負担しうる最高限度である。

次に保育料その他を規定した細則の概略を示そう。

青戸学童保育会細則（昭和３９年３月２６日改正・骨子のみ）

1. 運営について
 (1) 開園時間は下校後６時半まで。但しやむをえない場合は７時まで延長することができる。
 (2) 小学校の休暇中は午前８時半から午後６時半まで（この場合も先生の勤務は午前１１時から６時半まで）
 (3) 次の場合は登園できない。
 イ　伝染病　ロ　３８度以上の発熱
 (4) 退園する場合は１カ月前に申出る。
2. 保育料について
 (1) １カ月の保育料は３，４００円とする。
 但し内訳は次の通りである。
 保育料　　１，６６０円

住居損料　300円
おやつ代　770円
教材費　150円
雑費（電話使用料を含む）180円
予備費（期末積立を含む）340円

(2) 暖房費は2.000円とする（11月〜3月）
(3) 夏季年末手当は別途徴集する。
(4) 入園料は1,500円とする。

3. 給与について
(1)・給与月額は別に定める規定により支給する。交通費は実費を支給する。
(2) 保育園の業務で時間外に勤務した場合は夕食費として200円支給する。
(3) 有給休暇は月1回。冬期夏期とも1週間。

保育料は支出を最少限度におさえてあるが、これだけは必要である。おやつは、生牛乳1本のほか菓子を与えている。お誕生会のケーキも、ここから支出するので、日日のおやつが圧迫される。われわれの経験からいえば、都の学童保育運営要綱に示された間食費1人1日10円はあまりにも少額であると思う。教材費は150円では不足がちであり、毎月雑費から相当額を支出している。それでも足りないので、反古紙を持ち寄つたりしている。都の消耗品費1日1人5円というのも、また少なすぎるといわねばならない。図書購入費・修理代その他、意外とかさむ出費はどこから出すつもりだろうか。

都の定めた指導員の人件費が、1人月額12,500円で、しかも非常勤というのもうなづけない。学童保育の指導は、片手間のアルバイトなどでできるものではなく、職業として責任をもつて当つていたゞかなければならない。設置者は、それに応じた待遇をすべきである。われわれは、都の運営要綱に示された補助算定基準を、父母負担によらず公費で、大巾に高められるよう要請する。また、われわれは対象児を1,2年生生に限定すべきではないと考える。この点も考慮していただきたいと思う。

—区から助成金をもらう—

狭い場所、高い保育料、心ならずも強いられる低賃金……。指導方針を制定し、保母が意欲に燃えてがんばつても、悪条件のもとでは成果に自ら限度がある。入りたくても保育料が高すぎて入れない人がたくさんいる。これらの諸問題を解決するためには、児童福祉法に明記されている国や地方自治体の責任を果してもらわなければならない。そう考えて、われわれは中青戸地区に公立の学童保育所を設置するため、またそれが実現するまでの間、区より助成金を支出していたゞくため、昨年3月・6月・9月・12月の4回にわたり区議会に請願し、区長に陳情した。参考までに掲載するのは9月に提出したものである。

請願書

学童保育所の設置と助成金を支出していたゞく請願

請願の趣旨

中青戸小学校に学童保育所を設置し、助成金を支出していたゞく請願

最近とくに、青少年の非行、児童の交通禍が新聞紙上をにぎわし、子供をあずけて共働きしている父母たちの胸をしめつけております。共働きの若い夫婦にとつては、こういつた社会情勢もさることながら、共働きそのものが自分たちの経済生活を支える唯一の基盤になつているわけです。保育園や学童保育所は、そういう意味で、私たちの生活の基礎であり、最低不可欠の条件なのです。

私たちは、そういう観点から今まで葛飾区内に、設備の良い、保母の労働条件もしつかりした公立保育園の新設を希望し、陳情・請願を行なつてまいりました。と同時に、保育園を卒園した子供たち、小学校低学年児童の保育についても強い希望を要請してまいりました。

近年、学童保育所の必要性は、全都的にひろがり、共働き夫婦の大半はそれを強くのぞんでいます。すでに東京都内でも6カ所で学童保育

—9—

所が発足し、血みどろの苦労を重ねて運営されています。

葛飾区では、今年4月6日に6人の子供たちの父母が集まつて「青戸学童保育会」を発足させました。すでに1学期にわたつて運営してまいりましたが、保育する場所と先生1人を雇用しての費用負担がかさみ、きわめて困難な壁にぶつかつています。目下、保育する場所は、6人の家庭の1室をもちまわりで使用していますが、入所希望者が出ても収容能力がないため希望にそえず、ひいては保育料の軽減も出来ないという結果をまねいています。保育料は現在1人3,400円、教材費はもとより先生の給与についても全然改善の見通しがありません。

いずれにしても、学童保育の要望は、強くこそなれ、減退するものではありません。どうしても葛飾区厚生行政の主要な一環として組みこんで行くべき必然性をもつものと考えます。

そういう意味で私たちは、葛飾区内各小学校の教室の一部を開放し、抜本的な対策をたてるのが大前提と思います。その前提を念頭に置きながら、当面区内唯一の施設である「青戸学童保育所」に対して、温情あふれる区議会の援助を次の2点についてお願いしたいのです。このことは、たゞ単に「青戸学童保育所」の父母・児童の幸せのみならず、葛飾区全域へ学童保育所を拡大して行く最大の保障となり、一段階の役割を果すものと信じます。

記

1. 中青戸小学校の教室1室を開放し、「青戸学童保育所」を設置してください。

22. 「青戸学童保育所」の振興をはかるため、年間25万円の助成金を区より支出してください。

右請願いたします。

昭和38年9月11日

葛飾区保育所づくり協議会

代表者　仲俣紀子 ㊞

葛飾区[redacted]

青戸学童保育会

代表者　今城博美 ㊞

−10−

他206名

葛飾区議会

議長　井口仙太郎殿

この請願は、区議会厚生経済委員会で審議の結果、助成金については12月本会議で予算化する方向を確認して継続審議の扱いをすることに決定された。その際、中青戸小学校の開放については問題があるので取り下げた方がよい、との意向が区議会から出されたので、12月本会議に助成金のみの請願をあらためて提出した。請願は5万円相当の物品を交付することを条件として採択され、本年1月31日にヤマハ電気オルガン・東芝ファミリイステレオ・目で見る学習百科辞典8冊・レコード若干・画用紙2,500枚が届けられた。

ここに至るまでに、われわれ6世帯の結束はいうまでもなく、準会員はじめ多くの方々の力添えがあつたことを忘れてはならない。青戸父母文化会など団地居住者の署名を通じての協力。さらに、葛教組・葛飾保育所づくり協議会などの運動。それらの力を背景とした革新系議員の努力など、多くの人々の熱心な支援があつて、初めて議会と区長を動かすことができたのであつた。

ー公立学童保育所を設置しなければー

しかし、これによつて保育料は軽減できなかつたし、先生の給料もアップできず、場所の問題に至つては全く解決されていない。これらの問題を解決するためには、何としても39年度のできるだけ早い機会に、中青戸地区に公立の学童保育所を設置しなければならない。いま、そのために区議会に請願中である。3月区議会では、採択を前提とした継続審議の扱いをすることになつた。

区の理事者も財政調整金を使つて最終的には小学校単位に設置したいとの意向を示しているが、5月15日の都への申請には残念ながら間に合わなかつた。昨年度は予算が少ない（1区当り25万円）という理由で反対していた区長会の足並みが乱れ、23区中の10区が申請した由である。われわれは、葛飾区のように申請する意志がありながらも、準備不十分のため間に合わなかつた区は、早急に追加申請すべきだと考える。そこで先日葛飾区長にこれを要請した。

設備と指導内容の充実した公立学童保育所を数多く設置するためには、場所―小学校はいろいろと問題があるようだ―を含めて、民主的運営をどのように保障するかなど、解決しなければならない問題が多い。まさに問題は、これからである。

（青戸学童保育会）

学童保育をはじめようとする方に

学童保育は，単に共稼ぎ家庭だけでなく，商店街の方をはじめ，いろいろな方面から，その必要性が強く叫ばれています。何とかして学童保育所を造りたいが，どうやつて造ればよいか，方法がわからない，という人が多いようです。

そういう悩みをもつておられる人は，学童保育連絡協議会の蓮見先生に連絡をとれば，有益な助言を与えて下さると思います。先生は保母としての仕事のかたわら協議会の事務局の仕事をされている方です。学童保育連絡協議会は，既設の学童保育所の連絡機関であり，毎月1回定例の担当者（保母）会と隔月に開かれる運営者会をもつており，保育内容の研究や運動の進め方などについて討議しています。また機関紙やパンフレットを発行して教宣活動も行なつています。

学童保育所がほしい，何とかして造りたいと考えている人は，学童保育連絡協議会に連絡しましょう，みんなで手をつなぎ必要な場所にどんどん学童保育所を造りましょう。

連絡先

北区王子3－7　豊川保育園内

学童保育連絡協議会（911－4661）

北区豊島3の2　豊島子どもクラブ内

蓮　見　みち子

蓮見先生に直接話したい方は（911）3616（呼）へ電話して下さい。

Ⅱ　学童保育ではこんな生活をしている

ー学童保育指導内容を高めるためにー

〔１〕　きりんグループのこと

横須賀基督教社会館学童保育

浜　野　聰　子

小学生の子どもたちが、学校以外の時間をどのように過すかは、子どもの成長を左右する大きな「カギ」となるが、コミュニティ・センターとしての社会館では、地域社会での子どもの生活をよりゆたかなものにするために、一般の小学生を対象に「児童クラブ」を行つている。児童クラブは、子どもたちが学校から帰つてからの時間を利用するのであるが、そのプログラム内容は、社会の変動によつて移り変つている。現在では約２００名が会員の登録をし、グループ活動、子ども図書室、各種おけいこ教室やその他のプログラムに参加している。私たちは、この仕事をしていて近年目立つた傾向として、いわゆる共働きの親をもつ子どもの存在が多く、その子どもたちの多くは夕方遅くまで児童クラブに残り、帰りたがらないということに気づいた。彼らは帰りたくない理由として「だつて、お母さんがまだ帰つて来ないんだもん」というのである。このような状態の子どもたちに毎日接していて、学童保育の必要性を感じた。昭和３７年度を準備期にあて、昨年４月より児童クラブのプログラムの一つとして、学童保育をはじめることになつた。設備、人手、その他の理由から対象を小学校１・２年生にかぎり、定員を１５名としたが、実際には定員超過の１８名で出発した。学童保育そのものが、まだまだはつきり性格づけられていない現在、多くの人々の参考意見をとり入れながら、余裕のあるプログラムで独自な方法ですゝめざるをえない状態である。今の段階としては、小さくてもよい学童保育にしようとしているのである。

学童保育第１日目に、子どもたちは、自分たちのグループを「きりんグループ」と名づけた。このグループは児童クラブの中で学童保育の必要な子どもを中心としたものであるが、児童クラブの他のプログラムに自由に参加できる仕組になつている。こゝに私たちの学童保育の一つの特色があり、学童保育が子どもたちの中で特殊化されない原因にもなつているといえよう。

ーせんせい　ただいまー

２年目を迎えたきりんグループは、１年生９名、２年生７名、３年生１名　計１７名の編成である。最初のころ「こんにちわ」といつて来ていた子どもたちは、今は全員大声で「せんせい　ただいまー」と帰つてくる。私たちも負けずに１人１人に「お帰りなさい」をかえす。そしてみんながそろうまで、学校での様子などを話し合い、きりんグループの１日がはじまるのである。私たちの指導方針、それに伴うカリキユラムは、非常に大まかなものであり、現在にいたつてもまだ手さぐりの状態である。ただ、基本的には学童保育が学校のいわゆる延長ではなく、また、家庭の代りそのものでもなく、両者では得られない特別のものであり、そこに参加することへの積極的な意味が生み出せるようなものにしたいし、そうあるべきだと思つている。毎日のグループ生活は生活指導という観点から共に考え、責任ある行動をしていくという態度を身につけていくよう努力している。小さい問題もみんなの中に出し、話し合う。

1日のプログラムは、グループということを生かすために、全員でいつしよに何かをする時間と、子どもたち同志が、自分の考えで行動する自由遊びの時間との二つに大きく分けている。

ーきりんグループはたのしいところー

「先生うちのYは　せつかく迎えに来たのに帰らないというんですよ、『お母さん先に帰つてていいよ』ですつて」とあるお母さんが、残念そうに云つて来られた。このようなことは、1人Yちゃんのお母さんだけでなく、R子ちゃんのお姉ちゃん、H君のお父さんなどしばしば経験があることなのである。お父さん、お母さんが、たまに早く帰つたのだから子どもを早く迎えに行つてよろこばせてやろうと思つて来られるのであるが、子どもたちはしばしばそれを拒むのである。先ほどのY君のお母さんなどは「なんだか　さみしくなつちやいますね」と考えこまれる。しかし一方子どもたちにとつて、きりんグループが、こんなにもたのしいところであるのかと感心もされる。立派な教材や広くてきれいな部屋があるわけでもないのであるが、子どもにとつては、子ども同志の仲間がいいらしい。きりんグループにもいやなことは沢山ある。いじめつ子もいるし、いじめられつ子もいる。勉強のきらいな子もいて、みんなで勉強するときにあばれたり、「先生、もう学校で沢山勉強してきたよ」と抗議する子もいる。しかし、彼らは毎日、元気にやつて来る。それはきりんグループがたのしいからではないだろうか。もちろん、いろいろな規則はある、しかし、そこでは子どもたちが子どもとして、子どもらしく体当りでぶつつかり合い、ふれ合うことができるし、けんかやとつくみ合いをしても、その後の話し合いや、一つ一つの具体的なことを通して、グループ生活の意味を学び、お互に助け、はげまし合う気持が備わつて来るのではないだろうか。

次に子どもにとつて「遊び」は重要な役割をもつている。その意味で自由遊びの勝間には児童クラブの中だけでなく近所の友だち、学校の友だちの家へも遊びに行けるようにしている。指導者の目のとゞかないところに子どもたちを出してしまうことは、かなりの不安はある。しかし、そこでは、子ども時代にとつて大切な冒険をしてみたり、責任をもつた行動をするきつかけをつくることができるように思うのである。

ーきりんグループには先生が沢山いるー

私たちの施設では、人手が足りないということもあるが、もつと積極的な意味でボランテイア・リーダーを受け入れている。即ち子どもの問題に関心をもつていたり、将来子どもの指導者となろうとしている若い人たちに実際に子どもに接する場を提供し、共に考えていくリーダー養成という意味をもつている。ボランティアを受け入れるということは、単純に人手がふえるから仕事が楽になるというものではなく、それらに伴う仕事がふえ、かえつて専任職員の労力がとられることもあるが子どもにいろいろなタイプのいろいろな人が、それぞれの接し方で接していくことにも意味があるように思うのである。現在、専任の職員としては2名いるが、学童保育だけの仕事ではなく児童クラブ全体の仕事を抱えているのである。それに学生のボランティアが4名に学童保育を手伝つてもらつている。彼らには私たちの指導方針を説明し、理解してもらい、プログラムの打ち合せをして定期的な責任のある参加の仕方をしてもらつているが、現在では劇の練習とか、工作やゲームなど曜日をきめて行つている。このことは子どもたちにもプログラムへの期待を与え「きようはS先生が来る日だね、何つくんの？…」「あの先生は遊びの先生だよ」などよろこびをもつてむかえられている。これら遊びや共同製作などを通して子どもたちが、かたにはまつた人間にならないよう、創造性独自性を伸ばしていきたいと考えて指導にあたつている。

ーいろいろな人と話し合もするー

こどもの生活から学校も家庭もきりはなすことはできない。いくら学童保育で高い理想をかかげても１日の大半をすごす学校や家庭を無視しては、その理想の実現化は非常に困難であろう。私たちは、子どもの問題は、子どもをとりまくいろいろな大人が同じような方針をもつて１人の子どもに接しなければ、子どもたちが精神分裂的症状を呈してしまうと思う。

そのために、グループの子どもが通つている学校の先生との連絡をとつたり、父母の会を開いたり、家庭訪問をして家庭の様子をきいたりして、三者が一つとなつて、しかもそれぞれの性格づけ及びその役割をはつきりして指導を与えていくことが安定した子どもに育つていくために大切なことのように思う。

父兄の中には、学童保育を学習塾的なものとして誤解し、もつと勉強をみて欲しいといわれる方がある。私たちはあくまでも学校の下請や延長ではなく、独自なものであり、子どもたちに机の上だけの勉強でなく、もつと広い意味の学習のできる体験を与えたいと考えそれをおしすすめている。それは、度々の話し合いや連絡帖、また、子どもたちの文集「きりん」その他の事柄を通して少しずつ理解してもらうよう努力し、理解されてきつつあるのである。

この夏休みは約１５名の学生ボランテイアを得て、児童クラブの特別プログラム夏期児童クラブを高学年児を含めて学童保育という観点で行つている。参加児童は７０名であるが、これを契機に、学童保育がこの地区でもいかに要望されているかが明らかになつた。そしてまた、この期間に地域の人々と共に学童保育というものを考え合うためのよびかけをし、講演会、映画会を通して懇談の時をもつたり実際のプログラムに参加してもらつている。

学童保育はそれを必要とする親や子どもたちだけのものではなく、子どもをとりまく人々が本当に理解し協力し合つてつくりあげていかなければならないと思う。そのために、私たちは、日々努力をし、実際の子どもたちのふれ合いから学んだことを、考えさせられていることをここにお知らせするわけである。

（横須加基督教社会館学童保育担当者）

〔２〕　子どもの話し合いの中から

豊島子どもクラブ　蓮見　みち子

○場所　生活協同組合敷地内倉庫の一部
　８坪足らずの部屋
○人員　１年〜６年　３５名
○担当者　常時２名、外、週３回バイトの学生
○時間　下校時より５時半頃まで
　春・夏・冬の休み時は９時〜５時半頃まで

学童保育所での子どもの生活は遊びに始まつて遊びに終る、ズラリ倉庫の前に並んだ車の間をびまわつて鬼ごつこ、「オーイ車が動くぞ」の声にサツと身を引く、段ボールの空箱や木ワクを利用した、トンネル付スベリ台、馬とび、砂場がなくとも土を掘つてふるいにかけ、おだんごを作る、いくつもいくつも作つて遊んでいるうちに、どろだんごはボールに早がわり、これならはずまないからゴロ野球しても、まわりの大人からあまり叱言も出ない。

子どもにとつて当然な遊びも、遊び場でない

ために周囲の干渉が、遊び自体を狭いワクに押しこめてしまう。戸外の日常的な遊びを余儀なく制約させられる子どもたちは土曜日の外出に大きな期待をかける。近くはすぐそばの空地一今はここも土木建材で駄目になつた一公園、神谷子どもクラブとの交換会など。

2、3人の小さなグループでより、もつと多勢で遊ぶ、あそびの面白さを発見させ、その仲間がなかよく、楽しく遊ぶには、どうしたらよいか。

いろいろな遊びのなかから自分達で新しく遊びを創り出し、ルールを決める、しかしその場しのぎの急ごしらえの約束ではすぐけんかになつてしまう。

①どうしたらたのしく遊べるか一けんかにならないか。

②なぜけんかになるのか一自分たちのきめたルールのどこが不都合だつたか。

③どのように直したらいいか。

みんなで考え合い、話しあつて約束をつくる。

遊びだけではなく、1日の生活の過し方についても、「クギリ」は、子ども達できめられる、みんなで決めた約束は新しく入つてきた子どもたちに受けつがれる。自分たちで決めた約束を自分のものにするためには、繰り返し、繰り返し話合いの場をつくるが毎日定期的ではなく、必要な場をとらえてその時をつくる。

また子ども達は「ものをつくる」ことが大好きだ。折紙をたゞ折つていることから、それ等のものをつなぎ合せ、まとめて1つの作品に仕上げる。木片をあつめて、舟、飛行機、今はやりの忍者の道具、果ては、ピストル、機関銃までとびだし、たちまち、テレビの遊に発展する。過日観た人形劇の面白さから、人形劇遊びをする子がふえた。そこで人形づくり、自分達にはむづかしいと思つていた子どもたちも、古新聞をまるめ、割箸を組んで作る、幼ない作り方ながら、だんだん人形らしいとゝのいをみせはじめると、めんどくさがつて手を出さなかつた子もいつの間にか参加している。つくりながら、人形劇のまねがはじまる。出来上ると、きつと人形芝居がはじまつてにぎやかになることだろう。遊びつかれ、工作等の一区切りのつくころ、3時半〜4時頃になるとおやつになる。

当番が1日の割当のお八つ代を持つて買いに行くみんなの好みはまちまちだ。しかし限られた費用の中で、みんなのために、買いととのえる事は、楽しく又責任は大きい。時には1人分のおやつ代を各自がもらつて、買にい出ることもある。今まで1日8円足らずだつたおやつ代も、本年度からは15円一区補助により一になつたので季節の果物もたまには入り、一そうの楽しさを増す事だろう。

遊びの中から仲間との交流をしり、楽しい経験を受ける一方、集団生活の規律のきびしさも知ります。私達はこの現状のなかで、子どもらしい子どもに育つよう、そのために遊び場を、子どもの生活のための場を、そのための道具を、子どもの持つ創造性を伸し、高めるための材料を、と願います。これ等の子どもと共通した願いを1つ1つ現実のものにするために、困難にぶつかるたび、何故か？どうしたらよいだろう、とみんなで探りながら、考え合つています。

どうしたらいいか一、話合つていく、その中でどのようにみつめ、考えてゆくのか、1人1人の子どもの心に、しつかり定着するようにとじゆつくり繰り返しています。

（北区豊島学童保育クラブ担当者）

〔3〕　子ども仲間で成長する子ども
板橋みどり会

松　本：伊　藤

学童保育で子どもたちはどのような生活をしているのだろうか、そして、子どもたちは仲間とのつながりのなかで、どう成長していくかを、子どもの作文を中心にみていきたいと思う。

現在2年生の作文集の中から、昨年10月以後の1人の子どものを、順をおつて出してみた。それに直接関わりあるまわりの子どものを1つだけえらぶ一方、全体にわたるもののいくつかをぬいて、ここに写すことにした。

ぼくのはん（班）の人のこと

1ねん　いけだきよし

のとくんは、ときどきふざけるときがあります。のとくんは、じゆんばんをきめるじやんけんで、いつもかつて（勝）ばかりいます。べんきようのとき　のとくんとぼくとけんかをするときがあります。のとくんとぼくはのりこちやんたちを　いじめるときがあります。のりこちやんも　ときどきへんなことをするときがあります。のとくんはべんきようをかつてにするときがあります。のとくんはべんきようをみないときが　ときどきあります。ぼくとのとくんは　ときどきともちやんたちのはんのほうに　みにいくときがあります。ぼくとのとくんは　かずひこちやんやなんかのとこへ　いじめにいくときがあります。ぼくとのとくんは　ときどきべんきようをやらないときがあります。のとくんはべんきようをやつてるとき　あそぶときがあります。――この潔君へまわりからの批判はぞくぞく出ていた。――

一状況とその一例一

いじめるはんちよう　　のりこ

2がつきになつて　いけだくんとよしこちやんと　みつこちやんと　のとくんとそしてわたしと5にんでべんきようをしました。そして1ばん2はんをきめました。はんのなまえをかえて、わたしのはんは「ひまわりはん」になりました。せんきよではんちようはきよしちやんにきまりました。わたしはきよしちやんがりつぱなはんちようになるとおもいました。はじめはいじめないで　ちやんとできていたのに　すこししたらすごくいじわるになつてきました。

一その後1月には一

ぼくがふざけたりけんかをしたこと

はんべんきようのとき、じやんけんをするとき、なおこちやんとみつこちやんに「ちよき」とか「ぐう」をだせといいます。ぼくはときどきのとくんとけんかをします。ぼくはきのうはなしあいのときみんなにいわれました。へんなきもちになりました。みんなはぼくにわるいくせがなおらないといいました。

一3月には一

みんなりつぱな2年生になろう。

はなしあいのとき、みんなが、1ばんくせがなおらないのは、ぼくだといいました。みんなはいい子なのにぼくだけわるい子です。だけどもみんなは「くせがなおるよ」といいました。それでみんなにいわれたので、ぼくはいい子になりたいとおもいます。

一その後2年生になつた彼はじぶんがりつぱになつたことをこう書いています一

1年生のとき、みんなりつぱな2年生になろうというさくぶんをかきました。さくぶんをかいて、ぼくがどういうふうに、りつぱになつたか、はなしあいで、みんなでかんがえました。このごろ、ぼくがいい子になつたと、みんながいいました。ともちやんが「いけんがいつぱいだせたね」とぼくにいつてくれました。いつからぼくがいい子になつて、いけんがいつぱいだせるようになつたのか、はなしあいのとき、みんなもかんがえてくれました。ずつとまえ、はんべんきようの「本をよむ日」にぼくが「ともちやんばつかりやつて、」といい、みやうちくんもともちやんに「ばか」つていいました。それでけんかになりました。ともちやんがないて、みんなのはなしあいにだしました。そのとき、いけんがだせなかつたけど、つぎの日、先生が「このはなしあいで、なにをべんきようしましたか」とみんなにききました。ぼくは「じぶんのおもつていることは、なんでもはつきりいうこと」といいました。ぼくはいままではなしあいのときは、1つもいけんがいえませんでした。みんなにじぶんのおもつていることをいうとやくそくしたから、ぼくは、もういわなくちやならなくなりました。ぼくはいけんがだせました。おはなしあいがおわるころ、さいとうさんが、「きよしちやんは、きようは7ついけんがだせたね」といつてくれました。みんなも「きよしちやんもいえるよ」といいました。ぼくは、みんなにりつぱな子になるとやくそくをしました。ぼくはそのときから　すこしずつ「たんぽぽはん」の子と「ひまわりはん」の子に　いい子にしてもらいました。だけど、ぼくもすこし　じぶんをいい子にしています。

こうして仲間のささえとはげましの中で自分なりに苦しみ努力をしていく姿を保育者はとらえた。ここで、潔君の父母の「ささえ」を作文集を読まれた感想から写してみると ———

私の気持「意見」としては、何ごともまず第1に自分のせいとしてひき受ける図太い少年少女に育つてもらいたいと思つて居ります。（父）

自分の思つている事を発表せず又、その方法も泣くか、怒るかで本当に幼なかつた潔がこの1年間で驚く程いろいろと話しをするようになりました。大人が、こうした方が好いとか、悪いとか天降り式に何かを教えるより同じ年令の子どもたちと一緒に考えたり話し合いの出来る場をもてたということは、1人つ子の潔にとつて、とても幸せだつたと思います。教えてしまえば簡単なことも、子どもたちの自主的な成長を見守つていらつしやる先生方の御苦労……略……（母）。

はんべんきようでやること　　ともこ

はんべんきようでやることを1月29日に決めました。月よう日は、本をよむ日。火曜日は、げき、ゆうぎ、うた。水よう日、ねんど、こうさく。木よう日、えの日。金よう日は、じとさんすう。土曜日は、はなしあいとさくぶんときめました。このことは、先生がきめたのではなく、みんながきめたのです。がつこうのじかんわりをみんながしらべてみて、そのある日はがくどうでまたやるのは、いやなのです。だから木よう日にあるのは1人だけだから、えの日ときまりました。月よう日を本をよむ日にきめると火よう日はその本をよんだのをげきにするのです。金よう日はうしろから1ばんめだから月ようから木よう日までならつたかんじをかくからです。土よう日は1ばんうしろだから、じけんがおきたらさくぶんにできるからです。おはなしあいとさくぶんの日は土よう日でないと、火よう日にじけんがおきてもかけないからです。じとさんすうの日は月よう日だと1ばんはじめの日だから、かんじがわからないからです。それをかいたのはわたしです。それを先生がかべにはつてくれました。

—このようにみんなで意見を出し合つたのがまとめられ計画票がつくり出されて、それをどう実行しているか2、3例をあげると、

じとさんすうの日　　きよし

「じとさんすうの日」と、みんなできめてからも、こくごとさんすうをやりました。こくごのときは、こくごの本をはんで1人がもつてきます。みんなでかくじをそうだんします。4つか5つぐらいならつたかんじをえらびます。じ

やんけんをして、じゆんばんをきめます。かつた人がかきます。みんなはかいている人をみています。かきじゆんや、かたちをみんなでみて、じがへんだつたら「ちがうよ。」といつてあげます。いわれた子はなおします。みてない人には「どこみているの」といつてちゆういをします。さんすうは、がつこうでいまやつているもんだいを５だいぐらい先生にだしてもらいます。じゆんばんに、どういうふうにやつたかみんなにいいながらやります。はじめのころはこたえがでてもやりかたをいえない人がいました。その子は、がつこうで先生のおはなしを、ちやんときいてないからいえないんだと、みんながいいました。がくどうほいくの先生が「その人はもう１ど、がつこうへいつて先生にきいてらつしやい。」といいました。つぎの日みんなきいてきました。それからは、みんながつこうできいてくるようになりました。

げきの日のこと　　なおこ

わたしたちのはんは、１かいめに「ゆきむすめ」をやりました。やる人がたりなくて、たんぽぽはんからともちやんと、いちはらさんをかりてきてやりました。そして、げきのれんしゆうをするいたのまがひとつしかないのでほかのはんはあそんでいて　こまりました。２かいめのげきの日は「ぐりとぐら」をしました。また「ゆきむすめ」のときとおなじことがこまりました。どうしたら１人がふたやくをしないですむか、１つのはんがあそばないですむか　みんなでかんがえました。「ぐりとぐら」のげきをひまわりはんとたんぽぽはんでやることにしました。こんどはみんなが２やくをしないですみます。ぐりとぐらははじめにおめんをつくりました。わたしはぐりになりいけだくんがぐらになり　いちはらさんがくまになり　くにましさんがりすになり　もこちやんがうさぎになり　かなやさんはしかになりのとくんがらいおんになつてげきをやりました。みんなはげきの日がだいすきです。たんぽぽはんのみやうちくんだけは　げきができませんでした。それはしゆくだいが　いつもいつぱいあるからです。たんぽぽはんが「たろうのおでかけ」をしたとき、みやうちくんはおまわりさんとみぜつとのおじさんをしました。みやうちくんがでるときになるとたんぽぽはんの子は「みやうちくんはやくして」といいました。みやうちくんがしゆくだいがおわらないので、みやうちくんのところをぬかしてやりました。「だい六はきびしいな」（第六小学校）とみんなでいいました。みやうちくんは　しゆくだいをしながらよこ目でみんながやつているげきをみていました。やりたそうなかおをしていました。

おわりに１つ知らせたいこと……。

なるほど集団の組織のととのつてきた頃、入所した子どもの作文に次のようなのがある。「ぼくはみんながだいすきです。そしてみんなはぼくにもんくばつかりいつています。」（としみち）保育者はこの気持を大事にとらえ、このもんくのなかみがどのようなものなのか、また私たち２人をこめてこの集団によつて１人の子どもはどう変化し成長するか、彼の班をどう変化させ成長させていくかを見つめなければならない。

（みどり会担当者）

Ⅲ　学童保育にはたくさんの問題がある

―学童保育の現状とその問題点の究明―

手　塚　直　樹

働く母親の切実な要求から自然発生的な経過をたどつて設立されてきた「学童保育」（〃学童保育〃という呼びかたは必ずしも正しくない。むしろ〃留守家庭学童クラブ〃とでも呼んだ方が適当かと思う）は、大きな国民運動にまでも発展しそうな気配であるが、現在のところはまだ統一された強い運動とはなつていない。しかし新聞やテレビ、ラヂオなどで、この「学童保育」をとりあげることが最近とくに多く、社会も「学童保育」に注目しはじめている。

こうしたときに、「学童保育」のあり方を正しく認識し、理解して、よりすぐれた運動に発展させるためには、現在の「学童保育」がかかえている問題点を理解して、そのうえにたつて「学童保育」の方向づけをすることが大切であろうと思う。

そこで、現在の「学童保育」がもつている問題点のいくつかを指摘し、「学童保育所づくり」の運動が強力に且つ適切に行なわれるようにと願つている。

本稿を書くにあたつて「学童保育」が発展してきた社会的背景もみたいと思つたが、紙面の都合などから、本稿では単に問題点の指摘にとどまつてしまつた。最近の「学童保育所づくり」の流れや、それに対するマスコミの反応、また特に昨年５月の「児童福祉白書」や「全国児童福祉会議」その後の審議会の答申に表れた児童のとらえ方の流れなど、なかなか興味があるが、こうした社会的背景と動きは次の機会にゆづることにし、ここでは、現在の「学童保育」がかかえている問題点をその型体を中心にして総体的にとりあげることにした。そのためにやや平面的な問題点のら列におわつたきらいもあるが、その点は本誌の他の先生方の玉稿をお読みいただき、おぎなつていただきたい。

1.　いろいろある学童保育の型体

「学童保育」とひと口にいつても、その型体はいろいろある。

従来からあつた隣保館等の学童クラブや、例外的に個人の家庭で行なわれてきたものはさておくとしても、大きくわけると次の３つになろうかと思われる。

その第１は、保育所体系の中から生れてきたもので、児童福祉法第３９条にある「その他の児童」として取扱うことのできる学童保育で、これは一応法的裏付のあるものである。

また、母親や保育所の関係者の切実な願いから生れてきた「共同学童保育」も最近特に発達してきている。

この共同学童保育の運営主体を蓮見先生（月刊福祉、３９年５月号）は次の４つにわけている。

①　地域団体、保育園代表、父母、またこの施設づくりに協力した個人が運営委員会をつくり運営にあたつているところ。

②　共同保育所をつくり、運営してきた経験を生かし、乳児から学童までの運動をみのらせ、父母の力で経営しているところ。

③　保育所づくり運動を推し進めてきた地域婦人会の会員が、身近かな不幸から、学童保育の必要を感じ積極的に活動して経営しているところ。

④　母子寮等の民間福祉事業をしているところで併設運営しているところ。

第2は、小学校の関連から生れてきたものである。

最近、特にいろいろと話題になる小学校のあき教室利用もここに入るわけだが、あき教室利用にもいろいろのかたちがある。

その①は、地方公共団体の要請と責任において行なつているもので、これは地方公共団体の経費的裏づけがある。

その②は、学校側がその必要を感じ、あき教室を学童保育に利用させているが、その運営や指導を

イ　学校の教師がしているもの、例えば大阪の北恩加島小学校など。

ロ　P・T・Aの母親が交代で世話にあたつているもの、例えば葛飾区の松南小学校など。

ハ　指導者を専門に依頼しているもので、一般にはこの型体が多い。

また、板橋の「みどり会」は、小学校の建物の1部を使用しているので、この学校体系にるが、保育所の卒園児を中心に発展してきた共同保育教営で、特色あるものである。

第3は、国や地方公共団体の設置、運営によるもので、38年7月の厚生省通知によつて行なわれることになつた「児童館」や、東京都や川崎市等で行なわれているものが、これにあたる。この型体のものは最近著るしい伸びを示している。

以上のように、「学童保育」といつても、その設置主体や運営主体がさまざまなので、こうしたいろいろの型の学童保育を、どのようにとらえ、どの観点からみていくかによつてさまざまな問題が生れてくることを知らなければならないようである。

そこで、これらの学童保育が、その型体別にどのような特色をもち、どのような問題に悩んでいるか、その概要をみることにしたい。

2　保育所であつかう学童保育

保育所の関連から生れてきた学童保育のうち、共同保育所的性格をもつものは次の項で扱うとして、ここでは保育所内で学童保育をあつかつているものについてみたい。

児童福祉法第39条の2項に「保育所は、前項の規程にかかわらず、特に必要があるときは、日日保護者の委託を受けて、保育に欠けるその他の児童を保育することができる」とあつて、学童も保育所であつかえるようになつている。この制度は昭和24年度から実施されているがいつこうに伸びを示してこない。その理由はいくつかあるが、大きな原因を記すと次のようになる。

その1は、「国としては措置費の支給をすることなく、地方公共団体独自のものである」ということである。このことについてある専門家は「過去において、厚生省内部においても学童保育をするように、費用は措置費の半額ということをきめたようなこともあつたが、保育に欠ける乳幼児が多く、学童まではとても手がまわらないので、現在では学童を扱うようにとは特に云つていない」といい、またある識者は「国としては″学童に対して国費を支出しない″方針である。都道府県や市町村が独自の立場から費用を支出している例は若干ある」といつている。

このように、国の学童保育の方針や基準の不明確さが、保育所内の学童保育を発展させなかつた大きな理由である。

その②は、保育所の設備や保母との問題で、現在の保育所で学童をあつかうには、独立した専用室もないし、また机や椅子なども学童用のものを備えにくい、こうした設備や環境のうえから、保育所で学童をあつかうには現在では根本的な無理がある。

また指導者も、専任の人をおくことは人手不足と経費の面からなかなかできないし、保母が片手間にするには保母にも学童にも大変である。そのうえ「乳幼児を保育する保母が、全く異な

る学童をあつかい、指導していくことは無理である」という人も多い。

第３は、保育所内の学童自身の心理的な問題で、「学令に達しても、なお保育所にいるという一種の劣等感をもつ」といわれる。

こうした理由から、保育所内で学童をあつかつても「オヤツの時間には帰つてきても、保育所には寄りつかない」ということになつてしまう。現在の保育所内で学童をあつかうことは、いろいろと大きな問題が横たわつているようである。

３．共同学童保育所

地域の働くお母さんや、保育園の先生、また学童保育を切実に求めている保護者たちの努力によつて生れてきた共同の学童保育所は、どこでも「人」と「金」と「場所」に困つている。その他にいくつもの困難な問題をかかえているが、なんといつてもこの３つが１番大きな問題点である。

本誌で、今城先生や三輪先生が学童保育所をつくつた苦労を詳細に書かれておられるので、詳しいことははぶくが、ともかく学童保育は指導者が得にくい、その最も大きな理由は、学童保育に対する社会の理解がうすいことと、指導者の身分が不安定なことによる。板橋第十小学校の渡辺先生は学童保育の「みどり会」の先生について「今どんなことをやつているか」をきいてみて、あまりにも保育以前の仕事にエネルギーが消耗されているのに驚く、関係役所へ行つて必要を説き、議員の家に行き、町の有力者、教育関係者などに夜中じゆう歩いてその必要をとく。また子供の親との連絡、おやつも買いに行く。部屋の清掃と管理、そして子供たちと勉強したり、遊んだり、話し相手になつている。私は、よくもまあ身体がつぶれないものだなあと思う。そこで失礼だと思つたが給料はいくらですかときくと　１万円にならない　という。本当に申し訳ない……」（保育の友、３８年７月号）

そのうえ、なんらの身分保障もないわけである。

第２の「金」の問題は、現在こうした民間の学童保育所には法的経費のうらづけがなく、わずかに地方公共団体の助成金を若干うけているところがあるにすぎない。そこで、その運営はほとんどが保護者が負担する保育料にたよつている。町の有力者に寄付をもらいにいつたり、賛助会員を組織したりしているがなかなか大変である。

公費をこうした無認可の学童保育に支給することは法的にむずかしい問題があるが、共同募金や助成金のかたちで強力に働きかけることが現在の段階では必要である。

第３の「場所」の問題は、「学童保育」の基本的問題につながつている。

ある共同学童保育の指導者は、「机が全部の数だけないので、早く帰つてきた低学年の子が先に学習して、そのあとで高学年の子が学習する。さつさと勉強して次の人にゆづらないとあとがつかえてしまう」「６畳の部屋に１０人以上の子供がいる。集団で遊びたくてもなにもできない。小さな部屋に大勢の子供がいると、どうしても〃静かに〃ということを強制してしまう。外へ遊びに出しても、遊び場もないので道路でさわいでいる。交通事故の心配も大きいが、隣近所から〃ウルサイ〃とお小言をくう」といつている。

このように「場所」の問題は「学童保育」以前の問題として最も考えなければならないものである。

昭和３８年８月、中央児童福祉審議会では「児童の遊び場の問題に関する中間報告」を答申したが、その中で「〃すべての児童は、よい遊び場と文化財を用意され、わるい環境からまもられる〃と児童憲章は児童の健康を増進し、情操をゆたかにするための基本的条件として、遊び場の必要性を強調しているが、児童に適当な遊び場が十分に充足されない場合は、児童の遊びに対する欲求が満たされず、その代償として、心身の発達上好ましくない状態を招来することになる。

たとえば、いわゆる「現代っ子」について、その欠陥として情操的なうるおいを欠き、気魄に乏しい点が指摘されるのは、遊びが児童の人格形成にとつて、学習と併行して不可欠なものであるに拘らず、最近特に戸外で自然に親しみ活動する機会と場が著るしく不足していることにも基因しているものと思われる。戸外の遊び場は児童の生活に基本的に必要な日光と土と新鮮な空気に親しむ場を提供するものであり、健康なエネルギーを発散しまたあらたに達成する場所であるといわれている」

とうたつている。

このように「遊び場」が児童にとつてどんなに必要であるかは今さら云うまでもないことであるが、現在の学童保育は、その大部分が個人の善意と努力によつて行なわれているので、遊び場というより、その建物自体が非常に貧弱である。

学童保育の今後の方向としての基本的考えは「遊び場」と「学童保育の場」を十分獲得することが絶対の条件としていく態度が必要である。

4. あき教室利用の学童保育

最近、小学校のあき教室を利用して学童保育を行なつているところがある。東京の杉並区、中野区、葛飾区、板橋区や大阪などで実施されている。

小学校のあき教室利用は「学童保育の場」と「遊び場」という点から、いくつかの利点もあるが、その問題点もかなり多い。

こうした問題点を整理すると次の4項目になろうかと思われる。

第1は、法令等の関係である。

あき教室利用は「学校解放」ということになるが、この「学校解放」ということがなかなかむずかしい。「学校教育法第58条の社会教育施設の附置、目的外の利用」及び「社会教育法第6章の学校施設の利用」並びに「学校施設の確保に関する政令第3条の学校施設の使用禁止」等の関連から、長期にわたる学校解放としての学童保育はいろいろの問題がある。これに関する統一的な見解はまだたしかでない。

第2は、児童の心理的な面から「学校という建物の中で解放感が味わえるか」という問題である。

第3は　小学校の指導体制の中での校長、教師、生徒、そして学童保育の関連から生れる問題である。

板橋第十小学校の校長は研究会の席上で、その困難な問題について次のような例をあげている。

第1は学童保育と下校時との関係である。自治会では4時になつたらチャイムを鳴して一斉に帰宅することにきめた。ところが学童保育の子は帰宅しなくてもよい、「僕たちは帰されるのに学童保育の子は学校で遊んでていいのか」という他の生徒の不満である。

第2は遊び場や遊具の利用は、いろいろの約束がある。こうした制限に対して「僕たちは学童保育の子なんだから……」という特権意識が少しでも芽ばえてきたら大きな問題である。

第3は学校の制約と子供の解放感の問題で、子供は校門を出たとき初めて解放感を味わう。ところが学童保育の子は学童保育が利用している教室にきて伸びのびとしようとする。同じ学校内ということでいくつかの問題、例えばシミーツ1枚でいたとか、教室内で大さわぎするとか」がでてくる。

またある先生は、「学校長とクラス担任の教師、そして生徒とつながる指導体制から、学童保育はどのようにつながり位置づけられるのか。学童保育で「指導」ということがなされるとしたら、その「指導」というものはこの小学校の指導体制にどのようにかかわつてくるのか」という疑問を出している。

更に「自分の学校の子供だけでその学童保育が構成されている場合はともかく、いくつかの学校の子がきているときには、他の学校の先生は、自分以外の学校で行なわれている学童保育に手が出せないものだ」とはつきりいう先生もいる。

また、あき教室を利用して学童保育をしているところの指導者は「学童保育は低学年の子が多いので早くから始める。ところがその時間には高学年の子はまだ授業をしている。その教室の前を通つて便所や洗面所に行く」「他の生徒がものめずらしくのぞき込みにやつてくる」「お迎えの母親が教室までくることと、学校管理の問題等から考慮されなければならないむずかしさがある」といつていた。

第４は、あき教室は、対象生徒の少ない学校にできる、あき教室ができるような学校には、学童保育を必要とするような生徒も少ないということになる。そこで学童保育を必要とする生徒は遠くから通つてくるが交通事故やその他の危険が非常に多い。

もうひとつ根本的なことで「教科中心の学校教育体系の中で、福祉的な面の強い学童保育を行なうことは無理である」という識者も多い。

5. 国の児童館

「児童館」といつてもいくつかの型にわかれる。地域の児童福祉センターの役割をもつ大型児童館もあり、そこで学童保育を行なつているところもないわけではないが、最近注目をあびている児童館は、昭和３８年７月、厚生省事務事官通知「国庫補助による児童館の設置運営について」によつて、設置運営されることになつた「児童館」である。

この「児童館」は、その名称から「学童保育」を連想する人も多く、国で学童保育を強力におしすすめるものと期待する人もあるが、地方の町村ではある程度学童保育に関連しても、中都市での学童保育にはほとんど関係がないものといえる。

国の児童館はむしろ無認可保育所対策として生れてきたものである。

無認可保育所が新聞紙上等にとりあげられ社会問題にまで発展しそうな背景もあつて、国としてはなんらかの対策をたてなければならなかつた。しかし、現在の法令から国が無認可保育所に財政的援助をすることができない。そこで児童館という構想をもつて無認可保育所対策をたてようとしたものである。したがつて、この児童館は地方町村の小さな保育所への対策が主なねらいなので、現在最も切実な要求となつている都市での学童保育には直接関係がないものといえる。

6. 東京都の学童クラブ

東京都初の川崎市、横浜市、大阪市などで行なわれ始めた地方公共団体の設置運営による学童保育は、ひとつの新しい方向として注目しなければならない。

これら公立の学童保育は、国の児童館とはつながりのないものである。

東京都の場合は児童福祉法第２４条の但し書「但し、附近に保育所がないなど、やむをえない事由があるときは、その他の適切な保護を加えなければならない」という条文を法的根拠にしているようである。

東京都としては、昭和３８年度に５５２万円の予算を計上、第１年度は３００カ所、昭和４２年度までに４８０カ所（２万４４人）を設置する計画をたてたが、区長会等の反対もあつて第１年度は区内で１カ所、市郡部で８カ所が設置されたにすぎなかつた。

そこで東京都は「新５カ年計画の線にそつて昭和３９年度は特別区内に、小学校のあき教室などを利用して１０３カ所の学童保育を新設する方針であり、費用は総額５千９百万円、１カ所あたり５０余万円」（毎日新聞、３９年７月２３日）の新規計画で学童保育充実の方向にむかつている。

こうした地方公共団体が自ら設置運営する段

階までできたことは、誠によろこぶべきことであり、大いに支援をしなければならないが、学童保育が単に「カギッ子対策として、保護すればよい」という考え方からとらえられる危険があるので、十分注目していかなければならない。

7. 学童保育の新しい方向

現在の学童保育を、その設置主体や運営主体を中心に現状を把握し、その問題点をみてきたが、どこの学童保育でも問題が山積している。

しかし、働く母親の切実な要求と、児童の健全育成から各地でおこつている学童保育所設置要求の動きは、いつそくとびに満足のいく型体を望むことは無理である。

そこで、現実の切実な要求を満たすものとして「小学校のあき教室利用」の方法は、ひとつの段階として大いに考慮されなければならない。

だが、「学童保育」のよりすぐれた型体を求めるには、その段階にとどまつていることは許されない。

近い将来の目標と、遠い将来の理想的目的のつながりにおいて、現実の問題を処理していくことが大切である。

「学童保育」のあるべき姿は識者によつていろいろ異つたとらえ方があるが、私は次のように考えたい。

学童保育は単に「カギッ子対策」として、その保護にとどまるというとらえ方でなく、児童全体の健全育成としてのクラブ活動の中でとらえられるべきである。

すなわち、地域の児童福祉を高め、児童の健全育成という立場から設置された児童館の中に、特に学童保育を必要とする児童を体系づけていくことである。したがつて、そこには専門の指導者がおり、集団で指導をうけ、集団で生活し遊べる児童館という建物と遊び場が必要である。

その児童館の設置主体は公立であつても、運営は民間で行ないたい。費用は、地域の児童全体の健全育成ということであるから全額公費負担であるが、特に学童保育として体系づけられた児童のみに、昼食費や間食費及び学童保育で必要とする教材費等はその保護者の収入に応じて負担させ、事務費はいつさい公費負担としたい。

ようするに、これからの学童保育は、地域児童の健全育成という大きな活動の中に体系づけられ、それは非行、事故の防止等の消極的態度でなく、もつと積極的な健全育成という意味から「学童保育」をとらえていかなければならないと考える。

現在の保育所が、「保育に欠ける児童」のワクの中でにつちもさつちもいかなくなつている現状をみるとき、学童保育は「カギッ子―保育に欠ける学童」のワクの中で考えると非常に消極的な幾多の問題を将来に残すことになる。

「学童保育の体型」―それは、児童館や学童クラブという地域児童全体の健全育成の一環としてとらえられることが特に重要である。

そのためには学童保育を、学校、保育所、地域、母親、また、教師、保母、指導者、母親、地域住民という関連の中からしつかりとらえ、そのうえにたつてより強力に「学童保育所づくり運動」をすすめていかなければならない。

（保育問題研究会委員）

Ⅳ．働く婦人は学童保育を求めている

— 働く婦人の現状と学童保育の要求 —

一番ガ瀬　康　子

はたらく婦人の数は，年々，ますますふえる傾向にある。

その理由は，生産力の発展にともなう産業構造の変化，また資本主義の高度化にともなう低賃金労働への資本の欲求などとともに，婦人がはたらかざるをえない状況，また働きたいという欲求がしだいに国民生活のなかで深まり高まつてきたからである。

たとえば，３８年７月１日に，厚生省児童局でおこなつた「全国家庭児童調査結果報告」によると，全国の児童のいる世帯の５４．６％の母親が，収入をうるために家事以外の労働に従事している。しかも，そのうちの１６．６％は，「自分の他に働く人がいないから」とこたえており，さらに４６．８％のものが「自分が働かないと家庭の収入が不足するから」とのべている。それは，今日のはたらくものの生活が，いかに厳しいかをものがたつている数字であるといえよう。

工場や会社さらに官庁などではたらいている労働者やサラリーマン家庭においても，夫の賃金だけでは，生活ができない。とくに，たかい家賃をはらい，子どもを１人前に教育してゆこうと思うと，妻もどうしてもはたらかざるをえない。また，商店や小，零細工場主の家庭でもその経営を維持していこうと思えば，妻も就労せざるをえない。ことに，さいきんの若手労働力の不足，また，その賃金高騰より生じた経営責任に対して，自営業主にのこされた道は，家庭をあげての奮斗である。さらに，農業での，主婦の就労はいちじるしい。池田内閣の高度成長政策のもつとも大きな犠牲となつた農村では，農業だけの収入で生活が維持できないため，夫は出稼ぎに，娘やむすこは都市の労働者として出かけていく。そのあとは，ひとえに妻の就労に，農業がゆだねられているのである。

もつとも，婦人がはたらくのは，ただ「貧困」の故だけではない。婦人も，１人の社会人として，また人間として，自らの能力や実力を充分発揮したい。あるいは，自らの位置をたかめ安定させるため，経済的にも自主したいという欲求のあらわれでもある。それは，ながい間の歴史のなかで，しいたげられてきた婦人の切なる願いでもあり，また，婦人解放への欲求でもある。そして，今日の日本国憲法においても，「才２７条　すべて国民は，勤労の権利を有し義務を負う。」と規定されている権利でもあるのだ。

だが，以上のようなもろもろの状況のなかで生じてきた働く母親の６０％ちかくのものが，今日，８時間以上の労働をしており，さらに４分の１以上のものが，１０時間以上の就労をしているのである。（才１表）

そして，その間，はたらく母親にとつて，いちばん気になるのは，なんといつても，こどものことである。「子どもをあずけて安心して働きたい。そのために，たくさんのしかも充分完備した保育所がほしい」という声は，いまや，全国から，しかも，ますます大きくなつてきたのである。

とくに，乳児，幼児の保育所はいうまでもないことであるが，さらに学童の保育施設の必要が，今日，切実な問題となつてきている。それは，働く母親が急速にふえだした昭和３０年前後にうまれた子どもたちが，いまや学令期に達したという事情を背景として，生じてきたものである。「いままで，とにかく保育所に子どもをあずけてがんばつてきたのですが，子どもが学校へいくようになつたら，帰宅後誰も子どものめんどうをみてくれる人がないので，かえつ

働く母の従業上の地位別，1日平均就業時間

（単位：％）

	総数	農業主	農業の家族従事者	事業主	事業の家族	公務員	その他の常用勤労者	日雇勤労者	家内労務者	その他の就業者
総数	100.0	100.0	100.0	100.0	100.0	100.0	100.0	100.0	100.0	100.0
3時間未満	3.4	3. 3.6	2.4	4.5	5.9		3.1		7.2	4.1
3時間～5時間未満	10.9	9.9	9.3	3.0	14.4		17.9		21.8	8.5
5〃～6〃	8.4	8.3	7.4	6.0	8.3		5.0	7.3	21.8	14.1
6〃～〃	15.0	13.2	17.2	6.5	14.3	1.8	17.9	9.5	16.8	16.7
8〃～〃	33.6	39.0	34.4	21.9	22.3	92.9	20.3	75.6	20.5	40.0
10時間以上	25.6	24.0	28.0	55.2	31.9	4.2	32.9	6.1	11.4	11.9
不詳	3.0	2.0	1.2	3.0	2.9	1.2	2.8	1.5	0.7	4.8

厚生省児童局　「全国家庭児童調査結果報告」

て心配になりました。」という声や，「おやつをどうしているかしら，とか，なにかあぶないことをしていないかしらと思うと，働いていてもいたたまれないような気がします。」という声は働く母親のあつまるところでは，あちこちできかれる声である。また，保母さんのなかからも，「せつかく保育所で，よい子どもに成長したと思つていたのに，学校へ行くようになつて，かえつて駄目になつてしまつた。」という声もきかれるのである。

しかも，都市では，さいきんの人間無視の都市計画や貧困な住宅政策のもとに，子どもの遊び場はうばわれてきている。また，農村でも，農業が機械化され，科学化されるとともに，その危険性もふえてきている。かつての牧歌的な子どもの生活は，大きくかわつてきているのである。そのような状況のもとで`毎年の厚生白書が報じるように，幼児から学童期にかけての子どもの死亡率のトップが「事故死」であるという事実を知るとき，いてもたつてもいられなくなるのが，母親の心情である。

とにかく安全に，そしてすこやかに，また未来の歴史をきずくものとして立派に成長してほしい，そのためには，早急に「学童保育」をというのが，はたらく母親の切なるのぞみである。

（日本女子大学，児童福祉審議会委員）

——参考のための資料——

「東京都 昭和39年度 学童保育事業運営要領」と「指導要領」及び それに対する意見

昭和39年度 学童保育事業運営要綱

1 目　的

この要綱は，特別区及び市町村が，都内小学校低学年児童で，放課後帰宅しても保護者の労仂または疾病等の理由により，適切な監護を受けられないもの，およびその地域において遊び場等の適当な環境を得られないものを，一定時間組織的に指導し，その危険防止と不良化防止を図るための事業（以下「学童保育事業」という。）を行なうにつき，必要な基準を定め，もつてこれら児童の健全育成を期することを目的とする。

2 運営主体

学童保育事業の運営は，区市町村が行なうものとする。ただし，公益法人またはその他適当な公共的団体に，その事業を委託することができる。

3 対象児童

学童保育事業は，次に掲げる者を除き，都内の小学校に在籍する低学年事業とする。

(1) いちじるしく心身に障害のある児童

(2) 病気中の児童

4 学童保育の方法

学童保育事業は，次の方法により行うものとする。

(1) 区市町村長は，才9項に定める手続きにより，学童保育の希望者をつのり，才3項の対象となる児童を選定して登録する。

(2) この事業は，学童保育クラブを編成して実施するものとし，これに必要な拠点を設定する。

(3) 学童保育クラブの構成基準数は，おおむね児童３０人以上５０人以下とする。

(4) 指導時間はおおむね下校時から午後5時までとし，その地域の実情に応じ，区市町村長が定める。

5 拠　点

学童保育事業の拠点は，おおむね次に定める施設とする。

(1) 区市町村立の学校の一部，児童館，公民館その他の公共施設で，学童保育の拠点として適当な設備内容を有しているもの。

(2) その他，民有施設（建物）で，学童保育の拠点として設備内容を有し，区市町村が継続して借用できるもの。

6 設備基金

学童保育を行なう場所は，児童福祉施設最底基準に準拠し，おおむね次の設備内容により整備するものとする。

(1) 学童保育を行なう場所は，学童保育を実施するに必要な室（以下「育成室」という）と屋外の遊び場を具備していること。

(2) 育成室には，採光，温度，清潔等児童の保健衛生上の考慮が十分なされていること。

(3) 育成室には，楽器，黒板，机，いす，図書および遊具を備えておくこと。

(4) 育成室には，急病人が発生した場合，応急的措置をとることができるよう家庭医薬品，ほう帯等を備えておくとともに，静養場所および医師をあらかじめ指定しておくこと。

7 職員基準

学童保育クラブを指導する職員（以下指導

員」という。）の配置および任用の基準は次のとおりとする。

(1) 学童保育クラブには，学童保育に必要な非常勤の指導員2名以上おくこと。

(2) 指導員は，次の各号の一に該当する者の中から，区市町村長が任用すること。

ア 保母または教員の資格を有する者

イ 児童の養育に知識経験を有する者

8 業　務

学童保育事業の業務内容は，健康的な遊びの指導をその主たるものとし，必要に応じ生活指導および学習指導を行うものとする。なお，学童保育指導要領は別に定める。

9 入会の手続

学童保育クラブに児童を入会させようとする保護者は「学童保育クラブ入会申請書」（別紙オ5号様式）を居住地区町村の民生担当課に提出するものとする。ただし，一時的または緊急の入会を希望する場合は，この限りでない。

10 備える帳簿

学童保育事業の運営に必要な帳簿は次のとおりとする。

(1) 学童保育クラブには次の帳簿を備えておくこと。

ア 児童台帳（別紙オ1号様式）

イ 育成日誌（別紙オ2号様式）

(2) 区市町村（民生担当課）には，次の帳簿を備えておくこと。

ア 学童保育クラブ台帳（別紙オ3号様式）

イ 学童保育申請登録簿（別紙オ4号様式）

11 資料の提出

都知事は，事業の合理的運営に資するため区市町村長から事業の概要および実績等につき，必要な資料の提出を求めることができる。

12 費用支弁

区市町村は，学童保育事業の設置および運営に要する費用を支弁する。

13 財源措置

学童保育事業の運営に必要な経費についての負担区分等については，次のとおりとする。

(1) 特別区の所要経費については，都区財政調整において措置するものとする。

(2) 市町村の支弁した費用については，別に定める補助金交付要綱により，都がその費用の一部を補助するものとする。

14 適用年月日

この要綱は，昭和39年4月1日から適用する。

東京都「学童保育指導要領」(案)

昭和38年東京都では「学童保育指導要領」（案）を作成，検討を経て，昭和39年7月に成文化されたので，ここではその案に対するわたしたちの意見と成文化されたものを掲載する。

1 目　的

低学年児童で，生活に必要な遊び場等，適当な環境を得られないものに対して，健全な生活環境を与え，遊びの中で無理なく組織づけ，ここを生活の拠点として，明るく活動させるとともに，児童が心身ともに健かに育てられ，将来それぞれの生活において，社会に適応してゆくよう指導することを目的とする。

2 指導の方法

学童保育指導は，児童を健全に育成するための一つの統一された過程であるが，具体的方法として，(1) 余暇指導，(2) 生活指導，(3) 学習指導の三つの部門に分けることができる。しかしこれらはあくまでも独立しているものではなく，有機的な関連性をもつており，児童のすべての活動にかかわるものである。

3 指 導 の 内 容

(1) 余 暇 指 導

イ 児童は学校において，精神的，肉体的に或る程度の強制をうけているので，放課後は開放感のため活動的となり，その生活の大部分を遊びの中で過しながら，そこに最も大きい関心と興味を求めている。余暇指導はこれら児童の関心と興味を，個別的，集団的に指導することによつて，児童の健全な育成をはかるものである。

ロ 余暇指導の具体的内容として，遊具による遊び，集団遊び，音楽，舞踊，読書，絵画，製作，お話，紙芝居，人形芝居，劇，映画，遠足，運動等があり，これらの中から適当なものを選んで個別的，集団的に行い，特に，児童の自主的活動を尊重しなければならない。

(2) 生 活 指 導

イ 生活指導は，児童が日常生活の中で，社会の健全な一員として活動できるための，人格形成を目的として行われるものである。従つて将来健全な社会生活を営む上に必要な社会的習慣の習得に努めることが重要である。

ロ 生活指導の具体的内容として，基礎的生活習慣の習得，保健衛生観念の指導，規律の尊重，道徳的心情の昂揚，経済観念の助長，社会性の育成等がある。

特に，交通事故，誘かい等の危険防止，並びに不良化防止についての指導は，日日の行動の中にもとり入れ，児童の心身の保全に努めるとともに，社会環境の浄化，地域補導体制への参加等，関係各機関と連絡をとりながら，児童の健全育成を図らなければならない。

(3) 学 習 指 導

イ 学習指導は，児童が健全な社会生活を営み，これらの社会に適応するために必要な，最も基礎的知識水準を賦与することを目的として行われるものである。しかし「学習」は児童自ら経験し，考えることによつて成立するわけであるから，その活動が，自発的，積極的になされることが重要である。

ロ 学習指導の内容は，国語，算数，社会科，理科，体育，音楽，図画，工作，家庭科等，学校の教材に基づいて行うことが必要であるが，あくまでも家庭において，宿題を整理する程度にとどめておくべきである。

4 指 導 計 画

指導内容及び指導方法について，プログラムを編成し，実施することは指導をより効率的に行うものであるから，児童の指導は，日日および年間の実施計画にもとずいて行い，つねに合理的運営に努めなければならない。

なお，日課表については，おおむね本頁下掲の例により実施すること。

5 諸記録及び関係書類

児童が入会してから，退会するまでの諸記録を，系統的に整備することは，児童の現在および将来に生起する諸問題について，適確な資料を与えるものである。従つて，諸記録及び関係書類への記入は，客観的立場から慎

12.00	1.00	2.00	3.00	4.00	5.00
下校	指導開始	学習および 室内ゲーム	おやつ	グループ指導 自由遊び	指導終了

重かつ正確に行わなければならない。

なお，児童の入会にともなう記録及び関係書類は次のとおりである。

1 児童台帳（要綱様式才1号）
2 育成日記（要綱様式才2号）
3 育成記録（別紙様式 1 ）
4 その他

東京都学童保育指導要領

1 趣 旨

この要領は，「学童保育事業運営要綱」（昭和39年7月21日付39民児童発才234号）才8項の規定に基づき，学童保育事業の運営にあたり，児童の指導上留意すべき必要な事項を定めるものとする。

2 指導の方法

学童保育の指導方法は，(1) 余暇指導，(2) 生活指導，(3) 学習指導の三つの部門に分けることができる。しかし，これらは独立しているものでなく，有機的な関連をもつているので，指導にあたつては，児童の生活の全般にわたつて配慮する必要がある。

3 指導の内容

(1) 余暇指導

ア 児童は学校において，精神的，肉体的にある程度の強制をうけているので，放課後は解放感のため活動的となり，その生活の大部分を遊びの中で過しながら，そこに最も大きい関心と興味を求めている。余暇指導は，これら児童の関心と興味を，個別的，集団的に指導することによつて，児童の情操を豊かにするものである。

イ 余暇指導の具体的内容として，遊具による遊び，集団遊び，音楽，舞踊，読書絵画，製作，お話，紙芝居，人形芝居，劇，映画，遠足，運動等があり，これらの中から適当なものを選んで，個別的，集団的に行なうとともに，特に，児童の自主的活動を尊重するように努めなければならない。

(2) 生活指導

ア 生活指導は，児童が日常生活の中で，社会の一員として活動できるための，人格形成を目的として行なわれるものである。従つて，将来，児童が健全な社会生活を営む上に必要な社会的習慣を習得させるよう，指導することが重要である。

イ 生活指導の具体的内容として，基礎的生活習慣の習得，保健衛生観念の指導，規律の尊重，道徳的心情の高揚，経済観念の助長，社会性の育成等がある。

特に，交通事故，誘かい等の危険防止及び不良化防止についての指導は，日々の行動の中にもとり入れ，児童の心身の保全に努めるとともに，社会環境の浄化地域補導体制への参加等，関係各機関と連絡をとりながら，児童の健全育成を図らなければならない。

(3) 学習指導

ア 学習指導は，児童が学校において修得する教科内容を，補完的に指導することにより，児童の学習意欲を助長するものである。

イ 学習指導の具体的内容は，国語，算数，社会，理科，体育，音楽，図画工作，家庭科等，学校の教材に基づいて行なうことが必要であるが，あくまでも家庭において，宿題を整理する程度にとどめておくべきである。

4 指導計画

児童の指導は，それを効率的に行なうため日々，週間，月間および年間の実施計画に基づいて実施し，常に体系的運営に努めなければならない。

なお，日課表については，おおむね次頁上

12.00	1.00	2.00	3.00	4.00	5.00
下校	指導開始	学習及び 室内ゲーム	おやつ	グループ指導 自由遊び	指導終了

掲の例により実施すること。

5　健康管理

児童は身体的に未成熟の状態にあり，自ら健康管理をする能力に欠けているので，運動その他によりて身体の発育を促すとともに，一般的疾病予防に努めなければならない。

特に児童に対する手洗い，うがい等の衛生的習慣の養成，下水，排水，便所，汚物及び塵芥処理等についての管理，室内の通風，彩光，保温等の環境整備に注意するとともに病気に際しての医薬品の準備，医師等の医療機関への連絡先確認など，適宜な措置を講じておかなければならない。

なお，職員の健康管理については，児童に常時接触するため，伝染病の疾患について予防措置を講ずるとともに，定期的な健康診断をすることが必要である。

6　保護者等との連絡

学童保育の指導にあたつては，必要に応じ，児童の健康や行動について，児童の保護者や学校の教師と連絡をとり，その協力を求めなければならない。

また，児童相談所，福祉事務所等の公的機関及び社会福祉協議会，青少年問題協議会等の社会福祉団体と協調を図り，あるいは児童をして，学生，地域子供会，青年団体，町会等の行なうボランテイア活動にも参加させるよう努めることが大切である。

7　諸記録及び関係書類

児童が入会してから退会するまでの諸記録を，系統的に整備することは，児童の現在及び将来に生起する諸問題について，適確な資料を与えるものである。従つて，諸記録及び関係書類への記入は，客観的立場から慎重かつ正確に行なわなければならない。

なお，児童の入会にともなう記録及び関係書類は次のとおりである。

1）児童台帳（要綱，別紙オ1号様式）
2）育成日記（要綱，別紙オ2号様式）
3）育成記録（別紙　様式1）

学童保育連絡協議会
ニュース NO 4

指導要領案に対する私たちの意見①

——板橋みどり会——

「学童保育」は未だ制度化されたものでなく，必要に迫まられて全く自然発生的に其処所処に芽生えたものであるから，その目的や指導方針についても亦区々であつて現在まで一つに規定されているものはない。

個々の学童保育所の生まれた過程や条件等によつてそれぞれ特徴を持つているのであつて，上からの指導は全くなく，横のつながりも未だ弱く部分的である。

従つて学童保育の在り方については即に実施しており十カ所内外の各学童保育実践者が中心となつて，保育，教育の専門家，その他関心ある人々が集まつて討論し研究し，一日も早くその目的や方針が明確にされることが望ましい。

1　学童保育の目的

学童保育の直接的，当面緊急の任務は，両親共働きのため下校後保護者なしに放置されている小学校低学年児を，父母に代つて保護し，交通禍，非行化の危険から守る，ということであるが，その目的は必ずしもこれに尽きるものではないと考える。

母親が在宅し家事に従事している場合でも必らずしも子供の教育が万全であるとは言えない。その上現在の社会では大勢の子供たちが互いに触れ合い，けんかをしたり仲良くしたりして生活する中で種々の徳性を身につけ社会人として成長できる自然の環境が極めて稀である。即ち，子供たちが大勢集まつて遊べる広場が非常に少い。交通難のため子供たちは遠くまであそびに行けない。家族も交通禍，非行化をおそれて子供の外出をあまり喜ばない。等々のため一日中一室にこもつてテレビを見ている子供が多く，交友関係も隣近所の数名に限られる場合が多い。こういう状態では不健康，内攻的になり，欲求不満のはけ口が無く，心身共に正常な発達が阻害されてくる。

この様な状態を打破するためには，どうしても放課後から夕方迄の時間を適当な場所と指導者のある子供集団の中で生活させることが望ましいのである。その子供集団は勿論教科の勉強を目的とする学校とは全然ちがつたもつと自由な，家庭的雰囲気の，親しみあるもので，しかも一貫した教育的意図の下に計画されたものでなければならない。そうした集団の中でこそ子供たちは交通の危険に対処する方法も習得し，子供本来の活動性を有効に消費することによつて一人一人の可能性も育ち高められて，非行化とは全く無縁の存在となるであろう。

従つて学童保育は，単なる下校後の児童の安全保護だけでなく，勿論教科の補習でもなく，子供の全面発達を助ける集団的生活指導の場でなければならないと思う。

2　学童保育の指導方針

以上の目的を実現するための指導方針としては，子供対大人の関係で教え，説得するのではなく，子供自身が集団の中で仲間と共に人間として対等な関係を結びながら種々の生活経験を通して自分を高め発展させてゆけるようなものでありたい。集団の中でそれぞれ十分に自己を主張すると同時に相手をも理解し，相互に批判し合いながら，集団の利益を考え，その集団の中で自分も向上できる様な集団をつくり，それを積み重ねて，いきいきとした子どもと大人の集団の質を高めてゆけるようにしていきたいと思う。

そのために，子供たちの過去の生育歴を調査し，学校や家庭と連絡をとり，一人一人の発達段階に沿つて認識の筋道をさぐりながら生活を指導してゆくことが大切である。又，保育者の児童観を明確にし，父母との話し合いによつて両者が同一歩調をとることができるようにしたいと思う。

みどり会の月例父母の会で「どんな子供に育てたいか」と話し合い，その理想像について各人から発言してもらつたことがあつた。父母，運営委員，保育者から一言づつ出された児童像を取捨選択し，極限に要約したのが次のことばであり，みどり会は今これを目指して日々の指導にとりくんでいる。

○自分を大切にするとともに他を大切にし，平和を愛する。

○自分の目でみつめ，自分の頭で考え，自分の口ではつきりものを言い。

○勇気をもつて行動する。

この極度に煮詰めた短いことばの元になつたものは，右に挙げた他に

何でもみんなと一緒にやろうという実行力

人の迷惑にならないように，できたら人のためにつくせる様に。

○素直　○明朗　○正直

○生命を大切にする。

等々，いくつかの捨てがたい，それぞれの人柄を偲ばせる佳いことばがあつた。父母と一緒に考えたことによつてこのことばはみどり会の子供の目指す道であると同時に，其の父母，保育者の信条ともなつて日々に生き，みどり会という集団を一層しつかりした，一人一人にとつて親しみのあるものに育てゝいるのではないかと思う。いずれにしても，以上の諸点が都の学童指導要領のなかでも生かされていない限り，仏つくつて魂いれずという

結果になりかねない。都理事者側の一層の検討を期待するものである。

指導要領案に対する私たちの意見②
——青戸学童保育会——

1　はじめに

「学童保育所を造らなければならない」という声は，日ましに強くなり，その運動が都内各地でねばり強く行なわれている。しかし，学童保育の運動は6年の歴史をもつとはいいながら，幼稚園や保育園に比べると日も浅くその重要性はは全く認識されていないといつても過言ではない。それは，公私立を問わず既設の学童保育所が数えるほどしかなく，保育に欠ける学童の殆どすべてが危険な状態に放置されている事実，また既設の学童保育所が赤字につぐ赤字で経営困難におち入つている事実に徴して明らかであろう。

このような時点において，東京都は学童保育の社会的意義と重要性を認め，全国にさきがけて学童保育育成のための予算を計上し，「学童保育指導要領案」を公表した。これは，日本の社会福祉の歴史の上で画期的な出来事であり，そのもつ歴史的意義は高く評価されなければならない。

学童保育についての理論的研究は，未開拓の分野であり，最近ようやく6年なり3年なりの経験をふまえて指導の内容なり方法についての研究が芽生え始めた所である。したがつて今後の研究にまつ所が大きい。都の学童保育指導要領案は，この種の研究に刺激と素材を与えた点に，大きな意味をもつている。

私たちは，保育については全くの素人であるが，子供を学童保育所に預けている父母として，都の指導要領案を極めて興味深く読んだ。以下にその感想を記して，御教示を得たいと思う。

2　指導要領案に対する意見

(1)　目　的

目的では保育に欠ける子として当然このような措置を受けるべきであり，かつうけさせねばならないという学童の権利と行政担当者の義務づけが不明確である。さらに「社会への適応」という指導を重点においているが，問題は非行防止だけではないのであつて，もつと能動的に未来の社会を建設していく子供たちの社会的，教育的意義づけがあつて当然だと思う。また，ここでは学童保育の対象児の性格があいまいである。保育に欠ける子，すなわち外勤（共稼ぎ）内勤（内職世帯）などの子供たちに万全の保障をするという重点が抜けている。この点を明確にしないと当面緊急の社会福祉行政の課題という位置づけがうかびあがつてこない。

(2)　指導の方法

三領域にわたる指導が，相互に有機的関連をもつ，といつているのは正しい。ただここにとりあげられた三つの部門（余暇指導などという表現を用いているが，学童の生活に余暇などという範疇が存在するかどうか。三部門の設定も適切かどうかについて検討の余地がある）はいわば指導の種類であつて方法ではない。むしろ，「児童を健全に育成するための一つの統一された過程」とみるならば，学校ー学童保育ー家庭をつないだ太い線を一本提示したうえで，方法論がたてられねばならないと思う。このなかで，わずかに方法論的な表現を用いているのは余暇指導のなかの個別的，集団的指導体制に属する部分である。この指導を全体のなかでどう組合わせ，結合していくかを，もうすこし具体化しなければならない。

(3)　指導の内容

まえにも述べたように，子供に余暇の概念を適用することは正しくないのではなかろうか。学校の授業が中心であることはまちがいないが，だからといつて下校後の生活が空白であり，ひまつぶしであるとどうして断定できよう。学童にとつて「遊び」は創造的な仕事のあり，学習であつて「余暇」などではない。したがつて，個別的，集団的な遊びの指導体系を確立すべきだと思う。

生活指導の部では，「具体的な内容として」というまえおきで，いくつかの重点項目がならべられている。しかし，いずれもまえおきとはちがつて具体性にとぼしい。交通事故，誘かい等の危険防止についての指導は，相当に具体性をもたせているが，その他の部分は項目を羅列しただけで，いつこうに指導のイメージがわいてこない。悪く解釈されると旧来の道徳，慣習，規律の枠のなかに適応させ，とじこめていくという指導方向すら生じかねない。現代の社会のゆがみのなかで，何が正しく，何が誤つているかという正しい社会的判断力をつけさせることこそ，生活指導の重点におかれるべきだと考えるがどうだろう。

学習指導についても同様のことが云える。この点については，学校教育，とくに児童の在籍校，担任教師との連絡を機構的にも機能的にも確立していくことが重要ではないかと思うのである。ただ単に「宿題を整理する程度にとどめておくべきである」という形でよいかどうか。

私たちの考えでは，　1指導内容は生活指導に重点をおき，2情そう指導，3学習指導という整理が適当ではないかと思う。（くわしいことは青戸学童保育会指導方針案参照のこと一青戸学童ニュース2号）

(4)　指導計画は現状にあわせて

指導計画は，保育園でも園児の状態や設備によつてカリキユラムやプログラムが相異するように学童保育の場合も一率には考えられない。しかし，一応の基準を提示したという意味でわからないことはない。ただ，日課表のサンプルには，いくつか問題を感じる。一つは，指導終了の時間である。子供の両親の職場の所在，家庭状況などもあるだろうが，5時の指導終了では，現状にまつたくそわない。最低6時から6時30分（青戸の場合は6時半）までは確保しなければならない。この時間の区切り方は単に一指導計画の問題ではなく，学童保育にたいする都の基本理念，社会的，教育的見地にたつた理論的位置づけの弱さにつながるものではないかと思う。「カギつ子」を便宜的に「あずかつてやろう」という考え方が，正規の職員をやとわずパートでまかなう，終了時間は5時，あるいは目的のあいまいさというあらわれ方をしていると思うのである。

学童保育の必要性は，すでに社会的要請になつている。便宜的なものとしてではなく，保育園，学校といつた公的な施設とまつたく同じ観点で必要性をあきらかにし，真剣な取組みを強く期待したい。

オ二の問題は，グループ指導，自由遊びの内容である。実施要領的なものがないのでよく理解できないが，家の面積，児童公園的な施設の併設を考慮してもらい，楽しいグループ指導の実施がのぞましい。交通禍の多い都内の場合，自由遊びについても特別の配慮がいるのではないか。

以上，きわめて簡単に感じたままを書いてみた。このほか大切なこととしては，家庭との緊密な連携が盛りこまれていないことなど問題は無数にあると思う。しかし，こういつたことは，いずれ具体的な実践のなかで克服されていくであろうし，指導案の検討の過程でもただされていくものと考える。折角のチャンスでもあり，ぜひ立派な都の学童保育指導要領が作成されるようみんなの知恵をよせ集めていただきたいと心から念願している。

参考のための資料集

東京都北区における「学童保育施設」の設置状況について

東京都北区における「学童保育施設」の設置状況について

昭和３８年度に東京都が出した学童保育指導要領（案）と補導金予算は，とにかく劃期的なものであつた。

都内２３区では，すぐこれを受けとめて実施にふみだすことをためらつたが，その構想は区民の要望や学童保育の放課後の放任状態を身近かに感じている区としては，耳を傾けるに価するものだつたのではないだろうか。

とりわけ北区は，区内にすでに６～７年の実績をもつ２つの私立学童保育をかかえ，また区長の裁断による補助金を（年間約２６万円）出していただけに，他区に先んじて，この学童保育の問題をとりあげ，推進したものだといえよう。

北区における学童保育事業の特徴は次のような点にみられる。

①地域社会団体（町会，ＰＴＡ等）が構成する「〇〇学童保育クラブ運営委員会」を事業主体として認定し，それに補助金を与えて事業の遂行をはからせること， ②区教育委員会，社会教育課に所管させ主として公立小学校の余裕施設を活用させること，事情によつては民有施設を充てることをも認めることなど，融通性のある運用を企画したこと（民有施設の場合は維持管理費の交付を別に考慮するということを含む）。 ③教育委員会所管ではあるが，事業の内容として教育面のみの強調でなく児童福祉の面をも併せて考慮し，地域諸団体の創意性をくみ上げようとしていることなど。

次に「北区学童保育要綱」「学童保育クラブ運営委員会設置及び運営基準」を資料としてあげておく。

なお，この要綱と基準を参照して作られた「北区豊島学童保育クラブ運営委員会規定と豊島学　保育クラブ実行予算案」をのせておく。

(北区)豊島学童保育クラブ運営委員会規定

１　総　則

本運営委員会は事業を完全に遂行するため事務所を豊島３丁目２番地に置く。

運営委員会（以下委員会という）の設置および運営については次の基準による。

２　目　的

両親　とくに母親の就労等により保育を必要とする児童に対し，その地域関係者の協力を得て児童を健全に育成することと，この事業を円滑かつ効果的に実施するために委員会を設置する。

３　構　成

委員会は左記範囲の者をもつて構成する。ただし任期はその職にある期間とする。

(1)　地域学校長の代表
(2)　ＰＴＡ関係の代表
(3)　関係地域の自治会又は町会代表
(4)　青少年対策地区委員会代表
(5)　保育事業に従事している指導員
(6)　保護者代表
(7)　民間施設の場合管理責任者
(8)　その他適当と思われるもの

４　運営および任務

委員会は構成された委員のうちから委員長，副委員長会計及び監査を選出し運営する。但し委員長，副委員長，会計は任期を２年とする。委員長は必要に応じて会議を招集し，次の事項を決定する。

(1) 事業計画　4月1日より翌年3月末日とする。

(2) 予算・決算　4月1日より翌年3月末日とする。

(3) 運　営

　一、入園基準について

　二、減免規定の適用基準

　三、職員人事給与

(4) その他運営に必要なる事項

北区学童保育事業要項

1 目　的

この要綱は北区内の区立小学校の低学年児童で両親とくに母親の就労によつて学校から帰宅しても放置されている児童に対して，その児童の属する地域社会等が協力して児童の危険防止，不良化防止をはかるため児童の余暇指導を重点に生活指導，学習指導等の事業（以下「学童保育事業」）を行なう場合において北区がこれに要する費用の一部をそれらの団体に補助することによつて，これらの児童の健全育成を期することを目的とする。

2 事業主体

地域社会団体（町会，ＰＴＡ等）あるいは有志指導者等が『○○学童保育クラブ運営委員会』を結成して，事業主体となりこれの事業の遂行をはかる。

3 対象児童

北区立小学校の低学年に在学中の児童，ただし高学年に姉兄のある場合は，その児童も含む，ただし次の児童は除く。

① いちじるしく心身に障害のある児童

② 病気中の児童

4 設置場所

① 北区立小学校の一部，その他公の施設で学童保育の事業に適当な設備内容をもつているもの。

② 民有施設（建物）で学童保育の事業に適当な設備内容をもつているもの。

5 学童保育の方法

① 学童保育の事業主体により学童保育の希望をつのり才三項の対象となる児童を選定する。

② 学童保育の保育児童基準は30名以上50名までとする。

③ 保育時間はおおむね下校時間から午後6時を限度とする。

④ 保育料は補助交付基準に示された経費等を勘案し児童にかける負担を最少限度に止めなければならない。

6 設備基準

① 学童保育を行なう場所は学童保育を実施するに必要な室（以下「育成室」という）と屋外の遊び場を具備していること。

② 育成室は採光，温度，清潔等児童の保健衛生上の考慮が十分にされていること。

③ 育成室は楽器，黒板，机，椅子，図書，遊具等を備えておくこと。

④ 育成室には，急病人が発生した場合，応急措置をとることができるように家庭医薬品，ほう帯等を備えておくとともに静養場所，医師等をあらかじめ指定しておくこと。

7 指導員

学童保育の実際の指導は保母または教員の資格を有するもの，もしくは児童の養育に知識経験を有するもの等2名以上いることが望ましい。

8 業務

① 余暇指導，児童は学校において精神的，肉体的にある程度強制をうけるので，放課後は開放感のため活動的になるので余暇指

導はこれらの児童の関心と興味を個別的集団的に指導することによつて児童の健全な育成をはかる。

② 生活指導　交通事故，誘かい等の危険防止等日々の行動の中にとり入れ関係各機関とも連絡をとり児童の健全な育成をはかる。

③ 学習指導　家庭において宿題を整理する程度にとどめる。

9 入会手続

学童保育クラブに児童を入会させようとする保護者は「学童保育クラブ入会申請書」を二通作成のうえ当該クラブに提出する。うち一通は区長に送付する。

10 報　告

「学童保育クラブ」の責任者は実績報告書，経理報告書その他予算，決算の報告は別に定める要領により区長に報告しなければならない。

11 政治的中立性

教育基本法の精神にもとずき「学童保育」の場においては政治的中立性を確保しなければならない。（補助交付基準表は下記の通り）

北区学童保育クラブ運営委員会設置および運営基準

学童保育クラブ運営委員会（以下委員会と称する）の設置および運営については，次の基準によるものとする。

1 目　的

両親，とくに母親の就労等により保育を必要とする児童に対し，その地域関係者の協力を得て児童を健全に育成することと，この事業を円滑かつ効果的に実施するために委員会を設置する。

2 構　成

委員会は左記範囲の者をもつて構成する。ただし任期はその職にある期間とする。

(1) 施設提供校々長（民間施設の場合，管理責任者）および教頭，生活指導主任。
(2) ＰＴＡ関係の代表
(3) 関係地域の自治会又は町会代表
(4) 青少年対策地区委員会代表

補助交付基準表

補助事項	定数	1カ所当り補助算定基準額				備考
		日数	基本額	1カ月	年間	
人件費	定員 30名～ 50名まで	1カ月 25日	1人月額 12,500円	2名 25,000円	円 300,000	補助基本額に保育日数を乗じた数
間食費	定員 30名まで	1カ月 25日	1人1日 10円	7,500円	円 90,000	
消耗品費	定員 30名まで	1カ月 25日	1人1日 5円	3,750円	円 45,000	
備品費 （設備）					円 40,000	テレビ，ラジオ，オルガン，黒板等の講入費
計				月額 36,250円	円 475,000	

補助交付基準額　　1カ月　　475,000円

☆なお民有施設の維持管理費（建物借料，光熱水費）等は実績を勘案し考慮する。

(5) 保育事業に従事している指導員
(6) その他適当と思われるもの

3 運営および任務

委員会は構成された委員のうちから委員長，副委員長等を選出し運営する。委員長は必要に応じて会議を招集し，次の事項を決定する。

(1) 事業計画
(2) 予算・決算
(3) 運営

北区豊島保育クラブ
実行予算案

(昭和39,7,17)

1 収支予算書

項目	実行予算	公的財源	家庭負担	其他
区補助金	四七五、〇〇〇	五一〇、〇〇〇		
共同募金等	三五、〇〇〇			
家庭負担	三二〇、六〇〇		三二〇、六〇〇	
諸寄附金	八四、〇〇〇			一一五、四八九
繰越金	三一、四八九			
収入合計	九四六、〇八九			
家賃光熱費	〇	〇	〇	〇
おやつ代	一五七、五〇〇	九〇、〇〇〇	八四、〇〇〇	一六、五〇〇
備品費	四〇、〇〇〇	四〇、〇〇〇	〇	〇
運営費	一四八、五八九	三五、〇〇〇 四五、〇〇〇	二三六、六〇〇	一三一、九八九
人件費	六〇〇、〇〇〇	三〇〇、〇〇〇		
合計	九四六、〇八九	五一〇、〇〇〇	三二〇、六〇〇	一一五、四八九

説明

区当局の475,000円の補助金の内訳は

人件費　月当り12,500×2名×12カ月………300,000（賞与その他は含まれない）

おやつ代　1名1日10円，25日，30名，12ケ月……90,000（30名分しか組まれてないので当クラブの場合，35名収容とすると実質1人1日8円57銭となる）

備品費　年額40,000円である。（月当り3,333円）

運営費　月額3,750×12ケ月………45,000

(イ) 人件費

保母二名（二六、五〇〇＋一五、五〇〇）×一二ケ月、常支年三ケ月　四八〇、〇〇〇
パート一名　月五、〇〇〇×一二ケ月、御礼八、〇〇〇　六八、〇〇〇
通勤費　月二、四六〇×一二ケ月　三〇、〇〇〇
法定福利費　二二、〇〇〇
合計　六〇〇、〇〇〇

(ロ) おやつ代

1人1日15円月25日，35名12ケ月……157,500

◎当初予算では1人1日10円37名分，年額111,000だつたが，区当局の補助金が確定したので15円に引上げた。

(ハ) 備品費は扇風機毛布など約2万円相当が区より現物支給が約束された。

(ニ) 運営費の費目別は次のとおりである。

（次頁上欄参照）

(ホ) 家庭負担は

当初予算1ケ月900円並におやつ代200円合計1,100円だつたが，区の※

費目	当初予算	増減	実行予算
行事費	42,000	0	42,000
教材遊具費	42,000	0	42,000
研究費	6,000	0	6,000
事務費	5,000	0	5,0000
衛生費	4,000	0	4,000
修繕費	6,000	0	6,000
暖房費費	10,000	0	10,000
雑費	6,000	0	6,000
予備費	7,000	20,589	27,589
合計	128,000	20,589	148,589

※) 補助金増額を機会に，保育料を600円，おやつ代200円計800円とし生活保護適用者は保育料免除おやつ代だけ200円とし，教育扶助適用者は保育料半額300円，おやつ代200円を含めて計500円とした。

(保育料収入)

24名・600円・12ケ月……172,800
8名・300円・12ケ月……28,800
3名・0 12ケ月…… 0

合計 201,600

(おやつ代)

35名・200円・02ケ月……84,000

(行事費負担金) 遠足その他

年額 35,000

総合計 320,600

国庫補助による児童館の設置運営

国庫補助による児童館の設置運営について

厚生省発児141号
昭和38年7月11日

各都道府県知事
各指定都市の市長 殿

厚生省事務官

1 性格

国庫補助の対象となる児童館は，児童福祉法に基づく施設であつて，小地域を対象として児童に健全な遊びを与え，幼児または少年を個別的におよび集団的に指導して児童の健康を増進し，情操をゆたかにするとともに，子供会，母親クラブ等の地域組織活動の育成助長をはかる等，児童の健全育成に関する綜合的な機能を有するものである。

2 設置および経営の主体

設置および経営の主体は市町村（特別区を含む，以下同じ）とする。ただし経営を社会福祉法人たる市町村社会福祉協議会に委託することができる。

3 設備および運営

設備および運営については児童福祉施設最低基準によるものとするが，とくに次の点について留意すること。

① 設備

(1) 設備は採光，換気等利用している者の保健衛生およびこれらの者に対する危害防止に十分な考慮を払つて設けること。

(2) 建物は48坪以上とし，適当な広場を有すること。

(3) 建物には集会室，遊戯室，図書室，便所，湯沸場および事務執行に必要な設備のほか，必要に応じ映写室，静養室等を設けること。

(4) 児童のため図書，遊具，医療品等を設けること。

② 職員

2名以上専任の児童厚生員をおき，必要に応じその他の職員をおくこと。

③ 運営

(1) 運営管理の責任者を定めるとともに，集団的に指導する児童の把握，保護者との連絡事故防止等を含めた管理規定を設け，円滑な運営を期すること。

(2) 子供会，母親クラブ等の地域組織活動の育成助長をはかること。

(3) 運営委員会を設置し，その意見をきくこと。

(4) 他の機関，施設および有志指導者（ボランテイヤ）との連繋をはかり，その協力を求めること。

④ その他

児童館が児童福祉オ24条のただし書に該当する機能を有する場合には保育所に関する児童福祉施設最低基準の精神を尊重すること。

4 経費の補助

本施設の設備および運営に要する費用は市町村が支弁し，都道府県は市町村の支弁した費用の3分の2以内の金額を補助することとし，国庫は予算の範囲内において都道府県が補助した金額の2分の1以内（指定都市については3分1以内）を補助する。

国庫補助による児童館の運営について

厚生省発児才756号
昭和38年7月24日

各都道府県知事
各指定都市の市長　殿

厚生省児童局長

標記児童館の運営費の国庫補助については，昭和38年7月11日厚生省発児才141号厚生事務次官通知により，各都道府県知事及び各指定都市の市長あて通達されたところであるが，特に次の事項に留意し，児童館の運営につき万全を期されたい。

才1　性格

1　機能

児童館は，児童福祉法才40条に規定する目的を達成するために，児童福祉施設最低基準によつて運営を行うものであるが，国庫補助の対象となる児童館は，児童館の一般的機能とともに特に次の機能を有するものであること。

(1)　健全な遊びを通して，児童の集団的及び個別的指導を行なうこと。

(2)　子供会，母親クラブ等の地域組織活動の育成助長をはかること。

(3)　その他，地域の児童の健全育成に必要な活動を行なうこと。

2　対象児童

(1)　指導の対象となる児童は，おおむね3才以上の幼児（以下「幼児」という。）又は小学校1年～3年の少年（以下「学童」という。）であつて，家庭環境，地域環境及び交友関係等に問題があり，指導を必要とする者とすること。

(2)　必要に応じて(1)に掲げる以外の児童であつても指導の対象に加えることができること。

才2　運営

1　児童の管理

(1)　指導の対象になる児童の決定は市町村長がこれを行なうこと。

(2)　指導を行なう児童については，その住所，氏名，年令及び世帯員の状況等を明らかにしておくこと。

(3)　幼児又は学童の集団指導は，それぞれ別な集団として行ない，また，その指導の担当者を定め，組織的継続的に行なわれるよう配慮すること。

2　遊びの指導

児童館における遊びは，児童福祉施設最低基準才62条によるものであるが，そのほか次の事項にも留意すること。

(1)　児童の体力，活動力を培養するための組織的体育遊び等を集団的に実施すること。

(2)　遊びをとおして，安全に関する注意力，危険回避能力の養成等，事故防止のための積極的安全指導にも十分配慮すること。

3　児童館の利用時間

児童館の利用時間は，地域の必要に応じて定めることとし，おおむね次のような点に留意すること。

(1)　指導の対象となる児童の集団指導及び個別指導は幼児については主として午前中とし，学童については主として下校時より夕刻までとすること。

(2)　一般児童は，開館時間中は自由に利用させるものとし，集団指導を行なう時間中においては，これに支障を及ぼさないように一般児童の利用を制限すること。なお，一般児童についてもなるべくクラブ組織による集団的活動を行なうよう指導すること。

(3)　勤労少年，母親クラブ等は夜間の利用も考慮すること。

(4)　日曜日及び祝祭日の利用時間は，地域の実情に応じて適宜定めるものとすること。

―41―

4　職員の勤務時間

(1)　児童館の開館時間が8時間をこえる場合には施設長はそれぞれの職員の担当する業務によつて，勤務時間に時差を定め，児童館の運営を地域の必要に即したものとして，運営の円滑化をはかること。ただし，幼児又は学童の集団指導を行なう時間中は必ず2人以上の児童厚生員が勤務するよう配慮すること。

5　地域社会及び他の児童福祉関係機関等との連けい

(2)　児童館の運営にあたつては，地域社会との連けいを密にするため，社会福祉協議会，児童委員，子供会，母親クラブ等の地域組織，婦人会，青年団，公民館等関係機関の代表者及び学識経験者等を委員とする児童館運営協議会を設置し，その意見をきくこと。

(3)　地域の児童に関係のある児童福祉施設，学校等と連けいを密にするとともに，児童相談所，福祉事務所，保健所等の積極的協力を求めるようにすること。

(3)　児童の遊び等の指導について，特別な技能を有する人々に有志指導者（ボランテイア）として，協力を求めるほかさらに，その発見や養成につとめること。

(4)　児童館は子供会，母親クラブ等の地域組織活動の場を提供するにとどまらず，その活動について助言をあたえるほか，地域の実情に応じて指導者の養成や訓練につとめるものとすること。

参　考　文　献

<37年　7月>	学童保育の経験から	(婦人民主クラブ・学童保育連絡協議会・神谷こどもクラブ)
<38年　6月号>	学童保育を実施して	(「厚生」原雲平，川崎市民生局長)
<38年　7月号>	これからの学童保育特集	(「保育の友」)
<38年10月号>	横須賀基督教社会館における学童保育について	(月刊「福祉」)
<39年　4月号>	学童保育みどり会の実践報告	(「板橋の教育」)
<39年　4月号>	経済成長の奇型児ーカギッ子の問題をめぐつて	(矢内正一，大阪社協主事)
<39年　4月号>	学童保育の問題	(「保育の友」，手塚直樹)
<39年　5月号>	学童保育ーカギッ子対策から制度化要求へー	(月刊「福祉」，蓮見みち子)
<39年　5月号>	カギッ子問題をとく鍵	(「厚生」坂間棟治，大阪市社協会長)
<39年　7月号>	学童保育，ほど遠い制度化のみち	(「福祉広報」)

東京都学童保育連絡協議会加盟

形態	名称	連絡先
町会立	豊島子供クラブ	(911) 3616 (呼) 北区豊島町3の2 労仂者クラブ生協内
私立	神谷子供クラブ	(901) 8338 北区神谷町 神谷保育園
〃	板橋みどり会	(956) 1068 板橋区大谷口上町 陽光保育園
〃	白鳩会	(311) 9418 杉並区阿佐ケ谷 阿佐ケ谷保育園
	青戸学童保育の会	葛飾区青戸団地
社団法人	なおみホーム 付属学童保育	世田ケ谷区等々力
私立	友和保育園 学童保育部	(901) 4036 板橋区志村町
宗教法人	キリスト教 社会館児童クラブ	神奈川県横須賀市

その他　公立，渋谷保育園内。三鷹第七小学校内。清瀬町立小学校内。川崎市立市役所

私立，太田区糀谷　なかよし教室等があります。

昭和39年8月1日

学童保育連絡協議会

東京都北区王子3ー7
豊川保育園内
電話(911)ー4661

改　　　訂

よりよい学童保育のために

―その手びきと問題点―

１９６５

学童保育連絡協議会

よりよい学童保育のために

―その手びきと問題点―

目　次

巻頭言

学童保育連絡協議会
会長　近藤　亮三郎

教育全般にわたり今日ほど関心が寄せられているときはない。それは保育園幼稚園を始め、学校教育、家庭教育、非行少年問題だが特に学童保育事業は、必要にせまられて急速に拡がりつつある。

学童保育は社会教育の一環として欠くことの出来ない要素をもっている。児童が放課後家庭に帰った時は両手を差しのべて吾が子を迎えたいのは親の切なる願いである。然しながら現在のように公共料金の値上げ、諸物価の高騰では、生活を維持するための共稼ぎ、片親の場合は当然勤めにでなければ生活をして行くことはできない。自治体も教育者もこれらの家庭の児童に対する現実と対策を充分に考えなければならないであろう。

児童が学校放課後家庭にあってぽっねんと両親の帰宅を待つわびしさや、放浪性のある児童がカバンを家に投げこんで親の帰宅するまで転々として遊びまわることは、これが慣習となって成長するにともなって悪い影響は与えてもよい結果はあり得ない。ただ青少年育成とか未来の人間像とか言葉だけのきれいごとだけで真の青少年の教育憲章とはならないではないか。

放課後の低学年を対象としての学童保育事業は集団教育の中にあって児童のあいだに相互親頼の念をいだかせる。社会と人間の関係を理解し集団的利益に奉仕する自覚は自然のうちに養成され小さいながらも自分のもつ役割に責任を感じるようになって将来規律ある人間をつくる基礎となる社会教育であることを私は経験のなかから申しあげたい。

この事業に対し教育者も地域の有識者も協力いただき学童保育施設がより以上拡充されんことを切望するものである。

序文にかえて

学童保育施設が欲しい

−力を合わせて運動をすすめよう−

学童保育とは 保育所に子どもを預けて安心して働いていた父母も、その子どもがいよいよ保育所をおわり、小学校に入学する時期になると深刻な悩みにぶつかってしまう。保育所と同じように、父母が迎えに行くまで学童を預って教育してくれる施設がないからである。

児童福祉法には、国及び地方公共団体は、児童の保護者とともに、児童を心身ともに健やかに育成する責任を負うこと、及び保育所に乳幼児とともに、児童すなわち学童を入所せしめて、保護し教育すべきことが明記されている。けれども、保育所の絶対数が不足している現状では、これは全くの空文であり、どこの保育所でも乳幼児だけで満員で、学童を受入れるスペースはない。

しかし、仕事をやめることができない以上、親は教育的に配慮された環境の中で、放課後の生活を過せるようにしてやらなければならない。このことは、保育所の保母にとっても、また深刻な悩みであった。数年前、心をこめて教育した子どもたちが、小学校に入学したその日から、危険な状態に放置されるのを見るのは、しのびないことだった。こうして、保育所から小学校に入学した学童のための保育所が欲しい。学童保育所を作らなければならない、という要求が至る所から自然発生的に起ってきたのであった。

要求の正当性はどこにあるか 一方、「婦人よ学庭に帰れ」「育児は家庭の主婦が専心愛情こめて行なうのが最もよい」という宣伝が執拗にくり返えされ、働きにくい状況が職場の内外で作られつつある。これは、中央児童福祉審議会保育制度部会が、昭和38年7月31日に、保育に関する7原則を答申して以来いっそう強化されている。しかし、それにもかかわらず「学童保育所をつくれ」という要求は、日ましに強くなり、その運動は全国的に拡がりつつある。それは何故か。いうまでもなく、学童保育所の要求が、乳幼児の保育所と全く同じ社会的教育的必然性をもっているからである。

学童保育所要求の社会的必然性は、二つの側面をもっている。その一つは、両親の賃金が低く、生活を維持してゆくために、夫婦共稼ぎ、あるいは内職も含めて家族総稼ぎを余儀なくされている経済的側面である。もう一つは、「子供ができたら女性は家庭へ帰れ」という明治以来一貫して支えられている封建的思想をはねかえし、能力に応じて働く婦人の権利と職場を守っていこうという民主主義を守る社会的・政治的側面である。なお、この点では田中寿美子氏の「新しい家庭の創造」（岩波新書）の才２章「日本の社会は家庭を守らない」が参考となろう。

教育的必然性は、松田道雄氏も指摘するように、現代の家庭が教育的環境として十分な条件を備えていない点に求められる。松田氏は、ふさわしくない理由として今の家庭は子どもには狭すぎるし、友だちがたりないことの二点をあげ、婦人が家庭へ帰ったとて問題が解決しないことを述べ、家庭婦人のためにも保育所が必要であると主張している（巨視的しつけ法・筑摩新書）。

たしかに、１対１の家庭保育だけでなく、教育機関としての保育所の、指導された集団の中で切磋琢磨されてこそ、子どもははじめて十全な成長をとげることができる。これは単に乳幼児だけにあてはまるのでなく、学童にとってもまたいいうることである。

カギッ子だけが問題なのではない　したがって学童保育は、発生的には世にいわゆるカギッ子対策として起ってきたが、現段階ではもはやそれのみに止まらず、すべての学童の問題として取上げられなければならない。

放課後の学童は、好ましい環境を与えられているだろうか。遊び場を取り上げてみてもボーリング場やゴルフ場が続々作られても、子どもの遊び場は全く不足しているではないか。厚生省が発表した全国家庭児童調査の結果によれば、児童のいる家庭の３４％という多数が遊び場の不足を訴えている。全児童の２６％は自分達の遊び場を求めており、１１％は遊び場の設備などの改善を希望している。満足しているのは、わずか２％にも満たない。また、保護者がよい環境にいると思っている児童は、全体の１０％に過ぎないという。いきおい交通禍を恐れて、屋内での遊びが多くなり、身体の発育にも悪影響を及ぼしているし、風呂場での溺死など傷ましい事故が発生している。

また一方、俗悪なテレビや映画の氾濫、悪書や汚職の横行など目にあまるものがある。また企業の所得倍増のため、新聞・ラジオ・テレビとあらゆるマスコミを総動員してのレジャーと消費への呼びかけは、子どもの健康な心をむしばみ、欲求不満を増大させている。子どもたちをちりまく環境は劣悪であり、大人の腐敗と退廃ムードが非行の温床となっている。

国や地方自治体は、このような事態に対処するため青少年保護育成条例を制定しようとしている。しかし、青少年の保護育成は、「子ども白書」が主張するとおり、取締りの条例によってではなく、教育・進学諸制度の民主化と教育施設の完備、社会福祉・文化諸施設の完備、青少年の生活と権利、文化の十分な保障、腐敗した政治の在り方を一掃することによって、はじめて可能である。その意味で、今は児童憲章・児童福祉法・教育基本法の完全実施がなによりも必要なのである。高度成長経済政策の犠牲となって圧迫されている教育費や社会福祉予算を大巾に増大して、前記諸施設の拡充整備を予算的に裏付けることが緊急事なのである。

したがって、乳幼児保育所・学童保育所に限っていえば、国や地方自治体は自らの責任を転稼して「婦人よ家庭に帰れ」などとはかりそめにもいうべきでなく、積極的に設備や内容のすぐれた乳幼児保育所や学童保育所をたくさんつくり、子どもの健康で文化的な生活を保障しなければならない。それ故学童保育は、救貧対策としてのみ取り上げられるべきでなく、また対象児童も小学校1・2年生にのみ限定すべきでない。すべての児童の問題としての取組みがなされるなかで、過半数を占める家事以外の労働に従事する母と、その子が守られなければならない。

忘れられている学童保育　このように、学童保育は社会的教育的必然性をもちながら、現段階では福祉行政と教育行政の谷間にあって、予算はおろか、その必要性すらかえりみられないでいる。このことは、公私立を問わず、既設の学童保育所が数えるほどしかなく今すぐ入所せしめなければならない条件下にある学童の大半が、危険な状態に放置されている事実に徴して明らかである。

したがって目下の急務は、学童保育の社会的教育的必然性と必要性を、国や地方自治体に認識させ、これを制度化することによって、その社会的教育的位置づけを明確にし、十分な予算措置をとらせることである。そして一日もすみやかに、ポストの数ほどの設備と内容の充実した学童保育所を開設させることである。われわれは、子どもを忘れたのは父母ではなく、国や地方自治体であると思う。この忘れられた母と子に、危機的段階にある福祉政策に、太陽の光をあてなければならない。

そのためには、外勤（共働き）・内勤（自営・内職）世帯を問わず、切実な悩みをもち、またこの問題に関心をもっている多くの人たちと手を結び、教育予算、社会福祉予算の大巾増額、ポストの数ほどの乳幼児保育所及び学童保育所の新設、保母の労働条件の改善、児童館、遊び場の増設など広範な要求をかかげ、着実なねばり強い運動を続けなければならない。そして、その運動は現に全国各地で行なわれている。われわれは、決して孤立しているのではない。ただ分散しているだけである。われわれは、日本の子どもを守り、その幸せを確保するために団結しなければならない。

幸い中央の組織として、学童保育連絡協議会（東京都北区王子3の7・豊川保育園内・電話911・4661）が昭和37年5月に発足しているので、ここに結集して運動を進めて行こう。学童保育所をつくりたいと考えている人々、またすでにつくったグループは、ぜひ協議会に連絡をとっていただきたい。

昭和39年8月

学童保育連絡協議会
青戸学童保育会
今城甚造

6

学童保育施設をこのようにしてつくった

―学童保育所づくりをすすめるために―

〔１〕 青戸団地の青戸学童保育所のあゆみ

青戸学童保育所をどのようにしてつくったか

今　城　甚　造

―まず学童保育の勉強を―

青戸学童保育会が公団住宅内に開設している青戸学童保育所は、青戸共同保育園の運動のひとつの発展として生まれたものである。保育園創設時に零才であった子も、どんどん成長して保育園最後の年を迎えた。残された１年間に、われわれは、小学校から帰った子どもたちを温く迎えてくれる人と場所を確保しなければならない。そこで早速準備に着手したわけであるが、以下に開設に至るまでの準備活動や問題点を簡単に述べてみたいと思う。

いよいよ来年は学校という年の４月に、学童保育を必要とする親たちが集まって、学童保育準備会（会費１００円）という組織を作り、毎月研究会を開くことにした。６月に経験者の「北区豊島子どもクラブ」の蓮見先生・「世田谷すずめの学校（今は解散）」の永井先生・「板橋みどり会」の松本先生をお招きして現状や問題点を伺い、やれば出来るのだという自信をえた。

その際、保育所段階とは違い、子どもが通信簿をもらってくるようになると、どんな親でも動揺を押えきれず、それが学童保育のガンになっているときいたので、私たちの気持を合わせていくために「どんな子どもに育てたいか」を中心としてたがいの教育観を語り合った。さらにそれを深め、また私たちの仕事に対する地域の人々の理解と協力をうるために、秋から冬にかけ３回にわたる保育研究会を開催した。チラシを青戸共同保育園を中心に、自治会にも働きかけて広範にくばり、３回通しの会場整理券を買っていただくなど、会員がそれぞれ努力したので、３回とも非常な盛会で、熱心な質疑応答が行なわれた。

法政大学の早川元二先生から「６才児の心理としつけ」、世田谷区三宿小学校長金沢嘉市先生から「小学校入学前後の子供をもつ母親の心構え」、豊島区教育委員宗像なみ子先生から「子どもの新しい出発を成功させるために」と題するお話しをおききした。われわれが、これらの研究会で知りたいと思ったことは、およそ次のとおりである。

① 放課後、母親はどの程度子どもの面倒を見ればよいか。② 「ただ今」、といって帰った時、母親がいない場合どんな影響があるか。③ 学童保育をしようとしている、どんな注意が必要か。④ 放課後の過し方は、どういうのが望ましいか。⑤ 働く母親としてＰＴＡに寄与する姿勢はどういう風なものか。⑥ 学校の担任と父母の考え方がくい違った場合どうすればよいか。

これらの研究会を通して、われわれは子どもが小学校に入った後も、保育所時代と同じ親子関係を持続する限り問題はなく、むしろプラスになることを指摘され、勇気づけられたのであった。例えば、「親が家にいない子の不良化の心配は」、との質問に対して、早川先生は「それは母が勤めに出るという条件にあるのではないか。父親がノンダクレのために母が働かざるを得ないというような、むしろ母の仕事以外の要因があると思う。これからの子どもは、むしろ社会に出て仕事のできる母親の方に魅力を感じますよ。話せる母として尊敬してくれますよ」と激励された。

さらに入学式も迫った3月末に、子どもの入学する中青戸小学校の先生をお招きして、教育方針などをおききした。

ー請願はしたけれどー

こうした活動と平行して、場所をどうするか、指導者は誰にお願いするか、費用はいくらかかるか、会則と運営細則はどらいうものにするか、などどれをとっても重大な問題ばかりであるが、これらの一つ一つについて会合を重ね検討のうえ決定した。幸い指導者には、立派に子どもを育てた経験をもち、学童保育に深い関心をもつておられる星道子先生をお迎えすることができたが、一番困ったのは場所である。

できることなら、子どもたちがわが家のように親しんできた青戸共同保育園に学童保育部を併設してもらいたかったが、これは乳幼児だけで満員であり、予約者が殺倒している以上、とうてい不可能であった。ちようどそのころ、公立青戸保育園が12月に開園される見通しが明らかになり、また学童保育連絡協議会から学童保育に対して都が助成金を交付するとの情報を得た。われわれは、早速3月区議会に、青戸保育園に学童保育所を併設すること、及び青戸学童保育会へ助成金を交付していただくよう請願した。しかしこれは、青戸学童保育会が現実にはまだ発足していないこともあって、十分な理解をうることができず不採択になってしまった。

しかし、学童保育の運動を成功に導くためには、この種の請願や陳情を繰返し実施する必要がある。ところで請願と陳情であるが、陳情は法的拘束力がないので受取りぱなしにされる恐れがある。これに対して、請願は自治体に対し法的拘束力をもち、自治体は審議のうえ提出者に採択されたかどうかを返答しなければならない。だから運動の方法としては、請願の方がより有効である。たゞし請願は、議会召集日の数日前までに議員の紹介をえて提出しなければならないので、いつでも請願権を行使出来るわけではない。したがって、請願と陳情を適宜つかい分けることが必要であろう。

いずれの場合でも、できるだけ多くの署名を集めることが望ましい。それは才1に、地方自治体に対して住民の多くの要求であることを知らせるために、才2には署名を通してより多くの人々に学童保育の必然性と必要性を認識してもらい、運動に参加していただくために必要である。〔請願の具体例は、「区から助成金をもらう」の項参照〕。

さて話がやゝ横道にそれたが、こうしているうちにも日が経って、とうとう3月末になってしまった。そこで止むをえず、6人の家庭を順次開放する持ち廻りの共同保育の形で出発することにし、会長・事務局長・渉外・会計・保健と各自の分担する仕事を決めた。こうして、とにもかくにも1年間の準備期間は終ってしまった。

ー設備は貧しいが楽しい学童ー

昭和38年4月6日の午後2時より、私の家で青戸学童保育所の開所式が行なわれた。集まったのは、入学式を終えた学童6名、担当の星先生、星先生が出張あるいは有給休暇の際に代って指導される村瀬先生、それに親が6名、6畳の部屋は満員で足の踏み場もない位だった。使用できる部屋は、6畳・ダイニングキッチンで、設備としては座机2・リンゴ箱利用の整理箱2・日曜大工の作ったカバン掛とタオル掛・開所祝いにいただいた鉛筆削り、それに雑誌若干という誠にお粗末なもので出発した。もっとも、この外に便所・テレビ・レコードプレイヤーなどを利用することができたが。

こんな貧しい状況の中でも、子供たちは保育園の自由遊びで身につけた創造性を存分に発揮して、実にうまく工夫して遊んだ。座机を横に倒して人形劇の舞台とし、あり合わせの人形や指人形を作り、配役を決めて即席の芝居をするという工合である。開所直後の4月8日に、たどたどしい文字で綴った作文をみて、親はまずまず順調な滑り出しだとホッとしたものである。

ボクの1日　今城周造（中青戸小1年）

たか子ちやんと　くもんくんが　おばけで
あとの　さゆりちやんと　ぼくと　まりちやん
が　おどかされる人で　たのしく　あそびまし
た。はなしは　わすれましたが　とても　おも
しろかった。でも　ちえちやんが　やらなくて
さびしかった。がっこうも　たのしかった
が、かえるときが　つらかった。どうしてかと
いうと　げたばこで　おしあいをしたことと
うんどうじように　でたとき　おしあいをした
ことが　いやだった。やっと　がくどうほいく
の　うちについた。はじめに　じゆうあそび
おべんとう　おえかき　おりがみだった。たの
しかった。これで　おかあさん　おとうさんが
かえってくるだけだ。

われわれが学童保育を始めた際に、「子供たちは学校という集団の中で緊張した生活を行なっているのだから、放課後はのびのびと自由に遊ばせる方がよい。学童保育など……」という批判が間接的に耳に入ってきた。また夕方、ランドセルを背負って帰る子どもに「今ごろ帰るの」と声をかけてくれるおせっかいな子どもや親もあった。このような声の背景には、恐らく「カギッ子でかわいそうに」という意識があるのであろうが、事実は全くこれに反して、「学童」の子どもたちは保母の指導の下に、毎日をのびのびと楽しく遊んだり学んだりしているのである。われわれの青戸共同保育園が団地保育所の才1号であり、そこから生まれた青戸学童保育所も団地学童保育所のトップバッターなので、後に続く人のためにも、どうしても成功させねばならないという責任があった。そこで、このような心ない声に対しては実績で証明するより方法がない。ともかく頑張らなくてはと思ったものである。

―学童保育のイメージ―

われわれが学童保育所をつくったのは、単に共稼ぎの子どもを夕方まで便宜的に預ってもらうためだけではなかった。学童保育にもっともっと積極的な意味を見出していたのである。そのことは、キイプロダクションが関東一円の公団住宅に無料配付している「キイ」紙上に、私の妻が青戸団地を紹介した中に次のように書いていることによっても知られると思う。

「学童保育といっても特別の枠の中に入れるのではなく、或はまた学習塾でもなく、保母さんを中心とする家庭生活のなごやかさの中で、社会生活のルールを身につけさせようとしているわけである。………子供たちの城ともいうべき施設の必要性は、単に学童保育の子供だけの問題ではなく、広く放課後の学童全般についていえることである。………年令の大きくなった子供は一歩外に出ると、全く満足できる遊び場がない。聞けば公団入口にある葛飾営業所が、近々新しく改築されるというが、その中にぜひ児童文化センター（映画も上映でき、会議室にも使える図書室）や、下の家に気兼ねなく跳ねたり、また卓球などのできる小さな体育館を組み入れて、遊び場の不足を立体的拡張によって解決してもらいたいものである」（キイ211号　昭和38年8月5日発行）

今から考えてみると、これはたとえ小規模ではあっても、ソ連のピオニール宮殿や日本の児童館のような施設を考えていたわけであり、その中での学童保育を構想していたのだと思う。そしてそのような学童保育所は、保育所が幼稚園と共に幼年教育の機関であるのと同様、集団生活を通して全人教育を施す教育機関である、との認識が芽生え始めていたのだといえよう。営業所改築に当っての提案は、われわれの力が弱くて実現できなかったが、今日でもそうあってほしいという願いは変っていない。

―指導方針の作成―

理想はともかく、現実には自宅開放の貧しい施設である。しかし、われわれの場合、同じ保育園の同じ年度の卒業生から始まったので、保育園の教育の成果を継承し、それを伸ばして行けばよいという恵まれた条件があった。これが各学年の混合保育であれば、複雑な問題をあれこれを処理せねばならなかったであろうが、保母も父母も学童保育の1年生として、先輩の教を受けながら、共に悩み考え、子どもたちと一緒に成長することができた。保育園の継承としては、社会生活のルールを守ってゆくこと、創造性や自主的判断を尊重すること、話し合いによって物事を処理することなどがあり、これらはその後の経験と共に「青戸学童保育所指導方針」（昭和38年11月30日制定・青戸学童ニュース2号に全文掲載）の中に定着せしめられた。

この青戸学童保育所指導方針により、生活・学習・情操の三領域にわたる指導が、随時有機的に行なわれているが、最も意を用いているのは、家庭的雰囲気の中で行なわれる生活指導である。格別あらたまったカリキュラムはなく、3時のオヤツを前後する大まかな時間帯を設けているだけで、時に応じて遊びの時間が長くなることもあれば、宿題の多い時など夕方まで学習することもある。

青戸の指導方針が制定された直後に、都の学童保育指導要領案が示された。比較検討してみると、考え方において相当の違いを認めたので学童保育連絡協議会ニュース4号に都案に対する青戸の意見を述べた。

ー学校・家庭・保母の連絡は どうしているかー

学校と保母と家庭の緊密な協力は、学童保育を成功させるための必須条件である。保母と家庭の連絡は、夕方お迎え時の話し合いのほか、毎日連絡帳を携行して互に必要な事項を連絡し合う。連絡帳には、父母の勤務先とその電話、かかりつけの医者、かかりやすい病気・保健証の番号などを才1頁に書いておく。その他、毎月1回開かれる父母会の席上で、互に意見を交換し合っている。この父母会は、今のところ会員すべてが委員として保育会の仕事を分担しているので、委員会としての機能を兼ね、学童保育所運営についてのさまざまの問題や、運動をどのように進めて行くべきかなどを、自由に討論し民主的に運営している。

学校との連絡は、もとより重要である。そこでわれわれは、先に触れたように、開設直前に小学校の先生をお招きして話をうかがったし、初めて迎えた夏休み（昨年）に学校を訪問して校長先生とクラス担任の先生との話し合いをもった。クラスＰＴＡには、努めて出席するように心がけているが、出られない場合は、これまた連絡帳で意志を通じ合うようにしている。クラス担任の家庭訪問の際に、学年主任の先生が学童保育所を訪問して、保母と意見を交換し保育の実際を見て行かれた。また、青戸学童ニュースを出すたびに、校長・教頭・各学年主任・クラス担任の先生方にお配りして、学童保育についての理解を深めていたゞくよう努力してきた。

ＰＴＡの会長にも数回会って、学童保育の実情を話し、われわれの運動に対する理解を求めた。またＰＴＡ会報にも投稿して、青戸学童保育会の様子ならびに都内の状況を報告して、一般会員にも学童保育に関心をもっていただくよう訴えた。

昨年秋、葛飾教育組合婦人部が学童保育に関する実態調査を実施した際、調査票作成につき意見を求められたので協力した。その結果、葛飾区内に相当数の保育に欠ける学童が危険な状態で放置されている事実が判明した。

ーニュースを出すー

学童保育所を開設した翌月、青戸共同保育園の総会が開かれた。その席上、学童保育の運動を推進するため準会員になっていただくよう要請した。この呼びかけに20世帯が応じてくれた。本年度に入って、再び青戸共同保育園と、新に公立青戸保育園に呼びかけた所、新加入があって準会員数は３９名に達した。会費は月額５０円（一括払いの場合は年額５００円）で、これは学童保育連絡協議会負担金や青戸学童ニュース発行費などに当てさせていたゞいている。このほか、準備期間に実施したような研究会を開催する予定であったが、昨年度は自治体交渉に全力を傾注せざるを得なかったので、研究会は開けなかった。

青戸学童ニュースは、昨年９月に創刊、本年７月で６号になった。その間、区議会に提出した請願書の全文、青戸学童保育所指導方針・都の指導要領案、学童保育についての論説（学童保育の位置・学童保育の位置づけと問題点・のぞましい設置場所はどこか・設備はどうあるべきか）・実情の報告・参考書紹介などを掲載した。

ニュースは、組織の維持強化のためにも、またわれわれの実情や主張を広く一般に理解していたゞくためにも、ことに地方自治体に対して学童保育の社会的教育的必然性と必要性を訴えていくためにも、ぜひ必要である。

―狭い場所と高い保育料―

さて場所は、先にも触れたように、各家庭の持ち廻りで、２ＤＫの６畳とダイニングキッチンだけである。これではとても狭い。昨年の６人でさえも狭かったが、今年は２人増えて８名になったので、座机１脚を２人で使用しなければならない。「ちょっと教科書を持ちあげて！こうやって私のノートを下に入れると２人で使えるでしよ」と子どもなりの解決をしているようだが、とてもとても。窒息しそうな狭さである。広い場所が欲しいというのは、開設以来の切実な要求である。場所さえ広ければ、人数をふやせるし、ひいては保育料の軽減と給料のベースアップもできるのだが、現状では如何ともしがたい。保育料は月額３,４００円で、学童保育の保育料としては日本一であり、われわれの負担しうる最高限度である。

次に保育料その他を規定した細則の概略を示そう。

青戸学童保育会細則（昭和３９年３月２６日改正・骨子のみ）

1. 運営について

(1) 開園時間は下校後６時半まで。但しやむをえない場合は７時まで延長することができる。

(2) 小学校の休暇中は午前８時半から午後６時半まで（この場合も先生の勤務は午前１１時から６時半まで）

(3) 次の場合は登園できない。
イ　伝染病　ロ　３８度以上の発熱

(4) 退園する場合は１カ月前に申出る。

2. 保育料について

(1) １カ月の保育料は３,４００円とする。
但し内訳は次の通りである。

保育料　1,６６０円
住居損料　３００円
おやつ代　７７０円
教材費　１５０円
雑費（電話使用料を含む）１８０円
予備費（期末積立を含む）３４０円

(2) 暖房費は２００円とする（１１月～３月）

(3) 夏季年末手当は別途徴集する。

(4) 入園料は1,５００円とする。

3. 給与について

(1) 給与月額は別に定める規定により支給する。交通費は実費を支給する。

(2) 保育園の業務で時間外に勤務した場合は夕食費として２００円支給する。

(3) 有給休暇は月１回。冬期夏期とも１週間。

保育料は支出を最少限度におさえてあるが、これだけは必要である。おやつは、生牛乳１本のほか菓子を与えている。お誕生会のケーキも、ここから支出するので、日々のおやつが圧迫される。われわれの経験からいえば、都の学童保育運営要綱に示された間食費１人１日１０円はあまりにも少額であると思う。教材費は１５０

円では不足がちであり、毎月雑費から相当額を支出している。それでも足りないので、反古紙を持ち寄ったりしている。都の消耗品費１日１人５円というのも、また少なすぎるといわねばならない。図書購入費・修理代その他、意外とかさむ出費はどこから出すつもりだろうか。

都の定めた指導員の人件費が、１人月額１２,５００円で、しかも非常勤というのもうなづけない。学童保育の指導は、片手間のアルバイトなどでできるものではなく、職業として責任をもって当っていただかなければならない。設置者は、それに応じた待遇をすべきである。われわれは、都の運営要綱に示された補助算定基準を、父母負担によらず公費で、大巾に高められるよう要請する。また、われわれは対象児を１．２年生に限定すべきではないと考える。この点も考慮していただきたいと思う。

ー区から助成金をもらうー

狭い場所、高い保育料、心ならずも強いられる低賃金……。指導方針を制定し、保母が意欲に燃えてがんばっても、悪条件のもとでは成果に自ら限度がある。入りたくても保育料が高すぎて入れない人がたくさんいる。これらの諸問題を解決するためには、児童福祉法に明記されている国や地方自治体の責任を果してもらわなければならない。そう考えて、われわれは中青戸地区に公立の学童保育所を設置するため、またそれが実現するまでの間、区より助成金を支出していただくため、昨年３月・６月・９月１２月の４回にわたり区議会に請願し、区長に陳情したものである。

請願書

学童保育所の設置と助成金を支出していただく請願

請願の趣旨

中青戸小学校に学童保育所を設置し、助成金を支出していたゞく請願

最近とくに、青少年の非行、児童の交通禍が新聞紙上をにぎわし、子供をあずけて共働きしている父母たちの胸をしめつけております。共働きの若い夫婦にとっては、こういった社会情勢もさることながら、共働きそのものが自分たちの経済生活を支える唯一の基盤になっているわけです。保育園や学童保育所は、そういう意味で、私たちの生活の基礎であり、最低不可欠の条件なのです。

私たちは、そういう観点から今まで葛飾区内に、設備の良い、保母の労働条件もしっかりした公立保育園の新設を希望し、陳情・請願を行なってまいりました。と同時に、保育園を卒園した子供たち、小学校低学年児童の保育についても強い希望を要請してまいりました。

近年、学童保育所の必要性は、全都的にひろがり、共働き夫婦の大半はそれを強くのぞんでいます。すでに東京都内でも６カ所で学童保育所が発足し、血みどろの苦労を重ねて運営されています。

葛飾区では、今年４月６日に６人の子供たちの父母が集まって「青戸学童保育会」を発足させました。すでに１学期にわたって運営してまいりましたが、保育する場所と先生１人を雇用しての費用負担がかさみ、きわめて困難な壁にぶつかっています。目下、保育する場所は、６人の家庭の１室をもちまわりで使用していますが、入所希望者が出ても収容能力がないため希望にそえず、ひいては保育料の軽減も出来ないという結果をまねいています。保育料は現在１人３,４００円、教材費はもとより先生の給与についても全然改善の見通しがありません。

いずれにしても、学童保育の要望は、強くこそなれ、減退するものではありません。どうしても葛飾区厚生行政の主要な一環として組みこんで行くべき必然性をもつものと考えます。

そういう意味で私たちは、葛飾区内各小学校の教室の一部を開放し、抜本的な対策をたてるのが大前提と思います。その前提を念頭に置きながら、当面区内唯一の施設である「青戸学童

保育所」に対して、温情あふれる区議会の援助を次の2点についてお願いしたいのです。このことは、ただ単に「青戸学童保育所」の父母・児童の幸せのみならず、葛飾区全域へ学童保育所を拡大して行く最大の保障となり、一段階の役割を果すものと信じます。

記

1. 中青戸小学校の教室1室を開放し、「青戸学童保育所」を設置してください。
2. 「青戸学童保育所」の振興をはかるため、年間25万円の助成金を区より支出してください。

右請願いたします。

昭和38年9月11日

葛飾区保育所づくり協議会

代表者　仲俣紀子㊞

葛飾区[redacted]

青戸学童保育会

代表者　今城博美㊞

他206名

葛飾区議会

議長　井口仙太郎殿

この請願は、区議会厚生経済委員会で審議の結果、助成金については12月本会議で予算化する方向を確認して継続審議の扱いをすることに決定された。その際、中青戸小学校の開放については問題があるので取り下げた方がよい、との意向が区議会から出されたので、12月本会議に助成金のみの請願をあらためて提出した。請願は5万円相当の物品を交付することを条件として採択され、本年1月31日にヤマハ電気オルガン・東芝ファミリイステレオ・目で見る学習百科辞典8冊・レコード若干・画用紙2,500枚が届けられた。

ここに至るまでに、われわれ6世帯の結束はいうまでもなく、準会員はじめ多くの方々の力添えがあったことを忘れてはならない。青戸父母文化会など団地居住者の署名を通じての協力。さらに、葛教組・葛飾保育所づくり協議会などの運動。それらの力を背景とした革新系議員の努力など、多くの人々の熱心な支援があって、初めて議会と区長を動かすことができたのであった。

―公立学童保育所を設置しなければ―

しかし、これによって保育料は軽減できなかったし、先生の給料もアップできず、場所の問題に至っては全く解決されていない。これらの問題を解決するためには、何としても39年度のできるだけ早い機会に、中青戸地区に公立の学童保育所を設置しなければならない。いま、そのために区議会に請願中である。3月区議会では、採択を前提とした継続審議の扱いをすることになった。

区の理事者も財政調整金を使って最終的には小学校単位に設置したいとの意向を示しているが、5月15日の都への申請には残念ながら間に合わなかった。昨年度は予算が少ない（1区当り25万円）という理由で反対していた区長会の足並みが乱れ、23区中の10区が申請した由である。われわれは、葛飾区のように申請する意志がありながらも、準備不十分のため間に合わなかった区は、早急に追加申請すべきだと考える。そこで先日葛飾区長にこれを要請した。

設備と指導内容の充実した公立学童保育所を数多く設置するためには、場所―小学校はいろいろと問題があるようだ―を含めて、民主的運営をどのように保障するかなど、解決しなければならない問題が多い。まさに問題は、これからである。

―ついに区営になる―
プレハブ住宅が建つまで

さて、青戸地区の公立学童保育施設は残念な

13

から39年度中には開設できなかつた。けれども、39年度最終の3月区議会において、40年度に葛飾区内三ヶ所の開設が決定した。開園時期は、当初予定の5月1日に開設できたのは、既存の建物を使用した松南学童クラブだけで、高砂は7月5日から．われわれの中青戸学童クラブは大巾に遅れて8月2日になつてしまつた。

このように遅れたのは、われわれの力が弱かつたことも一因であるが、30.75坪のプレハブ建築が、中青戸小の敷地の関係で、規格品をそのまま使えず、設計変更を必要とするなど、悪条件が重なつてしまつたからである。ともかく、6月22日には、われわれの設計案を基礎とした学童保育施設が着工され、目下突貫工事中である。

中青戸地区に公立学童施設を建設し、そこへ星先生と子どもたちを移籍することが、われわれの当面の目的であつたから、青戸学童保育会は7月31日限りで発展的解消をとげ、2年4ケ月にわたる苦難の歴史を閉じることになつた。

しかし、われわれの運動は、これで決して終つたわけではなく、むしろ問題はこれからだと思つている。30.75坪では狭すぎるので、早速に増築の問題と取り組まねばならないし、たくさんの公立学童保育施設を作ることを通して、公立学童の中味をよくして行かねばならない。公立学童には、指摘されているように、内容・運営など改善すべき点が多い。しかし、棚からボタモチは落ちてこないので、これを改善するための努力を今後とも続けなければと考えている。

葛飾区の場合、形式的な運営委員会は設けず、指導員・父母・学校・区で運営して行くとの考えが区当局から出されているので、民主的運営も可能であると期待している。その他、2年4ケ月の経験を生かして、始まつたばかりの公立学童を立派に育てることは、われわれの責任であると、一同心をひきしめている所である。

なお、青戸の運動の経過は、青戸学童ニュース11号（ワラ半紙半截16頁）にくわしく出ているので、御参照いたゞければ幸いである。

入手御希望の方は、葛飾区[redacted]今城甚造あて、50円と送料を同封して申込んで下さい。

学童保育をはじめようとする方に!!

学童保育は、単に共稼ぎ家庭だけでなく、商店街の方をはじめ、いろいろな方面からその必要性が強く叫ばれています。何とかして学童保育所を造りたいが、どうやって造ればよいか、方法がわからない、という人が多いようです。

そういう悩みをもっておられる人は、学童保育連絡協議会に連絡をとれば、参考資料、既設の施設などの紹介、助言を与えて下さる方々の紹介など、きっとお役にたつ事と思います。学童保育連絡協議会は、既設の学童保育所の連絡機関であり、毎月一回定例の担当者（保母）会と隔月に開かれる運営者会をもっており、保育内容の研究や運動の進め方などについて討議しています。また機関紙やパンフレットを発行して教宣活動も行なっています。

学童保育所がほしい、何とかして造りたいと考えている人は、学童保育連絡協議会に連絡しましょう。みんなで手をつなぎ必要な場所にどんどん学童保育所を造りましょう。

〔連絡先〕
北区王子3－7　豊川保育園内
学童保育連絡協議会事務局
電話（911）4661

14

〔２〕 神谷子どもクラブのあゆみ

(1) 発足当時

共働きの家庭や母子家庭にとつて、保育園卒業後の子どもの放課後の問題は、心にかかりながらも放置したままの状態だつた。保育園では長時間保育されていたのに、低学年の子どもは早くから帰宅し、長時間放り出されているという状態が続いているうちに、幼児期に身についた規則的な生活習慣も、三月、半年とたつうちに、まつたく崩れてしまう。そういう中で、このままでは安心して働きに出られない、しかし、仕事をやめたら生活出来ない、どうしたら良いのかと考えた母親達の中から、「卒園後も引続き　放課後保育をして欲しい」との要望が高まつた。一方神谷保育園でも　毎年起るこの問題を、個人的な解決でなく、地域の働く母親の問題として取り組んで行こうと、三十四年三月、卒業を控えた　十人を中心にして　神谷保育園学童部が発足した。しかし発足したとはいえ安定した場所もなく、学童の留守宅のアパートをあちらこちら転々としなければならなかつた。この辺りは窓のないようなアパートが多く、殆ど日　がささない。昼間でも電気をつけ部屋の出入りは窓からしている状態。こういう場所で、洗面所や便所が共同の為、まわりから苦情が出て、長く続けられなかつた。

三十四年八月には　母親を中心として、社会的に訴えて行こうと　地元の有志の人・保育園関係者で　運営委員会が設置された。そして、再三陳情の結果　地区の区議会議員の協力を得て　正式の予算ではなかつたが　六万円の補助金を区長交際費より得る事が出来た。

場所の悩みを解決する為に、母親達は空教室を利用させて欲しい、との要望を学校に申し入れた。校長は学童保育に深い関心を示したが、ＰＴＡの一部に、反対の声（一部の生徒の為に　学校を解放すると　取り締りが　出来なくなる）が起り　空教室はあつたが　なかなか望みを達することは出来なかつた。

転々と　四軒の家をまわつて　保育を続けているうちに、一年過ぎ　子どもも二人になり、一時は存続も危ぶまれるような状態になつた。

(2) 道場時代

しかし　あくまでも　子どもを守りたいという母親達の熱意は拡がり　翌三十五年四月には、更に、地元区議、ＰＴＡの企画委員長が運営委員に加わり　町の有志の協力も得て　隣接の町内の道場を借りる事が出来た。子どもも三十人になり、一応安定した場所も得、保母も二人になり、区からの補助金も　三十五年度十一万円、三十六年度十二万円と、増額して行つた。しかし安定した場所とはいえ、道場は　壁一つへだてて隣接にアパートがあり　近所からの文句が絶えない。子どもも保母もたえず、精神的な重荷がつきまとつていた。

一方、労働者クラブ保育園、豊川保育園を中心に発足し、活動してきた豊島子どもクラブとの連絡も密になり、粘り強い陳情の結果三十七年は十四万円、更に　三十九年度からは、正式予算化される事になつた。
そして、四月に閉鎖になる公園の中の　簡易保育所あとの建物を使用しても良いとの許可を得、場所の問題は　一挙に解決した。

(3) 補助金が正式に予算化された！

一方、三十九年度より北区では、区内に三ケ所の学童保育所に対し　一ケ所　四十七万五千円の補助金を正式に予算化し、また施設も　豊島子どもクラブ、神谷子どもクラブ、七月から始まつた滝五若葉クラブの三ケ所になつた。北区の場合には、民間委任形式というか、補助金を出して、民間の学童保育クラブを助成するという方法をとつている。

理由は、長年にわたつての母親の運動として行われて来た実績を生かす。区立にした場合には、倍以上の経費が必要になるので予算上の問題があるなどで、私達は今後この予算を増額する運動を進めながら、自主的な運営をより充実させる方向を目指している。

(4) 新しい運営委員会の発足と今後の問題

公園の中のクラブでの生活が始まり、子ども達も大分なれて来た七月頃、区では四十七万五千円の補助金と引換えに、条件を出して来た。

1、公園の中の子どもクラブの建物を明け渡し、学校の空教室に入ること。但し、その教室は、家庭的雰囲気が出る様に改造する。現在の建物の補修費は一切補助しない。

2、現在の子どもクラブの様な共同保育的な運営委員会では、多額の公費は出せないので、学校長、PTA会長、各町会長、地区の青少年対策委員会代表、保母、その他適当と思われる者によつて………構成された運営委員会を作ること。

（1）の場所の問題では、建物（プレハブ住宅の約十七坪）自体が、違法建築なので東京都から、取り壊しを迫られている。又、空教室に入れば、現在の汚い古い建物より、ずつと良い。光熱費が無料になる。その上、前から空教室解放を目標にしてきたのだから長年の念願がかなつてよいではないか、という事だつた。しかし母親達、子ども達は「せつかく今の場所に落ち着いたのだから、このままにしていたい」といい、その為の問題を考え合つた。

話し合いを重ねた結果、「今の場所は、子ども達にとつて最も良い環境だ、学校から解放された感じで自由にのびのびと出来る。遊びにしても校庭だと、上級生が勉強している時には、遠慮しなくてはならない。学校から解放されるという事から、出来るだけここの場所を使わせてもらいたい。」という意見に落ち着き、区長に直接この意を伝えることになつた。

こういう問題が起きている一方、道場時代からの保母が、一人は新設されよ若葉クラブの保母として、一人は家庭の事情で退職するという事情が起つた。生活の保障も不充分な状態では、人手をととのえるのは困難をきわめたが、九月に入り、ようやく新たな保母を迎え、態制をととのえる事が出来た。

保育の問題をどうするかという問題を持ち越したまま、区の要請に従つて、新しい運営委員会を作る準備が進められた。区は、当初これまでの経過を考慮して、現在ある運営委員会を強化すれば良いとの意向だつたが、次才に、すでに発足していた若葉クラブをモデルにした、区側の要請通りの構成メンバーの運営委員会を作らなくてはならないという様に変つてきた。しかしあくまでも 今迄の特色を生かした運営委員会を作つて行きたいという願いが、母親達や、関係者に強くあつた。

十月三十日、区の社会教育課（その区によつて、管轄が違うようだが、北区の場合は、教育委員会の社会教育課になつている）の課長、係長立会いのもとに新しい構成による神谷子どもクラブ運営委員会が発足した。私達の要望が実り 母の会代表四人の他、今迄の関係者として、保育園長・神谷子どもクラブを支えてきた地元の有志2名、合計七人を送り他に校長、PTA会長、町会長等計十八人のメンバーとなつた。新しい運営委員になつた町会の人や学校長は、は、これまでの歴史を実質的に受けつぎ、母親の意志を充分くみとつて運営して行く事を一応認めている。

新しい運営委員会は、学校に入る事を前提として作られたものである。当然場所の問題を解決しなければならない。今迄出来るだけ引延していた従来の運営委員会も、全体的な動きを見た場合、又同じ区内の豊島子どもクラブが空教室解放を目ざしている現在、この場所が良いという事がわかつていても、あまり頑張つている事はかえつて不利ではないかとの意見にまとまつた。区の意向を無視して行く事になると、経済的に公費の補助を受ける事が出来なくなるのではないか、その場合自力でやつていくだけの力はあるだろうか、父母の会、保育園賛助会からの借金借金でやりくりをしなければすぐに困つてしまう現状では、この際一応学校に入る事を承認しよう。七人の運営委員を中心に、母親達からの要求を運営委員会に反映させ、出来るだけ良い環境の中に子どもを置ける様に、今後も頑張つて行こう。という事で学校に入る事を承認した。

いろいろな事があつたがふたあけして見ると、幸い予算もこれ迄通り承認され、運営委員会もスムーズに進められている。一方子ども達の入る教室も決まり、設計図も出して三月には引越しが出来るという見通しがたつたが、校舎移転の問題が起り、教育長と学校長の間で話し合いが持たれ、学校側の受け入れ態制が出来るまで現状のままになつた。設備についても私達の希望する様には整う見込みが崩れて来た。区の方では、体育館建設の為に子どもクラブに予定された教室を移転させるから、水道などは新たに設備しても無駄になる、なるべく教室をそのまま使うようにして欲しいとの意向を示して来た。子ども達をより良い環境にと願う母親、保母を中心に再度話し合いを重ね、運営委員会では全ての設備が整つてから移転するということを決定した。区側の了承を得て現在も公園の中の簡易保育所あとで保育を行つている。

私達は単なる留守家庭の子どもだけでなく、遊び場のないこの地域の子ども達の全てが、学童保育を利用出来る様にしたいと願つている。当面は空教室を利用するのは止むを得ないが、将来は公園の中などに児童館の建設を目指し、地域全体の子ども達が自由に遊び勉強出来る様な「子どもの家」にしたいと望んでいる。私達はこの事の実現を目指して今後も努力を重ねて行きたいと思つている。

神谷子どもクラブ
太田イネ子
益出由美

参考文献

（38年11月）
学童保育に関する問題研究委員会報告
神奈川県社会福祉協議会

（39年3月）
留守家庭児童保護育成実験校中間報告書
横浜市教育委員会

（39年8月）
よりよい学童保育のために－その手びきと問題点の解明
学童保育連絡協議会

（39年8月）
ぼくはなかまがほしいんよ－広島市学童保育所づくり）
広島市学童保育連絡協議会
広島県母親連絡会

（39年11月）
小学生の保育所、学童保育の実態と必要性
共立女子大学児童研究会

（40年2月）
はじめての学童保育－静岡：城東町共同保育記録
静岡市保育所づくり推進協議会
城東町保育所づくり地域推進会

（40年7月）
がくどうほいく学童保育所の生活と指導
東京保育問題研究会保育政策部会

－がくどうほいくより－

学童保育ではこんな生活をしている

ー学童保育指導内容を高めるためにー

〔１〕 きりんグループのこと

横須賀基督教社会館学童保育

浜　野　聡　子

小学生の子どもたちが、学校以外の時間をどのように過すかは、子どもの成長を左右する大きな「カギ」となるが、コミュニテイ・センターとしての社会館では、地域社会での子どもの生活をよりゆたかなものにするために、一般の小学生を対象に「児童クラブ」を行つている。児童クラブは、子どもたちが学校から帰つてからの時間を利用するのであるが、そのプログラム内容は、社会の変動によつて移り変つている。現在では約２００名が会員の登録をし、グループ活動、子ども図書室、各種おけいこ教室やその他のプログラムに参加している。私たちは、この仕事をしていて近年目立つた傾向として、いわゆる共働きの親をもつ子どもの存在が多く、その子どもたちの多くは夕方遅くまで児童クラブに残り、帰りたがらないということに気づいた。彼らは帰りたくない理由として「だつて、お母さんがまだ帰つて来ないんだもん」というのである。このような状態の子どもたちに毎日接していて、学童保育の必要性を感じた。昭和３７年度を準備期にあて、昨年４月より児童クラブのプログラムの一つとして、学童保育をはじめることになつた。設備、人手、その他の理由から対象を小学校１・２年生にかぎり、定員を１５名としたが、実際には定員超加の１８名で出発した。学童保育そのものが、まだまだはつきり性格づけられていない現在、多くの人々の参考意見をとり入れながら、余裕のあるプログラムで独自な方法ですゝめざるをえない状態である。今の段階としては、小さくてもよい学童保育にしようとしているのである。

学童保育才１日目に、子どもたちは、自分たちのグループを「きりんグループ」と名づけた。このグループは児童クラブの中で学童保育の必要な子どもを中心としたものであるが、児童クラブの他のプログラムに自由に参加できる仕組になつている。こゝに私たちの学童保育の一つの特色があり、学童保育が子どもたちの中で特殊化されない原因にもなつているといえよう。

ーせんせい　ただいまー

２年目を迎えたきりんグループは、１年生９名、２年生７名、３年生１名　計１７名の編成である。最初のころ「こんにちは」といつて来ていた子どもたちは、今は全員大声で「せんせい　ただいまー」と帰つてくる。私たちも負けずに１人１人に「お帰りなさい」をかえす。そしてみんながそろうまで、学校での様子などを話し合い、きりんグループの１日がはじまるのである。私たちの指導方針、それに伴うカリキニラムは、非常に大まかなものであり、現在にいたつてもまだ手さぐりの状態である。ただ、基本的には学童保育が学校のいわゆる延長ではなく、また、家庭の代りそのものでもなく、両者では得られない特別のものであり、そこに参加することへの積極的な意味が生み出せるようなものにしたいし、そうあるべきだと思つている。毎日のグループ生活は生活指導という観点から共に考え、責任ある行動をしていくという態度を身につけていくよう努力している。小さい問題もみんなの中に出し、話し合う。

1日のプログラムは、グループということを生かすために、全員でいつしよに何かをする時間と、子どもたち同志が、自分の考えで行動する自由遊びの時間との二つに大きく分けている。

ーきりんグループはたのしいところー

「先生うちのYは　せつかく迎えに来たのに帰らないというんですよ、『お母さん先に帰つてていいよ』ですつて」とあるお母さんが、残念そうに云つて来られた。このようなことは、1人Yちゃんのお母さんだけでなく、R子ちゃんのお姉ちゃん、H君のお父さんなどしばしば経験があることなのである。お父さん、お母さんが、たまに早く帰つたのだから子どもを早く迎えに行つてよろこばせてやろうと思つて来られるのであるが、子どもたちはしばしばそれを拒むのである。先ほどのY君のお母さんなどは「なんだか　さみしくなつちやいますね」と考えこまれる。しかし一方子どもたちにとつて、きりんグループが、こんなにもたのしいところであるのかと感心もされる。立派な教材や広くてきれいな部屋があるわけでもないのであるが、子どもにとつては、子ども同志の仲間がいいらしい。きりんグループにもいやなことは沢山ある。いじめつ子もいるし、いじめられつ子もいる。勉強のきらいな子もいて、みんなで勉強するときにあばれたり、「先生、もう学校で沢山勉強してきたよ」と抗議する子もいる。しかし、彼らは毎日、元気にやつて来る。それはきりんグループがたのしいからではないだろうか。もちろん、いろいろな規則はある、しかし、そこでは子どもたちが子どもとして、子どもらしく体当りでぶつつかり合い、ふれ合うことができるし、けんかやとつくみ合いをしても、その後の話し合いや、一つ一つの具体的なことを通して、グループ生活の意味を学び、お互に助け、はげまし合う気持が備わつて来るのではないだろうか。

次に子どもにとつて「遊び」は重要な役割をもつている。その意味で自由遊びの合間には児童クラブの中だけでなく近所の友だち、学校の友だちの家へも遊びに行けるようにしている。指導者の目にとどかないところに子どもたちを出してしまうことは、かなりの不安はある。しかし、そこでは、子ども時代にとつて大切な冒険をしてみたり、責任をもつた行動をするきつかけをつくることができるように思うのである。

ーきりんグループには先生が沢山いるー

私たちの施設では、人手が足りないということもあるが、もつと積極的な意味でボランテイア・リーダーを受け入れている。即ち子どもの問題に関心をもつていたり、将来子どもの指導者となろうとしている若い人たちに実際に子どもに接する場を提供し、共に考えていくリーダー養成という意味をもつている。ボランテイアを受け入れるということは、単純に人手がふえるから仕事が楽になるというものではなく、それらに伴う仕事がふえ、かえつて専任職員の労力がとられることもあるが子どもにいろいろなタイプのいろいろな人が、それぞれの接し方で接していくことにも意味があるように思うのである。現在、専任の職員としては2名いるが、学童保育だけの仕事ではなく児童クラブ全体の仕事を抱えているのである。それに学生のボランテイアが4名に学童保育を手伝つてもらつている。彼らには私たちの指導方針を説明し、理解してもらい、プログラムの打ち合せをして定期的な責任のある参加の仕方をしてもらつているが、現在では劇の練習とか、工作やゲームなど曜日をきめて行つている。このことは子どもたちにもプログラムへの期待を与え「きようはS先生が来る日だね、何つくんの？……」「あの先生は遊びの先生だよ」などよろこびをもつてむかえられている。これら遊びや共同製作などを通して子どもたちが、かたにはまつた人間にならないよう、創造性独自性を伸ばしていきたいと考えて指導にあたつている。

ーいろいろな人と話し合もするー

こどもの生活から学校も家庭もきりはなすことはできない。いくら学童保育で高い理想をかかげても1日の大半をすごす学校や家庭を無視しては、その理想の実現化は非常に困難であろう。私たちは、子どもの問題は、子どもをとりまくいろいろな大人が同じような方針をもつて1人の子どもに接しなければ、子どもたちが精神分裂的症状を呈してしまうと思う。

そのために、グループの子どもが通つている学校の先生との連絡をとつたり、父母の会を開いたり、家庭訪問をして家庭の様子をきいたりして、三者が一つとなつて、しかもそれぞれの性格づけ及びその役割をはつきりして指導を与えていくことが安定した子どもに育つていくために大切なことのように思う。

父兄の中には、学童保育を学習塾的なものとして誤解し、もつと勉強をみて欲しいといわれる方がある。私たちはあくまでも学校の下請や延長ではなく、独自なものであり、子どもたちに机の上だけの勉強でなく、もつと広い意味の学習のできる体験を与えたいと考えそれをおしすすめている。それは、度々の話し合いや連絡帖、また、子どもたちの文集「きりん」その他の事柄を通して少しずつ理解してもらうよう努力し、理解されてきつつあるのである。

この夏休みは約15名の学生ボランテイアを得て、児童クラブの特別プログラム夏期児童クラブを高学年児を含めて学童保育という観点で行つている。参加児童は70名であるが、これを契機に、学童保育がこの地区でもいかに要望されているかが明らかになつた。そしてまた、この期間に地域の人々と共に学童保育というものを考え合うためのよびかけをし、講演会、映画会を通して懇談の時をもつたり実際のプログラムに参加してもらつている。

学童保育はそれを必要とする親や子どもたちだけのものではなく、子どもをとりまく人々が本当に理解し協力し合つてつくりあげていかなければならないと思う。そのために、私たちは、日々努力をし、実際の子どもたちのふれ合いがら学んだことを、考えさせられていることをここにお知らせするわけである。

（横須加基督教社会館学童保育担当者）

〔2〕 自由に使える広い場所があつたら

豊島子どもクラブ

近藤　みち子

夏休みに入つて朝10時「先生ただいま」といきおいよく、数人の子供達が、教室に入つて来る。一人一人に「おかえりなさい」をかえす。これで学童クラブの1日の生活が始まるのである。

夏休みが始まつた1日目に、みんなで「夏休みの日の1日」の時間割をつくつた。

10時～11時学　習　11時～12時あそび
11時～12時あそび　12時～　1時勉　強
1時～3時　ひるね　3時～3時半　そうじ
3時半　　おやつ　4時～　　あそび

この時間割を作つた時四年生の一人が、先生あそびの時間がないよ、と文句をいつた。云われてみて、なるほどなー遊ぶことが何よりも好きな、みんなにとつて遊びの時間が足りないのは大変なことだつたのであろう。2,3日やつてみて、遊びの時間がなかつたらもう1度時間割を作り直すことを約束して、夏休みに入つていつた。やつてみると、学習の１時間はあまつてしまうし、涼しい毎日なので、ひるねなどしていない。ほとんどが遊びの時間に変つてしまつた。

１０時から、各班ごとに分れて学習を始め、上級生が下級生の面倒をみてあげながら、勉強をすませる。終つたら必らず担当者に見せる約束にしてあるが、間違つていたらやり直しをさせられるせいか、「誰さんが合つていると云つた。」といつて、なかなかみせたがらない子。人よりも先に遊びたいから先になつて、スーッといなくなつてしまう子もいる。

さて遊び場所は、相変らず生協の倉庫の一隅に居を構えているので、はらはらすることが非常に多い。今はやつている遊びに、「つり堀」がある。自動車が出たり入つたりする空地の隅で、冷蔵庫や、洗濯機が入つていた木わくをもらつて、中にゴザを敷き、つり堀にする。まわりから鉄くづや電器部品のこわれたのを拾い集めては、それが魚に早変り、自分達で作つたつり堀で、一日中あきもせじに遊んでいる。

「つり堀遊びも、限られた人数しかできないので、他の子供達は別な空地をみつけて、自分の番が廻つて来るまで、ボール投げをする。子供なりに気を使つて投げたつもりでも生協の事務所にぶつかつたり、隣のお寺に、入つてしまつたり、声が大きいと云つては廻りから苦情が来たり、困ることは数えあげたらきりがない。

こちらが子供達に、指導方針のはつきりしたもの、こうあつて欲しいと望むべき道筋を立てて、それを望む方が間違つているのではないかとも思われて、高度のものを望む前に１日けがをせず、無事元気な姿で、家に帰つて来れることを望んでいるのである。

子供達が作り出す遊びの中でできた約束事

1　おこづかいは持つて来ない。
2　宿題、復習は、子供クラブですること。
3　お友達の所へ行く時は、必らず先生に「行きさき」「帰りの時間」を約束する。
4　門の外に出る時も、先生に聞いて、許しが出た時だけにすること。
5　学校から真直に「子供クラブ」に、帰つてくること。
6　お休みをする時は、連絡を忘れないこと。

この６つの約束を守つて、何時も限られた友達とは別の、多勢の友達の中での、規律のきびしさを知りながら、子供らしいすなおな子に育つようにと思つている。

!!落ついて勉強ができる教室!!!!思いきり遊べる広い場所!!これがないのが、担当者、保護者、そして子供達にとつて「一ばん大きな、なやみの種」である。

区立杉並第九小学校保育クラブとなつて

—— その後の一年より ——

平山　富美子

昨年７月園長（小学校）指導員２名、児童２８名で杉九小の空教室（特別教室を無理に使わせてもらつた）を利用して、杉並才九小学校保育クラブが開設されて、ちようど一年が過ぎた。

今迄何をするにも肩や手がくつつき合つて、けんかのもとになつていたのも、１６畳敷かれた畳、力いつぱい走り廻れる校庭に子供達は大喜こび、二階の隅にある保育室を我が家のように、にこにこと帰つて来る。宿題、復習をすませると、畳の上でおままごとやブロックで楽しな子、外で鬼ごつこや鉄棒であばれまわる子も、お八つで一同に集まり、話し合いや、紙芝居を見て、又夕方までお迎えを嫌がるほど、遊びに夢中である。

当初心配されていた今迄白鳩会にいた１０人の子供と他の子供とのマサツ、新しい先生とのつながり、この二つは一部のボス的な子供を除いては、理解ある園長と、優しくて立派な遠藤先生のおかげで憂慮することは要らなかつた。

月一回父母会も開かれ、早速迎えた夏休みも、臨海学校に行つた日以外は欠席無しという四年生も含めて、朝９時〜５時半まで、人形劇の人形を作つたり、おひる寝、宿題、遊びと無事に過ぎていつた。

二学期になり、クラブに来ている子供が、級の友達を連れて来て、「先生この子のお母さん働らいているのよ、私と一緒に来るから入れてあげてよ。」といつて来たことから入会するようになつた子、母親が病気になつたのでとか、「あそこは父子家庭だから、入会させてあげてください。」……などと、保育クラブの名前や内容が一般の父兄の間にも、しみ込んでいつた。

クリスマス、お正月と楽しい行事も行い、３月はクラブとお別れする子供達の送別会も開いた。四月には新らしい１年生１３名を迎えて人数も３８名となり、毎日割れるようなにぎやかさである。この一年の半数近くは、クラブがある為に引越して来たとか、その他いろいろな理由で、どうしても杉九に入学させたかつたと云われる子供達である。

今年度杉並区で、公園の中に開いた、和田保育クラブを含めて、３ケ所が増設され全部で１０ケ所となつた。年々その希望者が多くなつて行くと同時に、場所、設備、保育内容など、充分研究されなければいけないと痛感する。

このようにごく表面だけを見てくると、すべて順調に進んでいるようだが、問題点はたくさんあるし、区立になり、学校という中にあつて、良い点、悪い点について、考えてみよう。

①費用

o保育料は無料であるから、毎日のお八つ代月３００円（１人１日１０円は区から出るので２０円）と運営費５０円他に画用紙代など僅かであるから、親の負担金は大変少くなつた。

△消耗品その他一切区からの現物支給なので今欲しいと思うものがすぐ手に入らない不便さがある。

△お八つは特定店と契約してあるので、あまり変化を持たせることができない。

②場所

o個人の家より、ずつと広い部屋と庭で、のびのびと遊ぶことができる。

oお迎えの子は、教室からすぐ帰つて来られるので交通の心配がない。

△他校の生徒はよその学校ということに、最初多少のコンプレックスを感じる。

△保育室に電話がないので、特に他校の子は連絡不充分になり易い。

△音楽室の真上にあるし、まわりの教室が殆ど高学年であるから、低学年が早く下校して来ると、気を使う。

△室内に手洗場（水道）がないので、不便である。

△一室なので、低高学年のズレのある場合、勉強時間に困る。

△よほど気をつけていても、他の教室や廊下など、フラフラと歩きまわつて困る。

③クラブ以外の子供達との関係

o下校時刻までは学校の中で、級の友達と楽しく遊ぶことができる。

△学校以外で友達と遊びたい時、外に出られないので不満が出る。

△下校時刻以後はクラブの子供だけが特別扱いなので、他の児童からの不満がある。

④学校との関係

o何か目立つ行動やその他いろんな場合担任の先生とすぐ連絡をつけ話し合うことができる。

o学校の行事を早く知り、クラブ行事と考え合せることができる。

△気の弱い子は最初学校の延長のように考えやすいし、担任の先生をいつも意識する。

△昇降口をいつまでも空けておかねばならぬの

で、警備員さんに迷惑をかける。

まだまだ問題はあると思うが、以上のことは、私の指導の至らなさのためにそういう結果になるものもあるだろうが、とにかくクラブがある為に学校には、ずい分迷惑なことがたくさんある。

しかし先生方始め用務員さん、給食の方、要護員さん警備員さん、学校全体の思いやりのおかげで、1年から5年まで、各々家庭環境の違う性格も異つた集団を大きな事故もなくこゝまで来られたことを感謝している。区内に10ケ所　あつても、各々の地域環境の違いにより保育又内容も異なるし、特定の保育室を持たないで、ジプシーのように移動しながら、保育を行つている所もある。又他区では、一人の保母さんしか居ないので休むこともできない所や、ある会館の一室を借してもらつているが、水曜日が休みなので保育クラブもお休みという所、校庭開放で、カギッ子だけを特別に区別しないから、夕方まで、お八つも与えないという所、その他さまざまな所で、学童保育の指導員は、身分保証もなく、非常勤務職員という、はなはだ不安定な立場で悪戦苦闘を続けているのである。

3,4年以上高学年になるに従つて、低学年よりむしろ大切なのだが、都の指導要綱にあるような、児童を交通禍から守り非行化を防ぐ為に遊ばせて置くということでは、満足せず、保育クラブから離れて行つてしまう。その子の特殊性を伸し、放課後の生活を充実したものにさせるには、広いから、交通に便利だから、先生もいるから、などと安易な考え方で、学校にクラブを設けてはいけないと思う。

渋谷の母子館のように、勉強室、遊戯室、図書室、工作室、集会室と、各々の部屋を持ち、名々専門の指導員のもとで、自分の特技を伸すことのできるような、カギッ子だけの問題でなくすべての児童が利用できる児童館が、各地域にたくさんできるように、したいものである。

子ども仲間で成長する子ども

板橋学童クラブみどり会

松本　ちさえ
伊藤　幸子

さきには、子どもの作文を中心に、学習という事でその成長を順を追つて出してみた。

今回は、あそび、あそびと仕事について書くことにする。

あそびについて

この地域の大部分の子どもは、アパートの一間暮しで遊び場もない。思いきり全身を動かす事はもちろん、近所迷惑だとして大きな声も出せない。低学年の放課後の生活指導をするみどり会では、人間形成として重要な「あそび」を最も大事にする。

子どもたちは、あそびにおける相互関係の中で社会的感情や習慣を共通の興味で理解しあい、共通の目的に向つて行動したり、個人や共通の成果に対して評価する力が発達する。それと共に、友情や責任、平等の感情がつくられていく。

子どもの生活をよく組織するためには、多様なあそびが必要である。そこでこそ興味あり内容ある生活をおくる可能性が保障される。より豊かなあそびの展開には、常に広範囲に多くの構成材料の準備も要る。りつぱに構成された遊具でイメージをわかせる色彩、形のものも必要であるが、みどり会では、経済的に購入出来ない状態も加わつて、現在は次のような素材（遊具）を用意している。ダンボール、木箱、小箱（マッチ、タバコ、石けん、薬等の空箱）質の多様な紙類（包装紙、画用紙、わら半紙、和紙、ラシヤ紙、千代紙、セロフアン、銀紙、新聞紙）袋、ひも、セロテープ、のり、セメダイン、マジック、色鉛筆、クレヨン、えのぐ、コンパス、三角定規、ものさし、はさみ、ナイフ、紙芝居、木琴、卓上ピアノ、ハーモニカ、カスタ、人形衣類（人形のもの、子ども自身の身につけるエプロン、三角巾等）布、ままごと道具、空びん、空かん、ござ、いす、ざぶとん、つみ木、組木、針金、木片、木工道具（かなづち、のこぎり、ねじまわし）、ねんど、トランプ、メンコ、おはじき、こま、とびなわ、ボール、バトミントン、ゴムだん等、又四季や行事により、たとえば捕虫あみ、かご、羽子板、すごろく、かるた等も入つている。それに、おとなには全くガラクタとしか思えない切れた電池、ぜんまい、びんのふた、タイル、割箸、ボタン、様々な機械のこわれた部品が、大切に集められている。この一見つまらぬものが、何よりも重要なあそびの素材となる。そして子どもたちは、このガラクタから数々の創造的なあそびを、限りなく生み出していく。これらは、一人あそびだけでなく、集団でのあそびのより発展のために、準備している。

私たちはいま、自然発生的なあそびを育てる事に重点をおき、一方的に教えたり、或は意図的計画的、その他広場の体育あそびに技術的に特別な指導等はしない。学校ごつこ、食堂ごつこ、お家ごつこ、お風呂やさんごつこ、パーマやさんごつこ等、自分たちの新しい体験、ニニース性のある出来事（オリンピック等）がごつこあそびとして、集団でたのしく展開されている。同じようなあそびが発展しながら人数も多くなる場合は全員で、一週間以上も続くことがある。

担当者はあそびの集団の中で、とり残される

子ども、一方にはあそびをつくり出し発展させる子どもたちの、それぞれの不満を出せる場をつくり、より質の高い集団にすすめる役割をもつている。

又、外あそびは、一定の場所に限らない。時には級友との約束で個人的に、或は夏季、虫捕りのためみどり会の数人でも出かける。或る日、冒険心から約束をやぶり、二日もずる休みをして遠出した子どもがいた。全く知らなかつた林の向うに、電車が見えてたのしかつたという経験を、みんなの話しあいの場に出させ、整理し反省し合つた。そこで担当者は各自の冒険への要求をひき出し発展させ、全員、遠い雑木林へ出かけ、全身にいのこずちをつけながら夢中であそんだ事もある。

労働とあそび

もともと子どもはあそぶことによつて、ますます広くなんらかの仕事を遂行することになれ、労働意欲を得、やさしい技能を実際に身につけるようになる。あそびの形態における労働は、低学年の子どもたちにとつてたのしい中に大きな教育的役割をもつている。そのため担当者は興味をもつて意欲的にあそびが展開されるように、のびのびした気持で取組める状態や場所など更には、共同のあそびが発展するための条件を何かと配慮する。特にその構成材料には前述のように、既成の玩具、遊具より大人からみるとガラクタ素材を多様に用意しておく（おとなと子どもが協力して）。そして工夫し製作する意欲をたかめる。

こうして、みんなの中でひとりひとりの労働を正しく育てる意味でも、あそびを大事にし豊かなものにしていく。みどり会では「働くことを大切にし自分だけでなく、他人の働く事を尊敬できる子ども」というのをねらいの一つとしている。

私たちは、労働ということを、ごつこあそびでの役割分担の成長する形態のなかでとらえる。それと共に、ごつこあそびと平行して「仕事」に取組む事を指導すべきだと考えている。

その重要なものに一日の生活を進行させる役割をもつて順々に毎日変る一人の当番と、現在四十二の係りの活動がある。

もともと係は子どもが自分からやりたい役割を選び、ひとりひとりの意見をきいて賛成を得てきまり、集団の一員としての責任とみんなのささえがあつて生まれる。また個人や集団の成長や発展にしたがつて、(ただ早期にさせればよいのではない)おとなのやつていたもの(例えばお皿洗い、洗濯など)をひきとつて、子ども自身が、次々に新しい仕事を生み出す。当番、係はこの活動のなかで一方的、管理的な役割だけでなく、常にみんなのよりたのしい生活、より高まつた生活を創り出していく。それには、各個人の要求の出せる所が、話しあい伝えあいの共通の理解の場として一日一回おやつの後にあり、そこで仲間の批判や、はげましを受ける。

こうして集団のなかで子ども自身の成長がみられ、したがつて仕事の内容が豊かに、高度になつていく。

係の内容をおおまかに分けると、虫、小鳥、草花、野菜など生物の世話、「成長」を助けるもの。室内外の遊具、教具、持物の「整備」にかかわるもの。部屋をどのように飾り、或はみんなの読みたい本の要求をどう出させ、まとめるか等、特に「思考、創造」にかかわるものなどがある。しかもこれらの内容すべてが、関連をもつているわけである。

係の活動以外に例えば全員が、自分たちの部屋を自分たちで整理したり、掃除することをあたりまえとしている。それは自分たちみんなの責任をみんなで果す場である。労働を理解させにくい現在の社会の環境、条件に対してどう指導していくか。低学年の段階では、少しでも早く気持のよい部屋で、自分たちのあそびや学習がはじめられるのだという事をわからせ、その効果を認める場をつくつてやることが大切である。この中で集団と個人が、働く事のたのしさやほこりをもつように成長していく。こうして、より工夫したかたずけ、掃除の方法が子どものなかから出されて実行されていくようにしている。

担当者は、時には集団の一員として子どもたちからの批判、つきあげも受けるが、しかし、例えばかたずける力を各個人に出させるために、どう働きかけるかに苦心し、ひとりひとりの発達の段階をさぐりながら集団のかかわりとを見つめていく。

また、意図的に子どもたちが協力しなくては出来ないような教材を与える。室内だけでなく例えば、花壇づくりは、大きなシャベルで土をすくいリヤカーで運ぶとか、グループ別に花壇の形をかえ、1メートル四角、直経1メートルの円、その他長四角を作らせた。種まきから種とりまで、種々の作業の協力で生物の成長をたすけ、そのなかでみんなの科学的な観方、考え方(観察、比較、実験など)を育てる。

なお、みどり会におけると同様、各家族員としても必要な係を家庭でもつくり出して、責任分担をすることになつている。ここで「お父さんは何もしないでずるい」という父親の家事分担の問題へとふみ込む事にもなる。(共働らきで同じように働く父母でありながら、子どもが見ているのは家事のしわよせで疲れた母親が小言を言いながら忙しく働く姿と、殆んどの場合、外で無理をしてきた父親の「休息」の場であつて、家庭集団での仕事の責任や分担が学べない。)

子どもが父母の仕事への理解と尊敬を深めるため、また子ども集団と共通の問題として、子どもを中心に、子どもを通して、大人たちが労働の正しい考え方を指導しあう。殊に低学年児との間の話題の少ない父親は、職場で何を受持ち、どう苦心しているか、例えば出来上つたものは社会にどう役立つているかを、その子どもにわかる"ことば"で話すことになつている。

こうして「労働」、子どもにわかる「仕事をする事」については、親と子でしか話せない家庭での教材として、一つには父親が、子どもの発達段階を少しでも知るよい機会として、みどり会では重要なものとなつている。一方には、又、子ども集団のなかで発言できない内気な子どもに、誰よりも一番くわしく知つていて話せる事柄として、みんなの中で、ものの言えるきっかけをつくる。しかもお互い父母の職業を関連ずけて、より親しくより広く共通の視野をもつようにもなつている。

見学者との交流にもみどり会の子どもたちは、自己紹介の時、父母の職業を自分の理解できた、そして、仲間にもわかる"ことば"で話すことになつている。

働いても食べていけない生活では、働く事を育てないで保護したくなる親心である。これら指導についての働きかけは、担当者側が家庭へ向つて出した要求が強く、各父母、父母の会側からの要求は未だよわい。お互いに積極的に要求が出せるようはげまし合い、より共通のささえで子どもたちを指導したいと考える。

メ　モ

働く婦人は学童保育を求めている

―働く婦人の現状と学童保育の要求―

一番ヵ瀬　康　子

はたらく婦人の数は、年々、ますますふえる傾向にある。

その理由は、生産力の発展にともなう産業構造の変化、また資本主義の高度化にともなう低賃金労働への資本の欲求などとともに、婦人がはたらかざるをえない状況、また働きたいという欲求がしだいに国民生活のなかで深まり高まつてきたからである。

たとえば、38年7月1日に、厚生省児童局でおこなつた「全国家庭児童調査結果報告」によると、全国の児童のいる世帯の54・6％の母親が、収入をうるために家事以外の労働に従事している。しかも、そのうちの16・6％は、「自分の他に働く人がいないから」とこたえており、さらに46・8％のものが「自分が働かないと家庭の収入が不足するから」とのべている。それは、今日のはたらくものの生活が、いかに厳しいかをものがたつている数字であるといえよう。

工場や会社さらに官庁などではたらいている労働者やサラリーマン家庭においても、夫の賃金だけでは、生活ができない。とくに、たかい家賃をはらい、子どもを1人前に教育してゆこうと思うと、妻もどうしてもはたらかざるをえない。また、商店や小、零細工場主の家庭でもその経営を維持していこうと思えば、妻も就労せざるをえない。ことに、さいきんの若手労働力の不足、また、その賃金高騰より生じた経営責任に対して、自営業主にのこされた道は、家庭をあげての奮斗である。さらに、農業での、主婦の就労はいちじるしい。与党の高度成長政策のもつとも大きな犠牲となつた農村では、農業だけの収入で生活が維持できないため、夫は出稼ぎに、娘やむすこは都市の労働者として出かけていく。そのあとは、ひとえに妻の就労に、農業がゆだねられているのである。

もつとも、婦人がはたらくのは、ただ「貧困」の故だけではない。婦人も、1人の社会人として、また人間として、自らの能力や実力を充分発揮したい。あるいは、自らの位置をたかめ安定させるため、経済的にも自立したいという欲求のあらわれでもある。それは、ながい間の歴史のなかで、しいたげられてきた婦人の切なる願いでもあり、また、婦人解放への欲求でもある。そして、今日の日本国憲法においても、「才27条　すべて国民は、勤労の権利を有し義務を負う。」と規定されている権利でもあるのだ。

だが、以上のようなもろもろの状況のなかで生じてきた働く母親の60％ちかくのものが、今日、8時間以上の労働をしており、さらに4分の1以上のものが、10時間以上の就労をしているのである。（才1表）

そして、その間、はたらく母親にとつて、いちばん気になるのは、なんといつても、子どものことである。「子どもをあずけて安心して働きたい。そのために、たくさんのしかも充分完備した保育所がほしい」という声は、いまや、全国から、しかも、ますます大きくなつてきたのである。

とくに、乳児、幼児の保育所はいうまでもないことであるが、さらに学童の保育施設の必要が、今日、切実な問題となつてきている。それは、働く母親が急速にふえだした昭和30年前後にうまれた子どもたちが、いまや学令期に達したという事情を背景として、生じてきたものである。「いままで、とにかく保育所に子どもをあずけてがんばつてきたのですが、子どもが学校へいくようになつたら、帰宅後誰も子どものめんどうをみてくれる人がないので、かえつ

働く母の従業上の地位別，1日平均就業時間

（単位：％）

	総数	農業主	農業の家族従事者	自営業主	自営業の家族	公務員	その他の常用勤労者	日雇勤労者	家内労務者	その他の就業者
総数	100.0	100.0	100.0	100.0	100.0	100.0	100.0	100.0	100.0	100.0
3時間未満	3.4	3.6	2.4	4.5	5.9		3.1		7.2	4.1
3時間〜5時間未満	10.9	9.9	9.3	3.0	14.4		17.9		21.8	8.5
5〃〜6〃	8.4	8.3	7.4	6.0	8.3		5.0	7.3	21.8	14.1
6〃〜〃	15.0	13.2	17.2	6.5	14.3	1.8	17.9	9.5	16.8	16.7
8〃〜〃	33.6	39.0	34.4	21.9	22.3	92.9	20.3	75.6	20.3	40.0
10時間以上	25.6	24.0	28.0	55.2	31.9	4.2	32.9	6.1	11.4	11.9
不詳	3.0	2.0	1.2	3.0	2.9	1.2	2.8	1.5	0.7	4.8

厚生省児童局　「全国家庭児童調査結果報告」

て心配になりました。」という声や、「おやつをどうしているかしら、とか、なにかあぶないことをしていないかしらと思うと、働いていてもいたたまれないような気がします。」という声は働く母親のあつまるところでは、あちこちできかれる声である。また、保母さんのなかからも、「せつかく保育所で、よい子どもに成長したと思つていたのに、学校へ行くようになつて、かえつて駄目になつてしまつた。」という声もきかれるのである。

しかも、都市では、さいきんの人間無視の都市計画や貧困な住宅政策のもとに、子どもの遊び場はうばわれてきている。また、農村でも、農業が機械化され、科学化されるとともに、その危険性もふえてきている。かつての牧歌的な子どもの生活は、大きくかわつてきているのである。そのような状況のもとで、毎年の厚生白書が報じるように、幼児から学童期にかけての子どもの死亡率のトップが「事故死」であるという事実を知るとき、いてもたつてもいられなくなるのが、母親の心情である。

とにかく安全に、そしてすこやかに、また未来の歴史をきずくものとして立派に成長してほしい、そのためには、早急に「学童保育」をというのが、はたらく母親の切なるのぞみである。

（日本女子大学、中央児童福祉審議会保育制度特別部会委員）

カギッ子対策から学童クラブへ

―学童保育の問題点をさぐつて―

東京保育問題研究会委員　手　塚　直　樹

はじめに

昨年、学童保育連絡協議会から「よりよい学童保育のために」と題して、報告集を発刊したが、その時、私は学童保育のかかえる問題点のうち、主にその型体別の学童保育と、そこにある問題点のいくつかを指摘したわけであるが、今回、改訂版を発刊することになつたので、まず前回の問題点を整理し、更に現在の学童保育がかかえている根本の問題、それはいかにして「カギッ子対策」というワクを打破するか、ということについて考えたいと思う。そして最後に、公立の学童保育のかかえる問題点を若干指摘しておきたいと思う。

学童保育とひと口にいつても、その種類はみる角度によつていろいろに分れてくるが、前回私は、それを型体別にわけて、①父母、指導者等が共同で運営している「共同の学童保育施設」②児童福祉法才３９条の２項によつて保育所の中で扱う学童保育　③公立のもので、特にアキ教室等を利用している学童保育　④国でいう児童館の中にとらえられる学童保育　⑤学校自体がその必要性にせまられ、独自の立場から行なつている学童保育、等に分け、その中を更にいくつかに細分し、そこでかかえている問題点を各々にわけていくつか指摘した。

こうした学童保育は、その根底において、カギッ子対策としてとらえられるもの、教育の場としてとらえようとしているもの、などさまざまであるが、「カギッ子」対策が実に強くその底に流れているので、この現状をまずみることにしたい。

カギッ子 ― その背景 ―

(1) 保育に欠ける児童（保育所の関連）

現在の学童保育はいくつかの要素から生れてきているが、その中で最も大きなひとつのことがらに保育所との関連がある。

児童福祉法の才３９条の２項に「保育所は前項の規程にかかわらず、特に必要のあるときは、保育に欠ける他の児童を保育することができる」となつており、この「その他の児童」が学童保育としてとらえられるものである。したがつて、「その他の児童」と保育所でいう「保育に欠ける児童」とは、そのとらえ方においてはほとんど同じである。

また、東京都の学童保育は児童福祉法才２４条の但し書き「但し附近に保育所がないなど、やむをえない事由があるときは、その他の適切な保護を加えなければならない」ということを法的根拠にしているようである。

こうしたことから、学童保育で対象として考えられる児童は、保育所でいう「保育に欠ける児童」と同じ考え方に立つているということができよう。

そこで「保育に欠ける児童」とはいつたいどのようなとらえ方がなされているのかをみると、厚生省では昭和３６年に保育所入所基準を明確にし、「保育に欠ける児童」を次のように規定した。

①両親共稼ぎ等、母親が居宅外労働の場合

②母親が日中家事以外の仕事をすることを常態としている場合（内職はふくまれない）ただし、父親がその業に従事しており、かつそのための使用人のいる場合は除く。

③④母親の出産、疾病の看護の場合

⑤家庭の災害の場合

⑥その他明らかに「保育に欠ける」と市町村長がみとめた場合

となつている、すなわち、ここでとらえられている「保育に欠ける児童」は、母親の就労状態だけを基準としたもので、環境上の問題、家庭や家族、また教育上の問題等はいつさい考慮されていない、ということができる、この考え方はそのまま学童保育に持ちこまれたとき、まさに「カギツ子」というとらえ方になるわけである。

しかしながら、この「保育に欠ける」ということの国のとらえ方は、昭和３０年頃をひとつの区切りとして、非常にせばめられてきたということができる。それ以前は「母親の労働というものを巾広くとらえ、母親の労働には家庭労働、自営労働を含むとし、保育に欠けるとは母親が子どもにつきそつて完全な保護をすることができない意味も含まれている。したがつて内職はもちろん家族が多数で母親が家事雑用に追われ子どもの世話ができないとき、生活環境の悪いとき、そして母親のいない場合も母に代るべき立派な保母を家庭で専有することができない場合は保育に欠ける状態」といつていたのである。

こうした巾広いとらえ方が、母親の就労状態だけにしぼられてきた理由はいろいろあるが、今後この考え方、とらえ方は益々強まつてくるだろうことは十分予想される。したがつて、こうした観点のつながりとして学童保育をとらえる以上、いわゆる「カギツ子」としてのとらえ方は強まつてくるということができる。

(2) 児童のとらえ方（政策との関連）

いわゆる「人づくり政策」は、具体的に幼児や学童に波及してきているが、この政策が特に表面化したのは、昭和３７年の人口問題審議会の「人口資質の向上に関する決議」からであり、児童福祉白書や中間報告及び各答申等を経て、現在それが益々具体的になつてきているが、これらの文書や答申、白書等にあらわれた考え方はどのようなものであろうか、その根底にある考え方を強調して記せば次のようになるかと思う。

「経済成長政策は、そのにない手である人間が優秀でなければ目的を達することができない。特に世界の経済交流が自由化するにつれて競争が激しくなる。これにうち勝つためには人口資質の向上がなによりも大切である。特に将来わが国の経済活動と社会発展のにない手は幼少人口であるから、少なくなつた幼少人口をいつそう健全に育成していかなければならない。

しかるに最近における児童の非行化、情緒障害、神経症等の問題児が激増する傾向にあり、それはむしろ危機的段階とさえよべる状況である。

その原因の一番大きなものは、幼少時代に母親（家庭）から十分養育されなかつたことによる。すなわち児童が家庭において十分養育されなかつた場合には、普通の家庭の緊密な人間関係の形を学ぶことができないため、その児童の性格として、そのような人間関係を将来自らつくりあげることが困難である。そればかりでなく、家庭から子どもを分離すると情緒の欠如した社会不適応者が形成されるし、母性的愛情、両親の愛情欠如が児童の非行や情緒障害児をつくりあげていく、したがつて、母親は家庭にあつて子どもの養育にあたるべきだが、最近の状勢をみていると、生活維持のためというよりは文化生活の向上や夫婦の娯楽共有を目的とする共かせぎが増加している」

というような考え方である。

こうしたとらえ方をする以上、学童保育は本来好ましいものではなく、当然母親がいて、家庭で十分養育することこそ正しい、しかし現状ではそうばかりもいえないので、しかたがないから、最少限のカギツ子だけは、なんらかの方法で保護しよう。という方向である。

もうひとつの重要なことは、最近、特に活溌な議論をよぶ家庭論である。

(3) 家庭のとらえ方（家庭論の関連）

最近の家庭論は、その家庭を「マイホーム的、小市民的家庭」としてとらえている、例えば文部省の「家庭教育資料オ１集」の中で次のようにいつている。

「近代的生産の場においては、高能率のためのゆきとどいた生産管理、分業的機械化作業などによつて極端にいえば、働く人のエネルギーは残るところなく仕事に吸収され、激しい精神的緊張をしいられ、しかも機械のようになつて働かされ、人間性の欠如という悲しむべき状態となり、人はただ組織や機械の部品のような地位と変わり、ただ月給袋を楽しみにするだけであるといつた調子である。

このような近代的職業人は職場から出た時にはひとときも早くその緊張を解消し、人間性を回復したいとの強い要求を感ずる。これを最も健全な形で満してくれるものは家庭である。愛する妻に迎えられ、かわいい坊やとたわむれることによつてその心身の疲労はいやされ、人間性を取りもどしてくる。このような精神衛生的な治療の機能が新しい家庭の機能として重要視されてくる」

また「家庭の教育は親がよい手本を示し、こどもがそれをまねることによつて自然の教育がなされる。しかし疲れて帰つてきた父親が、起居の動作でこどもの模範になるような態度をとることは苦しくなり、また無理に教育的態度をとろうとすると、親自身の精神衛生が悪くなるということもある。

一方家にいる母親は、一日中食事をこしらえたり、掃除などで積極的に働いている。こどもが母の後ろについて台所仕事をまねたり、洗濯を覚えることは、最もよい自然的な家庭教育である」………と。

ここでとらえられている家庭は、母親が中心であり、母親が育児や教育の重要な役割をはたしている。母親が外へ出て行くということは、つかれはてて帰つてくる父親のためにもよくないし、こどもの家庭教育の上から全く好ましくない、というとらえ方がなされているのである。

カギツ子と学童クラブの対立

現在の学童保育、特に公立では、以上みてきたように、カギツ子対策であり、それは当然、家庭で養育されるべきものの最少限の肩代りという考え方である。「保育に欠ける」という考え方からも、政策の面からも、家庭の考え方からも、カギツ子対策は必要悪というとらえ方として仕方なく最少限だけ保護、救さい、しようと考えられている状態である。

したがつて現在の段階では、本質的な考え方として、学童保育をいわゆる「カギツ子対策」の範ちゆうをこえてとらえることは、政策や方向づけの最大の転かんであり、それはまさに大へんなことなのである。

そうであるからこそ、ひとつの典型的なぶつかりとして、昨年の夏に起きた「みどり会」の公立移管反対があれだけ大きくクローズアップされたのだと思う。

学童クラブみどり会では、公立移管に伴ないそのスローガンを「この教育内容を守るために共同保育の組織を残したい」としてたたかつた。ここでいう「この教育内容」というものは、「学童保育を集団の中で指導していくいわゆる集団主義指導」のことであり、みどり会の松本先生は次のようにかいておられる。

「子どもたちは同年令の仲間とともに、人間として対等な関係を結びながら、種々の生活経験を通して自分たちの生活をよりたかめ発展させていき、この中で1人1人の可能性を育てたい。このために現実の子どもたちの指導のとらえ方を就学前教育（乳児時代からの家庭、保育園、幼稚園）につづくものとして重要視する一方、常にみどり会、家庭、学校における状況と変化に対して連絡をとりあい、ととのえる働きかけをする、こうして私たちは、現在の各子どもの発達段階にそつて認識のすじみちをさぐりながら生活指導をしようとしている。

集団の中で子どもたちがそれぞれ自分の座をもち、各々が充分に自己主張でき、相互で批判し合える。そしてその中で集団の利益を考え自分を変えてゆける集団をつくりたい、そのような努力を積みかさねて子どもと大人側の集団の質を高めたい」………と。

学童クラブみどり会の公立移管の反対運動は、

みる人によつてさまざまな意見をよんだ、しかし、それが良し悪しは別として、学童保育を「集団主義指導の立場をとる教育の場」としてとらえる以上、現在の段階においては、公立の学童保育所の考え方とは本質的に対立するものであり、この本質との対立によつてそれを受け入れることのできなかつたみどり会が「学童クラブみどり会」として以前のとおり共同保育型体をとつて民間として継続していくことに踏みきつたのは当然のことだと私は思う。

公立学童保育の問題

たしかに現在の公立の学童保育は、その本質的なとらえ方としては「カギッ子対策」であり、「カギッ子の保護、救さい」である。

しかし、各々の学童保育の指導者がそのワクを打ち破ろうとし、また児童の健全育成をどのような角度からとらえ高めようとしているかの努力を見逃してはならない。

ただ、公立の学童保育がその根本の考えとしては「カギッ子対策」である以上、そのワクを越えた方向づけをすることは、かなりの努力が必要であり、またみる人によつては、そのワクの中で十分すればよいという人もいるであろう。

けれど、私が特にいいたいことは、現在のあき教室利用の公立の学童保育所は、現段階においては、「カギッ子対策」であるという根底の問題をもちながらも切実な要求をみたすものとして存在意味は充分ある。そこでいわゆる学童クラブの考え方への移行をいそぐあまり、せつかく芽ばえてきた歩みを止めてはならないということである。

現在の公立の学童保育は、確に多くの問題点をかかえているし、指導者の努力も並大抵ではないことをまず卒直に認め、この上にたつて今後どのような方向にもつていくかのビジョンを明確に具体的にとらえ、その方向に向つて努力することが大切であろう。

このビジョンは現段階において明確にとらえられていない。大きくは「児童館構想」ではあるが、具体的なすじ道はもつともつとみなで検討してみる必要があり、こうした検討をこの「学童保育連絡協議会」に期待したい。

最後に現在のあき教室利用の学童保育の抱える具体的ないくつかの問題点を指摘してこの稿を終りたいと思う。

①その性格のあいまいさと親の偏見

横浜市の神奈川小で学童保育を始めたとき、無保護家庭の子はほとんど参加するであろうと予想したところ、実際に加入したのは半分以下の４４．７パーセントであつた。

その理由として

「目的や方法がよくわからないから」

「留守家庭というひけ目を感じさせたくないから」

「勉強する時間がなくなるといけないから」

「悪い児童がいて非行化するといけないから」

「家事の手伝いをしてもらえないから」

「近所の人に子どもが残されたと思われるといけないから」

「金がかかるようになるといけないから」

「子どもがいやがるので」

などという理由であり、更に検討したところ「子どもがいやがるから」と「目的や方法がよくわからないから」の理由が最も多かつたそうである。

この「目的や方法がよくわからない」ことは単に母親ばかりでなく、学童保育に関係する者の共通の悩みであるが、公立の場合は特にそのあいまい性が問題となつてくる。

②魅力？のない学童保育

同じく横浜市の学童保育で開設して１カ月半で出席者が５０パーセントを割る日が多くなつた。

常欠者や欠席がちな児童の欠席理由は「つまらないから」というのがほとんどで、どの児童の場合も共通するものとして「家の方ではやつている好きな遊び（ワッカ、メンコ）ができないから」「今まで遊んでいた家の友達と遊べないから」の二つがあつた。

また出席の良い２８名の児童の書いた作文の内容から分析してみると、これらに類するものが全体の３５パーセントを占めていたそうで、この問題の重要性を如実に物語つているが、この「児童にとつて魅力のある学童保育」という問題は単に公立ばかりでなくすべての共通の問題であるが、それが学校という建物の中で行なわれるあき教室利用の学童保育所にあつては、児童の心理的作用の面からも大へんに大きな問題点である。

この他に

③指導者の問題

④運営主体、経営主体の問題

⑤責任態勢の問題

⑥他の児童との問題（同じ学校内ということまで）

⑦措置児童？としての法的根拠の問題

⑧指導内容の問題

など、個々具体的にはいくつかの切実な問題をとり出すことができるようである。

― 参考のための資料 ―

「東京都　昭和３９年度　学童保育事業運営要領」と「指導要領」

昭和３９年度 学童保育事業運営要綱

１ 目　的

この要綱は、特別区及び市町村が、都内小学校低学年児童で、放課後帰宅しても保護者の労働または疾病等の理由により、適切な監護を受けられないもの、およびその地域において遊び場等の適当な環境を得られないものを、一定時間組織的に指導し、その危険防止と不良化防止を図るための事業（以下「学童保育事業」という。）を行なうにつき、必要な基準を定め、もつてこれら児童の健全育成を期することを目的とする。

２ 運営主体

学童保育事業の運営は、区市町村が行なうものとする。ただし、公益法人またはその他適当な公共的団体に、その事業を委託することができる。

３ 対象児童

学童保育事業は、次に掲げる者を除き、都内の小学校に在籍する低学年事業とする。

(1) いちじるしく心身に障害のある児童

(2) 病気中の児童

４ 学童保育の方法

学童保育事業は、次の方法により行うものとする。

(1) 区市町村長は、オ９項に定める手続きにより、学童保育の希望者をつのり、オ３項の対象となる児童を選定して登録する。

(2) この事業は、学童保育クラブを編成して実施するものとし、これに必要な拠点を設定する。

(3) 学童保育クラブの構成基準数は、おおむね児童３０人以上５０人以下とする。

(4) 指導時間はおおむね下校時から午後５時までとし、その地域の実情に応じ、区市町村長が定める。

５ 拠　点

学童保育事業の拠点は、おおむね次に定める施設とする。

(1) 区市町村立の学校の一部、児童館、公民館その他の公共施設で、学童保育の拠点として適当な設備内容を有しているもの。

(2) その他、民有施設（建物）で、学童保育の拠点として設備内容を有し、区市町村が継続して借用できるもの。

6 設 備 基 金

学童保育を行なう場所は、児童福祉施設最低基準に準拠し、おおむね次の設備内容により整備するものとする。

(1) 学童保育を行なう場所は、学童保育を実施するに必要な室（以下「育成室」という）と屋外の遊び場を具備していること。

(2) 育成上には、採光、温度、清潔等児童の保健衛生上の考慮が十分なされていること。

(3) 育成室には、楽器、黒板、机、いす、図書および遊具を備えておくこと。

(4) 育成室には、急病人が発生した場合、応急的措置をとることができるよう家庭医薬品、ほう帯等を備えておくとともに、静養場所および医師をあらかじめ指定しておくこと。

7 職 員 基 準

学童保育クラブを指導する職員（以下「指導員」という。）の配置および任用の基準は次のとおりとする。

(1) 学童保育クラブには、学童保育に必要な非常勤の指導員2名以上おくこと。

(2) 指導員は、次の各号の一に該当する者の中から、区市町村長が任用すること。

ア 保母または教員の資格を有する者

イ 児童の養育に知識経験を有する者

8 業 務

学童保育事業の業務内容は、健康的な遊びの指導をその主たるものとし、必要に応じ生活指導および学習指導を行うものとする。なお、学童保育指導要領は別に定める。

9 入 会 の 手 続

学童保育クラブに児童を入会させようとする保護者は「学童保育クラブ入会申請書」（別紙才5号様式）を居住地区町村の民生担当課に提出するものとする。ただし、一時的または緊急の入会を希望する場合は、この限りでない。

10 備 え る 帳 簿

学童保育事業の運営に必要な帳簿は次のとおりとする。

(1) 学童保育クラブには次の帳簿を備えておくこと。

ア 児童台帳（別紙才1号様式）

イ 育成日誌（別紙才2号様式）

(2) 区市町村（民生担当課）には、次の帳簿を備えておくこと。

ア 学童保育クラブ台帳（別紙才3号様式）

イ 学童保育申請登録簿（別紙才4号様式）

11 資 料 の 提 出

都知事は、事業の合理的運営に資するため区市町村長から事業の概要および実績等につき、必要な資料の提出を求めることができる。

12 費 用 支 弁

区市町村は、学童保育事業の設置および運営に要する費用を支弁する。

13 財 源 措 置

学童保育事業の運営に必要な経費についての負担区分等については、次のとおりとする。

(1) 特別区の所要経費については、都区財政調整において措置するものとする。

(2) 市町村の支弁した費用については、別に定める補助金交付要綱により、都がその費用の一部を補助するものとする。

14 適 用 年 月 日

この要綱は、昭和39年4月1日から適用する。

東京都学童保育指導要領

1 趣　旨

この要領は、「学童保育事業運営要綱」（昭和３９年７月２１日付３９民児童発才２３４号）才８項の規定に基づき、学童保育事業の運営にあたり、児童の指導上留意すべき必要な事項を定めるものとする。

2 指導の方法

学童保育の指導方法は、(1) 余暇指導、(2) 生活指導、(3) 学習指導の三つの部門に分けることができる。しかし、これらは独立しているものでなく、有機的な関連をもつているので、指導にあたつては、児童の生活の全般にわたつて配慮する必要がある。

3 指導の内容

(1) 余暇指導

ア　児童は学校において、精神的、肉体的にある程度の強制をうけているので、放課後は解放感のため活動的となり、その生活の大部分を遊びの中で過しながら、そこに最も大きい関心と興味を求めている。余暇指導は、これら児童の関心と興味を、個別的、集団的に指導することによつて、児童の情操を豊かにするものである。

イ　余暇指導の具体的内容として、遊具による遊び、集団遊び、音楽、舞踊、読書、絵画、製作、お話、紙芝居、人形芝居、劇、映画、遠足、運動等があり、これらの中から適当なものを選んで、個別的、集団的に行なうとともに、特に、児童の自主的活動を尊重するように努めなければならない。

(2) 生活指導

ア　生活指導は、児童が日常生活の中で、社会の一員として活動できるための、人格形成を目的として行なわれるものである。従つて、将来、児童が健全な社会生活を営む上に必要な社会的習慣を習得させるよう、指導することが重要である。

イ　生活指導の具体的内容として、基礎的生活習慣の習得、保健衛生観念の指導、規律の尊重、道徳的心情の高揚、経済観念の助長、社会性の育成等がある。

特に、交通事故、誘かい等の危険防止及び不良化防止についての指導は、日々の行動の中にもとり入れ、児童の心身の保全に努めるとともに、社会環境の浄化地域補導体制への参加等、関係各機関と連絡をとりながら、児童の健全育成を図らなければならない。

(3) 学習指導

ア　学習指導は、児童が学校において修得する教科内容を、補完的に指導することにより、児童の学習意欲を助長するものである。

イ　学習指導の具体的内容は、国語、算数、社会、理科、体育、音楽、図画工作、家庭科等、学校の教材に基づいて行なうことが必要であるが、あくまでも家庭において、宿題を整理する程度にとどめておくべきである。

4 指導計画

児童の指導は、それを効率的に行なうため日々、週間、月間および年間の実施計画に基づいて実施し、常に体系的運営に努めなければならない。

なお、日課表については、おおむね次頁上掲の例により実施すること。

5 健康管理

児童は身体的に未成熟の状態にあり、自ら健康管理をする能力に欠けているので、運動その他によりて身体の発育を促すとともに、一般的疾病予防に努めなければならない。

特に児童に対する手洗い、うがい等の衛生的習慣の養成、下水、排水、便所、汚物及び

12.00		1.00	2.00	3.00	4.00	5.00
	下校	指導開始	学習及び室内ゲーム	おやつ	グループ指導 自由遊び	指導終了

塵芥処理等についての管理、室内の通風、彩光、保温等の環境整備に注意するとともに病気に際しての医薬品の準備、医師等の医療機関への連絡先確認など、適宜な措置を講じておかなければならない。

なお、職員の健康管理については、児童に常時接触するため、伝染病の疾患について予防措置を講ずるとともに、定期的な健康診断をすることが必要である。

6 保護者との連絡

学童保育の指導にあたつては、必要に応じ、児童の健康や行動について、児童の保護者や学校の教師と連絡をとり、その協力を求めなければならない。

また、児童相談所、福祉事務所等の公的機関及び社会福祉協議会、青少年問題協議会等の社会福祉団体と協調を図り、あるいは児童をして、学生、地域子供会、青年団体、町会等の行なうボランテイア活動にも参加させるよう努めることが大切である。

7 諸記録及び関係書類

児童が入会してから退会するまでの諸記録を、系統的に整備することは、児童の現在及び将来に生起する諸問題について、適確な資料を与えるものである。従つて、諸記録及び関係書類への記入は、客観的立場から慎重かつ正確に行なわなければならない。

なお、児童の入会にともなう記録及び関係書類は次のとおりである。

1）児童台帳（要綱、別紙才1号様式）
2）育成日記（要綱、別紙才2号様式）
3）育成記録（別紙　様式1）

（北区）学童保育クラブ
運営委員会規定

1 総則

本運営委員会は事業を完全に遂行するため事務所を豊島3丁目2番地に置く。

運営委員会（以下委員会という）の設置および運営については次の基準による。

2 目的

両親 とくに母親の就労等により保育を必要とする児童に対し、その地域関係者の協力を得て児童を健全に育成することと、この事業を円滑かつ効果的に実施するために委員会を設置する。

3 構成

委員会は左記範囲の者をもつて構成する。ただし任期はその職にある期間とする。

(1) 地域学校長の代表
(2) ＰＴＡ関係の代表
(3) 関係地域の自治会又は町会代表
(4) 青少年対策地区委員会代表
(5) 保育事業に従事している指導員
(6) 保護者代表
(7) 民間施設の場合管理責任者
(8) その他適当と思われるもの

4 運営および任務

委員会は構成された委員のうちから委員長、副委員長会計及び監査を選出し運営する。但し委員長、副委員長、会計は任期を2年とする。委員長は必要に応じて会議を召集し、次の事項を決定する。

(1) 事業計画　4月1日より翌年3月末日とする。
(2) 予算・決算　4月1日より翌年3月末日とする。

(3) 運　　営

　一、入園基準について

　二、減免規定の適用基準

　三、職員人事給与

(4) その他運営に必要なる事項

北区学童保育事業要項

1　目　　的

この要綱は北区内の区立小学校の低学年児童で両親とくに母親の就労によつて学校から帰宅しても放置されている児童に対して、その児童の属する地域社会等が協力して児童の危険防止、不良化防止をはかるため児童の余暇指導を重点に生活指導、学習指導等の事業（以下「学童保育事業」）を行なう場合において北区がこれに要する費用の一部をそれらの団体に補助することによつて、これらの児童の健全育成を期することを目的とする。

2　事 業 主 体

地域社会団体（町会、ＰＴＡ等）あるいは有志指導者等が『〇〇学童保育クラブ運営委員会』を結成して、事業主体となりこれの事業の遂行をはかる。

3　対 象 児 童

北区立小学校の低学年に在学中の児童、ただし高学年に姉兄のある場合は、その児童も含む、ただし次の児童は除く。

① いちじるしく心身に障害のある児童

② 病気中の児童

4　設 置 場 所

① 北区立小学校の一部、その他公の施設で学童保育の事業に適当な設備内容をもつているもの。

② 民有施設（建物）で学童保育の事業に適当な内容をもつているもの。

5　学童保育の方法

① 学童保育の事業主体により学童保育の希望をつのり才三項の対象となる児童を選定する。

② 学童保育の保育児童基準は３０名以上５０名までとする。

③ 保育時間はおおむね下校時間から午後６時を限度とする。

④ 保育料は補助交付基準に示された経費等を勘案し児童にかける負担を最少限度に止めなければならない。

6　設 備 基 準

① 学童保育を行なう場所は学童保育を実施するに必要な室（以下「育成室」という）と屋外の遊び場を具備していること。

② 育成室は採光、温度、清潔等児童の保健衛生上の考慮が十分にされていること。

③ 育成室は楽器、黒板、机、椅子、図書、遊具等を備えておくこと。

④ 育成室には、急病人が発生した場合、応急措置をとることができるように家庭医薬品、ほう帯等を備えておくとともに静養場所、医師等をあらかじめ指定しておくこと。

7　指　導　員

学童保育の実際の指導は保母または教員の資格を有するもの、もしくは児童の養育に知識経験を有するもの等２名以上いることが望ましい。

8　業　　務

① 余暇指導、児童は学校において精神的、肉体的にある程度強制をうけるので、放課後は開放感のため活動的になるので余暇指導はこれらの児童の関心と興味を個別的集団的に指導することによつて児童の健全な育成をはかる。

② 生活指導　交通事故、誘かい等の危険防止等日々の行動の中にとり入れ関係各機関とも連絡をとり児童の健全な育成をはかる。

③ 学習指導　家庭において宿題を整理する

程度にとどめる。

9 入 会 手 続

学童保育クラブに児童を入会させようとする保護者は「学童保育クラブ入会申請書」を二通作成のうえ当該クラブに提出する。うち一通は区長に送付する。

10 報 告

「学童保育クラブ」の責任者は実績報告書、経理報告書その他予算、決算の報告は別に定める要領により区長に報告しなければならない。

11 政治的中立性

教育基本法の精神にもとずき「学童保育」の場においては政治的中立性を確保しなければならない。(補助交付基準表は下記の通り)

北区学童保育クラブ運営委員会設置および運営基準

学童保育クラブ運営委員会(以下委員会と称する)の設置および運営については、次の基準によるものとする。

1 目 的

両親、とくに母親の就労等により保育を必要とする児童に対し、その地域関係者の協力を得て児童を健全に育成することと、この事業を円滑かつ効果的に実施するために委員会を設置す

2 構 成

委員会は左記範囲の者をもつて構成する。ただし任期はその職にある期間とする。

(1) 施設提供校々長(民間施設の場合、管理責任者)および教頭、生活指導主任。
(2) PTA関係の代表
(3) 関係地域の自治会又は町会代表
(4) 青少年対策地区委員会代表
(5) 保育事業に従事している指導者
(6) その他適当と思われるもの

3 運営および任務

委員会は構成された委員のうちから委員長、副委員長等を選出し運営する。委員長は必要に応じて会議を招集し、次の事項を決定する。

(1) 事 業 計 画
(2) 予 算・決 算
(3) 運 営

補 助 交 付 基 準 表

補助事項	定数	1カ所当り補助算定基準額				備考
		日数	基本額	1カ月	年間	
人件費	定員 30名～50名まで	1カ月 25日	1人月額 15,000円	2名 30,000円	360,000円	補助基本額に保育日数を乗じた数
間食費	定員 30名まで	1カ月 25日	1人1日 10円	7,500円	90,000円	
消耗品費	定員 30名まで	1カ月 25日	1人1日 5円	3,750円	45,000円	
備品費(設備)					40,000円	テレビ、ラジオ、オルガン、黒板等の購入費
行事費				月額	25,000円	
計				41,250円	560,000円	

補助交付基準額　1カ所　560,000円

☆なお民有施設の維持管理費(建物借料、光熱水費)等は実額を勘案し考慮する。

38

東京都における学童保育事業について

全国の母親の半数以上が家事以外の労働をしており、その四分の一のものが一日１０時間以上働いているということが厚生省から発表（全国家庭児童調査３8.7.１現在にて実施）されているが、これと関連し「かぎつ子」という呼び名でセンセーションを投げかけている、いわゆる共稼ぎの家庭の問題がある。これは、今更新らしく問題にするまでもなくすでに「不在つ子」「女中つ子」等と以前から存在していたことはいうまでもない。

しかし、昨今の経済成長をはじめとする急激な社会の変動により、生活を支えるためやむを得ず、共稼ぎをするもの、または、より高い豊かな生活をめざすため共稼ぎをする家庭が日一日と増加している傾向にあることは大都市東京においては申すに及ばないものがある。以上のとおり共稼ぎ家庭の理由は、さまざまであるが、結果的にこれらの児童は親から放置されていることにはかわりなく、学校から帰つても、暖かく迎えてくれるものがいない児童達は、家庭自体の環境の貧富にかかわりなく、共通した特殊な性格が、はぐくまれていると考えられる。即ち、気ままと孤独からくる閉鎖的なもの、金や物に執着するもの、同じ環境の子をかばいあう等に考えられる。

しかし、反面独立心にもえ、自主的に強く、生活力が旺盛である等という良い面を有していることを忘れてはならない。

東京都では、これら留守家庭の児童をはじめ保護者の病気等によるもの、その他地域に遊び場等の環境を得られず、放課後帰宅しても、保護者から適切な監護を受けられない児童が孤独感からくる情緒不安定や危険なあそび、またはよくない交友関係から思わぬ事故をひき起したりすることを防ぐため、一定期間組織的に指導し、これらの児童の健全なる育成を図ることを目的として、昭和３８年度から、都独自の必要な基準を定め、小学校低学年を対象とする学童保育事業を実施し、児童の福祉の増進に努めている。

1　事業の名称　　学童保育事業

2　運　営　方　法

運営主体は区市町村、ただし公益法人、または適当な公共的団体へ委託することができる。保育の方法は、クラブ組織とし、児童の構成基準数は３０人～５０人とし、保育時間は下校時から午後５時までとする。指導員は教員または保母の資格のあるもの、児童を育てた経験のあるもので、一クラブ２名以上置く。

3　拠　　点

学校の一部、児童館、公民館等の公共施設等

4　指　導　内　容

余暇指導、生活指導、学習指導

5　財　源　措　置

(1)　特別区の所用経費は都区財政調整により措置する。

(2)　市町村の支弁した費用については、その一部について補助金を交付する。

諸要経費算定基礎

	1カ所当り基準額		所要経費		区部	市町村分	
	規模	基本額	1カ月分	年回分	財政調整	補助金	補助率
人件費	2人	1人月額円 12.500	円 25.000	円 300.000	円 300.000	円 240.000	8/10
間食費	30人	1人1日 10	7.500	90.000	90.000	72.000	8/10
消耗品費	30人	1人1日 5	3.750	45.000	45.000	36.000	8/10
維持管理費	1カ所	月額 5.000	5.000	60.000	60.000		
設備費	1カ所	当初のみ 100.000	(100.000)	100.000	100.000		
計				595.000	595.000	348.000	

6　東京都留守家庭児童生徒調査からみた学童保育クラブの所要設置数と計画。

昭和39年10月31日現在で調査した結果、共稼ぎ及び、欠損家庭の児童が小学校で110.148人（在籍児童数の15.0%）、中学校で83.227人（在籍児童数の19.4%）おり、この内いわゆる鍵つ子と称する日中の留守番が誰もいない児童が小学校70.531人（在籍児童数の9.66%）、中学校で50.871人（在籍児童数の11.84%）という結果が判明した。

現在行つている学童保育事業の対象児童は小学校の低学年をとらえているので、1、2年生の鍵つ子を、全員をあげると16.400人となり328か所のクラブを必要と考えられる。表にあらわすと次のとおりとなる。

区分／地区別	かぎつ子			設置計画		備考
	小1年	小2年	計	設置数	対象児童	
特別区	5,445人	6,848人	12,293人	246人	12,300人	1クラブの
市部	1,315	1,695	3,010	60	3,000	構成は50
郡部	442	536	978	20	1,000	人を単位と
島部	58	53	111	2	100	して算定し
計	7,260	9,132	16,392	328	16,400	た。

（16,400）

所要数328カ所を5年間に設置する

摘要	かぎつ子小学校1年2年生 16,400人								合計			
地区別設置数	特別区 12,300人		市 3,000人		郡 1,000人		島 100人					
実施年度	設置数	実施対象	設置数	実施対象	設置数	実施対象	設置数	実施対象	設置数	実施対象	設置数	実施対象
39年度実績	33	1,650	9	450	5	250			47	2,350	47	2,350
40	67	3,350	9	450	2	100			78	3,900	125	6,250
41	37	1,850	11	550	4	200	1	50	53	2,650	178	8,900
42	37	1,850	11	550	3	150	1	50	52	2,600	230	11,500
43	36	1,800	10	500	3	150			49	2,450	279	13,950
44	36	1,800	10	500	3	150			49	2,450	328	16,400
計	246	12,300	60	3,000	20	1,000	2	100	328	16,400		

7　事業の見とおし

都内に約12万人の鍵つ子が存在していることが明らかとなり，しかも高学年になるにしたがいその割合が高い比率を示しているので，事業の重要性にかんがみ、高学年の児童に対する施策を早急に実施するよう、検討をするとともに、生活指導の強化、学校施設の開放、児童館の設置活用、地域活動の活潑化家庭児童対策の充実等の諸対策を講ずる必要があるので、東京都児童福祉審議会をはじめ各教育委員会とも連絡を密にし、具体的な施策を検討する。

なお、事業の拠点としては、いろいろの問題点を有するが、児童館の機能として学童保育クラブを運営することが最ものぞましいと考えられる。

また、国においては、児童福祉法才24条にいう保育所とは全く関連性を有しないものであるとの見解をもつているので、国に対する補助金等の考慮は全く考える余地がない。したがつて都としては、予算の範囲内で、当分の間単独事業として補助奨励してゆく予定である。

都下における学童保育事業設置状況　（昭和39年度）

地区	設置数	地区	設置数	地区	設置数	地区	設置数
武蔵野市	1	町田市	2	国立町	1	田無町	2
三鷹市	2	小金井市	2	大和町	1	計	14
昭島市	1	小平市	1	清瀬町	1	40年度は目下調査中	

区名	施設個所	設置数	学童数	指導員数	予算額	担当課	備考
足立	空教室	3	400	16	4ヶ所に 267万円 新4ヶ所に 326.	福祉課	区営
板橋	空教室	7	230	14	1ヶ所に 90.	区民課	区営
江戸川	空教室	5	200	10	1ヶ所に 80.	福祉課	区営
大田	区営建物	2	100	4	1ヶ所に	厚生課	年度内1ヶ所増予定 経営委託料
葛飾	空教室 プレハブ(校庭)	2 1 } 3	8		3ヶ所に 784.	民生課	区営
北	空教室 民営建物の一部	8 1 } 9	315	9	1ヶ所に 56.	教育委員会	区から補助金
品川	福祉センター	2	60	4	1ヶ所に 100.	民生課	区営
渋谷	母子館 青年館	1 2 } 3	80 60 } 140	5	母子館 { 運営費 51.4000 整備ヒ 140.7000 } 青年館 { 2ヶ所 30.0000 給料 96.0000 }	厚生課	区営
杉並	公園 空教室	1 9 } 10	300	20	1ヶ所に 100.	福祉課	区営
世田谷	空教室	1	28	2	1ヶ所に 275.	福祉課	区営 3ヶ所とも 2ヶ所増予定 プレハブ
豊島	空教室	12	360	24		福祉課	区営
中野	空教室	28	300	56	総予算 (中学8ヶ所も含む) 2500.	教育委員会	学校解放のなかで地域団体が協力して運営委員会を組織している。
文京	空教室	3	160	8	1ヶ所に 約80.	区民課	区営
なお、江東、新宿、練馬、港区は本年度開設予定							
計		93					

∵其他、民営施設として次のようなものがあるが、最近の状況につき、目下調査中
なおみホーム附属学童保育　（世田谷区等々力）
学童クラブ　みどり会　（板橋区大谷口）
キリスト教社会館児童クラブ（神奈川県横須賀市）

あとがき

このパンフが刷り上る日は全国母親大会の会場に、日本中の母親が集つている。会場を埋めつくしたあの熱気を思い浮べ、学童保育運動を進めようとしている方達に役立てる仕事の一端が果せた安堵感でほつとしているのが編集に当つた私達の偽りない気持である。

それぞれ問題山積の学童施設をかかえながら協議会として手をつなぎ合つて行こうとしている私達。限られた時間でパンフを出す事は困難がともなつた。しかし前年のパンフはすでに事務局資料すらないほど、求められている現状は改定版を出すことに踏みきらせた。

この一年間施設の数からいつても急速に学童保育所が広まつて来たことは何を意味するのであろうか、出来る町でやれる方法でその地域に一つでも数多く作ること、これが何より当面進めなければならない私達の仕事なのである。個々の事情により出来上つた施設の姿はさまざまな行き方をしている。その確な方向については協議会としても模索している状態であるが、新らしく生れたこの子どもの集団をどう捕え方向づけをして行くか、今日の運動と合いまつて確めて行きたい。当局の予算の獲得運動と同時に、学校教育、家庭教育との関聯の中で学童保育のあり方をともども見出して行こう。

改定版を出すに当り資料その他実情に変化のないものはそのまま、実践については書き新め書き加えた。尚「学童保育の問題をさぐつて」（手塚）の稿については４０年度の現況から出発した意見として新に書かれたものである。

１９６５・８・２２

編集委員　久文　松本　平山　福光

昭和４０年８月２０日

学童保育連絡協議会

東京都北区王子６丁目４の１０
豊　川　保　育　園　内
電話（９１１）－４６６１

よりよい学童保育のために

—施設作りと豊かな内容をめざして—

１９６６

学童保育連絡協議会

よりよい学童保育のために

―施設作りと豊かな内容をめざして―

目　次

巻　頭　言

青少年に希望を

豊島学童保育
運営委員会　近藤　亮三郎

法務省は激増する少年犯罪に対処するという名目で少年法にかわる青少年法の構想を発表した。この構想に対して最高裁，法律学者，弁護士団等各階層からきびしい批判と反対の意見がまき起った。

その骨子となるものは，

⑴少年の範囲を２０才から１８才に引き下げる。

⑵１８才から２３才迄を青年として処分する。

⑶１８才以上の犯罪については，検査官が先議する。

⑷保護処分制度を多様化する。

という内容で，云いかえれば検察官の権限を拡大し，青少年に対して総ての点で厳罰主義で臨もうとするに外ならない。

法務省の見解は，「最近の青少年の犯罪現況は量質ともし憂うべき状況であり激増する粗暴犯を防止し青少年の健全育成をはかる」ということである。

これに対し，最高裁も法律学者も犯罪の増加分のほとんどは青少年人口の自然増によるものであると反論している。

刑罰主義を拡大強化し処罰を重くすることによって青少年の犯罪が減少するという法務省の見解は，根本的に誤りであると思う。家裁側も実例をあげて反論している。

たしかに青少年の非行はあるが，はじめからの非行少年はいない。学童も少年もその本質は大胆であり卒直にして虚心胆懐で素直そのものである。

誤って非行を犯したばあい，その者に非行性がないにも拘らず非行少年として断定してしまうことが問題であり，更生の意欲をなくさせてしまうものである。

それにしても，純真な青少年を非行に駆りたてるようないくつかの原因はあると思う。家庭的に恵まれないのではなく，両親との愛情の欠除とか，友人間の交流の欠乏による孤独感もその原因の一つであろう。又地域の社会環境が青少年に無意識のうちに有害になっていることもある。ストリップ等のポスターはその一例である。特にマスコミの影響ははかり知れないものがある。

ラジオ，テレビ雑誌，映画等文化生活をいとなむ上にマスコミは欠くことの出来ない半面弊害の面も限りなく多い。このことはマスコミに対する批判力の欠除であろう，特に政治の貧困による青少年対策の無策，毎日の新聞をにぎわしている大人の社会のハレンチ行為，役職の蔭にかくれての利権行為や汚職行為，このような恥態は感受性の強い成長盛りの青少年を非行にはしらす大きな原因である。

これからも，青少年が身心共に健全で夢と希望をもってすくすくと成長するために，政治の上に表わし，施設をつくり環境をよくすることを言葉だけの問題でなく，実践にうつすことが絶対必要である。

Ⅰ 学童保育事業の展望

学童保育の方向

鷲谷善教

子どもの生活は家庭，学校，地域にわたる。子どもの生活が守られるということはその何れの領域においても守られるということである。彼らが守られるその中味は彼らのもつ権利，つまり生存権であり，教育権であり，幸福追求権である。子どもは必ずしも自らの権利を意識していないし，社会的，政治的発言の場も与えられていない。しかも現実には子どもの権利は奪われ，人間尊重という政治スローガンは空中分解し，今日ほど子どもが侮辱されている社会はない。大多数の大人もまた子どもと同様に政治や経済の犠牲者となって，自らの権利を奪われている。

したがって，子どもを守るということは親が，大人が，自らの権利を明確に意識し，権利の具体的保障を要求することと共通の基盤に立っているし，またそれを抜にしては子どもを守ることはできない。また子どもを守るということは親や大人が恣意的に，情緒的に，一方的に子どもを守るということでなく，子どもが自らを守るように，自らの権利を意識するように働きかけることである。そして自らを守るということは，大多数のものがお互に守りあい，差別を排除する中で始めて可能となり，その力が結集されればされるほど，その可能性は増加し，確実なものになることはいうまでもない。

このことを実践の中で子どもに理解させ，身につけさせる仕事，すなわち教育は，今日きわめて重要な課題となっており，学童保育は地域においてその教育課題に応えるのにもっともふさわしい場となることができ，またその方向において学童保育をとらえる必要がある。

◇　◇　◇　◇

学童保育は地域における子どもの生活を中心としている。その子どもは親や大人の支えなしには肉体的にも精神的にも不安定な状態におかれている低学年児童である。そして，そうした子どもを守るためにこそ学童保育は誕生した。

学童保育という言葉は比較的最近のものである。その言葉の適否はとにかくとして，低学年児童に対する働きかけは戦前にもあったし，多くのセツルメントや隣保班では低学年児童を対象に，あるいはそれを含めて子ども組織（例，子どもクラブ，子ども会等）が活動していた。また一部の保育所では低学年児童も対象としていた。戦後，地域子ども会が発達し，ボーイ・スカウトも高い組織率を示している。その他戦前の軍国主義的少年団を想起せしめる少年組織も誕生しつつある。しかし，それらの組織には低学年児童は必ずしも包含されていないし，それらの活動には季節的に片寄るもの，あるいは定期的，臨時的なものが多く，日常的なものは少ない。そして，何よりも組織目的，活動方針，指導者等の点で民主主義や平和の立場からは好ましくない傾向のものもある。

一方，学童保育は，児童福祉法の第三次改正（昭和２４年６月）によって，「保育に欠ける」乳幼児以外の児童が保育所の対象児となったことによって法的な地位を獲得した。しかし，「保育に欠ける」解釈の縮少化と学童保育に対する条件整備のないままに，対象範囲はきびしく制限され，実質的には空文化し，そして現にそうである。この学童保育について，昭和２５年の保育所運営要領（厚生省児童局）に，「学童の指導」として「保育の任に当るべき母親が労働または疾病のために子どもを見てやることが出来ない子どもたちは，小学校に上ってからも，今まで措置して貰っていた保育所で，性質，体質をよく知っている保母から，引続いて指導されることは非常に望ましいことで，その子のためには，ほんとうに幸なことであります。と説明している。そして「学童指導の在り方」の中で，プログラムに劇，制作，音楽，ゲーム，読書，自分たちの好きな研究や遊びをあげ，さらに，「復習」のための環境づくりなどを示唆している。

しかし，前記の如く保育所における学童保育は発展しなかった。そして，何よりも子ども自身がそれを望まなかった。しかし母親の労働その他の条件の変化がない限り，乳幼児保育と同様学童保育に対する要求は消えることはなく，共働き世帯の増加につれて，要求はますます拡まり，高まるようになった。昭和３７年の渋谷母子館の誕生は，そうした要求の結実であり，それは公立の学童保育所の先鞭をつけた。しかし，当初は明確な指導方針のないままに，手さぐりの状態が続いた。

他方，共働き世帯の多い地域では民間保育所において，従来のように乳幼児保育の一部としてでなく，学童のみを対象とする保育が困難な条件の中で実施された。それは主として卒園児の母親の強い要求に応じたものであったが，この学童保育所づくりには母親自身も参加した。さらに保育所とは直接的つながりをもたない学童保育が母親たちの手によって開始された。このようにして，学童保育は独自の歩みを始めたが，それは正に自然の成行きであった。

こうした状況の中で「人づくり政策」が昭和３７年後半からクローズアップされ，それは資本の要請する量と質の若年労働力の確保を目的とした一連の対策となってあらわれた。それは幼少人口の事故防止策であり，少年非行防止策であった。このような対策の一環として地方自治体による学童保育が登場した。

これに積極的姿勢を示したのは東京都であり，前述の渋谷母子館の経験と，民間の学童保育の実践を参考にして，学童保育の計画を樹立し，予算を計上した。昭和３８年のことである。そして翌年には学童保育事業運営要領と指導要領が出された。こうして東京都には公立の学童保育クラブが各所につくられ，大部分は小学校の空教室を利用することになった。空教室の利用は，小学生の減少に基づく空教室の出現が前提であるが，何よりも安上りに事がはこぶからにほかならなかった。そのため，空教室がなければ，学童保育もまた積極的には実施されなかったに違いない。

しかし，民間であれ，公立であれ，学童保育はもはや欠くことのできない存在となっている。ただ，学童保育という点においては同一であっても，その目的や内容においては必ずしも同一でなく，しばしば質的な相異をみせている。それは多くの場合，公立と民間の間にみられるが，公立の場合は，区によって運営形態の異なるものもあり，いわば民間委託の形をとっているところもあるが，対象児童，目的（非行化防止，事故防止）の制約を受け，内容的にも拘束を受ける可能性をもっている。このことは学童保育の現実の教育，指導をあいまいなものにし，極端には，外部からの影響をさけるために校外における児童の生活を他から切り離し，学童保育所という施設の中に収容するといった様相を生み出さないとも限らない。

しかし冒頭に触れたように，子どもの生活を学校，地域，家庭に分けた場合，子どもの全面的発達の観点からは，学童保育は地域における子どもの生活を組織し，子どもたち自身が集団の中で健康で生々とした生活を営めるように，またその方向において指導性が発揮されることに意味があるのであり，そして，そのような生活の中でこそ，子どもは質的に優れた要素を身につけることができるのである。

この意味で学童保育はそれなりの独自性をもつが，学校教育，家庭教育と同様に，子どもの全面が発達の重要な部分を受けもっている。したがって，学童保育にはそれなりの理論がある筈であり，また，理論化が絶対に必要である。ただ，現段階ではそれが必ずしも明確になっていないにすぎない。その教育理論は，先進的な教育理論や実践から，また現実社会から学びとる中で確立への途を歩むであろうし，そのためにも家庭や学校との結びつきは欠くことの出来ない条件となる。しかし，これは質の高い指導者の獲得なしには考えられない。さらに，学童保育の発展のためには，教育条件の整備が伴わなくてはならない。以上のことは公私を問わないし，それはまた学童保育に対する保護者の姿勢にもかかっている。何れにせよ，学童保育所は学童預り所でないし，そうであってはならないからである。

国は学童保育をどう考えているか

塩谷アイ

両親ともに働らく家庭が日ましにふえ，学童，青少年の生活環境が目にみえて悪化している現在，「学童保育」の要求がいっそう切実になり「学童保育所づくり」運動が全国各地でもり上ってきています。これに対して政府は，41年度にどのような方策を立て実施しようとしているか，そのあらましをたどってみましょう。

まず，特記しなければならないのは，文部省が今年度初めてこの問題について腰を上げたということです。

文部省社会教育局では留守家庭児童会育成事業として「下校後，保護者が家庭にいない小学校児童を対象に市町村の社会教育事業として「留守家庭児童会」を開き，これらの児童の生活指導を行い，もって，少年教育の振興に資する」という目的で，事業費補助5,000万円の予算をこれに組むことになったわけです。同局の青少年教育課が担当するその補助の要項は次のように示されています。

①，参加対象者は小学校学童で，下校後5時頃まで保護者が家庭にいない常態（月間15日以上，3ケ月以上継続）であるもの。

②，年間を通じて40人以上をもって構成

する。

③，場所は公民館，学校，その他適切な施設。

④，下校時から午後6時頃まで。

⑤，年間3ケ月以上にわたり週3回以上継続的に実施する。

⑥，指導内容は，文化活動，体育，レクリエーション・学習・生活指導を行う。

⑦，保護者に対して必要な連絡を行うとともに，月1回集合を求め理解をふかめる。

⑧，指導員は㋑1児童会に原則として2人以上おき，㋺この仕事に熱意を有するもので，教員，社会教育主事の資格あるもの，P・T・A，青少年団体などの社会教育団体で指導者としての経験を有するものを㋩市区町村教育委員会が委嘱する。

そして右の要件をみたすものには，国庫から１０万円（補助事業費２５万〜４０万円）１５万円（仝４０万〜５５万円）２０万円（仝５５万円以上）を定額補助する。但し，3ケ月以上7ケ月未満の場合はそれぞれ1/2とするというものです。

全国の小学校児童，約９８０万名，中学校児童は約５９７万名ですが，文部省はこれらの平均１０％，約１５０万名が，いわゆる留守家庭児童に該当すると見込んでいます。といっても，文部省が，全国的な調査をやったのではなく，厚生省児童家庭局の調査（昭和３９年度の「全国家庭福祉実態調査」昭和４０年度の「親不在家庭児童の福祉に関する実態調査など」や各府県での調査結果など（例えば東京都の調査では小学校で9.６６％，中学校で行われるとすれば１１.８４％と出ています）を参考にして推計しているものです。

それにしても文部省の構想である「留守家庭児童会」が1グループ４０名として３８,０００グループが必要であり，1グループ当り最低の１０万円補助としても３８億円必要なわけです。したがって今年度予算３００ケ所，5,０００万円の予算は全く「呼び水」的なものとしかいえないでしょう。

この社会教育事業補助金の施行については，各都道府県の教育委員会あてに，「５月１０日までに事業計画書を提出」して申請するよう3月下旬に通達が出ています。7月中旬までの申請状況は全国で約１９０ケ所ということで，第二次申請の分を見込めば，予算内の３００ケ所内で落ちつくだろうといわれています。これをみても各都道府県の取りくみ姿勢があまり積極的なものでない，ということが読みとられます。もっとも，１０万−２０万円の補助金で何ができるかということを考え合わせると，今の地方自治体の現状から全く当然な反応といってよいかもしれません。

なお，東京都は，すでに都独自の学童保育事業をすすめているため，文部省示達による実施について消極的です。また，都の示すものに比べて補助的内容も低いためか，6月末現在では，1区から申請があっただけと報告されています。

つぎに厚生省の施策について見てみましょう。厚生省は，現在まで，一貫して「児童厚生施設としての児童館を設置し，おおむね3才以上の幼児，または小学校1〜3年の学童で，家庭環境，地域環境および交友関係等に問題があり，指導者を必要とするものの健全育成をはかる。」（昭和３８年7月厚生省次官通知）という考え方で，留守家庭児童，両親不在家庭児童の保護を行う立場をとっています。保育に欠ける児童を保育所に入所させることができない場合，「その他適切な保護を加える」（児童福祉法２４条但しがき）という条項の具体的措置として，学童（低学年児童）保育を位置づけるということを，今でも認めず，児童館運営形態の中でとらえるというわけです。

それでは，児童館の設置とその運営について，どれだけの施策がなされているでしょうか。児童家庭局では，児童健全育成対策の一環として，その設置普及を目指し，昭和３８年度から国庫補助の事業として予算化しています。年度別に，設置費，運営費をみると，次表のようになっています。

年度	設置費 箇所数	設置費 予算額	運営費 箇所数	運営費 予算額
昭和		（千円）		（千円）
３８年度	１２３	9,900	１４７	9,100
３９〃	１５８	120,958	３３０	22,019
４０〃	１８８	148,290	５１８	41,000
４１〃	１９０	152,000	６７８	59,800
補助額	（新設）1ケ所当り８０万円 （増改築）1ケ所当り３7.8万円		（既設）1ケ所当り年間1０万円 （新設）1ケ所当り年間 5万円	
備考	（定額1／3補助）		（定額1／3補助）	

そして，各都道府県に対しては，機会あるごとに，次のような運営指導方針を示し，実施を促しています。「児童館は，地域における不特定多数の児童を対象とし，健全な遊び場を与えてその健康を増進し，または情操をゆたかにすることを目的とする施設であるが，とくに，幼児（保育所，幼稚園等を設置できない地域で農村に多い）または留守家庭児童（主として小学校１〜３年生のいわゆる〝鍵っ子〟）の集団指導に重点がおかれるべきである。」「児童館は，〝鍵っ子〟の保護育成の場として最適であるといわれている。そこでは，児童の心身の発達に適合した健全な遊びを与えることによって，余暇の善用をかねた健全育成がなされるからである。」と・る

また，国庫補助による児童館の設置目標は，「全市町村に２ケ所，人口３万人以上の市町村については，３万人につき１ケ所の割合で加算することとし，当面は，保育所・幼稚園など，幼児保育，教育関係施設の未設置市町村および留守家庭児童多発市町村等に先き行設置する」となっています。現在７００ケ所足らずの設置しかないことを考えると，まだまだ道遠しの感がふかいわけです。

以上，社会問題としてクローズアップされているいわゆる〝鍵っ子〟対策は，文部省，厚生省と二つの行政系統によって指導されており，そのどちらも，勤労家庭の父母，児童の状況とその要求からみるとき，全く不充分であり不徹底なものにすぎません。政府が「青少年問題を重視し，重点施策をたてる。」というふれこみで，昭和４１年４月，これまで諮問機関として設置していた中央青少年問題協議会を解消して，総理府に青少年局を新設し，新たに，青少年問題審議会を発足させたのは，多くの関係者の注目しているところです。

しかし，「関係省庁間の施策を綜合調整すること，また必要に応じて局独自の方策をうち出すこと」を任務としている青少年局も，まだ，この「学童保育もんだい」については，まとまった方針や構想をもっていないといえます。中央青少年問題協議会の時期に，現状把握ということで，いくらかの調査や資料蒐集を始めた段階で機構改革にあったわけですから，これを引継いで，今から整理をはじめるというのが精一ぱいのようです。

しかし，現実は進行しています。一方では文部省が学校教育の場で，長欠児やいわゆる問題行動児，非行，ぐ犯児をたくさん抱えて，「人づくり政策」の歯車がうまくまわらない現状から，気休め程度にしろ，「留守家庭児童会」という新形態をうち出さざるを得なかったこと。また一方では，厚生省は，児童家

庭局と改称する経緯にあらわれているように，児童の問題を，特定の保護を要する子どもたちに限定しないという既定方針を貫くためにも，児童館構想を固守せざるを得ないこと。したがって，〃鍵っ子〃対策の一方策として，児童家庭相談室を増設し（既設３００ケ所に，４１年度新設９０ケ所分を予算化し，家庭児童相談員の増員と待遇改善をうち出している）その効果を期待しています。

こういう国の施策の混乱と不明確さに対して，地域住民の強い要求と，その自治体の必要性から，すでに独自の施策をすすめている都道府県では，いろいろな形で国に対して批判的な意向を示しています。その二・三の例をあげてみましょう。

東京都児童福祉審議会は，４１年４月「東京都における学童保育事業のあり方について」の答申を出し，その参考資料の中で，「学童保育の運営形態は，現行法において明確に統一された規定はなく，したがって，各地域あるいは関係都道府県，市町村において，独自の見解をとりつゝ，学童保育を計画しあるいは実施している。また，国としても，学童保育については，今のところ統一的な見解を示達しておらず，都道府県や市町村の自主性に委ねているのが現状である。」と述べています。

神奈川県社会福祉協議会研究委員会は，「学童保育に関する問題」という報告中に，「本問題については，恒久対策と応急対策とが考えられる。そして，恒久対策を検討すべきはもちろんのことであるが，大都市において一割をこえるとみられるこれら対象児童は，さらに増加の傾向にあり，今すぐに手をうつべき必要があるので，本委員会においてはここに応急策を提案した。―」と暗に国の施策の遅滞を指摘しています。

また，小樽市民生・児童委員協議会は「小樽市の留守家庭児童の実態」調査報告書の中で，この問題はもはや家庭，学校や一地域だけでは解決できるものではなくなっている。という結論に立って，「具体的な実践活動を行うとともに，国，道，市など関係機関が行う対策実現をきびしく監視してゆく。」ことを言明しています。

社会保障や生活を守もる政策や制度が，地域住民の具体的な切実な生活要求からつくり出され，かちとられて行くものであるということ。また今の社会体制の下で，要求と運動がなければ，為政者は決して積極的に国民の生活保障を考慮するものではないこと。これはすでに，今までの社会保障闘争の歴史が教えてくれています。「学童保育のもんだい」も決して例外ではないことを，私たちは，現在まで運動を取組み進めてきた多くの〃働く仲間〃とともに，確認し合い，さらにこの運動を前進させたいと思います。

教師の立場から

日記を武器にして

板橋区志村第6小学校・鈴木孝雄

子どもたちは様々な要求を持っています。「勉強ができるようになりたい」「おかあさん，すぐおこらないで私の話を聞いて下さい」「バカにしないで・・・」「どこかへ遊びにつれていって」等々。

私たち教師は，このようなネガイや不満をひとりひとりの子どもからひきだし，これを学級のみんなの前へださせ，それが人間としての正しい要求であるかどうかを検討させる中で，ひとりのネガイがみんなのそれとなるよう努力しているわけです。

学童保育クラブに通っている子どもたちは，家庭が共稼ぎという条件におかれているだけに，一層，前記のような人間的な要求をたくさんかかえこんでいるはずです。

しかし，教室において，彼等の要求が十分くみあげられているとはいえません。それだけに，保育の先生方の苦労は大変でしょう。クラブの子どもたちひとりひとりについて，学級担任と保育の先生が，きめ細かな話しあいをする中で，子どもを「どう育てるか」というすじ道がたてられねばならないのに，その前提さえ，充たされていない不満と怒り，私には十分理解できます。

そのような困難な現状を知りながらも，保育の先生方に敢えておすすめしたいことが一つあります。それは，「子どもたちに〝日記〟をかかせましょう」ということです。「そんな時間はありません」とお叱りを受けるかも知れませんが，私には，それが現状の突破口と思えるからです。

日記は，「　しました」という形式ではなく，「　して下さい。」「　するのはイヤだ」といった。ひとりひとりのネガイや不満をかかせることが大切です。低学年の子どもの日記には言葉不足がつきものですから，子どもと話しあうことによって，前後の事情を聞きだしてやりましょう。

そのような日記を通して，子どもたちが「何を」願っているかを知り，「何をなすべきか」の手がかりが限りなく生まれてきます。

一つ一つの要求がすぐには実現できない(その方が多い)ものではあっても，子どもたちは，「先生はぼくを愛してくれる」と鋭く感じとります。教育はここから出発するということはいうまでもないことでしょう。

自分のネガイや不満が実現した時の子どもの笑顔ほど美しいものはありません。それは私たちにはねかえって「よし，やるぞ」という勇気を与えてくれます。現場の教師ともども目標を一つにして学童のみなさん，がんばりましょう。

諸外国の学童保育について

一番ケ瀬　康　子

諸外国の学童が，放課後どのような生活を送っているかについて，今日までまとまって報告されたものはないように思う。しかし，縮外国の実情や問題点を知り，わが国の学童保育のよりよい前進のために資することは，今日決して無駄ではない。なぜなら，その由や評価はさまざまであっても，仂く母親の増加という事態は，いまやわが国ばかりではなく，諸外国もふくめて世界的な傾向でありまた関心事であるからだ。そしてそれとの関連で，大きく浮かびあがってきている最大の問題は「保育問題」であり，それは当然学令期の子どもをもふくめて考えざるをえなくなってきているからだ。

だが，体系的にそれらの問題をここにのべる自信は，いまの私にはない，まだ資料不足であり研究不足であると思うからである。したがって，本稿はおもにいままで諸外国の学童保育についてふれられたものを参考資料として紹介しながら，それへの所感を書いた程度で許していただきたいと思う。そして，今後，多くの人々の協力をえて，また私自身ももっと広く諸外国を見聞し研究して，よりよいものにしていくきっかけにしていこう。

◇アメリカおよびイギリス—— 個人および民間での処理が中心

アメリカにおける学童保育は，各州，各地区において，かなり違いがある。したがって，一般に一括して論じることは危険であるが，きわめて大きくその性格をまとめるならば，個人的処理さらに民間での処理にほとんどまかされているともいえるであろう。たとえば，近所の誰かに世話を頼むとか，学生アルバイトを雇っておくとかそのことが不可能なスラム街では，放っておかれるという工合に。そして，それが，地域の問題になってきているところでは，かなり数多くできているセッルメントハウスや隣保館あるいは教会のクラブ活動やボーイ・スカウト，ガール・スカウト，四Hクラブなどで，それぞれの方針，方法によってとりあつかわれている。

イギリスにおいても，このような傾向は本質的には，ちがいがないようである。とくにイギリスでは，教会関係の婦人団体や大都市での青少年団体が，さいきんはこの問題を非行との関連で非常な関心をよせ，いわゆるグループ・ワークとして発達させる機運にむかっている。だが，制度としてとくに組織化，体系化しているわけではないのである。

なお，以上のような性格がでてくるには資本主義国である国としてのわけがある。たとえばアメリカの場合のもっとも有力な理由のひとつは，アメリカでは個人的「自助」意識が強く，生活の問題に対してはつねに個別的援助を基本原則とし，社会問題に対する制度として社会福祉や社会保障を積極的に発展させない傾向にあることと関連があるように思う。また，一方，イギリスの場合は，各植民地からの労仂力の調達

スエーデンの児童福祉制度

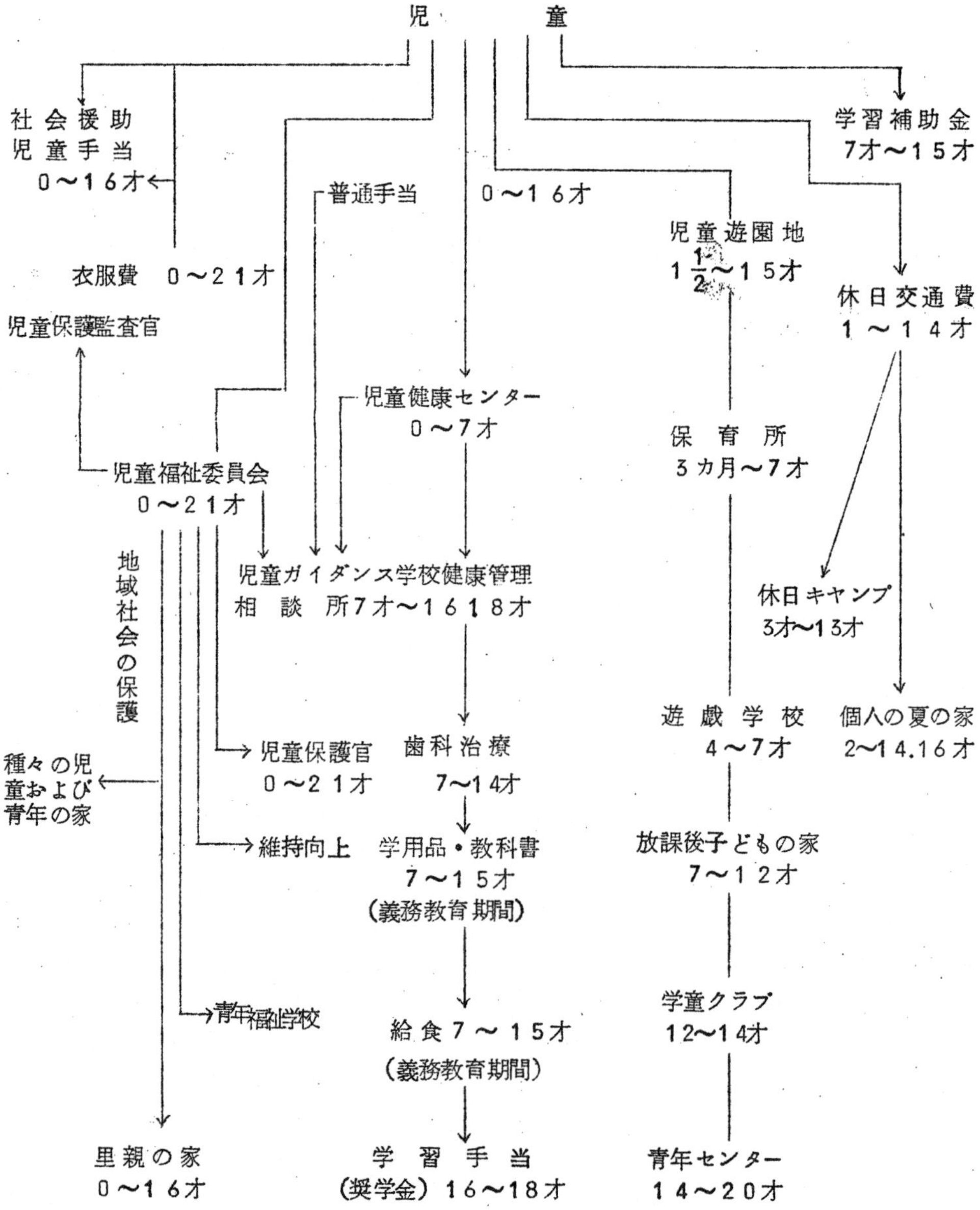

14

が他国より豊富であるため，婦人労仂力への需要がより消極的であること，したがって学童保育の問題はむしろ非行対策としてのみ考えられがちであることなど重視しなければならないであろう。

◇北欧たとえばスウェーデン　保護・育成対策として

北欧とくにスウェーデン・デンマークなどの学童保育は，同じ資本主義国にもアメリカやイギリスのそれよりは，かなり発達しているように思う。（北欧諸国は，アメリカのように，生活上の社会問題に対して，消極的ではない。それは，１９３０年代以来，社会民主党が長期安定改　をとり，福祉対策を推進してきたからだといわれている。また，イギリスの場合とことなって，ほとんど植民地をもっていない北欧諸国では，人口の減少傾向とあいまって，自国の婦人労仂力さらに未来の労仂力である「児童」を，大切にせざるをえない状況になってきているからであろうか。

まず，オ一にそれは，学童の学校生活への援助，こどもの保健管理，青少年対策などもふくめた広い意味の児童福祉制度のなかで，ひとつの座をしめているということがいえる。オ一表をみてほしい。そこでわかるように，７才から１２才までの子どものためには「放課後子どもの家」があり，さらに１２才から１４才までの子どものためには「学童クラブ」がある。その他，１才半から１５才までのもののためには，児童遊園地があるという状態である。その他，仂く主婦の休暇制度，休日キャンプや個人の夏の家なども，関連がある制度として考えてよいであろう。内容については，一応わかっていることをつぎに紹介しておこう。

ｏ放課後子どもの家

おもに仂く母親の子どもを中心にして考えられ発達してきたもの。単独でつくられているものも少くないが，保育所や遊戯学校に併設されているものもかなりある。ごく小さい個人の家を解放したような状態のものもあるが，また，５，６０人の子どもがいるところもある。子どもたちは，年令と発達段階にわかれて，或程度グループわけがなされ，児童心理学や教育学などを専攻したスタッフによって，育成されている。しかし，その方法は，いわゆる自由保育的であって，指導者は子どもの自然発生的な遊びや保団を観察し適当に助言しているといった方がよいであろう。

ｏ児童遊園地

「（スェーデンの首都）ストックホルムは，人口１００万の都市であるが，９０の遊び場が設置されており，指導員が一ケ所に２名ないし３名いて，子どもたちの遊びと市民としての行動とを指導している。子どもたちのなかから助手が互選され，指導員の手伝いをする。子どもたちは，仕事を通じて責任ということをはぶくという仕組である」（生活科学調査会「家庭はどう変る」１３７頁，久保まち子氏の論文」との紹介にもあるように，ヨーロッパとくに北欧では，都市計画をする場合，緑の場所とくに子どものための公園は，あらかじめさいしよに用意がなされている。日本のそれのように，強いものがちな状態ではない。

なお，北欧の児童遊園については，つぎのような紹介もある。

「余暇のセンターとしての児童遊園地に関しては，ハンス．アンデルセン（１８０５—７５）を産んだデンマークに一歩譲らなくてはならない。しかし今日それは全国各地にみることができるものであり，そこでは子どもたちが自由に池を掘り，橋を架け，小さな家を建て，大きな木製の汽車などを作ったりして遊ぶことができるように

配慮されている。」（中嶋，鈴木，天野共著「福祉国家における教育」２５９ ― ２６０頁）

◇社会主義国とくに中国 ― 集団主義生活教育の場として

社会主義国での学童保育は，いわゆるカギッ子対策，非行対策としてではなく，未来の社会主義をになうためにふさわしい労仂者をつくる積極的な教育の場として考えられている。もちろん，それとともに，仂く婦人の「権利」が保障されているからでもある。

ソヴィエットの場合の有名なピオンエールなどはすでに周知のとおりであろうが，とくに，さいきんの中国の場合のそれは，中国の子どもの生活をよく紹介されている川合章「中国のこども」（紀伊国屋新書）にくわしい。関連のあるところを，つぎに紹介，引用しておこう。

まづ，中国の学童のための校外生活のセンターは，周知のように少年宮とよばれている。その少年宮を経営しているのは，中国福利会である。少年宮の具体的な経営，運営は，つぎのとおりである。

上海少年宮の経費は，年間事業費五万元（日本円約８００円），職員賃金５万元，計１０万元である。職員は４０名で，その多くは師範学校の卒業生，元教員，各方面の専門家たちである。専属の職員のほかに，臨事に外部から専門家を招請して指導にあたってもらうこともあるという。わたくしたちが上海才一師範学校を訪ねた時，校内の掲示板に「仂労分配一覧表」が板書されていたがその一項目に，「区少年宮」というのがあった。師範学校の学生も，「労仂」の一部として，少年宮の指導にあたっているのである。

ところが，年間人件費５万元ということは，４０人の職員の平均賃金になおすと一人あたり月額１００元強になる。労仂者の平均賃金が６０元であることを考えると，かなり高給だといえよう。また，事業費５万元は，１日あたりになおすと，日本円２万円強ということになる。１日平均2,０００人の子どもが活動することを考えると，けっして潤沢とはいえない。しかし，子どもたちの活動内容はそれほど経費を必要とするものとは思えないので，この事業の多くは設備費，維持費にあてられるものではないだろうか。

さて，少年宮の組織は大きく３つにわかれている。群集工作部，科学技術部，芸術教育部である。群衆工作部というのは，子どもたちのために，大衆的な集会や催しをする部門，科学教育部，芸術教育部は，それぞれの分野のサークル活動の推進，指導をおこなう部門である。事業ないし活動も大きく３つにわかれる。才１は娯楽的な要素の強い集団活動で，スクェア・ダンス，図書の閲覧，将棋，遊戯などの機会を少年少女に提供する。才２は一定のテーマをもった大衆活動で，先進的な労仂者の話，社会主義建設，革命故事について講話を聞かせたり，先進的な芸術家や科学者をよんだり，芸術関係，娯楽関係，スポーツ関係のコンクールや試合を催したりするなどの事業がこれにはいる。

才３がサークル活動の推進である。学校でのクラブ活動と密接に連絡をとり，学校からの紹介，推薦で少年宮のサークルに参加させ，学校のクラブ活動とのあいだの交流，相互発展をめざしている。サークルの種類は約３０種，年長組，年少組などによる下部サークルを数えると７０にもなる。才１部で紹介したもののほか，劇（話劇 ― 新劇，人形劇，影絵劇など），手品，金属加工，工作機械，化学加工，カメラ，しんこ細工（人形制作），きり紙，天文，体育（体操，武術，将棋 ― 中国では将棋は体育に含まれている ― など），なかなか多彩である。

もちろん，サークル活動のねらいは，子どもたちの才能をのばすことにある。が，たんに個人の才能をのばすことをめざすのではなくて，学校教育との関連が深く考えられている。少年宮のサークル活動をつうじて，学校の学習をいっそう強固なものにするとともに，さらにそこから生まれる新らたな疑問にとりくむようになります」「少年宮のサークル活動で学んだものを，子どもたちは学校にもちかえるわけですから，少年宮は学校の課外活動のための条件を作っているのです」「学校のクラブと少年宮のサークルが一体的に活動することによって，学校のクラブ活動することによって，学校のクラブ活動を発展させるのです」「一学期に一度，音楽，劇関係のサークルの発表会をやります。これには，少年先鋒隊の補導員を招きます。こうして，学校での諸活動を促進しています。等々。このような配慮は，そうすることによって少年宮と学校との協力体制をつくるというだけの意味のものではなく，学校から推薦された子どもたちにつねに彼らの推薦母体への責任感を育てる，また，文化・芸術活動自体を，たんに個人の趣味，嗜好の問題とは考えないという意味で，広義の集団主義教育思想の具体化だとみてよいであろう。

子どもたちが，この少年宮の活動に参加する手続きにも，右の考え方があらわれている。子どもたちは少年宮に勝手にやってきて，好きなことをやるのではない。少年宮の才一の事業としての集団活動の場合は，学校側からの申し込みによって少年宮で日時をきめ，その指示にしたがって参加させる形をとる。少年宮が催す大衆活動の場合は，少年宮で入場券を学校に配り，学校側で参加者を組織して参加させることになる。才３のサークル活動の場合は，すでにのべたように学校の推薦によっている。したがって，サークル活動の場合にかぎらず，少年宮の活動への参加はあくまでも集団的であり，その活動は学校教育との関連のもとですすめられている。

また以上のもののほかにつぎのようなものがあると紹介されている。

さて，少年宮も人口７００万を越す上海市に一ケ所，人口４万の北京市に一カ所というのでは，子どもたちの課外活動に果す意味はそれほど大きいとはいえない。すでにふれたように，ここで紹介した比較的大規模な少年宮のほかに，小規模な少年宮ないしは少年の家がある。上海市には少年宮が１４あるといわれている。２０の各区に一つまではいっていないが，だいたい一区または二区に一つくらいの割合で，中規模の少年宮，少年の家が用意されていることになる。北京市にも，各区にそれぞれ「少年の家」がある。

このほか，各種の機関，工場，団体などで，労仂者，職員の子どものために作って校外施設としての「少年の家」あるいは「少年補導班」がある。設置者である機関が部屋や設備を提供し，専門の補導員をおき，経費を負担している。これに似たものに町内の校外ステーションがある。それは，政府の支持と援助のもとに，公共の建物や自分の家を提供して民衆自身がつくったものである。『人民中国』の編集部に勤務する澄天氏の文章によって，その一つ，北京市西城区南太常寺一番地の井お婆さんの校外ステーションを紹介しよう。

井おばあさんの家はさほど大きくはなく，中庭をかこんで東西南北に建物をめぐらしたごくありふれた民家だ。庭には柳と棗の木がたくさん植わっていて，したたるばかりの緑が青い空をすっかりおおいつくしている。その木陰で，２０人あまりの子供たちがピンポンをしたり，闘球盤をかこんだり，バトミントンをしたりしていた。東向きの大きい部屋では十何人かの子供たちが将棋をさしたり，お手玉をもてあそんだり，絵本を見たりしている。

この校外ステーションが生まれたのは１９６０年３月のことである。

「女の人たちがどんどん勤めに出るようになったので，放課後，子供たちの世話をする人がなくなったようだ。わたしは子供がすきだし，家もわりに広い。お母さんたちにかわって子供たちの面倒をみてあげたら，みんなもっと安心して仕事ができるんじゃないかしら」

彼女がそういう気持をはなすと，区政府はすぐ支持してくれたし，町内の人たちも熱心に援助してくれた。おもちゃや子供の読物をおくってくれた人もあるし，井のおばあさんを助けて部屋の掃除をしてくれた人もある。こうして，校外ステーションはまたたくまに出来上がってやがて，区政府は井おばさんの苦労をねぎらって，月に一定額の手当を出してくれるようになった（澄天，前掲文）。

わたくしたちが上海の蕃瓜　里でみた文化クラブも，こうした校外ステーション的な機能も果しているのではないかと思われる。西城区には校外ステーションが三カ所あり，区には少年の家がある。そして，校外ステーションと少年の家とのあいだには下級機関，上級機関という関係はないようだが，校外ステーションの活動を少年の家が直接，間接に援助することはあるようだ。井お婆さんは子どもたちが人形芝居をやりたがっているのを知って，子どもたちと連れだって，西城区の少年の家へ行って人形劇の勉強をし，いっしょに衣装を作ったり，脚本をおぼえたりしたという。こうしたことが気軽にできる関係にはあるのだろう。

ところで一つの区に三カ所の校外ステーションでは，これに参加できる人数には限りがあろう。また，井お婆さんのステーションの様子では，学習活動よりも誤楽活動が中心のようにみれる。子供たちの校外での学習はどうなっているのだろうか。すでに才一章でふれた「家庭学習小組」がその任務をおっている。

こうして，それぞれ上級，下級の関係ではないにしても，学校教育では果せないような文化・娯楽活動のための配慮が，家庭，地域，区，市ごとに，そして，職場に，機関にそれぞれにふさわしい形でなされている。しかも，それらの施設，組織はこれまでのべてきたように，社会それ自体が一大教育体系へなっているという条件のもとで，社会全体に精神的，物質的に支えられて運営されている。

ただここで注意したいことは，社会主義の国というと何でも政府の号令によって，いっきょにでっちあげてしまうのだという通念についてである。井お婆さんの校外ステーションにみられるように，一人の市民の善意と子どもたちへの愛情が，このステーションを作る原動力になっていることに注目しなければならないであろう。けっして市政府が号令かけて作らせたものでも，市政府が民間にさきがけて市の事業として作ったものでもない。日本でも最近，北陸のある市で，市長の肝いりで少年の家まがいのものを作り，そこで市がきめた一定の日課にしたがって団体訓練をさせているときいている。おきまりの国旗掲揚，国歌斉唱で一日が始まる。いわゆる青少年の不良化問題にごうをにやして莫大な青少年補導関係費をくむ県もたくさん出てきている。また，仏教団体など中心にした青少年教化協議会なども作られてきている。こうした一連の動きと中国における校外ステーション，少年の家などとは本質的にちがっている。そのちがいは，中国の場合，民衆の生活と結びつき，民衆の生活の必要から民衆の発意を基礎にした校外施設であるのに対し，日本の場合は，大人の生活自体は頽廃と差別へとおいやっておいて，その大人の生活から子どもたちを切り離し，保守政党が子どもたちを掌握する手段として，そうした組織や施設を用意しようとしている点である。この点を見落して，形骸だけをまねても，いわゆる青少年不良化防止の役にさえたたないことになろう。子どもたちを生活，学習のめあてを明確にもちえないような状況のもとにおいて，いくら青少年補導を説いても，どんなに金を使っても，それは天にすることにおわるであろう。上海や北京の少年宮にしても，たしかにわたくしたちにとっては羨望に価する施設である。しかしその建物は，昔の宮殿や富豪の邸を転用したにすぎない。年間の経費だってたかがしれている。問題は施設があるかないか，経費をいくらかけるかではないのである。

以上のべてきた各国の状態は，私たちにいろいろなことを考えさせるきっかけを与えてくれると思う。とくに，そのなかで一番考えなくてはならないことは，学童保育の在り方が社会経済状勢とりわけ「体制」また「政治」と密接な関係があるということである。そのことと，日本の現実をどう関係づけるかについて，私たちは未来の社会に目をむけつつ，しっかりと考えておかなければならない。

働く母の実態

厚生省児童局「全国家庭児童調査結果報告書」（昭和３９年２月）より

1. 児童の母の５４.６%は家事以外の労働に従事している（従業上の地位別）

総数	農業主	農業の家族従事者	その他の事業主	その他の事業主の家族従事者	公務員	その他の常用勤労者	日雇労務者	家内労務者	その他の就業者	不況業者	不詳
% 100.0	% 4.6	% 22.2	% 2.1	% 7.6	% 1.7	% 6.7	% 2.7	% 4.2	% 28	% 44.8	% 0.6

2. 母の働く理由

母の３５%は，自分が働かないと，生活に困るといっている。

	自分の他に働く人がいないから	自分が働かないと家庭の収入が不足するから	自分が働かなくても一応の生活はできるが更に収入を得たい	自分が働かなくても十分生活ができるが更に収入を得たい	その他の理由で働いている	働いていない	不詳
母の総数を100として	% 9.1	% 25.8	% 9.9	% 2.6	% 6.0	% 44.8	% 1.7
働く母を100として	16.6	46.8	18.0	47	10.8		3.1

20

Ⅱ ゆたかな保育内容を目指して

教師の立場から思うこと

—勉強会での発言より—

子どもはあばれたいものだ。自由にのびのびさしてほしい。

—豊島区，A先生—

学童保育の設置について，37年に都教組婦人部で，都議会に請願し，学校外の建物の中で行われるよう要望したが，学童保育について知っている議員が1人もなく，実際に出来たものは，学校の空教室を利用するものであった。

学童保育を行う場所として空教室を利用することが良いか悪いかについて，現存来ている子どもたちの状態を見ていると，子どもたちが，大変おとなしく，静かなのにおどろく。子どもというものはもっとあばれたいものだと思うが，雨の日でも体育館で遊ばない，木のぼりをしていても，指導員がつきっきりで，見ていて，押えつけられているようで，家庭的な雰囲気がないように思う。

おやつはいいものを食べているし，躾などはいいと思うが，もっと子どもらしくすごせるよう保育してほしい。

豊島区では2～3校で1施設を設けているが，離れていて，うっかりすると指導員も父兄も知らないうちに，黙って休む子どもがでる。理由として，きゅうくつだからいやだというのだが，寄せ集めということにも問題がある。

教師の中でもまだ知られていない

—板橋区，B先生—

民主的な子どもの集団をどう作りあげていくかという点から，学校の教室の中の教育だけじゃなく，地域における放課後の生活指導という面からも学童保育の使命は大きい。

しかし，学童保育が行われている学校の教師ですら，自分の学校で何が行われているかわかっていない現状である。

私たちは教研会議の分科会で学童保育を取上げて研究したいと思っている。

低学年の生活指導について

—板橋区，A先生—

生活指導はどこの学校も不活発である。私の学校の生活指導について話すと，生活指導部があって，その中に，特別教育活動（児童会，クラブ活動，部活動），道徳教育，教育相談の3ツがあるが，道徳教育はばらばらの形で，教育相談は現在やっていない。児童会は，現在は教師の下請的存在となり，部活動も奉仕活動で，下請的な現状であり，私の学校ではやっていない。ただクラブ活動だけが子どものやりたいことをやれる場で，個性を伸ばす場となっており，週1回おこなわれている。5年1組の例をみると，クラブとして，動物園，読書，スポーツ，ニュース，人形劇，集会などがある。

集団で行う活動に行事があるが，これも，学校が企画して行う運動会，卒業式等の学校行事と，子どもたちが主体となる児童会行事がある。児童会行事は，子どもたちにまかせると時間がかかり，むつかしい。しかし，行事活動は，子どもの集団の中から，自主的に起ってくるべきものであり，行事活動を通じて，共通の目的に向って1人1人が努力し，助け合い，はげましあっていく集団が組織されることが大切である。だから，行事内容を考える際，表現のよろこび，参加のよろこびによって，学校生活が楽しくなるようなことを考えねばならない。

児童会行事の一つの例として七夕会のプログラムを紹介すると，

1）はじめのことば
2）全員合唱
3）仮装行列大会コンクール（3年以上）
　　一世界民族楽器をもって一
4）おばけのハナをふっとばせ（2年以下）
5）手紙の交換（全員）
6）水鉄砲大会（3年以上の希望者一自分のつくった水鉄砲で）
7）コンクール審査発表，七夕のかざり，仮装行列
8）校長先生の話
9）おわりのことば

また日常的なものとして，5年1組では朝の会，おわりの会，ポートボールリーグ戦（スポーツクラブ主催），誕生会などを行っているが，朝の会，おわりの会の内容はつぎのとおりである。

＜朝の会＞　　20分間

1. 全員合唱　　学級愛唱歌
2. 班会議
3. 班，クラブ，学級からのお知らせ
4. 今日の問題 — 問題提起だけ
5. きょうの読書 — 5分間
6. もの知り博士 — 各班交代
7. けさのニュース — ニュースクラブ
8. 今日の予定 — 教師
9. 日記を読んで，また日直の注意一教師

おわりの会　　20分間

1. 班会議
2. 班，クラブ，学級からのお知らせ
3. 今日の問題
4. 日刊新聞，日記，班新聞を読もう。
5. きょうの名歌手 — 独唱2名
6. 明日の学習予定 — 教師
7. 日直からの批判と日直への批判

以上のほか，季節的な行事が毎月1回は必ずあるが，学校行事のマンネリ化を打破するためには，教師集団が一つにまとまった考えでやることと。また，母親サークルが月1回行われるが，子どもはどう変ってきたか，どういうところにつまづいたかなどを話し合っている。

（この記録は都合で省略しました。）

勉強会の記録の再録について

東京都学童保育連絡協議会では，毎月第3金曜日の夜，指導者の勉強会を開いております。この7月までに，既に11回の勉強会を重ねてきました：，この勉強会の席上で出された経験や発言はその都度，連絡協議会のニュースに掲載してまいりましたが，それらの一部をここに再録いたします。保育内容充実のために，お役に立てば幸いです。

記録その1

新入所児童をいかに迎えるべきか

1　歓迎会のもち方

その意義ー現在いる子どもと，新入児との交流を通して，クラブに親しみを持たせる。上級生となる子どもには，準備の中で新入児への心構えー責任感と自覚を高めーどう迎えるかを指導することが大切である。

2　その方法ー＜経験から＞ー

母の会が中心になって計画し，新入児歓迎会と卒業生の歓送会を兼ねて土曜日の夜，母と子が共にお菓子を食べながら懇親会形式で行っている。

また，あるクラブでは，子どもが主体になり，入学式の日に新入児の母子共に，自己紹介やクラブの生活，きまりについての紹介をし，一緒におやつを食べてゲームを楽しんでいる。

3　新入児を迎える時期について

保育園を卒園してから入学式までの間，3月いっぱいは午前中，4月からは1日も，早くクラブに馴れるためと，仂く母親の要求をいれて保育しているところがある一方，父母の要求は卒園の翌日からクラブで保育してほしいだろうが，母と子もそして保育者も休養が必要だし，ケジメをつける為もあって，入学式の翌日から保育しているところもある。

また，都下のあるところでは，農村地帯という環境と，学校生活になれてからということで，給食が始まってから保育している例もある。

このようにさまざまであるが入所式という形で，はっきりとした区切りを持つことが望ましく，そうすることで新しい生活の意識が生れるということでは意見が一致した。

記録その2

指導計画のたてかた

4月の指導を中心に

＜参加者の発言＞

家庭学習の習慣をつけるため，学校から帰ったらすぐに復習する。1年生は名前の練習から始って，徐々に日記風の記録文を書くということをしたら，今はそのことが身についていてとてもよかった。

入学したての子どもの放課後の精神状態や

身体の疲労を考えると，なによりも緊張をといてやることが必要で，昼寝をしている。

４，５，６月はクラブになれるということを主眼において，夏休みに入ってから，ひらがな，数などの復習をする。

教育ママといわれる社会的な問題も含んでいるが，１日に何分間か机に向うということは必要である。

体力作りが基本で，勉強よりもまず運動をさせなくてはならないのではないか。学校から帰ってきた子は一緒に遊んであげることが大切である。

宿題だけはやらせるが，その他の勉強はしない。教育は学校でやるので，クラブは家庭と同じなのだから，勉強はしなくても良いのではないか。

放課後の生活は独特のもの，すなわち遊びを中心にして集団として発展させることに重点をおき，学校からの宿題は，子どもにとってどの程度必要なのかを教師と話し合った上で，自主的学習への習慣づけとして進めていく。

＜まとめとして＞

とにかく４月は，１年生は新しい生活になれるという目標，上級生は１年生をリードして行くことにより，上級生としての自覚を養うというような指導目標でやってみようということになった。

記録その３

指導内容の現況と
グループづくりの意義について

―昭和４１年４月２２日の勉強会記録より―

＜実践例―報告＞

杉並

児童数：１年生－１４　２年生－１２　３年生－３　４年生－３　５，６年のお客様－５　その他母親の入院等によって臨時に来ているもの－２　計３９名

立地条件：畳１０畳敷２間，２間の押入れ，板張約１０畳，公園の中の独立した建物使用。父兄負担－５０円の教材費を含み，おやつ代として月額３００円。

１日の流れ：１年生は，昼食を先生と一緒に食べて，上級生の帰りを待つ。２時から３０分～１時間，勉強か宿題。掃除は１年生と上級生を組ませて３，４人位，週１～２回まわってくる。

グループ：はじめタテ割をしていたが，思わしくないので，学年別にグループをつくっている。

江戸川

児童数：１年生－６　２年生－７　３年生－７　計２０名　１時から保育する。

条件：空教室１，デコラ張机２脚，雨天の遊びには廊下にゴザを敷いて使用。

グループ：学年別のグループで，宿題，おやつの当番をする。また，おやつくばりは学年別に２人が毎日交替で配る。掃除当番はバツ当番をしていたが，皆が約束を守るようになり，当番をする人がいないので，新たに考えようとしている。

府中

４月から発足した。指導員は保母１名，教員有資格者１名。２８日に父母会を結成。

児童数：１年生－８　２年生－８　３年生

－1，計17名　5月からは29名，市内3校から来ている。

条件：プレハブ完成までの間，暫定的に視聴覚教室を使用。

グループ：発足したてなので形はないが，5月からは子どもと相談して計画を立てて行きたい。現在は，掃除，おやつは先生と一緒にやっている。おやつの前に少し勉強をして，おやつ後ドッヂボールなどして遊ぶ。その他，オルガンを習いに行く子もある。

荒川

児童数：1年生－7　2年生－11　計18名

条件：鉄筋校舎で，給食室の2階の空教室利用，畳24畳。ガスレンジ，湯沸し器，手洗い等の設備。

グループ：4月よりクラブ長をつくり，当番は2年生が2人づつ1週間おやつを配る。また誕生会などを責任をもって行う。掃除は子どもが帰ってから先生が行う。

その他荒出区では，6月より新たに2ケ所発足，計4ケ所となる。また，おやつ代は，区より20円支給され，誕生会には10円，おひな祭，子どもの日，七夕祭，クリスマスの時には，それぞれ50円が加算される。

板橋－A

児童数：1年生－21　2年生－12　3年生－8　計41名

条件：空教室を利用

グループ：学年別グループ制

班長－希望者が立候補して，その子が班長になる資格があるかどうかについて話し合い，多数決できめる。

班長が責任を持てる範囲で3～4名のグループ員を選び，グループが誕生。

班長の仕事－教科書を見て週案を作り（例－月＝算数，火＝国語等）勉強をするときに班長が問題を出す。

係－全員が係をする。1人が3～4の係をしている場合もある。

掃除はグループで行い，おやつは，おやつ係が店に買いに行く。

板橋－B

児童数：3年生－4　4年生－4　計8名　1，2年，その他を募集中。共同保育形態。

条件：畳4畳半，3畳の板間，父兄の家の1部を改造して，クラブ室として使用。

グループ：学年別グループになっていて，係は別，掃除は，帰ってきたものがまず行い，係活動をする。1週間の学習計画がグループでたててあり，掃除の後行う。遊びはその日に計画する。

1日の流れ：係活動－宿題，グループの勉強－遊び－おやつ－話し合い－遊び－帰宅。

当番は1日交替で全員まわってくる。現在小人数の為，グループ相互の競走，交流ができない悩みがある。

北－A

児童数：1年生－8，2年生－4　4年生－3　計15名

条件：空教室利用，畳15畳，机3脚，椅子10脚，オルガン，テレビ，ボール

グループ：人数が少ないので全体が1つのかたまりであるが，4年生がリーダー格となり，おやつも主体となって行う。掃除そのものは先生がするが，最後の整理整頓は，各自持ち場が決っていて，必ず片づけて帰る。

北－B

児童数：1年生－15　2年生－15　3年生－9　計39名

条件：空教室利用。畳15畳，机（デコラ張）12脚，ロッカー，ガス台

グループ：昨年は学年別グループだったが，今年はタテ割グループを試みている。3年生が9人なので，3年生の中で話し合い，班長を決め，班長の話し合いでグループ員を決め

た。

日直制－１週間交替で３年生全員が行い，掃除の点検等，１日の流れをスムーズにするための仕事をする。

グループの仕事・内容－当番は週１回，おやつと掃除と両方する。机拭きはグループの中で１日交替に行う。掃除は，見ている人がいないように，掃除道具がそろえてある。手順が段々とわかってきた。食器洗いは，以前はおとながやっていたが，子どもに移し，翌日の当番の中で決めて洗う。

学習計画は，学年別に土曜日に相談会を行い計画するが，図工などは，計画どおりに行かないこともある。

１日の流れ－３時５分前部屋に集る。３時～３時半まで宿題・勉強，その後おやつ，自由遊び，４時２０分掃除，５時５分前に集り，方面別班で帰宅。おやつが４時に終らないときは，余裕がなくなり，子ども達が時間に追われるようになる場合がある。

文京

昨年１月に開設され，今年の３月まで空教室を２ツ使用して行っていた。今年度は，特殊学級を他に移してその後を利用する。

定員８０名，指導員４名，１年生から３年生まで，時間は１時～４時半。

現在は厚生部の管かつだが，厚生部と社会教育課の両方で管理して欲しいとの校長の意向である。

大田一A

児童数：１年生のみ６名，私立保育園付属の学童保育。

保育料月額３,０００円，母の会費２００円を父兄負担としているが，これでは設備もできないし，成り立ってもいかない。また，希望者は多いが，保育料の面からも問題があり，区立新設を請願中である。区としては，区有地に建てたい意向である。

大田一B

児童数：１年生－　　２年生－　　３年生－　　計５１名

条件：区が設置した独立の建物

グループ：昨年はグループを作らなかったが５０人になったので，どうしても小集団を考える必要があると思う。水曜日は人形劇の練習日になっている。毎日読んでいるお話の中から，同じ話を選んだ子によってグループを作りたい。

また，昨年は宿題が多く，グループとしての活動ができなかったが，今年は少いので，大いに計画していきたい。

横須賀

児童数：１年生－１１　２年生－８　計１９名　３年，４年はそれぞれ他の組織（グループ）がある。

条件：社会館の中にある。

グループ：全体が一つのグループになっている。自主的にやるためには１９名ではむつかしい。昨年の例では，７月頃力関係を考えて３ツの班に分けて活動し，その中でリーダーが育ち，ゲームの司会，当番を行うが，力関係が固定すると困るので，こわした形にした。９月は，夏休みに一人一人がどう育ったかを見て行くので，班活動をしない。１０月に子どもたちで決めて班をつくり，バザーに出品する工作作品をつくったり，各自の力が発揮できるようにする。行事の度に，例えばペープサート班等に分れて，班毎に発表したりしているが，いい結びつきのできる班とそうでない班がある。しかし，相談などするとき良かったと思う。

話し合いのなかで出された意見や疑問

◇ グループのでき方について，バザーなどの機会に，先生の方から子ども達に何か作ってみないかと話しかける。すると〃先生が決めてよ〃とくる。そこで話し合いをして班ができる。やっているうちに他の班に移って活動する子がでてくる。すると班が崩れるが，新しい班ができることもある。

◇　子ども達の中から自然にでてくるのを待っていてはできないから，何かのとっかかりでやれば良いが，一年間同じグループで引張っていってよいのか，学童クラブの生活全体がどうしたら高まるのか。

◇　リーダーと云っても，班長とリーダーという言葉が，混沌としていないか，リーダーということばの内容も使い方も，当日の出席者の間で，共通の意味として使われていないような点もあった。

◇　ボスをつくらないためにグループを作るのだと思うが，誰もがリーダーになれるグループでありたい。グループ替えを要求されたらグループを替える時がきたのではないか。

◇　グループは連帯責任だということで，一人の子にだけ負担がかかってはいけない。例えば，食器の後片付けにしても，皆呼んできてやるというようにしたら良い。

◇　グループつくりは指導者がやるのではなく子どものなかでやられることが大切である。

◇　はじめはタテ割りにしたが，リーダーがいた方がやりやすいのではないか，いつもグループ全体がうまく流れるためには，リーダーが必要であって，すべての責任をリーダーが負うのではない。リーダーというよりまとめ役ということではないか。

　保育園でも年中組から班をつくり，当番を決めてやっている。

杉並区学童保育労働組合結成までの経過

労働組合結成で保育生活も充実

杉並区和田学童保育クラブ指導員　佐野　美恵子

　保育所を出て小学校に入学する子どもを持つ家庭にとって一番深刻な課題は下校後の数時間をどの様に過させればよいかということでしょう。こうした切実な要求をもとに，現在２３区のうち半分以上の区で学童保育所が設置され，毎年増える傾向にあります。しかし，その運動も実態も各区まちまちであり，要求の薄い場所に設置されたり，所管課が福祉課だったり，社会教育課だったりして，かかえる問題は民間をも含めると大きく違い，山積されております。こうした諸問題を少しでも多く解決するには，当然のことですが，出来るだけ幅広い人達の協力を得ながら，父母も指導員も一体となって横のつながりを深めていかなければなりません。その一つの輪といえるかどうか，あまりにも微力なので自信はありませんが，とにかく私達は組合を結成いたしました。本当に基本的な自分達の身分を確立し，充実した保育がしたいという要求から発足，三年目に結成出来た喜びは大きなものでした。そして今では，一日も早く全都的な結びつきを持ちたいと願っております。そのために私達の経験がわずかでも御参考になればと思い報告いたします。

<昭和３９年度>

７月○開設　７ヶ所，施設　空教室
所管課　民生課，指導員　１４名
勤務要綱　身分（非常勤職員）給与（１時間１２０円）勤務時間（１２時〜６時）他の一切の身分保障なし。

学童保育という新制度に保育者自身も戸惑いながら，暗中模索のなかで保育が始まり，各校の２名の指導員は，互いの悩みをぶつけようもなく，同じ悩みをもつであろう区内の指導員にだけでも打ち明けたい，聞いてほしいという強い要求から指導員会を作ろうと準備が進められました。

<昭和４０年度>

３月○都職労杉並支部へ組合加入要請。しかし非常勤職員であることから認められない。

５月○杉並区長宛，夏期手当を職員と同率同日支給の要請書提出。（２６日）
○３ヶ所新設，指導員計２０名になる。
○第１回区学童保育指導員会がもたれる。（２７日）

７月○指導員親睦会〃ふみづき会〃発足（１日）。
○職員と同率に夏季手当支給。
○健康保険が保障される。

その後，毎月１回，各々の施設見学も兼ねて当番校を決め，担当校保育室で開らかれました。その際毎日の苦労，身分の向上改善の要求が話し合われ，都職労の支援を受けながら区交渉を持ち，要請，陳状を続けるなかで指導員の意志統一が深まりました。この年度の活発な活動は，職場での厳しい現実にくずれることなく続けられました。年度後半に三校の学校内ではありますが，施設の独立化，プレハブ家屋の決定は大きな励げましでありました。

<昭和４１年度>

１月○年末年始の有給休暇が要請通り認められ，支給される。

２月○杉並区学童保育クラブ父母連合会，都職労臨対部とで身分確立，保育施設充実化を区に請願。

３月○時間給引上げ，通勤並びに出張費支給，指導員休暇の場合の予備要員確保の請願。

４月○３ヶ所のプレハブ建築完成。
○新設４ヶ所決定。
○４月１日に逆上り１時間１７０円支給。出張費支給決定。

５月○組合結成準備委員会発足。

６月○杉並区学童保育労働組合結成。（全員加入（２３日）。

７月○杉並区教職員組合婦人部総会出席，訴え。

今まで都職労に頼りきっていた〃ふみづき会〃も周囲の方々，とりわけ都職労の支援のなかで，意志統一や規約づくりに準備委員７名奔走，杉並区だけのまとまりでは力が弱いうえ，他区の指導員の方々のことを考えると，単独で結成するのはまずいのではないかという懸念もありましたが，とにかく核になろう。きっかけになろうと話が進められ，開設されて３年目，指導員の団結も固く労働組合が結成出来たことは大変恵まれた状況にあったとも言えるかも知れません。都職労の方々の力強い御支援，園長である学校長の暖かい御理解と助言，父母の方々の励げまし，教員の方々の個人的ではありますが御助力があったからこそ，こんなにも早く実現したのでしょう。こうした力に答えるため，私達は毎日の保育生活を充実したものにしていく努力を惜しみません。手をつなぎ運動を広めてゆきましょう。

父母は学童保育に何を望むか

父母の声その1

鍵ッ子対策でなく しっかりした指導のもとに 子どもたちの自由な場を

みどり会

何年か前に比べれば都内だけでも１００ケ所以上と随分ふえた学童保育所にたすけられている人が多くいる事は事実です。しかし，そのうちのいくつが，本当に安心して子供をお願い出来る所になっているでしょうか。

私達働く親達は，初めは留守の子供達がただけがをしないで無事に守られていればよいと思っていました。しかし，それでは，結局親達の無関心を呼び，子供達にも魅力あるクラブでなくなることが分りかけて来ました。

子供達は，日，一日進歩しています。そして活動的です。子供達はたゞ保護し，とじこめておくことは出来ません。子供達個々人の創造性や科学性の芽を育て，自主性を育てる場としての学童保育のあり方こそが希望されるのではないでしょうか。しかし，それには，父母も子供の教育を通して何でも話し合えるグループとしてつながり，しっかりした自覚を持つことと，また，学校の教師ともたえず意見を交換出来る指導員の方や，その組織としての体制も必要だと思います。それと差別感のない学童保育が私達の希望です。あそこはカギッ子のかわいそうな子供のたまり場所だ，と言う偏見をなくしたい。私達は，将来は，カギッ子を含めてあらゆる希望する子供達が自由に入れる子供の家が，各地域毎に建設され，しっかりした指導者のもとに，父母や教師や地域社会の人々の協力の上で運営されることを願っています。

このような将来の理想に向ってゆくためにも，指導員の方々の努力が大変ですが，それには，安心して働けるだけの経済的保障と，身分の確立が絶対必要です。

保護するだけだからパートでいゝなんてゆうことはゆるされません。

とくに民間で先進的にやっている学童クラブでは，経済的に大変困っています。国や区の援助がのぞまれます。

父母の声その2

高学年の保育クラブを！

杉並区和田学童保育クラブ
江口清美（主婦）

勤務先で何かにつけて気になるのは子供達の事です。「もう学校から帰って来たかしら。おやつを食べたかしら。」自動車のサイレンを聞くと，もしやと心はすぐ家に走ります。こうした働く母親にとって保育クラブは無くてはならない存在でございます。「クラブ，クラブ」と学校の話は後になる夕飯どきは，子供達のおしゃべりで大変楽しくすごしておりますが，それは1年と4年になる妹達で，5年になる長男は，はじめ喜んで通っておりましたのがだんだん１人で留守番をする日が多くなってまいりました。飽きたのかと思い，また行きたくなるだろうと黙ってみつめておりましたが，しまいにクラブをやめたいと言うようになり，全然行かなくなってしまいました。これは大変と事情をよく聞いてみますと……。

1. 女の子ばかりで上級の男の子が少ない。
2. 友達が少なくなる。
3. ブランコやスベリ台では遊ぶ気にならない。
4. 野球が出来ない。
5. 自転車にのれない。
6. 先生はやさしい女の先生なのでつまらない。

だいたいこのようでした。対象児童が4年生までという規則は色々御都合もおありでしょうが，5年生，6年生でも特例扱いでなく，たとえ1時間でもきちんとクラブに寄って家に帰るように出来たらと願っております。

この1時間が，子供にとって，とても大切な気が致しますので上級生向きの保育クラブがほしいと思います。そして，そこには，元気な男の先生を置いていただき，上級生男子向きの運動用具や，すもうをとったり，柔道をしたり出来る丈夫な畳の部屋もあれば良いと思います。勝手な事ばかりで恐れ入りますが，声の一　として取り上げて預ければ幸いでございます。

父母の声その3

学校の中へ移ったとたんに，うるさくなって……

矢貫絢子

私たちの神谷子どもクラブは，一番伝統が古く内容が新しいと胸をはって自慢の出来るクラブです。

母親は春休みも，夏休みも安心して働くことができ，みんな明るい顔で母の会にも出てきます。でも，そんな子ども，先生，母親たちが一体となって一生懸命育ててきたクラブにも，いつも春風だけが，そよいではくれません。きよねんの秋から学校の1室を子どもクラブで使うようになり，今までより明るくきれいなクラブになったのですが，学校の中に入ったと同時に，学校長にも責任があるからと，いろいろと内容についてまで云うようになり，先月，運営委員会に出た時も，運動場で遊んでいる子どもが悪いことをしていたが，子どもクラブの子どもだったので叱らなかったと気になる言葉がでました。

私は，その時腹がたちました。クラブの子どもでも，学校の子どもでも悪いことをしたら注意してくれるのが教育者だと思います。その時の話し合いにも〃長いものにはまかれよ〃の諺の通りに，私たちの意見は受入れてもらえず，保育料は100円下がったが，その皺よせは先生方の給料に現われ，教材費，研究費もけずられてしまいました。北区内の他の，14ケ所の学童保育は59万円の補助金，300円の保育料でやっているということです。確かにそれだけの枠の中でもやれます。でも，子どもたちに好きな人形劇を見せてやったり，スケートに連れて行ってやったりすることは出来ません。保育料が安くなることは，母親にとって本当に有がたいことです。区からの補助金が多くなり，先生の給料が一般と同じに上がり，教材費もたっぷりあり，子どもたちに研究させたり，良い本を多く読ませてやる事の出来る学童保育になるように，私は，北区だけでも，15校の学童保育の母親の横のつながりを持ち，井の中の蛙でいないで，どの学童保育も，今以上に良いクラブになるよう努力したいと思います。

東京都学童保育連絡協議会案内

東京都学童保育連絡協議会は，東京都内に民間の学童保育が数えるほどしか存在しなかった昭和３６年，つまり，都内のいくつかの保育所が，必要に迫られて，父母や地元の理解者の協力を得て，学童保育所づくりに一生懸命取組んでいた頃に，これらの学童保育の指導員や保育園の関係者の手によってつくられました。

当時，全く未開の分野であった学童保育所づくりの運動をすすめ，また，全く未知の仕事であった内容を検討し，経験を交流し，助け合っていくための組織でした。

その後，各地に学童保育所が増加し，とくに最近になって，区立の学童保育クラブが急増するにつれて，連絡協議会が企画実施してきた勉強会には，民間・公立を問わず，多数の学童保育指導者が参加するようになり，初め民間施設の関係者だけで組織されてた連絡協議会も，公立施設の指導者も含めたものとして体質改善してきました。

さらに今年（昭和４１年）になって，勉強会を定期化（毎月第３金曜日夜・於新宿ー二葉保育園）し，ニュースの定期発行を努力するなど，活動体制は整備されてきましたが，学童保育運動の急速な進展とともに寄せられる東京都下および全国各地からの要望・問合せには，充分応えられないでいるのが現状です。学童保育指導者の経験交流の場助け合いの場指導者の〃自由の砦〃としての連絡協議会を強化するために皆さんの加入をお待ちします。

東京都学童保育連絡協議会運営申し合わせ

名称　1.この会は「東京都学童保育連絡協議会」といいます。
2.この会の事務局は，北区神谷2の36神谷保育園内におきます。
TEL 901-8338

目的　この会は，相互の連絡を密にして，学童保育の啓蒙普及を積極的にはかり，施設の充実，制度化の運動を推進する母体とします。

事業　1.「ニュース」を発行します。
2.学童保育所づくりの指導と協力をします。
3.研究会を開きます。
4.保育者の交流を計ります。
5.その他　必要な事業を行ないます。

会員　正会員（A）学童保育を実施している団体または個人。
賛助会員（B）この会に賛同し，協力する団体または個人。

会議　1.総会は年１回開きます。また，必要ある場合は臨時に開くことができます。
2.運営委員会は月１回開き，日常の活動に必要な事項を協議します。
3.総会は，運営委員会の決定にもとづき，会長が召集します。

会費　１ケ月につき団体１００円，個人５０円也とします。

役員　1.正会員（団体）より，運営委員２名を選出し，運営委員会を構成します。
2.運営委員会で，正会員の中から，会長１名，副会長若干名，合計２名，会計監査２名を選出します。
3.役員の任期は１年とし，再選を妨げません。
4.会長は，運営委員会の承認を得て，事務局長を委嘱します。

財政　1.この会の財政は会費および寄附金でまかないます。
2.この会の会計年度は，４月１日より翌年の３月３１日までとします。

＊この申し合わせを変更するときは，総会の承認を必要とします。

Ⅲ さらに多くの学童保育所を

―これからの運動をすすめる人のために―

いま何をなすべきか
―青戸の経験から―

今城甚造

私たちが，学童保育を持ち廻りの共同保育から始めて，どのようにして公立化して行ったかについては，学童保育連絡協議会編の「よりよい学童保育のために」の中で簡単に触れておいた。中青戸学童クラブのその後の様子を，これから学童保育所をつくろうとしている人たちのために，書いてほしいとのことである。ここでは経過報告よりも，運動の過程で感じたことを中心に述べたい。これから始めようとする人，すでに開設して何らかの形で運営に関係している人，さらには学童保育に関心をもつすべての人に，ぜひとも考えていたゞき，直ちに行動に移してほしいと思うからである。

はたして満ち足りているか

長らく放置されていた子どもの遊び場の問題が，遅まきながらマスコミにとり上げられるようになった。大変よろこばしいことである。ぜひとも成功させなければならないと考える。

さて，遊び場の問題がとり上げられるようになると，学童保育関係の記事が以前ほど新聞に出なくなったようだ。もしも，マスコミの考え方の中に，学童保育は遊び場の問題を解決することによって解消しうるという方向があるとすれば，やゝ認識不足ではないだろうか。具体的にいえば，校庭開放なり遊園地づくりだけでは，学童保育は成り立たないのであって，遊び場つきの学童保育施設（建物）が必要なのである。私たちは，遊園地をもった児童館での学童保育を理想的な形と考えている。

また，せっかく学童クラブを開設したのに，児童が定員の半分くらいしか集まらなくて，地方議会で問題になっている。というような新聞記事を時に見ることがある。この場合，なぜそうなっているのかを記事にしなければ本当はいけないのだと思う。

青戸の場合は，３８年に共同保育の形で発足させたが，その折は１年生が６名であった。４畳半にダイニング・キッチンという狭い場所では，希望者があっても受け入れることができないので，安くて広い学童施設をつくるために公立化の運動を起した。区立の学童クラブは，２年４カ月めの４０年８月に，校庭の一隅に３０.７５坪のプレハブ建築として実現した。児童数は定員３０～５０名に対して２９名であった。それから半年たった４月には，１年から４年生まで５０名を突破，今では６０名に迫ろうとしている。これでは大変狭いし，来年度以降も入所希望者が私たちの知りえた範囲で毎年２０人くらいはいる。そこで４０年１２月に増築と定員増の請願を区議会に提出した。これは区議会の理解によって３月議会で採択され，１２坪の増築が目下設計中である。このように，実際は入り切れないで困っているのが現状である。

これは，青戸だけの特殊性であろうか。決

してそうではない。学童保育の必要性が，都市，農村を問わず，ますます高まってきていることは，私たちが最近労働旬報社から刊行した「学童保育物語」において詳細に述べたとおりである。したがって，数多くの学童保育施設を開設しなければならない。いうまでもなく，これをなしうるのは，貧しい民間の私たちではなく，国や地方自治体である。だから学童保育の運動が目指すべきは，法人委託か，自治体直営か，形は地域の実情に応じて変ってよいが，いずれにしても公立学童であるということになろう。

さきに私は，定員に満たない学童クラブの新聞報道に触れて，その原因を調査することが必要だと書いた。私の理解している所では，その原因は大別して二つあると思う。

その一つは，杓子定規な官僚的運営である。ある区では，4年生と1年生の兄弟が入所を希望したが，4年生は駄目ということで結局1年生も入らなかった例があるという。こんなことをやっていて，定員に満たないというのでは困る。何のための学童保育かといいたい。血のかよった弾力的な運営が望ましい。それに，対象児を低学年に限定するというのも，理論的に根拠のあるものではない。高学年にも学童保育はぜひ必要なのである。高学年を締め出さなければならないのは，場所が狭いのと，定員が少なすぎるからである。それだけの予算の裏付けをしないからである。早急に必要な児童数に応じた対策が立てられなければならない。

原因の第二は，定員に満たない学童保育には，子どもを引きつける魅力に乏しいということがあるのではなかろうか。恐らく，そこでは設備や指導に問題があるのではなかろうか。

何をどう指導するのか

学童クラブの指導員は，むずかしい指導などしなくてよい，ただ遊ばせればいいんですよ，などという役人がいるとのことである。30人〜50人の，しかも学年差のある子どもを，ケガをさせないで楽しく遊ばせることは，机の上で考えるほど生やさしいことではない。どうかすると，すぐケンカになる。指導員は，その都度，原因をただし，黒白をつけなければならない。そうしなければ，クラブの秩序が保たれないわけだ。してよいこと，してはならないこと，それぞれに正当な理由づけを，指導員の独断でなく，子どもたちに納得のいく形で行なわなければならない。そのためには，子どもたちと指導員とで話し合いを持つ必要があろう。話し合いが具体的に，どのような形で持たれるかのサンプルは，前記「学童保育物語」の中で紹介しておいた。

楽しく遊ばせるためにこそ，集団指導が必要なのである。りっぱな集団をつくり，集団の力で，たがいに子どもたち同志で批判し，はげまし合わせなければ，子どもは伸びて行かないし，第一指導員の肉体が持たないであろう。

子どもに内在するものを発見し，伸ばして行くことは，とりもなおさず教育である。いうまでもなく，教育の方法には個別的な指導と，集団的な指導とがある。両者は，学童保育にとって，ともに有効な方法であって，もちろん併用して行くべき性質のものである。たゞ，ここで強調しておきたいのは，指導員が一対一で個別的な指導するよりも，集団の子どもたちが仲間意識をもって集団指導する方が，往々にしてよい結果をもたらすことである。

一口に学童保育の指導といっても，そこに

はルール違反などを契機とする生活教育を中心に，情操教育，健康教育，さらには教科の指導も場合によっては入ってくる。指導員は，臨機応変いつでも適切な指導をしなければならないから，まったく大変である。

「たゞ遊ばせればいいんですよ」という言葉の背景には，いうまでもなく，都の学童保育指導要領がある。そこで私たちは，都の指導要領をよく検討し，どのように肉附けして行くかを考えなければならない。

学童保育が子どもを対象としている以上，何をどのように指導して行くかは，子どもをよく観察することから出発しなくてはならない。この立場を逸脱して，上からの押しつけ指導を実施した時，学童保育は魅力に乏しいものとなってしまう。子ども・指導員・父母の願いが，ピタッと一致しなくては，十分な効果をあげえない。そこで，毎月定期的に開かれる父母会で，指導員と父母とが，どんな子どもに育てたいかを話し合い，また指導員と子どもたちの話し合いも週一回程度は持ちたいものである。このような話し合いの中から，その地域の実情に即した指導の方針が生まれてくるのだし，それをどのような方法で実行に移すかも決ってくるだろう。

このような手続きと，子ども・指導員・父母の三者一体となっての努力なしには，都の指導要領は画にかいた餅になってしまう。しかも，都の指導要領には「よりよい学童保育のために」の中で批判したような問題点がある。この問題点を正し，抽象的な言葉に肉附けして行くことが必要である。そのためには，指導員が互いの経験を交流を相互に学ぶことが大切であろう。その意味で，この問題にどう取り組み，その結果，成功したとか，こういう理由のために失敗したとか，実践報告を公開されるよう希望したい。失敗は二度くり返す必要はないし，いい事例は広めた方がよいからである。東京学童保育連絡協議会では，毎月研究会を開いて，指導員の経験を交流している。このような企画は，各地でもたれなければならない。

なお，学童保育の設備として，どういうものが望ましいかについての私たちの考えは，都の指導要領批判と共に，前記「学童保育物語」に書いておいたので御覧いただければ幸いである。

指導員は非常勤でよいか

仕事が以上のべたような重要性をもっているにも拘らず，指導員は非常勤職員としてしか待遇されていない。六カ月ごとに辞令を更新するたて前で，きわめて不安定な身分である。しかも給料は，半日勤務分しか予算化されていず，超過勤務手当は支給されない。指導の準備・打合せなど，しなければならないことは山積しており，8時間勤務になっても，現行定員であるかぎり殆んど楽にならないだろう。今はしなくてはならないと判っていても，できないでいることが多いのだ。

このように仕事が大変なのに，非常勤職員ということのために，全くの低賃金で，ボーナスなどの諸手当も予算化されていないから，出たとしてもスズメの涙ほどのものである。これは，どうしても専門職として，仕事にふさわしい待遇をすべきである。そのためには，一日も早く正規職員にしなければならない。

私たちは，これを実現するため，昨年12月に次の請願書を区議会に提出した。

学童保育施設の内容を改善し指導員の身分保障を確立する請願

請願の趣旨

葛飾区内に三カ所の学童保育クラブ（中青戸・高砂・松南）ができてからすでに四カ月

をすぎました。各クラブとも目下順調に放課後活動がおこなわれ，入所している学童の父母に感謝されています。

とくに中青戸・高砂ではそれぞれ３０人の学童が入所し，指導員の適切な指導で着々教育的効果をあげているところです。

それにつけても気が重いのは，この大切な仕事に従事している指導員の身分が，非常勤職員ということで，ボーナスから超過勤務手当，失業保険さえ与えられていないという実情におかれているということです。

さらにオヤツ代の一日１０円（これでは牛乳一本飲めません）など，予算があまりにすくないこと。来年入所を希望する子どもたちが目白押しにならんでいるのに，すでに施設がせまくなっていることなど，いますぐ改善していかねばならないことばかりです。

新設の施設をつくっていくことが，もっとも大切なことですし，私どもも賛成です。しかし，そのためにせっかくの既設学童クラブの内容改善が放置されたのではなんにもなりません。そういう意味で，私たち区立学童の父母全員は，つぎの点について，貴職の御努力を心から期待し，請願する次第です。

(1) 指導員を正規の職員にし，それにともなう身分保障をして下さい。

(1) 右が実現するまで，年末手当を含む諸手当を正規職員なみに支給して下さい。

(1) 学童一人当りの教材費月額１００円，おやつ代一日２０円（現行１０円）を予算化して下さい。

(1) 来年四月を目標に，中青戸・高砂など既設学童保育クラブ施設を増築し，入所定員を当面１００名にして下さい。これにともない指導員を四名にして下さい。

(1) 区内各小学校区に，最低一カ所ずつの学童保育クラブを早急に開設して下さい。

右請願いたします。

昭和四十年十二月四日

葛飾区学童父母連絡会
代表　　今城甚造

葛飾区議会議長
矢沢梅吉殿

これは，残念ながら継続審議になり，目下審議中であるが，年末手当だけは一ケ月相当分が支給された。指導員を「みどりのおばさん」と同じように正規職員とするために，全国各地からこのような請願をどしどし地方議会へ提出していたゞくようお願いする。全国的な運動，すくなくとも都道府県単位の運動にならなければ，この問題は解決しないと思う。もちろんこれは，指導員自身の問題である。しかし，父母にとってもまた切実な課題であることはいうまでもなく，この時点で父母が知らん顔をしていてよい筈はないと思う。

文部省案はバラ色か

文部省が，留守家庭児童会の名のもとに学童保育をとり上げようとしていることは，そのこと自体一つの進歩である。しかし，手ばなしで喜んでばかりはいられないようである。これまでしばしば主張してきたように，学童保育は決してカギッ子対策に止まるものであってはならないのだし，ましてや非行対策であってはならない。結果として，非行防止に役立つことは確かにあるだろう。だからといって，それを目的にして運営するようなことがあっては，失敗すること必定である。留守家庭児童会という名称では，カギッ子対策になってしまうし，この名前ではいかにも寒々とした内容しか浮んでこないではないか。

伝えられる所では，指導員の待遇・指導内

容など，都の現行のものに比して劣るようである。文部省の学童保育は，既設の学童保育の質を低下させるものであってはならない。それでは，せっかく文部省が学童保育をとり上げたことの意義が半減してしまう。雑誌「社会教育」二十一巻六月号によると，文部省青少年教育課は今年の十月末から十一月末にかけて，日本を東部・中部・西部の三ブロックに分け各二日ずつの留守家庭児童会育成指導者研究協議会を開催するとのことである。文部省は，このような指導者講習会を開く前に，既設の学童保育の内容や運営の状態，父母や子どもの願いを，また指導員は何を悩んでいるかを，つぶさに検討していたゞきたい。短いながらも，学童保育には歴史がある。そこには，何ほどかの学ぶべきものがあろうと思う。

学童保育は，これまで民生関係の事業として実施されてきた。ところが文部省案が発表されると，民生関係の役人は文部省まちということで，むしろ文部省に移管してしまいたいかのような印象を受ける。私たちが恐れるのは，厚生省所管の場合には，まがりなりにも児童の権利を保護しようという思想が貫いているが，文部省になった場合どうなるかということである。私たちは，幼児教育の機関として，文部省所管の幼稚園と厚生省所管の保育所があるように，学童保育にも両省所管のものがあって一向にかまわないと思う。子どもの遊び場を含めて，学童保育所の数は全く不足しているのであるから，文部・厚生両省で予算をとって，ドンドン学童保育施設をつくっていたゞきたい。

以上，舌たらずの文章で恐縮であるが，一通り思う所を述べた。この他にも考えなければならないことは多い。それらについては，労働旬報社刊の公文昭夫・今城ひろみ編の「学童保育物語 ―ぼくはカギッ子ではないよ」を参照していたゞければ幸いである。

留守家庭児童の保護に限定されない あたらしいかたちをもとめて

学童クラブみどり会　松本　ちさえ

みどり会は昭和３６年３月，３つの保育園の父母，園長から必要性がさけばれ，保育担当者が加わって，放課後，児童が野放しにならないようにとの願いから生まれでた。当初は5つの学校から7名の子どもがきていた。

場所は，各家庭の持廻りで始った。保育園の2階や，東京で初めて学校施設 ― 板橋第１０小学校内 ― を借りた後，最後に同校の給食倉庫を改造し，専用の〃子どもの家〃として借りられることになった。

そこまで行くには，父母，保育園，学校の関係者の努力の他に，「子どもを守る会」や「社会事業協議会」等の協力に負うところが多かった。

しかし，すでに本誌「よりよい学童保育のために ― １９６５年」にて，手塚直樹氏（保育問題研究会委員）によって指摘されたように，１昨年７月には，区当局が，同じ場所に，区立学童保育クラブを設置し，補助請願中のみどり会を統合して解決しようとした。

これは全員が強力に拒んだ。

拒否した理由は，区の施設では，青少年対策として非行化，交通禍の防止を主とするもので，「カギッ子」対策でしかなかった。それに対してみどり会の方針と実践は，当時ではもはや「カギッ子」対策的内容ではなかった。放課後の子どもを，就学前の保育に続くものとしてとらえ，学校や家庭の教育との関連をもたせながら，独自の生活集団（遊びをもっとも大事にした）として，対等な仲間同志の中で，ひとりひとりの発達を願い，そして集団全体を高めようとした。そこでは，まわりの大人たちも高まらざるを得ない。こうした，子どもが自分たちの生活を建設していく場であると意気込んだみどり会の目標からは統合に応ずるわけにはいかなかった。

子どもの教育される権利を保障した上に，社会の保護が必要なので，単に保護が大切だというのでは，子どもの権利が損われる。したがって，この場合，子ども中心に考えてきた保育者，父母の要求とは全く異なっていた。民間でつくり出していき，商店，留守家庭など，広い範囲の放課後の児童の生活指導の場にと，補助金を要求し，できればいましばらく，建物ができるまで借りたいと願っていたが，同じ学校の空教室に公立の学童保育が設置されたことから，民間が専用建物を使用するわけにもいかず，統合しなければ，追いたてられるだけであった。こうして，４月に現在の場所が決まるまでは，青空保育ならぬ寒空保育もやった。

一般には，放課後の指導の共同保育形態は，区立学童保育への足がかりとなり，存在しているもので，役所がやる事は，それをもとに一歩進んでいくだろうと考え，当然吸収統合されるべきだと願う向きもある。また，経営面の見通しが困難であれば，まず安定した方法をとり，区立へ入って少しずつ内容をよくしていく他はない。みどり会にそれができないことは納得いかない。という人もある。

みどり会では，低学年の留守家庭児童の保護に限らず，高学年の放課後にも一貫性をもたせ，しかも，発達段階に応じての指導のために，手さぐりを始めたいと思っている。また遊び場もない，商店の多いこの地域に根ざした小型の児童館というか，子どもの家の建設を要求し，区議会の請願を行っている。まだまだ当局をも議員をも理解させるだけの努力が欠けているが，一方では，地域への入り方の弱さ，組織への働きかけの弱さ，未熟さをも反省しているのが現状である。

公立保育所の２階を児童館にするというはなしがある。〃差別なく子どもたちが遊べる〃よう，責任ある保障を骨抜きにされないためには，どのようなものにしたらよいか，みどり会内で学習を深めるよう，運営委員会で話し合っている。

現在保育料は月に１，２００円，児童数９名で保育者２名。４帖半と３帖の板の間を使っている。運動が進展しなければ，今すぐの入所者も少ない。経済面では，板橋社会福祉協議会から年末に３万円，東京都共同募金会から年末に２万円，その他賛助会員約１００名の方々に，１口１００円で援助されているが，月々５，０００円の赤字財政で，年２回のバザーや，物品販売活動で補っている。

なお，夏休みを機会に，児童数をふやすことは急務と考えられ，手さぐりの域から早く脱出しなければならない。新しいものをつくりだしていくのは，大きな苦難の道である。

「なかよしクラブ」ができた

長　尾　安　江

６月６日，新宿区中落合の一角に４帖半のプレハブ小屋を城にして，「なかよしクラブ」保育者１名，児童３名が，将来に希望をもって出発しました。

＜はじまるまで＞

新宿区の場合，他区と比べてみると学校を利用しての学童保育所はありません。対区交渉の場合に再三要求はしてきましたが，「他区の事情を調査中とか，検討中とかで，昨年から今年にかけて，やっと保育所新設の時併設するという所までこぎつけました。しかし，作ってくれるのを待っていては運動にならず，とにかく要求のあるところから始めてみょうという事になり，二，三のお母さんによびかけたところ，「今の塾には賛成出来ない。もっと子どもたちの身になって指導出来たらいい」「たのしそうだから，子どもには良いところだ」という事で，はじめたわけです。

＜はじまってから＞

何しろ保育者もはじめてなら，親も子もはじめての経験ですので，お互にぶっかり合い乍ら，親しみをおぼえ，肌で心で集団の良さを感じあうのが精一杯の毎日の様でした。

一ケ月間は準備月間という事で，まず実践し，そして理論化して「クラブの方針，指導をどのようにして行くかを，きめていこう」と話し合っているときに…………

＜第一の難関＞

このとき，保育者が両親の意向で，クラブをやることになり，父母たちが「何とか後任がみつかるまで仕事を続けてほしい」と説得し後任さがしにほんそうしました。

＜またまた難関＞

後任がきまり，子どもたちも６人になり，丁度夏休みを迎え本腰を入れられると思う間もなく，親達の方から，「クラスの友達関係がかたよってしまう。」「もっと大勢の友達とあそばせたい」「もっと勉強を教えてくれ」という理由で一人やめてしまいました。

困難のりこえ再出発

７月１６日，第二回父母会，「クラブの方針をはっきり打出さないとまずい」「夏休みを迎えての計画もたてなければ」「財政のこと」議題は沢山ありましたが，「一人やめてしまった事は非常に残念な事ですが，塾に行くにしても，子どもをどのように育てるか，という事をはっきり知ってもらいたい」というのが共通の親の願いでした。そこで，次ぎのようなニュースを作り，商店街を中心に，お母さんが手分けして，このクラブを守り育て行くことにきまりました。

みんな「なかよしクラブ」に入りましょう！

新宿区[redacted]

長尾方

なかよしクラブ発行

６月６日中落合の狭い一角に，児童３人と保育者一人ではじまりました。〃なかよしクラブ〃は現在一人の保育者と五人の児童となり，はじめての夏休みを迎えました。

〃なかよしクラブは，主に放課後帰宅しても，商売，勤務，病気などの理由により，適切な指導をうけられない。小学３年生位までの低学年児童を対象に，一定時間組織的に指導するもので，営利事業ではなく，父母の民主的運営による学童保育所です。

「なかよしクラブ」指導方針

○みんなで決めたことは，みんなで守り，みんなで助け合うように指導します。

○正しいことは正しいとはっきり言える人間，自主的，自発的な人間に成長するよう指導します。

○よく学び，そしてよく遊び，身体をきたえるよう指導します。

「なかよしクラブ」の案内

○場所　新宿区[redacted]
　　　長尾方　電話　952−[redacted]

○時間　毎日下校後−5時（日曜日は除く）
　　　（夏休み中　9時−5時　お弁当持参）
　　　教材費　100円

○月謝　おやつ代　500円
　　　保育料　1,000円（月末納入）
　　　入会金　　400円（夏休みのみ希望しても結構です。）

「なかよしクラブ」夏休みの予定

毎日学校で開かれるプールにできるだけ参加させる。

学習　一学期の復習（不得手科目中心）

　　夏休みの宿題
　　読　　書
　　絵画制作
　　観　　察

行事予定　虫プロダクション見学
　　　　　プラネタリウム見学
　　　　　観　　げ　　き

・・・・・切・・・と・・・り・・・せ・・・ん・・・・・

「なかよしクラブ」に入会いたします。

　　学年
　　住所
　　氏名
　保護者名　　　　　　　　　　印

＜一ケ月余の経験で＞

運営から計画まで保育者と親がするのですからなかなか大変です。でも民主的に作り出して行く事を知ったお母さんたちは，立派な力になると思います。「井の中の蛙」にならずに，教育の事，政治の事，世界の様子を学習して行く事の必要性を痛感し，子どもたちに集団教育を要求するばかりでなく，親達同志の集団学習もまた必要になって計画もたてたいと考えています。

経験者のみなさま方の良き御指導を得たいと思います。

それでもわたしたちは挫けない

―私設学童保育所のよろこびとなやみ―

品川学童園　渡　辺　妙　子

当学童園は，中学校の生活指導をしてきた主人が，悪の道に入る子どもたちを，調べて見ると，小さい頃から両親の働いている留守家庭の子が多いのに気がつき，夏休みに休みを返上して，地域を廻り，やっと善意から始められたのである。無から始めただけに，何度か挫折しながらも，真剣に取り組み，早いものでもう二年の歳月が流れていった。

武蔵小山の有名な商店街を控えているので日曜日も祭日もない年中無休の施設である。夜は九時頃まで，お正月は元日の朝まで。パーマ屋，魚屋，乾物屋，その他一軒一軒が，仕事の終了時間も，休みもちがう，そのため保母さんもいやがり，やとえず，園長兼雑役兼保母で，家族全員総出で協力して行なっている。またそのため自然に家庭的な雰囲気もはぐくまれてくるのである。

また当園の特色に，お兄さんや，お姉さんが来ていてその弟妹の乳幼児もたのまれて，あずかり始めた事だ。これは大きい一人っ子や，末っ子が，小さい子の面倒をみたり，可愛がったりする。ということで，情操教育に非常に役立ち思わぬ成果がある。情操教育の一つとして大いに喜んでいる。また姉妹も一諸にいるため，お互にかばい合って，自宅にいる時でも非常に仲が良いという。また降園したがらなくて泣く子や，病気で休んでいても園に行くと泣いてせがむ子もあったりで，親も，どちらが家だかわからないと，うれしい悲鳴を上げている。また，子どもの躾においても，娘の学問と理論からと，私の子どもを育てた経験をとりまぜて，子どもの基本的な躾だけはきびしく行ない親達からどこへつれていってもはずかしくないといつも感謝されている。

環境的にも，施設にもめぐまれている当園だが，一つだけ大きななやみがある。それは，一区会議員のために，学校側の協力が全然得られないという事である。 メンバーも発足当時に年間2，3人がふえるといった程度で，その後はふえるのは乳幼児ばかりである。また，親はなくとも子は育つの譬ではないが，親の無理解や，困窮者等，月謝を割り引いて実費だけにしても，なかなか，あずけられないという事もある。その上，毎日の宿題の指導の他に，火・木・土は勉強の指導と，勉強面においてもうるさい位に娘が面倒を見ているのだが，学校の先生の中には，できない子をつかまえて「塾へ行って何を勉強しているのか，そんな塾ならやめなさい！」という先生もあるとか，私達には理解出来ない無協力，無理解ぶりである。よその地区の指導員の方が見えて，家族的なふんいきの中で，広々とした遊び場や，明るい日の当る保育室や設備の中でのびのびと遊んでいる子たちをみて，うらやましがって行かれたが，なぜ学校側は，こんなにうらやましがられる施設をもっと学校側で利用し，協力してくれないのか不思議でならない。主人は教職にありながらパンフレットをくばったとかで，区教育委員会にパンフレットを送り，その地区の学校から，他の地区の学校へ追われた位である。ですが，私共は，始めた主旨にたがわず，くじけずに，挫折したら何度でもたちあがって，どこまでもがんばっていきたいと思っております。

子どもたちのさわぎたわむれる声を耳にしながら，最後に，当局の理解ある協力と，地元の学校の協力，そして働いているお母さん方の協力とを，声を大にして望みたい。これは私達学童保育者全員の望みでもあろう。

＊　＊　＊

（46頁よりつゞく）

したがってわれわれわれは，東京都においては関連のある各局部，たとえば総務局を中心に民生局，労働局，衛生局，建設局，教育方の関係部局相互の間に連絡調整を図り，東京都として総合的かつ効果的な学童保育事業が行われるような体制がつくられることを強く期待するものである。

Ⅳ 資 料 集

資料１

東京都における学童保育事業のありかたについて

―東京都児童福祉審議会の答申―

昭和４１年４月１９日

東京都知事　東　龍太郎　殿

昭和４０年９月２日付をもって諮問があった標記について本審議会の意見は別添のとおりなので，これについて適切な措置をとられますようお願いいたします。

１．まえがき

留守家庭児童の存在は現代の社会における必然的現象であるといっていい。しかしその増加に対しては，児童の健全な成長を期待するとき，このまま放置することはどのような観点からしても許されるべきではない。これら児童のよき成長とその福祉のためにできる限りの対策を講じ，施設の設置，増設，拡充とその内容的改善を図ることは社会の責任であると考える。とくに東京都という大都市においては，この問題は緊急にその対策の樹立を迫られている問題である。

ここに都知事の諮問に応じ，その対策について検討した結果を具申するものである。

２．審議経過

昭和４０年９月２日，東京都知事から本審議会に対し，「東京都における学童保育事業のありかたについて」の諮問がなされた。

これについて，９月２１日の審議会において，当該諮問事項に対して特別部会を設置してこれに付託審議せしめることとし，同時に特別部会の委員として審議会委員の中から山下俊郎，松本武子，今野伸一を選任し，特別会臨時委員として大橋薫，吉沢英子に依頼することに決定した。

第一回特別部会は１０月１３日に開催，山下委員を部会長に，松本委員を副部会長に選任し，部会の運営方法，審議日程等について検討した。

さらに１０月２３日に都内６ケ所の学童保育所を現地視察し，１０月２８日，１１月１７日，１２月１０日と審議を重ねてきた。審議にあたっては当該諮問事項に関連する分野が教育，労働，衛生，経済，民生面等広範囲に亘っており，これを短期日に審議し尽すことは到底不可能なので，現在事業運営上とくに問題となっているつぎの５項目，すなわち

1. 施設形態について
2. 対象児童の範囲について
3. 指導員について
4. 指導のありかたについて
5. 事業の所管について

に焦点をしぼり調査審議を行ってきた。

過去５回にわたる特別部会の調査審議の結果を２月８日の部会で最終的に検討し，３月２８日の審議会において承認を得，ここに答申をするものである。

３．問題点の所在

今日，婦人労働はいろいろの条件によっていちじるしい勢いをもって増大しつつある。東京都内においてもこのことは顕著に認められるところである。そして家庭婦人が労働に従事するようになると，その子女は母親の労働している間，家庭あるいはその近隣に放置されることになるのは必然の成り行きである。

ここに留守家庭児童の問題がある。

子どもはつねに自らのうちに成長の芽生えをもっている。そしてこの芽生えは，その環境によって順調にのばされるものである。その環境の基底にあって最も重要な教育的機能を果す場が家庭である。しかるに留守家庭児童の家族は，その母親の労働によってこの重要な教育的機能を失っている。子どもたちのよき生活と成長のために安定感を与える家庭が何よりも必要であるのに，留守家庭児童は安定できる場所に恵まれないのである。

すべての児童が幸せに健全に生活すべき権利をもつものであることを考えるとき，われわれは留守家庭児童及びこれに準ずる児童(以下留守家庭児童という)によき生活を与え，順調な成長をもたらすような措置をとるべき責任を痛感する。

そこで，さきに挙げた現状において認められる学童保育の問題点について，具体的に検討した結果は次のとおりである。

4　問題点とその対策

(1)　事業名(呼称)について

元来，保育という言葉は乳幼児に対する保護育成を意味するものである。

しかるに学童保育は，児童の健全育成の一環として行っているもので，その本質は留守家庭児童に対する放課後の生活指導である。

したがって本事業は保育所の枠外で考えるべきことであって，学童保育という呼称についても他の適切な呼称に改める必要がある。

(2)　育成のありかたについて

現在の学童保育は，いわゆる「かぎっ子」対策として，放課後これらの児童に対し憩いの「場」を与え，保護することにとどまっているやの感は免れない。

学童保育は，地域の健全育成の一環として，行政施策と地域住民の活動とを有機的に関連せしめ，地域と密接に結びついた体制の中で運営されなければその効果は期待できない。

形態としては，留守家庭児童を主にした「児童クラブ」的なものとし，拠点としては児童館，隣保館，(セツルメント)のような施設形態が望ましい。

指導理念としては，児童が仲間や指導員の繋がりの中で集団の一員として自主性と社会性を高めていくとともに，情操を豊かにし，よき市民としての円満な人格を形成しうるように指導員は児童の個性を十分把握することが肝要である。また，児童の問題即家庭の問題であるので，家庭に対するケースワークサービスが，必要である。

さらに，地域の実情に応じて，円滑な運営指導をするために，学校．保健所，児童相談所，福祉事務所，児童委員，青少年委員その他教育，医療，福祉関係の諸施設とつねに密接な連繋をとることが必要である。

(3)　対象児童について

現行では小学校低学年児童を対象としているが，小学校高学年児童及び中学校生徒についてもその必要性は認められる。

小学校高学年(4～6年)はギャング時代と呼ばれる時期で，この年令層が近隣社会において，いわゆる「がき大将」をもつ「遊び集団」をつくることが多く，ややもすれば，集団で非行化に移行する危険性をもっている。

さらに，中学生の年代になると自己が

確立してきて合理的になる反面，個人差がいちじるしくなり精神的に不安定な時期であるうえに進学や就職の問題などで悩むことも多く，同じ境遇のものと結びついて不健全な遊びにふけるとか，時には追いつめられた心境になって家出，犯罪等の問題行動を起しやすい。

以上のことから，学童保育の対象児童を小学校高学年から中学校までその範囲を拡げることが望ましい。

なお，このばあい施設内容，指導方法等について，児童の年令に応じた配慮をしなければならない。

(4) 施設の形態について

昭和３８年度から東京都が実施している学童保育の実態をみると，学校の空室利用が１１４カ所中，１０１カ所（８９％）。児童館，母子館その他が１３カ所（１１％）で，学校の空室利用が圧倒的に多い。

学童保育専用の施設を設置することが必要であるが，現状では，現行の施設等の利用はやむを得ないと考える。ただ，最低どれだけの施設設備を必要とするか，この最低基準を設定することが緊急に必要である。

なお，学校の施設を利用するばあい，次の問題点が指摘される。

1. 施設管理及び備品保管上の責任が不明確である。
2. 児童が事故（往復時）を起したばあいの責任が不明確である。
3. 学校の構内にいるということは解放感に乏しい。また，日常使用している遊び場や遊具は魅力がない。
4. 他の児童に対し，「かぎっ子」であるという劣等感をいだきやすい。
5. 学校の指導体制の中に学童保育をどう位置づけるかを明確にする必要がある。

(5) 指導員について

指導員は，本来の業務のほかに施設運営上の諸々の業務をもっているが，現行の勤務時間（午後1時～5時）中に，本来の業務にたずさわるかたわら，これら一切の業務を処理することは現実的に不可能である。本審議会がさきに調査した結果でも指導員がオーバーワークになっているとの報告がなされている。

人材を確保する意味において，また有能な職員をしてその知識と技能を十分発揮せしめるためにも，現行の非常勤職員の身分を常勤職員に改め，午前中からの勤務形態とし，万全の指導体制を確立すると同時にこれに応じた処遇の改善を図るべきである。

また，学童保育の場は人間育成の場としてとらえていくべきで，施設と家庭の両面からケースワークサービスができるような体制を確立すべきである。したがって，指導員についても児童の養育に知識と経験を有するというだけでなく，グループワーカーとしての専門的知識を有するもの，さらにケースワーカーとしての資質をそなえたものをそれぞれ配置すべきである。

以上の観点から「学童保育指導員」の設置を制度化し，その身分の安定と処遇の改善を図ると同時に資格要件と職務内容を明確にし，さらに機会あるごとに現在訓練を行って資質の向上を図るなど計画的積極的な対策を講じるべきである。

(6) 事業所管の問題について

学童保育事業を児童福祉行政の中で行うか教育行政の中で行うか，これを決定することはきわめてむずかしい問題である。

しかし多岐にわたる行政系統で個々にこれを行うことはその効果を阻害すること甚だしい。（４２頁へつづく）

資料2

学童保育に関する神奈川県社会福祉協議会研究委員会報告

1. 本委員会設置の趣旨

学校から帰っても保護がいない家庭の子ども，即ち留守家庭児問題の解決策としての学童保育に関する企画立案が本委員会に課された課題であった。留守家庭児が都市に多いのは全国的に共通した現象であるが，この子ども達に適当な保護者も，施設もなく放置される場合，事故の原因となり，非行化の温床ともなる可能性が多い。

そしてこれらの児童は，漸増の傾向にあり，いまや社会問題化しつつある。一刻も早く，その実情を知り，その対策を立案するため，本委員会が設置されたのである。

2. 経　過

A　本委員会は9人の研究委員をもって構成され，8月9日，第1回委員会を開催，委員長に中村真次氏が推された。この第1回会合では，まず県下の〃留守家庭児〃の推定数（横浜市，平塚市の一地区）が述べられ，次いで現在行なわれている学童保育についての情報及び意見交換がなされた。現在の学童保育はおよそ　①保育所で行なっているもの　②学校開放によるもの　③川崎市の如く，たとえば青少年会館という施設及びそのスタッフを利用して積極的に実施しているもの，に分かれるであろう。そして，①については，制度的には可能であっても，実質的に非常に障害が多く，たとえば，現在の保育所での手不足，学令児向設備の欠如，等よりして，現行体制のもとで広く実施することは不可能に近いこと。②については，ケースバイケースで実施されているが，その数はきわめて少なく，最小限1小学校区1施設くらいづつの足並をそろえる必要があること，が認められた。特に③の川崎市の学童保育の現場視察の希望が多く，次回に実施することになった。

B　第2回委員会は，前掲のように川崎市における〃留守家庭児の生活指導〃の現場視察を中心に，8月24日同市で開催された。同市南河原，大師の両青少年会館における現場を視察ののち，本生活指導における問題点を中心に研究が行なわれた。

C　以上の研究及び視察成果をもとに，また，この間開催された県社会福祉事業大会において学童保育に関する議題提出という事実を背景に9月13日，第3回委員会が行なわれた。この会議において，本委員会としての，学童保育対策に関する方針ともいうべきものが打ち出された。

D　さらに第4回委員会（10月8日）においてこれをとりまとめ，以下の意見として具申することとなった。

3. 本委員会の委見

前　提

本問題については恒久対策と応急対策とが考えられる。そして恒久対策を検討すべきはもちろんのことであるが大都市において1割をこえるとみられるこれら対象児童はさらに増加の傾向にあり，今すぐに手を打つべき必要があるので本委員会においては，ここに応急策を提案した。さらに恒久策についてもこんごの方向を指向したい。またこの対策の要点を明らかにするため，以下，A設置（経営）主体，B対象児童，生徒　C場所　D設置数　E設備　F指導者　G経費　H補足に分けて述べたい。

A　設置（経営）主体について

設置（経営）主体としては，教育関係機関又は民生関係機関が考えられる。具体的にいえば，社会福祉協議会が設置（経営）主体となり，教育関係諸機関団体の協力を求める方法，逆に教育委員会が設置（経営）主体となり，民生関係諸機関団体の協力を求める方法等，各地域の実情に応じ，随時，それに適応する形態を採用したい。

B　対象児童生徒について

義務教育年限にある児童生徒のすべてを対象とすることが必要であるが，その対策は対象児童の年令層によって相違が生じるであろう。即ち小学校3年くらいまでは庇護的要素が強く，小学校高学年，中学生については余暇指導的な要素が強くなるであろう。この二つの要素をもってすべての留守家庭児を取扱うことが必要なのはいうまでもないが，運営上の困難性もあり，当面の応急策としては小学校3年くらいまでの低学年層に重点をおいて対策を考慮したい。

C　場所について

児童館，公民館等，地域に適当な施設がある場合は，できるだけこれが活用を図りたい。しかし，これら施設は数に限度があり，地域的分布も十分とはいえない。そこで，これらの施設のないところでは，急場の策として，小学校を場とする。最近の学童総数が漸次減少していることから，地域によっては，教室に余裕があることも考慮にいれられよう。もちろん，この学校開放は，あくまで応急策としての便法であって，恒久策としては，各小学校区に一ケ所の児童館設置を目指したい。

D　設置数について

設置数については，上掲諸施設（児童館・公民館等）との関連もあるが，何よりも，留守家庭児の数と考え合わさなければならない。例として，手許にある川崎市の調査資料からこれを推定してみると次のようになる。

川崎市における留守家庭児調査
（低学年のみ抜粋）

	調査生徒数	留守家庭児実数	%
小　1	8,002	1,077	13.45
小　2	8,309	1,304	15.69
小　3	8,527	1,587	18.61
以上合計	24,838	3,968	15.98

つまり，川崎市における留守家庭児（小1～3）は3,968人ということになる。

一方，川崎市の人口は，734,455人（38年1月推定人口）であるので，同市における留守家庭児の対人口推定比（%）は
（3,968÷734,455）×100＝0.54%

さて，この推定比より，県内都市部における留守家庭児童数を推定すると，
3,496,478人（県内市部人口）×0.54
＝18,881人

1個所における学童保育の可能員数50名とみて
18,881÷50＝378個所
＊以上により，県内に約380個所の設置数が必要と考えられる。

E　設備について

児童館等による場合も学校利用の場合も極力既存設備を利用させてもらう。ある程度，子どもたちにとって魅力ある最小限の設備及び運動場としての広場，校庭は必須条件であろう。

F　指導者について

最小限，1個所当り1名の有給専任職員（

指導員)が必要である。ほかに児童委員を始め，地区少年指導員，ＰＴＡ，婦人会，青年会等ボランテアの参加及び学校教職員等の協力が望ましいことはいうまでもない。

Ｇ　経費について

①　学童保育施設経費について

１個所当りの所要経費を算出するとおよそ次のようになる。

有給専任職員

人件費　３００,０００円
（月額約２０,０００円）　} 運営費
維持費　１２０,０００円
（月額約１０,０００円）　} 計５２０,０００円

初度調弁費

１００,０００円　設備費

次に県内の設置必要数は３８０個所であるので

５２０,０００円×３８０＝１９７,６００,０００円となる。

この規模で一挙に実現するのは困難性があるので緊急な個所を優先し，かつ勧奨し得る能力を考慮にいれ，３年計画で実現することが妥当である。たとえば次表（５０頁）のような方法が考えられる。

②　指導研修費について

以上の専任職員の指導研修費が別に必要である。各年５００,０００円と算出したい。

③　児童館設置費について

ここに数字は掲げないが，前述のように応急策である学校開放に平行して児童館設置も徐々に進められなければならない。

Ｈ　補　足

①　上記留守家庭児の恒久的対策を進めるにあたっては，県下小中学校の対象児童生徒の実態調査がなさなければならない。いまのところ，その実態が把握されているのは（一部地区的な調査を除き）横浜市，川崎市，平塚市の三市のみと思料される。全県的な実態調査の実施が強く望まれるゆえんである。

②　以上，本委員会の意見は留守家庭児を既定の事実，現象としてとらえ，その対策を論じたのであって，これら対象児童を生み出すにいたった社会的，経済的要因にはふれていない。対象児童を生み出す家庭環境としては　１）母子家庭　２）父子家庭　３）両親就労家庭が考えられ，特にその比率が高く，また増加しているのは，３）の共稼ぎ家庭であろう。そして共稼ぎ家庭の中にも，生活上やむをえず両親が就労している場合，経済的余裕を多くするため就労の場合，その主婦の専門的能力が社会的に必要とされる場合，の三つが考えられる。原則的には年小幼児の養育は親の義務であり，「母親は家庭に帰る」ことが望ましいのではあるが，その発生基盤は前述のような，わが国の経済構造，社会保障の問題と関連し，さらに家庭論・育児論についての理念確立も必要であり，これらについてはこんどの研究に期待したい。

＊＊

（５２頁よりつづく）

う簿冊が別途整備されるものである。

（注）

①　この事例は１市に１児童会の場合を予想して作成したものであり，２以上の児童会を設ける場合はこれに準拠して作成すること。

②　留守家庭児童会運営（育成）委員会をおき，児童会の適正かつ円滑な運営等に役立てることも考えられる。

	設置数			所要経費		（単位千円）		備考
	新設	既設	計	新設運営費	既設運営費	設備費	合計	
第1年次（38年度）	50	－	50	4,500（@90×50）	－	5,000（@100×50）	9,500	新設運営費は1～3月の3箇月分で算定
第2年次（39年度）	130	50	180	27,300（@210×130）	21,000（@420×50）	13,000（@100×130）	61,300	新設運営費は6箇月分で算定
第3年次（40年度）	200	180	380	42,000（@210×200）	75,600（@420×180）	20,000（@100×200）	137,600	新設運営費は6箇月分で算定
第4年次以降（41年度以降）	－	380	380	－	159,600（@420×380）	－	159,600	

資料3

留守家庭児童会管理規定（文部省）

1. 目　　的

この留守家庭児童会（以下児童会という。）は，下校後保護者が家庭にいない小学校児童を対象に児童の生活指導を行ない，健全な育成をはかることを目的とする。

2. 指導育成方針

(1) 留守家庭児童の指導は，当該児童の現状を理解して個別的，集団的に行なうものとするが実施の方針は次のとおりとする。

① 家庭および社会における生活を営む上で必要な規律，礼儀，健康，安全など基礎的生活習慣の習得をはかる。

② 望ましい友人関係の助長，互助協力の態度の育成を通じ，道徳性，社会性，自主自律の精神をかん養する。

③ 家庭的な人間関係の重要性を認識させるとともに，家庭的なふんいきのなかで豊かな情操のかん養をはかる。

：注　その他留守家庭児童の実態，地域の実情に応じた方針を立てること。

(2) 児童会の運営指導要領は別に定める。（略）

：注　上記方針にもとづき活動内容，計画（年間計画・日課表），組織編成など運営指導の詳細は地域の実情に応じ定めること。

3. 実　施　主　体

○○市教育委員会

4. 名称，定員および実施場所

○○児童会　　４５名　　○○小学校

：注　児童会が対象地域を限定する場合はその地区を明記すること。
実施場所として専用教室等を設けている場合は明示することも考えられる。

5. 実　施　期　間

(1) 実施期間

昭和４１年４月１日から昭和４２年３月３１日までとする。

(2) 実施時間

① 下校時より午後５時３０分までとする。ただし，日曜日，祭日は実施しない。

② 夏期，冬期休業日等においては実施時間を変更することがある。

(3) 実施回数

週４日（月，火，木，金曜日）行なう。ただし，事情により変更することがある。

6. 児童会入会および退会

(1) 入会対象者

小学校児童で下校後午後５時頃まで保護者が家庭にいない場合等保護指導を受けられないことが常態（月間１５日以上，３か月以上継続）であるもののうちから募集し，申込者のうちから家庭児童の状況等を勘案し，教育委員会が決定する。

：注　さらに選考基準を具体的に定めることも考えられる。

(2) 退　　会

(1)の事情が解消したもので，教育委員

会が保護者の申出にもとづいて行なう。ただし，保護者の申出がなくても退会を勧告することがある。

(3) 入会・退会の手続

入会および退会は別に定める様式による書面で行なうものとする。（様式略）

7. 保護者連絡

(1) 児童の指導育成上の事項，児童会の運営上の事項について必要に応じ，文書または口頭で連絡を行なう。

(2) 月1回程度保護者を対象とした会合を開き，児童の指導について理解と協力を深める。

8. 指　導　員

(1) 指導員は教育委員会の監督のもとに，担当児童会において児童の生活指導にあたる。

(2) 指導員は(3)の資格をもつもののなかから教育委員会が委嘱する。

(3) 資　格

留守家庭児童の育成指導について熱意をもつもので，教員，社会教育主事の免許，資格を有するもの，またはP・T・A・青少年団体などの社会教育関係団体において指導者としての経験を有するもの等児童の指導について知識・経験を有するもの。

(4) 人　数

〇〇児童会に2名置く。

(5) 勤務要領

① 勤務時間は午後1時から午後6時までとする。ただし，夏期，冬期休業日等において事業の実施時間を変更した場合は，児童会の終了後さらに30分勤務するものとする。

② 指導員は児童会終了後，会場の整理，事務処理をすること。

③ 指導員は児童の出欠席，早退状況を確認し，児童の行動を正確には握するとともに必要に応じて担任の小学校教員に連絡する。

④ 指導員は児童に事故を認めた場合は速やかに救護の措置を講ずるとともに，必要に応じて教育委員会および保護者に連絡し適切な処理をすること。

⑤ 指導員は児童会室の安全，保温，換気等の環境整備および備品の管理に留意すること。

⑥ 指導員は病気その他の事由により欠勤する場合は事前に教育委員会の承認を得ること。

9. 備　付　簿　冊

児童会には次に掲げる簿冊を作成，整備しておくものとする。

(1) 在　籍　簿（児童名，保護者名，住所，保護者の職業，勤務先，連絡方法，児童の在籍学校，学年学級，学級担当教員名等）

(2) 出　欠　簿（出欠者，早退者およびその時間）

(3) 事業日誌（実施月日，実施時間，在籍者数，出欠者数，早退者数，指導事項，その他児童会の管理運営事項）

(4) 生活記録簿（個人の活動・指導上の事項）

(5) 保護者連絡簿（指導員と保護者との連絡事項）

(6) 保護者連絡会記録簿

(7) 消耗品受払簿

：注　上記簿冊は児童会におかれるものであり教委には本事業の実施に伴

（49頁へつづく）

資料4

学童保育行政，国と都の比較

	文　部　省（国）	民　生　局（都）
名　称	留守家庭児童会補助	学童保育事業
目　的	留守家庭児童の放課後における生活指導その他教育的な配慮をもって行なう行事等を実施し，児童の非行化を防止するとともに併せて父兄に対する家庭指導を行なう。	放課後帰宅しても保護者の労働，病気等により，適切な監護を受けられない児童及びその地域に遊び場のない児童の危険防止と健全育成を図り児童の福祉を増進する。
運営主体	区市町村	区市町村（公益法人，公共的団体へ委託）
対　象	小学校児童	小学校低学年児童
拠　点	学校，公民館，児童文化センター，社会教育施設	学校，児童館，公民館，その他継続して借用できる民有施設
補助率	定額補助	8／10（市町村）　但し区は全額財調
補助基準	A　定員60人　週4日　200,000円 B　〃　40人　〃　150,000円 C　〃　40人　週3日　100,000円	1ケ所定員　30人～50人　週6日 595,000円
指導員	教員，社会教育主事 社会教育団体指導経験者等	保母，教員，児童の養育経験者

資料5

都内学童保育クラブ設置状況

昭和41年7月末現在

区名	主管	設置方法	施設	設置数	1施設当り児童数	指導員数	指導員報酬	職員身分	予算総額
文京	区	直営	アキ教室	3	40〜80	2〜3	月給 18,000 20,000	委託	総額314万円
墨田	区	〃	〃	4	40	2	〃 12,500	非常勤	
品川	区	〃	福祉センター	3	30	2	〃 18,000	非常勤	1ケ所当り50.9万円（人件費別）
大田	区	委託	区営建物	2	50	2	〃 16,300		総額291万円
世田ケ谷	区	直営	アキ教室	3	30〜50	2	〃 12,500	非常勤	総額270万円
渋谷	区	〃	母子館・青年館	3	30〜60	1〜3	日給 850	非常勤	総額262万円
中野	教委	直営	アキ教室	28	30	2	〃 1,000		
杉並	区	〃	〃	14	45	2	〃 850	〃	総額3819万円
豊島	区	〃	〃	14	50	2	〃 850	〃	
北	教委	補助金	〃	15	50	2	月給 15,000		1ケ所59万円
荒川	区	直営	〃	2	48	2	日給 850 800	非常勤	
板橋	区	〃	〃	9	40	2	月給 17,000 15,000	非常勤	1ケ所100万円
練馬	教委	〃	〃	6	30	2	日給 680	〃	総額443万円
足立	区	〃	〃	8	50	2	月給 12,500	〃	
葛飾	区	〃	〃	3	50	2	〃 18,000	〃	総額236万円
江戸川	区	〃	〃	6	40	2	日給 600	〃	1ケ所79万円
江東	区	〃	〃	2	30	2	月給 18,000	〃	257.9万円
新宿	区	〃	保育園と併設	2	40	2	〃 18,000	〃	188.5万円
台東	区	〃	アキ教室	2	50	2		非常勤	総額225.9万円

都下学童保育クラブ設置状況

(1) 設置ケ所

地区	クラブ名	所在地	定員	経営の種別	開設年月日
武蔵野	学童保育クラブ	関前3～815　第5小学校	50	社協委託	39.3.2
三鷹	三鷹市第一学童保育園	上連雀34の3　第7　〃	40	直営	39.5.20
	〃　第二　〃	野崎405　第2　〃	30	〃	39.5.1
昭島	昭島市学童保育園	拝島町3927拝島第2小学校	50	〃	39.10.1
町田	金森学童保育園	金森619の2金森2丁目集会所	50	〃	38.9.1
	木曾　〃	木曾161の1　町田市児童館	50	〃	〃
小金井	東小学童保育クラブ	東町4～1661　東小学校	30	社協委託	39.12.12
	3小　〃	梶野町5～1,116第3小学校	30	〃	〃
小平	小平市学童保育クラブ	大沼町1～149　第7　〃	30	直営	38.12.1
国立	学童保育クラブ	谷保8955　第4　〃	35	〃	39.1.16
大和	大和三小クラブ	清水1,361　第3　〃	30	〃	39.7.27
清瀬	学童保育所	梅園2丁目9～138　学童保育所	40	〃	38.4.1
田無	田無学童保育クラブ	420　田無小学校	50	〃	38.11.1
	谷戸　〃	2950　谷戸　〃	50	〃	39.5.18
	向台　〃	898　向台　〃	50	〃	40.7.1
府中	第六小　〃		30	〃	41.4.1

(2) 補助基準

区分		規模	1カ所当り基準額 算出内訳	基準額 月額	基準額 年額	区部 財政調整	市町村 補助基準額	市町村 補助率	市町村 補助額	備考
人件費		2人	1人月額 12,500円	円 25,000	円 300,000	円 300,000	円 300,000	8/10	円 240,000	
児童処遇	間食費	定員 30人	1日1人 10円	7,500	90,000	90,000	90,000	8/10	72,000	41年度において市町村と区の格差の是正をはかった。
児童処遇	消耗品費	年 300日	1日1人 5円	3,750	45,000	45,000	45,000	8/10	36,000	
維持管理費		1ケ所	月額 5,000円	5,000	60,000	60,000	60,000	8/10	48,000	
計				41,250	495,000	495,000	495,000	8/10	396,000	
設備費		1ケ所	新設の場合		100,000	100,000	100,000	8/10	80,000	
合計					595,000	595,000	595,000	8/10	476,000	

資料6

神谷子どもクラブ予算書

— 昭和41年度 —

1. 収　入　之　部

項　　　目	41年度予算	40年度決算額	増　減	摘　　要	参　考（豊島学童保育クラブ）
保　育　料	280,800	262,050	18,750	750×36×4 600×36×8	108,000 300×30×12
間　食　費	108,000	57,900	50,100	150×36×4 （4月−7月） 300×36×8 （8月−3月）	108,000 300×30×12
補　助　金	590,000	560,000	30,000		590,000
寄　附　金	30,000	42,000	△ 12,000		35,000
繰　越　金	3,344	20,170	△ 16,826		46,362
先年度未収保育料	4,950		4,950		
暖　房　費		4,700	△ 4,700		
計	1,017,094	946,820	70,274		887,362

2. 支 出 之 部

項目	41年度予算	40年度決算額	増減	摘要	参考(豊島学童保育クラブ)
指導員給料	432,000	432,000	0	(19000+17000)×12	360,000 15,000×2×12
夏季年末手当	108,000	108,000	0	(19000+17000)×3	90,000 15,000×2×3
通勤手当	24,000	19,300	4,700	100×2×12	0
夏季特別手当	10,000	6,000	4,000	5000×2	0
特別手当	12,000		12,000	500×2×12	36,000 1,500×2×12
間食費	274,500	167,443	107,057	15×39×25×4(4−7) 30×36×25×8(8−3)	1人1日20円
教材費	30,000	39,410	△ 9,410		30,000
図書費	15,000	0	15,000		0
保健衛生費	5,000	5,570	△ 570		1,500
光熱水費	0	12,695	△ 12,695		0
暖房費	0	3,420	△ 3,420		0
行事費	30,000	28,538	1,462		25,000
備品費	40,000	86,700	△ 46,700		40,000
補修費	2,000	2,240	△ 240		10,000
研究費	5,000	10,720	△ 5,720		0
事務費	2,000	1,910	90		20,000
退職積立金	12,000	12,000	0		12,000
厚生費	0	0			0
雑費	5,000	7,530	△ 2,530		20,000
予備費	10,594	0	10,594		31,362
計	1,017,094	943,476	73,618		887,362

3. 差 引 残 高

		3,344		41年度へ繰越す	

東京都学童保育施設一覧表

41年7月現在

〔特別区〕

地区	クラブ名	所在地	
荒川	学童保育クラブ	町屋1丁目28の8	第7峡田小学校
	〃	町屋4の36の10	大門小学校
足立	宮城クラブ	宮城町18	宮城小学校
	弘道クラブ	五兵衛町866	弘道小学校
	柳原クラブ	柳原2−49	柳原小学校
	保木間クラブ	保木間町2790	保木間小学校
	関原クラブ	本木町2の1797	関原小学校
	島根クラブ	島根町530	島根小学校
	花畑クラブ	花畑町3130	花畑第一小学校
	興本クラブ	本木町5の3535	興本小学校
板橋	学童クラブ	相生町26	志村坂下小学校
	〃	栄町6	板橋第9小学校
	〃	大谷口上町43	板橋第10小学校
	〃	清水町83	志村第3小学校
	〃	蓮根町1の21	志村第6小学校
	〃	双葉町42	板橋第8小学校
	〃	東山町47	上板橋小学校
	〃	大山金井町331	板橋第7小学校
	〃	弥生町19	弥生小学校
江戸川	学童保育クラブ	小松川1の100	小松川第2小学校
	〃	宇喜田1907	第3葛西小学校
	〃	東小松川3の3213	松江小学校
	〃	西瑞江町3の39	瑞江小学校
江戸川	学童保育クラブ	小岩町1の164	南小岩第2小学校
	〃	興宮331	下小岩第2小学校
大田	御園子どもクラブ	御園1−15	御園子どもの家
	糀谷子どもクラブ	東糀谷4−3−5	糀谷子どもの家
葛飾	松南学童保育クラブ	下小松町1704	松南小学校
	高砂 〃	高砂町1566	高砂小学校
	中青戸 〃	青戸町1−25	中青戸小学校
北	豊島子どもクラブ	豊島3−16	豊川小学校
	神谷子どもクラブ	神谷2−30	神谷小学校
	滝五若葉クラブ	昭和町3−5	滝野川第5小学校
	滝四もみじクラブ	田端町1834	滝野川第4小学校
	滝六若竹クラブ	滝野川5の44	滝野川第6小学校
	柳田みどりクラブ	豊島2の5	柳田小学校
	荒川ふじクラブ	中十条3の6	荒川小学校
	桐ケ丘子どもクラブ	赤羽北3の16	桐ケ丘北小学校
	浮間桜草クラブ	浮間3の4	浮間小学校
	王一さくらクラブ	王子5の7	王子第1小学校
	谷端子どもクラブ	滝野川7の12	谷端小学校
	二岩ふたばクラブ	志茂1の34	第2岩渕小学校
	赤羽子どもクラブ	赤羽1の210	赤羽小学校
	稲田子どもクラブ	稲付2の195	稲田小学校
	東十条子どもクラブ	東十条3の14	東十条小学校

よりよい学童保育のために—施設作りと豊かな内容をめざして

41年7月現在

地区	クラブ名	所在地	在地	地区	クラブ名	所在地	在地
品川	品川福祉センター	品川5の205	品川福祉センター	文京	真砂こどもクラブ	真砂町11	真砂小学校
品川	大井福祉センター	東大井6の14-16	大井福祉センター	中野	28ヶ所 小学校全校		
品川	中延児童センター	西中延1の6-16	中延児童センター	豊島	学童保育所	巣鴨2の46	仰高小学校
渋谷	学童クラブ	神宮前3の25	母子館	豊島	〃	巣鴨3の767	西巣鴨小学校
渋谷	〃	氷川町58	青年館分館	豊島	〃	西巣鴨1の3277	大塚台第1小学校
渋谷	〃	代々木1の37	青年館分館	豊島	〃	池袋8の2303	池袋第2小学校
杉並	学童保育クラブ	高円寺2の423	杉並第3小学校	豊島	〃	池袋5の202	池袋第5小学校
杉並	〃	天沼3-832	杉並第9小学校	豊島	〃	池袋4の453	日の出小学校
杉並	〃	西田町1-472	西田小学校	豊島	〃	池袋東3の7	長崎小学校
杉並	〃	上井草2-12-26	四宮小学校	豊島	〃	長崎2の6の3	椎名町小学校
杉並	〃	上高井戸5-2058	高井戸第4小学校	豊島	〃	南長崎4の30	要町小学校
杉並	〃	大宮前6-395	方南小学校	豊島	〃	要町2の7	千早小学校
杉並	〃	方南町191	方南小学校	豊島	〃	千早町3の21	巣鴨小学校
杉並	〃	天沼3の15-20	若杉小学校	豊島	〃	巣鴨6の1483	千川小学校
杉並	〃	下高井戸2の427	高井戸第3小学校	豊島	〃	要町3の39	千川小学校
杉並	〃	和田本町42	和田公園	豊島	〃	南長崎1の10	富士見台小学校
杉並	〃	善福寺3-3	桃井第4小学校	練馬	学童保育クラブ	北3-1441	北町西小学校
杉並	〃	和泉119	新泉第2小学校	練馬	〃	貫井1012	練馬第2小学校
杉並	〃	堀の内1-168	堀の内小学校	練馬	〃	南田中761	石神井東小学校
杉並	〃	（馬橋4-506仮に杉6小に）	馬橋出張所階上	練馬	〃	練馬2-7	南町小学校
世田谷	学童保育クラブ	祖師ヶ谷2-470	祖師ヶ谷小学校	練馬	〃	旭町491	旭町小学校
世田谷	〃	上北沢町3-1131	上北沢小学校	練馬	〃	北町1の455	北町小学校
世田谷	〃	等々力町1-5	尾山台小学校	江東	学童保育クラブ	深川高橋1の3	深川小学校
文京	柳町子どもクラブ	柳町28	柳町小学校	江東	〃	北砂町4-1531	砂町小学校
文京	関口台町こどもクラブ	関口台町48	関口台町小学校	江東	〃	9月開設	平久小学校
				江東	〃	〃	第3大島小学校

地区	クラブ名	所在地	
新宿	東五軒子どもクラブ	東五軒35	
	柏木子どもクラブ	柏木2－412	
墨田	学童保育クラブ	平川橋2－3	業平小学校
	〃	墨田4－6	墨田小学校
	〃	東向島1－16	第1寺島小学校
	〃	吾嬬西4－47	第4吾嬬小学校
台東	谷中子どもクラブ	谷中三崎52	谷中小学校
	田中子どもクラブ	浅草田中町3－9	田中小学校
	石浜子どもクラブ	9月開設	石浜小学校

その他の民間施設

地区	クラブ名	所在地
板橋	学童クラブみどり会	板橋区[redacted] 鈴木方
品川	品川学童園	品川区小山4－71
神奈川	横須賀基督教社会館児童クラブ	横須賀市田浦町7－81

あ　と　が　き

待望の学童クラブは出来上つたが、さてふたあけして見ると子ども達を前にして、何をどう指導したらよいか。とまどいが各所に見うけられる。「母親替りに留居家庭の子どもと一日過す」と云つても３０人４０人の集りとなると無方針で望むわけには行かない。やはり子どもの集団としての指導計画がたてられなければならないと思う。

学校で各教科にわたつてつめこまれて来た子ども達はクラブに解放感を求める気持が強い。その要求をみたしながら，個々の子どもを指導して行くと同時に，自主的な集団として高めて行く必要が生じて来る。指導員の方達が「より豊かな内容を目ざして」進まれることを願つて，連絡協議会勉強会の内容を再録した。

東京都児童福祉審議会は，都知事に「学童保育事業のあり方」についての答申を提出した，公の機関がクラブに対し関心を示すことは望ましいが，指導内容の個々バラバラな実状の上にたつて，方向づけが示めされる結果を招くのは好ましくないと思う。

留居家庭の児童のみに止まらず，広く一般児童の放課後対策としてその内容をどう進めるか，数多くのクラブ作りを目ざすと同時に今後の課題として取り組んで行きたい。

このパンフレットを読まれた方達が一人でも多く協議会に参加することを期待している。

編集委員　太田，西元，福光，盆出，松本

昭和４１年８月３０日

学　童　保　育　連　絡　協　議　会

東京都北区神谷２－３６
神谷保育園内（電話９０１−８３３８）

よりよい学童保育のために―その現状と運動の手引き

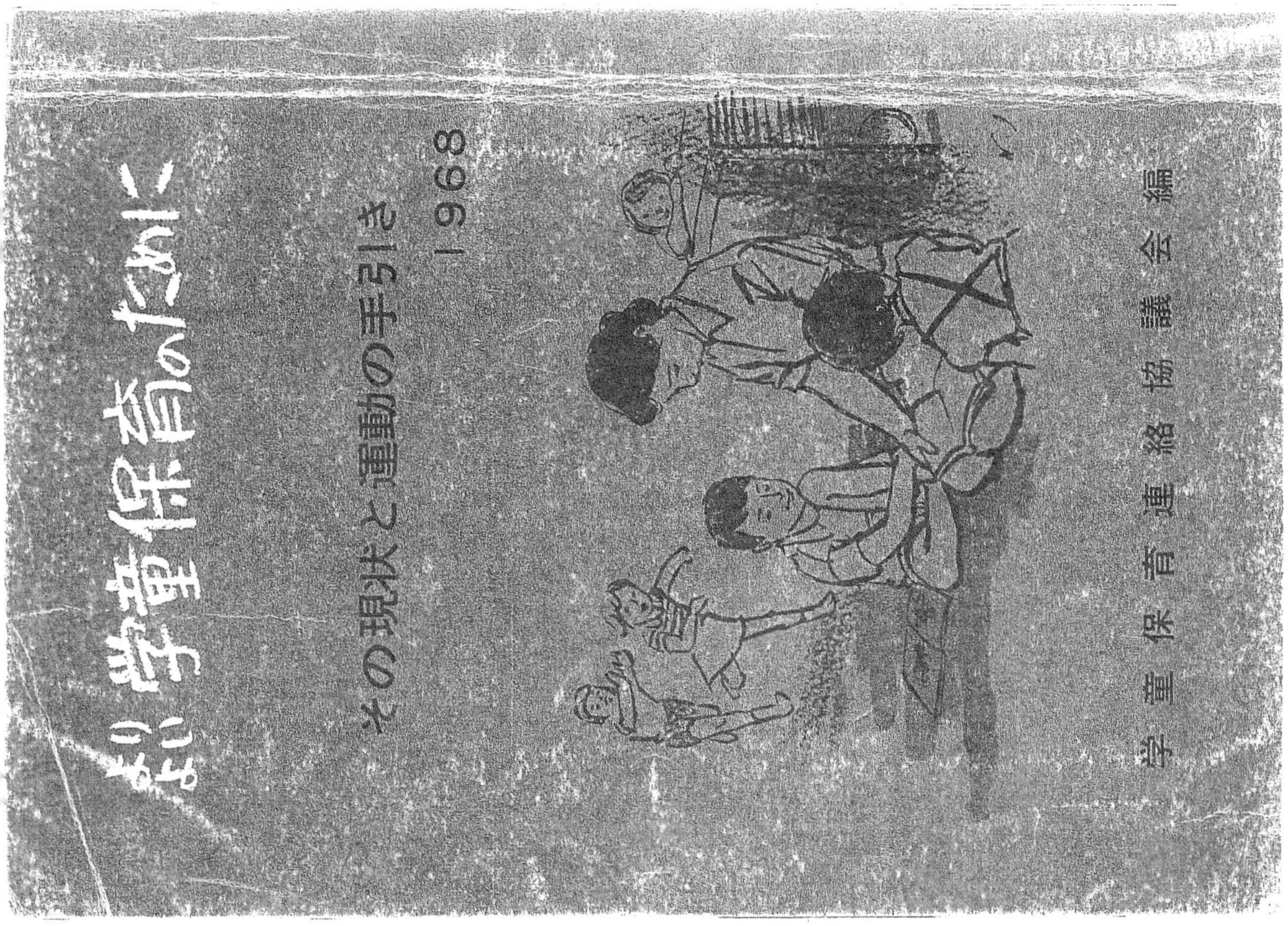

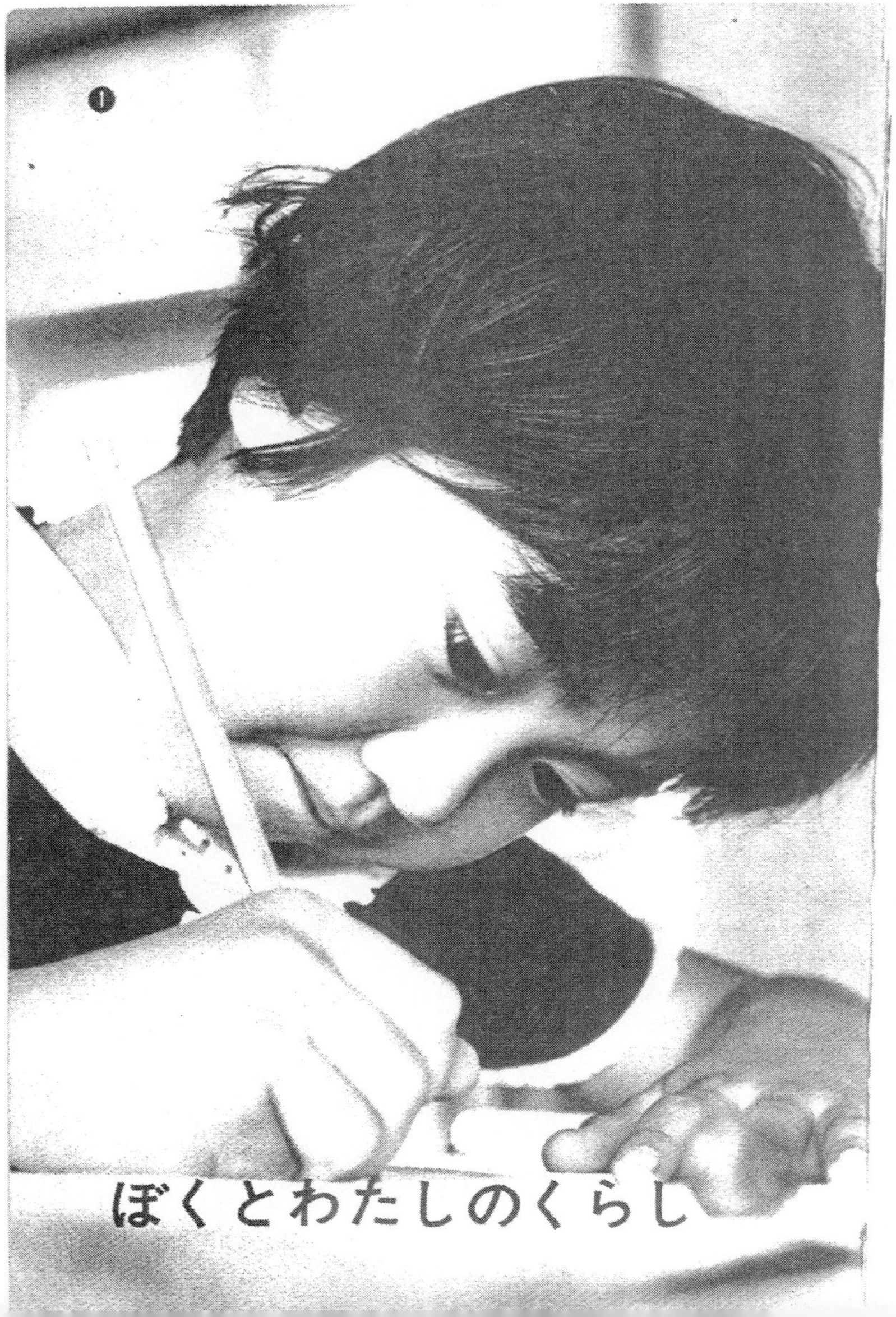

❶
ぼくとわたしのくらし

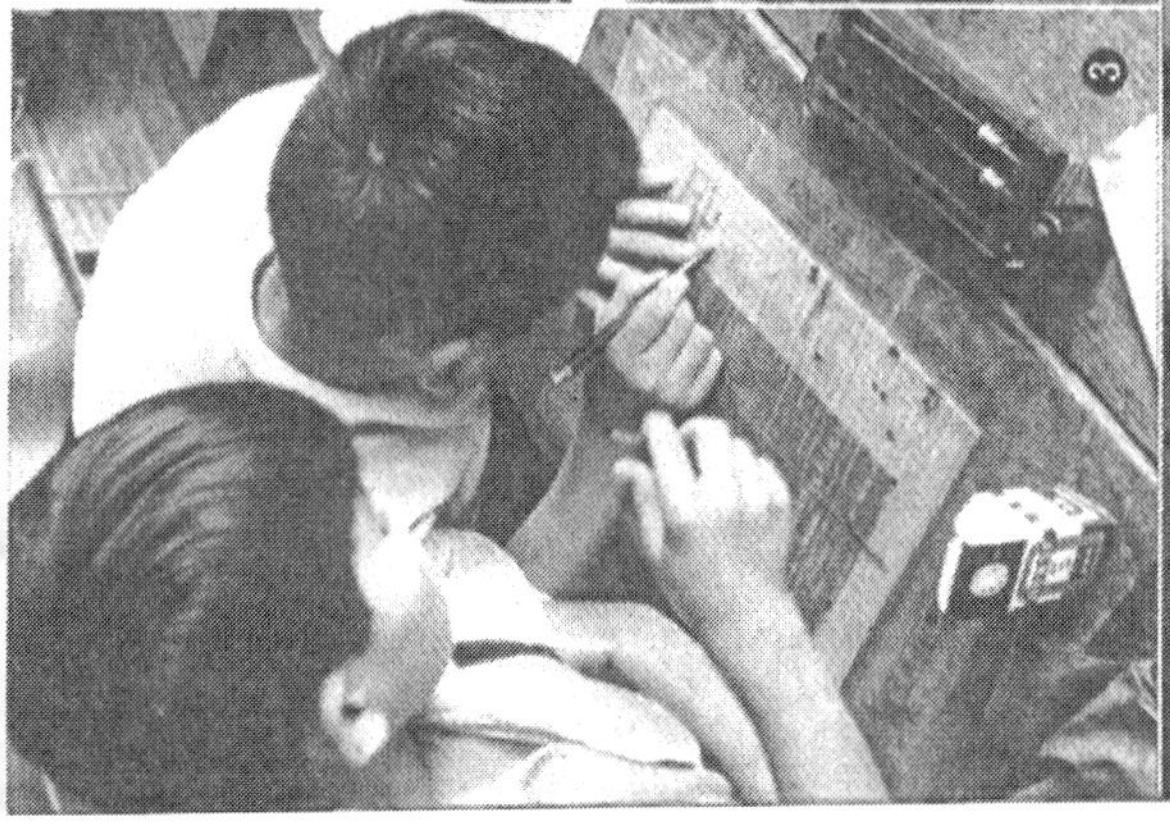

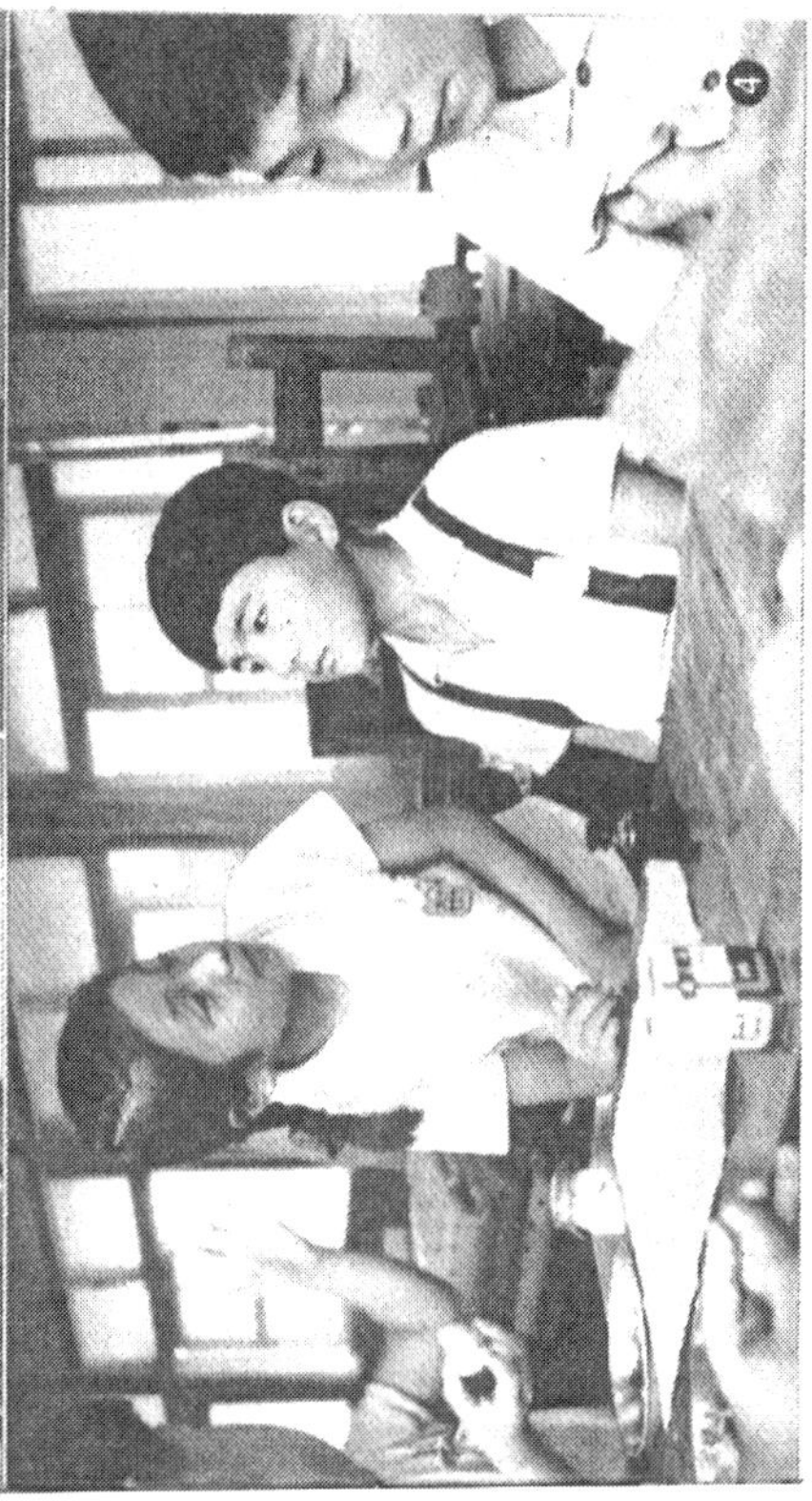

■グラビア説明　①独習　②お話し　③新聞づくり　④編集会議　⑤給食　⑥ガラクタも教材に　⑦飼育したチョウを放す　⑧作品の批評会　写真は――東京・中青戸学童保育クラブ、同千石学童保育クラブ、同代々木学童保育クラブの子どもたち
写真提供＝岸本正義氏、山田勉氏

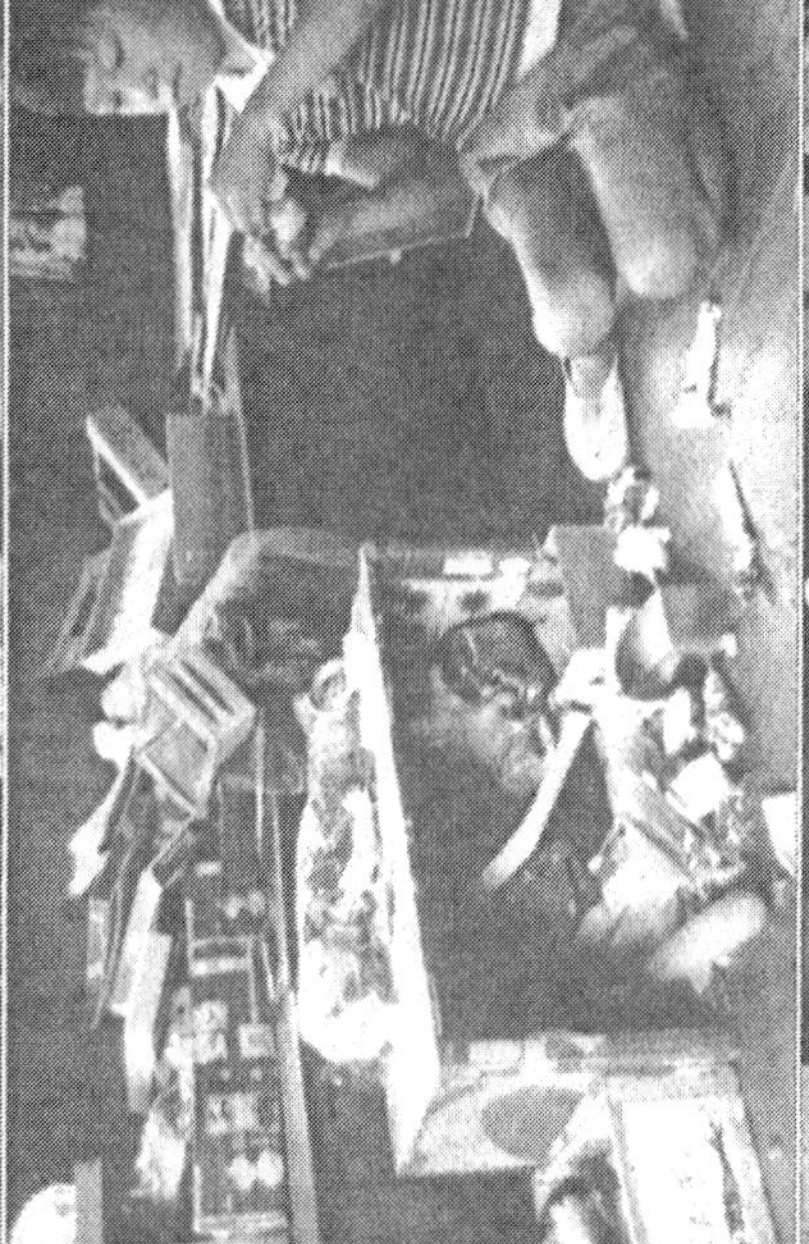

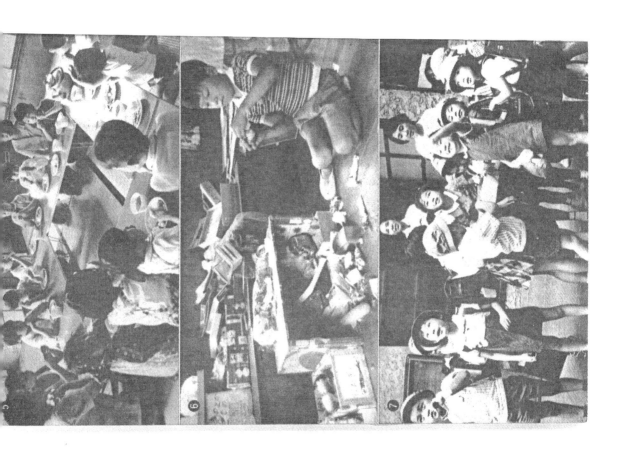

1968年版

よりよい学童保育のために

もくじ

学童保育連絡協議会編

真の民主教育の先駆的役割を

羽仁説子

学童保育は決して親の便宜のためにあるものでなく、新しい教育の分野として、重要なものとして、またこれから創りだす興味のある部分としてもっとひろく一般の関心を喚起したいとおもいます。

学校からかえってから、子どもたちはどうしているのか、については、すべての子どもたちについて考えなおされなくてはならないところに来ています。子どもの健康な心身の発達のために、子どもらしいのびのびした明るさを、あそびに熱中しながら、勉強をたのしみながら成長するような状態を喪失している現代をおそろしいとおもいます。しらずしらずのうちに、子どもたちの世界はせばめられ、その影響がさまざま歪んだかたちで出ていることもおそろしいほどです。

私自身、職業婦人の子どもとしてそだてられ、母親といっしょにいる時間が非常に少なかったということなどはおそろしいことではなかった。世の中は落付いていて、レジャーというような金のかかるものでなく、家庭のまわりにひろばがあった。

— 8 —

たとえば、教育の問題として指摘される。現在の子どもたちが働くことが好きでないということなども、大きな生活の変化によっています。むかしは家庭教育をしなくても、台所はだだっぴろく、なんでもうちでつくらなくてはならないのですから、ひとりでに子どもたちはもののつくりだされていくことを見、学びました。裏の空地で母様がきようにしんしばりをする壮観もなくなりました。

すべてが消費的で、金をだしさえすれば、働かないですむ。生活が非常な変革をとげていることに対して、大人たちは追いまわされているに過ぎず、子どもたちの問題に考えおよんでいない。ただその結果ばかりを、活力がない、こせこせして神経質だ、と問題にしています。住居生活の変化に、子どもたちはしらずしらず非常な影響を受けています。青少年たちを非難して、狭い場所で狂的なおどりをする、早熟だ、かけやとりひきにさとく、外に出ればその反動で乱暴をする。地下室にはいりこんで自分たちの自由の天地をみつめるとかいうけれど、幼いときから狭いところにおしこめられている子どもの世界の変質を問題にしないで解決のできるものではないはずです。

子どもたちがものを考える力を失っているというのも、生活が消費的で、てっとりばやく、行動とは努力することではなくて便乗することになっている以外の影響でしかないことはいうまでもありません。ここでは教育のことについて深くふれるページはありませんが、テスト万能の教育環境がどんなに子どもたちを毒しているかしれないとおもいます。なんでも明治百年というが、明治百年かわらないものは狭い教室と狭い運動場だといいたくなり

— 9 —

ます、子どもの激しい体格の変化にさえ応じえない小さな椅子や机は、現在の政治の児童政策に対する無関心を有弁にものがたってあますところがありません。意図するところと異って、大切な学童保育が、カギッ子対策のせまいわくのなかにはめられてゆく危険があるとおもいます。学童保育連絡協議会が研究会を重ねておられるようですが、すばらしいとおもいます。学童保育のなかから、教育への新しい希望が湧いてくるようにしたいと切望します。

新憲法以前の学校教育は、人権とか平等とかいうことに責任を負わない、愚民教育であったのですから、一部の子どもだけを問題にすればよかったのですが、そして試験で子どもたちを差別し、ふるい落せばよかったのですが、そんなことで、いつまで、教育がお茶をにごしていられるはずのものではありません。子どもの世界が異常に狭くなっている現代に対して、教育者はもっと子どもたちのなかにはいり、生活的な組織をしなくてはならないのです。私はそのために、学童保育は真の民主教育の先駆となれる仕事だとおもいます。学童保育はカギッ子対策ではないといわれますが、したがって、膏薬張り的な、せめてこれぐらいはなどという、さらに非行化防止というようなこそくなものでなく、禍を転じて福となすというほどの、名与ある教育の建設を希望します。経済的に働かねばならないお母さんたちはどんどん増しています。先生たちともっと手をとりあって学童保育をもりたててもらいたいし、無理解な校長や教育委員会には正直につきあたっていただきたいとおもいます。

（日本子どもを守る会会長）

働く母親と子どもの実態

——学童保育は何故必要か——

破壊される子どもの生活

「三人兄弟、留守番中に火事、二人焼死、一人やけど」（六月一一日）

「買いたての自転車転倒、学童トラックにひかる」（六月一三日）

「無人ダンプ民家に暴走、少女（小四年）が大怪我」（六月一七日）

いずれもさいきんの新聞記事です。都市といわず農村といわず、毎日のように起きている子どもたちの被害です。昭和四一年度の総理府の調査によると、一六才未満の幼児および学童の交通事故は、死者一、七三八人、負傷者数八八、一五四人となっています。一年三六五日の計算ですと、毎日五人の子どもが交通事故で生命を奪われ、二四〇人の子どもが不具者になっている勘定です。まったくおそろしいことです。事故にあった時間は午後一時から七時までが多く、とくに三時から五時に多いといわれています。ちょうど学童の放課後、遊びの時間に起きているのです。いうまでもないことですが、ここには「かぎっ子」「家庭にお母さんのいる子」の区別はありません。すべての子どもが、その犠牲の対象となっています。

そういう状態を改善しようという父母たちが「遊び場をつくれ」「学童保育クラブをつくれ」「ガードレール、横断歩道をつくれ」という要求をだすのはとうぜんのことです。事故の原因もまたそういった施設のないところから生まれてきていることをも示しています。

子どもの生活破壊は交通事故だけにとどまりません。地域住民の生活を無視して実施される大工場誘置、コンビナート建設などが、「公害」という凶器をふるいます。そのため四日市や川崎の子どもぜんそく、体位の低下、煙と騒音が、八幡、大阪、札幌、羽田などで、子どもたちの正常な成長をさまたげています。騒音や事故で忘れてならないのは、沖縄をはじめとして全国いたるところにおかれている基地がもたらす災害です。ついさいきんも、九州大学の校内にジェット機が落ち大きな社会問題になっています。

安全で、健康な遊び場が決定的に不足していることは、データーをあげるまでもなく、子どもをもつ父母のすべてが日常感じています。建設省の計画では、半径二五〇メートルの区画に一カ所の児童公園がつくられることになっていますが、現実はまったくお寒い話で、全国の約半数の都市は子ども一人あたり碁ばんの大きさという実情です。

また、全国で一〇〇万人をこえるといわれる出かせぎ農民の留守家庭の子どもたち、テスト体制、進学競争に象徴的にみられる学校教育のゆがみなど、子どもの生活、権利の破壊は無数にあり、自民党政府のわるい政治のなかで、ますます深刻な様相を示してきています。このような、すべての子どもの生活破壊、とくにここでは放課後の生活をまもり、いっていの目標で教育し、組織する施設がどうしても必要になってきているわけです。

ますます増える働く母親

学童保育クラブの要求が高まってきたもうひとつの根拠、それは婦人労働者の増加です。

労働省婦人少年局の統計（婦人労働者の実情・一九六六年）によると、婦人労働者の数は九一九万人（農業をのぞきます）に達しています。労働者総数にたいする婦人の比率は三一％、三人に一人は女性ということです。この婦人労働者のうち既婚者は三六％いるので、これまた三人に一人ということになります。

学童保育の運動がはじまった一〇年まえの頃は、既婚婦人労働者の数が一〇人に一人の割合でしたから、その

変化や要求のふかまり具合がよくわかると思います。年令でみますと、三〇才以上の婦人が、既婚婦人労働者の四三％、つまり二人に一人です。単純すぎる見方かもしれませんが、こういった傾向をみるだけでも、学童保育を必要とする世代の婦人労働者がいかに多くなってきているかがわかります。しかも、この数字のなかには、自民党政府の農業破壊政策によって出かせぎを余儀なくされている農村の留守部隊、農村婦人（昭和四一年度で五九八万人）や、八〇万人以上といわれる家内労働者、臨時、パートの婦人労働者は含まれていないのです。学童保育の要求は、とうぜんこの婦人労働者たちまで含みますから、さらに高いものとなるでしょう。

こうして働いている婦人、とくに母親の状態は、きよくたんにわるくなっています。厚生省が昭和三八年、三九年の二回にわたって実施した「日本の子どもとその家庭の実態調査によれば、家事以外で働いている母親は五五％もおり、働く理由の大部分が生活の困なんをあげています。働かなければ生活していけない。その間、学童や乳幼児をどうするか。まえにのべたような、放課後の学童の深刻な生活実態とダブって、問題ははてしなくひろがっていきます。ここにも、学童保育を必要とする土台があります。

また、第一線の職場で、婦人が働くという意義、つまり権利の側面からもとうぜん考えられるべきだと思います。職場のなかに、差別のない賃金、労働条件、婦人の権利を確立していく運動は、日本の労働運動や民主運動の常にかわらぬたいせつな課題です。学童保育クラブが、その生活と権利をまもる「とりで」としての役割をもつものに成長してきていることを理解しあいたいと思うのです。

こうして学童保育は生まれた

■戦前から今日までの歴史■

学童保育運動の全国的なあゆみは、運動の横のつながりが完全にできていない現在では、全体をあきらかにすることはできませんが、東京と大阪での動きを中心に、資料の入手できた範囲で、今までの足どりを振り返ってみました。

戦前にも学童保育はあった

「学童保育」という呼び名が一般化したのはここ一〇年位前からですが、学童を保育した実績としては、明治三七年までさかのぼることができます。同年二月。日露戦争勃発後結成された神戸市婦人奉仕会は、出征軍人や戦死者の家族で、働かねば生活できない母親のために、同年六月、市内二ヵ所に児童保管所を開設しました。これが児童保育所へと発展していきましたが、幼児を原則としながらも、事情によっては学童も引受け、さらに夜間保育まで行ないました。(鷲谷善教著「私たちの保育政策」博文社刊より)

その後、第一次大戦後になって、低所得者の居住地区を中心としたセツルメント活動や隣保館が活発になると、ここでも幼児保育と並んで「学童倶楽部」などの名称で学童保育が行なわれました。また保育所においても、幼児だけでなく低学年児童の保育を行なうところがありました。

戦後は私立保育園でまず始った

戦後の学童保育づくりは、まず民間の保育園を足がかりにして始まりました(別表参照)。昭和二三年に大阪で、つづいて二七年には東京で、初めての学童保育が発足しましたが、これらは、保育園と父母の間で卒園児の放課後をどうするかが問題になり、放置された子どもが問題を起したことなどがきっかけとなっ

て、学童保育へ踏み出しています。

大阪の場合は、セツルメント活動を行なう児童館・隣保館を拠点として保育されましたが、東京では、保育園が中心となって発足しながらも、保育園に収容する余力がないところから、町会や地域団体に働きかけて、町会会館や個人宅を拠点とした共同保育として運営されました。そのために、当初は、一定した保育場所が得られず、転々と移動し、時には青空保育を行なうこともしばしばでした。運営費も全て父母が負担していたので、指導員の給与は少なく、しかも遅配するという悪条件のなかで、父母の切実な要求と指導員の熱意で保育が続けられました。

このような困難な運動を支えたのは、大阪ではセツルメント研究協議会でした。同協議会の中に「学童

大阪でのあゆみ

昭和23年　東住吉区の今川学園で児童福祉法を適用して放課後の学童を保育する。

31年　大阪市立西淀川児童館で「幼児クラブ」を延長し「学童クラブ」へ切替える。

35年　憂愛園にて幼児保育卒園児を延長して学童保育を行なう。大阪市四貫島小学校に「ひまわり教室」が誕生。

37年　愛染橋児童館にて学童保育開始。

38年　さかえ隣保館、西成児童館にて開始。北恩加島小学校に、「仲よしグループ」誕生。

40年　伝法小学校、茨田東小学校でも開始。大阪セツルメント研究協議会のなかに学童保育部会が生れ、定期的に研究会が持たれる。

40年9月末　大阪市教育委員会が不在家庭児童調査を行なう。調査結果にもとづき、41年6月より不在家庭児童会指定校10校が設けられる。

41年4月　文部省で「留守家庭児童会育成事業費補助要綱」を定め、五千万円の予算を計上。

41年　すみれ地区(城東区)、出来島団地(西淀川区)、東淀川駅前団地、豊里市営住宅(東淀川区)で共同保育が発足。

42年3月　大阪市学童保育推進協議会設立。

同10月　シンポジュウム「不在家庭児童問題を考える会」持たる。

東京でのあゆみ

昭和27年4月 北区・労働者クラブ保育園の卒園児の父母十名が共同保育を始めるが、十ケ月でつぶれる。

28年3月 渋谷区・渋谷保育園で卒園児の放課後をどうするかが問題になり、区内の六保育園の園長とも相談し、都立保育園全部にも働きかけ、都教育委員会や全都校長会とも話し合いを持つが解決せず、区議会へ働きかけることになる。

28年4月 北区・神谷保育園で卒園児の父母八名と篤志家の協力で放課後保育を始めたが、二ケ月で中止。

31年4月 目黒区の岡本歌子氏宅で、一人っ子教育の悩み解消も兼ね「雀の学校」を発足したが、進学体制の強化と共に子どもが来れなくなり五年後の36年3月に解散。

33年4月 北区・豊島子どもクラブ発足。労働者クラブ、豊川の両保育園の働きかけで町内自治会が運営する連合自治会立として生れ対区交渉を重ね、36年度からは年間十万円の補助金をもらう。

34年4月 北区・神谷子どもクラブ発足。個人宅などを借りながら転々として保育。学校の教室解放を要請したがPTAの反対にあいことわられる。

同年4月 板橋区・友和学童保育発足。小学校開放を要求したが実現せず、友和保育園の一部を

保育部会」が生まれましたが、やがて「学童保育推進協議会」へと発展し、対市交渉の窓口となると共に、指導内容の研究・交流の場ともなりました。東京の場合は、保育問題研究会などがよりどころとなって「東京都学童保育連絡協議会」が結成され、運動の推進役となりました。

公立保育園での動き

昭和28年春。東京・渋谷区の渋谷保育園で、卒園児の放課後をどうするかが問題になりました。困った園長は区内の六つの保育園とも相談し、まず区内の小学校で学童保育を必要とする家庭を調べてもらいました。その結果は学級に一～二名平均で、これでは学校の教師が問題にしないのは当然だ、保育園として解決しようと運動を始めました。

— 16 —

拡張して行なう。

36年3月 板橋区・みどり会発足。小山、風の子、陽光の三保育園長と父母の話し合いで、個人宅を借りて発足するが、保育場所難で転々とする。

36年12月 各学童保育クラブの代表が、厚生省と東京都民生局へ実情を訴える。

37年4月 渋谷区議会にて、区政三〇周年記念行事として学童保育所設置を採択。公立として始めての学童保育所が翌38年6月に完成した。

37年3月 杉並区・白鳩会発足。阿佐ケ谷保育園の父母会総会でとりあげ、個人宅を使用して始まる。

同年4月 大田区・糀谷なかよし教室発足。なかよし保育園を母体に町会へ協力を申し入れ、町会会館を借りて始まるが、町会長を先頭にした対区交渉で、区費による専用施設が38年6月に完成。ただし運営は民間委託。

37年7月 東京都学童保育連絡協議会が発足。

38年4月 葛飾区・青戸学童保育の会が準備会をつくり一年間の準備の後発足。世田谷・なおみホーム発足。都下でも武蔵野、三鷹、町田、小平、国立、清瀬、田無などで学童保育が行われる。

38年7月 東京都民生局では補正予算で学童保育事業補助費として五二〇万円を計上。しかし区長会ではこれを積極的に取上げず、実際に予算を使ったのは渋谷区の一施設と都下の八施設だけだった。39年度になってよう

都立保育園全部に呼びかけて、都の児童部や教育委員会、校長会と話し合いを持つ一方で、区内の学校、お寺、教会を廻って学童保育を引受けてくれるよう依頼しましたが、人件費の点などで実現しませんでした。

それ以後は区議会へ働きかけ、区議会では「よいことだ」と取上げてはくれるもののなかなか実現しませんでしたが、三七年三月になって、区政三〇周年記念行事として「学童保育所」を建てることが採択され、翌三八年六月にようやく「渋谷学童館」が完成しました。ここで、恐らく公立としては初めての学童保育が実施されました。

公立小学校での動き

昭和三五年。大阪市四貫島小学校

— 17 —

やく各区において、公立の学童保育が設置され、既存の共同保育が吸収されていった。
39年10月末　東京都全小・中学校の「留守家庭児童生徒調査」を実施。
40年9月　連絡協議会では「勉強会」の定例化を計り、以後毎月一回定期的に開かれていく。
41年4月　都知事の諮問に対する都の児童福祉審議会の答申「東京都における学童保育事業のありかた」がまとまる。
41年6月　杉並区にて学童保育指導員の労働組合が結成される。
42年6月　東京学童保育連絡協議会として、施設の増加、指導員の待遇改善などを、都議会へ請願。一部条件つきで採択されるが改善されず。
42年10月　学童保育研究集会開かる。参加者一〇六名。東京以外の参加者の要請で、「東京都学童保育連絡協議会」を「学童保育連絡協議会」と改称し、全国的立場に立つ運動体を目指すことになった。
43年4月　全幼教（全国幼年教育研究協議会）東京支部の手で「低学年教師と学童保育指導員の共同研究会」が発足。定期化さる。

では、警察のブラックリストの中に不在家庭児が多いことに驚き、対策を検討しました。教師の間では、『これは民生局の仕事で、教師の仕事ではない』いや、教師としては、非行に走る子どもを見捨ててはおけない。教育が人間形成の意味でもあるなら、教師の義務ではないか』と議論されましたが、ともかく教師の熱意とPTAの援助で、「ひまわり教室」が発足しました。

つづいて大阪市内のいくつかの学校で学童保育が実施されていきましたが、四〇年には、大阪市教育委員会が「不在家庭児童調査」を行ない、調査の結果をもとに、四一年からは教育委員会が運営する「不在家庭児童会」が設置されていきました。

父母が運営する共同学童保育

昭昭三一年四月。東京・目黒区で個人宅を開放した「雀の学校」が発足しました。これは留守家庭児だけでなく、『一人っ子なので、放課後

の長い時間を大人の中だけにおくのは心配だ』という人も含めて一〇人ほどが集り、学校でできない理科の実験を行なうなどの独得の勉強と同時に、集団の中でしか身につかない人間形成を目指したものでした。

大阪では四一年に、出来島団地をはじめ四ヵ所において、個人宅を使っての共同保育が発足し、今日まで保育が続けられています。共同保育は、学童保育を始めるときまずとられる形態で、他府県でも、このような共同保育は多く存在しています。

地方自治体による自主事業の開始

昭和三八年七月。東京都では単独事業として「学童保育事業」を開始し、補正予算に五二〇万円を計上しました。当時は、〃人づくり政策〃の影響を受けたマスコミが、〃かぎっ子〃問題をクローズアップし、学童保育の実施状況もさかんに報道しました。このようななかで、ますます強まる父母の要求におされた都民生局では、児童福祉法の第二四条の但し書き、つまり、「保育に欠ける児童」に「附近に保育所がないなど、やむをえない事由があるときは、その他の適切な保護を加えなければならない」を法的根拠にして、低学年児童を対象とする学童保育運営要項を作成し、区市町村に対する補助事業として実施したのです。

その後、三九年一〇月末で、小・中学校全部の留守家庭児童調査を行ないましたが、その結果をもとに、三九年以降、各地に公立の学童保育クラブが設置されていきます。そして、それまで民間運営で行なわれてきた学童保育もこの中に吸収されていきました。

大阪市の場合、法人の児童館・隣保館で行なう学童保育や共同学童保育に対しては、再三の要請にも拘らず公費補助は実現されていません。民生局は四三年度の予算案で、学童保育施設に対する助成金を計上しましたが、財務接渉の段階で削られてしまいました。

国の施策と私たちの運動

文部省では、四一年度になってようやく「留守家庭児童会育成事業費補助要項」を作成し、初年度は三〇〇ヵ所の設置を考え五〇〇〇万円の予算を計上しました。ところが、実際に設置されたのは一七四ヵ所だけで、四二年度からは、単独での予算計上をさけ、社会教育活動促進費のなかに組込んでしまいました。これ

の補助額は必要経費の三分の一を定額補助するものでした。

厚生省では、児童館を増設することで、学童保育の問題は解決するとして、それ以外の援助はなんら行なっていません。厚生省が補助金を交付した児童館は、四二年末で一一七二館となっていますが、この全てで学童保育が実施されているわけではありません。

総理府青少年局では、昨年一〇月から一一月にかけて、東京都渋谷区、川崎市御幸地区、小山市において〃かぎっこに関する実態調査〃を行ない、今年の三月に「かぎっ子の実態と対策に関する研究」として発表しました。これの序文をみますと「かぎっ子問題が注目されるようになったのは〃人づくり政策〃以後でしかも実態は団地という新しい居住構造の変化、生活様式の変化が〃かぎっ子〃を生んだ。かぎっ子問題が進むにつれて、視野は単なる団地問題から拡大され、中・小工場の密集地域における共稼ぎ家庭の母親と子どもの問題におよび、ここにいたって始めて事態の基本的な側面に突当る（要旨）」といっています。

しかし、学童保育の発展の過程は、ここで振り返ってきたとおり、働く父母のやむにやまれぬ切実な要求から、自らの手で歩き出し、公費の補助と自治体の施策をかちとってきたものでした。政府のこのような見方は、国民の実態と動きを直視しようとしないものであり、このような態度は、学童保育の施策のありかたにも反映しています。

昨年一〇月。東京では、学童保育連絡協議会の主催で「学童保育研究集会」が開かれました。時を同じくして大阪では、学童保育推進協議会の手で、シンポジウム形式の「不在家庭児童問題を考える会」が持たれました。この二つの「協議会」は、いずれも、学童保育指導員と父母・関係者の手で自主的に運営・活動している組織です。運動の推進役と共に、指導内容と学童保育のあるべき姿を、たえず探求する役割も果しております。

学童保育事業は、いずれ制度化されると思いますが、そのとき、子どもたちにとって〃よりよい学童保育〃になるかどうかは、学童保育にたずさわる指導員と利用者である子どもとその父母の力しだいである。といっても過言ではないでしょう。今までのあゆみが、なによりも雄弁にそのことを語っています。

— 20 —

東京都における公立学童保育クラブ設置経過

	38 年	39 年	40 年	41 年	42 年
区　部	1	33	109	140	166
市町村	8	14	15	27	32
計	9	47	124	167	198

大阪市における学童保育クラブ数

不在家庭児童会	15校	文部省の留守家庭児童会育成補助を受ける
市立児童館・市民館	7館	4館は夏期だけ，42年度より予算措置実現
私立児童館・隣保館	9館	公的補助なし
共同保育	4カ所	公的補助なし

学童保育の実践のなかでまとめられた冊・誌の紹介――冊誌名／発行所／発行年月の順――

学童保育の経験から／婦人民主クラブ・東京都学童保育連絡協議会他／37年7月

地域福祉の諸問題―二部・学童保育について―／大阪セッツルメント研究協議会・他／38年7月

よりよい学童保育のために―手びきと問題点の解明／東京都学童保育連絡協議会／39年8月。同六六年版―施設作りと豊かな内容をめざして―／41年8月発行。

ほくはなかまがほしいんよ／広島市学童保育連絡協議会・他／39年8月

はじめての学童保育／静岡・城東町保育所づくり地域推進会／40年2月

がくどうほいく―学童保育の生活と指導―／東京保育問題研究会保育政策部会／40年7月

学童保育―41年度夏季報告書―／大阪セッツルメント研究協議会／42年2月

学童保育のあゆみ／北田辺保育園学童組（大阪）／42年3月

第一回学童保育研究集会資料・報告集／学童保育連絡協議大会／42年10月

「不在家庭児童問題を考える会」報告書／大阪市学童保育推進協議会／43年2月

みんなの学童保育／東京・葛飾区学童保育クラブ連合父母会／43年3月

— 21 —

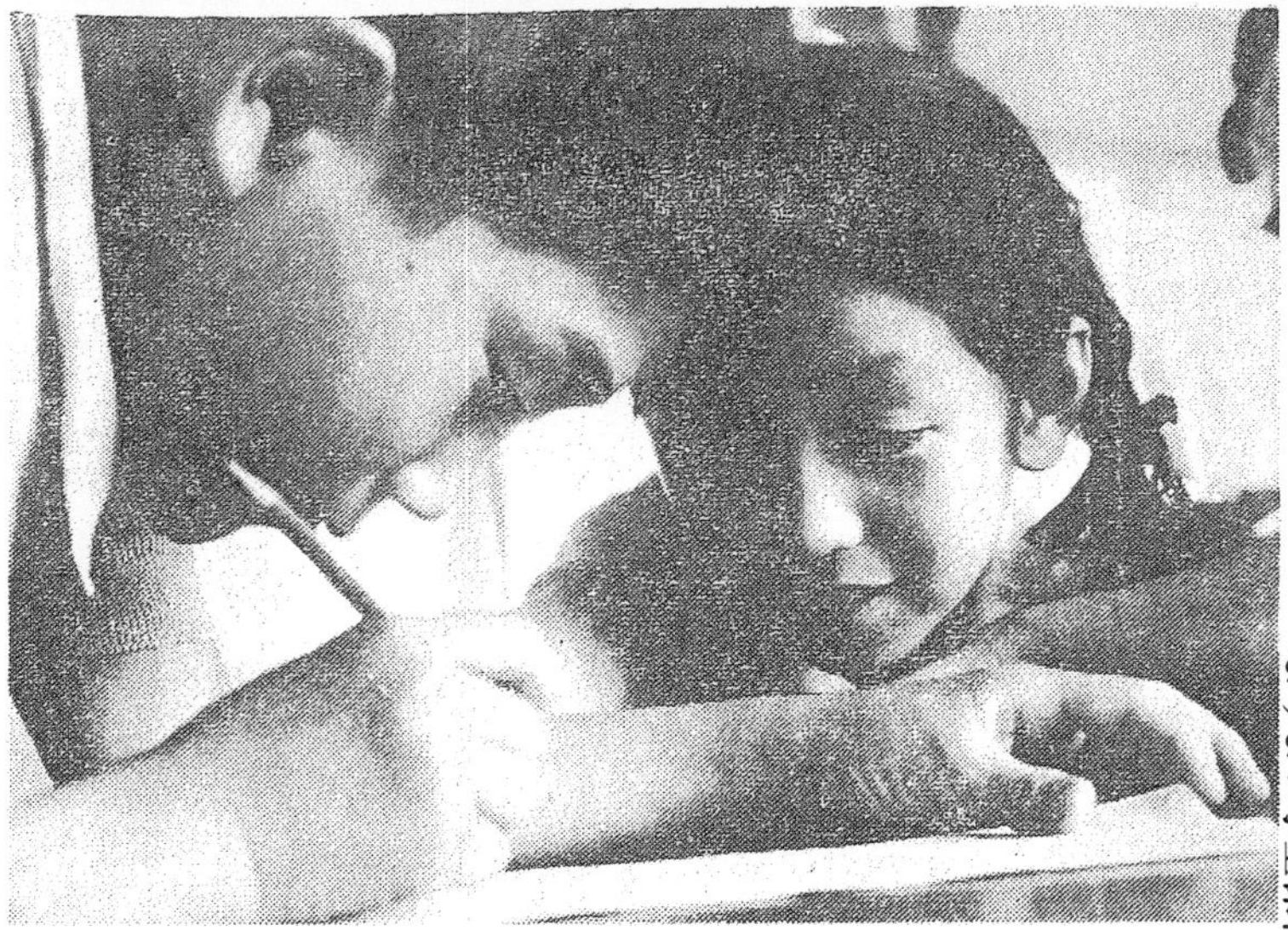

学童保育で育った子どもたち

私たちのささやかな足どりのなかでも、子どもたちはすくすくと育っています。政府や地方自治体の本格的なとり組みのないところで、とくべつの事故もなく、しかもより積極的な教育の場としてつみあげられてきている指導員や父母の努力。これはたいへんなできごとです。

さいきんだされた総理府の調査は、その私たちの貴重な成果を、のばす方向でなく、むしろ後退させる意図で発表していますが、私たちは、それを事実で反論し、反省させたいと思います。以下、私たちの学童保育のあゆみのなかから得た教訓を、子どもたち自身の目で、指導員、父母の目で、しっかりみつめてみようと思います。

1　政府はかぎっ子をどう見ているか

「かぎっ子の学業はふつうのこどもより劣り、母親に不平不満をもっている」といわれたら、働きながらこどもを育てるおかあさんはドキリとせずにはいられないでしょう。四三年五月五日に総理府青少年局が発表した、『かぎっ子白書』(かぎっ子の実態と対策に関する研究)は、こういってのけています。総理府や文部省は、働くおかあさんとそのこどもにたいしてよくこういう態度をとります。

しかし、ほんとうにそうでしょうか。この報告はかなり長文のものなので、そのなかのかぎっ子の意識の大要を紹介しながら、この問題をめぐって考えてみたいと思います。

先入感から出発した調査

「おそらくかぎっ子は毎日家を出ている母親に少なからぬ不平や不満をいだいているだろう」。この報告はハッキリこういう前提をたてて、そのもとにアンケートをつくり、回答をもとめているのです。ひどい先入感にもとづく態度というほかはありませんが、それはさておき調査の結果をみると——

「あなたはおかあさんに不平や不満がありますか」という問いにたいして「不平・不満あり」と答えたのは、一般児二二・三%、準かぎっ子二八・九%、かぎっ子三一%になっているといいます。

この調査で、「かぎっ子」とは「母が毎日働きにいっている場合」をいい、「準かぎっ子」とは「母が一週間に何度か働きにいっている、あるいは家の店や仕事場で働いているし、内職している、などの場合」だと定義しています。

つづいて不平不満を持っているかぎっ子に「おかあさんからどんなことをいちばんしてもらいたいか」という問いを出して、「仕事をやめて家にいてほしい」が一九・六%でトップを切っているのが「注目される」とのべています。

家庭へ帰ることで解決するか

働く母親が昭和三五年ごろからひじょうな勢いでふえていることは第一節の二でのべられているとうりです。総理府統計局の労働力調査によれば「女子非農林業雇用者」九一六万人のうち、有配偶者は三二九万人(三五・九%)もあり、その半分近くが、こどもをもっていると推計されています。おかあさんたちがこんなにおおぜい働きはじめたのは、けっしておかあさんの責任ではありません。

「働かなければ食べていけない」または「どうしても仕事をつづけていきたい」――というように、経済的背景をもとにおかあさんの積極的な要素もふくまれて、一六〇〇万人ともいわれる多数のかぎっ子が生まれてきたのです。

この現実は、そう簡単に変えられるものではなく、ましておかあさんやかぎっ子の責任ではありません。そして、こうした現実のなかで、働くおかあさんとこどもそれぞれの考え方の発展とおたがいの間の新しい人間関係が創造されてきているのです。

「もし、私たちが共働きをしなかったら、そしてこどもを生み、保育所づくり運動にかかわりを持たなかったら、生き方や考え方にいまとはずいぶん違った面が出てきたのではないか」と、東京都葛飾区の今城ひろみさんは、『学童保育物語』のなかでこう書いています。

そして夫婦で学童保育をつくるための会合に出かけるとき、「早く帰ってね」というこどもが「でも、よく話しあってきていいよ。来年は尚志たちもはいらなければならないからね」とつけ加えるのを聞いて「こどもがパパやママは、ぼくたちのために話しあっているんだということを、的確につかんでくれている」とこの夫婦は感じとっています。

ここには、働きながらこどもを育てなければならないという現実にたってこどもの問題を「前向き」に解決してゆこうという雄しい姿勢で、脈打っています。これにたいして総理府の調査は客観的に見せかけながら、働くおかあさんはもちろん、こどもにたいして「後ろ向き」の態度で接しているのです。

では、おかあさんが家庭へ帰れば、放課後のこどもの問題はすべて解決するのでしょうか。また政府は、おかあさんが安心して家庭に居られるような、そういう条件をつくってくれるのでしょうか――この報告は、もちろん、こうした問いに答えることはできません。

母と子の新しい結びつき

ところで、興味深いのは、この報告でも、こどもたちは、やみくもにおかあさんが働くことに反対しているのではないことが反映されていることです。

「どんな理由でも反対」というのは、準かぎっ子で八%、かぎっ子で五%しかいません。また「こどもが大切だから働かない方がいい」と考えているのは一般児で四

三・九%いるのにたいして、準かぎっ子は三七・三%、かぎっ子は二一%というようにこどもなりに「こどもを大切にすること」と「働くこと」を働く母の子の方が正しく区別して考えていることがわかります。さらに「男女同権だから働いてよい」という設問にも、働く母の子の方が多く答えてしまいます。

では、実際の解決の仕方として、働くおかあさんはどんな注意をしたらよいのでしょう。この点について大阪府北田辺保育園のパンフレット「学童保育のあゆみ」で「親が働きつづけることにたいするこども自身の信頼感と、保育園側の対処の仕方」で危機を切りぬけたと書いてありましたが、最近ひらかれた東京都府中市学童保育クラブの父母の会の話しあいでは「母が働くことの社会的な意味をこどもにわかりよく話してやることが、大切だ」ということが強調されました。「おかあさんはね。みんなが見ているテレビの部品をつくっているのよ」「病院で苦しんでいる患者さんの世話をしてあげているのよ」というように。

それと同時に「とても大切だ」と確認されたのは、働く親たちの団結です。「おとうさんやおかあさんは、みんなでぼくたちやわたしたちのことを心配してくれる。そのおかげで学童保育ができたんだ」というようにこどもたちが受けとれるようにしようというわけです。

事実、この学童保育クラブでは、ことしの保育所から引きつづいてあがってきた十一人の一年生は、おかあさんの働くことと自分が学童保育へゆくことを「当然のこと」として受けとり、大よろこびで遊び、そこにはなんのカゲもみられないといいます。

2　子どもの生活と手記

がくどうクラブについて　一年　堀江修一

ぼくは、じぶんからすきで、クラブに入りました。まいにち、スモールキングや、つみ木をしてあそびます。でも、もっとたのしいことは、二年生や三年生が、一しょにあそんでくれることです。

おやつにもっと、バームクーヘンと、おせんべいをたくさんだしてください。

それから、おやすみをする人はかわいそうだとおもい

ます。それは、おやつもたべられないし、おともだちともあそべないからです。だから、なるべくおやすみをしないようにしたいとおもいます。（東京・港区・朝日児童館学童クラブ）

やくしょのおじさんにいいたいこと

一ねん　すずききよあき（板十小）

ぼくたちは、しりつでいっしょうけんめいに、がんばってきたんだけれど、やくしょのおじさんは、みどりかいはでていけっていいました。二十七日のおひるまで、つかっていいといいました。ぼくはやくしょのおじさんは、わからないでいったんだろうとおもいます。がっこうはどようびできゅうしょくがない。みどり会につくと十二じはんで、おべんとうがたべられない。やくしょのおじさんは、かんがえないでいうんだろうな。

やくしょのおじさんは、くりつだけ八十なんまんえんをつかわせて、くりつじゃないところはどうして、八十なんまんえんかをつかわせないだろう、とぼくはおもいます。

先生もがんばっています。ぼくたちみんなも、おかあさんたちもがんばっています。しょめいが五〇〇〇あったのに、やくしょのおじさんはあきらめません。みどり会もあきらめません。

くりつは、おそうじをするのかな、しないのかな、かかりもするのかな、しないのかな、とうばんもあるのかな、まい日おやつがおなじだと、やだろうなとおもいます。いままでのみどりかいは、まい日ちがうおやつがでました。ビスケットや、あまなっとうや、ゼリーや、たまごぼんや、あられや、ひょうたんせんべいや、みかんや、りんご、そのほかまだまだ、たくさんあります。ぼくがとうばんのとき、ひらたやや、だいいちパンや、たけうちのおみせに、かいにいきました。

でもやくしょのおじさんは、そとにでてけがをしたらあぶないからって、いったのをききました。ぼくたちはようちえんじゃないんだから。ぼくは二ねん生になるのに、みどりかいはパンをかいにいっても、だれもけがをしません。やくしょのおじさんは、みどりかいをよくみないで、いうんだろうとおもいます。

なんでみんなくりつにしちゃうんだろうなとおもいます。みどりかいのほかの、しりつのがくどうほいくのひとも、よくかんがえて下さい。

やくしょのおじさん、くりつもだいじです。みんなくりつを、ぜんぶつくらなくったって、いいんじゃあないですか。やくしょのおじさん、くりつしりつをはんぶんこにしたら、いいんじゃあないのかなと、ぼくはおもいます。しりつもくりつもだいじなことが、おとなになっても、そんなことがわからないのですか、一ねんでもわかります。

子どもがわかるのに、おとながわからないのって、へんだなあとおもいます。（東京・板橋区・みどり会）

はなしあいをするとき

三年　おおとも　みちこ

おやつのとき、みんなですわって、おやつをたべながらはなしあいをします。みんなのかおをみながらはなします。

ことばでいうことはむずかしかったけれど、みんながみるのではずかしくて、おおきなこえがでなくてこまったともだちもいたけれど、おもいきってはなしてみる。そしてともだちがはなすのをきいてみて、じぶんとちが

みどり会のたんぽぽ班（1年生）の5人が，相談して自分を描いたものです。「はんべんきょうは，みんななかよく，りっぱになるんでしょう。みんなで力をあわせて……。だからはんの子が手をつないだの」と説明してくれました。

つたかんがえをもっているんだなって、こともはっけんした。うちであったことや、がっこうであったことをはなしたり、あそびのそうだんをしたり、けんかのこともはなします。

〃きりん〃（クラブのニュース）をよんだり、しごとのやくわりをきめたりやくそくをきめたりもはなしあいでします。でもなかには、はんたいするひともいます。そしたらどうしてはんたいするのかってことをきいてみてもういちどみんなでかんがえたりします。（横須賀・基督教社会館児童クラブ学童保育）

新聞づくり

五年　わたなべ　いくお

ぼくたちの学童では、学童新聞というのを、
作っています。
新聞を、作っているのは、
6年、5年、4年、3年です。
ちょっとふざけてしまいますが、とてもよい学童新聞です。（東京・葛飾区・中青戸学童保育クラブ）

〔解説〕　新聞のなまえは「中青戸学童新聞」ですが、四一年一〇月の創刊号以来、月一回発行し、今年の六月で九号になっています。記事あつめからガリ切り、印刷まですべて子どもたちの自主作業。役割も、一年生が記者、原稿整理は三年生。四、五年生がガリ切りと印刷をうけもっています。なかみは主として子どもたちの作文ですが、この仕事をはじめてから子どもたちがたいへん意欲的になり、学童保育クラブの他の仕事にもよい効果をもたらしていると指導員の方々はいっています。

3　指導員がみた子どもの成長

学童保育を始めるに当って、おやつをどうするかを園内＝職員＝間で相談した結果、(イ)一人の費用は一日一五円、(ロ)職員が与えるのでなく、好きな物を自分で買う。それも当番に当った二人が代表で買いに行く、(ハ)分配、片付け等すべて任すといった大まかな線で出発し様子を見守ることとしました。最初は、とも角も自分たちのおやつが自分で選べ、保育時間中堂々と外出が認められ、内容についても何ら指図を受けないなど、幼児の時と随分な違いがあるので、大喜びで出かけました。

当番の組合わせは、一年生と三年生、二年生と一年生といった具合に組み合わせました。そのえらび方は、月曜日から土曜日までの責任者を上級生から、名のり出させ、それに向けて下級生を組み合わせてみました。暫くして親からしきりと苦情が出てきました。帰る路々空腹を訴えるらしいのです。一五円ではかわいそうだから五〇円にしてでも、トーストにバターか蜂蜜でも塗って満腹出来る様にして欲しい。出来れば、家にいるのと同じ様に、自由にジュースの飲める設備が欲しい。季節によって果物も充分与えてやりたいなどが出されたため、父母と職員で懇談会をしました。

親の心配にもかかわらず、子どもたちは、薄いペラペラの西瓜でも種の数を数え数え楽しく食べていたので、園側は、強引に一五円の線を厳守することとし、空腹は、時間的にも当然である。すなわち三時にいくら上等のおやつをたべさせたところで、帰る六時ごろには、空腹となるということで、両者はかなり険悪な状態に追い込まれました。一方子どもたちは、前述のとおりの組み合わせによって、毎日毎日ちがった内容の物を買ってくる。その内容は個々人の好みによっても、さまざまですし、また、学年によっても少しずつ違った傾向があるように見うけられました。甘い物の好きな子どもは、キャラメル・ラムネ・ガムなどが心持ち多く、一五円では量的に不足の様子で、前述の夕方に向けて空腹を訴える結果となるようだし、食欲の旺盛な児童は、おかき・パン類の占めるパーセンテージが多く、果物が加えられるといいなあと思っても満腹感の方に片寄り気味でした。そこで、父母との懇談会のこともあったし、学童組でこの問題を話し合ってみることにしました。

まず、議長が選ばれ、記録係がきまり、それぞれの意見が遠慮なしにのべられ、克明に議事録がとられました。甘いものの好きな子も、皆から指摘されると首をかしげかしげ納得したような様子。何時も人数とビスケットの数がちぐはぐになる子は、「きんすうをべんきょうせんとあかんやんか――。」と言われて赤い顔をする。切角楽しんで買って来たアイスキャンデーなのに、三年生の分別っ子に、「こんな曇ってる日に冷たいものはあかんねえ」と言われ、「だって――三〇度も気温があるもん」と抗議する。あるときなど材料を買ってたこ焼した方が安くてたくさんあっていいということで、学校から

帰るなり市場に走り、材料を整えて作りにかかったものの、お迎えが来てもまだ最後の一つが出来上らなくてフーフー。「しんどいわ——」と嘆く。

このような状態をくりかえしながら、おかあさんの考えている満腹感とは全然質のちがう満足感を味わっていきました。この中でも、一年生は、ただ買えるということだけに興味があり、質、量、金銭とのかね合いを考えて……というところまで行かず、二年生は、かなり冒険を試みようとして何回か皆に指摘されてもおまけつき、とか、ケースだけのねだんのようなおやつを、買って来て、後でその容器で遊ぶことが楽しい様子だったが、三年生ともなるとさすが最高責任者であるためか。パン半分にみかん、キャラメルなどみるからに整ったものを揃え、余って、先生にまわってくる分もない程、きちんと分配出来る様になります。指導員はあまりくちばしは入れず、どうして？そうかなあ！位のあいの手しかいれず、自分で考え自分で選び、判断をさせ全体の中で個が生かされ、個人の豊かさが結合して全体のよきバランスが取れるように持って行きました。

父母の方にも、毎日のおやつの内容を記録して了承を得る努力をし、現在まで五年間を経過し、六年目に入りながらまだ一五円ですませています。

夏休みに入って、ある子が友だちの牛乳を一本、誤ってこぼしてしまったときのこと、さてどうするかをみんなで考えました。

「こぼした子が自分の分をあげて、自分は飲まなければいい」「でもそうしたらまた、その子のがなくなってかわいそうや」「わたしのん、半分あげるわ！」「そしたら、あんたは半分しか当れへんやん」「ふーん、困ったね——」

暫く、考えが及ばない様子だったが、常日頃おとなしい控え目な子が、もじもじしているので、「何かいい考えある？」と当てみたところ、「みんなのを少しづつ出してこぼれた瓶の中へ入れたらええ」、ああ、いい考えやね！と衆議一決。少しづつの分量についてはまた、ややこしい註議がなされたのち、やっと落着。といった様な解決が出来るまでに成長していきました。

何の変りもない様にくり返される一日のうちの僅か二時三十分から三時半までの約一時間のおやつの時間ではありますが、さまざまな紆余曲折を経て、体験を通じ刻々と、成長をとげて行きます。

学園の学童クラブは三年で終了するので、さて四年生から生れて始めて（現在迄は、乳児から学童に進んだケースが殆ど）自宅で留守番をする事となるため、父母も多少の不安を持れた様だが、この様にしめつけによる規律でなく、任された中で、集団で、ねられ、充分自分自身の意志を持ち、意見をのべ適正な判断のくだせるようになった子どもたちは、終了後三カ月を経た現在、なんの動揺もなく、かえって伸びやかに、活き活きと、社会の中で、生活している様子が報告されます。

（大阪・北田辺保育園学童クラブ・戸田節子）

4　父母のみた子どもの成長

その１　共同学童保育の父親から

働くことに誇りをもち職場へ進出している母親、物価の値あがりと夫の低賃金のなかで生活を守るために働く母親とその夫たちは、子どもの成長発達との矛盾のなかで、親としてのありかたを考え、苦悩しています。

私たちは、この経験をもちつつ、学童保育に子どもを入所させました。

ポケットの　かぎ　なくなって
泣いて　ママの　帰りを
またなくっても　よくなった。

ひとりで　公園の　ぶらんこと
あそばなくても　よくなった
宿題も　わすれないで　できるんだ。

がくどうほいくって　いいなあ
もう　ぼく
かぎっ子じゃ　ないんだね。

（小四）

この子どが、うたいあげた心が、そっくり私たち父母の心でもあるわけです。わるいあそびからも、淋しさからも、おそろしい交通事故からも解放された子どものよろこび、それは父母のよろこびでもあります。私たちの父母会では、全員が「学童保育に預けてよかった。」といっております。また、子どもたちも「学童保育がたのしい」とこたえております。

　私の娘は、三年生。一年生の時から、入っています。学童保育が、彼女の生活基盤の一つになっているのです。一年生の最初の通知票を、学童保育の先生に見せて自分のひきだしにしまいこみ、家に持ってきたのは、三・四日すぎてからのことでした。一人っ子の彼女が、ある晩テレビもみないで、なにかに熱中しているのです。勉強かと思ったが、そうでもなさそうです。それは、一年生のために、算数の問題をつくっていたんです。一年生の時にならった教科書をひっぱりだして、やっているんです。「〇〇君は、算数のテスト、ここがわからないで、まちがっていたんだよ。だから、あす、よくおしえてやって、一〇〇点とれるようにしてあげるんだ」と。

　一人っ子で甘えん坊で、主体性がなかった彼女が、他人、しかも、下級生のめんどうをみるように育ってくれたことをよろこびました。マラソンの時には、一番おくれた一年生を元気づけながら走った事や、夕方くらくなるまで、友だちがおきわすれたおべんとう箱をさがしまわっていた話など、先生から聞いた話とあわせて、この夜の彼女を、見なおしてみたほどでした。

　彼女は、犬がきらいでした。こわくてしょうがなかったのです。猫もそうでした。ところが、学童保育で、犬と猫を飼ったのです。

　彼女が、犬をこわがることを知っていた子どもたちは、彼女のために、飼育のキマリをきびしくつくり、彼女を恐怖から守ってくれました。そればかりではありません。彼女が犬の頭をなでられるようにしたてていってくれたのです。犬をくさりにつないでおき、犬からはなれたところに線をひいたのです。彼女はその線まで犬のごはんをはこぶのです。子どもたちの見守るなかで、はげましのことばのなかで、彼女は、ごはんをはこんだのです。地面にひかれた線は、日毎に、犬との距離をちぢめました。そして……。

　「きょう子犬の頭をなぜたよ。」と、こうふんして話す彼女に、学童保育の子ども集団への感謝を深めたこともありました。セーターの胸に、猫をだっこして帰る彼女に、成長もしています。

　亀が学童保育に仲間入りした夜は、「おかあさんあのね」（太平出版社）のなかにあった観察日記を読んでメモ

をとっているのでした。亀の飼育法・えさを、調べていたのです。

　今年の春、内モモになま傷をいっぱいつけて帰り、赤チンを「フウフウ」いってつけているのです。〝木のぼりセンター〟であそんだというのです。また、集団で考えだしたあそびでした。

　一本の桜の木を〝木のぼりセンター〟と名づけ、二年生の男の子がそこのマスター、みんなで切符をつくり、交替で木のぼりをたのしんでいるのです。登れない子には、みんながおしえ、協力して、のぼり方をおしえていたのです。集団的で、キマリがあって、そして連帯感のあるこんなあそびを、彼らはつぎつぎに創りだしているのでした。

×　　×　　×

　今日、子どもの数が減少しています。埼玉県福岡第四小学校は団地の学校です。ここの調査によりますと、全校児童の70％が四人家族、三人家族を合めると、80％にもなるということです。家庭内での子ども集団はなくなっているわけです。地域社会での子ども集団もなかなかできにくくなっているわけです。それに学校がマンモス化していますから、上級生、下級生のいわゆる異年令集団であそぶこともできません。まさに、子どもたちに最も必要な異年令集団でのあそびの創造や、そのあそび方の工夫、その中でおこなわれる人間関係の学びあいができない現状であるわけです。このことは、今日の子どもたちの生活現実だと考えられます。留守家庭ではないが、近所にあそび友だちがいないために、子どもを入所させた父親は（私たちの学童保育は共同保育・自主経営）「入れてよかったです。集団のなかで、いろんなことを学んできて、どの子どもも入れればいいですね。」と。

　親である私たちは、喜びながら、子どもたちの成長発達のために、指導内容について先生とともに夜更けまで討論をしています。（埼玉・福岡町学童保育・大塚達男）

その２　公立学童保育クラブの母親から

　めぐりくる春三月には長男が小学校を卒業します。現在は中青戸小学校五年生、そして葛飾区立中青戸学童保育クラブの最上級生です。思えば、私の家の一間で、六人の一年生のために始めた共同学童保育「青戸学童保育会」発足以来六年が過ぎようとしています。

さて、共同学童保育から公立学童保育クラブへ移行の際、私の子どもはすでに三年生でした。区の方針は、二年生までということでしたが、当時六名いた三年生の親たちは、これでは何のための苦労であったか切角できた区立の学童保育にぜひ入れてほしい。子どもは去年と少しも変わらない〝保育に欠ける〟条件に置かれているのだからと、団体交渉を行ない、入所を認めさせました。そして、この保育に欠ける条件はその後も今日に至るまで続いているわけです。

ところで、学童保育クラブでの上級生は、集団生活によって養った指導能力、協調性を十分に発揮して、後に述べるようにクラブの運営になくてはならぬ助手に成長しているようです。

私は、六年間子どもが、学童保育クラブで過ごすことは、次の二つの面でよいと思っています。第一は、集団生活でなければ生まれて来ない活動内容を、上級生から下級生に伝達して行けるということです。長く暮らして来たクラブに対する愛着は、少しでもここをよくしたいという意欲を起こさせます。しかし、これが実際に行動と結びついて実を結ぶようになるのは、どうしても中高学年になってからのように思われます。その一例を挙げると、私の息子は五年生の秋に新聞発行を思いたちました。来年はもう卒業するのだから、それまでにクラブを一層よいものにしておきたい。そのためにみんなの意見を伝え合える新聞をつくろうと考えた、というのです。その「中青戸学童新聞」はそれまでずっと続けて来た壁新聞と違ってガリ版印刷です。今では、子どもたちが選んだ編集部が編集しガリ切り・印刷までの一切を自分たちの手で行なっています。

それが学童保育クラブのすべての諸行事によい結果をもたらしています。このような年令の違った子どもたちの組織的集団生活は、大変尊重すべき価値を持っていると考えさせられました。

第二の点は、上級生になるとクラブでは短時間しかいられないのですが、子どもにとってはここが精神的根拠地となっているということです。子どもの能力がフルに発揮できるためには情緒の安定と、自信が持てることが重要だと思いますが、その点クラブにいらっしゃる先生の存在が、大きな心の支えになっていると思います。これは大変ありがたいことで、親の私も安心して働くことができます。

— 34 —

最後に、学童保育で成長して来たわが子のものの見方について、気づく点を二・三あげておきます。まず、ものごとを自己本位にだけ見ることをしないという点が認められます。親ばかかも知れないが、今の子どもに欠けている連帯感が子どもの心の中に育っているように思われます。クラブでの仕事は言うまでもないが、学校・学級・班などでも奉仕活動や係活動に進んで誠実に働いていると、担任の先生が評して下さいました。これは、おとなの学童保育所づくり運動の知らぬ間に与えた好影響かと思います。

次によいと思う点は、自分に対して責任を持たねばならぬと考えているらしいことです。学習用具の点検・宿題・復習・予習などは、すべて自分のペースで処理します。しかし、こうなれたのは三年の後半頃からで、それまでは忘れ物が多く、親子ともにずい分つらい思いをしました。私は、忙しくて手をかけてやれないという現実の事情を何とか逆用したいと思い、どんな時でも直接手を下して力を貸すことはせず、自分の責任は自分自身が背負っているのだとわからせようと努力しました。低学年の時は親が手を下す方がずっとことは簡単にすむから、忙しい身にとって気長く自力でやりおおせるのを待つことは、辛抱のいることですが、こういうことから、学習は〝自分〟でやるものだということも、わかったようです。

育児に対する親の考え方が正しく、学校・学童保育クラブ・家庭の連絡さえ密にすれば、子どもは健やかに育っていく。

私のささやかな経験を通して思うことですが、働く親たちは、働きながら子どもを育てることについて自信を持っていいのではないでしょうか。それも低学年から高学年までの、内容の充実した学童保育所がありさえすれば。

そういう学童保育所を、私たちはたくさん作って行かねばならないと思います。

（東京・葛飾区中青戸学童保育クラブ・今城博美）

— 35 —

学童保育の現状となやみ

1　全国的な概況

学童保育所は、全国の市町村にいったいどのくらいあるのでしょうか。たいそう不思議なことですが、こうした調査は文部省も厚生省もおこなっていません。最近『カギッ子白書』（カギッ子の実態と対策に関する研究）を発表した総理府の青少年局でさえ、こうした実証的な調査はしていないのです。まことに怠慢というか、こどもにたいする真の関心というか愛情に欠けているものを感じとらないわけにはいきません。

私たちが調べる場合、都道府県や市などが自主事業としてやっているのと、父母たちが自主的に共同保育あるいは、民主的な保育所に依託しておこなっているところ「および文部省の留守家庭児童会」などに分類して、それぞれの数をあたつていくのが近道のように思われます。ところが、これも、文部省と東京都以外の民間と共同保育になるとつかみようがないのです。わかっている範囲だけをあげると

▽**文部省関係「留守家庭児童会」＝三一七カ所。**

北海道から鹿児島県などのほとんどすべての県に数カ所ずつできています。数字は四二年一一月現在。

▽**東京都学童保育事業＝一九八カ所。**

四三年三月現在、千代田区をのぞく各区と一〇市四町村で実施。

▽**民間保育所による学童保育＝数不明**

大阪市、東京都などで早くから始められたもので、全国的な数は「留守家庭児童会」と同数以上あると思われます。

▽**共同保育＝数不明**

これも父母たちの〝自衛〟手段として早くからはじめられ、毎月のようにいくつかずつ、生まれたり、発展的に解消していってその数はきわめて多いと思いますが、つかめていません。

これらの典型的な実例はあとでふれますので、ここでは、概況のようなものをのべることにします。

施設　小学校の空教室を用いているところがもっとも多く、ついで児童館、保育園、その他となっており、独自の建物をもっているところはきわめて少ない。

ただし、東京都ではかなりよい建物や学校内のプレハブを、父母の運動でつくらせていることは注目されますし、当面の運動の目標になります。

入所しているこどもの状態　定員にたいする在籍者は五〇％から一二〇％位までさまざまですが、もともと定員の決め方（教室並）に問題があります。指導員が安定し（待遇が悪いので長続きしない）よくこどもを指導し、施設、設備、おやつなどが水準にあるところでは、どこでも入所希望者があふれています。定員にみたないところは、かぎっ子がいないのではなくて、設置のされ方にも問題がありこどもにとっても魅力のないところと考えられます。たとえば、学生アルバイトのために毎日指導員が変わるようなところでは、在籍六十人で、出席者平均九人という例もあります。学年別では、一年生がもっとも多く、大多数の学童保育が三年生までを対象とし、四年生以上はきょうだいが低学年にいるなど特別の場合をのぞいては、対象からはずされています。しかし、最近、父母の強い要求で高学年もあずかるところが、少しずつふえています。

保育時間　日常は十二時から五時半までがもっとも多く、開校記念日、運動会などを日曜にひらいたため月曜が休日になるとき、および夏休み、冬休みは、午前中から一日保育をおこなうところがふえています。近ごろでは六時まであずかってほしいという父母の要求も出ています。

遊び場と遊具の問題　遊び場と遊具ではどこの学童保育所でも頭をかかえています。独立の建物でも、広い遊び場をもつところはほとんどなく、校庭の共用か団地の遊園地ですませています。また遊具、書籍も予算の関係で少なく、指導員と父母が苦労して集めています。学童保育所は、なんといっても友だちをえて遊ぶところであ

りこうした現状は深く憂慮されています。

指導員の現状　指導員は大部分のところが二名ですが、一名のところもたまにあります。また、東京都中野区のように、校庭開放の指導員と学童保育の指導員が兼任で、しかも毎日人が変わるところもあります。

指導員は、東京の場合保母資格をもつもの一三%、教員の資格をもつもの一六%となっていますが、ほとんどが非常勤職員です。

指導員の問題は、学童保育所のもっとも重要なことで、よい指導員がえられるよう身分、待遇の改善がつよく望まれています。

ところが、指導員の給与は一カ月一四〇〇〇円から一九〇〇〇円に最大多数が集中しております。東京都杉並区では労働組合を結成し二万七〇〇〇円を獲得していますが、なかには三重県内で、月六〇〇〇円の「謝礼」でそのうち一割が税金として天引きされる例もあります。また山梨県のある学童保育の中年の婦人（元教師）は無料で奉仕していたといいます。東京都では保母資格者のみを正職員にしたり、保母、教員資格のある市職員が指導員を担当している例もでています。ただし、午前中は市の事務をとらされています。

父母の負担額　父母の負担は、「留守家庭児童会」や東京都の保育事業では「原則として無料」ですが、おやつ代のない「留守家庭児童会」ではどうしても父母がおやつ代を負担しなければなりません。一日一〇円のおやつ代を出す東京都の学童保育事業でも父母がたしまえをしなければなりません。それで大半がおやつ代に最低月四、五〇〇円はだしていると思われます。私立保育園では、二〇〇〇円ないし三〇〇〇円ですが、共同保育になると平均五〇〇〇円程度です。

経営の主体　公立は、教育委員会、福祉事務所がもっとも多く、「留守家庭児童会」はすべて教育委員会、東京都の学童保育事業は厚生部福祉課か管理課がほとんどです。

私立では保育園、町会、ＰＴＡの順で、共同保育はもちろん父母の共同経営となっています。

父母の会の状態　父母の会は、学童保育の運営にとってひじょうに重要ですが、父母の勤務や活動の多忙化、時間の調整のむずかしさなどからかなりむずかしさがあるようです。しかし、多くの学童保育クラブが、困難に

めげず、二〜三カ月に一回の父母会をひらいているようです。「留守家庭児童会」関係は、東京都の学童保育事業や私立にくらべてやや不活発なようですが、最近では各地で結成の動きが見られます。

学童保育をつくるまではかなり団結していた父母会でも、できたあとはかならずしも父母の集まりがよくなくなってきた父母会もあります。それはつくった父母たちの積極性とできてからはいった父母たちの受動的態度とのギャップがなかなかうめられないことにも一因があると思われます。しかし、そうであっても、父母たちに共通の要求は山ほどあるのです。この要求を中心に、みんなにねばりづよくよびかけ働きかけて、行動を組織していく活動家をつくっていくこと、あるいは活動家になっていくことがいちばんいま求められていることだと思います。

こどもたちのたくましい成長　具体的には他のところでのべますが、施設や設備の不備、指導員の不足などさまざまな欠陥が学童保育にあります。そしてその多くは国や自治体の責任であって、父母やこどもたちの責任ではありません。そして、その被害はこどもたちが受けているのです。

それにもかかわらず、学童保育のあるところ、こどもたちは、元気でのびのびと育っています。「おかあさんが働いていても、ぼくたちはりっぱにやっていくよ」とこどもたちは口ではなく、態度で示しています。非行化などするどころか、学業のうえでも劣っていません。これは働く父母たちにたいする大きな激励であります。

だが、こうしたこどもたちのたくましい成長に甘んじていることはできません。やはりいっそうよい環境は、こどもたちをさらにかぎりなくのばすものであることを忘れてはならないと思います。よい環境をあたえるためには、父母のいっそうの団結と運動が必要です。この点で、まだ参加のすくない学童保育協議会への参加と、全国的な学童保育運動の結びつきが切に望まれます。

2　学童保育クラブの実態■

〈留守家庭児童会〉

文部省の「留守家庭児童会育成事業費補助要項」によ

って、区市町村の教育委員会が、社会教育事業の一環として実施しているもので、四二年度には一四三ヵ所が新設され三一七ヵ所となっています。全国的な実施状況（資料の項参照）と補助基準は別表のとおりですが、どちらかといえば子ども会の考え方に近く、毎日実施していないところもあります。ここでは大阪の例を紹介します。

仲よしグループ報告／大阪市北恩加島留守家庭児童会

大阪市立北恩加島小学校に「仲よしグループ」という留守家庭児童会ができて今年で六年目です。この学校の校区である大正区泉尾一帯は港をひかえているだけに製材所、合板製作所、鉄工所などの中小工場が多い。その工場にはさまれてアパートや住宅が密集しています。主婦も、最近人手不足から臨時工やパートタイマーとして勤めに出るため、全児童の三分の一にあたる三百余人が共働き家庭のこどもです。この町は開放的で、住んでいる人たちの付き合いもざっくばらんです。板壁一枚へだててとなりあっている家庭が多いことからも近隣同士の結びつきが強く、その上に同姓が多いことから分るように親類縁者が多く、他家のこどもの名まえを呼びすてにしたり、わが子同様に扱う傾向もあります。こどもたちも、五六分歩けば母親の働いている工場に行けます。いかめしい守衛のいるような工場もあまりないので、勝手に仕事場にはいり、母親にこづかいをせびることだってできます。しかし、こんな環境が、自主的で生活力のさかんなこどもと、逆に悪い遊びにそまる〝問題児〟を生んでいるようです。

グループの部屋は、普通教室に畳を敷きつめただけです。二教室にわかれ、そこで六〇人近くのこどもたちが放課後のひとときを過しています。絵をかいている子、マンガを読みふけっている子、つみ木であそんでいる子、テレビをみている子、あるいは運動場でソフトボールやドッチボールなどボールゲームに興じている子らとさまざまです。壁ぎわの鳥カゴで文鳥、十姉妹が美しくさえずり、水槽では金魚が泳いでいます。「せんせ、これA君の顔やで」「ぼく、そんな丸い顔とちがうぞ」大きな画用紙を持ったA君をB君が追っかけまわす。グループの活動は多彩です。金魚班、小鳥班、安全班、はたけ班、おやつ班、スポーツ班、新聞班、つみ木班と自分た

ちの好きな仕事や遊びのグループに分かれて活動、それを班長、副班長がリードしています。金魚班は金魚の世話をし、安全班は救急箱を受け持っています。おやつ班はおやつをみんなに公平に配るのが役目。とくに一、二年生は「かりんとう、ぼくの少ない」「あの子の方がたくさんある」といってケンカを始めたりするからなかなかむずかしい仕事です。新聞班はガリ版刷りの〝なかよし〟新聞を発行、他校の留守家庭児童会へも送っています。その他、行事として誕生会を毎月行ない、夏休みはキャンプや水泳大会、秋になると学校の畑のイモほり、年末のクリスマス会、タコあげ大会モチつきなど何れもこどもたちにとって楽しいものばかりです。仲よしグループは決して、こどもたちを母親が帰宅するまで安全にあずかる〝学童託児所〟ではなく、自分の力で問題にぶつかるバイタリーティーあふれたこどもをつくり、さらに両親とも〝親子の対話〟を欠かさないように努力するように働きかけていくことを目標としています。ただし、活動の場が学校の中に与えられている現在、どうしても学校の延長と見られがちであり、学校教育との関係、家庭教育とのかかわりあい、それから地域との結びつき等多くの課題が残されているように思います。

＜東京都学童保育事業＞

東京都が単独で運営要項を作成し、実施主体の区市町村に補助金を交付しているもので現在二〇〇ヵ所を越えています。実施状況と補助基準は別表のとおりです。

実施場所　最近になってプレハブ専用学童保育所、児童館での保育

文部省留守家庭児童会育成事業補助基準

補助対象経費の実支出額	国庫補助金額（年額）
125,000～200,000円	50,000円
200,000～250,000	75,000
250,000～400,000	100,000
400,000～550,000	150,000
550,000　以　上	200,000

注＝補助対象経費の内訳は指導員謝礼，消耗品費，借損料，会議費となっています。

が増加していますが、まだ空教室が多く、しかも、専用教室の持てないところが二三%もあります。

ここに紹介するのは(図参照)、専用の学童保育所、学校内にあるプレハブ、空教室の三つの例ですが、現状ではそれぞれ平均点以上のものです。

新宿区の柏木こどもクラブは、一階—保育園、二階—老人会館の三階にあり、専用の学童保育所となっています。わずかばかりある庭は保育園の遊び場になっており、学童は戸外では屋上広場でしか遊べません。屋内の遊び場はかなり広く、ゲームや劇あそびなど十分できます。ただ定員六〇名はどうかと思われます。この構造だったら、畳の部屋に落着ける人数—三〇名から四〇名どまりが理想的だと思います。

葛飾区の高砂学童保育クラブは、父母の会の要求と運動の結果、昨年一一月に学校内に建てられたものです。本来ならアコーディオンドアを引いて、その奥を学習室にしようと考えられたのでしょうが、八九名もの在籍ではそのような余裕はなく、かばん入れ、机、椅子等も不足し、欠席の子どもがいるのでなんとか納まりがついているというのが実情です。

豊島区池袋第四小学校児童育成室普通教室に畳を敷き

東京都における学童保育の実施状況

① 設置数と拠点，定員，所管の現況

	拠点							定員	所管			
	学校内			児童館	学童保育所	その他	計		厚生部	教育委員会	区民部	計
	空教室	普通教室	プレハブ									
区	92 (55.5)	37 (22.3)	15 (9.0)	6 (3.6)	9 (5.4)	7 (4.2)	166 (100)	7,086	14 (78)	6 (84)	1 (4)	21 (166)
市町村	6 (18.8)	9 (28.1)	5 (15.5)	3 (9.4)	8 (25.0)	1 (3.2)	32 (100)	1,365	17 (30)	1 (2)		18 (32)
計	98 (49.5)	46 (23.2)	20 (10.1)	9 (4.5)	17 (8.6)	8 (4.1)	198 (100)	8,451	31 (108)	7 (86)	1 (4)	39 (198)

( )内%

↑( )内クラブ数

② 指導員の身分と資格の現況

	身分				資格									
	常勤	非常勤	その他	計	保母	教員	その他	最終学歴				計	平均年令(才)	平均給料(円)
								大学	短大	高校	その他			
区	3 (0.9)	188 (51.3)	175 (47.8)	366 (100)	45 (12.4)	58 (15.8)	263 (71.8)	15 (5.7)	11 (4.2)	211 (80.2)	26 (9.9)	366 (100)	33.7	18,524
市町村	4 (7.8)	34 (69.3)	14 (26.9)	52 (100)	9 (17.4)	10 (19.2)	33 (63.4)	2 (6.1)	1 (3.0)	29 (87.9)	1 (3.0)	52 (100)	40.0	14,676
計	7 (1.7)	222 (53.1)	189 (45.2)	418 (100)	54 (13.0)	68 (16.2)	296 (70.8)	17 (5.7)	12 (4.1)	240 (81.1)	27 (9.1)	418 (100)	34.5	16,985

こんだもので、豊島区のクラブはすべてこのようになっています。畳の間が広く、子どもたち全員がくつろげるのはありがたいことですが、ここでは手洗いがなく、廊下にある水道で、ぞうきんと一緒に食器も洗っています。

最近増加し、今後も増えていくことが予想される児童館での学童保育は、いろいろと問題が多いようです。もともと児童館は、それ自体の独自の機能を持っています。そのなかに、学童保育をどのように、位置づけていくかで、学童保育の扱いや、置かれる条件などが変ってきます。現在までのところでは、児童館側の管理・運営者のなかに、学童保育が正しく理解されず、まま子扱いにされる例が多いようです。また、はじめから学童保育を実施することを考慮して児童館が設計されたということも聞いていません。

定員　学校の教室利用では四〇～五〇名定員が多く、一名当りの面積はおよそ一、〇五～二・九平方米となっています。学校内のプレハブでは四五～五〇名定員で一・六五～二・二七平方米です。これが、専用学童館では四〇～七〇名の定員で二・五～四・七平方米とぐっと広

東京都学童保育事業補助基準

（昭和43年度）

事項／種別	規模	1ヶ所当りの基準額			区部	市町村部	
		算出内訳	基準額		財政調整	補助	
			月額	年額		補助率	補助額
人件費	2人	1人月額 16,500円	33,000	396,000	396,000	8/10	316,800
間食費	30人年300日	1人1日 10円	7,500	90,000	90,000	〃	72,000
消耗品費	〃	1日1日 5円	3,750	45,000	45,000	〃	36,000
維持管理費	1ヵ所	月額 5,000円	5,000	60,000	60,000	〃	48,000
小計			49,250	591,000	591,000	〃	472,800
設備費（新設のみ1ヵ所）				100,000	100,000	〃	80,000

注＝人件費月額は初め12,500円から15,000円になり，43年度より16,500円となりました。

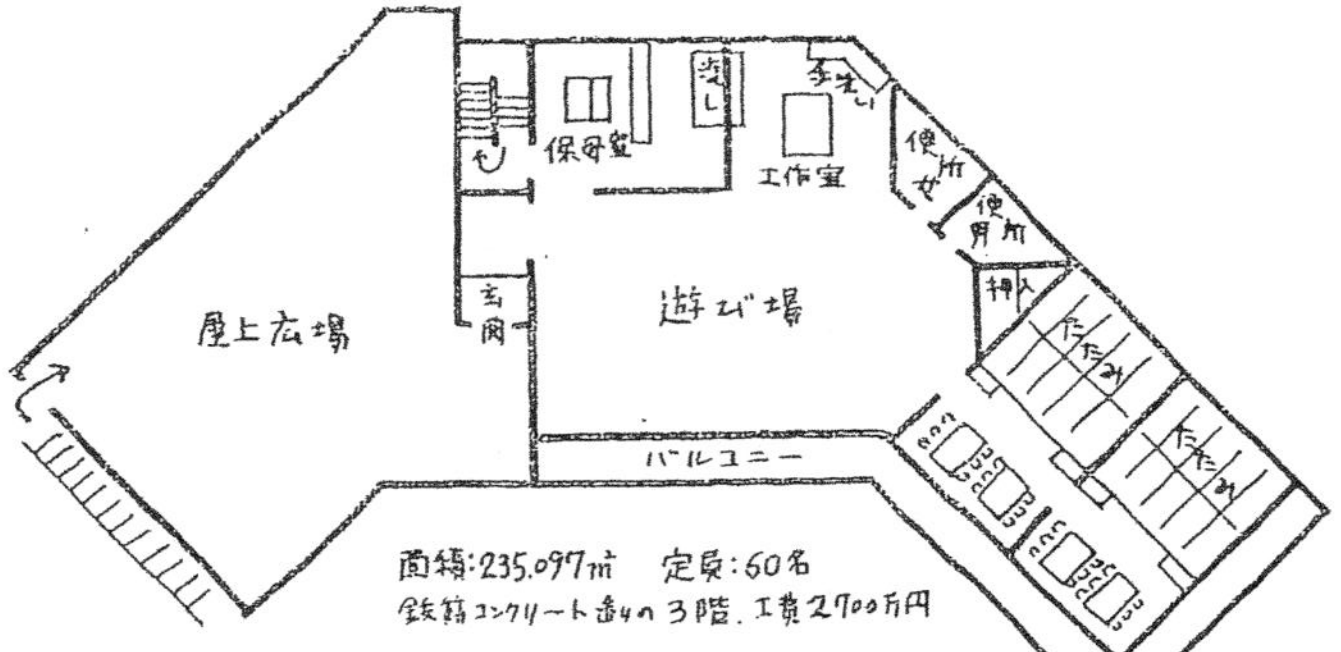

新宿区 柏木こどもクラブ

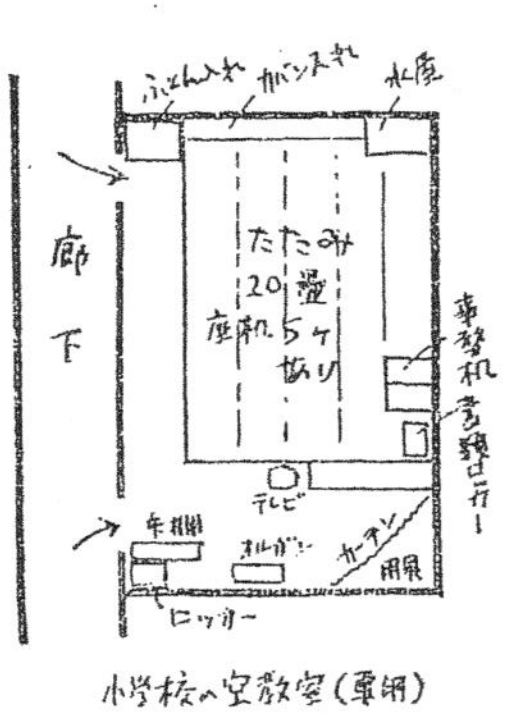

豊島区 池袋第4小クラブ

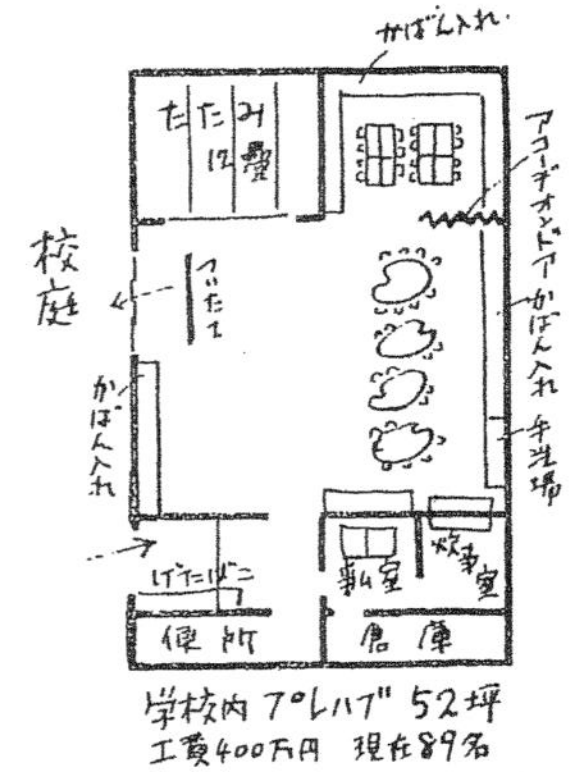

葛飾区 高砂小クラブ

くなりますが、児童館利用になると、三〇～六〇名の定員で一・七～二・二八平方米とまた狭くなっています。

所管と運営　都の所管は民生局児童課となっています。一時は、教育委員会へ移管の話もありましたが、当時の小尾教育長の反対でまた民生局へもどされました。これが区市町村へ行くとまちまちになっています。一番多いのが、厚生部福祉課（七区）と福祉事務所（七市町村）で、つぎに厚生部管理課（八区）教育委員会社会教育課

（五区一市）とつづきますが、ほかに厚生部厚生課および民生課、区民部区民課、民生部保育係、児童会館などがあります。全体として福祉行政が教育行政下の学校に協力してもらって実施しているので、学校側の協力は非常に不十分です。教師のなかでも正しく理解せず、学童の子どもを差別視する例もかなりあります。

運営はほとんどが担当所管課が直接行いますが、北区と大田区だけは民間委託の形をとっています。保育料は原則として徴収しないことになっていますがおやつ代一日一〇円は安いということで、区が父母から月三〇〇円を集めて一日二〇円のおやつにしたり（豊島区）、クラブが独自で父母と話し合い、おやつ代や教材費の補助に三〇〇～五〇〇円程度を集めているところもあります。

おやつは、大部分の区がクラブの近くの菓子屋を指定し、そこへ指導員や子どもが買いに行き、代金はお菓子屋さんが区へ請求するようになっています。クラブによっては、誕生会のときにお菓子の代りにその日の分を現金でお菓子屋さんから貰い、それで子ども達におしるこなどをつくらせて喜ばれているところもあります。でも一方では、区が現物で二、三日分ずつ配達してくるところもあり、そこでは、保存のきくビスケット類などが多く、子ども達は食べなくなった、ということもあり、全体として子供の身になって考えられてはいません。

備品や教材にしても、ほんとうにそのクラブで欲しいと思うものは買ってもらえず、一律にどうでもよいようなものが支給されてくるのが普通です。現物でなく或程度現金で支給したら、もっと子ども達にとって有効に使えると思うのですが、役所はそういうことをさせてくれません。

指導員　ほとんど非常勤で、給料も区市町村によって差があり、一万四千円～二万七千円位までのひらきがあります。交通費は支給されず、超過勤務手当のないところもあります。失業保険は勿論なく、健保のないところもあります。ただ、渋谷区が、保母資格者のみを正規職員にしていますが、そのかわり保育園へ配転されることもあります。また府中市は、市の職員が午前中は役所で執務し午後学童を保育しています。

最近、学校を卒業したばかりの若い人で、学童保育という分野で働きたいという人が増えています。子どもたちも、エネルギーを対等に発散しあえる若い人や男性指

導員を非常に歓迎します。でも、現在の待遇では生活できなくなり、他の有利な仕事へ変って行くことが多いようです。

現在は午後からの仕事だということで給料も考えられていますが、日々刻々にあらゆるものを吸収し成長していく子どもの指導に、忠実に取組むためには、午後からだけの時間では足りず、午前中の準備や学習・研究の時間がどうしても必要となります。子どもに及ぼす教育的効力をもっと重視して、指導員の待遇は大巾に改善されなければならないでしょう。

運営の民間委託　民間委託形式をとっている北区と大田区は、いずれも、都の自主事業発足までに学童保育が実施されていたところで、それまで運営してきた組織を尊重するような態度をみせながら、実際は区の責任回避の手段にしています。

北区の例でみますと、運営主体は〇〇学童保育クラブ運営委員会で、メンバーは校長、教頭、生活指導主任、ＰＴＡ会長、町会代表、青少年対策委員、父母代表、指導員、地元有志などで構成されています。

運営費は区よりの補助金が年四回に分けて交付されます。内訳は、指導員人件費＝月一万八千円の二名分と年末手当二ヶ月分。間食費＝一日一人一五円の在籍数、消耗品費＝一日一人五円の三〇名分一律。行事費＝年間二万五千円。備品費＝年間二万五千円。補修費＝年間一万五千円で、合計年間約七一万三千円になります。このほかに父母からおやつ代の補助三〇〇円を含めて六〇〇円～九〇〇円を徴収し、この合計額で各運営委員会がそれぞれの予算計画で運営しています。

これが実際の例では、指導員手当は一万五千円から二万二千円までの開きがあり、ボーナスも三・五ヵ月分出しているところもあります。おやつ代の実費もクラブによって違います。全体として数の多いところは予算総額が多いので指導員の手当も高額ですが、児童数の少ないクラブでは一万五千円しか出せないことになります。

このような運営形態だと、運営委員会が民主的に確立してさえいれば、子どもや指導員の立場に立って運営ができるはずですが、実際はそのようになっていないようです。まず、民間から公立（補助金交付）に移行される過程で、それまでに学童保育をつくりあげ運営してきた人々は締め出され、それまでは何らの関係もなかった地

元の顔役が運営委員にされてしまいました。つぎに、運営委員長をはじめ運営委員そのものが名前だけの存在で、運営の実権は学校長が持ち、教頭が実務を担当しています。校長が運営委員長になっているところもありますが、そうでないところでも運営委員長に実権はありません。このために、区は施設提供校校長連絡会を持ち、ここで話し合われることが規則的な拘束力を持ちます。指導員の手当を基準以下の一万五千円にしてもいいということもここで話し合われましたし、年間一二日以上の欠勤（指導員の）については一日五〇〇円ずつを手当より差引く。教頭に事務手当として学期毎に二千円ずつ払う。ことなども決めています。こうして指導員や父母は運営委員会というワン・クッションの存在のおかげで、区当局へ施設改善などの要求ができない。という状態におかれているのです。

＜共同保育＞

ここでは埼玉県福岡町にある「共同保育」の例を紹介します。まず、規約の第一条と第二条を引用してみましょう。

▼この会の名称を「福岡町学童保育の会」とよび、事務所を学童保育室におきます。

▼この会は、留守家庭の児童を中心とした児童の校外生活における保護と育成のために、(1)自主的・民主的な学童保育クラブの経営。(2)内容充実のための諸運動を目的とします。

とあります。すなわち、経営体であると同時に、学童保育の運動体でもあるわけです。

会員は入所児童の父母全員と運動を支える協力者の賛助会員（会費月一〇〇円）です。

クラブの規模と内容はつぎのとおりです。

施設＝小学校の仮校舎

設備＝二教室と便所、水呑場。父母の持ちよったタンス戸棚などと什器類。寄付をうける畳六枚。オルガン、テレビ、図書など、借用している机や椅子。

職員＝指導員二名（給与二名分で月四万三千円）ヘルパー一名（月六千円）。

児童数＝三五—四〇名。町内の四校のうち二校の児童が中心となっている。

— 48 —

父母負担額＝月二二〇〇円（保育料一六〇〇円、間食費五〇〇円、会費一〇〇円）。特別保育料（夏・冬・春休み期間中）約一五〇〇円。入会費五〇〇円。ほかに自治体よりの補助が年間五万円あり。

保育時間＝平日／放課後より五時半（土曜は三時）。休校日と休み中／午前八時半より午後五時半。クラブの休日は、日曜・祝日と年末年始（二九日～三日）および三月三〇～三一日。

指導内容＝集団的、個性的なあそびによる創造活動（読書や創作も含む）。小動物の飼育と花壇・菜園の栽培活動。宿題整理程度の学習(共同による)。日常的なしつけの指導。諸行事。

指導内容については、父母も指導員とともに、地域の子どもたちの生活の事実のなかから考えだし、その実践をほりさげ研究するようにしています。

地域の協力＝在籍児童の小学校二校のＰＴＡがその活動方針のなかで「学童保育の公営化促進」を目標の一つとし、協力的態度をとっています。

あゆみ＝三年前、町立保育所開設に成功した「保育園を創る会」が、利用者の父母とともに学童保育クラブを自主運営したのが始りです。昨年は形式的ではあったが第二小学校ＰＴＡの運営となり、「学童保育」の任務と役割をアッピールし運動の巾をひろげる大きな役割を果しました。これを土台に本年度から単一組織となりました。しかし、形は変遷しても、運営は父母集団の手でずっと行なわれてきました。

現在では、学童保育の内容が理解されるにしたがって入所申込みが多くなり、今までの施設では間にあわなくなっています。また父母負担金をこれ以上増額できないことからも、公営実現がいそがれています。

3　東京都における自主事業の評価と問題点

昭和三八年より実施された東京都の学童保育事業は、これを、四一年から実施された文部省の留守家庭児童会と比較してみたとき、つぎの諸点ではるかにすぐれています。

発足と目的　全国に先がけて、いちはやくとりあげられ、しかも、事業内容においても働く母親にとっては有

— 49 —

利です。東京都の場合、児童福祉法の『保育に欠ける児童を保護する』立場から検討されたので、週六日保育されるのに対し、留守家庭児童会では社会教育活動の一環として行うので、週三日以上保育すれば補助対象となります。（この両者の比較表は末尾の資料のなかに掲載されています。）

文部省は東京都の行なう学童保育を、留守家庭児童会には該当しないとして、補助金交付を拒否していますが、東京都では、法的根拠や発足の趣旨に違いがあっても、果す役割や内容等には同様のことが多いので、国庫の補助対象となるよう働きかけるとしております。

補助金の額　両者の補助基準は前にのべたとおりですが、これを具体的な例で比較してみます。東京の例で一施設当りの年間経費は最低七〇万円は必要です。この場合の文部省の補助は一〇万円ですが、東京都の補助額は五九万円（市町村はその八割）で三九万円のひらきがあります。

対象児童　東京都の場合、四一年度からの、運営要項では、留守家庭児童だけでなく「その地域に適当な遊び場等のない児童」についても保護指導すると、一歩前進した立場をとっています。（ただし、この点は区市町村の入所基準では十分生かされていません。）

とにかく東京都においては、自主事業の発足によってそれまで全面的に父母の肩にのしかかっていた保育場所と財政面の困難が、一応は解消したのです。しかしながら、問題点もまだまだたくさん残されています。

残された問題点

学童保育連絡協議会では、このほど東京都内の全クラブの指導員に、「現在のなやみ」についてのアンケートをお願いしました。かなりの方から回答をいただきましたが、寄せられた指導員の声を紹介しながら、未解決の問題点を明らかにしてみることにします。

施設と設備について　独立した場所がほしい。＊最低専用室がほしい。＊校舎のかげで採光・通風が悪い。＊水道・ガスの設備がない。食器をぞうきんと同じ処で洗う。＊畳がほしい。落着きくつろげるようになっていない。＊定員に対して狭すぎる。＊プレハブは夏は暑く、冬は寒い。また騒音がひどく、吸音設備がほしい。＊戸

外の遊び場がほしい。＊用具教材などは指導員の要望を聞いて購入してほしい。本当に必要な、ほしいものが手に入らない。＊校区毎に設置してほしい。他校からくる子は通うのが大へん（交通事情）で、来なくなった。＊児童館での保育は賛成できない。

子どもの生活と指導について　＊専用室でないので指導計画をたてでもできない。＊現状の施設では家庭的雰囲気をつくることができない。＊受持児童数が多い。一五名に一指導員が限界だ。＊異年令集団を指導する悩み—体力・能力の差のあるなかでどう全体を指導するかで困難を感じる。＊あそびを中心とした指導や創作活動についての講習が受けられるよう配慮してほしい。＊子どもと生活してみて教育的要素があることを痛感する。集団教育の場として認め、そのような配慮をしてほしい。

指導員の身分と待遇について　＊非常勤のため病気や災害のことを考えると安心して就業できない。＊時間外の保障がなく、指導にうちこめない。＊交通費を支給してほしい。＊最低健康保険には入れてほしい。＊昇給、産前産後の休暇がほしい。時間給なので休んだら生活にひびく。＊指導員数が不足し、持ち帰りの仕事や時間外勤務が多い。＊個人的には現在の午後からの勤務が都合がよく、常勤になって午前中からの勤務になると困るが、常勤化はやはり必要だと思う。＊市の職員となり午前中は市役所で勤務しているが、午前中から学童に出て準備できるよう変えてほしい。＊学童指導員としての独自の資格をつくってほしい（講習でもして）。

学校・教師の理解と協力について　＊学校との連絡をもっと緊密にしてほしい。＊学期に一回でもよいから職員会議に出席させて、学内の事情がわかるようにしてほしい。＊各担任との話し合いを年三回位はしてほしい。＊学校の行事・下校時間等、問合わせなければ知らしてもらえない。＊父母に対する連絡はあってもクラブには知らせてもらえない。子どもが教えてくれて始めて知ることが多い。＊学校はクラブをやっかい視している。校内の器物破損等を一方的に学童の責任にされる。＊教師の考えを改めてほしい。学童の子どもを差別しないでほしい。＊学校でクラブのことを、父母に正しく伝えてほしい。対象児童がいる筈なのに一人も子どもが来ない学校があるが、これは学校で父母に伝えていないためだと思う。

父母の理解と協力について　＊あずけっぱなしで、父母の会にも顔を出さない。＊当然のことだという態度のお母さんが多い。＊学童のことを正しく理解していない。＊学校同様かそれ以上関心を持つべきなのに無関心だ。＊宿題もまかせっ放しでなく、親もみてほしい。＊自分の子どものことだけでなく、クラブ全体のことも理解してほしい。＊父母の会の活動のおかげで、施設・設備が改善され感謝している。

区市町村の扱いについて　＊運営・理念などせめて都と同じ立場でやってほしい。＊指導員の仕事、役割を軽視している。＊保育内容を高めることに積極さを示さない。むしろ押える動きもある。＊運営責任者の態度がはっきりしない（運営・指導・指導員の資格など）。＊各区バラバラな所管でなく一本化が望ましい。＊福祉と教委で責任を押しつけあっており、設置が進まないでいる。＊教委の所管にしてほしい。福祉では理解がうすい。＊教委所管の方が学校との連絡が密になると思う。

以上、指導員の〝なやみ〟を要約してお知らせしました。いまさら補足する必要もないほど多方面にわたって問題が提起されていますが、都全体から眺めて気附いたことをいくつかあげてみます。

学童保育所はまだ不足している　四二年末のクラブ数は一九八ヵ所です。定員どおり子どもが鮨詰めになって利用したとしても八四五一名しか利用できません。ところが留守家庭児童数は三九年一〇月末で、低学年だけでも二七、四〇二名です、約三〇％しか保育されないことになります。（表参照）しかも、現在では留守家庭児はもっと増加している筈です。

さらに、現在設置されているクラブでも十分利用されていないところがあります。自主事業開始後は、天下り的に、空教室のある学校や設置しやすい場所に学童館を建てる例がでてきました。この場合は、利用する子どもの側からみると、よその学校まで行かねばならない。途中の交通禍が心配だ。などで利用したくてもできない状態です。その一方で、父母の要求が強く、再三区へ請願し採択になっていても、空教室がない。学校が嫌がる。学童館を建てる予算措置が困難だ。といっていっこうに設置されないでいる場合もあるのです。また、学校や教師の理解や協力のないところでは、父母も子どもを預け

ることに二の足をふみます。クラブの設備・環境の悪いところも父母は敬遠します。

ですから、今後の設置は、まず要求のあるところを優先に、一校区一ヵ所を原則とすべきでしょう。そして、入所基準を都が示している「遊び場のない子ども」まで拡大し、熱心な指導員を身分を保障して採用し、子どもがいきいきと十分に活動できるような環境に整備することです。

区市町村の立おくれを克服　都段階の施策もまだ十分とはいえませんが、革新都知事実現後、福祉行政ははじめて陽の当る存在になりました。学童保育事業についても今後改善されることでしょう。しかし、都行政全体が民主化されているわけではありません。とくに、実施主体である区市町村での施策を改善してもらうことです。区市町村の施策を改善させる最も大きな力は父母の会の活動です。労働組合組成などによる指導員の団結も欠かせないことですが、なんといっても一番の圧力となり力を発揮するのは父母の団結と要求行動です。現在でも、父母の会の活動の活発なところほど施設の改善や指導員の待遇改善が進んでいますが、そこではまた、指導員も

留守家庭児童数と学童保育収容定員数の比較

	小学校				中学校	
	低学年	高学年	生徒数計	学校・施設数	生徒数計	学校数
留守家庭児童数（全生徒中の割合%）	27,402 (7.66)	43,129 (11.58)	70,531 (9.66)	1,052	50,871 (11.84)	492
学童保育施設収容定員数	8,451	0	8,451	198	0	0
収容率 %	30	0	12	19	0	0

注・留守家庭児童数は39年10月末現在の数字で現在はもっと増加していると考えられる。学童保育施設数と定員数は42年12月末現在の数字である。

父母の力に支えられて、指導内容も充実し、したがって子どももいきいきとし、クラブにくる子も増加しているという循環現象が見られます。これが、父母も預けっぱなし、指導員も意欲を失うということになると、子どもたちもクラブに魅力を失い、欠席するようになるという悪循環をくりかえすでしょう。また、指導員が父母に対し、学童保育を正しく理解するよう語りかけることも欠かせないことでしょう。

生かされていない児童福祉審議会の答申

さる四〇年九月に東京都知事（当時東氏）は、東京都児童福祉審議会に対して〝東京都における学童保育事業はいかにあるべきか〟を問いましたが、同審議会では四十一年四月にこれの答申を行ないました。

答申の内容は、現在にいたるもまだ生かされておりませんが、私たちが最低実現してほしい要求を含んでいるので、参考までに要旨を紹介いたします。

「東京都における学童保育事業のありかたについて」

1　事業名（呼称）について

保育ということばは乳幼児に対する保護育成を意味するもので、児童の健全育成の一環として、留守家庭児童に対する放課後の生活指導を本質とする学童保育の場合、保育という呼称は他の適切なものに改める必要がある。

2　育成のありかたについて

現在の学童保育は、いわゆる「かぎっ子」対策として、憩いの場を与え、保護するにとどまっている感があるが、地域の健全育成の一環として、行政施策と地域住民の活動とを有機的に関連させ、地域と密接な結びつきの中で運営されなければ、その効果は期待できない。

形態としては、留守家庭児童を主にした「児童クラブ」的なものとし、拠点としては児童館、隣保館（セツルメント）のような施設形態がのぞましい。

指導理念としては、児童が集団の一員として自主性と社会性を高め、情操を豊かにし、よき市民としての円満な人格を形成しうるように、指導員は児童の個性を十分把握することが必要である。また、児童の問題即家庭の問題なので、家庭に対するケースワークサービスが必要である。

3　、対象児童について

現行では低学年だけを対象としているが、小学校高学年はギャング時代と呼ばれる時期で、さらに中学校になると家出、犯罪等を起しやすい時期になるので、小学高学年、中学校生徒についても必要性が認められる。

4　施設の形態について

専用の施設を設置することが必要である。学校利用の場合、次の問題点が指適される。①施設管理、備品保管上の責任が不明確。②児童が事故を起したばあいの責任が不明確。③学校内では解放感に乏しいし、遊具等魅力がない。④他児童に対し「かぎっ子」という劣等感をいだきやすい。⑤学校の指導体制の中にどう位置づけるか明確にすることが必要。

5　指導員について

人材を確保する意味において、また有能な職員をしてその知識と技能を十分発揮させるために、身分を常勤職員に改め、午前中からの勤務とし処遇の改善を図るべきである。

指導員は、児童の養育に知識と経験を有するだけでなく、グループワーカー、ケースワーカーとしての知識、資質をそなえたものを配置すべきである。

6　事業所管の問題について

児童福祉行政で行うか、教育行政で行うかの決定はむずかしいが、個々別々に行うことは効果を阻害するので、関係部局相互間で連絡調整を図り総合的な体制がつくられることをつよく期待する。

私たちののぞむ学童保育

運動の意義と役割

私たちの要求する学童保育は、すべての学童、働く婦人、母親をはじめとしたすべての働く者の生活破壊、学校教育のゆがみ、社会環境の悪化というきびしい現実から出発しています。

したがって、その基本となる目標は、すべての学童、すべての働く者の生活権利と、日本の平和と民主々義をまもり、現状を改善していく運動のひとつとして位置づけられねばなりません。このことはまた、学童保育の運動がいまの自民党政府の政策をあらためさせ、新しい世の中をつくる運動であることを、あきらかにするとともに、学童保育だけで、基本となる目標が達成されるものではないことをも示しています。つまり立派な学童保育制度をつくるためには、学童保育をとりまいているもろもろの条件、すなわち、働く者の低賃金、わるい労働条件、学校教育、たいはい文化など社会、政治の根本的な害悪をとりのぞき、改善していく運動をあわせておこなっていくこと、あるいは各分野の運動と連絡、協力しあうことがたいへん重要な意味をもつということです。学童保育運動の基本となる目標はそういう位置づけと役割をもっていることをまず理解しあっておきたいと思います。

— 56 —

働く母親と学童の生活をめぐる動き

日本における働く人々の生活は自民党政府による大資本家本位の政治、経済政策によって大部分が安い賃金でこき使われ、年々値上げされる高い物価や税金、職場でのはげしい労働強化、労働災害、あるいは「公害」といった、さまざまな実害をもろにうけています。

なかでも、根づよい封建思想のもとで差別されている働く婦人、母親には、とくにきょくたんなシワがよせられています。中高年婦人労働者への首切り、新しい職業病の被害、おきざりにされた母体保護、まもられない基準法など、男子の半分以下という低賃金のもとで、家計のやりくり、育児の疲労などがかさなり深刻な生活苦と健康破壊が一般化しています。婦人の生活と健康の破壊は、もはや労働婦人にかぎらず家庭の主婦にも共通しています。教育費をはじめ諸物価値上げが多くの主婦を内職、パートタイムの作業へかりたてています。

いっぽう、放課後の学童の生活はどうでしょう。ここでもひんぱつする交通事故の危険、非行の心配、太陽のようなエネルギーを発散する遊び場がなくなってきていること、学校教育のゆがみからくる「塾」「おけいこ」がよいなどが、やわらかい学童の肩にずしりとのしかかっています。日中、誰も家にいない世帯の子どもはもとよりのことですが、母親が家にいる家庭でも「親がいじくりすぎ、手をかけすぎて生活のリズムを失った子ども」が生みだされ、豊かな自然が失われたために粗示な内容の遊びしか与えられないこと等々、数えられないほどの問題をかかえています。

学校教育は、「おしつけ時間」、もりだくさんな教科のつめこみで、事務的に流れざるを得ない授業をはじめ、今年の五月三一日に発表された文部省の新学習指導要領がたんてきに示しているように「天皇敬愛の感情育成、日の丸尊重、国民祝日の儀式の実施、君が代指導で国民性を養う(社会科)」という人づくりを基調として義務づけられています。こういった教育、文化の反動化は、教室から家庭の茶の間にまで、テレビ、新聞などのマスコミ機関を総動員してくりかえされているのが実態です。

私たちは、こういった実態のなかから、すべての子どもたちの放課後の生活をいっていの、目標と体系のもとに、独自の教育分野として組織し、問題を掘りおこして

— 57 —

いくべきだと考えます。それが私たちの要求している学童保育の本来の仕事だと思います。したがって、自民党政府の考えるような「非行防止」とか「かぎっ子対策」とかいう恩恵的、問題児対策的視点でのとりあげかたでは、なにひとつ問題の解決にならないことをあきらかにしなければなりません。

政府や自治体の放課後対策

厚生省の児童館

働く母親や放課後の学童の生活実態にたいして、自民党政府や地方自治体は、どんな政策や対策をおこなってきたでしょうか。

放課後の指導が対策らしいものとしてとりあげられたのは、きわめてさいきんのことです。それまでは、日本の社会保障制度としても、もっともおくれた部分といわれている児童福祉のなかでお茶をにごしてきたというのが実情です。子どもの遊び場にしても、交通事故対策、一般的な放課後指導などは、まったく国の施策としては野放しというのが悲しいかな現実でした。

施策らしいものがうちだされたのは、昭和三八年から国庫補助の事業として発足した「児童館」からだといってよいでしょう。

厚生省は「児童厚生施設としての児童館を設置し、おおむね三才以上の幼児、または小学校一年～三年の学童で学庭環境、地域環境および学友関係等に問題があり、指導者を必要とするものの健全育成をはかる」(昭和三八年厚生省次官通達)という方針で、今日まで一貫していますす。その目的が、きわめて便宜的なものであること、対象児も三才以上といった漠としたものであること、指導者も現実には会館管理人的役割をでていないことなどの理由で、私たちの要求する学童保育とはほどとおい性格をもっています。しかし、この児童館も、実さいに子どもたちが利用しやすい場所に数多く建てられるならば、それなりに児童福祉の効果を期待できましょう。ところが厚生省は、『全市町村に一ヵ所、人口三万人以上の市町村については、三万人に一ヵ所の割合で加算することとし、当面は保育所、幼稚園など、幼児教育、教育関係施設の未設置市町村および留守家庭児童多発市町村等に先行設置する』といっていますが、昭和四二年一一月末現在で、やっと一一七二ヵ所にすぎません。これでは、

「かけ声だけ」といわれても反論できないでしょう。厚生省が、学童保育を、あくまでも「児童館運営形態」のなかでのみとらえるというおくれた考えをすてないかぎり、今後の国としての政策は一歩も前進しないでしょうし、国民の期待にこたえることもできません。

文部省の留守家庭児童会

つぎに問題になるのは文部省の施策です。文部省社会教育局が「下校後、保護者が家庭にいない小学校児童を対象に市町村の社会教育事業として〃留守家庭児童会〃をひらき、これらの児童の生活指導を行い、もって、少年教育の振興に資する」というねらいで、留守家庭児童会育成事業をはじめたのが、昭和四一年、初年度分として、わずかな金額ですが五千万円を予算化しました。この計画を組むにあたって文部省は、厚生児童家庭局の調査や東京都の調査などを参照しながら平均一〇％、約一五〇万人の留守家庭児(小・中学校)と推計し、とりあえず初年度三〇〇ヵ所という計画を組みました。この事業を発足させた背景は、いうまでもなく東京を中心とした「学童保育をつくれ」の全国的な大衆運動を無視できなくなったことと同時にこの運動を天下り的な施策のおしつけで事前におさえこみ、お上のいいなりになる人づくり政策を、放課後対策にももちこもう、という二つの側面があったと思います。

それにしても、文部省の計画する留守家庭児童会の一施設定員は四〇人、一五〇万人なら三万八、〇〇〇施設が必要となります。一施設補助一〇万円としても三八億円かかります。三〇〇ヵ所五、〇〇〇万円では、あまりにもお粗末すぎるといえましょう。それに一施設の補助が一〇万円の定額補助では、地方自治体のもち出し分が多額になりますので、どこの自治体でもやりたがらないし、実施しても、きわめて貧弱な施設内容になってしまうという弱点をもっています。しかも、四二年度からは、単独の予算計上をさけて、社会教育活動促進費のなかに一括組みこむという操作をしていますので、ますます門戸をとざされる心配がつよくなってきています。

しかし、いずれにしても、学童保育は、絶対数が足らないわけですから、この予算をできるだけひきだし、地方自治体がその不足を十分補う予算を組み、実施させるようはたらきかけていくべきでしょう。

地方自治体の自主事業

国がいちおう責任をもって実施している学童保育対策は、この二つだけです。このほか東京の自主事業が、国の二つの施策にさきがけて実施されていますが、このほうがまだ実情に対応した施策になっています。私たちの学童保育は、いずれは、国が児童憲章にもとづいて、名実ともに社会的責任を負う公的施設として整備し、制度化するのがとうぜんだと考えます。しかし、それがいますぐのぞめない以上、東京はじめ先進的な府県、市町村での自主事業は、政府の施策の内容改善か、予算の増額要求とあわせて現状をさらに発展させ、内容をよくしていく方向で対処していくべきだと考えています。

私たちがのぞんでいる学童保育

指導目標の位置づけ

私たちの要求する学童保育が、放課後のすべての子どもたちの健康で豊かな生活を保障し、異った年令の集団を教育的に組織し、指導する場である以上、それは単に学校教育と家庭教育の谷間を便宜的にうめるものであってはなりません。とうぜん独自の人格をもった「第三の教育の場」として位置づけるべきだと思います。

したがって、ここでの教育（指導目標）は、集団主義教育の理念がそうであるように、放課後の生活指導、集団的な遊びを主体にしたいと思います。それを各地でおこなわれている学童保育クラブの実践、要求から要約してみますと、①組織的、個性的な遊びによる集団活動、②小動物の飼育、さいばい活動による自然との交流。使役や奉仕ではない。自分たちも社会を建設していく一員だという誇りと自覚にたった「労働」教育があります。また、③宿題整理程度の共同学習活動、上から教えられたり、指図されたりするものではない、子どもたち自身の問題把握、分析、討議にもとづく諸行事の組織（広義の遊びに含まれるでしょう）⑤衛生、危険防止、集団的な規律をやしなう意味での一般的、日常的なしつけ、などが、その目標となるでしょう。もっともっと沢山の課題があろうかと思いますが、それはいますすめられて

いる具体的な指導の実践のなかで充実されていくと思います。

当面する私たちの要求

私たちは、学童保育クラブ（所）を、そういった理想の姿へちかづけていくために、当面つぎのような要求をかかげたいと思います。

（数と場所）

1　私たちは、当面一小学校区に一学童保育クラブの設置を、最低必要数だと考えます。とりあえず今年度から次年度にかけて、一万施設（全国の公立保育所数）を建設し、短期間に目標を実現させましょう。

理想的なかたちとしては、交通に危けんのない部落、集落、町内単位がよいと思いますが、とりあえずは、全国で約二万五〇〇〇校の校区ごとに設立させたいと思います。そのため、政府は、「学童保育クラブ建設」に要する予算を正式に組み、地方自治体にたいする国庫補助率を大巾に引上げさせるよう要求します。

2　学童保育クラブをもうける場所は、交通「公害」、災害などの心配がない、自然環境にも恵まれた校地隣接区域に、独立の施設を建てるのが理想です。

私たちが学童保育クラブの場所を要求するときは、できるだけこの理想にちかいものを建てさせるよう努力したいと思います。そうはいっても、地域によってはいろいろな条件があります。したがって、とりあえずは、現場の教師、教育委員会などの協力を得ながら「空教室」の改造施設を使うことも止むを得ないと思います。その場合でも、場所が転々と移動することなく、一定させねばなりません。

3　施設の内容は、遊びを主体としたホール、学習整理のための学習室、休養室（畳敷）、指導員事務室、厨房、手洗い、足洗い場、トイレを最低の基準とします。ホールその他の施設に必要な遊具、教材、備品などは、不備のないような万全にととのえられねばなりません。施設の広さも、元気で行動力の大きい学童にあわせて、現行の坪数を二倍以上にひろげる必要があります。それぞれの施設にあわせて要求していきましょう。

（対象とする学童）

将来は、中学校終了時までの全学童を対象とします。とりあえずは、小学校六年生までの希望者全員を無条件で指導の対象とします。低学年（三年まで）という現行の一般的規定は、なんら科学的根拠がありません。ただちに訂正されねばなりません。

（指導員の資格と待遇）

1　指導員は、専門の教育者、組織者にふさわしい賃金、労働条件があたえられるべきです。当面の措置としては、ただちに全指導員に正規の地方公務員としての資格を与え、賃金、退職金など労働条件を改善し、社会保険等を整備させます。

2　専門の指導員を大量に養成するため、国または都道府県立の専門学校を設立させます。地方自治体は、当面、自主的な指導員の研究会、研修会、他の学童施設の視察、見学などの企画、実施を積極的に援助し、予算措置をとらねばなりません。

3　指導員の定員を増員させましょう。

現状は、一施設最低二人以上（東京都の自主事業の場合）ということになっていますが、指導員の休暇、不測の事故、疾病などを考慮すれば、すくなくとも、常時二人、予備二人の計四名は、定員化しておくべきです。また、指導員一人あたり学童数の定員は、東京都の場合で一五人から二五人（一施設の学童収容定員を三〇人から五〇人といっていますので）といういあいまいな規定になっており、現実には二五人に一人という基準をすえているようです。この数字が示すように、きわめて過重な負担がかけられていると考えますので、とりあえず東京都自主事業の最低定員にあわせて、一〇人から一五人に一指導員という定員化を要求していきたいと思います。

4　私たちは、以上の目標で指導員の地位向上、待遇改善をはかっていきますが、とりあえずの緊急措置としては、各地の学童保育クラブ指導員の賃金、労働条件が、区、市町村によって個々バラバラです。たとえば、東京都内だけでも賃金が最低一五、〇〇〇円から最高二六、五〇〇円までありますし、社会保険もゼロから健康保険、厚生年金、失業保険があるところまで不ぞろいです。したがって、すくなくとも賃金の水準は、東京都の最高の水準へただちに引上げること、社会保険は健康保険、厚生年金、失業保険、労災保険に最低加入させること、公務員の退職金規定を準用することを、今年度からとりあえず、実現するよう要求していきたいと考えます。

（保育クラブの費用）

学童保育クラブの建設、維持、運営に要する費用は、全額国と地方自治体の負担でまかない、利用者の負担は無料とします。

（父母会）

学童保育クラブには、かならず父母会をつくり、指導員の指導に十分な援助をあたえ、あわせて父母相互、指導員の懇親と民主的な話合いで事業内容をより豊かなものにしていきたいと思います。そのため、地方自治体は、この設立を積極的に支持し、援助すべきですし、まちがっても妨害するようなことがあってはなりません。

以上の諸点は、短かい私たちの経けんから要約したものです。したがってたいへん不十分なことばかりだと思いますが、ぜひ全国各地の父母、指導員、教組や地方自治体職員組合の活動家の協力で内容を充実させていただきたいとのぞみます。私たちの要求する学童保育クラブを実現する財源は、きわめて容易に調達できます。「公害」をひきおこす無計画な工場誘置、軍事的、大資本家の利潤をまもるためにしか役立たない道路の敷設などを、ちょっと減らすだけで、一小学校区一学童保育クラブの設置はたちどころに実現するでしょう。

参考書紹介

＊学級文化活動と集団づくり（鈴木孝雄）＝明治図書／五八〇円
＊さかみち学級（田宮輝夫）＝明治図書／四八〇円
＊いたずら教室（戸塚廉）＝講学館／二七〇円
＊精神発達の心理学（波多野完治）＝大月書店／八〇〇円
＊科学としての心理学（H・ワロン／滝沢武久訳）＝誠信書房／三〇〇円

さいきんあらわれてきた

新しい課題と問題

新しい矛盾や悩みが……

学童保育づくりが、大衆的な運動として組織されて以来、すでに一〇年以上の才月が流れました。その運動を背景として生まれた東京都の自主事業「学童保育クラブ」も、すでに六年になります。

その間、学童保育連絡協議会をはじめ、各地の母親大会、民主的な婦人団体の努力で、施設の数も増え、留守家庭児童会も含めて六〇〇をこえるまでになりました。もちろん、この数では、まだまだ「緒についたばかり」といえないこともありません。保育所の一万二〇〇〇カ所とくらべても、その五%にすぎないのですから。

それでも、一〇年間の経けんとたたかいは、運動、指導内容などすべての領域に、たいへん大きな成果と教訓をもたらしてくれています。もっともその反面、運動が進んでいく過程で、とうぜんあらわれる新しい悩みや矛盾も、数多く私たちのまえに投げだされています。これらの悩みや矛盾は、いうまでもなく運動が前進することによって必然的に生まれたものです。ですから、これらの諸課題は、運動のなかで、運動を前進させることによってこそ克服されていくものだと思います。悩みや矛盾のさまざまな姿については、すでに各項目でものべています。

したがってここでは、運動をより前進させるにあたって、とくにさいきん特徴的にあらわれてきている妨害、さしせまった課題などについて考えてみようと思います。

労働運動の課題になってきた

まず第一の問題は、学童保育づくりの条件が、かってない規模で成じゅくしてきているということ。同時に、いっぽうでは、この結果、ぼうはいと起きてくる要求や運動を、おしつぶそうとする動きも活発になってきているということです。

成じゅくしてきた条件の主要な背景には、すでに第一項でのべた雇用されている婦人労働者の激増（労働者三人に一人は婦人）、とくに三十才以上の既婚婦人の比率が高まってきているということが考えられます。さらに、国および地方自治体の側でも、みずからまねいた反動政策の結果としての生活苦の進行、学童の交通災害、「公害」による被害の増加、学校教育のゆがみ、遊び場の不足などから、なんらかのかたちで学童を守る施設を保障せざるを得ないところに追いこまれているといえましょう。また、資本家のほうも、安い賃金で無権利の婦人労働者をパートタイマー、臨時労働者として雇用する利己的な立場から、これまたいっていの「福祉施設」を要求するという条件も生まれてきています。

こういった諸条件の変化は、私たちにつぎのような教訓をあたえてくれます。それは、この「学童保育クラブ」の要求が、すでに労働運動のたいせつな課題になってきているのではないかということです。

保育所や「学童保育クラブ」は、いまや圧倒的な働く婦人の生活と権利をまもる「とりで」となっています。子どものしあわせを保障する、基ばんとなってきています。

労働組合が「学童保育クラブ」を組織的な要求としてとりあげ、個別の資本家や国および地方自治体に、その設置を要求していく行動は、職場における男女の賃金、労働条件の差別をなくし、「母親は家庭に帰れ」「国防意識のかん養」などといった軍国主義的人づくり政策をはねかえしていくたいせつな運動と結びついています。また、労働組合が地域の婦人団体や住民の要求や行動に参加することは、労働者から企業意識をとりのぞき、労働組合そのものの団結をつよめ成長させていく道すじとなります。

私たちは、かって教員組合が地域に保育所づくり協議会を組織し、運動の先頭にたつことによって、地域の保育所づくりが飛躍的に前進した教訓を忘れてはなりません。

　成じゅくした「学童保育づくり」の条件をいま飛躍的に前進させるきめ手は、こういった労働組合の組織的な行動、積極的なとり組みのいかんにかかっていると思います。したがって、私たちは、まず多くの労働組合が自分たちの組織内で「学童保育クラブ」に対する要求の実態調査、教育宣伝をおこない、それを行動にしていくための職場での話合いなどをただちに組織されるよう心からねがいます。また、全国各地の学童保育クラブをつくる会、既設の学童保育クラブ父母会、指導員の労働組合懇談会、連絡協議会などが、それぞれの地域の労働組合に訴え、運動の課題としてとりあげてもらう努力をおこなわねばなりません。くりかえしますが、いまや「学童保育クラブをつくろう」という要求は、労働組合自身の問題であり、たたかいのたいせつな課題になってきているのです。お互いに自信をもって話合い、いっしょに運動をすすめていける条件が十分にあると思うのです。

思想のおしつけとのたたかい

　第二の問題は、第一の問題とウラハラの関係にあるものですが、高まってきた私たちの運動をなんとかしておさえつけようとする自民党政府、とくに文部省を中心とした「思想の攻撃」、人づくり政策がきわめて意識的につよめられてきているということです。

　すなわち、家庭教育学級による母親教育（いま文部省は「家庭教育に関する団体事業補助」の名目で大日本女子社会教育会など官製婦人団体に補助金をだしています）、昨年一一月四日から六日までひらかれた第一回全国子ども中央会議などを通じての人づくり政策（文部省は、この対象を一、六〇〇万人といっています）、学校教育の面では、「期待される人間像」を柱にした教科書の国家統制、テレビ、ラジオ、雑誌などマスコミを通じて戦争賛美、国防意識をうえつける軍国主義教育が、手をかえ品をかえて母親や学童のなかにもちこまれてきています。とうぜんのことながら、私たちの「学童保育クラブ」にも、こういった路線がしのびこんでこないとい

う保障はありません。とくに、昭和四一年度から発足した文部省の「留守家庭児童会」には、そういった危険な要素のはいりこむ余地が十分にあると思います。

　しかし、施設や指導の内容、運営は、そのつくられた条件や運動の力関係によってきまるのです。あとの「運動をすすめるために」の項でものべているように、私たちの要求と運動によってつくらせ、しっかりした父母会、それを支える地域の労働組合、民主団体の協力があるなら、「留守家庭児童会」の危険な役割はかならずとりのぞくことができます。

　とにかく、私たちは、「学童保育クラブをつくろう」とのぞんでいる人たちの要求を、ひとりでも多く集め、その力をつよくし、よりよい施設、労働条件、身分を完全に保障された指導員、立派な指導内容をつくりあげていく改善の運動に全力をそそぎましょう。その運動とあわせて「人づくり政策」のもつ危険な役割を教育宣伝していけば、かならず、多くの人たちが納得してくれますし、それが、また運動をさらにすすめる保障ともなります。

すりかえを監視しよう

　さて、第三の問題は、もっとも運動のすすんでいる東京都などにあらわれてきた事例です。

　東京都では、すでに、一〇〇をこえる「学童保育クラブ」ができていますが、私たちの運動がもっとつよくなるなら革新都政のもとだけにこんごさらに前進する大きな可能性をはらんでいます。ただ、都知事は革新ですが、二三区、市町村の大部分は、まだまだ首長も議員も自民党、保守の力がつよいという不利な条件がのこされています。せっかく、よい企画や計画が組まれても、区や市町村でサボられるという事態だって起きます。そうさせないためには、もっともっと区、市町村で、私たちの運動を高め、民主的な力をつよくしていかねばならないと思います。

　問題は、このことと関係があるのですが、東京都以外の革新都市町村政でない地域でも、こんご十分起こり得ることだと考えますので、すこしくわしく指摘しておこうと思います。

ひとことでいえば、私たちの運動をおさえつけようとする妨害やごまかしがけん著になってきているということです。

「児童館」に肩がわり

その第一は、「学童保育クラブ」を現行の法律や行政の枠内での「児童館」建設にすりかえるという動きです。

現行の児童館は、厚生省の定めた「国庫補助による児童館の運営について」という行政指導でおこなわれています。それによると目的や機能では、私たちの要求している「学童保育クラブ」と似かよった要素をもっていますし、すべての子ども（おおむね三才以上の幼児または小学校一年から三年までの少年の遊びを集団的に指導する、といっています）に開放されるという利点もあります。ところが、現実に要求されている「学童保育クラブ」のなかみは、まったくといってよいほど設置されないたてまえになっているのです。たとえば、学童保育クラブに必要な、専門の「指導室」もなければ、専門の指導員もいません。通達で示されている二名の「児童厚生員」は、施設を利用するすべての子どもたちの管理、看視が主たる仕事であって、「学童保育クラブ」のもっている専門的集団指導などとても手がまわらないというのが実情です。このほか、学童へのおやつ支給、教材、教具の系統的な供給といったもっとも最低の保障すら与えられていないわけです。

したがって、私たちが「学童保育クラブ」を要求してそれが児童館にすりかえられるとつぎのような問題が起こります。

「このまま児童館で学童保育ができるよう運動してたけど、あれどうなったのかしら」

「ああ、あれ、だめだったらしいわよ。それどころかカバンをもった子ははいれないし、月曜日は、休館だし、だいたいこの二つでもう学童保育なんかやる気がないってわかるでしょう」

これは、昨年、東京大田区で起きた事例です。大田区大森の働く母親たちを中心に組織されていた大森学童保育促進会は、児童館のなかに「学童保育室」「乳児ルーム」などの施設をつくるよう議会に請願し、採択された

のですが、実際にできあがった児童館には、なにひとつ請願の趣旨がもりこまれていませんでした。

これでは困る、というわけで再度区側と話合ったところ「児童館は大ぜいの子どもたちのものであるから、一部の子どものためにそういうことはむりだ」という返事でした。なんども交渉をかさねた結果、区長や厚生部長から「最初の施設ではあるし、十分検討し、みなさまにも具体的に教えてもらい、そのうえで、改善していきたい」という答えをうけとりましたが、依然として問題は解決していません。こういった事例が、さいきん各区であらわれてこようとしています。自主事業で金のかかる「学童保育クラブ」はなるべくつくらず、自民党政府（厚生省）の意向を反映しやすい「児童館」にすりかえあわせて大衆的な運動もおさえようという一石数鳥のねらいが感じられます。

ただ都市近郊の団地などでは、「児童館」のなかに学童保育室をつくらせ、専門の指導員をおいて児童の文化センターをつくる動き（高根台団地ほか）もあります。こういった条件のあるところは、「児童館」施設を利用する方法を考えてもよいと思います。

校庭開放によるごまかし

このようなごまかしは、つぎにのべる「校庭開校」によるすりかえにも共通していると考えられます。

『中野区で学童保育がはじめられたのは三年まえ（注・三九年）でした。保育園卒園児の母親が、運動を起こし、区内四ヵ所に学童保育がはじめられました。当初は空教室に畳を入れ、あるいは出張所の一部を利用するなどして、それなりの学童保育の形がとられました』

ところが、「青少年保護育成条令」（三九年）の施行と同時に、「安全教育」「不良化防止」の名のもとに全校の校庭開放（四〇年）がおこなわれ、せっかくできた学童保育クラブが、このなかに解消されてしまった、というわけです。校庭を開放したから「学童保育クラブ」を必要とする子どももいっしょに遊べばよい、という理くつです。

そのため「娘の小学校では廊下に机を並べ、お天気の日は外で遊び、雨天の時は廊下の机で絵などを描いているという状態ですがこれでは体のやすまる場所がありま

せん。……先日の台風の折、学校では十一時三十分頃、生徒を集団下校させました。娘は一人残され、帰る場所もなく、ひとりで廊下の机にうずくまり、泣いていました。」というたいへん深刻な問題まで生まれています。

また、この校庭開放については、昨年九月発行の「子どものしあわせ」のなかで、都教組中野支部の宇高申さんが正しく指摘されているように「子どもや親たちにもちろん、教師にもなに一つ相談なしに「政治的」に登場してきたのでした。……人気とりの学校開放ではなく、もっと発展する、子どもたちを発達させられる環境をつくる」方向で、遊び場の問題は考えられるべきだと思うし、そのために「学童保育クラブ」をつくらなくなったり、できあがっているものを解消させたりしてはいけないと考えます。

私たちの要求や運動が高まってくると、かならずこういった事例が、数多く起きてくるのではないかと思います。したがって私たちは、このようなごまかしを絶対にゆるさないという立場で、こんごの運動をすすめていかねばならないし、区や市町村の動きを常に看視していかねばなりません。

ただ、ここで注意したいのは、「児童館」ができることや「校庭開放」がおこなわれることに反対、ということでは、多くの人たちを納得させることはできないということです。むしろ「児童館」はもっとたくさんつくらせねばならないし、学校の先生や地域住民の民主的な意志を反映した「校庭開放」ならおおいに観迎するということです。だから私たちの運動は、別項に示されているような「学童保育クラブ」の実現を、最低の目標とし、現行の児童館や校庭開放では問題の解決にならないことをねばりづよく訴えながら、地方自治体との交渉をすすめていかねばならないと思うのです。

このほか葛飾区などで問題になった入所申込書に「給与証明書」を添付するといった動きも十分警戒すべきです。区や市町村では、こんご「学童保育クラブ」が発展して入所希望者が増えてきた場合、かならずこの条項をたてにとって入所の制限やうちきりをおこなってくるでしょう。それでは私たちの要求する「必要とするすべての子どもたち」という趣旨が生かされなくなってしまいます。

教育か福祉か

最後に、事業の所管問題にひとことふれておきます。地方自治体に学童保育事業の一貫した理解や行政がないことは、所管の主体がまちまちであることをみてもわかります。たとえば教育委員会であったり、福祉厚生部、課であったりして、施設の新築や改増築、指導員の処遇が一定しておりません。私たちが地方自治体と交渉する場合も、「教育委員会が了解すれば」とか「福祉課がなかなかやってくれないのでねえ」といった調子で無用の混乱と繁雑さをまねいているのも事実です。

この所管の不明確さが、学童保育事業の発展をはばんでいるひとつの要素だとは思いますが、私たちが、「所管を教育がやれ」とか「厚生福祉にすべきだ」という意見をのべる必要はないのです。要するに責任をもって設置し、経費を支出するのは「区そのもの」であり、市町村そのものだ、という態度でのぞむべきでしょう。ですから区長や市町村長交渉のさいには、かならず両方の所管課から責任者を出席させ、実施にあたって「なわばり」からくる被害をできるだけすくなくする、そして現場での指導面で問題が起きたときには、すみやかに調整させるといった運用を考えていきましょう。

まだまだ問題はたくさんあると思いますがとりあえず当面注意したい点だけをあげておきました。（校庭開放と児童館のなかで引用した部分は、子どものしあわせ四一年九月号四三年三月号の特集からとりました）

参考書紹介

＊教育実践記録選集〈全五巻〉第二巻／村の一年生（土田茂範）幼い科学者（小林実）　第三巻／学級革命（小西健二郎）新しい地歴教育（相川日出雄）＝新評論社／各巻八五〇円

＊小学生の生活勉強〈学年別全六巻〉＝小峯書店／各四二〇円

＊詩をかく子ら〈学年別全六巻〉＝小峯書店／各三三〇円

学童保育の内容を豊かにするために

指導の実践記録

〔その1　初夏の植物をつかって〕

わたしたちは、どのような子どもに育てたいかという事の中に、生命を大事にする子ども、働くことを大切に、最後までやりとげられる、ものの正しい見方、考え方のできる、あるいは豊かな表現活動のできる子どもにとのねがいをもっている。

そのため低学年の発達に必要なものの一つとして理科的な教材をとりあげてきた。自分の眼でしっかりみ、触れて確かめられる植物の観察や栽培。昆虫その他小動物——例えばひよこが親鶏になるまで——の観察と飼育のように鳴き声を聞くことなどをふくめ、その変化、成長が目立ち、しかも割合に短期間に成長するものを選んでとりあげてきた。

また、とりあげ方の基本として、観察し、比較し、試してみる方法をあらゆる場でおこなった。しかも学校、家庭いずれも現状ではやれないでいる継続観察や、季節のはっきりするものをとらえた。

これらの実践は、個人の興味を刺戟するだけでなく、記録や、ことばで発表することによって仲間にも定着する事をねらった。特

に、ことばとその内容の問題にかかわっては、みんなの目の前にある実物や変化にあてはまることばが何なのかと、その都度話しあいの中で確かめながらみんなのものにしていこうとした。例えば最近の植物教材で言うと、しおれる、枯れる、しなびる、つぼむ、散る等のことばが、あやめ、あざみ、あじさい、たいさんぼくの切り花をずっと部屋で観察する中でなされた。ここで、既に五月に経験させたチューリップとの比較もでた。

あざみは各自手にとってみて、花を頰にあて、葉を指先でつつきながら、一人ひとり自分の気持を自分のことばでみんなの前で発表するきっかけをつくったが、開設後間もない子ども集団にとっては、お互いの声が聞けるなかだちともなった。その上、つぼみが咲き、種になっていく状況が、これまた既にみてきたたんぽぽの仲間だと気づかせた。

たちあおいや月見草の継続観察では、花のしなびた状況やつぼみの開き加減が一日一日具体的に変るのでおととい、昨日、今日、明日、あさってという混乱しやすい抽象的、時間的なことばを子どものあたまの中でたしかなものにし合う材料になる。

いま植えている朝顔、昼顔、夕顔のそれぞれでも同じようなことがいえるが、これらによって「順序」をわからせることもできる。

なお、たいさんぼくに対する穂咲きのななかまどと虎の尾は、花の一輪対一輪の対応、大きさの比較と、一かたまりをたしかめさせる。同じ小花のかたまりでも、ななかまどの一せいに蕾であり一せいに咲き揃う壮観さに比べ、虎の尾は穂状のもとのほうの真白い開花の部分から先端に向うほど固く閉ざされた蕾になっておりげんしゅくなまでに秩序正しい集合の美しさで、それぞれに子どもたちは感動の声をまきおこす。

たいさんぼくの閉じかかった大きな花びらの中に、かわるがわる指を入れ、不安げに出してみているのは、「熱帯の魔の巨大輪を想像して喰われるかどうかためしてみていた」という。また、ほたるぶくろのブラブラちょうちんをのぞき込んでいるある子は「ほたるはここで生まれるのか、それともしばらく休む所か?」と問いかけながらあかず眺め入っている。

またあるときには、ななかまどの名前の由来、七回炭焼きかまどに入れても焼けない固い木という話を折り込

んで昔の労働生活を話してやることで、子どもが思い思いの名前を作り出す遊びに発展させるきっかけをつくれる。

また、観察台に並んだ種々の昆虫は、〃育てるきびしさ〃と〃協力〃を子どもに要求するが、点のような虫から育てあげたあげは蝶を「元気でね、さよなら！」とつぎつぎに空へ送り出す子どもたちの顔は、満足げで明るい。　（東京・文京区千石子どもクラブ・松本ちさえ）

〔その2　版画製作を中心にすえて〕

空にはジェット機の爆音がひびき、工場からはき出される赤や黄や茶色の煙は、あたりをその色で染めてしまいます。風向きによっては、暑い夏の日中でも窓はあけられません。窓を閉めきってさえ、子どもらは「ゴホン、ゴホン」と咳をはじめます。

このようななかに学校も学童の施設も置かれていますが、子どもたちは、防音のために密室になった教室で学習し、工場で囲まれた煙の街で成長しているのです。

子どもたちの描く絵は、無意識にそれらを反映してか、暗い色彩と、安易に固定化した無性格さで、子どもらしい創造性は感じられませんでした。

そこで、まず子どもが持っている、持たされてきている絵というイメージを打破ることが必要でした。ポスターカラーや水彩絵具やクレパスを使い、手や指や筆や使えるものはなんでも使って、できるだけでたらめに、大きな紙に、五・六人で体ごと色を塗りたくる。形など規制しないで、できるだけ多くの色を塗りあげることをしました。子どもたちは、ほんとうにそんなことをしていいのかと驚きながらも、やりだすともう無中になりました。目の輝きも違ってきました。

つぎに行なったのは作品の合評でした。自分たちの描いた絵がみんなの前に飾られ、一年生も三年生もそれぞれ自由に批評させ、最後には全員の絵が壁に貼られました。こうしたことをとおして、形をととのえ上手に描くより、思いきって描きたいものを書くことを身につけていきました。そして、それを高めるために、写実の技術習得（たとえば直線や曲線を描く練習）を中心にしながら抽象や具象もとり入れて描くように指導しました。

そうした夏休みも終りに近い一日、日本教育版画協会

の大田耕士先生にきていただいて、地域の子どもたちも招いて「版画教室」を行ないました。それまでも版画は取組んできていたのですが、大田先生に指摘された点は

① 子ども達は自分で何を描くか決められず一人が自動車を描くと周囲の子が全部自動車になってしまう。主体性の欠乏。

② マンガやテレビの主人公が多く登場し、自分たちの日常の生活のなかの題材が出てこない。このことは生活がただ流されてしまって、物ごとを意識的に見れないからだ。

などでした。その後このことを職員会や父母会でも話し合い。版画を系統的に取組むことで、子どもたちの主体性、認識力、創造性をのばしていこうということになりました。

版画は主に土曜日の二時から四時半頃までの間に行ないます。紙とハサミと糊を用意し、題材の決定した子どもから材料を渡します。題材の決らない子どもには、指導員が話しかけ、子どもの生活の断片をいろいろとしゃべらせます。子どもたちは体験したことをそのときの感動まで含めて思い出し、イメージは定着します。さらに、合評によって、子どもたちはより真実に近い（うそやごまかしのない）作品を多くはめるようになり、パーマンやオバQは影のうすい存在となっていきました。

やがて、念願のグループ製作にもとりかかることができるようになりました。それは描きたい対象が一致した子ども同志でグループ製作することから始まりました。まずグループがあって何を描くかを話し合うのではありませんでした。題材には遊びが多いのでしたが、グループでは場面の風景がどうであったか、自分たちの姿勢が着物がどうであったかでもめていることもしばしばです。姿勢がはっきりつかめないときなど、「そのときのようにやってみれば」と一声かけると、すぐ実演が始まります。こうして一つ一つを確め合って作品は仕上ります。

そのうち、一人で大作に取組むもの、かねての自由時間に「紙版する」「木版やる」と材料を請求する子、グループ製作する子もでてきました。そんなとき何を描くかはっきり確めてから材料を渡します。こうして版画は他の絵・紙工作・粘土などのなかで主要なものとなったばかりでなく、お互いに底辺で共通しあっていることを

発見しました。年令の差、下校時間の違いなど、困難な条件はありましたが、版画製作を通じて得られた子どもとの結びつき、親の信頼感は貴重なものでした。

（東京・大田区糀谷子供の家学童保育・梅田和彦）

〔その３　市内見学を思いたつ〕

小金井東小学童保育の場合、発足してから三年間というものはきまった室が無く、放課後の一年生の教室を一カ月毎に移動、それも急に使えなくなる時があった。父母会、クラブ活動、父母との個人面接、役員会、掃除に来るなど、教室は沢山ありそうでいざとなればなかなか思うようにはいかず、季候の良い時は必ず校外へ出なければならない。

この様な状態の中で何とか魅力ある学童保育にして行きたいと願い、子供なりに自分の生れた町、住みついた町を知る事は、やがて大きくなってから、思い出の多い楽しいなつかしいものになるであろう、教育的にもプラスになる。第一足が強くなる。健康的である。それに、この子達が大人になった時は、今の川も雑木林も田園も段丘もなくなってしまうかもわからないと思い、市内見学を思い立った。

見学といっても遊び中心で、子ども達は学童保育の遠足といっている。見学して歩いたのは、東京農工大、市役所、警察署、電話局、消防署、郵便局、第二浄水場、電波研究所、東小金井駅、高橋養鶏場、鴨下製糸などの見学。多摩川の川原での石拾いや石投げ、めだかすくいをし、牛の遊ぶ牧場も見学した。

ごみ焼場附近は紅葉が美しく、武蔵野自然公園では落葉やどんぐりを拾い、全員林の中を思いきり遊び廻った。

そのほか、渡辺文吉の碑、金蔵院、西念寺、古代遺跡、幡随院などの名所旧蹟も歩いた。

こうして三年半、歩いたところは三十数ヶ所に達した。主に春と秋はほとんど市内全域を歩いて廻る。遠い所は弁当持参で土曜日にでかける。目的地に着いて食事するときの晴々とした子どもたちの顔は、解放感にあふれ、学校の遠足より面白いという。忙しい親は子どもをどこにも連れて行ってあげられないので大喜びなのだ。

集団での歩きかたが上手になり、交通の勉強にもな

る。保育の子は市内の色々の所をよく知っていると先生にも感謝される。子ども達の気持もすなおになる。目にふれ、足で踏み、手でさわって、お日様をいっぱい全身に受け、自分の足で一歩一歩あるいて見た自然。何とすばらしいことか。

解放的になった子どもを引きつれての校外での四時間余りは、指導員にとっては緊張の連続だ。でもやめられない。子どもはやはりのびのびと自然の中で育てたいと思う。

児童館に移り満一ヶ月たった今、学童保育の仕事は何とむずかしく、また、味のあるものかと考え続けます。その日暮しで、なまけることもできる。どうしたものかと日夜なやみ通してみても、たいしたかわりばえはしない。しかし、積み重なると、こまる事にもなるし、楽しい仕事にもなる。一番大事なのはすべての子に愛を持って接することであるとしみじみ考えさせられます。

（東京・小金井市東小学童保育・楢静子）

〔その４　遊び・飼育・行事・しつけ・学習〕

〈遊び〉「ただいま。やあーい、ぼく一番だね。」とかけこんでくる一年生のＡ君。余り早いと思ったら、「さよなら」をしないうちに、毎日クラスを飛び出してくるということを先生から聞き、あきれて、思わずふき出したこともあった。

クラブの内容は、「あそびの指導」が中心である。主体的で、創造的で、しかも集団的、個性的な遊びづくりと、遊び方が中心である。遊びは、大人の生産・労働と同じに大切なものと考える。この中で、知識を得させ友達と連帯する楽しさを学ばせ、創造力を伸し、心身の成長を図る。

一年生から四年生までの子供たちは魔術師だ。何もなくても素晴らしい遊びを創り出す。縄一本あれば、床にチョークで線路を書き、駅を書き、机や椅子を動かして電車ごっこ。つたない字で一年生が駅名を書き、二年生が切符を発行し、駅長、出札、車掌、運転手、お客と分担し、脱線転覆して救急車で病院へ……と限りなく遊びは続く。「入れて」と友達がくると「お客が増えた、バンザイ」と手を叩いて喜ぶ。用事で来た母親もこの電車にのせて先生の所に案内する。駅名は本や駅で調べる。

巻紙に書き宝物になる。クラブでのタンスの奥に秘密にしまう。失くなったと大騒ぎした事もあった。レストランごっこも良くやる。コック、ウェイトレス、マネージャアー、メニューを書き、ニコニコ食堂と看板も作り、広告宣伝もする。粘土とチョークの粉でケーキを作り雪がふれば、まるめて色紙で押えて色を出し、イチゴアイス、親子アイス、チョコかけアイスと限りないメニューが生れる。黒板を壁からはずし、椅子の上にのせる、布をかけてテーブル。先生は、お客さんに引っぱりだこ。外ではシャベルと棒で土を掘りダムを作っている。土管のかけらに水を通して、通水式。水をくむ人、掘る人タイルを張る人、分担して泥んことなる。天気が良いとマラソン大会。紙にマジックで「○○はんのマラソン」と書いて棒にセロテープではりつけプラカードを作る。応援する。子供達は、一人遊びより集団遊びの方がずーと楽しい事を知っている。

〈飼育・栽培〉 飼育、栽培は、子供の生活に欠かせないもの。生産労働の価値を学ばせ、生命の尊さをおしえる。

家から持ってきた種を土にペタリと坐りこんで一粒ずつ埋めて行く腕白さん。土を堀る人肥料をまく人、苗を買いに行く人、水をまく人、こっそり秘密の場所に植えたヒョロヒョロのヒマワリに、棒を立て糸で結んで支えとして、それから植えかえる人、南瓜、きゅうり、ヒマワリ、ヘチマ……と、毎日水をやり草をとる。

小動物は、クラブの大切な仲間。犬が飼えない団地の子は、捨て犬を隠して飼い、学校にいる時は学校のゴミ箱に隠し、飼いきれなくなって連れてくる。一時は犬四匹、猫三匹が同居していた事もあった。よその子供がのぞきにきて猫を逃がした事があった。猫の顔を書いたポスターを作り、グループに分れて餌をもって雨の中を夕方迄探し廻った。

現在兎の夫婦、亀、犬がいる。餌を字引で調べ、八百屋からきゃべつを運び、糞を掃く。引っかかれて大変な騒ぎ。手製のシューマイの弁当を残してきてポチにやる子、それを見て「私はポチになりたい!!」と嘆く子、犬のためにおやつを残す子、この中で、植物や動物を育てる事の大変さを学び、ひとの気持のわかる豊かな心が育っている。

〈諸行事〉 行事は子供のたのしみの一つ。集団で企画し、その中で一人一人の個性が生かせるように考える。

誕生日会は子どもたちの企画による。輪唱、合唱、合奏、バレー劇、手製の紙芝居、ドリフターズ、手品など、進行・司会など、すべて子供がする。机を寄せ布を敷き舞台。「いたずらを止めます」「泣きません」と約束もする。祝福をうける子供は、十円ずつ集めてかった、贈物と、手製の贈物をもらう。次の日連絡帖に母親がこう書いていた。

「『今迄にこんなうれしい日はなかったよ』と興奮して帰ってきた。」「贈物を抱いて寝た。」『夜遅く迄作った贈物一番気に入っただから、私の誕生日には、マンジュウ一個と百円玉一個あげる。』といわれて大笑いした」とか。

〈しつけ〉 日常の躾やきまりは、全ておやつの時に話しあう。数人の班を作り、交替で司会をする。自他推薦の班長を討議し選挙で決める。泣くから班長にできないといわれ夕方迄泣き通した子が、がんばって次の選挙でみごと当選した。話し合いには何でも出す。流感の頃、病気の人に手紙を書こうと、鉛筆なめなめかいた手紙を手製の袋に入れて見舞に行った。一人一人に返事もきた。病気が直った日、みんなは荷物を持ち、手を引き、拍手で迎えた。「返事有難うね。大切にシャツの中に入れて持っていたら失くなっちゃったの、ごめんね」とあやまる子、「返事大変だったでしょ」と、心から心配するやさしい心に胸が熱くなる思いだった。

〈学習〉 学習は、おやつの後、全員で、宿題などを班長中心にやる。学級の先生、父母と相談し、自分達で計画し、自分達でする。

その他、夏には一泊二日のキャンプも計画している。親子ハイキングの計画もある。

こうした生活は週一回発行のガリ板通信「あめんぼうだより」で父母に知らせる。指導内容は父母集団の定期的な会で話し合われる。父母、学校教師、地域の人々の暖かい理解と協力と励ましの支えがあるからこそ、保育者はこの大事な仕事に生甲斐を感じ、子供の眸を輝かせるために、がんばれるのだ。

（埼玉・福岡町学童保育・市川穂波）

施設改善のとりくみ

「いまの施設をもっとよくして下さい」というねがいは、おそらく現在六百をこえるすべての学童保育クラブの指導員、父母、そして子どもたちの共通したねがいだと思います。「場所が適当でない」「部屋がせまい」「備品がすくない」等、数えあげればキリがありません。したがって、現行の施設を改善するという要求は、それぞれのクラブの日常的、中心的な課題としてとり組んでいかねばならないものだと思います。

施設改善にはいろいろなケースがあります。ここでは、主として施設の新、増築に成功した東京葛飾区の場合をみましょう。

葛飾区の中青戸、高砂の両クラブは、ほぼ同時期に設立されましたが、かたや校庭内のプレハブ独立家屋（中青戸）、かたや一つの空教室利用（高砂）というちがいを、その出発点でもっていました。ところが、この両施設で共通したのは、いずれも次年度には、希望者が急速に増え、物理的に入所学童の収容不能という事態が生まれてきたことです。

とくに高砂では、設立後、学校児童数が増えたため、施設が一教室に減らされ、とたんにいろいろの指導上の障害が起きてきました。いっぽう中青戸の場合も、設立後の学童数は初年度で三〇名をこえ、その年の末には、次年度の入所希望者が一〇名もいることが確認され、深刻な波紋を投げるにいたりました。

こうして、両学童クラブの増改築運動がはじまりました。中青戸では、次年度に入所を希望している学童の親たちが集まって、「中青戸学童クラブ入所懇談会」をつくり、現役の父母会と連絡をとりながら「増築」の区議会請願や区長交渉をおこないました。高砂でも一教室に減らされたことからおきる現学童の窮状を訴え、あわせて次年度入所する学童のことも考えて、この際独立の学童クラブを設置するよう区議会に働きかけました。

その結果、中青戸学童保育クラブの増築がひと足さきにきまり、ひきつづいて高砂学童保育クラブが、校地隣接区域に新築されるという大きな成果をあげました。とくに高砂の建物は、都内でも他に類をみない理想的な独立家屋となっています。なお、中青戸学童クラブでは、その後もひきつづき、翌年度をめざしての増築請願がだされ、採択されていますが、こちらは校庭内という限界があるため、いまのところ高砂のような隣接区域での新築については依然として問題をのこしています。

この施設改善（新・増築）の運動をふりかえって、いくつかの教訓を感じます。

ひとつは、中青戸、高砂ともに、学童クラブの発足と同時に父母会が組織され、施設改善はもとより、指導員の待遇の改善から諸行事の協力にいたるまで、十分な話合いと統一された陳情、請願などの行動をおこなってきたということです。ふたつめは、同じ時期に設立された松南小学童クラブも含めて葛飾区学童保育クラブ父母会連合が組織され、相互に連絡、協力しあって運動がすすめられたということです。そして三つめは両学童クラブ共増築運動には父母会（含入所希望者）の全員が手分けして署名や陳情に参加を繰り返したこと、又実地に他の学童クラブの見学や調査を行って迫力ある区長交渉を行ったことが成功をもたらしたと考えられます。こういった活動が、困なんな増築を実現し、ひいては指導内容やその他の面の改善につながっていることを考えたいと思います。

（東京・葛飾区高砂学童保育クラブ・黒田志げ子・父母）

指導員の待遇改善をめざして

杉並区に、区立の学童保育所ができたのは、昭和三九年七月のことでした。地域の働く母親と子ども達の切実な要求で、共同保育がはじめられ、その運動の成果が実って、三九年には七カ所、四〇年には三カ所、四一年には四ヵ所、四一年には三ヵ所と増設されてきました。

　指導員の待遇は、他区同様、アルバイトあつかいの非常勤職員でしたから、たいへん悪く不満をもっていました。もちろん、個々の指導員のなかには、「これではひどすぎる」ということで、自覚した学校の先生の協力を得ながら区と交渉したりしましたが、さっぱりラチがあきません。どうしても、指導員全部が力をあわせなければ、ということになり自主的な親睦会「ふみづき会」が一年目にうまれました。その「ふみづき会」の話合いのなかから、単に親睦だけではこれ以上待遇もよくならないし、指導内容を高めていくこともできない。どうしても正規職員として身分を保障させ、子どもたちの指導にうちこめる態勢をつくろう。そのために区と正式に交渉できる労働組合をつくろうという声がでてきました。家庭や子どもをもっている指導員の多いなかでの話ですから、最初は、「これ以上時間をとられたらなあ」というためらいもありました。しかし、毎日の指導のなかから、子どものしあわせをまもるには、どうしてもしっかりした労働組合が必要だ、という気持ちが高まり、ついに指導員全員の意志がかたまりました。

　四一年七月、都職労杉並支部などの援助を受けながら〝杉並区学童保育指導員労働組合〟は結成されました。何しろ、組合員のほとんどが、生まれて初めて組合員という肩書きを持ったのですから、すべてが手さぐりで一歩一歩進んできました。

　「正規職員化」の要求を前面に出してきましたが、仲々見通しの暗い状態で、当面の要求として、時間給引上げ、諸手当の獲得などの経済的な向上と、年次休暇の引き上げ（年間六日を一〇日に）、生理休暇の有給化、産前産後、長期療養中の保障、児童一五人に一人を限度とした指導員の配置、代替要員制の確立、被服費の支給、福祉課長との定期交渉などを決めて、区の総務部長、総務課長福祉課長などと、交渉を続けました。もちろん、「正規職員化」についても区当局と交渉しましたが、「都の方で考えていないから、都の方へ行きなさい」と言われ、学童保育連絡協議会のよびかけに応えて、都にも交渉に行きました。すると、都の民生局では区長会で決めるように、区に働きかけなさいという返事で、都も区も、共につき上げないと実現しないということがわかってきました。

　最近行なった正規職員化についての組合の調査で、大部分が賛成、少数の反対意見もありました。反対理由として、「時間が長くなる」「資格を持っていない」「今の給料でよい」「いかなる条件でも反対で非常勤のままでよい」といったことが出されましたが、組合総会では、「私自身は、非常勤の方がよいが、みんなの望むところならば、あえて反対の行動はとらない」といった意見も出され、正規職員化を中心とした今年の運動方針も、満場一致で可決されました（四三年七月三日第三回定期総会）。

　この丸二年の組合活動の中で、時間給の引き上げ（当初一一〇円現在一七五円）。夏期、年末、年度末手当の職員と同率の支給、特別時間外勤務手当の支給（年間百九十時間内で）、自主研修費（年間三六時間）、月一五日に欠ける分の保障金支給、年末年始休暇の有給化五日間、産前産後・長期療養後の職場復帰保障（ただし休暇中は無給）、夏冬のユニフォームの支給などをかちとることができました。身近な要求を実現してゆく中で、組合員の組合に対する信頼感、積極性なども生まれ、現在はすべての人が何らかの役割を引き受け、みんなで活動する組合となってきています。

　これからは、もっと強力に「正規職員化」が早期実現するよう、他区の指導員との交流を深め、研究活動を活発にしていこうとはりきっています。そして、各区市町村で、労働組合づくりが行われるよう、できる限りの協力をしたいと思っています。

（東京・杉並桃井第四小学童保育クラブ・大城民世）

父母との協力

　四十一年八月、私はこれという方針も持たないままに代々木学童保育所の指導員になりました。

　しかし、女の指導員一人ではとても手に負いかねる実状で、子ども達にふり廻されて、日々が過ぎていきました。子ども達の家庭では「子どもが勝手に行くから行かせているのです。」といった態度も感じられ、子どもも、父母、指導員がばらばらに存在して、指導上困難なことが多かったので、二学期も始まったある日、父母との話し合いをもちましたが、出席された父母は全体の一〇％にも満たない数でした。しかし、その少数の母親達が子ども達のしあわせを願い、学童保育の発展に努力しようとする熱意を持っていることに強く心を打たれました。

四十二年、渋谷区は他区にさきがけて、学童保育所を学童館とあらため独立した学童館を二ヵ所新設、指導員には保母の資格のあるものを正規職員として採用しました。しかし、従来からあった氷川、代々木両学童保育は青年館と合併されているため、本館としては、認められず、そのため、児童数に関係なく、職員は非常勤職員一名で従来通りということになりました。このような差別に私達は職員の立場から幾度も役所に問いただしましたが「上からの命令だから仕方がない。」の一点ばりで、らちがあきません。一方、館の方は新入生を迎え、ますますいそがしくなりました。勤め帰りの母親が指導員に早変わりして手伝ってくれるなど母親の館への協力が多く見られるようになりました。

この頃になって、父母の力をもっと強く結集させようという積極的な気持が父母のあいだに盛り上がり、六月には正式に父母会が発足、七月には早速、区議会に次のような請願が提出されました。㈠指導員の増員。㈠現在の指導員を正職員とすること。㈠春夏冬休み中保育時間延長。（九時〜六時）。㈠扇風機二台（大型）取りつけ、㈠電気冷蔵庫（大型）を備える事。これは議会で採択され、蒸風呂のようだった子ども達の部屋も扇風機が置かれてしのぎやすくなり、おやつの調理、保存に冷蔵庫が大いに役立ちました。夏休みにはアルバイト学生の協力も得られました。指導員の声には耳を傾けてくれなかった役所も父母の請願には動いたのです。今年二月、私は母親達に力づけられて保母資格を取得しましたが学童館の保母は定員いっぱいとの理由で保育園勤務になりそうでした。母親達は昼休みを利用して各職場から集まり、教育長に面会して話し合ってくれました。

人事の問題は難しいとききますが母親達の誠意は本当に嬉しく思いました。五月には再び父母会が㈠渋谷学童館分室を本館施設にして下さい。㈠常時正規の職員を配置して下さい。㈠非常階段を設置して下さい。の請願を出し、六月議会で採択されました。そして、今年四月から職員も増員されて二名になりました。子ども達も二年前にくらべると見違えるばかり落着いてきました。指導員、父母も保育内容充実へと目が向けられるゆとりがやっとでてきました。その後毎月一回の父母会には母親同

志が声をかけ合って、三・四名だった出席者も今は半数以上の母親が出席するようになりました。

今、子ども達のしあわせを願って、よりよい学童保育を推し進めていくために、子ども・父母・指導員の結びつきは、さらに固くなろうとしています。

（東京・渋谷学童館代々木分室・岸雅子）

地域の諸団体との協力

学童保育の施設が、いずれにしても地域の共同施設、学校などを使う以上、PTA、団地や都営住宅の自治会、町内会、地域の労働組合（教組、区市町村職組など）などの協力は、欠くことのできない要素となります。運動がうまくいっているところは、かならずそういった諸団体の協力や援助の態勢がよくできています。たとえば、PTA、町会、学校ぐるみの協力があった和田学童クラブ、団地自治会の積極的な協力で支えられてきた高根台や前原、そのほか新婦人の会や教組の分会の支援で運動を成功させたところなど、さまざまです。

とくに高根台団地の場合は、当初から団地自治会のなかに担当役員をおき、自治会そのものが保育園、電車教室、少年会の組織、児童館、留守家庭児童会による公立学童保育クラブの設置などを要求し、実現してきています。このことは、団地や住宅の自治会、PTAなどの活動が、いかにだいじかを教えてくれると同時に常に民主的な自治会にしておくことの重要性をも示してくれています。

高根台団地で「電車教室」の学童保育がはじまったのが昭和四二年の四月、この電車も、自治会中心の夏休み子ども教室の実績をもとにして獲得したものでした。この電車の改造は、自治会の費用と会員の労力奉仕でおこなわれ、なかの備品も、会員の寄付でととのえられました。ただ、公団法の関係などで「水なし便所なし」という不便をかこつ、という問題はのこりました。それにどうしても施設がせまい、したがって、定員にも限度がある。保育料の軽減も無理（専任の保母さんの犠牲的奉仕にもとうぜん限界がくるでしょう）という、共同学童保育がぶつかる壁にとうぜんこもつきあたることになります。こうして四二年七月には、自治会の協力で高根台

児童館建設促進協議会が生まれ、あわせて、小学校区での公立学童保育所つくれの運動が起きてきました。

高根台児童館の要求は、「幼児保育、学童保育、そして一般の児童の文化活動のセンターに」というキャッチフレーズですすめられています。四二年の十二月二二日の市議会では、「児童会館（高根台）建設に関する請願」が正式に採択されましたが、用地問題が解決せず、運動をけいぞくしていくところです。

いっぽう、留守家庭児童会による学童保育の建設は、自治会の運動がみのって、四二年五月下旬から高根台第二小学校に設置されました。別項でものべられているように留守家庭児童会には、運営、財政面でもいろいろ問題があります。そこで自治会では、開設当初から①保育時間の延長、②土曜保育の実施、③夏休みなど学校の休日にも保育してほしい。などのつよい要望を再三おこなってきました。ところが市側は運営協議会に一任しているという回答をするばかりで、その協議会もまだひらかれていないという状態です。高根台団地では、山積する父母の要求を一日もはやく実現させるよう運営協議会での話合いをおこなわせるよう努力しているところです。

このような団地や公営住宅での学童保育運動では、それぞれの自治会の協力や、役割がたいへん重要です。また、その他の地域でも、これにかかわる諸団体の協力をたいせつにしたいと思います。

（千葉・高根台団地自治会・山下栄子）

新入児童の感想

けんかしたとき、みどり保育園のときはね、だれかが先生にゆって、先生におこられるんだよ。学童クラブでは、だれがわるいかはなしあいするから、おもしろいみたいだな。ぼく，はじめてグループとうばんやったんだ。むずかしかったけど、えらいきもちだった。

（のぶお）

―三鷹・あかしやの会・くらぶだよりより―

運動のてびき

学童保育クラブをたくさんつくるために

1 よいものをつくるんだという自信をもとう

すでに第六項でものべられたように、学童保育所をつくる条件は、数年まえとは比較にならないほど、成じゅく、してきています。だからといって、熟した柿がポトンと、落ちるようなわけにはいきません。それに、腐ってポトンと落ちた柿では食べられません。腐るまえに落とすためには、やはり力をあわせて柿の木をゆさぶる必要があるでしょう。成じゅくした条件とは、以前よりつくらせまいとする土台がゆるんでいること、枝もたわわに柿（要求）が実っていることです。そのゆさぶりかたを、ここでは考えてみようと思うのです。

成じゅくした条件は、学童保育を必要とする人々、世帯が激増していること、とうぜんそれを要求する運動が高まってきていること。それはまた、自民党政府、地方自治体のほうにもなんらかのかたちで対策を実施しないと、保守の土台が堀りくずされるという心配がでてきているというわけです。それが東京都の自主事業であり、文部省の留守家庭児童会なのです。学童保育所づくりに、私たちがとりくむ時、あるいは関心をもつ場合、まずこのような客観情勢をしっかり理解し、自信をもつことがたいせつだと思います。

共働きにとって運動することは大変です。しかし運動する中でわからないこと知らなければならないことが沢山出てきます。例えば「学童保育とはどういうものか」「子どもにとって本当によいことか」についてまず父母自身が確信をもつ必要があります。

また母親が働くことの意味をつかみ、いまの労働者のおかれている状態をつかむようにすることもたいせつです。

こうした学習を積み重ねる中で「こりゃぁ、国や市が当然やらにゃいかんというこってすなあ、いやよくわかった」とさけび出した父親がありますが、このように、学童保育所の要求は働く父母の当然の権利であるという考え方をしっかり持つことがたいせつです。

運動をしているところ、学童保育をかちとったところはどこでも、父母たちは運動のはじめの頃とくらべて、ものすごく自分達が成長したことに気がつきます。

はじめ、こんな要求はとおらないのではないかと考えていた母親も、学習したり、当局と交渉したりしているうちに、要求がとおらないのは何故かと考えるようになります。

こうして、日本の政治がどの方向に向いているのか、何故生活が苦しいのか、何故社会保障や社会福祉の予算をもっとふやすことができないのか、学校教育の中で子供が何故差別されなければならないのかを、運動と併行して徐々に、或いは急速に理解していくと思います。

2　よびかけ、会をつくり、会報をだそう

さて、柿の木のゆさぶりかたの初歩からいきましょう。たいへん常識的なことですからこのパンフレットを手にする人なら誰でも知っていると思います。いうまでもなく一人では無理です。木が大きければ大きいほど。できるだけたくさんの仲間が必要になってきます。とにかく、「学童保育所がほしい」という人がいたら二人でも三人でもあつまって話合いをはじめましょう。その手がかりはいろいろあります。いちばん確実なのは、公私立を問わず、保育所の最年長組には、小学校にはいる子どもの放課後について深刻に悩んでいる人が、かならずいます。青戸団地のように働く母の会が土台になったところ、地域の民主的な婦人団体の会合で知りあった父母が中心になって、団地や住宅の自治会を通じて、よびかけやアンケートをとったりしたところなど、それぞれの地域の条件にあわせた方法が考えられてよいでしょう。数人集ったところで「学童保育所を作ろう」という共同意志が確認できたらそれぞれ分担して早速仲間作り（組

織作り）をはじめましょう。いま困っている人だけでなく来年、再来年困る人も含めることが大切です。そして準備会（例えば〇〇町学童保育を作る会）を作ります。

これは長い間の運動で疲れたり、邪魔が入ったりした時にもゆらぐことのない学童保育作りの土台であり、又会費（運動をおこなうための紙代、印刷代、交通費等に使います）を決めるためにも必要です。

そして、この自分達の会は後程のべるように請願が通り、新しい学童保育所が出来たときに入りたい人は全員入れるための入所交渉団体にもなり得るし、又できあがった学童保育所の父母会に発展し得る母体（地方自治体では父母会をつくらせたがらないところもあるので）にもなるのです。

この会は、みんなが意見をだし、みんなで動くように運営することがなによりもたいせつです。そしてまわりの人たちも含めてのみんなが会の動きや地方自治体の動きを知り、たえずひとつの意志で行動していくために、かならず会報（機関紙・誌）を発行したいと思います。ガリ版でもタイプでも、力と条件にあわせて、可能なかぎり定期刊行ができるように努力したいものです。

3　請願し、陳情しよう

仲間づくり、会づくりとあわせて、〃学童保育を実現してほしいという請願〃の準備をはじめましょう。

請願というのは、国会や都道府県、区市町村の各議会に、住民が実現してほしい要求を申し出ることです。学童保育に必要なのは区市町村議会に対する請願です。

これに対し陳情は、政府、自治体の首長、および各級議会の議員に対して要求の実現を申し出ることです。

陳情と請願のちがいは、請願には法の拘束力があることです。すなわち会議が採択した請願は、官公庁は「誠実に処理しなければならない」(請願法第五条）と定められ、さらに議会は、送付した「請願の処理の径過および結果の報告を（区市町村長に）請求することが出来る」（地方自治法一二五条）と定めています。つまり、請願が採択されると、法的に一定の力を発揮するわけです。同時に、請願が採択されるからには議員の多数が賛成したわけですから、区市町村当局に政治的な圧力を加えることになります。

もちろん、請願が万能ではありません。請願と同時に多数の人が区市町村長や福祉事務所、教育委員会にねばり強く交渉しなければなりません。

何故請願だけでなく陳情も必要かというと請願を受けた議会は多くの場合、区市町村の長の意志を一方的に無視して議決することは少ないからで、陳情は請願を実施する当局側に要求の内容や必要度の強さを理解させ請願の受入れ体制を準備させることになるからです。

請願は一人でも二人でもできます。しかし議会に採択させ、市区町村当局に影響をあたえるには多数の署名が効果を発揮します。

ここで署名運動の必要が出てくるわけです。署名運動は、署名を集めると同時に学童保育所が必要なわけをその区市町村の多くの人達に理解してもらうという目的もかねています。勿論、署名を集めるためには、さきにのべた組織がおおいに活用されるわけです。

請願にはまた何名かの議員の紹介が必要です。その際地元の議員は勿論ですが、子供のしあわせのためには超党派で、できればこの請願を審議する委員会のメンバー全員または多数になってもらうようにしたほうがよいと思います。この紹介議員の署名をもらうのにも前記の組織で手分けして行なうことも有効でしょう。当然のことながら学童保育について理解のない人もいます。しかしそれでも議員は住民がねばり強くまた誠意をもって当れば理解するようになりましょう。

請願書の書き方は紹介議員かまたは議会の事務局に行けば教えてくれます。

一つの学童保育所が実現するまでにはこうした請願と陳情活動が何度も必要です。

署名集め、議員訪問、区市町村当局への陳情などが昼間の仕事の上に加わるのですから、生やさしいことではありませんが、何といっても実現するまでねばり抜くことが第一です。

4　場所と内容をはっきりさせよう

請願が議会で採択されると請願代表者には議会より書類で採択通知がなされます。

しかし、請願が採択されても、実際に当局が動いて開設に至るまでには相当の期間があります。（この期間は

— 90 —

学童保育所が空き教室で行われるようになる場合とプレハブや鉄筋作りの学童保育所の場合等施設のあり方、規模等で異なりますが）予算の関係でずっと遅れてしまうこともあり、計画の変更もありうるので、この期間の運動がとても大切です。

開設の時期はいつか。場所をどこにするか、施設の規模や指導内容はどんなものか。何年生まで入れるのか。どれひとつとっても入所希望者と無関係なものはありません。

学童保育の施設をどの様なものにするか、ということと場所は学童保育所作りの中心的な課題といえましょう。今迄のべたことは公立の施設を作ることを前提にしているのですが、現在迄出来た公立の学童保育所はその多くは空き教室利用の形をとっています。しかし最近の傾向として、新たに学童保育所の設立を望まれる地域はどちらかといえば人口増の目立つ処が多く、そういう地域では小学校児童の増加が多い程空き教室は減る傾向にあるので、当局側も最初からそれを見越して独立家屋（プレハブや鉄筋）の学童保育所が作られるケースが増えています。子供にとって「学校から帰った」という解放感は貴重なものです。これが空き教室では得られません。そういう意味からも独立家屋をと最初から請願して行った方がよいと思います。現在、独立家屋の立派な学童保育所が数多くあります。運動の過程で既設の立派な保育所を集団見学することは運動を発展させる上で特に効果があります。（学童保育施設の建設費は用地費を別にしても保育園の建設費に較べ格安で済んでいます。）

学童保育を設置する場所は何といっても子供が毎日安全に通える所でなくてはなりません。保育園と違って子供自身で学校から通える処となると必然的に学区域の中となって来ます。当局が、利用する子供達のことを考えず、不便な処に設置して学童保育所の利用が先細りになった事例も数多くあったといわれています。こういう観点からも一学区に一つを最低として学童保育所を作らせる要求が正しいといえましょう。

又現在の交通事情から危険な道路の横断等はさけることも肝要でしょう。

したがってできるだけ学校の近くの広い敷地に建物を建てることが望ましいのですが、できなければ校庭でもよいでしょう。

— 91 —

以上のような当局への何回かの交渉の中で開設時期が予定より遅れないよう（例えば四月に間に合わせると言明したのに開設が秋になってしまったという実例がいくつかあるのです）にたしかめておく必要もあります。

5　父母会づくりとその役割

学童保育所が出来たら入所した子供の父母が集まって父母会を是非つくって行きましょう。運動の中で出来た○○町学童保育所を作る会等はこの父母会を作る母体となります。

父母会は学童保育所の民主的運営を維持し保育内容を改善するために是非必要なものです。ここに全国的に進んでいる東京都葛飾区の公立学童保育所の父母会を例としてその過去三ヵ年の活動を見てみましょう。ここの父母会は三ヵ所の学童保育所全部にあり今は三ヵ所で連合父母会を結成して運動をすすめています。

㈠保育内容の向上

(イ)おやつ代の値上げ（当初一人一日一〇円が現在では一八円）

(ロ)指導員の増員（当初三ヵ所で六名であった指導員が現在は九名）

(ハ)教材現物支給

㈡保育所と家庭の連絡

三ヵ所共二ヵ月毎に父母会を開き保育内容等を保母と話し合っている

㈢施設の改善

(イ)区内学童保育所の増設に関する請願
（区内保育所長期増設計画——採択）

(ロ)空き教室から独立プレハブ五八坪へ
（高砂保育所——四二年暮に実現）

(ハ)プレハブの増築
（中青戸保育所——四一年三二坪から四三坪へ増築）

(ニ)プレハブの再度増築
（中青戸保育所——四三年四三坪から約五五坪へ）

(ホ)電話架設（三ヵ所共直通を設置）

㈣指導員の待遇改善

(イ)一時金の増額（二ヵ年にわたり交渉当初の二倍になった）

(ロ)身分改善の請願（四三年条件付採択）

(ハ)指導員の定員増（現在児童二五名当り一名を一五名に一名とする）

(ハ)の請願は現在区議会で継続審議となった。

㈥その他

(イ)給与証明なしの入所（当初区は入所申込者数が定員を上廻った場合、給与証明による所得順に入所を制限しようとした。現在は給与証明でなく勤務証明のみで入所手続きできるようになった）

(ロ)区内各地域の学童保育所作りの援助
区内各地域の「学童保育所作り」の運動に経験者を派遣したり、対区の交渉に一緒に行ったりして、昨年から今年（四三年）にかけて四ヵ所の学童保育所の設置の採択を見た。

以上は運動のすすんだ地域の例ですから一般的に何処でも同じような条件があって同じような結果が得られるとはいえません。

ただ、いつでも、どこでも考えておかねばならない共通の教訓、すなわち、①学童保育所づくりの運動は、つくったあとも父母会のしっかりした運営をもとに維持されねばならないこと、②そのことが、かりに不十分なかたちで発足した施設でも、運動によって内容をよくし、指導員の待遇を改善させていくきめ手となること、を理解しあっておきたいと思います。とくに、一貫性のない国や地方自治体の行政のもとでの事業です。学童保育の正しいあり方、豊かな内容を創造していく基礎は、指導員と子ども、そしてなによりも民主的な父母会以外にないのです。

6　地域の諸団体との協力がたいせつです

運動をすすめていくなかで、いちばんたいせつなことは、地域の諸団体との協力です。とにかく新しい事業ですから、悪意にもとづかない偏見や無理解も数多くありましょう。あわせて、自民党政府や地方自治体、あるいは意識的な悪口、中傷をする訳のわからぬ団体やボスもあらわれてくるでしょう。そういった悪意のこもった中傷や妨害をとりのぞき、無理解な人たちに理解してもらうためにも、地域の諸団体とつとめて話合い、協力してもらうことが重要です。

とくに、施設ができてからの学校の先生、教員組合の支部や分会との相互理解、協力は、学童保育の内容をよくしていくためにも、よりよい運営の土台をきづくためにも不可欠の条件となります。実際に各地の運動に良心的で誠実な教師や、民主的な教員組合では大きな協力をしています。学童保育所作りの学習会の助言者になったり、一緒に運動してくれている場合も少なくありません。

しかし、まだこの運動に無関心な教員組合、或いは理解のない教師もかなりいます。特に空き教室で学童保育が実施されている実例がこの理解をすすめる障害になっています。（隣りで授業を行なっている状況を考えれば学童保育も満足に行えないと同様、教師側にも相当な負担が行く筈です。）この様な場合は父母の生活の実情や、子供の実態を具体的に話し、働く父母たちの話し合いに教師も参加してもらう配慮をしていかねばなりません。

地区の教研集会に学童保育の問題を持ちこんで、賛成派の父母と教師、反対派の父母と教師というように討論の中で意見が二つに分れてしまったこともあります。

しかし、これがあとで学童保育に対する理解を広めるのに役立っていることがわかりました。

また、PTAの協力を得ることも忘れてはなりません。今のPTAの中には民主的に運営されていないものもかなりあります。それでも粘り強く、学級から、地区の校外補導部から、話し合う中でとり上げてもらうことは決して不可能ではないでしょう。少なくともPTAが反対の立場に立たないよう、理解を深めてもらうことが必要といえましょう。（或地域の経験では学童保育所の設置場所がPTAのプール設置の場所と競合した結果、PTAの反対に会い、一頓座をきたした例もあります。）

7　議員にまかせっきりはだめ

地方議員の問題についてもふれておかねばなりません。つくるまでの運動はもとより、つくってからも議会や当局との交渉、陳情、議会や委員会での審議にあたって議員の協力、非協力の姿勢は軽視できません。運動の性格からいって、共産党など革新系議員がもっともたよりがいがあるのはとうぜんですが、できるだけ議会のなかの多数の議員が協力せざるを得ない布石をうつよう心がけたいと思います。なぜなら委員会や本会議で請願を採択させるさい、過半数の議員の賛成が必要となってくるからです。革新系議員がゼロ、または少数の地域では、とくにねばりづよい説得と訴えで、公明、民社、保守系無所属の議員にまで働きかけ反対をさせない態勢をつくりあげるべきでしょう。

議員の協力は、つぎのような点でもたいへん有利な役割をはたすものです。たとえば

1　市・区長など自治体の当局者に面会の約束をとりつけるとき（必ずしも必要ではないが例えば共働きのために市・区長に夜間会ってもらうなどの便宜をはかる交渉をしてもらう等）

2　他の市区町村の学童保育所見学に市のバスを出してもらうとき

3　議会で審議するさいに、運動の代表者に説明の機会を与えるように斡旋してもらうとき（これは請願書のおわりに書き添えておくとよい）

ただ、忘れてならないことは、得てして議員のなかには〝俺にまかせろ型〟が多いということです。運動や父母の切実な訴えを理解しない勝手な妥協やとりひきを当局としたり、自分の利害（票の多いすくない）を天びんにかけて、住民要求とは似ても似つかぬ結果を誘導してしまったりする苦い経けんが数多く報告されています。ですから私たちは、あくまでも運動の主体は自分たちの組織であり、議員はその要求を卒直に反映して運動する人を選ぶ、という主体性を失わないようにしたいと思うのです。こういうなかで、ほんとうに住民のために働く議員は誰か、どういう政党に属している人かが明らかになってくるのです。

このほか、市区町村当局者は、不勉強と、威光をカサにきた官僚主義の立場から知っていてもとぼけたり、他の部局へ責任を転嫁させたりします。そうさせないために、私たちはすべての面で十分な調査と知識をもつ努力をしなければならないと思います。

8　「留守家庭児童会」をどうするか

さいごに「留守家庭児童会」について考えてみたいと思います。東京都など一部の都市をのぞいて、さいきん設立された学童保育所、またはつくられようとしている学童保育所は、そのほとんどが「留守家庭児童会」予算にもとづいています。そのため、全国各地から「うちのほうも留守家庭児童会でつくろうとしてていますが、文部省の人づくり政策に乗っかっていいかどうか迷っています」という問い合わせがすくなからずよせられています。

「留守家庭児童会」が、ひとつは東京などを中心に広はんに起きてきた「学童保育所づくり」の民主的な大衆運動をおさえつけ、自民政府の軍国主義的人づくり政策の路線を「学童保育所」にも導入しょうという意図をもつことはあきらかです。

私たちの基本的な立場は、いうまでもなく日本国憲法・児童憲章の精神にもとづいた、子どものしあわせを追求する権利としての学童保育制度をつくらせることで

す。したがって、一方的で、憲法・児童憲章に反する政治的な意図を導入する留守家庭児童会の考え方には、基本的に賛成できません。

しかし、「留守家庭児童会」の発足の背後にあるもうひとつの側面をみおとしてはならないと思います。すなわち、働く人々の要求が高まり国自体もこの要求行動にいっていの譲歩をせざるを得なくなったという要素です。

したがって私たちが、この後者の部分、つまり全国各地にあらわれている要求、またはひそんでいる要求を積極的にひきだし、組織し、地方自治体や国へ陳情、請願の行動をおこなっていくなら、さらにこの譲歩の部分をひろげていくことができると考えてよいでしょう。危険な役割だけを強調しすぎて設置そのものに「反対」という結果になったのでは、大多数の父母の要求をみたすこともできないし、運動の高まりを発展させることもできなくなるでしょう。とりあえず「留守家庭児童会」で窓口をひらき、地方自治体の十分な負担で立派なかみにしていく運動を併行させることが、いまいちばんたいせつではないかと思うのです。

したがって私たちは、留守家庭児童会ととり組むにあたってつぎのような態度でのぞみたいと思います。

①国や地方自治体にたいする私たちの要求の基本は、第四項であきらかにした「私たちののぞんで学童保育」を国および地方自治体の責任で実現させるということです。

②そのさい、地方自治体から「留守家庭児童会」で実施するという提案があった場合は、運営の民主化、不備な予算を地方自治体の十分な負担で補う（おやつ代、教材費の確保、日旺祭日以外の完全開所、指導員の正規職員化など）をしっかり約束させ実施させるべきです。

③設立後の運営の民主化にあたって父母会の役割はきわめてたいせつです。それは、文部省の人づくと政策の危険な役割をのぞき、施設や内容。指導員の待遇改善をはかる最大の保証となるからです。留守家庭児童会の運営協議会には、かならず父母会代表を参加させることにさせましょう。

⑥それから、現在、地方自治体の自主事業として実施されているところでは、条件や水準をじっくりにらみあわせたうえで「留守家庭児童会」にすりかえさせないよう配慮すべきだと思います。

— 96 —

資　料

昭和42年度の留守家庭児童会実施状況と児館童数

都道府県名	児童会数	実施場所	都道府県毎1ヶ所当りの平均値			児童館設置数（41年2月現在）
			週当り実施日数	児童数	指導員数	
北海道	45	小学校(29)　児童館(7)　福祉センター(2)　保育所(1)　寺院(2)　集会場(2)　母と子の家(1)　職業訓練所(1)	5.5	51	2	46
青　森	6	小学校(4)　公民館(1)　幼稚園(1)　保育所(1)	4.2	40	2	55
秋　田	9	小学校(6)　その他(1)　社会福祉施設(2)	5	52	2.25	32
山　形	2	小学校(1)　集会場(1)	6	31.5	2	53
福　島	2	小学校(2)	5	40	2.5	21
茨　城	3	小学校(2)　公民館(1)	4.5	34	2.3	10
栃　木	3	小学校(3)	4	75	3	8
群　馬	2	公民館(1)　教会(1)	5	43	2	4
埼　玉	6	小学校(5)　公民館(1)	6	42	2.8	5
千　葉	2	小学校(2)	6	32	1	6
神奈川	12	小学校(11)　児童館(1)	5.4	39	2	14
新　潟	7	小学校(7)	5.3	65	2	47
富　山	5	小業校(2)　公民館(3)	5.5	42	2	7
福　井	4	小学校(3)　教会(1)	5.7	36	1.7	4
山　梨*	3		5	60	3	4
長　野	4	公民館(3)　小学校(1)	5.5	43	2	15

— 97 —

岐　阜	1	小学校(1)	3	66	2	9
静　岡	7	小学校(3)　公民館(1) 区民館(1)　児童館(1) 幼稚園(1)	5	44	2.3	8
愛　知	16	小学校(7)　児童学舎(1) その他(8)	4.2	52	2.2	17
三　重	2	小学校(2)	6	38	1.5	4
大　阪	56	小学校(45)　公民館(6) 青少年センター(3)　集会所(1)　幼稚園(1)	4.4	45	2.6	16
兵　庫	9	小学校(2)　公民館(3)　青少年センター(1)　教会(1) 児童文化会館(1)	5	38	2	19
奈　良	4	小学校(1)　公民館(2) 児童館(1)	4	41	2	2
鳥　取	6	小学校(5)　公民館(1)	4.5	40	1.7	9
島　根	2	小学校(2)	2	46	2	21
広　島	27	小学校(13)　公民館(8) 児童館(2)　集会所(1)　児童文化センター(2)　寺(1)	5	43	2	53
山　口	10	小学校(10)	5.8	36	1.8	27
香　川	15	小学校(14)　公民館(1)	4.8	46	1.8	2
愛　媛	15	小学校(13)　公民館(1) 児童館(1)	4	46	1.8	6
高　知	3	小学校(1)　公民館(2)	4	59	3	5
福　岡	6	小学校(5)　公民館(1)	5.5	56	2	9
佐　賀	1	小学校(1)	4	38	2	5
長　崎	5	小学校(3)　公民館(1) 児童館(1)	4	46	2	7
熊　本	1	公民館(1)	4	40	3	16
鹿児島	4	小学校(4)	4.4	45	2	11

注・和歌山県，岡山県は不明のため収録してありませんが，留守家庭児童会は実施しています。

東京都と国の学童保育事業の内容比較

	東　京　都（民生局）	国（文部省）
根拠	・児童福祉法第２条，第24条第39条 ・学童保育事業運営要領	・社会教育活動として行なう
目的	小学校低学年児童で，放課後帰宅しても，保護者の労働，疾病などで適切な監護を受けられないか，その地域に適当な遊び場のない児童について放課後の一定時間組織的に保護指導し，これら児童の事故防止と健全な育成を図る。	下校後，保護者が家庭にいない（月間15日以上３ケ月以上継続して）小学生児童を対象に，市町村の社会教育事業として児童会を開いて生活指導を行うもので，週３日以上継続的に行うものに対して補助する。
設置運営主体	区市町村，ただし，公益法人または適当な公共団体に委託することができる。	区市町村（教育委員会）
拠点	児童館，公民館，学校の一部その他適当な公共施設	公民館，学校，その他適切な施設
設備	・育成室および屋外遊び場 ・備品（遊具，楽器，黒板机椅子，図書，医薬品など）	
職員	保母または教員の資格を有するもの，児童の教育に知識と経験を有するものの中から２名以上の指導員を区市町村長が任用する	１児童会に原則として２名，教員，社会福祉主事の資格を有するものまたはＰＴＡ，青少年団体など社会教育団体で指導の経験を有する熱意ある人を教育委員会が委嘱する
定員	概ね40人とする	原則として40人以上で構成
保育時間	下校時から概ね５時までとし区市町村長が定める	下校時から午後６時まで
指導	児童に健全な遊びと正しい生活習慣を習得させることを指導の指針とし，その内容は，余暇指導，生活指導，学習指導とし，集団的，個別的な指導を行う	文化活動，体育，レクリエーション活動，その他教育的な配慮をもって行われる行事などを通じ，生活指導を行う。また保護者に対し必要な連絡を行うとともに，月１回集会を開き児童の指導の理解を深める
補助金	人件費――１人月額16,500円 おやつ代――１人日額10円 消耗品費――１人日額５円 維持費――年額６万円 新設設備費――10万円 区部は財政調整として，市町村は補助金として８割	（経費）　（補助金） 12万５千円以上――５万円 20万円以上――７万５千円 25万円以上――10万円 40万円以上――15万円 55万円以上――20万円

東京都が作成した 学童保育指導要領

1　目　的　—略—

2　指導上の基本的要件

学童の全生活は家庭、学校、社会の三つで行なわれている。しかしながら、学童保育所は家庭でもなく、学校でもなく、また地域社会でもない特殊の集団である。従って指導にあたっては、特に次の事項につき留意する必要がある。

（1）　**家庭的ふん囲気と暖かい環境の醸成**　学童保育所に通う児童は、日中家庭から放置され、正常な生活の場と保護者の適切な監護や十分な愛情を得られないため、それによっておこるさまざまな欲求不満から、不健全な遊びや反社会的な行為に走りやすい。またこのような状態が継続することによって情緒不安や孤独癖に陥り、あるいは放浪性や活動過多症（落ちつきのなさ）を呈するなど、その人格の形式のうえでも好ましくない影響を生ずることが少なくない。従って、できるだけ暖かい家庭的なふん囲気をつくるよう配慮し、児童の悩みや欲求を母親のような気持でやさしく聞いてやり、また常にどの児童に対しても、公平な態度で接することがなによりも大切である。

（2）　**ひとりひとりの児童を具体的に理解**　ひとりひとりの児童の性格はもとより、その家庭の状況、学校における学習態度等につき十分理解し、そこにひそむ問題をとらえ、各自の能力、個性に応じて個別的集団的に指導を行い、心身の調和のとれた発達が図れるよう援助、指導を行う必要がある。

（3）　**児童の健康管理と安全の保持**　学童保育事業は児童の危険防止と健全成育を図るものであるから、児童の健康と安全の保持については、特に注意しなければならない。

児童は身体的に未成熟の状態にあり、自ら健康管理する能力に欠けている。

そこで、たえず児童の健康状態に十分注意をはらうとともに、下水、排水、便所、汚物及び塵芥処理等についての管理、室内の換気、採光、保温等の環境整備に注意し、あらかじめ病気に際しての応急的医薬品の準備、嘱託医療機関の指定等適宜な措置を講じておかなければならない。

なお、ケガその他不慮の事故を防止するため、危険な玩具や遊戯の追放と、健全な遊びの指導、交通安全の指導などを十分徹底するとともに、随時災害訓練を実施し、あらゆる災害について、常時、万全の態勢をとっておく必要がある。

（4）　**社会適応性の助長**　一般的に児童は社会の集団生活の経験が浅く、社会に適応する能力が未発達の状態にある。

まして、学年、クラス、性別、性格等が異なる児童が一つの部屋で生活することは、複雑な人間関係を生ずることとなる。

従って、児童相互の関係に十分注意し、話し合いの機会と集団的な遊びをなるべく多くして、常に相互の理解と信頼を深め、互に励まし合い、助け合っていく態度を養うように、指導する必要がある。

なお、児童の中からリーダーを育てて自主的な活動ができるよう指導することが望ましい。

（5）　**家庭や学校等との連絡**　日中、保護者が不在のため家庭との連絡は円滑を欠きやすい。そこで連絡簿による連絡を活用するとか、保護者会を定例的に開くとかして、学童保育所における児童の状況、指導方針および保護者からの要望等につき連絡を密にする必要がある。

ここで問題となるのは、保護者が児童を正しく認識し理解しているかどうかである。

まったく児童に対して無関心で放任的な家庭、或いは必要以上に物や金を与えたりして甘やかす家庭等については、保護者の指導についても考慮すべきである。

つぎに、学校との関係である。これは比較的連絡がとりやすいと思われるが、必要に応じて、学校における児童の学習態度、交友関係或いは教育方針等について、十分な連けいを図ることは、指導上不可決な要件であるので、各児童の学校、特に担任教師の協力を得られるよう平素十分配慮しておく必要がある。

なお、特に問題のある児童、または問題のある家庭については、児童相談所等児童福祉関係機関の協力を求め、早期に問題の解決を図る必要がある。

以上(1)から(5)までについては学童保育における指導上

の基本的留意事項であるが、この種の事業は地域との密着性が強く要求される。従って指導にあたっては、前記一般的原則のうえにたって、その地域の実情にそった適切な指導が必要となる。

いずれにせよ、児童の全生活領域、すなわち、家庭、学校、社会が一体となって、それぞれの立場で、それぞれの機能に応じた統一的指導を行なって始めて児童の健全な育成が図られる。留守家庭児童はこのうちの主要な生活領域である家庭から、多かれ少なかれ疎外された状態にあり、従って学童保育所は家庭の機能を代替するものとして、しかし家庭、学校、社会とは異った新たな生活領域として科学的、合理的に運営されねばならない。

3　指導方針

学童保育における指導を具体的方法別にみると、(1)余暇指導　(2)生活指導　(3)学習指導の三つの部門に分けることができる。

しかし、この三つの部門はそれぞれ独立したものでなく相互に密接不可分の有機的な関連をもつものでなければならない。

従って、学童保育の指導にあたっては、学童保育中の生活の全般にわたって配慮する必要がある。

—以下省略—

■おねがい………学童保育連絡協議会では、全国各地で、学童保育の改善・発展のために努力されている皆さんと、連絡をとりあい、経験の交流をはかりたいと、強く望んでいます。どうか左記宛に御連絡ください。

また、毎月一回ニュース（機関紙）を発行し、研究会の報告や各地の動きを伝えています。一部二〇円ですので御購読ください。

♥東京都千代田区神田神保町一の二七
児童文化研究所内　電話（〇三）二九二—〇八五五
学童保育連絡協議会

— 102 —

よりよい学童保育のために
—1968年版—

発行日　1968年7月20日
編　集　学童保育連絡協議会
発行所　児童文化研究所
東京都千代田区神田神保町1の27
電話(03)292—0855(代)
振替　東京145451

印刷所　東銀座印刷出版株式会社
東京都中央区銀座東3の7
電話(03)542—3941～5

頒価　150円

学童保育連絡協議会編

一九六八

よりよい学童保育のために

学童保育所をたくさんつくるために
よりよい学童保育のために

運動の全国的・地域毎の結びつきをつよめましょう。

あなたも学童保育連絡協議会へ入会してください。

学童保育連絡協議会
東京都千代田区小川町3－5 Tel 293-9410

学童保育連絡協議会とは……

――運営申し合わせ（規約）より

目的　この会は、学童保育指導員および父母、関係者、専門家の連絡を密にして、学童保育の啓蒙普及・発展を積極的にはかり、保育内容の研究、施設の充実、制度化の運動を推進する母体となります。

事業
1、ニュースを発行します。
2、学童保育所づくりの指導と援助を行います。
3、指導内容向上のための研究会、勉強会を開きます。
4、指導員の交流と親睦をはかり、労仂条件の改善に努力します。
5、学童保育所の施設や児童の保育条件などの改善に努力します。
6、学者、専門家等の協力も得ながら、学童保育のあるべき姿をたえず探求し、よりよき制度化を推進します。
7、その他必要な事業を行います。

入会　学童保育指導員、父母、関係者、学生および研究者はだれでも入会できます。入会は団体あるいは個人のいずれでもよく、両者とも共通の権利、義務を有します。

会費　一か月につき団体二〇〇円、個人五〇円とします。また賛助会員制度を設けることもでき、賛助会費は年額一〇〇〇円とします。

運営は地方ブロック毎、地域毎、分野毎に選出された運営委員会で、常任運営委員や事務局を設けて行います。総会の外にブロック会議も行います。

〔あなたも学童保育連絡協議会へ入会してください〕

学童保育連絡協議会

入会申込書

年　月　日

申込者 氏名 団体名		団体 個人 賛助会員	ニュース送付希望数
連絡先		TEL	
個人または賛助会員の方ご記入ください	男・女　才 指導員　父母　学生　研究者	所属クラブ 学校名など	

会費　年　月より　か月分　円　を納入します

通信らん

注：ニュースは団体3部、個人1部は無料送付します。それ以上の希望については1部20円をいただきます。会費は団体6ヶ月分、個人1ヶ年分まとめて納入ください。

学童保育20年のあゆみを集約し、現状と問題点、これから進む方向をあきらかにした最高の入門書

『よりよい学童保育のために』

一九六八年版

B6判104頁グラビヤ入り ¥150円
送料45円

主な内容

- ▼こうして学童保育は生れた（歴史）
- ▼学童保育で育った子どもたち
- ▼学童保育の現状となやみ
- ▼私たちののぞむ学童保育
- ▼学童保育の内容を豊かにするために——指導・改善の実践記録
- ▼学童保育づくり——運動の手びき

『よりよい学童保育のために』購入申込書

申込数
冊

左記冊数の代金　円と送料　円をそえて申込みます

送り先

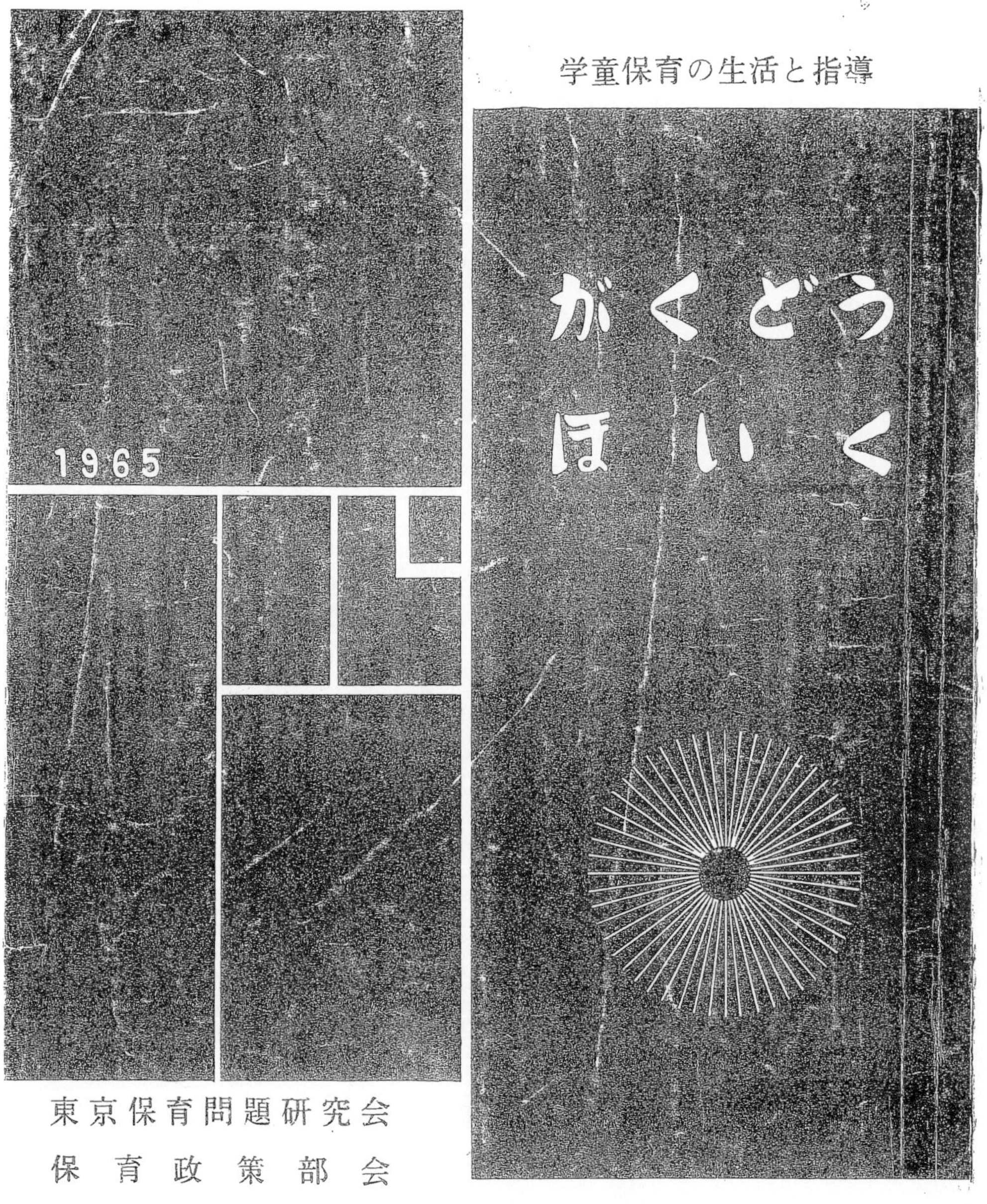
学童保育の生活と指導
がくどう
ほいく
1965
東京保育問題研究会
保育政策部会

学　童　保　育

——その生活と指導——

目　次

序文

学童保育

社会的役割と意義

日本社会事業大学教授
東京保育問題研究会委員
鷲谷善教

学童保育は今日ではもはや部分的な要求や現象でなく、働く国民の共通の要求や運動になりつつある。そしてそれは民間における自主的な小規模の学童保育所づくりの段階から、地域ぐるみの公立の学童保育所設置の運動に拡がり、事実地方自治体もこれをとりあげざるを得なくなっている。それは労働者や零細企業主の多い都市において特に顕著であるが、農村の場合も例外ではない。それは農業における主婦労働の比重の高まりや出稼を伴なう農外労働への移行と関係がある。したがって、学童保育は乳幼児保育と同様に働く国民にとって他人事ではなくなっている。

このような学童保育に対する要求は第一に国民の経済生活の不安が解消されず、共働き等による労働に依存せざるをえない事実から来ており、そのため低学年児童は乳幼児期と同様の状態におかれている。上からの「家庭に帰れ」あるいは「家庭保育」の呼びかけの主張には容易に応じられない根本的な理由はここにある。

第二は今日の子どもが児童憲章のうたい文句とは正に逆の状態に追いやられ、子どもにとってもっとも大切な生命と健康が常に危険にさらされ、これに対する政策に何ら見るべきものがないからである。例えば「子どもの国」はできても、子どもの町や村や部落はなく、子どもの生活に必要な安全な遊び場は極めて之しい。したがって親は安心して労働に専念することができない。

第三に、子ども会等の子どもの組織は全国的に結成されてはいるが、形式的、官利的な色彩のものが多く、その結成や運営が主体であるべき子どもの意志や要求を素通りし、しばしば大人の一方的な意志や目的の下に組織された大人のための子ども会となっている。そして多くの子ども会は低学年児童をその活動の中に十分抱擁することができず、彼等は往々子ども会から疎外されている。また子ども会は一般に働く母親の低学年児童を守るような形で、毎日活動しているわけではない。以上のように考える場合、低学年児童を主体とする学童保育の存在意義は自ら明らかとなってくる。ただ、その内容は以上の考えに基づく限り一定の方向を示唆するものの、現

実には学童保育そのものに対する考え方には多くの相違があり、内容については全体的に不分明であり、かつ具体化されていないのが現実である。

これらの問題点は凡そ次のようなものである。

学童保育という言葉には保育所における保育と同じあるいはその延長という意味あいがある。それは卒園児または他の低学年児童の保育所における保育という実践の裏付けがあるからでもあるが、保育所そのものが基本的には乳幼児を対象としながらも、同時に低学年児童をも排除しないという法的根拠があるからである。したがってこの限りにおいては学童保育という言葉は勝手な呼称ではない。それにも拘らず学童保育という言葉が問題になるのはその内容が乳幼児の場合と同一の性質があるかどうか、もしそうだとするならば、一体保育とは何か、また学童保育は乳幼児保育と同一であってよいかどうかという点について明らかにされていないからである。

ところで、園児の日常生活はその主要部分が保育所における生活である。しかし、低学年児童の場合は学校生活が大きな比重をもっている。そして時間的には保育所とはかなりの距りがある。また内容的には彼等の受けるものは学校教育であり、それは保育所の保育とは異なった性質をもっている。同時に校外における生活は乳幼児より広い領域をもち、時間的にも社会より受ける影響は大きい。しかし両者は年令的には接近している。そして共働き世帯の家庭については、その家庭は質的に種々の違いはあっても、時間と形態的な家庭関係においては同様の状態にある。このように考えると、両者の生活条件にはかなりの共通があるが、それと同時にそれぞれは特殊性をもっていることが分る。したがって、例え保育という言葉を使うにしても、学童保育の内容はその共通性と特殊性の統一を基盤として現定されなければならない。

さらに、学童保育は下校後の、そして普通親が帰宅するまでの間を前提として、一定の指導時間を定め、指導計画にもとづいて、共働きの両親または働く母親の低学年児童を対象として実施される意味での教育とみるのが一般である。もちろん、学童保育は親の労働を必須条件とするものではない。

一方、子どもにはその時間は学校と違った雰囲気の中で、自由に、自主的に使いたいという要求がある。また親にとっては、目の届かない場所にいる自分の子どもの生命と健康が守られさらにはよりよく育ってほしいという願いがあり要求がある。学童保育はこれらの要求の上に成り立

ち、そしてこれらの要求が統一的に満たされる手段が他にないか、あるいはあつても貧弱な場合に、存在意義をもつ。しかし学童保育はそれらの要求をたんに受動的に受けとめるのではなく、むしろ積極的に取り組み、要求の質を高め、拡げ、基本的には子ども自身の正しい成長発達に力を発揮するところに社会的任務があり、そのことによつて働く国民のための、そしてその子どものための学童保育となることができる。学童保育に一定の明確な理論と実践が必要なのは正にそのためである。それはもちろん今日の日本の子どもの置かれている条件、より具体的には地域における子どもの条件を踏まえての理論と実践でなければならないし、子どもの権利を守る立場においてのそれでなければならない。またそれは広い意味での教育である点において教育基本法の精神にのつとることが必要となつてくる。しかし同時に学校教育とは異なり、子どもの下校後における社会生活を基盤とした教育活動であるがために、独自の教育手段が講ぜられなければならないであろうし、その教育効果をあげるためには子どもの社会生活の組織化、ひいては子ども自身の集団化が考えられなければならないであろう。しかしその集団はあくまで自主性と創造性を豊かにもつことが必要となるであろう。と同時に、学童保育は学校と家庭を離れての無関係な存在ではありえないがために、それらの相互の密接なつながりが必要であり、基本的には三者の間に共通の教育目的があるべきにも拘わらず、しばしば生ずる矛盾と対立の克服に努めなければならない。

しかし現実の学童保育は総じて理論と実践に乏しく、恣意的であり、独善的であり、そして暗中模索の域を脱していない。しかも、公営の学童保育においては、それなりの学童保育の概念規定があり、運営要領や指導要領がある。そしてそれらの多くは非行防止対策、交通事事故対策に根ざしたカギッ子対策としてのそれである。しかし、このような観点に立つた学童保育からは質的に優れた教育内容を期待することは困難である。逆に今日の支配層の意図する方向に巻き込まれる可能性がある。

以上のような状態を前にして東京保育問題研究会保育政策部会は二年にわたつて学童保育問題を取りあげて来た。そしてその中で、今日学童保育のかくあるべき理論と実践は極めて必要ではあるが、実践の十分な蓄積のない段階で早急に打ち出すことは困難であるだけでなく、あやまちを犯すことになるという認識に立つて、取りあえず、学童保育の実践者が自分たちの考え方と経験を持ち寄り、討論の上、共通点を見出すことに留め、今後の理論と実践のための素材を提供しようということに一致した。次の学童保育の内容が研究や実践の手懸りになれば幸である。

座談会

学童保育の現状とその問題点をさぐつて

―出席者―

伊藤幸子（学童クラブみどり会指導員）

泉　　順（善隣保育園長）

今城勘造（青戸学童保育会父母代表）

浜野聰子（横須賀社会館児童クラブ指導員）

鷲谷善教（日本社会事業大学教授）

松本ちさえ（学童クラブみどり会指導員）

福光えみ子（神谷保育園長）

小林千代子（糀谷子どもの家指導員）

平山多美子（杉並第9小学校学童クラブ指導員）

―（イロハ順）―

司会：東京保育問題研究会委員
手塚直樹

＜学童保育とは＞

司会・学童保育とひと口にいつても、いろいろの形がありますし、そこでとらえられている指導内容もきわめて多方面にわたつているようです。

従来、学童保育は「児童福祉法」による「その他の児童」として、保育所の中でとらえられてきたのですが、現在の保育所で学童を扱うのは、あまりにも問題が多いということで、この制度は実質的にはほとんどのびてきませんでした。

しかし、学童保育を求める父母の声は非常に強く、その切実な願いから、昭和三十年前後をひとつの境として、東京などでは民間の共同経営による「学童保育」が生れてきたわけです。

このような民間の学童保育とちがつた面で、最近、地方公共団体の手による学童保育が生れつつあり、学童保育も新な段階を迎えていると思われます。ところが、「学童保育とはいつたいなんであるか？」ということになると、その答えは、まさにまちまちで担当者の間ですら一致していないような現状です。そのうえに現実として、学童保育はたくさんの問題をかかえています。こうしたことから、保育政策部会としては、四月から九月までの半年間、この学童保育にとりくみ、学童保育がもつている問題点を明らかにし、その解決の糸ぐちをみつけるとともに、今、一番基本的な問題と思われる「学童保育はいつたいどこがするのか？……保育所か学校か？地域か父母か？……こうした設置主体、運営主体の問題」そして「そこでは何を指導するのか……という指導内容・生活内容の問題。この二点を明らかにしていきたいと思います。

……と申しあげても、「学童保育とはなんぞや？」と話し合えるものではないので、日頃皆さんが考えられていること、経験されていることを発表し合い、それを発展させていく中で、基本的な問題にふれていきたいと思います。

最初に、先生方の「学童保育」を紹介して下さい。

平山・「白鳩会」は昭和三七年、個人の家・八畳間を借りて四人で始めました。現在は一年七名、二年一名、三年二名の計十名です。

保育料は月一千円、おやつ代三〇〇円です。指導者の給料はこの範囲でまかなわなければなりませんので、月二千円というときもあります。指導者の身分は全く不安定で、生活におびやかされます。

現在、一年生は十時半に帰つてきます。今月中（四月）は、学校生活に慣れることを、一年生には特に目標としています。

私としては、「手を洗う習慣」とか……身近なことがらをすることを主眼としたいと思います。学習といつても……それは次にして、まず「正しい生活態度」というものをつけたいと思います。

最近ちよつと感んずるのですが、私と子どもの間が、先生というより、おばさんという形になつている場面が多くま

ずいこともあります。

小林。私のところは「糀谷子どもの家」といいます。現在二十名の子がおり、指導者は私一人です。一人で二十人を受持つのはとても大へんなので、私の給料は少くなつても、もう一人指導者が欲しいと思います。区に交渉したところでは、「指導者の人件費は出せないが電気料、ガス、水道その他必要な物品は現物で支給する」ということで予算化されました。

毎日の生活をふり返つてみますと、おやつの時間だけはみんな集りますが、その他のとき、何をどう指導していいのか正直なところわかりません。

「糀谷子どもの家」は二階建の建物で四・五十坪あります。保育料は一人八百円、別におやつ代三百円です。指導者の給与は一カ月一万二千円です。

伊藤。「板橋みどり会」は、板橋第十小の倉庫を使つてしていますが、現在一年生十一人、二年生十人、三年生三人の全部で二十四人です。

保育料は一千二百円、おやつは食べた日だけ実費（だいたい一日十五円）をもらいます。指導者は松本先生と私の二人で、給与は一万三千五百円〜一万四千五百円です。私のところでは「賛助会」というものがあつて、そこから毎月五千円ぐらいの寄付があります。

指導内容のことですが……一年生には「ここは保育園とはちがうのだ」ということを教えます。＜保育園での話し合い保育＞というものが正しく行なわれていませんので、

＊5・6ページの印字不良は原本のとおりです（六花出版）

それを正しています。一年生は現在のところ＜集団導入への準備期間＞としています。

一年生集団と二年生集団とのかゝわり合いが今年から出てきたのですが、二年生と一年生を比べてみますとずい分ちがつていて、一年間の効果というものをはつきり知つたわけです。例えば「責任」ということについても、学童保育で一年間過した二年生と、新しく入つてきた一年生とは、そのとらえ方、考え方が全然ちがつています。

浜野。「横須賀キリスト教社会館の学童保育」は先生方のとはちよつとちがつた方向からできてきました。

社会館には以前から「児童クラブ」というものがあつて、近所の子がクラブ員として活動したりしていたのですが、みていますと、毎日同じ子が遅くまで遊んでいる……調べてみますと、いわゆる＜カギッ子＞だつたんです。そこで定員十五名をもつて、新しく「学童保育」という名称をつけて始めました。みなさんのお話ですと母親の要求から生れてきたものが多いようですが、私のところは、社会館の方でその必要性があると思つて設置しましたので、母親の学童保育に対する意識というものが今までお話いただいた先生方のところよりは少し薄いような気がします。

現在一年生十名、二年生七名、三年生二名の十九名を二名の指導者で保育しています。保育料は昨年は一カ月五百円でしたが、母親からの希望もあつて　—あまり安いと云いたいことも云えないから……—今年はおやつ代を含めて千二百円にしました。

社会館の学童保育は、児童クラブの中に新に「学童保育」というものを加えた形ですが、目標としては「学校のうけおいではなく、独自のものを」ということでやっています。今年は「学童保育」という見方から「児童クラブ」をみようということで、新しい計画をたてています。

司会・ご出席された先生方の「学童保育」の紹介が一応終ったわけですが、現在「どんなことで一番困つているか」そのへんのところから話し合いに入りたいと思います。

＜落ちつきがないと云われるが………＞

小林・今年になりまして一年生の担任の先生と会いましたら「学童保育の子どもは元気になつたが落ちつきがなくなつた」といわれました。（一同同感）

……といつて、どうしてよいのか、先生もわからないのです。ともかく「さわがない子、統制をみださない子にさしてくれ」といわれました。また、「勉強の方は、あまりいろいろと教えないで宿題をやらせる程度にしてくれ」といわれました。

伊藤・保育園からきた子は落ちつきがなく、「ザワついている」といわれます……

鷲谷・「小学校で、学童保育からきている子はザワついている。」「みどり会では保育園からきた子は落ちつきがない」といわれるが、何故なのかな…？

小林・保育園からきた子はそうした傾向が強いといわれますが、それは保育所の問題なのでしょうか？それとも現代っ子の共通の傾向なのでしょうか？

授業参観をしてみますと、保育所からきた子は確にザワザワしていますね。

平山・幼稚園と保育所の指導内容の違いからではないでしょうか。幼稚園に参観にいきますと、大へんお行儀のよい……まあ小学校の縮少されたもの……という感じがします。

司会・ザワついている……といわれますが、どんなふうに評価されているのですか。

伊藤・子どもたちの通信簿の評価欄が一致しています。

例えば、むだ話しをしておしゃべり、おせつかい、自分のことをやらないで他人のことばかりにちよつかいを出す、先生が話をしようとすると、「知つている、知つている」と最後まで話させない……。まあこんな評価なのですが、二学期、三学期になつてきますと、子どもたちもぐつと落ち着いてきますし、先生方の評価も違つてくるようです。

浜野・社会館には三つの保育園と一つの幼稚園から子どもがきていますが、幼稚園と保育園の差は感じません。

平山・保育園に参観にいつてみると、きちんとしていてぜんぜん問題にならない子が、小学校に入るとそういわれるのです……

伊藤・今の保育園では、本当の集団保育、集団訓練がなされているところが少ないからではないでしょうか

六才児として当然できなければならないのに四才児ぐらいの見方、感じ方しかできないでいます。

鷲谷・こうしたことは、保育の環境条件がいろいろ作用してくる：が……悪い条件でも指導者によつてそれは変えられるのかな？……みどり会で幼稚園からきた子については？

伊藤・幼稚園からきた子もそうした傾向はあるようです。

鷲谷・そうすると…教師の見方、子どものとられ方の問題のようです。大人の見方からすれば悪い子かもしれないが……

平山・よくわかつた先生は、「なまじつかこぢんまりと落ちついている子より、伸々として少々落ちつきのないくらいの子の方が将来性がある」と気にしていませんが、大部分の先生は子どもを平面的にとらえて、この子は問題児だときめつけてしまうようです。

「保育園からきた子は問題児が多い」という先入観で処理しようとする先生が多いのではないでしょうか。

松本・みどり会の評価は、学校の先生も高いですね。私がみましても、学童保育で一年間経験した二年生と初めての一年生とでは、はつきり開きがあります。

鷲谷・全体的にいえることは、「教師も学童保育も母親も、子どもを育てる方向が一致していなければならない」ということです。それを中間の立場から、学校、母親に指導していくのが学童保育の一つの意義のような気がします。

子どもに対する眼というものを、教師も母親もしつかりもたなければなりません。

＜多すぎる学童保育以前の問題＞

司会・どこの学童保育でも「人と金と場所」で困つているようですが、毎日子どもと生活していて切実な問題というのはどのようなことですか。

平山・遊び場もないし公園もなく子どもたちは本当に可哀そうです。

先日、ちよつとした庭のある親類の家に子どもたちをつれていつたら「白鳩会もこんなお庭があるといいのにね」といわれてしまいましたし、みどり会へ遊びにいきましたら「広々とした校庭が使えていいね」といいます。

せまい部屋ではとうてい遊びきれませんので道路で遊んでいますと、「おばあさんが病気でねているのに……」「あかんぼうがおきるから…」とすぐお小言がきます。

十五分ぐらいのところに団地があり、そこには遊び場もあるのですが、勉強が終つてみんなでそろつていくと三時半頃になり、すぐお迎えの時間になつてしまいます。遊び場がないので、遊びが発展しにくいのです。

司会・先日、ある会合で豊島子どもクラブの逢見先生が「豊島子どもクラブには、現在三十五名の子がきているが、机が必要だけない。また例えあつても置く場所がない。低学年の子がすんで、そのあと同じ机を高学年の子が使う。さつさとやつてしまわないとあとがつかえてしまう。

指導者の責任として集団での遊びを指導したくても場所がなくてできないし、誕生会も全員すわれないで立ちつぱなしの子もいる……」といわれておりましたが、どこの学

童保育もこうした切実な悩みがあるようですね。

平山・おままごとをしたくても部屋がせまくてできないので、子どもたちは紙の上に部屋をかいてこぢんまりと遊んでいます。

司会、先ほど話しのあつた「先生方の給料が月二千円というときもある。」……ということや、この「場所や設備の問題」など、学童保育を語るその以前の問題があまりにも切実且つ具体的に多くありすぎるようです。

〈まず楽しい場所に〉

泉・今までの話をきいていますと、「学童保育」だけでは解決できない問題がたくさんあります。

みどり会の先生は「集団指導」を強調されているようですが、みどり会のように優秀な先生が二人いて、しかも長い歴史のうえに、最近やつと集団主義指導体系というものができてきました。学童保育は　―まだ新しい経験である、無認可で条件も環境設備も悪い―　そうした中で、あまりそうした点を強調しないで、もう少しじつくりかまえたらいいのではないかと思います。集団の効果があらわれてくるのには時間がかゝりますし、指導者もいろいろな面を知つてくるのに時間がかかります。

学童保育はなんといつても楽しく、おもしろく勉強できるところでないとならないと思われますので、そうしたものは何か、その成功、失敗例を皆で話しあつたらよいと思います。

司会・泉先生の申された「楽しくおもしろい場所である」というその指導例、体験例を話し合つてみて下さい。

それは最初の課題である「学童保育の指導内容」を解くうえに直接関連してくる問題ですから……

伊藤・「楽しく、おもしろいところにする」ということですが、みどり会の例をお話しします。

みどり会の教材費としては一応月二千円あるのですが、これは教材費というより諸雑費といつた方が適当なんです。ガラスがこわれたときの補修費、また保健衛生費的なものもここから支出しますので、本来の教材費的なものが全然支出できない月もあります。

それで廃品など利用して経済的に、しかも子ども達が自由に使える、というものをいろいろ工夫しています。

まず教材にする素材を紹介しますとダンボール（薬屋さんなどからもらつてくる）・ゴザ・木片（木くずを集めてくる）・包装紙・針金・くぎ・木工の道具・ナワトビ・ドッチボール・メンコ（学校では禁止されているが、共同で所有している、自由にやらせている）・人形・ねんど・木琴・カスタネット・組立つみき・つみ木・トランプ・色えんぴつ・マヂツク・ガラクタ入れ（不用になつたもの……ピンノフタ、マヂツクの出なくなつたものなどなんでもここに入れておく）

このほかまだいろいろあるんですが……ようするに日常こうした素材で創造的に遊んでいることをまず紹介したいと思います。

司会・どんな遊びが盛んですか。

伊藤・どんな遊び……と云われても、昨年の子と今年の子では違いますし、時期によつても異ります。まあ……「ごつこ遊び」がよくつづいています。中でも「ペット遊び」というものが盛んです。「ペット遊び」というのは、椅子を並ペその上にダンポールをかぶせてペットをつくつたり、犬小屋をつくつたり……生活の中心をペットというものにおいて遊ぶんです。こうした「ゴツコあそび」には廃品やガラクタが大へん利用されます。そのほか、「お医者さんごつこ」「学校ごつこ」「電話ごつこ」「パーマネントやさんごつこ」など、またダンポールのうしろにテレピの絵をかいて、そこで歌手の真似をして歌うなどする「テレピごつこ」なども盛んです。

平山・子どもたちは、「遊ぶのが楽しいから、学童保育へきているんだ」といいます。本当に楽しそうに遊んでいます。白鳩会では「おうちごつこ」が盛んです。でも四畳半の部屋に十人もいるので、紙に部屋の構造をかいてこぢんまりして遊んでいます。それでも大きな子が学校から帰つてきますと、小さい子はこれすらもできなくなつてしまいます。こうした環境の制約があるので、全体としてはどうしても静的な遊びになつてしまいます。

伊藤・二十五人もいますと、片方で勉強したりしていて……また二十五人が一斉に遊ぶとすごいので、どうしても制止する回数が多くなつてしまいます。

司会・廃品利用、特にダンポールの利用が非常に効果的に使われている例が報告されたり、また場所がせまくて十分遊びを発展できないお話などありましたが、学童保育では「遊び」というものに何か働きかけというものをしたり、また、ただ漠然と遊ばせるのではなく、ある種の（教育的というか）強制や制約をどのように与えているのでしょうか。

伊藤・集団指導体制ができていれば強制というものはなくても大丈夫です。働きかけだけで十分です。でも一年生になつたばかりの子は、勉強すること、学習すること、にある制約を与えることもあります。

浜野・昨年は学童保育は初めての経験でしたので働きかけをしましたが、今年は経験ずみの子がいますので、その子を中心に自然と発展していくことが多くあります。

伊藤・手がたりなくて、先生の方でこうしたら、こうなる、という遊びの体系づけ、方向づけは忙しくてなかなかできないんです。子どもの創造注がたくましいので、今のところは、むしろそれに頼つてしまつているという状態です。（一同同感）

＜必要な教育指導＞

浜野・社会館の学童保育は、保育園の庭を使つて遊ぶのですが、一時から二時半まではお昼寝の時間なので、その間は部屋に入つていなければなりません。ここでは、毛布を使つて「お家ごつこ」をよくしています。よくみてますと、赤ちゃんになる子はいつも赤ちゃんで、こうした子は退行現象を示しやすいので十分注意しています。

伊藤・学童保育の生活は「あそび」が中心ですが、その遊びの中で、子どもがどのような位置におかれているか　ボスか、指導性のある子か、仲間はずれにされやすい子かこうしたことをよくみきわめて子どもへの指導性をつかむことが大切です。

司会・先日の新聞をみますと、お母さんが交代で学童保育の世話人になる……ということが賛意をもつて書れていましたが、いま先生方の話された「教育者の眼」「必要な教育指導」ということが、学童保育での「あそび」の中に重要なポイントを与えるとなりますと、「ただ楽しく遊ばせる」ということとは全く違うということを、はつきり認識しなければなりませんね。

浜野・ままごと遊びをしますと、家庭の様子が再現され、家庭の中でこの子がどのような位置におかれているかよくわかつて興味深いです。

伊藤・「うちの子はオボッチヤン・オヂョウサン」というイメーヂで育てている母親、また家できびしく育てられている子は家庭ではいろいろと制限があるのでしようね、学童保育では実に自由にやつていますね。子どもは自分でやりたくてしかたのないことを学童保育でしているという感じです。

浜野、最初は私たちの顔色をうかがつて……「ここではおこられない」ことがわかるとだいたんに遊ぶようになります。

伊藤・「遊びが集団でてんかいされていく」ということが、子どもには魅力なのでしよう。先日も買つたばかりのカール人形をもつてきて「みんなで遊ぶんだ」という女の子がいました。「せつかく買つてもらつたのだからお家でつかつたら……」といいましたら「うちで一人で遊んだつて面白くない、みんなでお人形さんごつこをするから面白いんだ」といつて、その新しいカール人形をおしげもなく学童保育に寄付してくれた女の子がいました。

平山　おもしろく遊んでいるときに、母親が迎えにくると帰るのをいやがりますね、（一同同感）

伊藤・子どもたちと私たちは、仲間としての意識で結ばれているような気がします。先生でもなく……母親でもなく……

平山・昨年の反省として、子どもに少し甘かつたのではないかと思つています。学校でも家庭でもできないことを、かなり自由にやらせました、母親からは、「もつときびしくしてくれ」といわれますが、今の子どもは制約が多くて限られた行動しかできないとなると、どこで伸々と過させるか・・子どもがかわいそうでつい自由に遊ばせてしまいます。

司会。例えばどのようなことですか。

平山・私のところではメンコを許しています。「学校でも家庭でもさせないのに、学童保育の子はメンコをしている」と他の母親にいわれてしまいます。また「マンガの本は一年生ではまだ読まないのに、学童保育にきている子は一年生でマンガの本を読んでいる」といわれました。
私は私なりの考えで正しいと思つて許しています。メンコにしても、マンガの本にしても正しく利用させると遊びのすばらしい素材だと思います。

＜母親の協力を……＞

司会・今のお話にもあつたように、教育者としての学童保育の指導者と、母親の学童保育に対する見方は異つている部分がかなりあるようです。しかし、母親との協力態勢が十分できなければ学童保育の発展は望めないわけで……こうした点の悩みや対策。先生方のところではどのようにされていますか。

浜野・他の学童保育のように母親の切実な要求からできたのではなく、社会館の児童クラブをしているうちに必要を認めてこちら側で学童保育を始めたようなわけですので、母親の関心も薄かつたんです。「あずかつてくれるのでらくだ」程度でしたし、父母の会などかなり強くよびかけて開いている状態でした。

そのうち「先生にまかしつぱなしにしているのは悪い、先生に協力しなければ……」という母親もぽつぽつでてきたのですが、一方では私たちに頼りきつてしまつて「あづけてたのだからなんでもやつて欲しい」「押えつけてでも勉強させてくれ」「躾をもつときびしく」という親もいて、親のみる眼や考え方がまちまちです。

伊藤・「みどり会の指導方法はきびしすぎる。ただみてくれればいい……」という母親がいます。集団指導というものをわからせたいのですが、指導内容まで父母と話し合うところまでいつていません。

みどり会は、共同経営の態勢をとつていますが、三年たつてようやく母親が独自の立場で自分のものとして参加することができるようになりました。

今までは小数の人が経営や運営にたずさわつていたのですが、「母親一人一人がこの学童保育をよくしていく」という自覚のもとに、全部の母親がなんらかのポストにつきました。

今までは先生や指導者がかけまわつていたのが、各々分担されてらくになりましたし、各係は係のノートに必要事項を記入して記録し、ニュース係がその中から必要なものをまとめてニュースにして発行しています。こうした中から母親の意識が芽ばえてきました。

松本・母親に各々係をきめて運営に参加してもらいますと、今まで一度も顔を出さなかつたような人が積極的に参加してくれたり、……謄写技術のうまい人が出てきたり……各々分担が確立されて仕事が順調に進みますし、指導者と母親の協力態勢がうまくできます。

また父母同志もよく話し合い全体としての協力態勢がよくできます。

司会・母親の協力がなければ学童保育のよりよい発展は望めないわけですし、指導者と父母の結びつきは子どもの指導上からいつても極めて大切なわけで……そうした点、浜野先生のところでもみどり会でも着々と態勢を整えておられることは大へんすばらしいことだと思います。

でも……母親の考え方、学童保育の見方は、先生方が考えている学童保育とは違うことも多いのではないでしょうか？

＜母親の求めているもの＞

福光・母親たちは学童保育に家庭的イメージを求めているようですね。

浜野・家庭における指導を学童保育における指導が同じでないと子どもがまよってしまいますので、家庭の指導と合わせるようにしていますが……

司会・いわゆる学習ということですが、母親はどのように求めてきますか。

福光・共働き母親は子どもの勉強をみてあげられないので、宿題や勉強をみてもらえる場所だと考えています……まあ母親の願いとしては仕方のないものだと思います。「勉強をみてくれる、みてもらいたい」というのが母親のいつわらざる願いだと思います。「勉強する意識をもたせることは大切だ」と母親に話していますが……
宿題とまともにとつくんでも、それだけで学童保育は終つてしまいます。といつて、宿題を学童保育でかたずけておかないと家へ帰つてもできません。
翌日は学校の先生にしかられてしまう……。

司会・先日学童保育の研究会である先生が「宿題だけはきちんとかたずけさせる。それだけは厳格にやつた。」といつていましたが、ひと口に宿題といつても多くの子どもをみるのですから、大へんですね。そのほか母親の求めるものは……。

浜野・子どもの身仕度を例にとりますと、学童保育では、お帰りの仕度を、子どもができあがるまで待つていますが、家庭ではその必要をよく知つていても、朝忙しいので母親が手伝つてしまう。「自分でさせないといけない……よくわかつているのですが、つい手を出してしまつて」と母親がなげいていました。こうした基本的習慣の確立も望んでいます。

伊藤・基本的習慣の指導ということばかりでなく……保育園と学童保育における指導の一貫性もないし、母親のみかたも異るようですね。

司会・保育所と学童保育という問題がでましたが、母親は両者をどのようにみていますか。

福光・神谷子どもクラブは神谷保育園の卒業生が大部分をしめていますので……したがつて母親もそこの卒業児が多いので「働くために、保育所と同じように生活指導をしてくれるところ」と考えているようです。

伊藤・みどり会では、保育所よりきびしい指導をするところ……母親たちは異質のものと受取つているようです。

松本・母親の意識が非常に低いですね、何故保育園でもつと引き出しておいてくれないのか……と思います。

伊藤・保育園では母親への働きかけがなにもなされていないようです。母親ともつと結びつき、意識の向上ができていれば、学童保育でもずつとらくなのですが……

浜野・社会館では、いくつかの保育所からきた子ですが、父兄たちは保育園と学童保育を同質のものとみているようで

＜家庭と学童保育[illegible]いは＞

＊12ページの印字不良は原本のとおりです（六花出版）

福光・家庭と学童保育は質的に違うものなのか、同質なのか、よくわからないのですが……

例えば、母親がいなくても家庭では子どもはのんびりする。ところが学童保育は集団という規制がありますから、子どもは必ずしものんびりとはできないのではないかと考えます。

また、学童保育にいる子どもと、家庭にいる子どもでは何か違いがあるのではないか……例えば、小学校低学年の子は非常に冒険をしたがります。……高い木にのぼったり。丸太橋を渡ったり……それは危険ですが、こうした危険の中から子どもの欲望は満たされ精神的に成長していくのだと思います。しかし学童保育では絶えず指導者の目というものがあり、集団の約束というものがあってあたりまえのことしかできません。この相違は子どもの成長のうえに非常に大きな違いを生んでくるように思えるのですが……。

鷲谷・学童保育の現在の環境構成があまりにもひん弱なだけに、そうした悩みも切実なわけですね……。

松本・みどり会でもそのことは十分考えているんです。私の子どもの頃を思い返してみましても、女がてらに木にのぼったり林の中をかけまわったり、竹にぶらさがったり……こうした思い出は大へんに楽しいものです。学童保育でも勉強がすんで、計画が終了したら自由に外出させるようにしています。その場合、どの道をとおってどこへ行き、いつ帰ってくるのか、はっきり約束させます。

福光・指導者の立場からすれば子供を自由に引出させるのはこわいですね。

松本・外出させることばかりでなく……保育内でも危険なことがあります。例えば「カナズチ」の使用ですが、教材としても、子どもの興味からいっても大へんに有効な「カナズチ」に対して、母親は「学童保育ではそんなあぶないことはしないでくれ」といったりします。

浜野・私のところでも、そうした例はありました。「ケガをするのはたしかにおっかないが、家にいたって子どもは喜んでする。子どもにとってはカナズチを使って工作をすることは楽しいことだ、大いにやらせて下さい。ケガしたことで先生がそんなに責任を負わなくてもいい、私がみていたって子どもはケガをするのだから……」という親がいました。

初めて「学童保育」ができたときに、小学校の先生が「学校から帰ってきて学童保育という場所だけの生活は行動半径がせまくなるから」と心配していましたので、他の子どものつながりを強めたり、遊びに行かしたり、また学童保育の中に友だちをよんだり……いろいろしていますが、ケガは一番おそろしいです。

（一同同感）

〈学校生活との違いは〉

伊藤・生活指導とよくいわれますが、学校でいう生活指導と学童保育でいう生活指導はずい分違うような気がします。学校は今

んといつても教科中心の教育ですので、そこでいう生活指導もどちらかといえば　指導という範囲でとらえられています。学童保育のはもつと巾広い、基礎となるものです。したがつてその根底となる集団・集団指導というものも、学校では全然とらえ方が違うようです。

これは私の経験なのですが、学校でお客さまであつた子が、夏休みの間学童保育だけの集団の中で子ども同志はげまし合つてその子が非常に積極的な子にあつた、という例がありますが、学校における仲間集団と学童保育における集団とは、子どもに与える影響がちがうようです。

松本・子どもが通信簿をもらつてきまして行動表をみますと、学校での評価と学童保育での評価がちがう子がいます。例えば「他人のことをよく考えないで勝手な行動をする」と評価されていますが、その子は「とてもよく友だちの面倒をみる子」なんです。こうした子が三人ばかりおりました。学校の先生は一方的に判断したり、さわぐ子というレッテルをはります。しかし、学童保育では、「何故そうなのか、両者で十分話し合つて解決します。それはさわぐとか、いじめるとかいう観点からとらえるのではありません。」学校ではケンカ両せいばい的に両方とも悪い。ときめつけやすいようです。

今域・そうしたこと以前の問題として、「学童保育について〃かわいそうに〃という考えが、先生にも父兄にもあります。何か問題が起ると「これは学童保育の子だから」という先入観が入るようです。

松本・小学校の進歩的な先生でも、学童保育のことを、社会事業、慈善事業的見方をし、カギッ子対策としてとらえているようです。

私のところは、板橋第十小学校の子しかきていませんが、他の学校で学童保育をしていたら、そこへは見学や相談にいけない、と先生方はいいますね。

福光・学校というところは教科中心ですから「さわがしくて学業が進行しない」などとしかられることも多いのですが、四年生以上になると、ホームルームなどでいい発言をしてリーダーシップをとる子が多くなるようです。

伊藤・学校では「もつてきてはいけない、やつてはいけない」という禁止事項が多すぎるようです。学童保育は解放されていますので、その間のズレはあるかもしれません。

福光・「学童保育でそくばくされるから、学校であばれるようになる」と小学校の先生にいわれたといつて、やめさせるという母親がいました。

＜指導者の間にもズレがある＞

福祉・「学童保育と母親のズレ」「学校と学童保育のズレ・・・・・そのちがいを話し合つてきましたが、学童保育をどう考え、どうみるかゞ一致してないように思えます。ですから、学校や家庭とのズレといつても、その実は、担当者間のズレを議論しているにすぎないように思えるのですが・・「学童保育はなんであるか、どうとらえるか」を、担当者の間で十分検討

して、その一致点を見出さなければならない。と思います。

鷲谷・子どもに対する期待は学校・保育園・学童保・母親など、各々の立場でちがいます」それが個人個人になると、単に異りますから、その間でズレが生じてくるのは当然だといえます。しかし、担当者が、「学童保育をどう考え、どうとらえるかははっきりしておくこと」はきわめて大切です。集団主義指導は単にせまい指導の場の指導技術の一形態ではなく、もっと広く深い総体的なものですから、家庭でもその意義をはっきりとらえて根底とすることが大切でしょう。

松本・私も大賛成です。先日も母親が『保育所ができ、学童保育ができ、……これで生みっぱなしでも子どもは育っていきますね」といいましたので、どなってしまったんですよ、「学童保育は集団指導を通して子どもの成長を願うが、家庭でもこの集団指導のめざすものを受け入れ、両者で協力してこそ子どもははじめて正常に育っていくのだ」と話したんです。

司会・福光先生も申されたように、『学童保育をどうとらえ、そこでは何を指導したらよいか、」ということは、担当者の間でも一致していませんね。

伊藤・白鳩会・社会館・豊島子どもクラブ・みどり会・の担当者会で「社会という大きな中で、学童保育をどうとらえ、どの方向にもっていくか」を先日話し合ったんです。その結果、学童保育は　①集団づくりの場　②基本的生活習慣自立の場、③学習に意欲をもたせる場・　④あそびの組織化の場　と一応規定づけたんです。でも、具体的に体系化されたわけではありませんし、ほりさげていきますと、「集団というもののとらえ方」というひとつをとっても、担当者の間で考えのズレがあります。

司会・学童保育の考え方、或は、見方を一致させることはなかなかむづかしいことですし、或は、現段階として必要かどうかという疑問もありますが、少くともここに出席されている担当の先生方の間だけでも、学童保育に対する考え方、見方をある程度一致させたい気がします。これはこの座談会の最も根底の大きな課題だったんですが、いろいろ経験を話し合い、具体的に問題を出し合っていくうちに、結局はもとの出発点にもどってきました。

大へんに困難な作業かと思いますが、なんとかして「私たちは学童保育をこのように考える」という具体的なものをうち出したいと思います。どうもありがとうございました。

(注) みどり会はその後板橋第十小を出て地域の学童保育所、「学童クラブみどり会」となり、白鳩会は杉並第九小学童保育に吸収解散しました。

その生活と指導

杉並第9小学校学童クラブ　平山多美子

学童クラブみどり会　伊藤幸子
松本ちさえ

横須賀基督教社会館児童クラブ　浜野聰子
鈴江浩子

鷲谷善教：手塚直樹

◇　座談会の記録にもありますように、「学童保育をどのようにとらえるか」「そこでの生活や指導はどのようなものであるか」を学童保育担当者の間だけでも、ある一致点をみいだしたいと思い、保育政策部会の中に特別検討グループを作つて、三十九年十月から四十年四月までの七カ月間に何回かの討論を経て、ともかく、その考え方だけをまとめてみました。

◇　この「まとめ」の前提として、或は討論するための資料として「検討資料」を各学童保育所から提出してもらいました。その「検討資料」もここに掲載しましたので、ご参照下さい。

◇　ここにまとめました「考え方」を土台として、更に実践経過やその結果等ができれば、学童保育も更に一段と進歩するのですが、そうした具体的なものは、今後更に研究していきたいと思つています。

一、学童保育のとらえ方

〈学童保育〉は、学校、家庭、地域との相互のつながりの中において、児童の校外生活　地域社会生活　を守り、組織化し、発展させていくために、地域の全児童の集団を育て、自主的に活動できるよう十分な環境と専門の指導者によつて指導される拠点であり、地域社会全体の児童館（児童センター）としての役割をもつものです。

しかし、今の社会状勢や児童福祉行政の段階においての当面の学童保育は、児童が放任されていると思われる共稼ぎ家庭や欠損家庭の児童を主に、放課後の生活を守り、集団の中で指導することにより、児童の教育と福祉を増進する役割を担うところと考えられます。

二、生活と指導内容

〈学童保育における児童の生活や指導内容は〉まだ確立されているとはいえず、むしろ混沌としている状態ですがその理念は次のように考えられます。

すなわち、学童保育における指導理念は、児童自身が仲間や指導者のつながりの中で、集団の一員として高められていくことであり、このため指導者は一人一人の個性を十分把握するとともに、その児童に適する役割を与えることにより、児童自身の人間性と集団の向上をはかるものだといえます。

三、生活のプログラム

〈学童保育における生活の具体的プログラムは〉以上の目的や指導理念によつて導かれるものであり、それは根底においては生活指導と学習ですが、各々の学童保育はその特性を十分考慮して最も効果的に目的が達成されるようプログラムをたてる必要があります。

そのプログラムをたてるにあたつて、一般的に学童保育で行なう内容のうち、主なものをとりだせば次のようになるかと思われ

ます。

① あそび
② やくそく
③ グループ活動
④ しごと
⑤ 学校の宿題とおさらい
⑥ おやつ
⑦ 休　息
⑧ 基本的生活習慣
⑨ 行事計画及び活動

これらの具体的項目は、相互に関連しあつてその目的達成に役立つので、各々をとりだしてその意味や生活の中における位置を考えることは、あるいは不適当かと思われますが、特に、その意味、内容等を考えれば次のようになるかと思われます。

① あ　そ　び

あそびは、いわば学童保育の生活において最も中心となるものです。これは、児童の毎日の生活の中から自然に生れてきたものや、指導者によつて意図的に与えられるものを、児童自身が自主的に行なうものです。

このあそびを通して児童は自己を自由に生き生きと表現することにより、仲間の中で各々の立場と、お互の長所や短所を認め合いながら、共通の目的に向つて行動する力を養つていきます。

それとともに、友情、責任、平等の感情を形成していき、更には社会のルールや習慣をも理解していきます。

このような意味をもつあそびを、広範囲に十分とり入れていく必要があります。

② やくそく

やくそくは、大きくは社会生活を営むうえでのルールであり、学童保育においてはいろいろのグループや、あるいは個人として、お互に支え合い責任をはたすために必要なことを自覚させます。

具体的には〈児童自身がつくりだし、つくりかえていくもの〉と〈指導者を中心に大人側からきめられるもの〉があり、児童自身がつくりだすやくそくは、十分話し合つた結果自らの責任においてこれを守つていくという態度を養うことが必要です。

指導者が与えるやくそくは、児童の発達段階にそくしたもので児童が理解でき守れるものでなければならず、もし理解できないものは、理解できるところまで細分することが必要です。これらはあくまで指導者の一方的押しつけによることなく、児童自身が納得して自らの手でつくりだしたという態度によることが必要です。

③ グループ活動

グループ活動は、ひろくとらえた場合、学童保育における生活の根底になる活動方法ですが、この場合のグループ活動は、グループで作業をする場としてとらえたものであり、それには児童自身が自分たちの要求によつて、あるいは指導者の助けをかりて行なわれるいろいろの活動をさしています。

これらのグループ活動は、単に個々の児童がお互の興味によつ

て個別的に喜びを追求するということではなく、これらの個々の興味を大切にしながら、グループの中で共通の興味を見出し、お互の自覚と役割と協力によつてひとつの成果を求める活動ですが、指導者は児童の自主性や創造性を尊重し高めることが特に必要です。

④　し　ご　と

しごとは広くとらえた場合、学童保育における指導目標の重要な基本だといえます。

具体的には、全員が生活をつくりだすための分担として、「当番」「係」等があります。児童はこれらの分担（しごと）を一人で、又はグループではたすことによつて、集団の中での役割をはつきり自覚するとともに、責任と協力の必要なことを学びます。

働くことを大切にし、自分だけでなく他人の働くことを尊敬できる子ども、更には父母の仕事への理解と尊敬のできる子どもに育てます。

従来「労働」というと「労働は恥ずべきもの（例えばバツに掃除させられる）」等、むしろマイナス面でとらえられている傾向がありますが、働くことは価値のあるもので、喜んで積極的にとりくむというプラス面でとらえていく態度が必要だと思われます。

⑤　学校の宿題とおさらい

宿題は児童各自が自分の責任としてやりますが、父母は家庭の責任として眼を通す必要があります。児童が理解できない問題があれば、教室での学習状況が悪いのかどうか、担任の先生と話し合うことが必要です。

児童に学童保育で教えてもらえるというような依頼心をおこさせないように特に気をつけることが大切です。

おさらいは、各自が指導者の指示によつてやるのではなく、グループを作つて自主的に勉強できる雰囲気をつくるのが望ましい状態だといえます。

おさらいは主として学校で習つたことを完全に自分のものとするために、みなで責任をもつて考え計画しあい実行しますが、自分のわからないところはどこかをはつきりさせ学習しようという積極的な意欲をもたせることが大切です。また日常これらをつみ重ねることによつて自主的な学習の基本的習慣が身につくようにします。

学童保育が塾とまちがえられたり、学校の補習であつてはならないために、宿題やおさらいの扱い方は特に気をつける必要があります。

⑥　お　や　つ

おやつは、この時期の児童にとつて体力の増強や栄養補給のうえからきわめて大切ですが、特に学童保育は児童が長時間生活する場なので、発達段階にそくした量、質とも十分なおやつを与える必要があります。

おやつは児童にとつて一番楽しいときであり、一日のうちで、全員が集る唯一の機会ですから、やくそくごとやその他のいろいろな問題を解決する場と同時に、児童が最つとも解放的な自由な態度をとるので、指導者は児童一人一人の特性を見出す大切な時

間だといえます。

また、一日の生活の区切りをつけるときでもあり、更には作法や栄養知識を学び、そしてお当番をすることにより、おやつの計画、購入、準備、後片づけなど、いろいろな生活の知識を学んでいきます。

⑦　休　息

学童保育全体が学校での緊張をときほぐす役目も含まれているので、特に休息の時間をもうけなくてよいと思われます。

しかし、一年生の新学期、夏休みなど、また体の調子のわるい子の場合は、一、二時間の昼寝（ねむらなくても横になつて安静にする）をとる必要がありますし、指導者は集団生活の中で個人差からくる疲労を考慮して、個々別々には十分の注意を注ぐ必要があります。

⑧　基本的生活習慣

基本的生活習慣は、日常の生活に必要な最低限の自立をはかり、更にそれらを高めていくことゝ、集団生活に必要な「きまり」を学び守ることをさしています。

基本的生活習慣の自立は学童保育では基本となる重要な指導目標だといえます。

⑨　行事計画及び活動

行事は、児童にとつて一番楽しいもので、日常の生活の中でのひとつの区切りや、はげみになる大切な活動であり、盛りあがりにもなるものです。

しかもその行事を行うための計画や準備などの一連のことがらは、児童自身が考え、お互に協力しながら行なうことができるように指導することができるよい機会であり、集団をとりまとめ、高める機会でもあるわけです。

検討資料

各学童保育の実践

学童クラブみどり会

あそび

この地域の大部分の子どもは、アパートの一間暮しで遊び場もありません。思いきり全身を動かす事はもちろん、近所迷惑だとして大きな声も出せません。低学年の放課後の生活指導をするみどり会では、人間形成として重要な「あそび」を最も大事にします。

子どもたちは、あそびにおける相互関係の中で社会的感情や習慣、共通の興味で理解しあい、共通の目的に向つて行動したり、個人や共通の成果に対して評価する力が発達します。それと共に、友情や責任、平等の感情がつくられていきます。

子どもの生活をよく組織するためには、多様なあそびが必要です。そこでこそ興味あり内容ある生活をおくる可能性が保障されます。より豊かなあそびの展開には、常に広範囲に多くの構成材料の準備も要ります。構成された遊具でイメージをわかせる色彩、形のものも必要ですが、みどり会では、経済的に購入出来ない状態もあつて、現在は次のような素材（遊具）を用意しています。

ダンボール、木箱、小箱（マッチ、タバコ、石けん、薬等の空箱）質の各様な紙類（包装紙、画用紙、わら半紙、和紙、ラシャ紙、千代紙、セロファン、銀紙、新聞紙。）袋、ひも、セロテープ、のり、セメダイン、マヂック、色えんぴつ、クレヨン、えのぐ、コンパス、三角定規、ものさし、はさみ、ナイフ、紙芝居、木琴、卓上ピアノ、ハーモニカ、カスタ、人形、衣類（人形のもの、子どもの身につけるエプロン等）布、ままごと道具、空びん、空かん、ござ、いす、ざぶとん、つみ木、組木、針金、　、木片、木工道具（かなずち、のこぎり、ねじまわし）粘土、トランプ、メンコ、おはじき、こま、とびなわ、ボール、バトミントン、ごむだん等、又四季や行事により、たとえば補虫あみ、かご、はご板、スゴロク、カルタ等も入つてきます。それに大人には全くガラクタとしか思えない切れた電池、ぜんまい、びんのふた、タイル、割箸、ボタン、様々な機械のこわれた部品が、大切に集められます。この一見つまらぬものが、何よりも重要なあそびの素材となるのです。そして子どもたちは、このガラクタから数々の創造的なあそびを、限りなく生み出していくのです。これらは、一人あそびだけでなく、より集団でのあそびの発展のために、準備しているのです。

私たちはいま、自然発生的なあそびを育てる事に重点をおいて、意図的計画的、一方的に教えたり、運動場での体育あそびに特別な指導などはしていません。学校ごつこ、食堂ごつこ、お

家ごつこ、お風呂やさんごつこ、パーマやさんごつこ等、自分たちの新らしい体験、ニュース性のある出来事（オリンピック等）がごつこあそびとして、集団でたのしく展開されています。同じようなあそびが発展しながら多くなる場合は全員で、一週間以上も続くことがあります。

又、外あそびは校庭だけでなく、みんなで学校外に出ることもあります。時には級友との約束で個人的に、或は夏季、虫捕りのためみどり会の数人でも出かけます。ある日、冒険心からやくそくをやぶり、二日もずる休みをして遠出した子どもがいました。全く知らなかつた林の向うに、電車が見えてたのしかつたという話を、話しあいの場で整理し反省しあつて発展させました。そこで各自の冒険の要求をひき出させ、みんなで遠い雑木林へ行き、全身にいのこずちをつけながら夢中であそんだ日もあります。

やくそく、きまり

みどり会のやくそく、きまりは、子ども仲間における責任と依存の関係をわからせる重要なものです。やくそく、きまりには、子どもの中から出されたものと大人側のもの（学校、保育者、父母）があります。

私たちは校庭の一隅にいるため、その範囲で学校のきまりはそのまま受けることになつています。子どもたちみんなが、みんなのやくそくごととして、そのきまりを守らなければなりません。特に下校時の合図と共に、校庭であそぶことは許されません。そのため一応、全員部屋に入つて他の学童の帰つていくのを待ちます。しかしその後では、自由に使用することを許されています。

◎　保育者と父母側から出されたきまりは、子どもとのやくそくでできた一日の流れからあげられます。

㈠、学校から家へ立寄らず直接みどり会にくる。

㈡、すぐ室内外の掃除をする。（四月の一年生は休息しながら見学）

㈢、飼育と整頓に関する係は、それぞれその係の仕事をして、一日の生活の準備をする。

㈣、各自宿題をする。

㈤、同学年で編成されている班で、自分たちで計画したいろいろな学習やおさらいをする。

㈥、郊外へ出るときは、責任者であるその日の当番と保育者に知らせ、許可を得て帰る時間をきめてからいく。

㈦、当番は、おやつを地域の商店で購入し配分する。

㈧、みんなでおやつを食べる。

㈨、おやつの後、わからない問題、要求等は話しあいの場をつくつて、そこで解決し或は発展させる。

㈩、帰りの時間を守る。

◎　保育者側からだされたきまりは、子どもと共にみどり会全体の生活をつくりだすためのやくそくとして「自主的に係活動を組織し、行動すること」ということです。

◎　子どもの中からでたやくそくというのは、係の仕事をすることによつて、ささえている仲間集団への責任をはたす事です。そのため子どもと子どものやくそくは、係活動を通じて次々に生み出され、又つくりかえられるものです。ですから係がふえれば、やくそくもふえていきます。しかし集団の質の高まりにしたがつ

て。あたりまえに守れる状態になればやくそくごとは減ります。

◎ 係活動を通じて子どもがつくつたやくそくの例（貼紙から写したものをあげると）

にんぎようがかりからのちゆうい

くによしけい子（二年）

かなや のり子（二年）

(一)、せとものの「ままごと」をわらない。

(二)、にんぎようがかりのどうぐは、ちやんとかかりにきいてからつかうこと。

(三)、つかつたものは、あつたところにおいておくこと。

(四)、おぶいひもは、むすんでしまうこと。

〃これだけは、まもつてください〃

現在、みどり会の係の数は四十二です。係というのは、子どもから或は保育者から提案され、そのような内容の係が必要かどうかが、まず大まかに討議されます。

◎「係」の決め方、機能などについて

(一)、一人に一つだけではなく、実力によつてはいくつでももちろん原則的にはやりたい子どもがみんなの中で意志表示をする。「私は：：の理由でこの係をやりたい。」と、どういう仕事内容なのか、何をやくそくごとにするかは自主的に提案する。

(二)、その子は、やれるかやれないかをみんなから確認されて、係を依託される。

(三)、係は、みんなが守つているかどうかを点検する。

(四)、係の仕事に属する物をみんなが使用するときは、係の許可を得させる。

(五)、守られない場合は、仲間にことばで或は貼紙をして注意を促す。

(六)、守られやすい状態をつくるため、係はやくそくをかえていく。

(七)、係は物が新しくふえるごとに、みんなに紹介する。

(八)、係は自分とみんなからの要求を出しあう機会をつくり、必要なことはまとめて保育者、父母に更に要求する。

(九)、怠慢な係は、仲間から注意を受け、立ちなおらなければ係からはずされ、代りがえらばれる。

なお、保育の場でのこの係活動と関連して、家庭における家族員と子どもとできめた係もつくつています。ここで責任と依存にかかわる家庭教育との連けいをもつています。（家庭での点検、父母との連絡等については別の機会に。）

◎ 労働とあそび

もともと子どもはあそぶことによつて、ますます広くなんらかの仕事を遂行することになれ、労働意欲を得、やさしい技能を実際に身につけるようになります。あそびの形態における労働は、低学年の子どもたちにとつてたのしい中に大きな教育的役割を持つています。そのため保育者は興味をもつて意欲的にあそびが展開されるように、のびのびした気持で取組める状態や場所など更には、共同のあそびが発展するための条件を何かと配慮します。特にその構成材料には既成品の玩具より大人からみるとガラクタ

素材を多様に用意しておきます。そして工夫し製作する意欲をたかめます。

こうして、みんなの中でひとりひとりの労働を正しく育てる意味でも、あそびを大事にし豊かなものにしていきます。みどり会では「働く事を大切にし自分だけでなく、他人の働く事を尊敬できる子どもに」というのをねらいの一つとしております。

◎　意識として（一般―家庭―学校―就学前）

日本の社会体制の中では、子どもが働くということを働かせるという観方でとらえます。年少者に対しては、働く事を育てる事より、一般には「労働基準法違反」ということばからも感じますが、否定的なとらえ方をしてしまいます。だから働かないですむように、保護することが大切であると考えられているのです。すなわち、働いても働いても食べていけない生活、これはほとんどの家庭でいえる事です。母親は家事労働だけでは暮していけず、追いつめられて働く場合が多く、日本の母親の半分以上が働きに出ています。このような現実の中で労働を考えたとき、〝働くことは苦しい〟ことなのです。そこでは、おとなになれば自然に働くようになるから、小さい頃から苦しい思いはさせたくないという親心。殊に親子の接しよく時間の短い共働きでは、淋しかつただろう。学校で緊張しただろうと、可愛いと可愛そうが混つた不びんで甘えさせたい気持の親心が作られたのです。家庭では子どもを「幼いもの」保護の対象物としてみるだけです。或は、おとなの働く邪魔をしないようにと教えます。「家庭構成員の一人であつて、責任を持つて行動できる人間」としてどう尊重し教育するかなどとは到底考え及びません。

教科指導が中心であり進学と学歴体制の学校においては、労働を尊び育てる場はありません。しかし、民主的な教師の個人的構えの中で、努力され育てられています。現在、低学年、特に一年生に対しては何も出来ないものとして保護しています。もし指導があつたとしても、各家庭のしつけの中にかえされています。（しかも前述のように家庭にはその指導はないのです。）学校ではあくまで受持教師や友だちへの〝奉仕〟とか〝おてつだい〟意識です。中には労働を、生徒に対する教育の場における罰として与える教師もいます。

幼稚園、保育園という就学前教育においては「働く」ということはおとながするもので、邪魔をしてはいけない事柄と理解させるか或は、働くおとなには「感謝」するもので、なぜ〝働くことが苦しい〟かを追求させないままになつてきました。それで、云うまでもなく、自ら働く意欲を育てるものとして就学後に続く事などは全くとりあげられていません。

◎　子どもをとりまく、労働を理解させにくい状況

□　地　域

○　農、山、漁村にくらべて働くおとなを身近に見ることが少ない。（家内工業は少しはあるが、工場も近くにはない。）

□　住宅環境

○　アパート、間借り一室で来客がきても、食事も、寝ることも同じ場所であること、その上共働きで時間のゆとりもなく、落ちついて子どもに片ずけの指導が出来ない。

○　一室では、物の置き場もおとなの都合でだけ考えられ、子どもの整理しやすい状態になつてない。

○土を掘ったり、自由にいじれる地面等に恵まれず、低学年らしい全身運動的な遊びや、労働を育てる条件が全くない。

□父母の家事分担と労働に対する家庭教育。

○両方とも同じように外勤や商店で働く父母でありながら、子どもが見ているのは家事のしわよせで疲れた母親が小言を言いながら忙しく動く姿と、ほとんどの場合、外で無理をしてきた父親の〃休息〃の場であって、家庭集団での仕事の責任や分担を学べない。

○外勤の場合等は特に、働くことについての親子間の話しあいとか理解させる家庭教育がなくては、労働と賃金と生活の関係がわからない。

○現在の生活状態では子どもを生めないので一人っ子が多く、兄弟姉妹間の家事分担もなく保護される。

□学校

○就学前最年長児で出来るはずの仕事（給食の準備、部屋の掃除等）が一年生に入ると共に、何も出来ないものとして白紙にもどされる。

○一年生の一学期は給食準備に母親を動員してやっている。

○掃除は低学年はしないで上級生がやる。

○わすれもの、学習態度のよくないときに教師によっては〃罰〃として掃除当番をさせ、子どもに片ずけや掃除の作業を恥ずべき事、嫌なものと理解させる。

○教師のお使い、おてつだいとして〃係〃をきめている。そして教師につかえることをほこりとするような扱いがある。

○仕事をみんなが分担して責任を学ぶという学級集団ではない。

○ひとりひとりを、片ずけのできる子どもにする指導がなくて、誰かが手をかすことを親切とし、早く片ずいて次の学習の場が出来ることをのみのぞむような姿勢の集団。

○教師の受持人数が四〇〜五〇名で教科指導以外の雑務をかかえて、労働過重のため、細かい生活指導まで手がまわらない。

□就学前教育

○文部省の幼稚園教育要領「社会」の項目の中からは、労働の指導はほとんどみられない。

○新入会児の現状を通して就学前における労働の観方、考え方をさぐっても明らかにならない。

◎みどり会の実践

現在みどり会（低学年）では労働ということを、ごっこあそびでの役割分担の成長する形態の中でとらえます。それと共に、ごっこあそびと平行して「仕事」に取組む事を教育すべきだと考えています。

その重要なものに一日の生活を進行させる役割をもつ一人の当番と、現在四十二の係の活動があります。

もともと係は子どもが自分からやりたい役割を選び、ひとりひとりの意見をきいて賛成を得てきまり、集団の一員としての責任とみんなのささえがあって生まれるのです。また集団や個人の発展や成長にしたがって、おとなのやっていたもの（例えばお皿洗い、洗濯など）をひきとって、子ども自身が、次々に新しい仕事を生み出すのです。当番、係はこの活動の中で一方的、管理的な役割だけでなく、常にみんなのより楽しい生活、より高まった生活を創り出していきます。それには、各個人の要求の出せる場

が、話しあい伝えあう所として一日一回おやつの後にあり、そこで仲間の批判や、はげましを受けます。

こうして集団の中で子ども自身の成長がみられ、したがつて仕事の内容が豊かにそして高度になつています。

係の内容を大きく分けると虫、小鳥、草花、野菜等生物の「成長」にかかわるもの、室内外や遊具、教具、持物の「整備」にかかわるもの、部屋をどう飾り、或はみんなの読みたい本の要求をどう出させ、まとめるかなど「創造力、思考力」にかかわるものなどがあります。しかもこれらの内容すべてが、関連をもつているわけです。

係の活動以外に例えば全員が、自分たちの部屋を自分たちで整理したり掃除することをあたりまえとしています。それは、自分たちみんなの責任をみんなで果す場です。労働を理解させにくい状況に対して、どう指導していくか、低学年の段階では、少しでも早く気持のよい部屋で自分たちのあそびや学習がはじめられるだという事をわからせ、その効果を認める場をつくつてやることが大切です。この中で集団と個人が、働く事のたのしさやほこりをもつように成長していきます。こうしてより工夫した片ずけ、掃除の方法が子どもの中から出されて実行されていくようにしています。

保育者は時には集団の一員として子どもたちからのつきあげも受けますが、しかし、例えば片ずける力を各個人に出させるためにどう働さかけるかを苦心し、ひとりひとりの発達の段階と集団の高まりとを見つめていきます。

また、意図的に子どもたちが協力しなくては出来ないような教材を与えます。室内だけでなく例えば、花壇づくりは、大きなシャベルで土をすくいリヤカーで運ぶとか、グループ別に花壇の形をかえ、一メール四角、直径一メートルの円、その他長四角を作らせました。種まきから種とりまで、種々の作業の協力で生物の成長をたすけ、その中で併せてみんなの科学的な観方、考え方（観察、比較、実験など）を育てます。

なお、みどり会における同様、各家族員としても必要な係を家庭でも作り出して、責任分担をすることになつています。ここで「お父さんは何もしなくてずるい」という父親の家事分担の問題へとふみ込む事にもなります。

子どもが父母の仕事への理解と尊敬を深めるため、又子ども集団と共通の問題として、子どもを中心に子どもを通して、大人たちが労働の正しい考え方を指導しあいます。殊に低学年児との間の話題の少ない父親は、職場で何を受持ち、どう苦心しているか、出来上つたものは社会にどう役立つているかを、その子どもにわかることばで日頃話しあうようにしています。

見学者との交流にもみどり会の子どもたちは、自己紹介の時、父母の職業を自分の理解できた、そして仲間にもわかる〃ことば〃で話すことになつています。

〃仕事〃をするについて、親と子でしか話せない家庭での教材としています。一つには又、子ども集団の中で自分が一番くわしく知つている事柄として話しやすい場をつくり、しかもお互いの父母の職業を関連ずけて、より親しくより広く共通の視野をもたせるようにしています。労働を育てるについての働きかけは、保育者側が家庭へ出した要求が強く、各父母や、父母の会からの要

求はまだ弱いので、これからは、積極的な意見や要求がどんどん持ち込まれるようにしたいと考えています。

学　習

◎ 学校の宿題とおさらい

共働き家庭等では、母親は夕方家事の忙しさで宿題をみる時間もありません。父親も又、疲れているのでいらいらした気持で接することになります。このような状態の中で宿題を指導されるとしたら、勉強ぎらいになつてしまいます。子どもは家庭らしいなごやかな雰囲気で、話しあうことを望むことでしょう。保育者は、子どもの睡眠までのわずかな時間を、親と子でしか過せない家庭教育の場とするために、有効に使つてほしいのです。それで宿題は、みどり会に帰つてすぐ掃除の後、必らず自分でやつていくことが約束になつています。しかし父母は、一応家庭の責任として眼をとおします。

おさらいは、各自が保育者に指導されてやるのではなく、グループをつくつてやります。主として学校で習つた事を完全に自分のものとするために、どういうふうに勉強したらよいか、グループのみんなで考え計画して行います。例えば算数では、みんなの進度をたしかめ（三つの小学校からきていて、ちがうクラスの子どもの集りであるため）子ども同志で問題を出しあい、ジャンケンでやる順番をきめます。一人がやり方を説明するのを、グループのみんなが見ていてまちがいを指摘しあつて解決をしていきます。又文字のおさらいの場合は、習つた共通の字を選んで、一人が書くのをみんなが見ていて筆順、形などを注意しあいます。そして見ていない子どもには「どこ見てるの」と、書いている子どもへお互いの気持を集中させます。

*30ページの印字不良は原本のとおりです（六花出版）

学校での学習状況（教師の指導の仕方、学級の状態等、本人の態度だけではない。）が悪くて、理解していなかつたことがわかつた場合は、答えを教えてしまうのは簡単であつても子どもも仲間も保育者も教えません。「もう一度、学校の先生からよく聞いてきな」と、その子どもと教師との問題にします。これは教科の学習を指導されるところはどこなのかを、わからせるためなのです。子どもは常に教科を他のどこかで補いわからせるところがあるとすれば、教室での学習態度が注意散慢になりまず。しかし、みどり会では班学習によつて、それぞれの子どもの理解していない点をみんなの中へ出してみてはつきりさせるのです。わからない子どもがいたら、まわりはなんとかしてわかるようにとささえながら、その子どもに自覚をうながします。こういうはげましの雰囲気の中で、やらなければならないという意欲も出てきます。低学年として、学校外における自主的な学習の基本的習慣づけが、あたりまえのことのように、毎日、つみ重ねられていきます。

以上のように班学習の方法におけるりつぱな仲間づくりによつても、ひとりひとりの可能性をのばすことができます。（はじめから、自分一人で学習を計画したりする事も大切ですが、ことがその基本的な習慣づけとなる場と考える。）

◎ みどり会としての学習

みどり会としての学習では集団の発達と個人の認識や行動の発達段階をさぐりなが[illegible]れにそつて独特の教材を選び個人と集

団に与えます。

それは学校の教材とも関連をもたせて、特に興味ある昆虫の飼育、水栽培、種まきなどです。結果がわかりやすく、変化がはつきりしていて、その上美しいものとか、異様（子どもは興味をもつ）なもの等です。継続観察、継続記録（絵と文章）や発表によつて、ことばと事物を対応させ、ものを間違いなく観る、比較する、実験する、思考する力を深め、言語化、言語の文字化、単純な文章化を行います。こうして人間をかしこくする手順の基礎的作業として「ことば」を、そして表現力をたしかなものに育てます。一つには根気、愛情、責任感を養います。

なお、学校の教材のハーモニカ、木琴、ハンドカスタに卓上ピアノを加えた合奏や、作詩、作曲、創作舞踊をしたり、教科書、童話、絵本を読みあい、それをもとに劇化するとか、共同制作、共同画などをします。このようにして、保育者の不充分な力弱い助言や指導にもかかわらず、子どもたちは自主的創造的に班活動をします。しかも、これらのことは、その範囲を次第に拡げ、行事やみんなのあそびの中で、協力性、計画性をもち、豊かな情操を育てます。

おやつ

おやつの買物は、その日の当番の仕事の一つになつています。当番（一人）は時間に気を配り、三時になると出席人数を調べ、お金（一日一人十五円の合計のおやつ代）を計算して保育者に要求してきます。一年生では合計だけを上級生の誰かに、自分でたのんでやつてもらいます。そして買物かごをさげて、地域の商店へ買いに行きます。自分の好みだけでなく、みんなの喜ぶものを調整するのです。一年生では「物」と「お金」を対応させて、大まかに区分しながら買わせます。お菓子や時季の果物を自ら選択し、味、色彩の組合せを考えさせると共に、みんなへの愛情を育てます。しかし、始めから一人で買物をするのではありません。入所当時は、保育者と共に出かけていき指導されます。それから経験した子どもと組み、帰つて来るとみんなに買物の状態の報告をします。この段階を経て序々に、一人で責任を果せるようになつていきます。この事によつて計画性、計算力、責任感、時間と経済の観念をつちかい、安全な交通技術、買物の作法などを身につけます。

なお、以上のような指導と併せて保護者の意図には、衛生観念、栄養等おやつとして基本的な配慮と選び方をわからせるということもあります。

当番はみんなに「手を洗つて」の呼びかけをしておき、一方机をふきお皿を出して、おやつを全体に正しく配る作業をしますが、手洗いは別に係がいて、その子どもの指導で進められていきます。係は手ぬぐいを持つていて手の洗い方、汚れが残つていないかを調べたり、注意したりするのです。当番が支度している間に他の子どもは「しりとりあそび」「手あそび」等、その場で座つて出来るゲーム等を選んで楽しくあそびながら待つています。

また、食べているときの子どもたちは、これからのあそびの打合せや、おもしろかつたことなどのおしゃべりに夢中になります。おやつは一日一回の、全員でそろつて顔をあわすうれしいにぎやかな時なのです。　（昭和四十年二月二十七日現在までの実践）

（注）　みどり会は、その後学校施設から地域へと出ました。

杉並第九小学校学童クラブ

あそび

学童保育は、〃遊びが主である〃といえるほど大切な役割をはたしている。

○団体の中で、自分勝手ができない事を知り、協力によつて、より楽しく遊べることを学ぶ。

○一人遊びを楽しむのでなく、仲間と一緒に遊ぶ楽しさを充分味わうことができる。

○誰とでも仲良く遊べるよう注意する。

○遊具がなくても、いろいろな遊びを考え合つて、遊べるようヒントを与えたり、指導者が加わつて、集団遊びをしたりする。

○健康増進、身体発育の点からも、大切であるから、季節、各自のコンディションなどにも充分注意する必要がある。

○遊びの中から、子供自身のかくれた能力など見つけることができる。

○外遊びの主なもの、野球（初歩のもの）バトミントン、ボール遊び各種、鉄棒、鬼ごつた、なわとび、リレー、巾とびなど競技遊び、ゴムとび、砂遊び、かんけり、かくれんぼ、各種ごつこ遊び、その他。

○室内遊びー各種ゲーム、粘土、折紙、切紙、工作、ごつこ遊び（人形ごつこ、学校、お家、お店、郵便、電話、その他）組立遊び、自由絵書き、言葉集め、しりとり、トランプ、カルタ、輪投、楽器、歌合戦その他。

やくそく

集団の中では、約束は極めて大事であるがあまり守られないような約束より、最低限の約束を、必らず守るようにしたい。

○指導者が一方的に決めるのでなく、みんなの話し合いで決められるよう問題を投げかける。

○時間、人に迷惑をかけない事各種、自分自身に関係したこと。

グループ活動と仕事

学童保育での生活をより楽しくする為にグループの結びつきは非常に大切である。学習（観察、工作、創作、復習）係、行事に対する準備その他お互いが力を出し合い、反省し合うことにより、よい結果を得る事ができる。

○紙芝居、お話、ニュースなどにより、働く事の大切さを理解させる。

○父母が働いている事を、話し合いに出し、認識を深める。

○お掃除、草花の水掛などの実際面で、働いたあとの気持よさを理解させ、進んで働くことができるよう指導する。

おさらいと宿題

○宿題だけは必らずクラブでする習慣をつける。

○宿題がなくても、その日の復習、計算練習や書取のように、積み重ねを要するものは少しでもする習慣をつける。

○同じ学年や組（グループ）を通して、なるべく自主的に行うようしむける。

○その他遊びを通して、図工、音楽、自然観察、計算、作文などを学ぶ。

おやつ

○おやつは、児童に取つて一番楽しい時であり、夕食がどの家庭も、大がい遅いので、身心の発達の上からも、量質など、重要な役目を果している。

○一日の流れの中で、全員が集まる唯一の機会であるから、みんなの約束ごと、指導者からの注意、その他を話し合う大切な時間である。

○遊び作業、その他時間の区切のポイントである。

○みんなが同じ物を食べるということで、仲間意識を養うことができる。

○好き、嫌い、ぐずや、せつかち、その他いろいろな性質を見分けることができる。

○季節の果物、お菓子の種類、色形などから、いろんな知識を養うことができる。

○準備、片附けや、買い物など、実際面でも学び得るものが、たくさんある。

休憩

○四、五月の一年生は、心身ともに疲労が甚だしいので昼寝（眠らなくても、横になつてゴロゴロする）をさせたり、その日の出来事など聞いてあげて、疲れを取るよう心掛ける。

○夏休みは、保育時間も長いし、暑さによつて体力の消耗が甚だしいので、昼寝をさせるか、横になつて、静かに本を読ませ、安静時間を取るようにする。

○風邪気味、その他気分の悪い子は、備えてある薬を与え、毛布などで横にならせる。ひどい子は、係つけの医者の診断を仰ぎ、衛生室のベッドに寝かせ、家庭に連絡をつける。

○途中から入つた子は、早くみんなの中にとけ込めるよう指導者は配慮する。

基本的生活習慣

○毎日の生活に必要な、基本的な習慣を繰返し、根気よく、キチンと行うことができるよう、指導する。

行事計画及び活動

四月　一年生歓迎会　早く保育クラブに慣れ、安心して来られるよう、二三年生が、自己紹介、紙芝居、歌など、おやつをいたゞきながら、楽しい時を過す。グループ、学年など思い思いに計画を練る。

五月　男の子の節句に因んで、柏餅をいたゞいたり、角力大会

をする。鯉のぼり製作

六月　梅雨について、いろんな話し合いをする。

七月　七夕祭、飾りものの製作、飾り附け星座のお話会を開く。

八月　プールにて　水泳大会

九月　夏休みの楽しかつたことなどのお話会、年寄の日に因んで、おじいさん、おばあさんのことなどを話し合いにする。

十月

十一月　特になし、その時々に計画する。

十二月　クリスマス　一年中で一番楽しい行事、飾りもの、製作、飾り附け、プレゼント品、紙芝居、歌、おどり、人形劇、劇などグループに依つてゆつくり時間をかけて仕上げる。

一月　お正月、室内ゲーム大会、タコ上げ、羽つき大会。

二月

三月　ひな祭、人形やひし餅の製作、飾りつけ、歌合戦、お別れ会、お世話になつたお兄さん、お姉さんに、手紙を書いたり、記念品をあげたり、ゲームをして御馳走を一緒にいたゞく。

普通日の主なプログラム

一時　入室

○挨拶

○ウガイ、手洗い

○連絡帳提出（家庭からの連絡）

指導者の注意

○各々に答えて、その日の学校の出来事や家庭からの連絡を聞きながら、顔色や態度で健康状態をみる。

○ウガイ、手洗い、鼻かみ、衣服の乱れなど、云われなくてもキチンとできるようしつける。

一、一時二〇分　勉強

○宿題

○その他その日の復習

○漢字の書取

○計算練習

○自由画、工作

指導者の注意

○宿題は必らずクラブですませる事を習慣とさせる。

○問題が分らない時は、なるべく子供どうしでやり方を教え合う。解決できない時はもう一度教室に持つて行くか。指導者が相談にのる。

○宿題の無い時はその日の復習、又は漢字の書取、計算練習をするようにする。

○絵や工作の好きな子は、何時でも、グループや個人で作れるように、材料を置いておく。

○草花の世話や、庭の草木の様子で、自然観察など、理科の勉強をする。

一、一時五〇分　自由遊び

○室内

○室外

○室内では、あばれたり、人に迷惑を掛けたりしない。
○外に出る時は、一人で門外に出たり、危ない遊びをしないよう気をつける。
○仲間はずれの子、一人で独占的になる子、グループをこわしたりする子がいないか気をつける。
○遊び道具はキチンと片附けるようしつける。

三、時　後片附け　お八つの準備

○係が後片附がキチンとできたか調べる。
○グループごとに机を出して用意をする。
○当番はお茶碗を配つたり、お菓子を配り机の後片附け、紙くずを散らしてないか気を配る。

三時三〇分　おやつ

○話し合い
○歌の練習
○紙芝居
○約束ごと、その他いろいろな話し合いをする。
○みんで楽しく歌える歌を練習する。
○おやつを食べながら、紙芝居をする。

四時〇〇分遊び（団体）

○室内ゲーム、野球その他団体ゲームを主に行ない、各々の性質、行動など細かく観察する。

四時五〇分　後片附け、掃除

○みんなで分担して、掃除後の気持よさを分らせる。
○早く帰る子は、何らかの形で協力するよう注意する。

五時～五、三〇分　下校　お迎え

○帰りの挨拶をキチンとする。
○帰宅の途中道草をせず、真直ぐ帰るよう注意する。

新入児のプログラム

十時　入室

○挨拶、道具掛
○ウガイ、手洗い、用便
○連絡帳提出
○お弁当の報告
○入学時は疲労度が強いので、顔色や、態度など特に注意する。
○只今の挨拶をキチンとできるようしつける。
○自分のカバン、その他持物を、一定の場所にキチンと収めるよう習慣づける。
○連絡帳その他家庭からの連絡は帰るとすぐ行うよう、習慣つける。
○用便はガマンしないで、二人以上一緒に行くようにする。手を必らず洗うよう、お互いに気をつけ合う。
○お弁当をちゃんと持つているか、パンの人は、集金袋をすぐ出すよう、注意する。

十時三〇分　昼寝（眠らなくても横にする）

○その日学校であつたことを一人ずつ報告する。
○話を聞かせたり、歌を歌つたりして、気分をときほぐす。

十一時三〇分　食事の用意、食事

○手洗い

○机の用意

○食前の手洗い、机の出し入れなどグループ毎にキチンとできるよう習慣つける。

○よくかんで、遊び遊び食べないよう、楽しいフンイキで食事をする。

十二時～一時　自由行動及び団体ゲーム

○自分の名前、数字の練習、自由画などを書いたり、ゲームなどどでお友達の名前を覚える。

夏休みなど一日のプログラム

九時　入室

○挨拶

○連絡帳提出

○お弁当の報告

○帰宅時間の報告

九時十分　勉強

○お休みの練習帳

○書取や計算の復習

○写生、その他の工作

○水掛け、生物の世話

十時　テレビ

○あまり近くで見ない。

○人の迷惑になる行動を取らない。

十一時三〇分　自由遊び

十二時十五分　食事の用意

十二時三〇分　食事

一時～二時三〇分（夏季は昼寝）

二時半　自由遊び

三時半　おやつの用意

四時　おやつ

四時半　お掃除

横須賀基督教社会館児童クラブ

学習

基本的な学力を身につけるための自主的な学習意欲を育てることを目指し、いわゆる学習としては復習、宿題を中心にし、学習塾的なものになることをさけ、その他に集団を通しての作文指導げき、理科の観察、図画工作、音楽（合唱、合奏、鑑賞）などをとり入れて、楽しい学習活動を行っている。

あそび

あそびは、子どもにとって創造的能力の発達や集団的協力関係を育てるといった大切な役割をもっていることから、これを深めるように積極的な指導を行っている。これには指導者の加わる場合と、子どもたち同志だけの自由遊びとがあるが、館内だけでなく、近くの海や川や山などに出かけて、自然を利用したり、グループに来ている時にも、学校の友だちのところへも遊びに行くことも出来る。また、他の多くの児童とも接触する機会も多くありたいと気をつけている。今では、全員での集団遊びや自分達で工夫し、発展した遊びなど、しだいにできるようになった。

おやつ（含おべんとう）

おやつや食事をするというだけでなく、みんながたのしく、話し合う場でもあり、いろいろな問題を解決する場にもなる。その日のお当番が、おやつの準備、あとかたづけを責任をもってやる。ふだんは指導者が、おやつを整えるまではするが、時には、お当番がお店に行き、選び購入して、配ったり、また、全員が各自で買いに行ったりすることもある。また、母親がよい協力の場として手作りのおやつを用意してくれることもある。

休憩

学童保育全体が、学校での緊張をときほぐすものとしてあるために、特別に休けいの時間というものはとっていない。

しいていえば、夏休みに約二時間のおひるねをしたり、プログラムの間に〃休けい〃ということばをつかって休ませるくらいである。

労働

労働の価値と意味を認識させ、よろこびをもって自分たちですすんで働くことを身につける。一方、父親や母親の労働に対する理解を深めさせるような話し合いをしたりする。実際には、自分たちの部屋の掃除やおつかい、他の人のために役立つことなどをするように努めている。

やくそく

グループでの活動、生活をしていく上に必要なとりきめをする。人間関係に関すること、しつけに関することなどが中心であるが、ひとりひとりのため、みんなのためということで、話し合いできめることも多い。約束が守られない時は、みんなで注意し合つたり、話し合いに出したりして、どうすればよいかを考え合う。

学校・家庭・地域社会

家庭とは連絡帳、家庭訪問、面接、お迎えの時の話し合い、定期的な父母の会、個人的問題を話し合い、定期的な父母の会、個人的問題を話し合う月一度の相談日などを通じて密接な関係をもつていく。

学校とは、要学童保育児の発見、紹介、学校行事の連絡、メンバーの学校での様子、教育方針についての話し合いをもつ、また問題児に関しては密接な連絡をとり合う。地域社会に対しては、民生委員、町内会、その他団体、有力者などに、ことあるごとに印刷物を回覧したり、連絡報告会や講演会を開催し、理解を深めるよう、また、協力を得るよう努力している。特に、夏休みには、学生ボランテイアの研究会に地域の婦人会の方達の参加をよびかけ、協力と理解を深めることができた。

横須賀基督教社会館における

夏季児童クラブ

——学童保育との関連において——

小学生以上の児童を対象にしたグループ、ワークの部門である。子どもの生活の場を大別すると家庭・学校・地域社会という三つの場があるが、そのうち地域社会での子どもの生活は、子どもが、本来の子どもらしさを本当に発揮できる場として重要視されているが、それ自体があまりにも巾広く、種々な内容を含んでいるため、考え方や指導の上で共通な基盤をつくり出すのにかなりの困難を伴い、望ましい姿をひどくちで説明することも相当難しいというのが現状である。

横須賀基督教社会館は、コミユニテイ、センターとしての役割を果すために、その一つとして「児童クラブ」を設けている。そこでは、専門の指導者や学生などが、地域のニードに応じたプログラムを提供したり、また、地域に出ていつて、地域の人々と共に、その地域の児童や青少年の問題をとらえ、共に考え、解決していく働きをしようとしている。

先に述べたように、児童クラブは、地域に於ける子どものグループ、ワークという観点からとらえ、それを郊外生活指導の一環として行つている。学校から帰つてのちの子どもの生活の中心は、遊びであり、この遊[illegible]、子どもの成長にとつて不可欠ので

あるといつても過言ではなかろう。子どもは、遊びにおいてお互いを思う存分ぶつけ合い、遊びのルールなどを通して種々の社会生活のルールを正しく学んでいくのである。そこでの大人または専門の指導者の役割は、子どもたちの遊びの生活が正しく、内容豊かなものにすゝめられていくよう援助することにあり、また、子どもの中にある問題を発見したり、子ども同志では何ともいえない大きな問題をとらえ、地域全体の人々に投げかけ、解決する方向にもつていくなどの働きも受け持つことになる。

これらの役割を担つている児童クラブは、終戦後まもない昭和二十一年に社会館のプログラムとして加えられ、児童厚生施設として、特に、小学生の場合は、保育の拡大としての意味をもたせ、生活保護家庭や母親が働いている家庭の子どもを優先的に受け入れ、遊びや遊び場に恵まれない子どもに、クラブ活動を主として児童の育成をはかるという目的ではじまり、現在に至つている。

実際のプログラムは、その間かなり変遷を経てきているが、現在では、小学生を対象としたものとして大きくは (1)一般児童を対象としたもの、(2)不在家庭児（カギッ子）を対象としたものに分けられる。

(1)の一般児童を対象としたものには、自習室、子ども図書室、グループ活動、ゲーム・ルーム、おけいこ教室などがあり、その各々は、次のようなかたちで行われている。

（自習室）火・木　午后二時〜五時

学習塾に通う者が増えている現状において、あくまでも子どもたちが自主的に学習し、個人の能力に応じて指導を受け、たのしく学習し、学習への興味を持つことをねらつている。

（子ども図書室）月〜木　午后二時〜五時

子どもによい本を与え、また、子どもの親たちにも読書指導をするよう計画している。読書のための部屋の提供、本の貸出しなどでかなり利用されている。

（ゲーム・ルーム）金　午前二時〜五時

遊遊び場、遊具の提供と、遊びを指導を兼ねたもので、会員外にも開放している。

（グループ活動）

子どもの興味や仲間のあつまりを中心にグループづくりを行う。週のグループ日をきめ、リーダーと共に各々のグループに即したグループ活動を行う。それには学校や館内の家庭相談所などと協力して問題児の治療グループなども行う。

（おけいこ教室）

個性や趣味をのばすために、書道、絵画、ピアノの各教室を、それぞれ専門の先生の指導をえて行つている。

これらのプログラムは、近くに住む小学生に開放してあり、小学生ならば会員の登録をすれば、だれでも参加できることになつている。（会費一ケ月五〇円、おけいこ教室には別に月謝二百円がいる）

(2)不在家庭児（カギッ子）を対象としたもの

いわゆる学童保育がこれであり、毎日放課後より五時半まで行つている。現段階では、小学校一、二年生が中心であり定員も十五名の小規模なものである。

この学童保育は、児童クラブの活動の中から必要性を感じはじめ

たものであり、児童クラブの中では、グループ活動の一つとして位置づけされる。そして、メンバーが三年生になつた時は、このグループを去り、新たな別のグループをつくり、一年あるいは二年間の積み重ねの上での成果をねらつて、かなり自主性をもつたグループを育てるという方法をとつている。

学童保育は、毎日の活動であり、また、子どもたちにも、その親たちにも「共働き」という共通のものがあることなどから独自の父母の会も育つてきている。

以上これらが、普段定期的に行われているプログラムであるが、このほかに遠足、展覧会、発表会、夏期クラブなど特別プログラムを行つている。この特別プログラムの夏期クラブは、いろいろなかたちで、毎年夏休みに行つてきいるが、昨年は、特に、学童保育という観点で行つたので、その内容を次に紹介してみよう。

特別活動　―夏季クラブ―

(1) 夏期クラブのねらい

夏期クラブも児童クラブのプログラムの一つとして行うのであるから、そのねらいは児童クラブの目的と同じであるが、特にこの期間に重点をおいて行われるものをとりあげてみよう。

子どもたちにとつて夏休みはたのしいものである。しかもこの期間にもつとも子どもたちの地域での活動が生き生きと行われ、組織化される時である。しかし、この夏休みも、一般に子どもたちにとつて伸びるべきものが十分生かされる状態にあるかどうかを考えると、現状ではあまりにも貧しい内容であるといわざるをえない。このような現状に対して一定の期間、たのしいプログラムを提供して子どもたちに有益な夏休みをすごさせようとするところに夏期クラブの一つの目的がある。それは大勢のリーダーの指導のもとに、一つのまとまつたプログラムに参加することにより、巾広い経験をしたり、新しい友達をえたり、さまざまのグループでの活動を通して今まで知らなかつた可能性を見出したり、自信をもつたりするきつかけが与えられるようにと願つたものである。

しかし、最近では、地域の町内会や、学校なども、子どもたちの夏休みにキャンプや勉強会海水浴などの行事が計画され実施されるようになつてきており、また家庭でもいろいろ考えられているようである。そこで私たちは、これら一般の子どもを対象としたものに参加できない不在家庭児（カギッ子）やその他家庭の事情のある者などを中心に夏の計画を立ててみた。前にも述べたように児童クラブでは、一、二年生を対象にした学童保育を平素のプログラムとして行つているが、夏休みは、まとまつた協力者がえられるなどあつて普段できないでいる三年生以上の子どもにも、参加の機会を与えこの夏期クラブを通して広い意味での学童保育を行い、また夏休みというまとまつた一時期に、積極的に地域の人々の学童保育への理解と協力を得るよう働きかけるなどを折りこんで実際のプログラムを行つたのである。

(2) 夏期クラブの実際

(a) 募集　小学生六〇名

不在家庭児を優先的に地域の子ども全体に呼びかける。

小学校と連絡をとる。　ＰＴＡの会合や、校外補導委員会に出

席し、説明したり、担任の先生と連絡し、不在家庭児の名簿作成の依頼を行う。

募集期間は約十日間であつたが、応募は家庭に昼間適当な保護者がいないという者約半数、他は一人つ子、近所に友達がいないなどの理由で、総数七一名であつた。

(b) 参加リーダー

児童クラブの専任職員二名が主として当るが、学生リーダー十二名の参加があつた。

この学生リーダーは児童の福祉活動に興味をもち、あるいは実践している者たちで、その主なメンバーは「童の会」という研究、親睦グループの会員であつた。

また、実際に子どものグループを受持つということではなく、地域の婦人会の方やその他、個人に「縁の下の力もち」的なお手伝いをいただいた。

(c) 経費

収支一覧

（収入）	
児童参加費（1人350円）	24,500
午后も残る者（含おやつ代）（＋250円）	3,750
職員及見学者食事代	8,480
社会館負担	19,492
計	56,222

（支出）	
教材及び事ム関係費	6,703
消耗品費	2,242
雑費	65
おやつ代（午后組）	2,050
海水浴（会場 交通ヒ）	4,120
オーバーナイト朝食代	2,970
リーダー食費	32,572
賄婦謝礼	5,500
計	56,222

（附）参加費については1人350円午后も参加する者については別途に250円を徴集した。但し免除もある。

この経費は、いわゆる実費であり、建物の使用料、リーダーの宿泊については社会館という場があるために出来たこと。また夏期クラブの報告書の費用は含まれていないことなどを付け加えておく。

(d) プログラム

リーダー　オリエンテーション　プログラム

	9:00	10:00	11:00	12:00	1:00	2:00	3:00	4:00	5:00	6:00	7:00	8:00	9:00
7月24日(金)	集合 宿泊部屋割		館内見学	昼食	プログラム検討	親睦会			夕食	打ち合せ	ファイヤーキャンプ	就寝	
25日(土)	打合せ	館長の話	田浦小校長の話	昼食	自由	家庭訪問			夕食	打ち合せ 特別プロ			
26日(日)	打ち合せ	ディスカッション 子どもの扱い方 グループの扱い方		昼食	自由	家庭訪問			夕食	打ち合せ			

この前にも数回、いろいろな準備のための会合をもつた。

家庭訪問は、受持ちのリーダーが、子どもの家をまわり、あらかじめ家の人と話し合つたり、子どもと顔なじみになつておくために行う。

子どものためのプログラム

9:00 10:00 11:00 12:00 1:00 2:00 3:00 4:00 5:00 6:00 7:00 8:00 9:00

(月)	開会式	グループ活動		おそうじ	午後組 終了				リーダー会
28日(火) 29日(水) 30日(木)	朝のつどい	グループ活動	学習及び趣味		おべんとう	おひるね	おやつ話し合い	自由遊び	グループワークについて講演 学童保育について一現状と問題点一 リーダー会
31日(金)	海水浴								リーダー会
8月1日(土)	朝のつどい	グループ活動		おそうじ	おべんとう	おひるね	話し合い おやつ	自由遊び	父兄会 映画会
2日(日)	おやすみ								
3日(月)	朝のつどい	グループ活動		おそうじ					リーダー会
4日(火)									リーダー会
5日(水)									キャンプファイヤー オーバーナイト
6日(木)	後片付け	グループ活動	閉会式		反省会				解散

プログラム説明

朝のつどい――メンバー全員があつまつてその日の予定を話したり、みんなでうたをうたつたり、ゲームをしたりする。

グループ活動――学年別のグループにわかれ、リーダーのもとで、学習や趣味の活動を行う。そのグループによつて様々であるが、前もつて計画が立てられ、リーダー同志の話し合いにより他のグループと合同で行う時もある趣味活動の内訳は工作、手芸、図画、ハイキング、写生、放送劇、ゲーム大会、野球大会、合奏、レコード鑑賞など。

オーバーナイト

その夜は、キャンプ・ファイヤーなどでたのしんだ後、社会館にメンバー全員が一泊する。翌朝早くおきて近くに散歩、ラジオ体操の後、みんなで朝食

父兄会

参加している子どもの父兄を中心に、夏期クラブのことを話し合つたり、リーダーと父兄とのつながりをもつ。その時に子どもの作品を展示を行う。

今年は、特に「カギッ子」の映画をみて話し合いをもつた。

(e)リーダー会

その日の反省や、次の日のプログラムの打ち合せのために、リーダー全員が集まつて行う。また、その時だけの問題に終ることなく全般的な問題や講演会などもおこなつた。

これらのプログラムを通して、子どもたちはもちろん、参加したリーダーも様々のことと学んでいつた。私たちの意図したことが、どれくらい実現できたかは、はつきりとは、つかむことができないが、多くの方々の協力により、かなりスムースに進行できたように思う。ただ、私たちの気づかないところに大きな問題があるかもしれない。

(3)夏期クラブの問題点と評価

　毎年感じることであるが、準備不足を昨年も感じざるをえなかつた。ただ、それが毎日の仕事の中で行つていくことが本当に大変であるということもあるのだが。特に昨年の場合、日程を決めるのが遅くそのために、間近になるまでリーダーが確定せず、リーダーの側の準備も不十分であつた。これら、受け入れ側の問題と共に、学童保育を標傍しながらも、本当に、必要と思われる子どもが参加しなかつたという事実があることが、一番気にかかつたことである。このような事態は、よくあることなのだが、なんとかならないものだろうか。しかし、これらも、年々の積み重ねで少しずつ解決していくことなのかもしれない。とにかく昨年は、学童保育ということを表面に出した一年目であり、その第一段階としてはまず成功だつたのではないかと思う。要は、これから第二段階への準備を普段の活動の中で行い、引き続き夏期クラブを実施することであろう。

参考文献・資料目録

学童保育に関する文献や参考資料は、現在のところほとんどありませんが、断片的には、紹介記事や論文としていくらか出ております。

本来、こうしたものうちから、重要なものを原文で紹介して皆さんの参考に供したいどころですが、紙面の都合等で、単にその目録だけをご紹介します。

ここにご紹介しました目録は、個人で集めたものですから、この他にまだまだ沢山あると思います。

この目録にない資料等は、もしご送付いただければこの上ない幸せです。

なお、この資料目録は、昭和４０年４月末現在、新聞は、朝日、毎日、読売を主に、その他若干の新聞を使用しました。

1. 冊　誌

冊　誌　名	編　集：出　版	形　式
学童保育の経験から （３７年７月）	婦人民主クラブ 学童保育連絡協議会 神谷子どもクラブ	Ｂ５：２１頁 活版
地域福祉の諸問題　―２部学童保育について― （３８年７月）	大阪センツルメント研究協議会 朝日新聞大阪厚生文化事業団 大阪市社会福祉協議会	Ｂ５：４５頁 謄写
学童保育に関する問題研究委員会報告 （３８年１１月）	神奈川県社会福祉協議会	Ｂ５：１７頁 活版
留守家庭児童保護育成実験校中間報告書 （３９年３月）	横浜市教育委員会	Ｂ５：７１頁 活版
よりよい学童保育のために　―その手びきと問題点の解明― （３９年８月）	学童保育連絡協議会	Ｂ５：４４頁 タイプ
ぼくはなかまがほしいんよ　―広島市学童保育所づくり― （３９年８月）	広島市学童保育連絡協議会 広島県母親連絡会	Ｂ５：６１頁 タイプ
小学生の保育所　―学童保育の実態と必要性― （３９年１１月）	共立女子大学児童研究部	Ｂ５：４６頁 謄写
はじめての学童保育　―静岡：城東町共同保育記録― （４０年２月）	静岡市保育所づくり推進協議会 城東町保育所づくり地域推進会	Ｂ５：２４頁 謄写

3. 論　文

題　　　　名	執筆者	掲　　載　　誌
学童保育１５年	三木　達子	保育の友　　　：38年7月
子どもとともに	松本ちさえ	保育の友　　　：38年7月
放課後の心配	渡辺　勢一	保育の友　　　：38年7月
ぜひ実現させたい学童保育	細田謙一他	文集・とも働き２号：38年8月
学童保育を実施して	原　　雲平	厚　　生　　　：38年6月
横須賀社会館における学童保育について	泉　　順他	月刊福祉　　　：38年10月
共働き家庭の学童をどうするか	佐藤　宗夫	季刊保育問題研究7号：38年12月
学童保育みどり会の実践報告	松本ちさえ	板橋の教育１４号：39年2月
経済成長の奇型児—カギッ子の問題をめぐって—	矢内　正一	月刊福祉　　　：39年4月
学童保育の問題	手塚　直樹	保育の友　　　：39年4月
カギッ子問題をとく鍵	坂間　棟治	厚　　生　　　：39年5月
学童保育—カギッ子対策から制度化要求へ—	蓮見みち子	月刊福祉　　　：39年5月
カギッ子	高橋　理夫	教育心理　　　：39年6月
学童保育に長期計画を	手塚　直樹	福祉新聞　　　：39年9月14日
学童保育の公立移管問題	手塚　直樹	保育の友　　　：39年11月
非行多発地域の学童保育	遠地　久夫	子どもと家庭5号：40年1月
川崎市の学童保育	奥山　貞義	子どもと家庭5号：40年1月
東京都〝みどり会〟	松本ちさえ	子どもと家庭5号：40年1月

2. 要綱、要領

名称	箇所
昭和38年度学童保育事業運営要綱	東京都
昭和39年度学童保育事業運営要綱	東京都
学童保育指導要領案	東京都
学童保育指導要領	東京都
北区学童保育事業要綱	北　区
文京区こどもクラブ運営要綱案	文京区
学童保育事業実施要綱	横浜市
「留守家庭児の生活指導」実施要領	川崎市
国庫補助による児童館の運営について	厚生省児童局長通知

4. 内容等調査

題　　名	調 査 箇 所	掲　載　誌
学童保育に関する調査まとまる	葛教組、滝沢すみ江	婦人部ニュース　葛飾区教祖 ３８年１０月２４日
児童生活と母子関係の力動性 ―大都市周辺地域を中心として―	日本女子大学　松本武子 吉沢英子 柴田英子	社会福祉学第４号 ３８年１２月
アンケートの結果から	共立女子大学児童研究部	小学生の保育所 ３９年１１月
かぎつ子の生活と精神安定度	埼玉県民生部	生活科学調査報　４２号 ３９年１１月
かぎつ子の調査	大阪府材本市 教育委員会	明るいまち　８１号 ４０年３月

5. 「みどり会」公立移管反対パンフレット関係

件　　名	執 筆 者	備　　考
学童保育の発展のために ①みどり会の教育実践 ②一区議の見解について	立 花 直 一	保護者
学童保育みどり会の結末について	今 川　正太郎	板橋区議会議員
緊急ニュース	み ど り 会	
芽（みどり会議関誌）　１号	み ど り 会	３９年７月２６日
同　　　　　　　　２号		４０年２月１９日
みんなりつぱに ―なんででてけつていうの！そのわけをききたいよ―　１号　２号	児童の作文集	３９年　９月１日 ３９年１２月１日
保育者からみた斗争経過における問題点	松　本　ちさえ 伊　藤　幸　子	４０年３月２７日

6. 紹　介

題　　名	執筆箇所	掲載誌
学童保育（保育所のしおりから）	全国私保運 東京私保運	保育所のしおり 34年8月
学童保育をどうするか　—将来への大きな課題—	静岡県保育所連合会	ほいく静岡 37年8月1日
保育園は巣立つたけれど　—これからの学童保育—	保育の友	保育の友 38年7月
児童厚生施設他	全社協	第6回全国地域子ども会議 38年10月
青戸学童保育会の運動	公団住宅保育所づくり 協議会 婦人民	だんちの中の保育所 39年3月
働くおかあさん心配しないでね。—渋谷区立母子館を訪ねる—	婦人民主新聞	婦人民主新聞 39年3月1日
ふえだしたかぎつ子　—共かせぎの生んだ—　上・下	NEW TOWN	NEW TOWN 39年3月15日・4月5日
学童保育所の開設	北区教育委員会	北区社会教育 39年7月5日
520万の予算が近く　—都学童保育の問題点—	月刊福祉	月刊福祉 39年4月
学童保育　—ほどとおい制度化へのみち—	福祉広報	福祉広報 39年7月
学童保育をめぐつて	教　育	教　育 39年12月
カギつ子とカギのない子	主婦と生活	主婦と生活 39年12月
みどり会報告から	板教研	板教研第3回研究会報告 40年1月
学童保育をどうするか　—将来への大きな課題—	鷲谷善教	保育所づくり 40年2月
公立学童保育所はできたが	手塚直樹	婦人民主新聞 40年3月21日

7. 機関誌、児童作文集等

誌　　名	発行箇所	備　　考
学童保育連絡協議会ニュース	学童保育連絡協議会	昭和38年2月5日創刊号 昭和40年1月第5号まで出版
青戸学童ニュース	青戸学童保育会	
保育問題研究	東京保育問題研究会	関連資料
働く母の会ニュース		関連資料
わらべ №1～№3	横須賀基督教社会館	
<作　文　集>		
き　り　ん	横須賀基督教社会館 児童クラブ　保育	昭和　年　月　日創刊号 第　号まで出版
みんなりつぱな2年生になろう —実践記録シリーズ№1—	みどり会	昭和29年4月

新　聞　37年

題　名	掲載紙	年月日
家に帰つても誰もいない　—各地に高まる学童の放課後保育運動—	社会新報	37.4.8
厚生省、保育対策を促進　—児童館や保育所ふやす計画—	朝日	37.8.20
無認可保育所を児童館に切りかえか	福祉	37.8.27

新　聞　38年

題　名	掲載紙	年月日
全国初の「学童保育」　—都内6カ所で4月から—	福祉	38.3.11
根をおろした学童保育　—全国に先がけて実施（川崎市）—	福祉	38.3.25
学童保育中心に　—140カ所新設・児童館—	福祉	38.3.25
ともかせぎ家庭と低学年児　—野放しから守る保育—	毎日	38.4.26
待たれた学童保育制度　—三鷹市二カ所増設きめる—	福祉	38.5.6
初の学童保育施設　—渋谷区・母子館が完成—	朝日	38.6.2
都内初の学童保育所生まる　—渋谷母子館—	朝日	38.8.25
カギつ子は訴える　—お勤めママ早く帰つて、都内に6.7万人—	福祉	38.6.24
根本的な対策へ　—川崎2割近い留守家庭児—	毎日	38.8.9
児童館設置・拡大など要望　—東北・北海道民生部長会議—	福祉	38.9.23
共かせぎが児童を非行へ　—全国社会福祉大会委員会報告—	福祉	38.11.4
カギつ子に注ぐ愛　—学童保育に学校を解欲した永山校長—	婦人民主	38.12.15

新　　聞　３９年

題　　名	掲載紙	年月日
奇跡は起るか？（宮下俊彦）	福　祉	39. 1. 6
カギつ子に楽しい午後を　—都内に保育所５００・５カ年計画で—	毎　日	39. 1.22
日本橋に〃子供の天国〃中央区児童館店開き	毎日・読売	39. 2. 6
軌道に乗らない学童保育　—ともかせぎ家庭の期待は強いが—	朝　日	39. 2.15
指導員をつけて開放　—台東区来月から６小学校—	朝　日	39. 4.14
学校を解放しカギつ子保育　—葛飾の松南小で—	毎　日	39. 4.16
学校解放のモデル校つくる　—台東区１２日から６校でスタート—	読　売	39. 5. 4
意外に多い「カギつ子」　—立川非行少年を生む心配も—	朝　日	39. 5. 8
カギつ子たちの両親に（投書）	朝　日	39. 5. 9
遊び場のない児童はどうなるか	毎　日	39. 5.11
カギつ子なくす学童保育　—テレビもつけて。足立区で小学校を開放—	朝　日	39. 5.28
カギつ子保育始める　—中野区小学校の室教室使い—	朝　日	39. 5.30
カギつ子　—少年期の心とからだ—　（早大教授　本明　寛）	毎　日	39. 5.31
重点目標・子どもを大切に　—学童保育を実施（横浜市）	福　祉	39. 6. 1
カギつ子の保育施設などで要望　—７大都市民生局長会議—	朝　日	39. 6. 6
カギつ子対策（今日の話題）	朝　日	39. 6.12
学童保育　—その問題点をさぐる—	読　売	39. 6.19
地域ごとに学童保育　—働く母の悩み解消—	読　売	39. 7.22
あき教室を利用した学童保育　—東京都の一部で発足—	毎　日	39. 7.23
追い立てくう民間保育所　—区立ができるからと　板橋みどり会—	朝　日	39. 8.13
学童保育みどり会・区立に吸収の声　—父母は猛烈に反対—	福　祉	39. 8.17
カギつ子に学童保育所　—板橋で４カ所開設—		
労つていないカギつ子　—埼玉県民生部で調査—	読　売	39. 9. 4
カギつ子に家庭のムード　—将来は全小学校で開設（川崎市）—	毎　日	39. 9.13
学童ホームに期待（川崎支局長、大塚　正勝）	毎　日	39. 9.22
カギつ子に学童ホーム（川崎市）	毎　日	39. 9.22
カギつ子に学童保育クラブ　—世田谷の祖師谷小—	毎　日	39.10.13
うれしいな　区の学童保育所　—世田谷の祖師谷小—	婦人民主	39.10.18
カギつ子の問題を考えよ（投書）	毎　日	39.11. 7
カギつ子の日記（投書）	毎　日	39.12. 2
外食や自炊の子らも　—暗いカギつ子の日課—	朝　日	39.12.15
高まる〃学童保育〃運動　—団地に農村にふえるカギつ子—	読　売	39.12.21

新　聞　40年

題　名	掲載紙	年月日
保育園併設の児童館　—新宿下落合にできる—	朝日	40. 1.12
忘れられた〃カギっ子〃　—心配される非行化—	朝日	40. 1.17
〃カギっ子〃対策にこどもクラブ　—放課後も生活指導—	読売	40. 1.21
カギっ子の事故多い　—子供の事故防止で諮問—	読売	40. 1.28
政府、防止に本腰、児童の事故対策　—カギっ子が半数—	福祉	40. 2. 1
明年度厚生省予算を語る　—カギっ子対策は児童館で—	福祉	40. 2. 8
カギっ子に児童館贈る　—芝間市宮田地—	毎日	40. 2.13
カギっ子に親身の対策を　—お粗末な公立保育所—	朝日	40. 2.14
私のカギっ子対策　—投書—	毎日	40. 2.23
児童保育所を全校に　—中野区カギっ子だけでなく—	毎日	40. 3. 5
学童保育所を2カ所設置　—京都市が新年度から—	福祉	40. 3. 8
ついに〃青空教室〃板橋の学童クラブ自ら保育所入りをことわり	読売	[illegible] 3.27
自慢の施設がら空き　—渋谷母子館〃カギっ子〃集らず—	朝日	4[illegible] 4.[illegible]9
児童保育所が開店休業　—中野区指導員捜しに懸命—	毎日	40. [illegible]20
中野で小学校を全面解放　—校庭のほか教室も—	読売	40. 4.[illegible]

編集委員

鷲谷善教・手塚直樹

松本ちさえ・伊藤幸子

学童保育―― 生活と指導 ―― 1965年7月

発行：東京保育問題研究会保育政策部会
東京都新宿区百人町2－21
芸術教育研究所内

連絡先：東京都板橋区[redacted]
鈴木方　学童クラブみどり会内

子どものしあわせ
日本子どもを守る会編集　母と教師を結ぶ雑誌
特集／働くおかあさんと学童保育所づくり
3月号
昭和四十年七月二十二日　国鉄特別扱承認雑誌第二一一九号
昭和三十一年七月五日第三種郵便物認可
昭和四十一年三月一日発行（毎月一回一日発行）（第一一八号）

子どものしあわせ

3月号

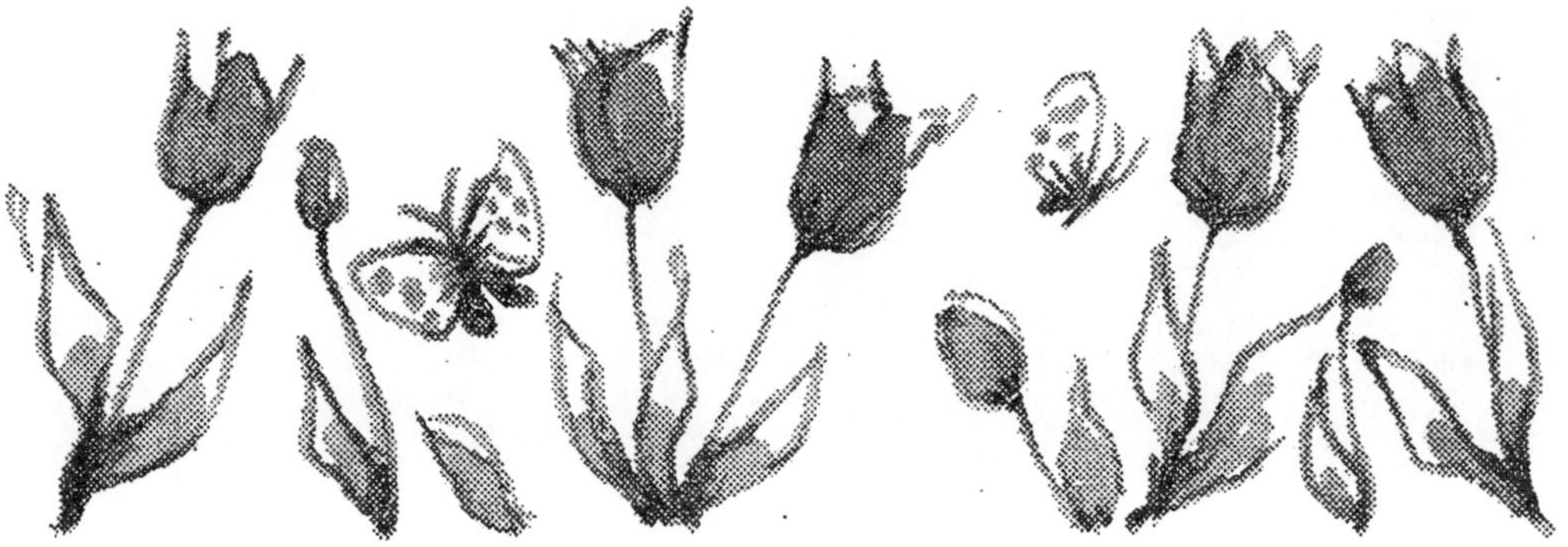

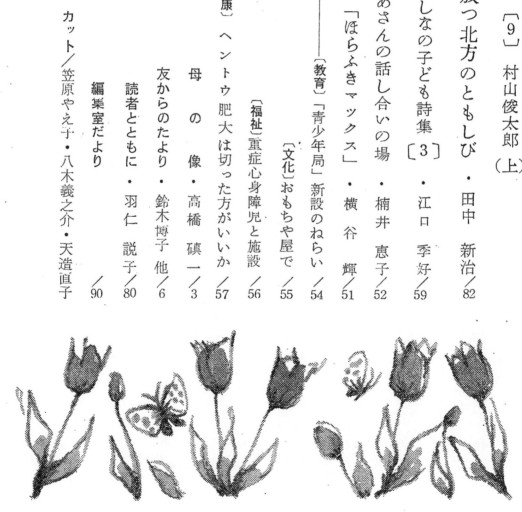

働く親の権利を守るために

学童保育所づくり運動の現状と問題点

渥美寿一

「学童保育」のあゆみ

今日、全国各地でやっと「学童保育」の本質が論じられるようになってきました。このことは「学童保育」が「保育所づくり」と全く同じようにすでに働く国民の共通の要求や運動になりつつあることを意味するものです。

このように「学童保育所づくり」運動が活発に展開されている反面、「鍵っ子」という呼び名が何か悪い側面のみの強調に使われ、共働きの両親の肩身を狭まくしてしまっている現状や、政府が四十一年度の文部省予算の中に「留守家庭児童会育成事業補助」という名目で学童保育問題にのりだしてきているとき、もう一度みなさんとここで「学童保育」というものを整理し考え合ってみたいと思います。

現状をあらう前に先ず簡単にその発生の歴史からふれてみようと思います。

シカゴの労働者街でその子どもたちの放課後の生活問題が母親たちの要求となり、社会問題として発展し組織されたものが、そもそもの「学童保育」なるものの起りだと聞いています。

日本においても戦前から問題にはなっていたのでしょうが、特に戦後保育園を卒園し小学校に入学した子が、小学校では午前中で帰るようになっているため、帰り場所がなく（家族全員が働きに出ているため）カバンを背負ったままで卒園した保育園に遊びにいき、窓からのぞき見しているという実態が方々で問題になり、保育園としても放置しておくわけにいかず、それらの子どもたちを集めた「子どもクラブ」

をつくり青空保育を始めたり、遂には一室を開放したり、（大阪・「今川学園」では昭和二十二、三年頃、園で問題としてとりあげ、昭和二十五年には正式に「学童保育」として発足した。）

自宅を開放したり、（東京「雀の学校」昭和三十一年）町会の建物を開放させたり、（東京太田区）と、いうように各地で、子どもの実態と、そこに問題を意識した人たちの手によって親の要求が組織されいろいろなスタイルで運動が展開されました。この様な個々の運動はやがて東京渋谷区の実践にみられるように横の連絡をとりつつ、より組織的な運動へと発展していきました。

すなわち昭和二十八年東京渋谷区原宿の渋谷保育園の卒園児の実態調査に始まり、区内、公私立の保育園六園で話し合う一方、都保育園全体で都庁の「児童部」に働きかけ都教育委員会の「社会教育」や、全都の「校長会」と話し合いを持ったり、区議会にたびたび請願運動を行い昭和三十一、二年には区の「社会福祉協議会」とも話し合いがもてるようになり、昭和三十七年区議会で「母子会館」設置の審議をさせるまでに至ります。

そしてこれらの運動はついに昭和三十八年度の都予算に五百二十万円という「学童保育」予算を組み込まざるを得なくさせました。ただしこれは一区当りに僅か二十万円前後の少額でしかなかったことと、昭和三十九年以降は財政調政金の枠内で賄わせようとしたこと、全体には「学童保育所づくり」運動の力が弱く「学童保育」の指導方針が明かでなかったことなどから前記の渋谷区を除いて、後の各区からは返上され、そっぽをむかれて不発に終わってしまいました。

しかしその後二年間における各地の「学童保育所づくり」運動は「児童福祉法」（三十九条の二項適用）にもとづいて

「学童保育」を都府県の単独事業として獲得したり

昭和三十八年七月の厚生省事務次官通知による児童館設置による「学童保育」をかちとる（川崎）

など施設の増加と、そこでの実践がいろいろの問題を含んでいるにせよ、昭和四十一年度予算に政府が五千万円の予算を組まざるをえないところまで発展させた、というわけです。

子どもたちをとりまく現状

つぎに現在の子どもたちがどのような状態の中で生活させられているかを明かにしておく必要があると思います。

○学校教育の中で

・熟練した旋盤工はもういらない

昔からどの工場にも旋盤の神様みたいな人がいたものです。少年工の時から先輩にさんざんどやしつけられ一台の旋盤を自分の身体の一部のように動かして何でも仕上げてしまうまでになる。その上、旋盤の修理もまかせておけ、旋盤の

ことなら俺にきけという人です。ところがこの神様や、職人気質は現在の生産工程ではもう通用しないのです。

一つの旋盤はいつも同じ規格の物さえ削っていればいい、機械がこわれれば専門の修理屋にまかせるか、屑鉄にしてしまって新規に具えつけた方が利潤をあげるためにはかえって得になる場合だってあるわけです。そうなると一台の旋盤で刃を何回もとりかえて色々な物を造り出す人間よりも、ただ一品であってもそれだけやれればいい労働者、オートメーションの中で機械のおもりさえやれればいい労働者、余計なことを考えず、余計なことに手をださず、しかも安い賃金で雇える人間が多くいればいい程いいわけです。

そして利潤を最大に挙げるために企画と設計と管理の出来るごく少数の限られた人間だけが必要なのです。

最小の労賃でもくもくと働く人間をいかに造るか、最小の投資で最大の利潤をどうしたらあげることができるか。企業の合理化、現代化といろいろ難かしく言われていますが、粉飾されている物を取り除いてみればそのことにつきると思います。

・人的能力開発のための教育

したがって今日の教育はまさにその要請に忠実であろうとしているわけで、ハイタレントとそれ以外の者の選別を、あらゆる型のテスト、テストで行いつつあるわけでます。すべての子を賢くするのでなくて、ぎゅうぎゅう押しつめられた各教科の文部省時間の中でクラスの何人かが理解すればそれでいいというのです。

しかもその教育内容はわが国の祖先の正しい歴史の継承と科学的法則性、世界の平和、国民の要求とは増々かけ離れたものになりつつあるという事実もすでに方々で述べられている通りです。

「先生この間のテストぼく何点?」

「百点だったよ。」

「しめた。これで千二百円になった。」

放っておくと今日の教室の中で笑ってすまされないこんな子どもの会話も飛びだしてくるのです。

ハイタレントに属するための幼稚園から大学までのベルトコンベアーがしかれ、それに乗り込むために子どもたちは、塾が主で学校が副という生活を強いられたり、一発主義で芸が身を援くというわけか、何か人と差をつけるためにおけいごとを強いられてみたり、子どもたちは学校教育の中で差別され、放課後の生活もまた自主的に自分たちの力で学ぶという自由まで奪われてしまっているのです。

・教育からはみ出させられる子どもたち

将来に夢と希望をもてなくさせられている子どもたち。無価値な受験勉強で神経をすりへらし絶望の果に死を選ぶ青少年。家出の激増、学校が面白くなく登校を拒否する学校忌避児の増加、感受性の一番強い時期に差別されうっ積した気持ちを粗暴行為で現わしてしまう少年たち、これらはすべて差別教育を強いている政府の責任なのです。

しかるに教室の中の問題行動児を教育委員会に登録させたり、学校、警察、町会、青少年委員あらゆるものを動員して地域毎に青少年をチェックしてただ取締ることだけで問題を解決しようといくらあせってもそれでは根本的な解決にはなりません。

○生活の破壊の中で

・子どもたちの身売り

高度経済成長政策に名をかりた政府の売面政策は今年に入ってからも米、国鉄、私鉄、郵便等々、国民の生活に直接関係のあるものの矢継ぎ早やの値上りの追打ちで、所得倍増どころか国民の生活は全く破壊されてしまっています。それが子どもたちにも直接影響してきています。

○南豆小僧

山形県一帯、東北の農漁村を中心に北海道沖のイカツリに五年位の年契約で売られていく子どもたちのことをこの地方では南豆小僧と呼び合っているのです。

○舵っ小僧

愛媛、岡山の島々の子どもたちで瀬戸内海のタイツリ舟の舵取りに、やはり年契約で売りとばされる子どもたちのことをいうのです。

これらに代表されるように全国各地で現憲法下では思いもつかないような身売りの事実があるということ、東京でさえお手伝いという名目で姿を消している長欠児がいる事実。

わが子を売った親を責め刑法で罰っすればすむ問題でなく、憲法、教育基本法の教育の機会均等、学ぶ権利を、国民生活の破壊で奪っている政府こそ、その全責任を負って罰っせられなければならないと思います。

・子どもを取りまく環境

これらの他に、教育内容の統制、都会における交通禍。遊び場の無いこと、農漁村の疲弊による両親の出稼ぎで子どもたちから親を奪っていること、受験体制、エロ、グロ文化の氾濫と戦争物の謳歌、自衛隊の宣伝、視聴覚物を使用した総白痴化文化。子どもたちはこれらの中で生活させられているのです。

……とうちゃんは、
トランクさシャツをつめながら
「東京さ、えぐなだ。」
といった。
わたくしは、
なみだがぼろぼろこぼれてきた。
「とうちゃん、なして東京さなのいぐな《なんかにいくの》。」
「したて、じにねはげ《おかねがないから》、かしぎにいくなだ。
ふっちゃんとおどなしくしれの、そんま《そのうち》、くっさげ」
といいながら
とうちゃんもなきがおになった。
ふっちゃんのいないうち
わたくしとかあさんに

「さいなら」

といってでていった。（〃山形のこども〃より）

・保育園を必要とする

親の生活の破壊がひどさを増せば増す程、共稼ぎ、出稼ぎをせざるを得なくなっているのは前述の通りです。大企業を先頭にした操業短縮や一時帰休、残業縮少、昇給ストップ、冷害、諸物価の値上りが各家庭、商店に与えている影響は大きなものがあります。

それらの中で保育園づくりの要求は増々切実さをまし、特に長時間保育、産休明けからの乳児保育が、乳児期からの集団保育の重要さと共に今や国民的な要求と運動になっています。

・共稼ぎ家庭児童の放課後の生活

隣りに鍵をあずけておく家、鍵を持って登校する子、いろいろありますが放課後のそれらの子の実態は、家にカバンだけおくと用意されているその日のおやつ代を持って両親が帰宅する時間まで友だちの家を転々としている子たち。我が家にこもってしまって冷蔵庫に入っているおやつを食べ週刊誌に読みふける子どもたち。友達の家にいったり路上で活動しながら家人の帰りを待つ子たち。「学童保育」にいっている子どもたち……等々。

しかしこの中で「学童保育」に組織されている子どもたちはごくまだ少数です。放課後のこれら子どもたちを個人的な解決にゆだねておくのでなく、組織的にみんなが考え集団の中で子どもたちの成長とあらゆる保障をかちとっていくためにも、内容の充実した「学童保育」を数多くつくっていくことが当面の課題だと思います。

・非行少年は共稼ぎ家庭ではむしろ少ない

政府は子どもの教育の責任は母親にある。だから母親は「家庭に帰れ」と呼びかけます。その裏に企業の合理化政策がひそんでいることもすでに色々な所で明らかにされています。

その上共稼ぎ家庭の子弟から非行少年が出るような印象を国民に与えるような言動がしきりです。「鍵っ子」だからと非行少年の代名詞にとられるような発言もしばしば耳にします。ところが発表されている東京警視庁扱いの統計表を見ますと、昭和二十七年、三十二年、三十七年と五年ずつの間に非行少年件数が二九・八、三四・七、四三・一、と中流家庭（その多くは母親在宅）の方に暫時増えつつある現象がみられるのです。

共稼ぎ家庭の子どもの方が現実の生活を直視し、はだにふれた生活を送っているだけに考えもしっかり地についていますし、自律的自動的で根性をもっています。親の言動、接触がそのようなものをつくりあげているのだと思います。

むしろ非行少年がテスト体制の中で中流家庭に増えていく傾向にあるということ自体をわたしたちは注目する必要があるように思います。

足立の中学の先生が、非行歴のある少年を家に連れてきて

話し合いをした時の経験談に、「どの子も同じように食事をさせるとむさぼり食い、すぐ便所にいく。その子たちには生活の一定のリズムがない。」というのがありました。非行化する子どもたちに生活のリズムが感じられないということの発言は重要な意味をもっているように思われます。

文部省41年度「留守家庭児童会」と都の現行「学童クラブ」の比較

	規模	定員	指導員	経費総額	補助額
文部省 留守家庭児童会	全国 300ケ所 40人定員100ケ所 60人定員200ケ所 5,000円万	60人 40人	3人 2人	60万 45万	そのうち国補助は1/3市町村2/3
都　学童クラブ	40年度現在 特別区、市町合せて114ケ所	30人	2人	59万5千円	そのうち都補助9/10

	指導員手当	教材費	おやつ代	その他
（文部省）	700円 500円　2通り市町村で適当に	不明	なし	家賃補助 2千円〜3千円
（東京都）	500円	1人 1日5円	1人 1日10円	維持費年間 6万円 新設に限り10万円

「学童保育」の理解のしかた

このような現状の中で生まれてきつつある「学童保育」についてはしたがっていろいろな見解があります。

○自治体の考えている「学童保育」

——「鍵っ子」対策イコール「学童保育」——

「学童保育」というと「鍵っ子」の行く所というのが通念になっているみたいですが、特に都府県の単独事業として自治体が行なっている「学童保育」は

「放課後、両親の保護を受けられない子どもを家庭的な環境のもとで保護し、遊びや学習、生活指導を行う。」（「東京都昭和三十九年度学童保育事業運営要領」と「指導要領」中より）

を目的としています。そしてこの法的根拠としては児童福祉法第三十九条の二項

「保育所は前項の規程にかかわらず特に必要のある時は、保育に欠ける他の児童を保育することができる。」

また第二十四条の但し書きの

「但し附近に保育所がないなどやむを得ない事由がある時はその他の適切な保護を加えなければならない。」

においているわけです。ですから内容も「保育に欠ける児育」の保護の域をでない「鍵っ子」対策として方針が打ち出

され、母親の就労状態が厳格な入所基準の規定になっているのです。

○文部省の考えている原案

その点文部省の考え方は「留守家庭児童会」という名称にも示されているように

『「保育」などという考えは全くない。不良化しないようにという教育的配慮である。』といいきり五千万円の中にはおやつ代などは組み込まれていません。「最近における児童の非行化、情緒障害、神経症等の問題児が激増する傾向にあり、それはむしろ危機的段階である。」と断定している文部省が「留守家庭児童会」という名でしかも「教育的配慮」で行うものがどんな内容のものをさすのか、また指導員についても「特別資格を必要としない。まあ教員をしたことのある主婦も採用するよう指導する。」という点を含めて従来の文部省のやり方が「新しい人間像」や道徳教科にみられるように子どもの立場に立っているといいながらいつも主体である子どもの意志や要求を無視して大人の観点からの一方的な管理的、形式的な押しつけになってしまっているという経験から、しっかり見極める必要があると思います。

○民間に於ける「学童保育」の代表的な考え方

「学童保育」を単なる「鍵っ子」対策とか放課後の生活の「安全教育」「不良化防止」という観点だけでとらえるのでなく、生活を破壊されその中で押しつぶされようとしている子どもたちにどうたちむかい、子どもたちが自分たちをどう組織づけていくかということを第一義にしてその組織の方向を

- 集団づくりの場
- 基本的生活習慣自立の場
- 学習に意慾を持たせる場
- 遊びの組織化の場

の四つにおいています。しかも重要なことは、集団主義教育という立場にたって「集団の中で子どもたちがそれぞれ自分の座をもち、各々が充分に自己主張でき、相互で批判し合える、そしてその中で集団の利益を考え自分を変えてゆける集団をつくりたい。そのような努力を積み重ねて子どもと大人側の集団（家庭の両親、指導者、地域）の質を高めたいといっていることです。

すなわち「働いていて忙がしいから自分たちではしつけられないから子どもをお願いします。」というあずける側の消極性を否定し、子どもたちが人間として対等な関係を結びながら種々の生活経験を通して自分たちの生活をより高め発展させていき、この中で一人一人の可能性を育てるのだということ、しかもそれは子どもたちだけでなく、両親も指導員も活動に参加し、自分のなすべき責任を明らかにし行動していく中で共に質を高めていくべきだということに注目すべきだと思います。

以上代表すべき三者の考えをまとめてみましたが、残念ながら世間一般の「学童保育」に対する理解のしかたは教育という専門職にある教師をはじめとしてまだ大変に不勉強です。そして多くは

鍵っ子対策、私塾の公的みたいなもの、学校の宿題の処理機関。放課後の子どもたちにとっての安全ベンでおもり程度なんなんだろうという位の理解にとどまって「学童保育」が子どもたちがおかれている現状の中で働く人たちの子弟に積極的に果す役割を正しく評価しきれていないのは大変に残念なことです。

学童保育の中で育っているもの

・自分たちの生活を自分たちで管理する

子どもたちの放課後の生活が、学校から帰るなり「今日は宿題は」「勉強しなさい」に始まり、やれ塾だ、やれおけいこだとまわりの要求におしまくられて自分を見失ないがちな中で「学童保育」の子どもたちは自分たちの生活を自分たちのために自分たちで管理する楽しさを味わっています。その二、三をあげてみますと（東京板橋学童クラブみどり会）

その一

おやつの時間になるとその日の日直が指導員のところにおやつ代一人十五円の人数分を請求に行き、自分たちで店に買いに行くのです。品物の選択のとき自分たちの集団員一人一人の嗜好を検討し、みんなに喜ばれる物、口に合う物を買おうと努力します。

・これが一般の家庭では、おやつは親の手で用意されていることが多く、自分で買いにいく機会など数える程だと思うのです。その場合も自分の分だけの場合が多く、一家の口にあう物、兄弟のことを考えて買うなどという事は余程親の方で意識してやらせない限り経験しないことだと思うのです。

その二

宝物をもちこもう

トカゲ、青虫、メンコ、ビールビンの口金、牛乳ビンのふた。子どもたちの宝物は特に母親から拒絶されがちです。折れ釘でも小箱でも子どもたちは学童クラブに持ち込み自分の保管場所に誰からもしつこく干渉されずに置くことができます。そして思う存分観察したり、飼育したり、いじくりまわしたり、作品をつくりあげたりする喜びを味わいます。しかもその中でお互の持ち味を認めあえるわけです。みのるは工作が得意だとか、たかしは虫集めが好きだとか。

しかもお互の宝ですから出来あがった作品をみんなで大事にします。その上今まで余り自分が興味をもっていなかった事柄についても興味をよびおこされることがあるわけです。

その三

異年令集団での経験と集団思考「学童クラブ」に青虫を持ち込んだひろしに四年のあきおは、その卵をとってきて、こ

れはひろしのとってきた青虫の卵だといいました。ひろしは「そんなことわかるか、ちがうと思う。」といいあい。みんなで育ててみることにしました。その結果同じであったことを確認しあい、青虫の卵や幼虫の成長する段階で色の違うことなどを知りました。そしてそれがきっかけになってみんなが青虫を持ち込んできて育てることに興味をもったこと。飼う時無責任なやり方でエサをやり忘れたり世話が悪いと死んでしまうことも経験しました。そのことから誰かが生き物を持ってくると、「そのエサを知っているのか。」「自分で飼えるか。」をみんなからきかれ、責任を負えそうにないものはそれがいた場所に返してこいと要求をだされるようにもなってきました。段々じょうずな飼い方も工夫されてきました。

二年目になって去年はあんなに青虫を飼ったのでもうあきてやらないだろうと思っていたらまた始めました。ところが観察の観点が去年より細かく具体的で的確になってきました。「この青虫は色がすけてきてじっと動かなくなったからもうすぐ皮を脱ぐよ。」などと去年の経験をもとにして六才児位でも結果を予想しながら観察したり、観察の観点をきちんと示すことができるようになりました。

「学童保育」当面の研究と運動の課題

○現実に学童保育に対する考え方に多くの相違があります。「学童保育」でやられることは放課後の子どもたちの生活で、学校教育の延長として学校の生活をそのまま持ち込むものでもありません。また指導員が全く母親のかわりをするものでもないと思います。子どもたちは学校の生活での緊張をほぐしたいでしょうし、昼寝もしたいでしょうし、学級の友だちと遊ぶ約束をしたり遊びたいという要求も当然もっている筈です。

「学童保育」の内容についても全体的に明らかになっていませんし具体化されていないのが現状です。幸に「学童保育所づくり協議会」というのがありますからそこにでも結集し、まず指導員同志が具体的な記録を持ちよって経験を交流し合うことが大切だと思います。

○学童保育を「鍵っ子」対策、「保育に欠ける子どもたち」の保護事業としてだけ位置づけるのでなく放課後の子どもたちがその生活を自由に自主的に活用したいという要求にたって、さらにその要求の質を高め、拡げ、子どもたちの正しい成長、発達に力を発揮するような集団主義教育の場として考えるべきだと思います。特に異年令集団の教育の価値とその教育方法を積極的に明らかにする必要があると思います。

○学校にいる間は学校教育で放課後は学童保育でその後は家庭教育でと三者が分断され無関係に存在するというものではないと思います。母親は「学童保育」にあずけたから安心してしまうのでなく、また「学童保育」に数校の学校から児童がきているとすれば、学習の仕方、宿題の考え方すらまちまちだと思うのです。そこでは教師との緊密な連絡が必要になっ

てくるでしょう。三者がただお互の範囲の枠ぎめをするというのでなく教育という観点からお互の要求を統一し共通の教育目的を明確に打ち出すべきだと思います。特に現在「学童保育」の指導員と教師の結びつきが弱いように思われます。

○保育所づくり運動

学童保育所づくり運動の中で幼稚園の義務化、一元化、公立か、私立かなどという問題が必ず出てくるものですが、現在は形式にとらわれたり、結論を急ぐのでなく、国民のおかれている政治情勢の中で働く親と子の要求を中心にした、「学童保育」の本質とその教育内容を運動を通じて明確にする中で、その地域の実情に応じた（公立でも、私立でも）「子どもに魅力のある学童保育所」の設置と改善の運動を積極的に進めることだと思います。そしてポストの数程保育所をという保育所づくり運動と、学童保育所づくり運動とは不可分のものだと思います。

○指導員の身分保障の確立を

現在の「学童保育」が民生課でやられていたり、福祉課であったり、教員委員会であったり、社会教育課であったり、民間人であったり、まちまちです。したがって指導員もパートタイマーであったり、教員のアルバイトであったり雇員であったりこれもまちまちで、それによって給料にも違いがでてきます。特に民間で行なわれている無認可の場合はほとんど奉仕に近いものです。指導員が安心して働ける条件づくり、身分の保障も、学童保育所づくりの中であわせてかちとっていかなければならない問題です。

「学童保育」と地域に生まれつつある「民主少年団」との関係

最後に最近各地で組織されている「民主少年団」との関係についてふれておかなくてはならないと思います。この組織は生まれてまだまもないし組織の拡大に全力をあげている時で全児童の要求を組織し運動するにはまだ微力です。しかしその組織のめざす所は、子どもたちの生活全般を自分たちの手で確立することにあり、活動の場面は、学校教育、校外生活、家庭生活全般にわたるものです。

「学童保育」はその発生の歴史からも活動面は校外生活の時間内に限定されています。

民主少年団が各地に組織され、校外生活面でもしっかりした方針が打ちたてられた時には「学童保育」の型体も当然変わったり、吸収されたりすることになるのかもしれません。まだそこまで「少年団」が責任をもてない現状での「学童保育」の存在は働く者の子どもたちの諸権利を守るものとしても、いままで述べてきたように現在では、大変に重要な役割をもっているものです。親の働く権利を保障するためにも、働く者の心から要求する「学童保育所」をみんなの手で政府にポストの数程つくらせる運動を直ちに始めましょう。

（東京・杉並区立沓掛小学校教諭
全国幼年教育研究協議会事務局長）

「親せきにきたみたい」と楽しくあそぶ子どもたち

学童保育所づくり〈1〉　—静岡—

おかあさんの熱意でスタート

地域の生活に深く根ざした運動に

小川順子

□問題は留守家庭の子どもたち

「ポストの数ほど保育所を！」という合言葉で静岡市保育所づくり推進協議会が発足したのは、一昨年の十月のことだった。ほんの数人の若いお母さんたちの熱意からこの運動ははじめられ、その波は少しずつ少しずつひろがっていった。設備のととのった幼児保育所を、それから職場保育所も零才児の乳児保育所もと、私たちの夢はつぎつぎにふくれあがっていき、まず手はじめにタブロイド版四頁の機関紙月刊「はぐくむ」を発行した。

映画「三才児」を見たあと、女医さんをかこんで離乳やしつけの話をきく会をひらいたり、職場で姙婦を中心とする雑談会へ保健婦さんを招んで母体保護の話をきくなど、運動は少しずつ進められていった。

試みにお母さんたちに対してアンケートを行なった結果、百三十五名の回答者のうちで乳児保育希望者六十七

名、学童保育希望者三〇名という数がでた。

　ところが、私たちがいちばん最初にとり組まなければならなかったのは、アンケートの数とちがって意外に多い街に放りだされている留守家庭の子どもたちだった。働く婦人の家庭で、商家で、子どもたちが、どんなになおざりにされているかを知って、私たちはびっくりしてしまった。それから、幼児のうちは保育園へやったり、おばあちゃんにみてもらったりでなんとかすごしてきた働く母親たちが、子どもが小学校に入学すると同時に、かえって職場を離れなければならないという実例もたくさん見せつけられた。小学校の低学年生徒は予習や復習や宿題をいっぱいかかえて幼稚園の生徒のように早く帰ってくるし、精神的にも心理的にも敏感になってきているので、母親のゆきとどいた配慮が必要となってくるからである。

　そこで、推進会はまず小学校低学年生の放課後の問題にとりくんだ。

□冬休みだけの共同保育

　これまで静岡市に学童保育所はただの一カ所もなかった。

　三十九年十一月中旬私たちは留守家庭児が十二パーセントもあるという横内学区で、共働きや商人のお母さんたちを中心に学習会をはじめた。十一月二十九日の県母親大会では学童保育の必要を訴えた。地域内にある横内小学校の校長先生を訪ねて協力をお願いした。近くの私立保育所にも協力を依頼した。小学校のすぐそばに今まで保健所に使っていた建物がそのまま空家になっていたので、それを貸してくださいと、県衛生課や市教育委員会青少年課へ陳情した。

　しかし、保健所の建物はどうしても貸してもらえず、そのほかにも二、三あたってみたがすべてうまくいかないので、とりあえず夫婦が共働きしていて昼間は家が留守になる推進会のあるメンバーの家庭を開放してもらい、冬休みだけの保育をはじめるこ とにした。私たちは、学校の門前に立ってビラを小学校の生徒にわけた。

「期間は十二月二十二日から一月七日まで（十二月二十九日から一月三日まではお休み）。時間は午前八時半から五時半まで。保育料は、保母さんへのお礼として一人五〇〇円、おやつ代に一日十五円、その他実費若干。」

　保母には保育専門学校の生徒一人をたのんだ。

　ふたをあけてみると、一年生から四年生まで七人の子どもが集ってきた。こうしてほんとにささやかな私たちの共同学童保育所は出発した。はじめての学童保育所をもの珍らしげだった子どもたちも、やがて「親せきにきたみたい」と言うようになった。

　この保育所は冬休みが終ると同時に一時閉じることになったが、かなりの成功を示して私たちを勇気づけた。それから推進会のメンバーたちは一月二月と寒い北風のなかをとびまわり、該当する子どもの家庭をしらべ、お母さんたちと何度も話しあった上で、よう

やく横内学区保育所づくり推進協議会を出発させるところまでこぎつけた。

この協議会に町内会の書記長が参加してくれたので、私たちは大いに喜んだ。あとになって反省したことだが、町内会の書記が入ってくれたことで私たちはすっかり安心し、あとは町内会と十分な連絡をとらずにほとんど新婦人を中心とする推進会のメンバーだけが、保育所の運営にあたり、気がついたときには保育所が地域から浮きあがってしまうという結果になってしまった。功をあせらずに、もっと地域のお母さんたちのあいだに根づよく根をおろす努力をかさねるべきだったと思う。

□町内会の協力で空家を買う

町内会で学童保育所のために六畳と四畳半二間位いの古い空家を買ってくれたのはありがたかった。ポスターができて、街角に貼られた。入所申込用紙もできた。学区のＰＴＡにたのんで、ビラを配ってもらった。一軒一軒該当する家庭を訪ね、入所をすすめた。保母さんには保専を出たばかりの卒業生一名がきてくれることになった。集ってきた生徒は十八名（三年一名、二年三名、一年十四名）。「こばと会」と名づけ、お彼岸の三月二十一日に入所式をひらいた。その日はテレビ・カメラが動き、新聞記者がメモをとっているまえで、地域の小学校の校長先生が挨拶し、ＰＴＡ会長の励ましなどもあって、立派な式であった。式のあと数人の保専の学生による紙芝居が披露され、子どもたちは喜びはしゃいだ。

毎日一時から五時まで、おやつ代一日十五円、保育料は一カ月千円、父母会費は五十円。

机もボロだが調達でき、本の寄附もあり、どうやら形もととのった。しかし、一人の若い保母さんが十八人の子どもを相手ではヘトヘトになる。なにしろ集団生活に全然慣れていない子どもたちだ。わがままで勝手なことをする、ひねくれて口をきかない子、あばれ放題机でもなんでもこわしてしまいそうな子、こういう子どもたちを若い保母さんは忍耐づよく少しずつ集団生活のなかで訓練していった。静岡市の一隅ではじめられたこのささやかな学童保育所は、すぐに市の南部、有名な登呂遺跡に近い富士見学区に飛火することになった。

□隣の町に飛び火した運動

ここではかねてからカギッ子の問題が話題にのぼっていたのだ。この地域は、いろんな工場ができた新開地で、主婦がパート・タイムでどんどん吸収されてゆく。カギッ子は市内でも最も多く、地区の小学校一、一三八名中三四四名で三割をこえるという。（市青少年課しらべ）

運動は、第十回母親大会のスライドを見、話しあう会からはじめられた。幼い兄妹が母親の留守におもちを焼こうとして火事になりかけたり、幼児の

性的ないたずらが発見されたり、たくさんの問題をかかえたこの地区の働いている母親たちは、横内学区の例に学ぼうと一生懸命だった。工場から帰るといそいで夕飯をすませ、誰かの家に集って、どうしたら保育所ができるかを話しあった。職場の仲間や、保育園に子どもをあずけている母親たちにも話しかけた。

町内会長や婦人会長の家を訪ねて建物を提供してくれるように頼んだが、これはことわられてしまった。職場を休んで地区の小学校の校長先生を訪ねたこともあった。しかし、見込みがありそうだと思われた場所はみんなことわられ、疲れはてて諦めてしまう母親も一人二人とでてきた。市当局に陳情しようと、足を棒にして署名をあつめ、四十年三月の市議会に陳情もした。しかし、すげない返事であった。

そのとき、生活協同組合の店がいま空いているから、それを借りてはと言いだす人がいて、その持主に交渉をはじめた。返事があるまでの一週間は、「まるで一年間のように長かった」とある母さんは述懐している。ＯＫの返事にみんなはとびつくように喜んだが、その建物はトタンでかこったせいぜい十畳ぐらいの車庫だ。でも場所さえあれば……と、お母さんたちは急に力を得て、仕事ははかどった。お父さんたちも協力してビラを保育所へ運んだりした。

町内会には回覧板をまわして、保育所の開設を知らせた。車庫の改造は大工さんの奉仕で、改造費は二万四千円であった。第一回の保育料をこの費用にあてたので、保母さんの給料は最初

― 学童保育ノートより ―

どうしてやすんだの

＜保育者より＞

浦田君が二日間休んだので、みんなで手紙を書いて苗村さんにもっていってもらう事にしました。浦田君からの返事は翌日通所して来た時書いたものです。

うらたくん
どうしてやすんだの
ずるやすみしたの。
こばと会がいやになったの、かぜをひいたの
それとも　こばと会にいじわるするこがいるからいやになったの
うらたくんがいないとさみしいです。
だから　げつようびにきてね。
げんきだったら、はやくきてね。
やくそくしてね。　さようなら
こばと会のみんなより

やすんだこと
二の四　うらた　ひろゆき

ぼくは、こばと会を二日やすみました。おせんげいさんへいきたいからやすみました。
だけど　ぼくが　こばと会へいくよといっても　おとうさんと　おかあさんがやすみなといって、だからやすんだのです。
だけど　ぼくは、いこういこうとゆってもいかしてくれないので、とうとうやすんだのです。
おとうさんとおかあさん　たちは　とてもわるいと　おもいました。

（文集「はぐくむ」より）

っから月おくれとなった。この富士見学区では、最初から子どものお母さんたち自身が足をすりへらして保育所づくりに走りまわった。前の横内学区の場合は当のお母さんたちというよりは新婦人を中心とした推進会のメンバーが走りまわった。この相違がどんなに大きくものを言うかということを私たちは十カ月後に気がつくことになる。

□「なかよしクラブ」誕生

四月六日開所式。名まえは子どもたちの意見で「なかよしクラブ」ときまった。児童数二十四名、(四年生四人、三年生六人、一年生十四人)ここでも一人の保母さんが、いぬころのようにさわぎまわる二十四人の子どもを相手に声をからして奮斗した。窓あけ、お皿洗い、花の水かえ、おやつくばりなどの係がきめられ、「部屋のなかでさわがない」、「すなおにあやまる」などの約束もできた。四月は「あいさつをはっきり」、五月は「がまんのできる子になろう」などと目標がきまって、少しずつ集団教育の効果があらわれてきたようにみえた。

自分の子どもをあずけている地域の小学校の先生が言った。「子どもたちがかわってきています。たとえば組でミルクなどこぼすと、まずとんでくるのは保育所の子どもです。うちでも、私が仕事をしているとき、三年の娘がホット・ケーキなどつくってくれます。」

こうして相前後して静岡市内に二つの学童保育所が誕生したが、保育料と協力者のカンパだけではもちろん運営は困難である。そこで六月の市議会へ、学童保育所に助成金を下附されたいと一回の陳情と二回の請願を行なった。しかし継続審議という体のよい口実で、これはとりあげられなかった。

□いろいろ困難な状況

若い保母二人と父母たち、それを支える推進協議会の力で、学童保育所は困難ななかをあゆみだしたが、十カ月あまりの短い歴史のなかで、幾度も運営の危機にぶつかった。子どもが減ったために保母さんの給料が払えなくなり、父母はカンパ集めにかけずりまわらなければならなかった。保母さんがやめさせてもらいたいと言ったこともあった。保母さん自身がアルバイトをして経費を生み出すことさえあった。しかし、それらの危機をのりこえてここまでやってこられたのは、どうしても学童保育を必要とした母子家庭の母親や、どうしても働かなくては生活できない母親たちの力だったろう。

運営や経営の面ばかりでなく、保育内容のうえでも困難はあった。一方に学童保育を塾としか考えない親たちがいるのに、他方には幼児や乳児しか保育したことのない保母がいた。そこで、小学校の先生を招いて学童保育の保育内容についての学習をすすめた。

推進協議会はその仕事を学童保育のこと一本にしぼり、あらゆる団体へのカンパ活動や宣伝活動をはじめた。し

かし、学童保育をはじめてから六カ月あまりたつと、「なかよしクラブ」でも「こばと会」でも、子どもが一人二人とやめていった。（はじめ十八人だったこばと会は四十一年一月現在七人、二十四人だったなかよしクラブは十人に減っている）夏休みあけということもあったであろうが、日一日と少なくなってくる子どもたちを見て、推進会も保母もだんだん自信をなくしてきた。原因をしらべてみると、

1　夏休みもすぎて日が短かくなると、特に高学年は保育所へ行く時間が少なく、月千円出すのはもったいない。それでなくても物価高ないま、乳児ならともかく学童だから放っといてもなんとかなる。

2　学童保育所へ行っているのに、成績が下がった。学童保育所はいわゆるカギッ子の集りで、ここに入れても勉強ができるようにはならない。もっと塾のようにするならいい。オルガン、習字、ソロバン、絵の塾に通うので両方は無理だ。

3　保育所づくり推進協議会は「アカ」だ。そこに子どもを入れるとアカくされる。

こういう考えが主な原因であることがわかった。子どもが十人になったり九人になったりで、毎月約一万円の赤字がでた。たとえば十月の「なかよしクラブ」の例をとろう。

収入	保育料	11,700
	カンパ	7,780
	賛助会費	1,500
	計	20,980
支出	9月分家賃光熱費	2,200
	8月分給料不足	6,000
	9月分給料	12,000
	（9月分給料不足 4,000）	
	計	20,200

四十年十二月になると、「こばと会」の保母が、公立の保育所に移りたいと言ってやめていった。認可された保育所以外の場所で働く者は学生時代の県の奨学金月三千円ずつを返還しなければならないからだ。さいわい新しく保母がすぐに見つかりはしたが……

□保母と母親との信頼感

推進会はこの困難な情況のなかで、十一月に乳児保育所をまた一つつくるはめになり、ますます重い荷を背負うことになった。そういう情況のなかで、古川原先生を迎えて第二回総会をひらき、一年間の運動の総括をきびしく行なった。

学童保育所の、経営困難は、地域の婦人団体や民主団体の力で一口百円の賛助会員をつくり、わずかながら解決していった。また臨時カンパの袋をまわして集った四万五千円で、保母の給料の遅配をうずめ、わずかながらもボーナスにあて、やっと年を越すことがきた。

保母も子どもたちの生活指導をするばかりでなく、親たちの希望を汲んであげるための努力もおこなった。なかでも「なかよしクラブ」の保母が行なった二百点満点テストは子どもの学習

意欲を刺戟し、母親からも子どもからも非常に喜ばれている。

　子どもたちの方でも、夏休みのころから保母との結びつきをふかめ、学校よりも学童保育所の方がいいという子どもがたくさんできてきた。困難ななかで一つの仕事をすすめていくあいだに、若い保母と母親とのあいだにも信頼感が育っていった。

□町内みんなの運動に

　東京や川崎とおなじように年々共働き家庭のふえていく静岡県で、学童保育所はここ以外にないというので、新聞、テレビ、ラジオなどマス・コミがつぎつぎにとりあげるようになり、いつのまにか運動はかなりの広がりをもってきた。

　ところが、ここにまた大きな困難が生れてきた。昨年の十二月になって、どちらの学童保育所も三月いっぱいを期限に立退きを迫られたのだ。「こばと会」は町内会事務所の建て直しが、「なかよしクラブ」は家主の家庭的な事情がその理由であった。これにかわる新しい土地や家を見つけることは、ほとんど絶望だと思われた。

　保育所づくり推進協議会が四十年六月に市会に請願した助成金の件は、継続審議となっていた。これを四十一年度には、なんとか実らせようと、一月二十四日にもう一度助成金の件で陳情にでかけた。陳情署名を集めるとき、保母や母親は町内の各役員を説得して名簿の一番最初に署名をしてもらった。そんな情熱に動かされたのか、「なかよしクラブ」にたいしては、町内にある市有の空地を、市が許可すれば学童保育所を建ててもよいと言ってくれた。

　市当局への陳情には両方の保育所から十人の母親が職場を休んで参加し、市長、教育長と交渉した。最近カギッ子対策として、文部省の予算が計上されたこともあって、このまえのように学童保育所について一から十まで説明する手間ははぶけたが、市にはこれといった方針があるわけではなかった。

　市長は、「今の母親は子どもに愛情をかけない、親には加護の責任がある、母親は家庭にかえるのが当然だ」と言ったが、母子家庭の母親が「働かなくては生活ができない。母親が家庭にいられるような安定した政治をしてださい」と涙をこぼしながら訴えたのでいささかたじろいだようであった。

　職場を休んで陳情にきた母親たちは、何か一つでも土産がなければ帰れない気持ちだったので、午後は市の土地を借りるために、市役所内をかけずりまわった。その熱意がとどいたのか、財政部長や建築課長のはからいで、「なかよしクラブ」のすぐそばの市有地が借りられることになった。町内から遊離したように見えた「こばと会」の方も、地域の推進会をもっと大きいものにひろげて、学区のPTAをふくむ町内みんなの運動にもりあげようと、いま方針をたてなおしつつある。

　数人の母親の熱意から出発したこの学童保育所運動は、やがて地域の生活にふかく根ざした強力な運動に成長するであろう。（静岡市保育所づくり推進協議会会長）

学童保育所づくり〈2〉

気軽に入れる子どもの家を

―東京・板橋―

民間保育をつづけながら

大類チヨ

★区議会に助成金を請願

私が子どもを「みどり会」に入れていただきましたのは一昨年六月東京母親大会北部集会で松本先生にお目にかってお願いして、ひきうけていただいてからです。

その月「みどり会」は板橋区議会に助成の請願を出しました。厚生経済委員会で審議されましたが、議員さん達の多くの方々は学童保育がどういうものか、余りわかっていない様子でした。出願代表者として学童保育の必要性、「みどり会の」実践等、いっしょうけんめい説明しました。そして次の定例会まで（九月）調査研究のうえで……ということで保留となりました。

調査に来るという日、私達父母は保育室を見てもらい、不備な点、改善して欲しい所等の願いを持って待ちうけました。区議会議長、厚生経済課長、同委員長、委員等数名が板橋第十小学校校庭に見えられましたが校庭の隅の建物を外側一まわりしただけでした。課長さんは入口から巾を一寸のぞいただけ。私達はあわてて、委員長を無理にひっぱって来て入っていただき、子ども達の生活の様子を話し、作品をお見せし、不備をうったえました。しかし帰りを急ぐ人達が待っているし、そわそわとあわただしい調査でした。

調査研究とは実情を知ることだと思いますのに外から眺めただけでどう解るのでしょう。心配でした。

七月末板十（板橋第十）小学校の校長が口頭で「九月から区立学童保育が板十で始まるから、保育室をあけるよう（八月三十一日かぎり）申されました。私達はあわてました。九月議会に（保育室をこのまま貸してほしいこと）（この教育内容を守るため共同保育の組織を残したい）と署名五千数百を添えて請願致しました。

委員会の開かれます日は皆でかわり

合って出てゆき、学童保育所は一カ所でも多く、「みどり会」の実践は教育として認めて欲しいこと、等話し、区長にも陳情しました。東京都としては公立、民間委託＝（私立）と二本立てでやっていくことを認めているし、北区等は、民間委託として補助金を出しているので今までの「みどり会」をその様にしてほしいと思う等話しました。しかし区長始め理事者である区側は板橋区は区立一本立、として頑として認めて下さいませんでした。課長は高い保育料を払って「みどり会」がまだ不備な点が多いというならば設備のゆきとどいた区立を作るのだし、無料で入れてやるから退く様に、とのお話しでした。

★青空保育も覚悟の上

毎晩の様に父母の会が開かれました。私達の苦しい立場を心配して、教組の先生を始め、「子どもを守る会」のお母さん達、新婦人の方々、保育園の保母さん達その他の心ある方々が、はげまして下さいました。それでも集まって話をしますと私達の前には大きな障害物が立ふさがった感じで一歩も前進しなくなりました。お金はない。行く所もない。父母の間で動ようがおこり、二十六人の親達が出る、残る、等いろいろにわかれました。けれども早速に行く場がないのでいすわりの形で年を越し二月四日、私的なものに公共物貸与は法に違反することであるからまかりならん、二月末日出ること、が近隣町会代表、一部民生委員、児童委員、第十　校長、ＰＴＡ会長、等により申し渡しをされました。

この方々の目に写った私達の運動はどうでしょう。「役所のいうことを素直にきかない、悪い考えを持った母親達である」とある町会長はいいました。「日本は法治国である。役所の定めたことを守らないあなた方は無法者である」

私達がいかに学童はこうでなければとか「みどり会」は等といってもどうしてもわかっていただけませんでした。

その時思いました。「みどり会」のゆき方はいうことではなくてやってみること、そして認めさせることでなければいけない。やりましょう、家がなければ青空で。雨がふったら自分達の家で、交替でやりましょう。

二十六人の親仲間からこうして残ったのはわずか六人でした。多くの脱落した仲間の中には区立に行った方もあります。やめられた方もあります。子どものしあわせを思わない親はありません。しかし何のため夜の夜中まで父母の会を開き話し合ったのか忘れないで下さい。力弱く、区の人達にも理解されず、地域の人々の協力も得られず、限界ばかり見つめながら残念でなりません。

青空保育も覚悟の上で貧しい苦しい道を進むのはなぜ？

共働きの親達が必要にせまられて作り出した「カギッ子」対策だったと思いますが、学童保育はそれだけでいいでしょうか。子どもを守るのは親であ

り、教師であり、家庭であり、学校であります。しかし今一つ大切なもの、それは地域社会であります。

子どもは遊びの中で成長し仲間とともに学び、仲間とともに成長してゆきます。子ども達が自主的に社会悪から身を守るためには、子どもたち自身がしっかりと手をつなぎたすけ合える仲間を作らなければいけません。話し合い、考え合って、遊びを作り出し、やくそくを定め、仲間たちが互に相手を認め、自己を主張し、自分の足でしっかりと大地をふみしめ、新しい社会の一員として成長して欲しいと思います。

こんなねがいをこめて、親も、子も保育者も、苦しいけれどもやりましょう。寒い寒い三月の風の中へ飛び出したのです。

★新しいお家もできて

あれから一年が過ぎようとしております。四月新しい学期始め一人の父母の方の厚意で「みどり会」の家が出来ました。自分の家を改造して子ども達のため借して下さったのです。やっとささやかな家に入ることが出来、新らしく児童も三人増えて楽しい日が送れる様になりました。

安心したと思ったのも束の間、ここにも問題はあったのです。

せまい路、住宅地の中で子ども達は遊び廻る。近所から苦情が出て大あわてにあわててあやまりながらあいさつ話して廻りました。経済面では苦しさを通り越して、何ていうのか、霞を飲って生きる仙人の様なものです。でもこの赤字財政も今年は何とか解決しなければなりません。昨年暮板社協より三万円、共同募金会より三万、初めてバザーをやり一万五千、カンパその他で半分程の赤字はうめましたが、不景気風の吹く今年、何とかお金もうけの方法をと考えております。

新学期には新しいお友達も入れたいし、認めてくれない区役所にも何らかの働きかけをしなければ……。山の様に問題があります。こんな問題は私達だけのことではないと思います。全国で未認可の組織は数知れないでしょう。公立の場とて、同じこと、保育担当者の仲間で苦しんでいる人達のいること。新らしい学童保育の道標にもと、「みどり会」のあり方を成功させたいと思います。

昨年夏、桜映画社で「遊び場のない子ども達」という映画を作り、その中で「みどり会」のことを取り上げました。大変楽しいものに撮れております。機会があったら是非ごらん下さいませ。

「みどり会」は板橋大谷口に生まれたものです。すべての子どもの校外教育の場として、誰でも気軽に入れる子どもの家を作ってゆきたいと思います。渋谷には立派な児童館が出来ました。各地域にあれ程のものでなくていい、ささやかな子どもの家を作って楽しい遊び場を、これは子どもすべてのねがいなのです。

私達「みどり会」はそのためのちいさな「芽」になれば幸せです。

（学童クラブみどり会）

学童保育所づくり　＜3＞　―広島―

子どもの自主組織を保証したい

子どもを守る活動とともに

前保　美枝子

始めての市への陳情

　学童保育所づくりの運動が広島ではじめられたのは、昭和三十八年秋でした。それから現在までに七カ所の学童保育所と一カ所の児童館の予算をくむまでになりました。私達は随分これまで頑張ってきたような気も致しましたが、昨年の第十二回子どもを守る文化会議に参加してみて、この運動が、全国で教師、父母の手で進められている報告をきき、とりわけきわだった特徴とてもなく、開設された学童保育所の内容をみても、ごくお粗末なもので、まだまだ頑張りが足らないように痛感しております。

　私達は、最初、保育園に子どもをあずけている母親達で運動をはじめました。別に、はっきりした計画はなかったのですが、東京では学童保育所をつくるために、保母さんやお母さんが手を結んで運動され、民間で学童保育をしておられるということを聞いていましたので、このことが気持の上で大きな支えとなっていたと思います。竹屋保育園の最年長児、年中児をあずけている母親十七名は、広島でも学童保育所をつくるために、全市の保育園に呼びかけをはじめました。それは昭和三十八年十月のことです。

　間もなく陳情書をもって、厚生局長に交渉にでかけましたが、「国の予算措置がないので、市としては何もでき

集団生活が子どもの自主性を育てる

ない」という冷たい態度でした。陳情するという、はじめての経験が、こういう結果だったので、みんながっかりして運動がストップするのかしらと思いましたのに、逆に「あんな強硬な市の態度なのだから、もっともっと頑張らないと学童保育所なんて、できっこない」という母親の意見が強く、こうして十七名の有志は、教員組合へ、市職員組合へと協力方を願いに、仕事の合間をみては動きまわり、はじめての署名運動を展開しました。

「学童保育とは何か」という質問にはじまって、快よく署名をしてもらったものの、「保育園でさえ、市はつくってくれんのに、学童保育など、つくりゃせん。趣旨は結構じゃが」という言葉を頂戴しました。それなのに、私達はひるみませんでした。「私達が頑張らねば、学童保育所など、できはしないのだ」という自覚が、こういう周囲の中で次第につくられていったからです。

保育内容の検討も

その年の十二月に、ようやく、竹屋、草津、順正寺、ＹＭＣＡの各保育園、父母の有志、市教組、市職組、保問研、新婦人の団体で、広島市学童保育連絡協議会を結成して、十二月二十六日に署名簿を添えて、市長に陳情しました。

幼い子どもの手を引いて、寒風に吹かれながら歩いてゆくと、日のとっぷりくれた街中に、黒々とした市庁舎が立っています。夜なので庁内は森閑としていて、私たちの足音と子どもの笑声がこだまする。よくもここまで運動してこれたという感慨が頭をかすめましたが、不安と期待のいりまじった緊張した母親の面射しは市長としてははじめての空気ではなかったろうかと、今でもその時の様子が思い浮びます。

私たちは黙って市長の表情をジッと見つめました。不思議に子ども達の声は、ちっとも聞えなかったようです。陳情書をよみあげた後のひたむきな気持は、これからの長い人生の中でも、めったに味わうことはないだろうと思います。広島市は、こういう状態の中で、学童保育というものを検討してみようということになったのです。

新年あけて、私達は、ますますハリキッテ署名を集め、チラシをくばり、すべての民主団体や、保育連盟に学童保育の宣伝と協力方を働きかけました。しかし保育連盟の協力は得られませんでした。学童保育の検討は民生局、教育委員会の間でタライまわしになりました。

こうして三月になって予算は民生局とし、空教室を利用するために教委の手を通し、ＰＴＡに委託する。保母の人件費二万円、設備費は教委の予算から出す、はじめてのことなので昭和三十九年度、テストケースとして二カ所を開設する、しかも開設場所は、運動の全くおきていない学区を選びまし

た。

三月二十五日になってやっと運動のおきている竹屋学区を加えて三校としました。私達はこの運動の中で、学童保育所をつくると同時に保育内容をよくすることを勉強しました。

自主的な子どもを育てたい、中味のある保育をする必要を理解することができました。勤評や社会にも眼をむけなければならないことに気付きました。このため、竹屋学区では、保問研の保母さんによって五カ月間の共同保育をつづけて、採用させることに成功しました。

各団体と協力して

翌、昭和四十年を迎えて、学童保育所づくりは、地区労や社会党も問題にするようになり、予算要求市民会議と一緒に陳情もしました。（これまでは、各団体に協力を申し入れたが、共産党だけが熱心に支持して下さいました）専売労組の婦人部では切実な婦人労働者の要求として、一緒に斗うことができました。しかし四十年の当初予算として学童保育所一カ所、児童館一カ所と教材費五万円（一校につき）しか組みませんでした。

私達はつづいて六月の議会で三カ所の予算をくむように運動し、成功しました。でも今度は予算はくんだものの、場所がないということで実施しないのです。新しく運動のはじまった比治山学区は、教室がないので、公民館使用が問題となり、実施することになりそうでした。運動してきた母親にとって、涙のあふれるようなよろこびだったのです。

ところが、七月になって私達の頭上に青天のヘキレキの様にことが持ち上りました。比治山学区に学童保育所をつくるから、今まで運動をしてきた比治山学区学童保育所をつくる会を解散せよ。そうでないと、地元のPTAは学童保育を白紙返上をするというのです。市側は「地元の問題だから、内部で解決するように、自分らの知ったことか」と、ふんぞり返って相手にしない、実に巧妙な攻撃といってよいでしょう。

私達は毎夜おそくまで討議しました。そうして勇気をもって立上ったのです。もう一度!! 煮えくり返えるような口惜しさだったからです。

九月議会では、比治山学区も教室に公民館を使用できないので、稲荷神社を借用するために、借上料（家賃）を計上しました。地元の運営委員会にも父母代表三名を送りました。つづいて最初から運動をしていた草津学区にも開設がきまりました。これは母子寮を借りたのです。現在吉島学区では、工場閉鎖で斗っている松並工業の労働者と母親で、工場の一隅で、共同保育を実施して設置の運動をしています。

以上が広島市における学童保育所づくりの経過なのです。運動がはじまってから、満二カ年をすぎました。その間、毎月のように、市役所に足を運ん

でいます。市側はますます高圧的になってきているようです。忙しいから、といって、なかなか交渉に応じようとせず、夜間にあうことなど、難しくなってきました。

日韓条約批准強行とともに、ますます市民の利益はふみにじられていきます。非行化防止の大宣伝をして、子ども達をしばりつけようとしています。青少年の育成条例こそないが、それを上回る条例が広島では多くつくられているのです。

学童保育のワクをこえて

私たちは最初から、学童保育所は独立した建物でやってほしいと要求しました。保育園と併用だったり、空教室利用では、現行ではよい環境とはいえないと思っています。保母を市の職員とするように、学童保育所を市の恒久事業とするように、既設の保育所の設備改善、保育中の事故の保証をすること、全学区（四十校ある）につくること。こうして運動をつづけています。

現在、文部省は、学童保育所の予算（五十万円）をくむ意向を明らかにしています。広島市の予算でさえ、お粗末なのに、それよりもはるかに下まわっています。しかも非行化防止の面から実施するというのです。このことは十一月の交渉の時、市側は政府の出方を待つ姿勢を明らかにしました。一体こんな予算でどういう保育所をつくろうとするのでしょうか。

これまで母親の努力でつくられた学童保育所をよくするハラはますますなくなってくるでしょう。日本の教育が、軍国主義化する中で、保育内容はどうなるかということも深刻です。現に空教室利用の場合、教委との関係があって、子どもの出席は悪くなっています。今後はどうしても、子ども達の自主性を保証する場が必要となっています。

学童保育所づくりに結集した私達でしたが、学童保育のワクをこえて、子どもの教育を守るために、これまでの経験の上にたって前進してゆかなければなるまいと思っています。そのためにも、労働者階級の中に教育を守る運動が自分達の問題として理解され、その手ににぎらなければならないのです。

思えば私たち、無知の母親の、預かってくれる所さえあればよいという願いから出発して学校教育に眼がむけられるようになったのは、教員組合に結集される先生方のご努力抜きには到底考えられないことです。

私達は学童保育を教育の中で、正しく位置づけ、すべての子ども達の下校後の生活の問題を考える時、民主的な少年少女の組織、児童劇団、スポーツ、その他子ども達の多面的な自主組織を父母と教師の手で保証してやらなければならないのではないでしょうか。これからも私達は学童保育所づくりの運動を拡げながら、その中で力を貯わえながら、子どもを守る活動をやってゆきたい、多面的な組織づくりをしたいと願っています。

学童保育所づくり〈4〉―東京・青戸―

公立学童保育をかちとるまで

公文照夫

■研究と準備の一年間

「ねえ。どうするのよ。お宅の修造君やマリちゃん、ひとし君、さゆりちゃん。みんな再来年学校でしょ。午前中で帰ってきたらどうしようもないわよ」

「そうなのよ。なんとかならないかしら。仕事をやめるわけにはいかないし。誰かにあずかってもらうしかないわね」

「あずかってもらうといっても、そう簡単にあるかしら。それに最低一万円はかかるわよ」

「そんなことしたらもたないわよ。なんとかしなくっちゃ。ちょっと私ね。話聞いたんだけど。北区で、そんな子どもばかりあつめて放課後あずかっている保育園があるんですって。先生を一人やとって放課後親がひきとりにくるまであずかるの」

「北区じゃ、とてもねえ」

「だから、それを青戸でもやったらどうかしら。一〇人も集まればやれる

わよ。」

「そうねえ。ちいちゃんにたか子ちゃん。しおみちゃんをいれて七人いるわね。なんとかしなくちゃ。それじゃ、てわけしてもっと人を集めましょうよ。」

「それと、こういう保育や教育の仕方をして子どもに悪い影響はないかどうか。北区の場合、どんなふうにやっているかを聞いてみましょうよ。そうだ。研究会をやって、この一年間準備をしたらどうかしら」

昭和三七年の新春。ほそぼそともえるちいさなガスストーブを囲んで数人のお母さんたちが話合いました。このちいさな焔が、来年は七〇人になろうとする青戸学童クラブの発火点だったのです。

こうして四月には、六人の母親が集まり、毎月一人百円の会費で学童保育準備会ができました。まず、てはじめに月一回の研究会をひらいてお互いの理解をふかめ、青戸学童のイメージをつくりあげる作業を開始しました。六月には、すでに学童保育を実施している「豊島クラブ」「板橋みどり会」「元すずめの学校」の諸先輩にきていただき、それぞれ現状や問題点をお聞きしました。

その話合いのなかから、青戸（にかぎらず）の学童保育を成功させるカギとして、「どういう子どもに育てたいのか」という、働く親が子どもにいだく理想的な人間像、親たちの教育観がある程度一致していなければならない。同時に、親たちが、指導にあたる先生と一体となって協力し、援助していかねばならない以上、就学前児童の心理や意識を正しくつかむ必要がある、という問題がでてきました。そこで、育児、児童問題の専門家である法政大学の早川元二、三宿小学校の金沢嘉市、当時豊島区教育委員の宗像なみ子の諸先生を囲んで、研究会をつづけました。

この準備期間の研究会活動は、いくつかの教訓と自信を私たちにうえつけてくれたように思います。

①ひとつは、研究会という集まりを通じて働く者同士の暖かい連帯感を事前にふかめあうことができました。

②該当する子どもの父母だけでなく、二年後、三年後に就学年令に達する子どもをもつ父母をも参加させることによって、運動としてのひろがりをもたせることができました。

③共同保育園を通じての長い貴重な経験や教訓を土台にして、それを新しい事業である学童保育へと発展させ、発酵させていく時間をもつことができました。

④そのことは同時に、もちまわりの共同保育形式ではすぐ限界がくる、責任での公的な学童設置を、という要望をもたせることができました。

■もちまわり保育はじまる

こうして青戸学童保育会は、昭和三八年四月六日から開所することになったのです。指導者には、子どもを育て

た経験をもち、また子どもの心理や教育を積極的に勉強しようという意欲に燃えた星道子先生を迎えることができました。運営細則も、開園時間（下校後六時半まで、但し止むを得ない場合は七時まで延長することができる。）、夏休み、冬休み中の特別保育、一人一カ月三四〇〇円の保育料、入園料として一〇〇〇円、給与は一カ月一万円、通勤費実費支給、退職積立金（保育料に含まれている）などをきめ、貧しいけれども、希望にみちた船出だったと思います。

この運営細則のなかでもわかるように、「保育料が高い」「一方、先生の賃金はあまりにも低い」「場所がせまい」という悩みは、発足当初から公立学童ができるまで、一貫してつづきました。

とくに、場所は会員の家（六畳と四畳半、ダイニングキッチンだけ。それも六畳の一部屋ぐらいしか実際には使えない）をひと月、または二月ぐらいで交替するわけですからたいへんです。先生と父母の苦労は、並たいていのことではなかったようです。

しかし子どもたちは『実にうまくくふうして遊んだ。座り机を横にたおして人形劇の舞台とし、配役を決めて即座の芝居をする。張り渡した紙紐にスカーフをつけて開閉自在の幕までつくる。そういう無から有を生みだすような遊びのくふうが実にうまい。』（青戸学童ニュース創刊号・今城博美さんの報告より）という、のびのびしたスタートダッシュでした。

それでものびざかりの子どもたちが、雨の日はちいさな部屋にとじこめられることからくる欲求不満、クラスによって宿題の内容や量のちがう問題、個性のつよい子どもたちの個別の遊びと集団的遊びとの有機的結合、その指導など、保育方針、内容の面でも数多くの悩みがあったことはたしかです。

こういった問題や悩みの解決、克服は、民主的な話合いと相互の研究である程度前へ進めることはできます。しかし、内容を、根本的に変化させ、質的に高めていくための解決にはなりません。

私たちは、私たちの保育実践と運動のなかから、これを解決していく基本的な方向は、「学童保育」の社会的教育的意義と重要性を多くの働く者の力と要求を集めてできるだけはやく地方自治体、政府に理解させ、公的な責任で施設をつくらせていく、全国いたるところにたてさせることだ、と考えました。

それは大資本のための道路、港湾、建設、軍事費等に使われている予算を、教育や社会福祉に大量にまわさせる運動としても、たいへん大切な意味をもつものだと考えました。

■区から助成金をだしてもらおう

こうして昭和三八年の葛飾区三月区議会に助成金の支出と新設の予定されていた区立青戸保育園への学童保育所併設を請願しました。

現在筆者自身の考え方としては保育園への併設要求は、かならずしも妥当な方向とは考えていません。むしろ、もっと社会教育的視点をあてるべきでしょう。このことについては、また別の機会に述べてみたいと思います。ともかく当時は、どういうかたちであれ、区の行政の舞台に学童保育をひきずりだすことしか念頭になかったわけです。

この請願の背景には、東京都に五二〇万円の「学童保育予算」を組ませようという、学童保育連絡協議会を中心とした大衆運動の高まりがありました。しかし、私たちの請願は、時期尚早の理由で不採択となりました。

青戸学童保育会は、この不採択にめげず、つぎの六月区議会に区保育所づくり協議会の提出した諸要求の一項目として請願をおこない採択させることに成功しました。

まえにもお話したように、私たちは、この運動をいま現在「学童保育の対象」になっている子どもたちの父母だけの問題にしてはだめだ。二年後、三年後の人たち、さらにはこれから子どもをつくる若い父母たちの要求にしていこう、と考えていました。そこで青戸学童保育の発足した翌月（五月）にひらかれた青戸共同保育園の総会で訴え、この運動に協力していただける人たちに準会員として参加してくださいとよびかけました。準会員の協力会費は年間五〇〇円、さっそく十五人の人たちが加入してくれました。この準会員は、青戸学童保育会が公立の学童保育クラブへ発展解消する時期には四〇人に達しました。

月刊の機関誌「青戸学童ニュース」の発行、講師をまねいての研究会など経済的にも重要な役割をはたすとともに、署名活動、区長および区当局への陳情、交渉などの行動にも積極的に参加し、運動に厚みをもたすことができました。

このような活動をバックに、九月区議会にたいして三度目の請願をだしました。請願の趣旨は、①中青戸小学校の空教室を貸してください、②それまで年間二五万円の助成金を支出してください、というものでした。請願の当日、区長交渉をおこないましたが、区長は「学校利用はまだ考えていない。助成金はなんとかしよう」と答え、その年の十二月区議会でやっと五万円のプレゼント（結局金ではなく現物助成）をかちとりました。

■公立の学童保育めざして

とにかく、助成金獲得は私たちに大きな自信とこんごの運動への意欲をうえつけてくれました。議会直後にひらかれた学童のクリスマス・パーティーで、私たちはしみじみつぎのようなことを話し合いました。

「とにかくよかったね。こんどの五万円獲得でいちばん大きかった力はなんだろう」

「そうねえ。なんといっても私たち全員、一人も欠けずに最後までがんばったことだと思うわ。署名を集めることも、区長と会うのもみんなで話合っ

て一緒にやったことじゃない。おかげで年休ほとんど使っちゃったけど」と教員をしているお母さん。

「それから、準会員の人たちの力だね。区立の保育園やサービス会社の保育園に子どもをあずけている父母が子どもを連れて交渉に参加してくれたんだからね。それと区の保育所づくり協議会の人たち。まだこれから子どもをつくる人たちまでの広い支えがあったんじゃないかな」とあるお父さん。

「議会でがんばった社会党と共産党の議員さんの活躍も大きかったわけね」

そうして、この力をさらに公立の学童保育所設置へむけていこうと誓いあいました。共同保育園からカンパしてもらった不かっこうだが暖かいストーブをかこんで、楽しい団らんの夜でした。

昭和三十九年三月七日。青戸学童保育会は、第五回目の請願陳情をしました。趣旨は、はっきり①中青戸地区に公立学童を建ててください。②それまで助成金三〇万円を支出してもらいたい、というものでした。

この請願行動の背景には、二つの大きな流れがありました。ひとつは、前年度の母親大会、各区の教員組合婦人部などを中心にした「学童保育所つくれ」という要求行動の急速な高揚です。さらに、もっと大きなものとして、池田内閣から佐藤内閣にひきつがれた社会保障政策の全面的後退（医療費の値上げ、原生年金保険料の二倍引上げ、失業保険のうちきり、公務員共済組合保険のかけ金引上げなど）、これにたいする全国民の反発、反対運動の高まり。当時の通常国会で、この改悪法の大半が流産、廃案になったことをみても、いかに国民の不信や不満、反対運動が強かったかを示すものといえましょう。

青戸学童保育会の請願は、このような流れを背景に、それと時期を同じくしておこなわれたわけです。

私たちの力は、たいへんちいさなものでしたが、実はその運動の底流に、お話したような情勢と背景があったことを十分理解しあう必要があると思います。この大きな運動の流れが、三十九年度に都内四十七カ所の公立学童クラブを設置させるキメ手になったと考えます。

■子どもたちも　はげましてくれた

三十九年三月十三日の葛飾区議会厚生経済委員会は、私たちの請願にたいして採択を前提とした継続審議という決定をしました。私たちと会見した区の助役は「区としても検討をはじめている。区内で実績をもつ青戸学童が当然参考になるし、要望もつよい。とりあえず二〇カ所ぐらい建てる計画を組んで五月末には具体案を示すつもりだ」と答弁しました。

三月末から六月まで、私たちは三回にわたる区長、担当課長交渉をつみかさねる一方、中青戸小学校の校長、教頭、PTA会長などと会い、早期実現への協力を依頼してあるきました。こ

の頃には青戸学童保育会の子どもたちも六人から九人に増え、部屋からあふれる始末でした。したがって要求や行動にもかつてない真剣かつ強い意欲がみなぎっていました。

部屋のせまさと先生の低賃金、高保育料の悩みは依然としてつづいていましたが、二年生になった「学童っ子」たちの成長には目をみはるものがありました。「学童っ子は問題児だ」という偏見を破りすてる実績をつくりあげたのもこの頃です。

当時のある日、会長の今城博美さんが私にいいました。「うちの修造がね、昨夜もこういうんです。〃ママ、今日も会議だろ。でもぼくたちの学童保育所のためだものね。がんばってね〃って。あぶなく涙がでるところでした」。こういう苦労や子どものはげましが、青戸学童全世帯の父母のファイトを支える力にもなっていたと思います。

七月十五日。むしあつい区役所の一室で、私たちは助役に会いました。「まだきめないのか」というのが会見の趣旨でした。助役は「実施することにきまりました。来年四月一日からやりたいと思っています」というのです。正直いってガックリ肩の力が抜けるうれしい答弁でした。

■三年目に実った学童

ところが十二月にはいって、たいへん頭のいたい問題がもちあがりました。それは青戸地区に設立はするが、「中青戸小は改築の関係と空教室がないので無理だ。青戸小にしたい。」という動きがでてきたことです。私たちとしては、学童保育所がひとつでも多くたつことはうれしいことだ、しかし、現に九人もいる中青戸小校下の学童っ子が実事上入所できないというのでは、いままでの苦労が水の泡になる。どうしても中青戸小学校にも建てさせねばならないということで、徹底的な陳情、集団交渉をしようと決意しました。

私たちは、その年の暮から四〇年二月にかけて実績と経験を教宣し、全力をあげて区とぶつかりました。教員組合にも協力をたのみました。電話での中青戸小学校校長への協力要請もおこないました。霜のおりた日曜日の早朝、PTA会長の自宅訪問もしました。その間、区の教育課長、厚生経済課長、区長との交渉など、数えきれないほどおしかけては訴えました。PTA会長などからは、「よくわかった。ただ君たち、あんまり長っ尻はいかんよ。嫌われるからね」と親切に皮肉られたりもしたものです。

その結果、ついに三月一日、中青戸小学校に建てるという最終回答が区からでました。空教室がなくても、私たちが力をあわせて要求すれば建つのだ（中青戸小学校の敷地に、独立のプレハブ建築三〇坪のクラブが建つことになったのです）、という勇気と確信が湧いてきました。これはこんごの学童保育所づくりにとって、手前味噌ないい方ですがたいせつな教訓だと思うのです。

■反省しなければならないこと

こうして中青戸小学校敷地内でのプレハブ家屋建築がきまりました。この決定と同時に高砂小学校（空教室の改装）、松南小学校の二カ所もきまり、初年度五六〇万の予算で出発することになったわけです。

ただ、この成果を正しく評価するとともに、反省しなければならない問題もいくつかありました。

たとえば、運動の終ばんにきて、区との交渉がごく一部の者だけにしぼられ、集団的な動きがとれなかったこと準会員の人たちや地域の労働組合、民主団体への教育宣伝がまったく不足していたこと、そのため、止むを得ない力関係であったけれども、青戸小学校から中青戸小学校へ場所をうつさせることだけに問題がしぼられてしまった（ほんとうは、この時期に青戸小校下でも学童保育所つくれの運動を生みだす手だすけをすべきであった）。四月初旬の開所が、結局八月末になってしまったことなど、謙きょに反省してみなければならないと思うのです。

こういった欠かんが、つまるところ新しくできる公立学童保育所の運営、指導要領、先生たちの待遇改善、予算の適正な配置などを、十分事前に交渉し、ただしておく要求行動を弱める結果となったのですから、なおさらです。

■中青戸学童保育クラブの現状と問題点

四〇年八月二日に発足した区立学童正式には中青戸学童保育クラブは、畳六帖、板の間のホール、厨房、便所（たいへん臭い話で恐縮ですが、これを設けさせるためにずいぶん私たちはがんばりました。金がかかるという理由で、区は最後まで学校の便所を使うといいはったのですが、とうとう最後には私たちの要求がとおりました）を含む三〇・七五坪のプレハブ建築です。

現在、子どもは一年生から三年生まで三〇人、前記の星先生と若い丸山先生の二名が指導にあたっています。低賃金ではありますが、私たちの要求もあって一万七五〇〇円の賃金。ただたいへん問題なのは、他区同様、身分が非常勤職員（職員とは名ばかりで、パートタイマー扱いです。夏冬のボーナスも超勤もでません。社会保険も健康保険と厚生年金だけ。失業保険の対象にさえなっていないというひどさです。四一年暮のボーナスは、父母会の請願と陳情、先生たち自身の要求で、八〇〇〇円しかださないといっていたものを一万五〇〇〇円ださせました）になっていることです。これは一区だけで解決できるものではありません。全区の指導員の団結と都職労などの援助と真けんな取り組みがいそがれるでしょう。

私たちは、いままでの経けんを生かして、発足と同時に父母の会を組織しました。原則として月一回の会合をもち、先生にも参加していただいて日常の子どものうごき、父母会の民主的な

運営を保障する努力をしています。このことは、公立の学童保育にとってたいへんたいせつなことだと思います。この運営への参加、発言権を保障しておかないと、必ず国および地方自治体の官僚的運営が巾を利かすことになるでしょう。それは、公立学童が増加するにしたがって、国の反動教育の政策に主流をかたちづくらせる結果をまねきます。

　中青戸学童クラブでは、いままた新しい問題が起きています。それは今年の四月にはいる子どもたちのことです。いまの施設では、三〇人の学童でもせまいぐらいです。今年の四月に入所を希望している子どもは、私たちの把握している範囲内でも二〇人、名目上の定員が五〇人ですから、それだけで満員です。同時にそうなると二名の指導員ではたいへんな労働強化になります。

　そこで私たちは、今年の四月に入所する人たちを中心として「中青戸学童入所こん談会」という組織をつくり、昨年末の一二月区議会に二〇〇名の署名をそえて請願しました。請願の趣旨は、①中青戸学童クラブを増築してください。②指導員を四名にしてくださいということです。この懇談会には、すでに四〇名ちかい人たちが加入し、ニュース情報を発行しながら区長や厚生部長への陳情をおこなっています。

　いっぽう、中青戸学童クラブの父母会では、区内三カ所の父母会と連絡をとり、一一月には葛飾区学童父母連絡会をつくりました。年内にこの父母連絡会で、先生の身分を正規職員にすること、年末手当を職員なみに支給すること、オヤツ代の予算の増額や教材費を予算化することなどの骨子で請願陳情をしました。また、具体的なかたちでは成果をあげていませんが、いずれにしてもこんごの公立学童保育の保育内容向上、運動の前進にとってたいせつなことではないかと思います。

　このほか、まだまだたくさんの悩みや問題があります。保育料は無料だ。が、結局あまりにもすくないオヤツ代（一日一人一〇円・これでは牛乳一本のめない）、教材費がすくないため、父母の会の会費で補てんしなければならない。またお迎えの時間を区は五時できっている。もっともこれは、事前の交渉のなかで「運営」事項として柔軟性をもたすことになりましたが……。また、予算不足を入所対象を低学年（二年生ぐらいまで）にしぼることで糊塗しようという問題もあります。各区マチマチですが、これも東京保問研で提起しているように、当面すくなくとも小学校の全学年を対象とするのが当然です。

　最後に、ここまで問題化し要求が高まっている以上、当然国としての責任ある施策や予算化がはかられるべきだということです。各地域の対自治体交渉とあわせて国の予算を獲得していく大きな運動を起こしていかねばなりません。そうして、空教室などという便宜的なゴマカシをやめ、児童館構想の主要な部分として学童保育をポストの数ほどたてさせていくべきだと痛切に感じます。ちいさな実践と経験ですが、これが青戸学童保育会運動の中間決算書です。

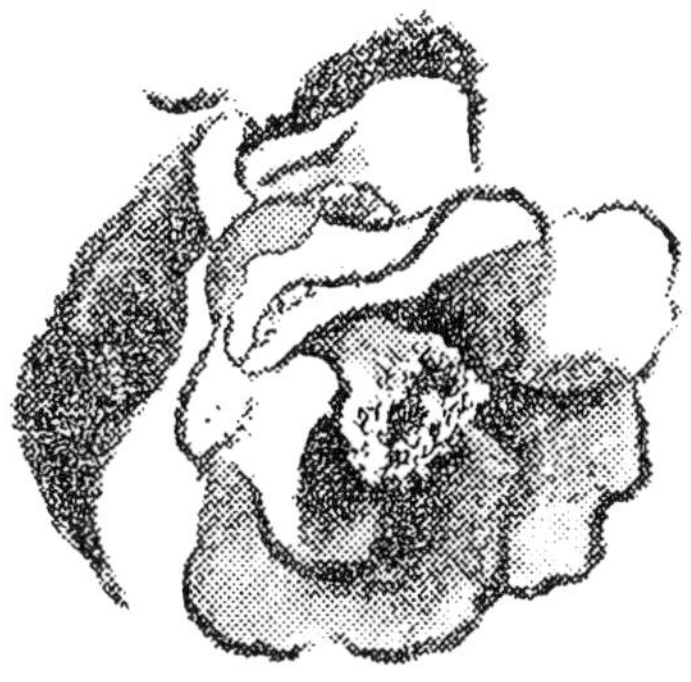

働く母の手記

○……仕事をもつていて、いつも子どものそばにいてやれない……○
○……母親は、毎日をどんなふうに過しているか。今回はお母……○
○……さん教師、団地で活動しておられる主婦、商店のお母さ……○
○……ん、この三人の体験をお伝えしましょう。……○

私の立場をはっきり話して

教師　山田房子（長野県）

私の家は農村といっても、山に囲まれた谷合いの村にあります。家族は小さいばあちゃん（九十一才、体が小さくなっているので子どもはそうよんでいます）大きいばあちゃん（子どもの面倒をみてくれます）主人（勤務校が遠いので日曜日だけ家に帰ります）と長男、長女、私の六人暮しです。

◆あばあちゃん子の長男（小学校二年生）

なんといっても、嫁と姑の問題を長年かかえたままの家の中に生まれた子どもです。子どものしつけの面で、お姑さんと対立していた時の長男は、二重人格になりつつあると気づきました。そのときほど自信を失ったり、見通しのもてなくなったことはありません。「これでも母親か?、本当の教師か、戦後の教育を受けた嫁か?」と悩みました。

その中を救ってくれたのは、勤務校区で持ったお母さん方とのサークルでした。夜おそくまで子どものこと、教育のこと、社会のことなどを話し合ったり、読み合わせたりする中で、私の家での姿勢が変ったのです。「お皿一枚自由に使えぬ立場から、子どもの母である私を中心に動く家に変えて行くこと」へ向かうために、私からの要求を出すのはなるべくさけ、問題がおこ

るたびに「なぜそうなったか」を話し合うようにしました。

おばあちゃんっ子として育った長男は、一年生になっても、基本的な生活習慣がついておらず、大変苦労しました。学校から帰ったら、①宿題をすませる。②時間割をする。③鉛筆をけずったり、ナフキンをかえることなどの自分でやるべきことを実行させるまでには、一学期中かかったほどでした。

◆何度もやりなおさせて

その後も、きちんとやれない時は、必らず見たいテレビもやめて、やりなおしさせました。一年の二学期のとき、学校へ宿題のプリントをおいてきたのに、私の帰る七時頃まで何もしないでいるのです。暗くなっていても、懐中電燈をもたせて一人で学校へとりにやらせました。（心配で見えないように、後からついて行ったのですが）どんなささいなことも、行動を通して責任を果させるようにしました。二年生の今でも、勤務校から帰ると必ず長男のカバンを調べ、学習の様子、明日の準備のことなど目を通し励ましたり、話し合ったりします。一人ではできぬものは（竹笛がどうしてもなおらないとかむずかしい九九の段が覚えられぬとか）二人で本気でやります。二、三十分やったあと「母ちゃんの勉強ができなかったね、早くやってもいいよ」などといっています。

ＰＴＡの懇談会などでは、共稼ぎの子どもは問題が多いとかの一般論で出されるので、それはちがう、共稼ぎだからではなく、その家の生活のリズムがちゃんとあるか、ないかだと話し合うのです。長男の場合にこんなことがありました。

農繁休み中、上級生（中学生も含む）に川原で小屋を作ったり、食事を作ったりすることに誘われ、始めはいっしょにやりました。当日登校日で学校から帰ったときは、いくら約束だからいっしょに来るようにいわれても、
「母ちゃん、いけないといったよ」
と断ったことがあります。それについては、私は全然知らなかつたのです。夜お風呂にはいりながら
「川原で火をたいて食べるなんていけないね」「母ちゃんに何も話さなかったけれど、母ちゃんに話したようにして断ったよ」
というのです。私はもちろん「学校で許されていることではないから、上級生でも、はっきり断ることはよい」と認めてやりました。

◆病弱だった長女　（二才四カ月）

小児ゼンソクをもっており、よく発熱して困りました。ひどい時はケイレンを起こし、危険な状態になったのです。そんなときほど勤めの身のつらさを味わうことはありません。

朝早く近所の医者へハイヤーで行き、また勤務校へハイヤーで行く。帰ってまたハイヤーで上田市（車で四十分）の医者へ連れて行くような日は無我夢中でした。ですから今でも帰ると「体の具合はどうか」「便の具合は？」「昼寝の様子は？」と口ぐせのよ

うに確かめるのです。甘えたい盛りなので、「オンブ」「ダッコ……」「オンマ……」とねだるのです。夕食後のせんたくのとき、朝の洗たく、掃除のときは、おんぶしながら話をしたり、歌を歌ったりします。長女は、夜八時ごろになると

「おちゃちゃのむか」

と催促します。私がいくら忙しくても茶にさせます。二人の子どもは、ゆっくりお茶をのむこと（二十分ばかり）が、何よりの楽しみらしいのです。八時半過ぎると、寝床についてお話の本をよんだり、レコードを聞いたりしてねます。一ばん悩みは、甘えてきて一人でやることをも、やってもらいたがることです。つい昼間いないからと思って、やってやり過ぎると、長男のように苦労すると思い、できるだけ一人でさせるようにします。（忙しいので食事など手伝ってくれるということになりがちだからです）

　長女は、長男のときとはちがい、おばあちゃんに信用してまかせられるという点、本当に幸せだと思いました。例えば、母乳をやめるとき親子ともども泣きながら、やめさせるのですが、（私はお乳がたまって熱を出すのです）おばあちゃんも歩調を合わせてくれました。（長男のときは、おばあちゃんのオッパイで私の分を補っていたのです。就学前になっても私のオッパイを持って寝るくせがついてしまい、困ったものでした）

　なんといっても、幼児を年寄りが見るということは、都合上はよいけれど、体力的にも無理だし、しつけの上からも問題だと思います。早く、安心して授けられる乳幼児の施設がほしいと思います。

◆さいごに

　子どもたちには、自分の意見をはっきりもつこと。友人に信頼され、エゴイズムに走らず、友人のことを本気で考えてやれるような子どもにしたいと思っています。長男はそろそろ私の気持もわかってきて、仕事がたくさんありそうなとき、

「ぼく、なかなかねつけないから、始めに母ちゃんねていいよ、ぼく寝るとき起してやるよ」

なんていったり、夜中に仕事をすることを知っているので、

「ゆうべはねたの」

なんて聞きます。私がつとめることについて

「淋しくていやだと思わないけれど、泊ったりするとき学校へ持って行くものが揃わないかも知れないから心配だ」また、

「母ちゃんのつとめるのはぼくたちの暮しがだんだんよくなるようにだからさ」

というのです。最近はベトナムのこと、血液銀行のことなどに関心を向けて話をします。そんなときは、私の立場をはっきり話します。

「戦争はやだな、ぼくたち大きくなると行かされるかな？」

と心配したりします。「アメリカだけでなく中共も戦争しているんでしょ」なんていうのを聞くと、マスコミの影響の強さを感ずるとともに、正しいニュースを話してやる責任を感じます。そんな意味でも、私が勤めをもつことは、正しく社会を見極める上から大切だと考えています。

団地の母たちと活動しながら

団地自治会常任　飯高　加津子
（東　京）

【私のこと】

保育所づくりの専従となる

　私は、秋日雨雀先生が、生前学長をしていらした舞台芸術学院を卒業して、新劇の女優の卵として、舞台を踏んでおりましたので、お勤めの経験というものはありませんでした。結婚して、長男が生まれ、止むなく家庭に引込んでおりましたが、三十四年五月ひばりケ丘団地に入居し、同じ年の九月に、保育所づくりの運動の呼びかけに参加し、始めて子どもを持ちながら働いている母親たちと知り合いました。私がこの運動に参加した理由は、主人も新劇の運動をしているので、家計のことの心配を少しでも軽くして、主人が運動に専心できるように、子どもを預けて働きたいと考えたからでした。

　団地に入居してみて、家庭の中で子どもに密着して、それだけを生きがいのように生活している母親たちの中で、働く母親たちのしんけんな生き方に眼を見張りました。女の人が社会に出て働くということが、どんなに大変なことか、その中でこの母親たちが、子どもをかかえてせいいっぱい努力して、いっしょうけんめい生きているということを知った時、私自身、このままの状態で子どもだけを頼りに一生を送るような母親になりたくない、私も、この人たちといっしょに行動し、せいいっぱい生きて一生を送りたいと思いました。

　ひばりケ丘団地は、保谷町、久留米町、田無町と、三町にまたがっているため、その保育所づくりの運動も、三町に運動を展開して行かなければならず、大変な仕事でした。また、保育所ができるまで、現在預けるところがなくて困っている子どもたちの問題もあり、保育所づくりの運動といっしょに、団地の家庭にいる母親たちに呼びかけて、共同保育の体制もととのえて行くという二本立の運動の中心になって、専門にやる人がいなければということで、私が専従として事務局にはいり、生まれて始めて、六千円の月給をいただくことになりました。

　長男はその時四才で、すでに幼稚園に通っていましたが、母親が保育所運動を始めたということで、共同保育の中に入いれました。ちょうど近所のお寺の本堂を借りて、先生も幼稚園の十年選手の先生が団地の中にいて、三才〜四才児、十人ばかりのグループと、団地の中の個人宅を開放して、〇才〜二才児のグループとで出発しましたが

半年ばかりで、お寺が幼稚園を経営することになり、先生も生徒も引き抜きされて、私の子どもが、四才児で一人残り、団地の中の二才児のグループに移りましたが、一番大きな部屋といっても、狭い六畳の中で、十人ぐらいの子どもがひしめき合い、おまけに、二才児と朝から夕方までいっしょという環境の中で、何一つ落ちついてやることのできない欲求不満から、性格が荒れに荒れて、小さい子をいじめてみたり、大あばれしたり、このままでは、家の長男だけでなく、グループの子どもたちにも悪影響を及ぼすのではないかと心配し、愛育会研究所の先生方にも相談の末、幼稚園に移すというように、何回もあちこちに保育の場が変りました。

子どものためノイローゼぎみ

また毎月一回、保育新聞を印刷して、団地全戸（二千七百世帯）に無料配布し、保育所運動の必要性をアッピールしてきましたが、印刷代、配布料等、全部広告によって賄っておりましたので、昼間は広告取りや原稿取り、夜は編集会議等で、幾晩も夜おそくまで家を留守にすることがありました。（共働きの母親たちの会議なので、子どもをねかせて、九時過ぎから始める）

寝かせてから出てきたのに、夜中にトイレに起きて、ママがいないので家中さがし回り、しまいにドアを明けて大声で泣いているのを、同じ階段の方が知らせにかけつけてくださったり、また、夜中に帰宅してそっとドアのカギをあけようとしたら、たしかにかけたはずのカギがあいているのでびっくりして、あわてて家の中にかけ込んでみたら大声で泣いていたのを、家の前の商店の店員さんが聞きつけて、とんできてねかせてくれたということもありました。

そんなことが続いて、子どもがすっかりノイローゼのようになって、夜になると、「ママ、今夜は出かけないの？」と何度も念をおしたり、それまで一人でねていたのに、ママのお手々をにぎらないとねられなくなったり、やっとねむったと思うと、三十分ぐらいで目がさめて、「ママ、いる？」と、確認してみたり、どうしたらいいだろうかと幾晩も考えぬいたこともありました。

また、幼稚園の帰り頃、雨になり、ビショビショにぬれながら、やっと家まで帰ってみたら、カギがかかって、ママがいないので、また雨にうたれながら、団地の中の共同保育の家々を、ママをさがし廻ったり――。みんなのための運動というけれど、果して、自分の子どものためになっているのかしら？ひどい親だと思っていないかしらと、随分と心を痛めました。

こうした運動の中で、三十六年三月に二番目の子どもを生み、翌年の三十七年一月、私たちの三年余の運動がようやく実って、保谷町立、〃そよかぜ保育園〃の開園となり、その際長男は、小学一年生、次男は十カ月で、念願の保育園に入園しました。また、私は保育所ができたことで、保育の会

が、解散になり、自治会の保育部長として、自治会活動に専念することになり、家庭が電化されて、余った時間を子どもに向け、ますます過剰保護になりつつある家庭にいる母親から、子どもを解放して、子ども同志の遊び場を作ってやりたいと、全戸にアンケートを配って運動を起し、団地の中の集会所を使用して、幼稚園以前の三才児の集団の遊び場「幼児教室」を作りました。そして幼児教室の責任者として、現在に至っておりますが、保育園に預けた次男が、大変に気の弱い子で、預けてから一カ月は、午前中ほとんど泣き過し、半年ぐらいまで、朝、ママとの別れをおしんで泣き別れをつづけていました。その上、三才ぐらいまでの間は、連絡帳に、

「お昼ねの時のおきかえが、できなくてシクシク泣いていました。できない時は、『できないからお手伝いしてください』と、お口でいうようにいってあるのに、何もいわずにメソメソしているので、泣けばやって貰えるという習慣になると困るので、ほっておきましたら、一時間もメソメソ泣きつづけていました」

　また、ある時は、

「理由もなく泣くので、放っておいたら、午前中泣いていました。お昼ご飯になって、やっと泣き止み、みんなといっしょにいただきました」というようなことを、一週間に一度ぐらいづつは書かれていました。

　幼稚園とちがって、年令差が〇才〜六才までと、縦になっているので、元気な子や大きい子に、おもちゃやご本を取られてしまえば取りかえす元気もなく、また泣く理由を先生にお話することもできず、毎日部屋の隅で泣いている子どものことを考えた時、この子には、保育園の生活が無理なのではないだろうか?、幼児期の大事な時に、こんな状態の中に毎日長時間おいておいたら、子どもの性格が変にゆがめられてしまうのではないだろうか?、団地の子どもたちのための運動等止めて自分の子どものために家庭に帰るべきではないだろうか?ずい分となやみ苦しんだ時代もありました。

親たちにはげまされて

　子どものことで、ともすれば考え、なやんだあげく、引込み思案の考えを起し、運動から手を引こうかと日和見をおこした時、私の心を支え、はげましてくれたのが、入居以来保育所づくりの運動を三年間、いっしょに頑張り通してきた母親たちです。

「絶対に後退しては駄目!頑張り通すのよ。子どもを信頼して、きっとたくましく成長してくれるわよ。貴女のことをちゃんと子どもは見ていてくれるわ」

　そして私は、もっと苦しい条件や立場にあっても、子どもを預けて働かなければならない母親たちのいることを考え、自分の弱い心と戦いながら運動をつづけてきました。

「長男の正樹のこと」

小学一年のとき

私の家は、団地の中の久留米町ですが、久留米町の小学校が遠方のため、団地の中の久留米町の子どもは、全部保谷町立中原小学校へ入学しました。この学校は、団地ができた三十四年に開校して、団地の子どもが多く、後は附近の保谷町の子どもが通学しています。私の子どもが入学した頃は、そんな状態の中で団地っ子とか、団地セットみたいなことがいわれ始めていた頃ですが、まさきは一年の二学期から、近くの商店の男の子と、駅のそばの（団地外の）女の子と、三人でグループを作って、週三回いっしょに勉強をすることをきめました。

駅のそばの女の子の家が遠いので、商店の子とまさきと二人で、週三回その子の家に通いました。お互に国語の本をよみ合ったり、算数の問題をといたりというような、自立的にできる単純なものでしたが、女の子の母親から、「大変消極的な子どもでしたのにみんなで学習しているおかげで、とても元気になってよろこんでいます」また、商店の方からは、「忙しくて家にいると、落ついて勉強もできないのに、子どもがよろこんで行っています」等と、いわれ、ママより、積極的なグループ作りにタジタジされました。

―小学二年のころ―

ママは仕事に疲れたり、おもしろくないことがあったりして、イライラしていると、つい、子どもに対して、感情をむき出しにして、当り散らすことがあります。ガミガミと大声でこごとをいうと、

「ママ、そんないい方しなくても、普通のいい方で、ぼくわかるのになあ」といわれて、ママはギャフンとして笑い出してしまいました。

―小学三年のころ―

三年になって、久留米町に久留米第五小学校が団地の近くにできて、中原小学校から久留米町の子どもは全部転校しました。この学校は、中原小から移った子どもが大部分と、久留米第一小学校、第三小学校から転校してきた子どもです。

三年になると一学期に始めてクラス委員の選挙があって、まさきが男子の最高で当選しました。「良かったわね」と、ママが祝福したら、

「ぼくは中原から転校したから、中原からきた子が多いから、票が多かっただけだよ。ぼくはほんとうはS君が適任だと思って投票したのに、S君は、第三小学校からきたから、みんなS君のこと、よくわからないから、票が少なかったんだ。ぼくが委員に選ばれたことによりS君が落ちてとても残念だと思うよ」

といわれ、この子の成長ぶりに、拍手を送りたいと思いました。

―小学四年になって―

日頃、パパもママも忙しくて、普通の家庭の両親のように子どもに接する時間が少いので、お休みの時ぐらいは子どもに奉仕しようと、昨年十二月暮から、正月の休みいっぱい、親子四人でスキーに出かけました。まさきは大変よろこんで、十日間、滑りまくって、すっかりスキーづいたので、一月の末に、金、土、日と三日間、パパが劇団の人たちと赤倉に出かける時にさそったら、

「パパ、学校は毎日つづきで、勉強しているんだから、スキーに行くために休むことはできないよ」

といわれ、「ぼくが、四年の頃は、おやじからスキーに連れて行ってやるな

んでいわれたら大よろこびで、飛んで行ったのに、今の子どもはしっかりしてるなあ」と、パパがすっかり感心してしまいました。

【次男の美樹のこと】

　泣き虫、よしきも四才になり、昨年暮の保育園のクリスマスには、ジングルベルの合奏をしましたが、みんながカスタネットや、鈴を持っている中で、一人、大きなたいこを力強く、リズムに合せて、ドーン、ドーンとたたいてリードし、ママを、涙ぐませました。

　最近では、お返事は「ハイ」でなければ、いけないといって、ママが、つい、「ウンウン」なんてうなづくと、「ママ、ウンていうお返事はいけませんよ」と、そのたびに、うるさくいわれ一日のうち何度も、「ウン」「ハイ」をくり返しています。

　子どもって、ほんとうにすばらしいと思います。働く母親は自信を持って前むきの姿勢で生きて行くべきだと思います。母親がどんなつらい思いをしながら、いっしょうけんめい生きているか、子どもはちゃんと見ていてくれます。そして、親の心配を外に、たくましい子どもに成長して行くと信じています。

話し合う機会も少ない商店の親子

理容業　近藤あき子（千葉県）

■産後まもなく店へ

私は現在、七才八カ月の長女と、二才五カ月の長男の二児の母親です。

　上の子どもが生まれましたのは、三十三年の五月でした。世間一般に言われている商人の子どもたちです。

　現在、店員三人と夫で理容業営んでいます。長女が生まれた当時は人口が現在のようにありませんでしたから、女店員一名、それに私ども二人で営業していました。現在がそうであるように、当時も生活は苦しく、やっとの思いで、長女を産んだわけです。いざ産んでみたものの、どうして育てようかと考えました。どうしても私自身働かなければならないのが現実でした。産後間もない体で店に出ました。でも二十一才の若さは強いもので、一週間ぐらいはふらふらしましたが、どうにか毎日をすごすようになりました。

　母乳不足、日当りの悪い家、その上十三才で母親をなくした私には、育児のことなど、全然わからず、人の体験をきくのが最高の勉強でした。

　どうにか二カ月はすぎ、朝は六時に起き、夜は十一時ごろになって、おむつをかたづけ、くたくたの体を休めるのは、十二時すぎでした。でも可愛いい子どもの寝顔を見ているとほほえましくなったものです。

　近くで子どもを預ってくれる人はいないかとさがしましたが、一般のつとめの人とちがって、夕方も七時頃までみてくれる人はいません。店に働いて

いた人のとこの子どもが土曜日、日曜日とみてくれました。面倒の良い子でしたので、安心して働けるようになりました。

■最低のこともしてやれない

長女が二才五カ月の時に夫がじんぞう病で一カ月間の入院生活をし、退院後も三カ月家庭療養をしていました。経済的にも、精神的にも、さんざん苦しみました。公立の保育所へ入れてほしいと市当局へも行きましたが、思うようにゆきませんでした。

四才になって、近くの私立の幼稚園に入園しました。が、入園してすぐ遠足、父兄会とつぎつぎ読く行事。その日がいつでも土曜日、日曜日、店のかき入れ時です。子どもは母親がいないかと、気もそぞろに後ばかり気にして、先生に注意されることもあります。いきおい家へ帰って不満をバクハツさせます。一時間も長泣きされて困ったことなどありました。園からの連絡を十分親が理解しないため提出が遅れたり、忘れものがあったり、本当に最低のこともしてやれない母親だと、つくづく思いました。

そんな中で、弟の出生、小さいなりに複雑な気持で過している毎日。せまい室の中で、二才の弟を相手にテレビのチャンネルをうばいあいながら過ごす夕方、本当にどうしたらよいのか困ってしまいます。

一番仲の良い友達は、やはり商人の子ども。遊びも限られるし、近くに遊園地もなく三尺の空地ももてない商人の子ども。自然になじまないこのような生活をしていて、はたして大きな夢をもって、未来を築く立派な社会人になれるだろうか、と心配になってきます。落ちついて親子で話し合う機会も少く、昨年四月に、小学校にはいってからは、勘強についても十分に見てやれず、週末に持ち帰えるテスト・ペーパーの内容など、夫とともに気にしながら、具体的に取りくめずにいるのが現状です。

■母親大会に参加して

六年ほど前から、毎年行われている母親大会にも子どもをつれて参加しています。全国の同じなやみを持ったお母さんたちと交流する中で、今の政治体制では子どもの教育もしあわせもないことを身をもって知りました。

私たち商人は重税に苦しめら、十三時間も十四時間も働いても、子どもには晴着一枚かってやれないこの生活の苦しさ、どうしたら解決されるでしょうか。今までの苦しい体験の中で、母親が団結するほかないと思います。可愛い子どもが一日も早く十分な教育が受けられるよう世の中を建設すべきだと確信します。

働く母と子が語る

むこと
ぞむこと
な集団をもとう□

ころで——

出席者

井関伸子	小学校四年	
井関いく子	小学校二年	
井関照子	元保母	37才
内本とも子	小学校五年	
大浦よし子	経理事務所事務	38才
大浦義智子	小学校三年	
大浦洋子	高校二年	
久保龍子	看護婦	36才
清水むつえ	無職	43才
吉本笑子	診療所炊事婦	47才
分銅弘子	中学校二年	
分銅ちえ子	科学研究所雑務	38才
東節	家庭でオルガン教授	37才
近藤昌	高校教師	51才
浜口照子	母親大会事務局	41才
司会　高橋祝子	母親大会事務局	38才

土曜か日曜ぐらい家にいてほしいワ

司会　働きに出ているお母さんはいえにおいている子どもたちのことでは、いろいろ心配もあるし、ご苦労さ

座談会

母にのぞ
子にの

□親も子も自主的

—大阪のあると

れていることと思います。今日は、働いているお母さんと、そういうお母さんをもっている子どもさんに集っていただいて、〃母子座談会〃をしていただくことにしました。子どもたちには家にいつもいないお母さんに、いろいろ不満や要求もあるでしょうし、お母さんは子どもにどんなように話しかけたり、わかってもらう努力をしたりしているか。それからお母さん自身も、働くということをどんなふうに考えているのか。そして、この問題はどのように解決していったらいいのか。そんなことを話していただきたいと思うのです。今日はたいへんたくさん集っていただきましたので、皆さんから一言づつでもお話していただきたいと思います。

　では、はじめに子どもさんたちからお母さんへの注文を出していただこうと思うのですけれども……。みんなね、お母さんに対して、こんな時のお母さんはいいけど、こんな時のお母さんはいやだ、なんていうことをお話し

てくれない？どんな時のお母さんがいや？お母さんにどんなふうにしてもらいたい？

内本とも子　遊びに行く時に、お母ちゃん、いやへんから行っていけないでしょ。るす番してないといけないから、お母ちゃん五時に帰ってくる。

浜口洋子　昼はいいのやけど、夕方おそいからね、早く帰ってほしいわ。

井関伸子　月に一回、児童文化会館に行くのやけど、六〇円いるんね、もろうて行くのにお金もらえへんでしょ。先生にかしてもらって行くでしょ。土曜日ぐらい、家にいたほうがいい。

大浦洋子　私も学校の帰りがおそいから別に不自由はないんですけど、日曜日もお母ちゃんは出かけるんで、日曜ぐらいはいてほしいと思います。

久保ひとみ　学校から帰ってくる時心のなかでお母ちゃん、いてるかなあと思う。おらへん時はいやだなあと思う。

分銅弘子　お母ちゃんと帰りが同じくらいだから、あんまり感じない。

井関伸子　テスト悪かったりする時にね、おらんでもいい、おったらはよみぜんならんから。

井関いく子　マンガの本買う時、お母ちゃんおったら、また買うんかっていうから、おらん時だったら買えるから、おらんでもいい。

司会　お母ちゃんおらへん時、ごはんのしたくなんかするんでしょ。

内本とも子　するのじゃまくさい。遊びたいでしょ。掃除とかそういうものじゃまくさいから、そういうときはいてくれたほうがいい。

左から内本とも子ちゃん、浜口洋子ちゃん
大浦よし子さん

井関伸子　日曜は家の全部掃除せなならんでしょ。お母ちゃん、自分でやったらいいのにと思う。

司会　小さい人はやっぱりお母ちゃんいてくれはったほうがいいなあ、と思うてることが、いま、みんなから出たと思うんですけど、みんなね、なんでお母ちゃん、勤めてはるんや、と考えたことある？

井関いく子　給食たべたり、毎日ごはんたべるお金がいるから。

大浦洋子　経済的な必要の問題もあるけど、お母ちゃんが働くことは社会的な問題にも目をひろげるようになるから、そういう意味でも働いたほうがいいと思います。

分銅弘子　やっぱり家のくらしのために働くのだと思います。

子どもに負担をかけないように
よその子のこえに胸がしまる

司会　いま、子どもさんたちのほうからいろいろ意見が出ましたけれど、

お母さん自身、働いているということでいろんな抵抗があると思います。こういう子どもたちの意見に対して、お母さんの方ではどんなふうに考えていますか。

大浦　私は九時すぎに家を出ます。職場が税理事務所なので、あるていど時間の融通はつけられて、学校の参観日などには出て行かれます。自分が勤めに出ていることで子どもに負担をかけないように、ということに一番気を使っているので、帰りも四時か四時半頃には帰れますから、そんなに今のお話のようなことはないと思うのです。ただ、子どもに負担をかけさせたくないということから、逆に甘やかして育てたのではないかという不安があるのですけど。

左から井関伸子ちゃん
いく子ちゃん

　小さい時は保育所にあずけていたのですが、今考えると、その時のほうが子どもがしっかりしていたのではないかと思います。とくに男の子はむつかしいと思います。

久保　私は看護婦ですので勤務状態が特殊なのです。二部制なので、昼間の勤務ではあまり子どもに負担をかけることもないのですけど、週二回夜勤があって泊ります。その時は子どもが寂しがってはいないか、宿題をみてやれないけどやってるだろうか、と心配がおきて、私自身、寂しい気持になりますね。ただ、職場と家が近いので、子どもが帰る時間にちょっと家に行ってカギをあけておいてやるとか、そういう細かい気使いはするようにしています。

　私は小さいほうの子が生れる前から勤めに出ているので、この子は親が家にいることのほうが不思議だと思うらしいのですね。保育所も近くにあるのでこの子はあずけています。

　職場と家と保育所が近いので、いい条件になっているのですが、近所がとても車の交通がはげしいので、子どもが帰る頃には一寸家によって、必らず顔をみるようにしています。職場にいて外で「お母ちゃん」とよぶよその子どもの声をきくと、胸がいたくなってくるんですね。自分の子がたまに職場にきて「お母ちゃん」といってくると、なぜか自分のことかしらと、とまどうような感じをすることもあります。

　看護婦という仕事は、人の生命をあずかっている仕事ですから、いつも気持を冷静にしておかなくてはたいへんなまちがいを冒す危険がありますので家でもみなで話合いをして、家庭の中に不愉快なことがあったりすると、それが仕事に影響したりすることがありますから、そういうことがないように苦労しているのです。

左から清水むつえさん、井関照子さん
吉本笑子さん

母親が負けてはだめ
細かい心使いと話し合いを

東　私は家で仕事をしていますが、子どもたちが遊んでいる時ね、親は子どもをいじりすぎると思うのです。それで私は自分の仕事をしながら、子どもが自分で遊べる場をつくってやろうと努力したのです。子どもにも自分の仕事をつくるようにしたんですね。そうすると一人でも私が仕事をしていると、二時間ぐらいもつみ木で遊んでいるのですが、大人が入ってかまうと、もう、すぐやめてしまうのですね。

ところが子どもが幼稚園や小学校に行くようになると、どうしても気になって干渉するようになってしまうのですね。それがどうも姑根性のような気がして、自分が外に働きに出るほうがいいんじゃないかとも考えました。

私は家で近所の子を集めてオルガンを教えているのですが、そこで一番むつかしいのは自分の子とよその子との扱い方ですね。自分の子にはどうしてもうるさく叱ったりして干渉的になってしまいます。

クリスマスに子ども会をしてみたりオルガンをひく会などをしてみたり、近所のお母さんも呼んで、子どもを個人としてみるだけでなく、全体的に集団としてどうみなくてはいけないか、ということを、そこで勉強していきたいと思っているのです。近所にも働いているお母さんが多いですし、私は母親が仕事をもったほうが子どもは伸びると考えています。

吉本　息子は今二十二才になりましたが、経済的に一番苦しい時に小学校中学校だったのです。その頃のことをふり返ってみると、母親が苦しい環境に負けてしまっては子どももだめになってしまうということです。母親が負けてしまっては子どもは明るくなりません。母親が大きく胸を張っていれば子どもも明るく育ちます。社会と母親が斗っていくことが、母と子のつながりになると思うのです。

この頃子どもと話してみると、お母ちゃんが働いていることは年おいた感じにならんからいいっていいますね。ただ、あまりいく日もつづくと、ちょっと道草してやろうかという気をおこすといいます。これは母親の細かい注意力でできると思うのです。月に一回ぐらいは話合って、自分に対するひはんをきいてます。その中で子どもにも注意できるのです。

浜口　自分が子どもの時、家の手伝いをせいといわれるのがいやだったから子どもにはできるだけさせないよう

にしていましたが、働きに出るようになるとやっぱりしてほしいという気になって、汚れたお茶碗は洗ってくれるのが当り前のような気持になってくるのですね。たのんだらしてくれますがいわないとしてくれなくて、それが親の方の不満になってきます。親の勝手だと思うのですが、それで家族会議をせんといかんと思いながら、なかなかできないでいるのです。

江藤　私も同感なんです。しかし子どもの気持を考えると、いつも家にいる母親の子はそんなことはないだろうし、むしろお母さんは夜食をつくったりコーヒーをいれてやったり、ということだと思うのです。だから私は家に帰ったらそういうお母さんと同じようにしてやろうと思うのです。子どもはいつも何か不満をもっているのではないかと、こちらは思っているのですね。ただ、自分が外に出た以上は子どももそのことは考えてくれていると思っています。帰ったら自分が全部ひきうけて、出ている時は子どもにしてもらう、とわりきって考えているのです。

清水　私はしばらく手伝いで外に出ていました。おばあちゃんがいましたしとりたてて問題は感じていませんが一番困ったのは食事ですね。こみいったことがしてやれんのですね。

分銅　小学校二年の子がいるのですが、この子が学校から帰る頃私がいませんから、かわいそうだと思うのです。ところが本人はるすをいいことにして、友だちをよんで家の中じゅうひっくり返していますが、そんなことは大目にみています。ただ親が勤めをもってるからといって悪いことをしないようにはいつもいいきかせています。

左から東節さん、近藤昌さん

きれいになつてほしい　働く意味は分つている

司会　お母さんたちはいろいろ苦労していらっしゃるわけですね。そこで子どもさんたちにききたいのですけれど――。いま、お母さんたちがいろいろお話にならはったけど、皆さんね、お母ちゃんにもっと、どうしてほしいと思う？、どうしてくれはったらもっといいのになあと思う？

井関いく子　朝なんか、散歩したりする運動をいっしょにしてほしい。お父ちゃんなんかにしてほしい。

内本とも子　お母ちゃん、きものがよく似合うのね、日曜ぐらいはきてほしい。きものきたらきれいにみえる。

浜口洋子　ごはんの用意してないとき、急におそく帰るとよそから何かとってたべなさいっていうでしょ。たまによそからとるのはいいけど、三日もつづくときあるから、毎日だといやになるからね。

分銅弘子　おべんとうつくってほし

い。

大浦洋子　お父ちゃんが帰ってくるのがおそいから、お母ちゃんがおそくまでおきているでしょ、早く寝てほしい。

司会　子どもさんたちから注文が出ましたけれど、お母さんが働いているということをどんなふうに話しかけていますか。

大浦　経済的な話も仕事の話も全部しています。小さい方の子も働いていることを気にしていないようです。ピアノがほしいなんていうこともありますが、もっと苦しい家の子もあるし、いくらお金があっても病気になったら仕方ない、というような話をしています。

久保　子どもが小さい時から外に出ていますので、勉強などもあまりみてやれないのです。それでときどき、脅迫感みたいなものにおわれて、仕事をやめて家にいるというと、子どもはやめないでほしいというのです。働いていることの意味がわかっていて、病人が出たりしたら心配やないかというのです。というのも、働くようになったきっかけが、夫が病気になったためだったので、私にやめられると家の中全体の不安があるのですね。子どもが小さい時は何度やめようと思ったかしれないのですけど——。

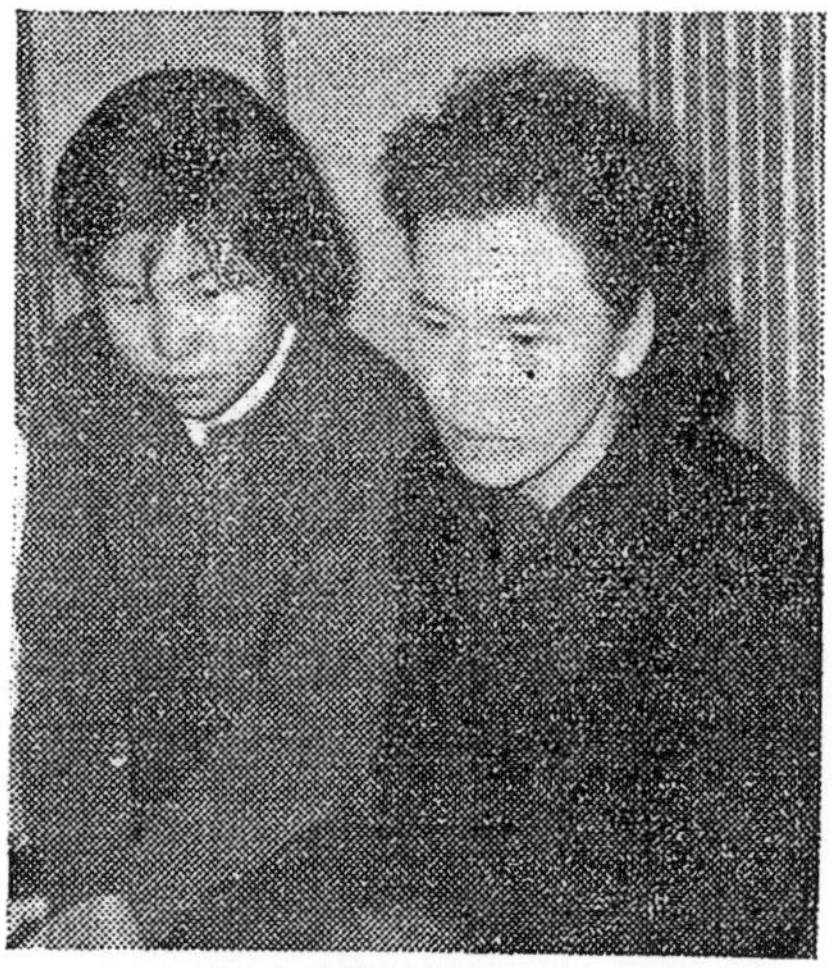

左から分銅弘子ちゃん
分銅ちえ子さん

近藤　母親の仕事の大事さはよくしってくれます。ただ、教師の子は成績のいいのが当り前と思われるのがかなしい、というのです。お母ちゃんは年もよってるし、体も丈夫でないから、自分たちが独立できたら仕事をやめて安楽に余生をたのしんでもらいたい、というてくれます。

井関　小さい時から家の仕事をさせておいたほうがいいと思って、させているのですか、とてもいやがりますね。自分の部屋なのだからするのは当り前でしょうというようないい方をするとだめですね。お金が必要だから勤めているということはわかっていますが。

吉本　子どもと私が働くようになった時は主人がなくなった時でした。子どもを一人でおいておくことはものすごく心配でしたが、親が働くということは、生活の一つの斗いだと思っていますし、小さい時に家の仕事をさせるようにしておくことは、大きくなってから、自分のためにいいことだと思うのです。子どもは親がそばにおったらしませんよ。でも男の子でも親がおらなかったらしてくれます。大きくなって棚一つつれないで大工さんに頼むようでは困ると思うのです。今になってみると、やはり小さい時からさせておいたことはよかったと思います。

子どもを信用し子どもに責任をもたせる

司会　子どもなりに責任をもたせるようにしていくということですね。そこでまた子どもさんにききたいのですが、子どものそばにつききりでいるお母ちゃんが、クラスのお友だちなんかにはあるでしょう？そういうお母さんと自分のお母ちゃんとくらべて、どう思う？

分銅弘子　そんなにおらんほうがいい。いつもいると干渉されるとやりにくい。

大浦洋子　私もそう思う。

司会　私のとこは男の子なのですが、外に出ている間は宿題なんかちゃんとやっているだろうかというようなことがとても気になって、帰って顔をみるなり、やったかってききたくなるんですね。けれども干渉されるのはいやだろうと思うので、それをきかないでおくというのが、まあ、私の一つの斗いだったわけです。そんなことが、自分がしなくてはならないことは自分が責任をもってやる、という生活態度といいますか、そんなものを育てたいと思うのです。

東　今は学校自体が、子どもが勉強できる範囲とか健康とかを考えないで、勉強は家でするもの、というようなやり方をしているように思うのです。先生は勉強を教えるのではなくて、成績をつけるためだけのような気がするのですね。私のとこは団地が多くて、そこのお母さんなど夜中の十二時まで勉強をみてやったので成績があがったというのですが、お母さんが誰でもそんなにつきあっているひまはありませんよね。第一子ども自身かなわんし、やっぱり子どもが自分でやってくれなかったら困るし、子どもが責任もってちゃんとやるようにすることが大切だと思うんです。近所のお母さんは内職をしている方がほとんどで、子どもも母親が働くということを特別には感じていないようです。あるお家では全然子どもさんに無干渉で、お金だけは十分に与えているので、そこの子どもはお母ちゃんが働いているとお金はよけいもらえるし勉強はうるさくいわんし働いていたほうがいい、というのですね。でも私は、働くということが経済的なことだけということになると、お金さえあればという気持にさせてしまわないか、と思うのです。私は仕事をしたいから働いているので、たとえお金もちになっても働く、一生したいと思うことをして死にたいから、と子どもにいうのです。お金さえあれば何でも解決できる、というようにはしたくないと思いますね。

左から浜口照子さん
高橋祝子さん

近藤　私のとこでは二、三年前から

左から大浦美智子ちゃん、大浦洋子ちゃん、久保ひとみちゃん、久保龍子さん

子どもに金庫をあずけています。私の帰りがおそいので不便だというせいもあったのですが、真中の子が高校一年の時にあずけるようにして家計もまかせました。家の中でも経済をにぎる者は強くて、主人も子どもからもらっていくのですね。毎日、家族で予算会議をして子どもたちの要求する費用もここできめます。子どもの方から、スーパーで安いのをみつけといたから、なんて買っておいてくれたりするんですよ。

司会　子どもを信用することが大事だというお話がずいぶんあったと思うんです。働いているお母さんの努力で、子どもは大きく伸びていますし、働いている母の子どもは自立心をもって育っているということも出されました。しかし父親をはじめとする家の中の理解や職場の中での理解が必要ですし、とくに近所の人から、いつも子どもさんが一人でかわいそうですね、なんいわれると胸がしめつけられるようになりましたね。

浜江　私は前にも一度勤めをやめました。主人は理解してくれているので勤めをやめろとはいわないのですが、家をみながらしたいことをしてくれという気持ちがあって、私も同じ気持で十年をすぎました。けれど自分が自立しないとさっぱり経済的に主人におぶさる気持になり、いいたいこともいえないで結局それが不満になっていくんですね。それで今度働く時は家族会議をしてきめましたが働くようになってやはりよかったと思うています。私自身外に出て、見たり知ったりすることで社会のことがわかり、主人の仕事も理解できるようになったと思いますし、子どもにもいろいろ話ができます。それから私が外で大ぜいの人の集いの中で勉強していますから子どももいいグループをもってほしいと思っています。子どもたちが、互いに助けあうグループをつくってくれたら、一人でおいておく心配もなくなりますし、そういうグループがほしいなとねがっているのですか。

自主的に考えて活動する
親も子も集団の場が必要

司会　さっき内本とも子ちゃんが、お母ちゃんにきれいになってほしいといっていましたが、それはお母さんが明るく生き生きしてほしい、理解してくれるお母さん話せるお母さんほしい、ということでもあると思うのです。それは働いているお母さんたち自信をもっていいと思うのですか、しかしまだ母親自身、家の中にいるものだという気持もあるわけですが働くこと

について、子どもに理解してもらう努力をしているのですが、それだけで全部が解決するというわけにはいかないと思うのです。

　そこで今、浜口さんから子どもたちも集団のグループが必要だというお話が出ましたけれども、このことをどうお考えになりますか。

大浦　低学年の時は帰る時間も早いですから、母親が働いている子同志で遊べるし、みてくれる場があったらいいと思います。

近藤　私の学校では集団主義教育の方法をとっています。入学当時は名簿によって六人位の班をつくるのですが一日もたつと互いに班長をえらぶようになり、あとは自分たちで班編成をしていきます。自分たちで班をつくるようになったはじめは、どうしても好きな友だち同志で集るようになりますが、そこは教師のほうも指導をして、班を替えるたびにいろんな人がまじるように編成をしていくのですね。

　だいたいどのクラスにも五、六人はきらわれる子がいるものですが、こういう集団をつくっていくうちに、きらわれものであった子どもも皆と友だちになり、そんな子の隣りに席をとって宿題なんかの面倒もみてやるようになります。

　そんな中で人間関係ができて、だれとでも交際ができるようになり、互いにたすけあうようになっていく、そういうものを自分たちでつくっていくよ

〝ぐず〟のもんだい

Ⓐ　朝おきて着がえがおそい、起きるのに三十分、顔洗うのに十五分という調子、二年生ぐらいまで、そうだったが、四年生になって体ができてきた頃、少しなおってきた。遠足などでうれしい日は早くできるのだから、動作ができないわけではないと思う。

Ⓑ　長男、長女にぐずが多いようだが、これは手がありすぎて、世話がよかった家で、この傾向があったのではないか。

Ⓒ　私は幼い時〝なめくじ〟というあだ名を親からつけられたようなぐずだった。今事務の仕事をしていて、他人とくらべて遅れをとっているとは思わないし、むしろ仕事がきちんとやれていることに自信をもっている。幼い時のぐずは心配ないと思う。

Ⓓ　働くお母さんは、いつも時間が頭にあるので、子どものスピードをまっていられないことに問題がでやすいように思う。親がやった方が早いのでつい手を出して、自分でできない子にしてしまったり……

福田和先生（九品仏小）現代っ子の反応の早さは本物ではない。ひとテンポずれているくらいの方がいいと思う。一般に〝ぐず〟といっても三つのタイプがある。

(1)　頭の回転は早いが動作がおそい。

(2)　回転も動作もおそい。

(3)　回転もにぶく、動作もおそく、自転車ものれないし、ころびやすい。

この中で問題なのは(3)の場合で、この他のぐずは体ができてくるとなおるものだ。「イヤ」な時おそいのは、大人でもそうだが、何だかわからないけれど不安でイヤな時、情緒の不安定からくることがある。原因不明の学校ぎらいということもある。

（〝働く母の会ニュース〟No.56より）

うになるんですね。

東　私の家にも働いているお母さんをもっている子が三人きていますが、成績はあまりよくないのです。しかしそれは、そのことがそのままになっている学校教育に問題があると思うのですけどもお母さんの中にも成績だけを気にしている母、頭のいい子、いい家の子とつきあいなさいという母など、多いですね。私の近所のお母さんたちは、働いているお母さんをもっている子がずる休みしていると出かけていって学校へ行く世話をしたり、何かと面倒をみていますね。子どもたちの仲間にも入っています。

司会　私も子どもに対して安心できるようになったのは高校に入るようになってからです。中学に入るようになった頃に私に対する不満や批判が出るようになったのですが、中学卒業の時、仲のいい友だちがバラバラになってしまうのがいやだというので、卒業してからもグループの友だちと月に一日ぐらいは集るようにしようと約束して、卒業後もそれをつづけていたのです。その中で仲のよかった友だちだけでなく、よびかけをひろげて、他のグループの子どもたちも一しょに集るようになったのですね。

それが三〇人位の集いになって、〃わかもの〃という名前をつけたのです。そうするとその集りのための世話や責任を背負うようになって、いろいろ心配したしたり、自分だけの考えでは会がうごきませんから、皆で相談し討議しながら自分も勉強し、会を育てようという努力をするようになったのですね。

そうなった頃、私と話しあうと今までとちがった中味の話になり、ぴたっと感じが一つになる気がして、はじめて、もう心配ないという思いがありました。集団の中の一員という責任も感じるようになり、私の仕事に対しても今までの理解とはちがった質の理解が生れてきたように思います。集団の中で皆と討議しながら会をすすめている姿をみて、大丈夫だと思えるようになったのです。

ですから私も、子どもなりの集団かたいへん必要ではないかと思っているのです。

話し合いのなかで　親も子も成長する

大浦　私の子どもも集団に入っていますが、新聞をよんで皆と話合ったり、活動をしたりしている時は明るく心配はありません。集団に入っているせいか、社会への批判の目も出来、母親に対しても活動はつづけてほしいといっています。私と話す中身も、やはり前とはちがってきましたし、親子というより仲間みたいな気で話をするようになっています。

司会　小さい子は小さいなりに何か自主的に老えて活動するという地域の子ども会などをつくってやることが必要ではないでしょうか。家の中でのお母さんの努力と同時に、やはり自主的に育っていく場が必要だと思います。

近藤　私の子どもに中学三年の子がいるのですが、この子のクラスは二割が就職で、就職先もきまりつつあります。それからまた私立高校の願書は来月からで、皆、それぞれの方向にすすもうとしているわけですが、卒業しても皆が集れるように、連絡がとれるよ

うに、進学の子も就職の子も互いに励まされたり、助けあったりしていけるような集りをつくっていくことは本当に大事ですね。私は、学校のクラスの子は集団教育を考えていたから、自分の子に対して地域の子ども会づくりなどを考えなかったのですが、この座談会で気づかせてくださったことは、大きな経験だったと思います。

吉本　私の子が卒業した高校の男女三〇人ぐらいのグループの集りで、親にも話せないような話を、しているのです。そこには浪人している子、定時制に通って働いている子なども入っているのですが、ある父親だけの子が、お父さんの苦労を考えてその仲間に父親の後妻がないだろうかと相談をもちかけたいというのです。それを私に子どもが話してくれたのですが、子どもは子どもなりに親のことを考えてくれているのですね。私はそんなことまで、何でも話合えるグループの美しさにとても感心して、本当にいいものだなあと思いました。

司会　子どもたちが、小さい子は小さいなりにやはり集団が大事だということ、互いに助けあい、話合う場が必要だということが皆さんのお話の中で出されたと思います。親も子もその中で成長していくと思いますし、その意味で子ども会のことなど、これからも皆さんと一しょに話合っていきたいと思いますが、今日は日曜日の大事な時間にこんなに大ぜい集っていただいて、本当にありがとうございました。

（注）　この座談会の開催については、出席者のお世話や会場の提供などの準備を、大阪母親大会連絡会が全面的に協力してくださいました。紙上をかりて、あつくお礼申上げます。

親を批判する子

Ⓐ　息子が中学生になった。小学校の時は、父親とけんかもし、父親のいないところでぶつぶつこぼしていたが、最近では口もきかなくなってしまった。こうなると父親への対抗意識が内攻してしまったようで心配だ。家に帰るとうるさいからと、学校でサークル活動を熱心にやっておそく帰ってくる。成績は3まじりの4で、都立の高校に入学できるかどうか気がかりだ。

福田和先生（九品仏小）　3と4なら進学はあまり心配ないと思う。親を批判するのは幼い時からあるが、中学二年くらいになると、表現力とちょうどその時独立心がでてくるのとが重なるわけだ。高校になると先生の批判は外にはでてこない。

Ⓑ　父親が下の子をかわいがるのがよくわかるので、上の子が父親に異議をとなえて、ひねくれては大変と、父親の態度を忠告しているのだが、

福田先生　大きくなって話しがしにくくなるまえに、幼いときから、子どもたちとぶつかり合った方がいい。女の子がだんだん大きくなって娘らしくなってくると、父親は「下手な男につかまるなよ」といいたくなる。こんな言葉がさらりとでるような娘もあれば、いいにくい子もある。冗談のいい合える仲に小さい時からなっておく必要がある。「ざっくばらんなけんかのできる親子」が幼い子どもを育てるときの一つの目標でもある。（〝働く母の会ニュース〟より）

編集室だより

■にわかに春めいてまいりました。卒業や進学で先生もお母さんも心せわしい日日でしょう。お元気でおすごしください。

　毎年、春には「はたらく婦人の中央集会」がひらかれます。職場で働く人だけでなく、農村内職、パートタイム、商店などの婦人も加えて、働く婦人の共通の問題を話しあい、運動をひろげていこうとするもの、ことしは十一回めになります。

■これにむけて、今月号の特集は働くお母さんの問題と、最近特に必要が叫ばれてきている学童保育問題をとりあげてみました。座談会「母にのぞむこと子にのぞむこと」は、本誌が、大阪母親連絡会の協力をえて、大阪市で開いたものです。

■学童保育所づくり運動はいま全国的にひろがり、「どのようにして保育所をつくったらよいか、実際に保育はどのようにしたらよいかという質問が読者からたくさんよせられています。これに応えるために、二月八日、関係者が集って相談の結果子どものしあわせとして「別冊学童保育特集号」をつくる計画をすすめることになりました。ご期待ください。

■三月八日は国際婦人デー。いまから五十数年まえの一九〇四年（明治三七年）の三月八日にニューヨークのイーストサイドの街角で、貧しい婦人たちが、パンと婦人参政権を要求してデモを行ったのがきっかけとなり一九一〇年に婦人国際会議がデンマークのコペンハーゲンで開かれたさい、世界の婦人が男女の不平等をなくし、世界の平和と戦争反対のために、三月八日をたたかいの日にしようと決議、翌年第一回の国際婦人デーがもたれました。日本では、一九二二年にはじめて開かれましたが解散させられ、戦後ようやく労組や婦人団体が統一して中央大会がもたれるようになりました。

■血液不足が大きな社会問題になって、高校生の献血運動が美談としてマスコミに登場。育ちざかりの子どもの血液をとること自体に大きな問題がありますが、これがベトナム戦争と無縁ではないという事実が明らかとなり、二月の国会でとり上げられました。昨年十一月の「子どもを守る文化会議」で十八才未満の採血を禁止する決議を行ないましたが、日本子どもを守る会でも、大々的にこの運動を展開していくことになりました。この問題についての具体的な事例やご意見をお待ちします。

■最近とどいた会報、ニュース単行本など。◇愛知子どもを守る会会報No13　◇心臓病の子どもを守る会第二四号　◇教育手帖第一号（教育手帖社発行）◇みたか子どもを守る会No7　◇岩手子どもを守るNo4　（釜石子どもを守る会発行）　◇守るNo98、99（水沢子ドモを守る会発行）　◇宮城子どもを守る会会報No4　◇おさなご園だより（知恵おくれの幼児のための幼稚園、協力会発行）　◇八木義之助画集「日本の日日」　◇働く母の会ニュースNo56　◇愛児よ蘇れ―輪禍に叫ぶ父母の手記（全国交通事故防止父母の会発行）

子どものしあわせ　3月号（第118号）1966年3月1日発行
定価　70円（送料6円）　編集/日本子どもを守る会
東京都千代田区神田一ツ橋教育会館内
電話(265) 3929　振替・東京7448
編集責任　羽仁説子
発行所　草土文化
東京都千代田区九段4の1斎藤ビル
電話(262)4025,0625振替・東京46122
印刷所/明治印刷株式会社
購読ご希望の方は最寄りの書店へ。直接の場合は6ヵ月分456円，1年分912円（送料共）をご送金下さい

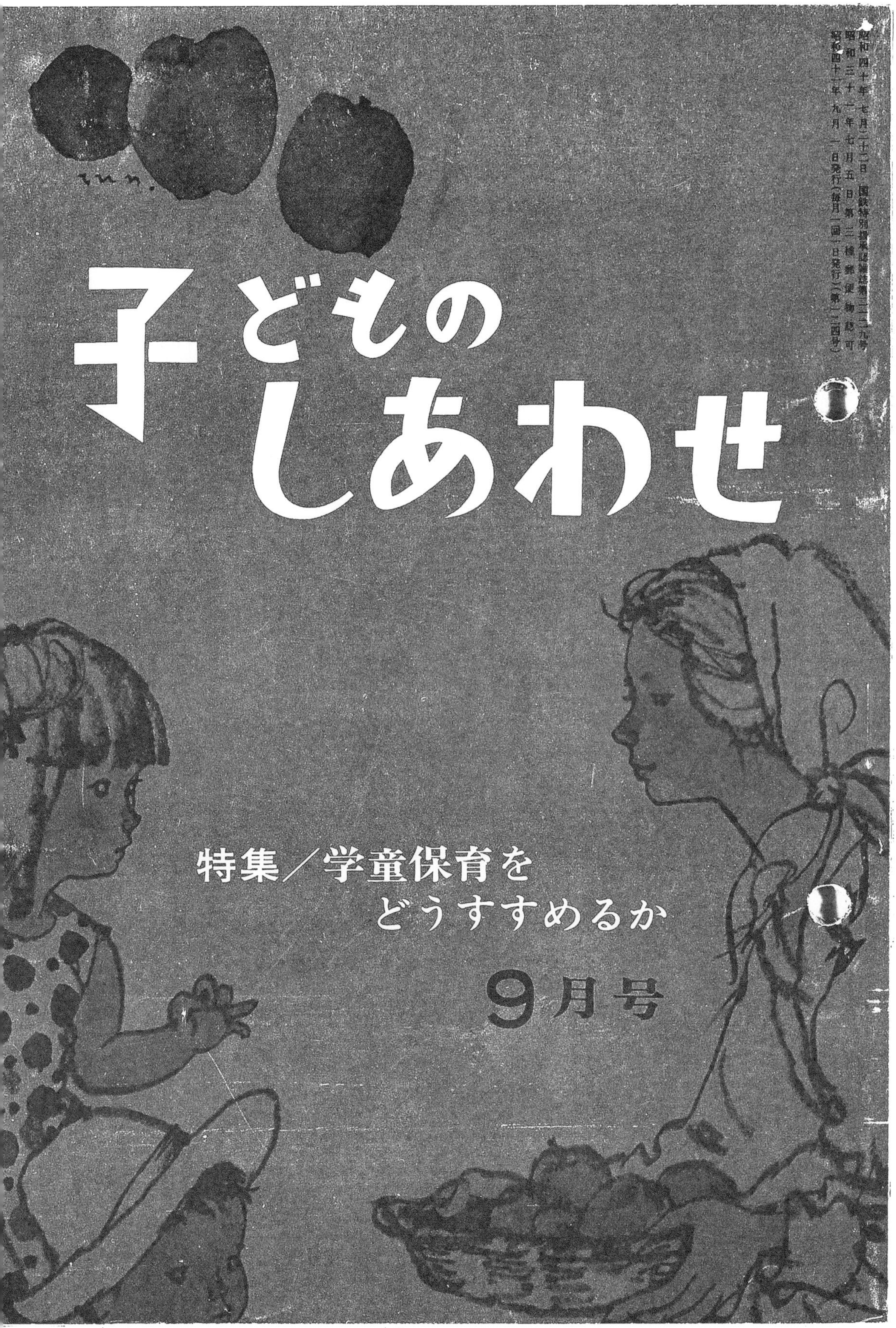
昭和四十年七月二十二日 国鉄特別扱承認雑誌第二二九号
昭和三十一年七月五日第三種郵便物認可
昭和四十一年九月一日発行（毎月一回一日発行）（第一二四号）
子どものしあわせ
特集／学童保育をどうすすめるか
9月号

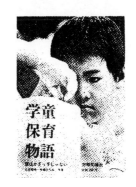

母の像

大河内一郎

仲裁役の名人

私の母は、私以外に生涯手紙を書かなかった。母の筆蹟は文字通り金釘で、小学校すら卒業をしていなかったのである。しかし、母を知る人びとは、母が無教育であるのを知っている人は少ない。

大学卒の夫婦が不和で、母の説得を受けたり、教養ある人が母に意見を求めて来たりしたが、母は平凡な言葉で、尋ねられたことだけを、ひかえ目に答えるのであった。それが不思議と説得力をもっていた。

母の冗談や、無駄口はついぞ聞いた記憶がない。いつも人の話を微笑しながら聞き役であった。争いや不和があると、いつも仲裁役を頼まれたが嫌な顔もせずに、人の言い分を聞いてやっているうちに、いつの間にか争いが解決していた。今日考えると、母のどこにそんな性分が潜んでいたのであろう。徳な人柄であったとしみじみ思うのである。私には残念ながら、母のような穏和な性分は遺伝しなかった。

母の知識はみな耳学問で、よくいろんなことを知っていた。母は自分の学歴のないのを恥かしがったり、卑下したりしなかった。人の話をよく聞いていて、それを実によく記憶した。古い話なども、年月日さえ正確に知っていて、私はかえって母から教えられた。

父が亡くなったとき、私は医科大学の一年生であった。遺産のなかった私は、意気消沈して、学校を退学して働きに出ようかと、母に相談すると、母は日頃に似ず厳しい顔で私を叱りつけ、「いくじのないことを言うのでない……。お母さんがいるじゃないか。骨が粉になっても、お前の卒業までは心配はかけない」といった言葉が、六十才になった今日でも昨日のようにはっきりと想い出すのである。

母は四年間、三度の食事を二食に減らし、茶断ちをして、袋張りの内職までしながら、とうとう私を医者にしてくれた。優しい母の内心は、実に鉄のような意地をもった人であった。

（福島整肢療護園園長）

子どものしあわせ　9月号

特集／学童保育をどうすすめるか

友からのたより　学童保育へのわたくしたちのねがい／8

＜手記＞ほんとうの学童保育とはどんなものか、一母親と教師からの訴え／14
（津布久きよ子・高原正治）

＜座談会＞
〝よい施設を数多く〟
（中青戸・神谷・祖師ケ谷・府中の各施設より）
学童保育所づくりの悩み、よろこびを語りあう体験者の座談会／18

わたくしたちの悩み——矛盾の渦中にある指導員の手記
保証なき労働に追われて
（佐野美恵子・柏原美佐子）／28

○運営主体の異なったさまざまなかたちの学童保育／32
共同保育・公立（アキ教室）・公費民営

□働く母親の義務と責任　嶋津千利世／36
働く母親はすべての母親の先頭にたってたたかわなくてはならない

□たかまってきた地域的な要求　鷲谷　善教／40
学童保育はいまや大衆的な要求となった。その背景と意義について

□学童保育のあゆみ　手塚　直樹／46
学童保育の生いたちとそのあゆみ

母親大会の誇りをたかくかかげて

羽仁説子

毎年のことですが、今年も各地の母親大会、岐阜、山形、新津と記念講演のことで参加しました。どこも二千から三千人近い参加者で、広い階層の婦人を集めていることは他の会ではみられない光景です。とにかく服装をみただけでも実にさまざまで、それが母という名においていっしょにさまざまの問題をききあうというのは貴重なものだとおもいます。それだけで、いまの社会に大きな価値だとおもいます。男性の世界にはこれほどの巾のひろい会合はないようにさえおもいます。

山形県母親大会の資料などはほんとによく出来ていて感心しました。

詩人真壁仁さんが「母親大会へおくる詩」を読まれたのもすばらしい光景でした。岐阜は山形以上の避地山地をかかえているところでしょうか、朝四時起きてバスをつらねての連合です。ここも、「三ちゃん農業」の苦しい現状のなかで保育所を村にたててもらう努力や精華をあげられているようです。新津では新潟災害をいろいろかかえた場所でお母さんがたの努力も大へんのようです。ここでは早くからこうした会合がもたれて来ているために、これを逆に宣伝に利用しようという政府の動きが目立っているという報告がありました。私たちは誰もが目をつけもせず、はなもひっかけぬというときに、子どもたちのしあわせをねがって、自主的によりあつまった母親大会の誇りをどこまでもたかくかかげてまいりましょう。

先頃、テレビの木島モーニングショウで、近著「私の育てた三人の子」をとりあげて対談の時間を与え

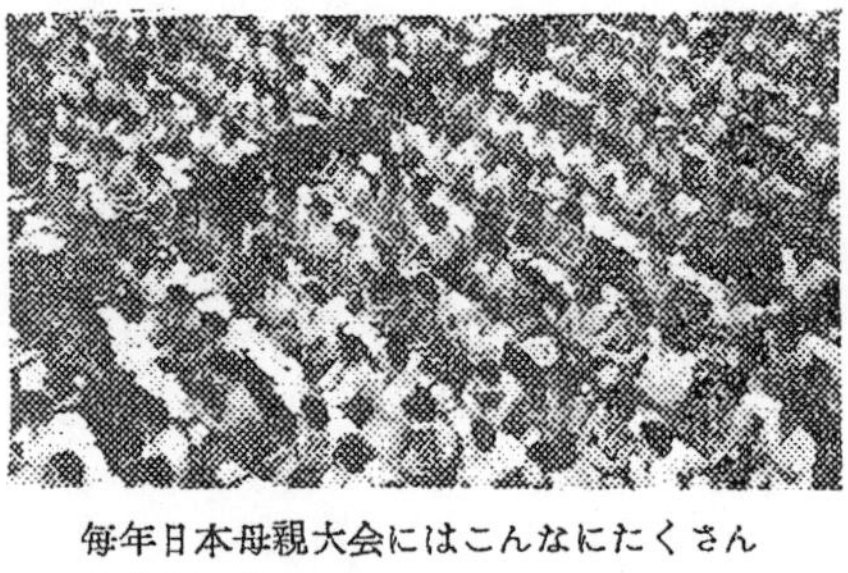

毎年日本母親大会にはこんなにたくさんの人びとが………

（ 6 ）

読者とともに

られましたが、夏休みの宿題に話がおよんだとき、私が夏休みの宿題を子どもがついなまけたときは手伝わない。自分で困った目にあったほうが、もっと計画的でなければならないとか、意志が弱いとかいうことを感じさせるほうがよい。それを母親の方がやきもきしてさかんに手伝う。それだから、教師のほうもつい過重な宿題を出してもなんとか子どもがやってくるぐらいに考えるようになる、と申しました。ところがそのあと、お母さんがたから投書があり、かわいそうだ、子どもが恥をかくのをみているのかと大そう反響があり、金沢嘉一校長さんなどの宿題は少いほうがよいという説などももちだされたということをききました。もちろん、お母さんがたは、後の成績、進学のことなど考えられるので、教師の印象をおそれられるので無理もないとおもいますが、子どものためには失敗をこわがらない親にならなくてはいけないとおもいます。人間はいったい体験主義者です。きびしいときはしごいたり、外から叱ったり罰したりではなく、本人をつきはなして失敗をさせることだとおもいます。そこに、苦労を通して、自分の責任とか、たち直る喜びとかいうことを身につけることができるとおもいます。口先ばかり達者で、努力も責任も知らない若い人がふえているのは、その原因の一端を、母親の過保護が負わなくてはならないと思います。母親のほうが気をくばりすぎてヒステリーを起しているお母さんたちが多いのにあきれます。

ある講演会場で、「なんといっても社会に順応できるような人間をつくるということが教育の使命ではないでしょうか」という質問を受けました。たしかに、人間には環境に順応する能力があったから、ここまでのびて来たといえましょう。しかし、その順応の能力を第一にひきだすというのはまちがっているとおもいます。困難にたえ、順応してゆく力は尊いということですが、それが教育の第一義にとりあげられるというのは、順応ということばで、封建的な服従をすりかえてもういちど子どもたちに教えこもうとしているようにおもわれました。本来なら、社会が、政治が国民に順応しなくてはならないのだとおいます。人間の方が順応しようということになると、調子のよい便乗主義者以外はかえって自己疎外を起してひねくれてしまう。最近アメリカで起った大学生の乱射事件などもそうしたひねくれの一種のような気がします。学生のあいだにひろがっている不安について考えてみなくてはならないとアメリカの新聞自身が論評していいます。日本の入学試験さわぎなどもたしかに、人間順応を強いる惨酷物語です。

友からのたより

学童保育へのわたしたちのねがい

明日ではおそすぎる

東京　笹沼淵子

わたしたちの職場でも、全職員の$1/3$いる女性のうち、$2/3$以上の人が共働き、子供は二人、三人と持っても働きつづける人が増えています。というより、現在の物価高と低賃金の中では、夫の賃金だけで生活できるなんてことは夢物語で、いや応なしに働かざるを得ない状態です。ですから、保育所問題と、学童保育の問題は、生活をかけた大問題となっています。

保育部会（婦人部内のママさんサークル）の集りでも、当然学令の子を持つ人からの切実な悩みが出され、どう解決したらよいか、話し合い、勉強会などもちそれぞれ、地域へ帰って運動をすすめていますが、実際はなかなかできません。学童保育がなくとも、子どもはまってくれません。どんどん成長して親は追いつめられていきます。

学童保育がないために職場を止めてしまった人は、今のところ一人だけですが、それ以外の人たちは家に電話を入れて毎日、学校から帰ると職場に電話をさせ、カギッ子をさせている人、おばさんに来てもらった人、近所にたのんでいる人、福祉員に預けている人、共同保育をしている人、等まちまちですが、なんとか頑張っています。どの人をとっても、いつ先方の都合でことわられるかわからないという不安な状態にあり、保育内容どころか、ただ預かってもらっているという状態です。

また、共同保育の場合、場

所の問題、費用の問題とご多分にもれず、経営難になやんでいます。カギっ子にいたっては、交通事故、火災等生命にかゝわる心配は大きく、仕事に身が入らない状態です。

一日も早く、各学校区毎にほんとうに放課後の学童が楽しく生活できる施設を作ってほしい。今困っている子は、明日、明後日ではおそいのです。いますぐ、作ってほしい、ということです。

岩手のかなしい実態

岩手県　浜田牧子

ここ岩手県の北上山地は、東側と西側では農業の形態や規模が大きくちがい、子どもは、小学校にあがればもう一人の労働力として取り扱かわれ、学校を休んで子守り、留守番などの他、乳牛の草刈。カッターの仕事は中学生の仕事になっています。そのことで一人の女の子は、左の手指三本を失いました。また小学校二年の男の子は、兄の切っているそばで足の指を落し、そこから破傷風になり、夜全身けいれんのまま入院、三カ月もかかって足の指を切断して退院しました。

泣いても泣ききれないのは農村の母親です。医療費の負担もまた母親の労働に拍車をかけます。しかし、乳牛から得る乳価は低く、米のとれる土地は限られ、飼料代、肥料代にかわり、子どもらは遠足にさえ、「白マンマにつけもんだよ」と大きな辞当箱をみせるのが岩手の哀しい実態です。その中で乳幼児死亡率全国一は、いなめない事実です。母乳の栄養価は、東北大学の調べですと、水分と少量の蛋白、色のついた水にしか過ぎなかったのです。

そして、疲労からくる乳房での圧死、農繁期の水死は、いたましい犠牲として今年も私どもの耳にはいってきます。

また、父親の出稼ぎは、いやが上にも子どもと母親への経済的、精神的、身体的負担を重ね、学力不振、事故、病気をまねき、人間的な最低の要求を満たされる生活は、いつ彼らの家庭にもどってくるでしょう。

父母の一部には偏見もあるが

埼玉県　前田美津子

私どものところでは、昨年九月に地域が学童保育所をつくるための準備会を発足し、四月の新学期には市当局の具体的な予算措置もないままに、自主運営によって利用者のみで発足することになり、当初七名でスタートしました。

それから二カ月経過しましたが、施設（公園の中に置かれた東京都払下げの古電車を改装して利用しましたが、便所と手洗い場がなく狭い）の不備と、経費の面（先生を二名お願いして人件費とおやつ、教材費その他を全額利用者負担）の悪条件で、希望しつつも利用できなくて脱けていく人もあり、現在四名でがんばっています。毎月のように市当局へは陳情を重ねているほか、団地内にも、学校やＰＴＡ、自治会等、常に働きかけをしていますが、最も中心になるべき留守家庭の親が無関心であることと、団地の特殊性から割合知識人が多いためか、学童保育への偏見もあり、同じ団地でありながら青戸団地のよう

には成功せず、地域的な環境の違いからくるのではないかと、なかなか増えないのを苦しんでおります。

しかし、現在利用している方には、当初不安な気持で続けていたのが、学童保育のすばらしさを日を重ねるに従って実感しておりますので、どんなに苦しくてもがんばりましょうと続けております。

内職に追われながら

東京　河内保子

東京の下町、荒川土手の近くの都営団地、第一種で家賃六千円、その他二種と特殊住宅と三種類ありますが、ここの奥さまは殆んどが内職かまたは働きにでています。

私も小学校の女の子を二人もちぬいぐるみの人形の胴や手足に綿をつめる内職をしていますが、一日平均四時間働いて、月に約五～六千円というところです。内職といっても、仕事をやっている以上は責任があり、納期には何としても納めなくてはならず、忙しくなると子どものことは放りっぱなしで事故がおきないのが不思議なくらいです

保育所は区立が二つ、市立が一つありますが、ここをでるとカギっ子になる子どももたくさんいます。団地のそばに遊園地や緑園ができるはずだったのが、全部住宅になってしまい、適当な遊び場もありません。

今年の三月「生活と健康を守る会」の対区交渉とあわせて団地内の新婦人の班が中心になり、学童保育所をつくってほしいという請願陳情を行ない、区議会にもだしてもらったのですが、アキ教室がない、予算がないということで簡単に否決されました。

また、最近新生活運動という名で、団地の自治会を通じて、区の厚生課から役人がきて講義をしたり、自衛隊の後援会をつくろうとしたりするうごきがあります。子ども会づくりもそれにあわせて学校の方から通知されてできましたが、「自衛隊見学がただでできる」とか、「キャンプにもいかれる」などと宣伝しています。

学童保育所も何とか早くつくってほしいと思い、二、三人で相談したりしますが、なかなか全体の運動になりません。どういうやり方をやったらいいか、いま頭を悩ましています。

しかし待っていてもできないし、やはりわたくしたちが運動しなくてはなりません。対区交渉をねばりづよくやっていきたいと思っています。

放りっぱなしの商店の子ども

千葉県　生田みち枝

私たち船橋地域では、ここ五、六年の間に高根や前原、その他に団地や住宅、工場が進出して、都心や近辺に働きに出る婦人が多くなりました。

働きに出なくても家で内職をしている母親、店をもっている母親は店員と同じように、またそれ以上に働いています。そのため、夕食もロクに作ってやることができず毎日叱りとばしながら日を暮しています。学校の父母会に行っても、四年生ぐらいから上になると組の三分の二

のお母さんは働いているため出席できません。PTAでも何時も出られる人は働いていない母親たちです。そのため働いている母親は学校、PTA、そして子どもに申訳ない等と心を痛めています。でも此頃の物価高では、とにかく働らかなくてはたべていかれない状態です。

　私たち働く母親として、何時も心配になるのは、無事に家へ帰っただろうか、病気にでもなってはいないだろうか、何時も放りっぱなしで、しつけや勉強ができない、寂しい想いをしていないだろうか等、ちょっと何かあろうものなら働くことを断念しようかと考えこんでしまいます。そんな時、学童保育は、たんに預ってもらうだけでなく、学校が終って、母親と一緒になれるまで責任をもって、面倒をみてくれたらどんなに安心して働らくことができることかと、一刻も早く実現できることを望みます。

学校ではできない指導を

静岡県　高木輝代

「子どものしあわせ」三月号にのせられたなかよしクラブのその後をお知らせしましょう。

　一月の請願の際、市有地を借りる可能性ができたので、その後いく度か市役所に足を運び、教育長、財政課長、青少年課長等に会いようやく五月上旬正式に土地を借用できるようになり五月十三日より早速工事に入りました。竣工式は六月五日に行いました。地元の市会議員、小学校長、推進会の方々により盛大な会を開くことができました。母親の感想、子どもの作文、うたの指導と、ぼくたち、私たちのほんとうのクラブができたんだとしみじみ感じたことでしょう。新クラブ完成までは児童の家庭を一週間づつ持ちまわり保育をしました。

　この間、運動の困難といろいろ重なり母親の方も大部疲れてきて、保母と母親と内容的な行き違いから対立してゴタゴタもめたりしました。こんな時親の身勝手、自分の子どもさえよければという考え方が以外に強いのには驚ろかされました。反面子どもたちは新しいクラブ工事を見学していく中で、小人数ながらよくまとまっていき、話すことはすべて新クラブ完成後の夢と希望ばかり。一円貯金にもせいがでます。

　建物はプレハブ、広さ五間の

いちえん貯金

一年　こしぶちとおる

二月九日から一円ちょきんをはじめました。いま四ひゃく三十円たまりました。なぜやったかというと、クラブをつくるからためたのです。

はじめ、すこしもたまらないから、いらいらしているけど、もうたくさんたまりました。はやくあたらしいクラブができるといいな。

一年　さとうゆきさだ

ぼくたちのクラブでは、あたらしいクラブをたてるお金をためています。まい日一円もってくるので、一円ちょきんといいます。いくら一円だけでも、クラブには十人いるのですぐたまってしまいます。たまには、二十円や五円もってきます。だからお金があつまってくると、「はやくできないかなあ」「大きくていいクラブができないかなあ」とみんないっています。

二間半、うらはすぐ公園になっている、とてもよいところです。建設資金は母親たちの活動、新婦人その他民主団体のカンパと借入金です。建設については子どもの作文を同封しますのでごらんください。(前頁)

父母たちがまだまだ学童保育所のほんとうの姿を理解していなく、塾的な考えが多いようです。だからというわけではないでしょうが、学校の先生にはなかなか理解してもらえません。父母たちが自分の子どもを通じて先生方に訴えていくなら、またちがう形が現われてくると思うのですが、指導員一人の力ではなかなかです。でも当初の頃とは少し変わりました。チラシ等、依頼すればまくぐらいはしてくれますが、それ以上はまだこれからの活動です。指導内容のことでよく父母と対立します。これも父母たちの少しづつ成長する過程だと思いがまんしていますが指導員としてやること、なすことに意見がでたのではやりきれない気持です。最近、学校ではできない民主的な指導をしていこうと二、三の父母と話し合い計画中です。

新しい学童保育運動といえば市の方でも始めました。(七月一日より)六十名で指導員二名現在児童は四十一名、予算は自治体(国、県、市)でみます。

多くなつた農家の主婦の出稼ぎ

長野県　渡辺あき子

私どものまわりにも学童保育がほしいということで悩んでいる方々がたくさんあります。また地区としても、私のおります学校としても話題になり、心配しております。たまたま何か事件が起きるのもそうした家庭の子どもであったりすると再びどうしようかと話し合うわけですが、結論を申して充分な手段はつくされておらず、野ばなし状態というところです。

最近はとくに人並みな生活をするためには、農家は忙しい夏を過ぎると冬期だけのつとめに出る若い主婦がほとんどです。その中で家に留守番のいるお宅では比較的問題がすくないわけですが、でも、その中でも子どもの教育のこと、学校のことと、躾のことでいろいろぶつかる問題はあります。

鍵っ子の場合、今日のおやつ代だよといって何十円かのお金を毎日渡されている子どもは、留守番をしながらというわけですが、そのおやつ代から思わぬ事件が起きました。それは毎日もらうおやつ代では満足できなくなり家の中をひっかき廻して大金を持ち出しては使っていたことなど、また他の子どもを動かして金を持ってこさせるとか、悪い遊びに発展してしまうことなどあり、心配されたわけです。家にいてもさびしいので、出歩き近所の野菜畑を荒していたとか、近所の家に入りびたり、そこのお宅で困っているとか、空家にはいっていたずらをするとか、まあいろいろなことを聞いておりますが、さてその子どもたちにどのような指導をというと具体的には何等手を打っていないといいたいところです。

ただ有線放送で五時になりますと「小学生、中学生の皆さんお帰りの時間です。遊びをやめてお家へ帰りましょう」が流れ、愛の鐘などが時間をきめてなりますので、それを聞いたら家に帰るということになっております。

学校としては図書館を開放して、下校時後も勉強させたらな

どの意見もでておりますが、具体化しておりません。病気の子どもが家に帰ってもひとりで休んでいなければならない某中学校で、鍵っ子が家に帰ってひとりやすんでいたが病気が悪化し、肺炎となり死亡したという事例も聞いております。非行化につながる大きい問題も含まれておりますゆえ、重大な問題とは思いつつも、こんな状態でございます。

運動はらくではないが

広島県　前保美枝子

私は、今二人目の子どもを学童保育所にあずけておりますが、広島で学童保育所をつくった運動（本誌三月号参照）も現在引きつづいていますので、過去を考えるひまもなくやっています。（自分の要求もこめて）

現在、広島は四十校のうち十二校区に学童保育所がつくられています。児童館、空教室、お宮、母子寮をかりるなどしてやっています。教育委員会の社会教育課の管轄で、保母は市の非常勤嘱託です。十二校区の中二校は文部省の留守家庭児童会です。私たちは市単独の学童保育所をつくるように要求をつづけています。

今年の三日に市条例をだしてきました。これには私たちは反対で、共、社、公明三党とまとまってたたかいましたが、押しきられました。そのため夏休みの保育時間が問題となって、七月になってくり返し交渉し、保育時間の延長と、保母の超勤をだすように交渉しています。私たちは、年々子どもが大きくなって卒園していきますので、新入児童の母親の要求を集めて組織しています。学童保育所づくりに参加したおかあさんは、子どもが大きくなって、子どもをあずけていないからです。それだけに、つねに新しく組織しますのでなかなからくではありません。

市会議員様　市長、市当局様へ

（府中市学童保育連絡協議会　〃主婦の手紙集より〃）

……昨年八月から葵保育所へ一カ月千円でお世話していただき安心しましたが、子どもにとって葵保育所はあまり居心地のよい所ではないのでしょうか、どうしてもいやだといって行きません。行ってもすぐ帰ってきてしまうのです。学校から帰っても保育所ではいっていらっしゃいと声もかけてもらえず、同じくらいの子どもがいるのならよいが、小さい子どもの中で自分のすわる所もなく、カバンをおく所もないのです。そのなかでポツンとしている姿に、大人だったら一日もたえられないでしょう。子どもだからこそ、五日でも一週間でもがまんしてくれたのでしょう。

そのうえ、毎日夜になると、今日も行かない、明日は行きなさいと叱る親の身になれば、叱りながら涙がでてまいります。ひとりで家にいて病気になったり、けがをしてはいけない、保育所にいれば先生が監督してくださるのだからと、何回いい聞かせても子どもはわかってくれません。仕方がないので、カギをもたせてみましたが、天気のよい日は外で遊ぶでしょうが、雨の日はよそさまのお宅でご迷惑をおかけしているのではないかと気にしながら働いています。

手　記

学童保育はかくれみの

津布久きよ子

学童保育もまた、与えられた　状態のなかでは、形だけの福祉国家のなかにすぎないようです。組織的に運動をすすめようとする一母親から。

一人三役のいそがしさ

長女の発病は起こるべくして起ったという意味でショックでした。夫は毎日帰りがおそく、私も民主的なある診療所の看護婦として、夜勤や当直のほかに活動が多く、とかく帰宅のおくれる日々が重なっていました。保育園に通っていた娘は、定刻の五時になると近所の奥さんが迎えにゆき、夜食もそこでお願いする、といった生活が続きました。こうしたなかで、娘の微熱が続き、思うように休みがとれないうちにリウマチ熱の診断がくだされました。

娘の退院と同時に次女が生まれました。このいそがしさのなかで、長女の病気がぶりかえし、私は妻、母、看護婦としての一人三役の生活に大きな自信のゆらぎを感じました。家政婦になっていただく方を個人的に探しだし、ともかくも年は越しましたが、当然ながら、わが家の家計は文字通り〃火の車〃となってしまいました。

何はともあれ、長女の入学が医師から許されたことは私たちに対する何よりのプレゼントでした。医師は①体育の時間は休ませる②学校がひけたら、家で安静にさせるという二つの条件を厳重に申しわたしました。

けれども私の勤めがその障害となりました。いくどもまよったあげく、婦人の働く権利はもっと大切なものだという考えを胸におさめながら、私は娘の下校後の預け先をさがすことにしました。交通の安全なこと、お昼寝のできることなど、最少限度の条件を満たそうとして、私はこの時もまた、政治の貧困につきあたりました。

さいわい同じアパートに親切な方がいて、ここにお願いすることになりました。お礼は四千円で、おやつ代は実費負担の千円ということでした。ところが、ふたたび壁が立ちふさがりました。先方のご主人が失業し、奥さんが働きに出ることになりました。

個人的な善意にすがって解決をはかってきた私たちは、結極現実を正面からとり組むことなしに道のないことを知らされたわけです。医師の確認も得て学童保育がはじめられました。

矛盾だらけの校庭開放

中野区で学童保育がはじめられたのは三年前のことでした。保育園卒園児の母親が運動をおこし、区内四ヵ所に

学童保育がはじめられました。当初は空き教室に畳を入れ、あるいは出張所の一部を利用するなどして、それなりの学童保育の形がとられました。ところがその矢先「青少年保護育成条令」が施行され、これを機に中野区はそのモデル地区を宣言しました。そして全校の校庭開放が「安全教育」「不良化防止」の名の下に行なわれ、学童保育校「留守家族委託児童」の名のもとに、校庭開放に解消されてしまいました。

その結果、あき教室の利用は中止され、出張所利用も廃止され、わずかに廊下の片隅に机が並べられているという状況が生み出されました。これはもはや、学童保育本来の姿ではなく〝預ってやる〟のお情けです。

娘が学童保育をはじめてから最初にぶつかった問題は、保育時間五時までという問題でした。私の勤務も同じく五時終了ですから、どだい無理な話です。そこで私は一計を案じ、近所の小学六年の女の子に時間をうめてもらうことになりました。さいわい同じクラスに娘と同じ条件の男の子がいましたので、①娘と男の子は授業を終えたら学童保育に行く。②六年生の子が授業を終えたら、二人を迎えにゆき、家につれてくる。③家で三人が宿題などをすませ、おやつをたべ、母親たちの帰宅を待つ、という方法がとられました。いわば学童保育の延長、自宅開放といったものです。

この試みは半月で失敗しました。六年生の子の成績がみる間に下った、という抗議が出たからです。私は学校の成績に一喜一憂せざるをえないいまの教育のありかたに、理くつを越えたうとましさを感じます。結局、時間になったら一人で下校し、近所の家に帰って私を待つという道を選ぶことになりました。そして月額三千円とおやつ代実費負担がお礼ということになりました。

学童保育が六時まで延長され、おやつも出してくれたら、という願いは、いっときも私を離れません。

第二の問題は、その設備です。娘の小学校では廊下に机を並べ、お天気の日は外で遊び、雨天の時は廊下の机で絵などを描いている、という状態ですが、これでは体のやすまる場所がありません。空き教室の利用は担任の先生から敬遠され、見かねた校長先生が、「校長室を使ってもよい」とはいってくれますが、これは専用ではなく、人数も制限されてしまうという理由から好ましいものとは思えません。横にもなれる部屋がどうしてもほしいのです。杉並などではプレハブ住宅などを校庭の片隅に作っているということですが、こうした解決こそ正しいものです。

先日の台風の折、学校では十一時三〇分頃、生徒を集団下校させました。娘はひとり残され、帰る場所もなく、ひとりで廊下の机にうずくまり、泣いていました。さいわい例の六年生の子が通りかかり、連れて帰りましたが、こうした緊急時の管理についても不充分な内容をもっているようです。

また夏にむかって、短縮授業が行な

われますが、指導員の出勤が一時なので、その間がブランクになります。――指導員が増員されれば解決できる問題なのです。

働く母の誇りをもって

いま私は中野区の婦人組織新日本婦人の会に加わり、解決の道を見つけようと考えています。

先日もアンケートをとってみましたが、どのお母さんも私と同じような悩みと要求を持っていました。このなかで私は、学童保育の問題が、乳児保育――保育園づくりの運動と同じ内容をもったものであることに気づきました。[illegible]生きることはたいへんなことです。

この姿を娘に見てもらいたい、それが私の母親としての、娘に対する最大の人生教育なのだ、という誇りがもてるように、立派にその役割をはたしたいと考えています。（東京・中野区）

☆　☆　☆

手記

すばらしい子どものエネルギー

下校後の子どもたちが自由に自主的につどい、なにごとかなせる施設の必要を痛感します。ある教師から。

高原正治

自主的に居残り勉強

わたしは、東京の下町の小学校の教師をしておりますが、一年生を受持っていたとき、こんなことがありました。一年生の一学期のおわりごろのことです。留守家庭の子が、のこって掃除をしてあげるというのです。理由は、うちへかえってもつまらないから、というのです。それにつれて数人の子どもたちが、毎日残って掃除をしはじめました。六年生が一年生の掃除をすることになっていたのですが、まねごとでなく、本格的な掃除をするようになりました。そのうちに、掃除のあとで、学級文庫の本を読んだり、遊んでかえるようになりました。

二学期には、六年生にもう掃除にきてくれなくてもいい、とことわり、掃除当番をきめて自分たちで掃除をすることになりました。掃除当番のあとで掃除当番の子を中心にさそいあって残り勉強をするようになりました。留守家庭の子や、残っていきたい子たちが、「あんた、きょうのこりべんきょうしない？そうじとうばんてつだって、べんきょうしようよ。おもしろいから。」こんな調子でさそいあって、四、五人～七、八人のグループをつくって、そのときどきに、思いつきの勉強をしはじめました。算数をやり国語をやり、絵をかき体育と称して鉄棒をや

ったり遊んだり、要求を出しあいながら、やりはじめました。何かに得意な子どもを先頭に立てて、いろいろなことをはじめたのです。グループをつくれば、そのまとめ役というものが必らずうみだされますが、そのまとめ役は他の子どもたちの要求を十分きき、組織していかなくてはなりません。それができないときには衝突し、グループの要求を十分きけるまとめ役に変革されていくのです。各人の要求はそのようにしてかなえられていくのです。

教師は特に何も声をかけません。教室の机で事務整理などをしているわけです。学級内の係りもしごとを残ってするようになりました。「花がかり」は外へ出ていって、きれいな花をつけている野草をとってきて移植したり、盛り土をして花壇を作ったりして、みごとな学級園を作り「せっけんがかり」は、せっけん箱をきれいに洗ったり、新しいせっけんを補充したり、いろいろな係りが創意をいかして活動したりなどなど。

まあ、それは多様な活動が展開され、子どものエネルギーに目を見はらされました。

二学期もおわりには、演劇クラブみたいなもの、鉄棒クラブ、ハーモニカクラブみたいなものなどがうまれ、さかんに練習し、みんなの前で発表させてほしいと要求できるようになりました。

ついにクラス全部が参加

留守家庭の子どもの活動からはじまったのですが、クラスのほとんど全員が、以上の活動に週何回か参加していくようになったわけです。こういう子どもたちの成長を見て、つくづく、子どものエネルギー、子どもたちの自由な集まりのエネルギーに感心させられました。

ところで、わたしが勤務している学校では留守家庭の子どもが一割ほどですが、多くは家庭が安定した根城にならず、放置されている状況があります。上記のようなすばらしいエネルギーに火が点ぜらずにうもれさせている状況は、特に留守家庭の子どもや貧困者の子どもに多いように思われます。

つどえる場所を提供するだけでも、子どもたちは集団をつくり、すばらしいエネルギーを発揮させ、開花させるのです。

「ポストの数ほど保育所を」というスローガンは、学童保育についてもいえることです。ところで、ポストの数ほどというのは、たくさんということではないのです。最少必要数なのです。とりあえず、せめてこれほどはほしいという数なのです。はずかしい話、わたしは「ポストの数ほどたくさん」とうけとっていたのですが、よそで手紙を出そうと、ポストをさがしたらなかなかみつかりません。ポストの数の少ないのにおどろかされました。学童保育については、せめて、すべての小学校に学童保育を！とさけびたいと思います。

（東京・西新井小学校教諭）

った私たちの体験――

を数多く

みんなが一つになって

出席者

府中学童保育協議会・主婦　円城寺孝子

中青戸学童保育クラブ父母会・会社員　菅野正幸

祖師ケ谷学童保育クラブ(元)・主婦　滝川喜代子

学童保育連絡協議会・神谷保育園園長　福光えみ子

―司会―

労働組合書記　公文昭夫

公文さん

公文　最近学童保育への要望と関心は非常にたかまり、単にカギッ子対策としてではなく、低学年教育の一環としてその重要性が叫ばれております。

しかし国の方では、保護救済であったり、事故防止対策であったり、何らはっきりした方針がなく、東京都内だけでも対象児は一二万人、うち施設にはいっているものは僅か三〜四〇〇人にすぎず、あとは殆んどが野放しになっているのが現状です。こうしたことから、いろいろな問題をはらみながらも、いま学童保育所づくり運動は全国的にひろがっております。そこで今日は、これからつくろうとされておられる方がたのご参考までに、東京地区において、学童保育所づくりの運動の中心になってこられた方がたから、いろいろなど経験をおききすることにしました。

では最初に、それぞれ地域の背景などをとりいれながら、つくるまでの経過をお話して

座談会　――学童保育所をつく

よい施設

母親・教師・保育者、

「学童保育所がほしい」「学童保育所をつくれ」こうした声は全国的にひろがっており、困難ななかをお母さんたちは運動をつづけています。ここに学童保育所づくりの中心となって活動をしてこられた方がたから、体験をおききしましょう。

いただきましょう。

ではじめに青戸団地の菅野さんから。

■……苦しかった共同保育……■

菅野　青戸は、公団住宅、都営住宅、その他一般住宅、商店街など、いはば住宅街ですが、団地の比率が大へん大きいのが一つの特殊性です。それに都心からも一時間以内ということで、団地の中でも公務員、教師、会社員など共働きが相当います。その中で子どもが学令に達している家庭がだいぶあるわけです。

青戸では十年前、「働く母の会」の青戸班が中心になり共同保育園をつくり、これを公立にさせた経験があるのですが、この他に、団地サービスの保育園とともに、保育園を卒園した子どもたちをどうするかということで父母が話し合い、最初は共同保育を一年ぐらいやったのです。しかしとても共同でやれるものではないので、保育所づくり協議会とか、教組や他の団体といっしょになって、区に対して請願陳情を相当回数続け、昨年夏ようやく区立の中青戸学童保育所がつくられました。

区当局との交渉では、社会党と共産党の区

菅野さん

議員に力になっていただいたのですが、なかなか区議会その他一般に学童保育の必要性が理解されず、区長や民生局の方でも恩恵的な態度で、最初の補助金五万円もクリスマスプレゼントだということであまり協力的じゃないんですね。なかなか区長にもあえず、顔と名前を覚えられるほどになってようやく気軽に話せるようになりましたけれど。

滝川　祖師ケ谷の方は、新宿から小田急で三〇分、最近は発展して銀行やアパートが乱立し、人口が急激に増加し、子どもの数もどんどん増えています。小学校もマンモス化し、三十七年には運動して区立の保育園をかちとったのですが、ここでの第一回の父母会で話題にでたのが学童保育所だったのです。そして三月に、園長もいっしょになって一、二〇〇名の署名もとり、請願をしました。その頃共働きのお母さんで、勤めをやめようかという方もおり、私も子どもがあったので、家族の反対をおしきって自宅を開放して子どもをみていました。それから区交渉も月一回ぐらいやりましたが、はじめの頃はほんとうにできるのかしらと半信半疑でした。私自身危険防止ぐらいに考えていたのですが、働くお母さんたちをみていて考え方が変り、必要性だけでなくどういうものでなくてはいけないかなどについて考えるようになりました。そのうち反対していた家族もみんな協力してくれるようになり、約一年間続けました。この間に役所から二度も見にきたりしましてね。ほんとうに預っているかどうか……(笑)

そのうち希望者も増え、個人の家では限界があるので、対区交渉もみなさんといっしょになって一生懸命やりました。けれども区の方でなかなかはかどらず、結局三十九年十月、小学校の中に、ＰＴＡの会議室七坪をあけていただき、子ども二〇人、指導員二名で発足しました。

公文　とくに苦労された点といいますと…

滝川　区交渉の際に区側からずい分ひどいことをいわれましたし、一般のお母さん方からも、生活にゆとりのある共働きの人を助けるのではないかといわれたり、家族から反対されるし、毎日が戦争みたいで、どうしても他につくらなければ解散するしかないという状態までできました。そのうち人数も増え、昨年十月、プレハブができましたが、いまは希望者もおさえにおさえても四五名になっています。

■…運動しないとできない…■

円城寺　府中の方ですけれど、ここは古い宿場町で、大部分農村だったのですが、農地改革で小作だった人が地主になったりして保守性の強いところなんです。ここも発展段階にあり、団地ができたり、新しく家を建てたりで人口がどんどん増えています。保育所は現在市立が二カ所と、今年一つできて、三カ所あるのですが、学童保育所をつくった動機になったのは、やはりこの保育所を出た子ども一八名をどうするかということでした。この中では共働きよりも内職の家庭が多かったせいでしょうか、ほんとうに困る方以外は学童保育所をつくれという風にすぐにはならなかったのです。が、はじめは保育所でみてもらっていた学童が、労働強化になるといってことわられ、来年保育園をでる子どもをもっている私たちが困ってしまって、七、八人集って話し合い、「学童保育というものがあり、運動すればできるかもしれない」ということになったのです。それで署名運動をはじ

めたのですが、市に対する交渉では、学童保育が主体でなく、保育所の増設、保育料値上げ反対などとからませてやったわけです。この時は教組や団地の自治会が協力して一〇〇〇名の署名が集まり、それが議会でもそれほど討論されずにそのまま採択されました。ところが通ったけれども何にもやってくれない。それで今度は学童保育の問題だけでやったわけです。PTAや教組や、団地自治会などからまた一、三〇〇名の署名を集め、十二月の定例市議会にだしました。この時も案外簡単に採択されたのです。けれど交渉相手は福祉課ですから、保育所でせい一ぱいで学童保育まではとても手がまわらないとそっけない返事なのです。けれども、私たち母親が子どもをつれて、寒い日に食事もとらずに保育所から市役所へでかけ、胸をどきどきさせながら切実な要望をだしていきました。ちょうど市長選挙の前だったものですから、私たちもこの時期をはずしたらだめだと思い、猛裂にやりました。やっぱり私たちがやらないと役所はやりませんね。市長はそれでも「あなたたちが運動をやったからつくったのではない。必要だと判断したからだ」などといっていますが、実際、一番運動をやった所にできています。やっぱり、土地がないということが障害になりました。市内には広大な米軍基地があるのですが、敷地内は芝生などきれいに刈られているのですね。ほんとに日本の子どもたちは遊び場もないというのに……。

円城寺さん

公文　北区の神谷子どもクラブは大変古くからはじめられたようですね。

福光　そうです。十年前、昭和三十一年でしたが、その頃はまだ保育所も少なかったし、学童保育までは手が届かなかったので、いまほどにも一般的になっていない時で、保育所をでた子をどうするかでゆきづまっていました。隅然私の友だちで子どもの仕事をやりたいという人がいて、共働きの子どもたちの遊びとお小遣いの管理ということで父兄の家をまわっていました。これが学童保育のきっかけで、恐らく東京都内ではじめてのことだと思います。その後夏休みに支障をきたしてつぶれ、要望は強かったのですが約三年間は空白でした。その後、三十四年に、一〇人のお母さんたちが中心になり、経済的基礎として保育園の措置費をまわして、保育園の付属として出発したのです。このことでPTAや学校にもおねがいにいったのですがわかっていただけませんでした。一方保育園の方では、幼児の枠が低学年にまではいってきたので予算がせばめられ、悪くすれば共倒れにもなりかねない状態となりました。この間場所がなく、約十軒ぐらいの家を転々とし、子どももだんだん少なくなり、最後には二人になってしまいました。この二人が母子家庭であったために、保母さんの理解もあり、保育園の父母の会がバックアップして、三十五年には隣の町の柔道の道場を借りることができました。そこは二〇分ぐらいもあり、隣はアパート、前は道路で、条件としてはよくなかったのですが、ここで三十九年三月まで続けました。

四月からは区長さんのポケットマネーから二万円いただいて、神谷公園の簡易保育所の建物を使うようになり、一方、豊島子どもクラブも発足していましたので、この二つが共同して区交渉にあたり、三十四年から三十九年十一月まで、区長さんの交際費から二万〜三万ぐらいづついただき、昨年十二月、年間十四万円ということで北区が正式に予算を組

滝川さん

み、民間委託という形ではじまったわけです。区としては、父兄負担がいくらかでもはいれば、公立にするより安上りだという考えだったようですが、私たちはこれを逆に利用して、中みを自主的にやっていきたいと思いその形をとりました。

現在では今年四月で北区に一一カ所、アキ教室または学校の敷地内にでき、補助金がそれぞれでています。

■…学校教師の協力を望む…■

円城寺　運動をやっていくうえで感じたことは署名を集めるときは割合簡単にとれるのですが話し合いが深まらないということです。なかには、「こんなにしてまでお母さんが働かなくてもいいのに、私なんか塩なめても家にいてみてやるわ」というお母さんがいるわけです。校長先生やPTAは署名に協力してくださったのに、その学校にできたとき「まさかここにできるとは思わなかった」などいわれました。運動やっている方々が、学校やPTAとよく話しあわなくてはいけないですね。いろんな話をすると、子どもを育てた経験があるから、最初反対されてもわかってくれます。それから私たちは運動の中心になっている人たちは、子どもを絶対に休ませないことを約束しました。市では、つくってもどうせ来ないだろうと、たかをくくっているようですし……。ここでつぶれたら府中にはもうできないと思ったものですから……。府中では他の二つの学校からの希望者もいれ、三粁のところからも通っていますが、遠いから、大変ですし、事故がありはしないか父母は心配しています。いまようやく一カ所できたのですけれど、来年はぜひこれらのところにつくらなければと思っています。

滝川　先生方の理解がほしいですね。校長先生は役所には協力的ですが、共働きはあまり賛成でない。「どうして働くのか」ときかれるのでお母さんはつらいです。子どもが休みがちだと「おたくは必要じゃないのじゃないか」といわれる。学童保育を保護と考えるか教育と考えるかによって違うと思うのです。お母さん方も、学校の先生も、指導員も学童保育とは何なのかわからない。PTAなどでは自動車で迎えにこられるとぜいたくだというし、内職している家の子ははいれないで、きれいな格好をしている家の子がはいっているという反感がくる。署名のときなどぶつかったのですが、なかなかわかってくださらない。婦人が働くことは当然の権利ではないですか。働くことは社会に貢献することなのだし、それにレジャーでなく生活です。教育上からみて、子どもを守っていかなくてはならないのですから、先生方にもぜひ理解していただきたいと思います。

■……ほしい場所と建物……■

公文　みなさんのお話で、学童保育所をつくるまでの苦労がよくわかりました。その悩みも共通していますね。働く母の悩みから出発して、保育所をつくらなくてはならない、また、区では採択はしてくれるがなかなか実現されない、組織的な強い運動がなくては、棚ぼた式にはできるものではないということですね。

菅野　そうですね。青戸の場合でも、アキ

教室があればそれを使う方が安上りなのですが、中青戸小学校にはアキ教室がない、しかし中青戸につくらなくてはならないんだということでそこにつくった。アキ教室がないからだめだということは前提でなく、いかにその地区で運動がもり上っているかということが一つのキメ手になると思いますね。

円城寺　府中の場合も毎年二学級づつ増えるぐらいでアキ教室など考えられないのです。いまは今年できた体育館の視聴覚教室をお借りしているのですが、別棟だから授業のさまたげにはなりませんが、電話がなく、連絡に不便です。交渉の際、福祉の方も教育委員会の方も六月までにはということだったのですが、いつになるかわかりません。このことも今後の運動の一つです。

滝川　祖師ケ谷の方でも特別教室さえつぶさなくてはならないほど子どもが増え、アキ教室なんてとてもできないのですね。お母さんたちも、特に学校の中にほしいというわけではなく、どこでもいいから子どもたちをまとめてみてくれる場所がほしいし、その費用を区でもってほしいということだと思います。何が何でも場所をということで、とりあえず七坪のところへはいったわけですが、そのうちＰＴＡの方からもとかくいわれるし、子どもも増えるし宿題もできない状態になってしまいました。区も建てる気持はあったのでしょうが、場所の選定で予定地が全部だめになり、ついに学校の中にということで、プレハブが建ったのです。それが増築された校舎より立派なものができて……（笑）。設備も至れりつくせりです。区の方では世田ケ谷ではじめてなので見学者も多いだろうということで（笑）テレビやオルガンもはいり、電話もこの間つきました。お母さん方も不足はないといっておられますが、どうして今日に至ったかを知らないで利用している方が多いですね。苦労して運動してやっとできたのです。一生懸命やったお母さん方は子どもを休ませないです。休ませると必要ないんじゃないかなどいわれ、いままでの運動が水のあわですものね。祖師ケ谷に一つできれば世田ケ谷につぎつぎできる。一つのテストケースになりますから慎重だったのです。設備もだんだん立派になるから希望者も増えてくるけれど、祖師ケ谷だけしかはいれず、はいりたくても近くになくて困っている子どもがまだたくさんいます。

福光さん

■……中みもよいものを……■

公文　ではこの辺で、つくった施設でどんな問題点がでてきているか、保育料、保育時間、設備、指導員などについて具体的にお話していただきましょう。新しくできた円城寺さんの方からどうぞ。

円城寺　学校の先生から、学童保育の子はいたずらで困るといわれるのですけれど、ほんとうに学童保育所の子がやったのかどうかわからない。先生方の方で、差別感がありはしないかとも思われるのです。一度このことで校長先生とお話し合いをしたのですが、「それは全校の子どもの問題だから」とおっしゃって、夏休みがあけたらまたお話し合いをすることになっています。

指導員は市の職員がまわされ、一人は教員の資格をもち、もう一人は、現職の保育所の保母さんです。私たちは最初はどんなとこでもよい、預ってさえもらえばと思いましたが、

運動してみて、やはりどんなところでもよくはない、指導員も保育者として適当でなくてはと思うようになりました。

菅野　中青戸では、まず建物に問題があります。校庭の隅に約三一坪のプレハブが建ったのですが、日当りもよくないし、定員増で来年はどうなるかと思う。プレハブができた主力は対象児をもつ父母だったのですが、その他に来年保育所をでる子の父母を準会員としていっしょに運動しました。ところが三一坪では来年はいれる保証がなくなった。そこで今度は中青戸学童クラブ入所懇談会を組織し、父母の会へもちだしました。父母会も区内の他の二カ所との連合会をもち、定員増ほか五項目の要求をもって運動しています。議員の中の派伐などあったのですが最終的には超党派で、増改築ということで通りました。が定員は増やされませんでした。建物をもっとつくることですね。

当面の問題としては、指導員は二人だが、子どもは二五名から五五名に増えたし、四月からは一年生が入るので下校時間が早くなり、指導員二人ではとてもやっていけない。ついにふらふらになり辞めさせてほしいといってきた。はじめは指導員も父兄と討論して意欲的だったのがとても現状はそんなものではない、事故がおこってもこれでは緊急連絡もできないのです。それに保証もわずか一五、〇〇〇円だったのです。それを交渉して一八、〇〇〇円にしました。一時金も父母が運動していますが、指導員の方では、労働強化も限界にきているので、いっしょに運動する余裕などないというのが現状のようですね。

福光　神谷子どもクラブの場合運営委員会にちょっと特色があると思うのです。豊島子どもクラブもそうですが、この二つは父母の運動があったので、運営委員には区内の他のところとちがって地元の人たちを送りこんでいます。区にしてみればありがたくないことですが、こういったことで保母さんの待遇も比較的いいのです。他は一万五千円でおさえられていますが、神谷では担当者が一万九千円、助手一万七千円になっています。しかし保育料は九〇〇〇円で他より高く父母にとって負担は大きいです。

保育料を下げる運動をしたらよいのではないかともいわれていますし父母にとってはもっともの意見ですが、補助金増額の裏づけがないままに保育料を下げることは教育内容の低下を意味することです。

滝川　教育ママは共働きでも学童保育へい

れようとしない。点数をかせごうとするものだから……。こうした一般の母親の理解と同時に、共働きの母親自身が、働くことへの誇りをもって、学童保育をほんとうに理解しなければと思います。もっと先生も親も勉強して協力しなくてはいけないのではないでしょうか。

福光　さきほど、子どもたちが二〇分の道のりを通って学童保育までいくことを申しましたけれど、こういう悪条件のなかでどうして続いてきたかというと、子どもたち自身の仲間意識だと思うのです。子どもたちがお互いに校門で待ってそろっていくということの仲間意識、それが母親の仲間意識になり、これが神谷子どもクラブを支えてきた一つの特徴だと思うのです。またこの運動をひろめるためには共働きの父母だけではやれないので、一般の家庭の子どもも混じえた子ども集団をつくり、父母の仲間づくりをおしすすめていきました。冬暖房もないところへ、お母さんが家にいる子どもが、家にかばんをおいて二〇分の道のりを歩いていくのは子どもにとって大へんな努力だったと思うのです。こうした仲間づくりをすすめていくことは大切だと思いますね。

滝川　それから、お母さんたちの中には、お金がかからないでらくだというだけで預けっぱなしがあるのは困りますね。指導者がついているのだから、家庭より理想的な指導ができるはずですから、教育問題として考えていけば、学校の先生にとっても親にとってもいいのではないですか。

■…指導員の仲間づくりを…■

福光　もう一ついま大きな問題だと思うのは働き手がないということだと思うのです。指導員の資格があいまいで、学童保育の指導員の資格が再検討されなくてはならないと思うのです。身分保証の問題もありますが、片手間にやっている年配者があったり若い働き手をつくっていく時間的な問題、こうしたことがみんなバラバラになっているわけです。指導員の資質の向上、これが今後この運動をすすめていくのかなめになっていると思うのです。中みがよくなければ子どもに魅力がない。指導員には教育者として創造的な意欲をもった人が望まれます。いまは施設をつくる

市会議員さま
市長、市当局さまへ

……先日帰宅してみますと、仏さまのまわりにマッチのもえさしがたくさんこぼれて線香がついているのです。おどろいて聞いてみますと、「ぼく淋しくなったのでおばあさんにお線香あげてお話していたの」という答なのです。もし火事になっていたらと思いゾッといたしました。これからは決してマッチを持ってはいけないと注意はしてみましたが、子どもを叱ることより、何とかせねばと考えさせられてしまいました。

　このようにして子どもを犠牲にしてまで働らくことはないのにと恵まれた家庭のみなさまはお思いでございましょうが、私たち低所得者は主人一人の働らきでは食べるにことかくしまつです。

　これから先、子どもの将来のため、学資を少しでもたくわえてやらなければならない、いつまでも高い家賃をはらって貸家住いもできず、小さくとも自分の家を持ちたいと、ほそぼそではございますが努力いたしております。

　子どもたちをいつまでもひとりにしておいてはいけないと思いますが、私たちの小さい力ではどうすることもできません。

　市当局の大きなお力で一日も早く学童保育所をつくっていただきたい。市当局の心のこもった贈り物を子どもたちは待っております。

（府中市学童保育連絡協議会〝主婦の手紙集〟より）

運動をひろげる一方、内容をほり下げるための現状分析、調査活動をしなければならない。役所では、民生局か社会教育課かということでどこでもやっているようですが、カギッ子対策ではないのです。国の方でも指導員を養成する機関をどんどんつくるとか、研究会や勉強会の機会をつくるとか、もっと予算をこの面についてほしいですね。

　私は学童保育連絡協議会の仕事をしていますが、協議会としては全国的にこの運動をすすめるために活動していくわけですが、指導員の仲間づくり、組合づくりをどう進めていくかが課題です。学童保育の指導内容をどう進めていくかをポイントにして連絡を密にしてやっていきたい。身分保証の点では、片手間にやっている人があれば生活がかかってないということもあり、主体的に弱く、仲間づくりがむづかしいのですね。だから若い意欲的な人たちをたくさん送りこんで固めていきたいと思います。

公文　一二、五〇〇円といった賃金を役所の力で決めて、この条件に見合う人をいれようというやり方、問題ですね。それに失業保険がない。区立の場合、健康保険、厚生年金はあるが、六カ月更新だし、一時金も超勤もないですね。

福光　給料の点でいつもたてにとられるのは勤務時間が短いということです。それでは午前中何かできるかというと何もできないし、一つの専門職だという考え方からすれば当然だと思うのです。

菅野　夏休み冬休みがあるし、一年中相当な期間になるのですから、計算上は無償の労働を強いられることになりますね。アルバイトを別に雇っていたり、手当がでるところなどいろいろありますが。

公文　府中の方はまだ新しいのですが、市に対して事前に正規職員にさせるというような運動はおやりにならなかったですか。

円城寺　私たちは指導員を雇う場合、運動をやっている人の中から出してほしいといったのですがいれられず、現職の市の職員を廻わされました。午前中は市の方にでて、午後学童保育にくるわけです。むしろ朝から学童保育にでてもらった方がよいということで要望したのですが前例になるというのでけられました。

菅野　指導員の資質の問題、これは重要なことだと思いますが、現状からいうと、それ以前にまず施設の数が少ないということがあるわけですね。ともかく必要な場所にない。子どもも遠いところからでは通いきれなくてはなれていく。希望通り入所させても指導員は増やさないから労働過重になる。まず施設の数をつくり、指導員も増員して労働条件をよくし、資質を向上させる。といった風に父母の会や指導員、もし区立であれば区の職員が、指導員の組合づくりを援助するなど、みんなが一つになってやっていかないと解決されない問題ですね。

福光　商店の子どもたちはうらやましがっていますね。とうふやさんや、やおやさんだって朝早くから共働きですから、子どもは放りっぱなしなのに学童保育へはいれない。

滝川　祖師ケ谷では商店の子もいれていますが……。

福光　神谷の地域ではそうなると学童全部になってしまうのです。ただ家庭にいる婦人というのはきわめて少ないですから。

公文　神谷地区は「すべての子どもはよい環境の中で育てられなければならない」という児童憲章の条文を実現させる理想の地になりますね。学校教育と家庭教育の間のもう一つの新しい体系の教育環境の意義づけ、それをあらためて考えていかなくてはならないということですね。

福光　それから運動するとき、はじめは厚生省の民生局にいったら、学童だから文部省

だといわれ、文部省では保護対策だから厚生省だという。文部省か厚生省か、社会教育課か福祉課かということで学童保育に対する国の方針があいまいですからいつも混乱しますね。現在は、区では厚生部管理課で扱う区と、社会教育課で扱っているところとありますが、北区では社会教育課で扱っています。陳情などの際、役所の中をあっちへいったりこっちへいったりしなくてはならない。行政面での大きな問題ですね。

■……重要な横のつながり……■

公文　ではこれから学童保育所づくりをすすめようとされている方々に何かご参考になるようなことを一言づつお話しください。

菅野　新しい学童保育は指導員だけでできるものでもなければ父母だけでできるものでもない、みんなの連帯の中ではじめてできることだし内容も高められるということです。

福光　学校のアキ教室を使うということはやむをえずそうしているのであって、これがよいのでは決してない。あくまでワンステップであるのに、それが定着されそうですし、そこにボーダーライン層がおしこめられている。ここからどう外へ向って踏みだすか、子どもの要求を育てていくかということではないでしょうか。

滝川　施設、設備を完備させ、保母が自主性をもって保育に専念できるようにしてあげることですね。それには地域の民主的な団体と手を結び、理解と協力を求めることです。運動がながびくといろんな誤解や困難にぶつかりますから座折する場合がありますが、共働きの実態をよく知り、公共の場所で解決していくべきだと思います。

円城寺　どんな運動でもそうですが、要求をもっていっても私たちが市や区の台所を考えて、えんりょしてしまいますが、これは正しくないと思うのです。予算があるかないかは市や区がきめることで、私たちは要求をえんりょなくだし、貫ぬくことだと思うのです。また、府中が運動して一年ぐらいでできたのは、神谷とかその他早くからの運動されたところの積重ねがあったからだと思います。私たちが運動するのは私たちだけの地域でなく日本全国につながっていることを念頭において運動をすすめたいと思います。

福光　もう一つ、学童保育は母親不在であってはいけない。あなたまかせでなく、母親は子どもをつねに見守っていかなくてはならないと思います。

公文　学童保育は地域地域で独自の運動をすすめ、数多くつくっていくということ。と同時に、指導員の資質の向上を考えていかなくてはならない。指導員も生活を守るために組織づくりが問題になる。同時に、指導員と一般の家庭の人も含めた父母との連帯が必要です。これらいろいろの問題が残されていますが、前進者の貴重な経験を生かしながら連絡協議会のような統一母体を中心に今後の学童保育を全国的なものにしていかなくてはならないと思います。では今日はどうもありがとうございました。

◇10月号　のお知らせ

『学校給食にのぞむ』

◇学校給食もラクじゃないよ
　子どもと母と教師の発言から

◇**シンポジウム**
　「学校給食の問題点を探る」

◇岩手の給食センターの現状　後藤　俊一

◇給食センター設置反対運動報告記　小崎かつ子

◇生乳と脱脂ミルク　全国酪農会議

◇**姉妹対談**　「**私の描く母親像**」　沢村　貞子　矢島せい子

◦母と子の健康講座③　**秋の病気**

◦子どもを守った人びと⑮
　「**柳田国男**」　大藤　ゆき

わたしたちの悩み

保証なき労働に追われて

矛盾の渦中にある指導員の手記

もっと設備がととのっていたら

佐野美恵子

預かるだけでせいいっぱい……

無我夢中のうちに過ぎた一年間。学童保育は本来カギッ子だけに留まるべき性質のものではなく、この社会の多くの矛盾の中で次第に子どもらしさを奪われていく現代ッ子すべてが要求している施設なのだという、理想の遊び場を夢にみつつ、現実の多くの問題にある時は押し潰ぶされ、流されてやってきた一年間でした。一年生から六年生までの二十数名。何人かが指からこぼれ落ちる砂のようにやめていきました。クラブを必要とする子どもたちすべてに開放したいという気持も現実の問題の前に抑えなければなりませんでした。

外のお友だちと遊びたい。今まで自由だった生活から、集団の秩序がきゅう屈で耐えられない。六年生のお兄ちゃんがいじめる。一年坊主ばかりで、いっしょに遊んでもつまらない、女の子が多く、女の子の遊び道具ばかりだ、狭くて野球もできないし、メンバーも足りない等々で、一年から六年のたとえ人数は少くとも身体的発達も著しく違う子どもたちをたった二人の指導員がどうとりまとめていったらよいのでしょう。

たとえばこんなこともあります。雨の降る日は狭い保育室に二十数名がつめ込まれるのです。五、六年の男の子が力あまって一、二年生を相手にスモウを始める。当然、足下のマンガや雑誌を読む女の子の上にかぶさるように倒れることはわかりきったことです。ワァーワァー不平不満で部屋中がいっぱいになる。叱らなくともよいことで先生に叱られなければいけない。のびのびと思いやりある友交関係をもたせ

たいと思っている先生、男の子と女の子の陣とりならぬ、部屋とりのケンカ。ただ安全にケガのないように預りさえすればよいという言葉に抵抗を感じながら、実際それで精いっぱいの私でした。

何人かの問題の子とされる子どもたちを中心におこる日々のトラブル、ほんとうに一喜一憂の毎日でした。もっと施設が広かったら、どんなによいだろう。必要な備品が揃っていたら、と毎日のように区へ足を運びました。

はじめは、それはひどいものでした。コンクリートの固りのような部屋、机も、ゲタ箱も、カバン入れも、本箱もない部屋。机だけは学校から雨ざらしの机をいただき、きれいに洗って使いました。コンクリートの床は古いゴザを幾枚かひきました。

健全な少年の家を……

そんななかでも、私たちは日ごとに親しさを増し、ボールを持った子に手を差し出すと、ボールをすてて、自分が遠くから、転がるように飛び込んでくるようになりました。こんなにかわいい子どもたちをさまざまな不便からついカッとなって叱る自分が、ほんとうに情けなくなりました。今年は二年目、広くこそなりませんが驚くほど人の住む部屋らしくなりました。畳の部屋ができ、床ができ、ステンレスの台所もできました。そうして仕事にも慣れ楽しい毎日が続いておりますが、まだまだ解決されていない問題はたくさんあります。

特にやめていった子どもたちの要求です。彼等は今の低学年の危険防止を主とした、どちらかというと家庭を補う場としての保育クラブではなく、進学競争からはみ出し、放任された子どもであり、友だちの少い子どもの要求は、健全な、そして能力にあった少年の家がほしいのです。この要求は中学生にまでもつながるものと考えています。現在私は、不本意ながら対象児を低学年ということに従っておりますが、今後の課題として、すべての子どもの組織された遊び場がたくさんできることを望んでやみません。

（東京・和田学童保育クラブ）

ひとりでも多くの人の理解を

柏原美佐子

企業化されていく中み……

校庭から花模様のカーテンが見える校舎の一角、そこが私たちの学童保育室です。空き教室を改善したせいか、戸を開けるとすぐ目にはいるのが前後にある大きな黒板です。二十畳の畳、テレビ、折りたたみの机、子どもたちのカバン入れ、オルガン、茶簞笥、指導員の机、そして片隅にガスレンジが

（29）

置いてある。長四角のこの部屋が一つ。ときどきといっても毎日のように通りすがりの子どもが覗いていくこのクラブ室。今は天井に七夕の残骸であるお星さまがぶらさがっています。

ここに住みついてはや、五カ月がたちました。学童保育の名こそ知れ、何もしらないで飛びこんで来た今、さまざまな問題にぶつかりつつあるといったところが偽らざる心境です。

第一に核である保育における位置づけ、すなわち「学童保育の性格。」第二に施設の問題、「クラブ室、遊具、etc。」第三に「指導員の身分保障の問題」なのです。

私たちのクラブは全国でもはじめて学童保育ができたという区の中にあるわけですが、働く婦人の強い要求からできた民間の施設に、区の補助金がだされるようになった、いわゆる半民半官の施設です。私立でも区立でもないといった中途半端な位置にあるために、十二カ所ばかりある学童保育も、それぞれ多少の違いが生じてまいります。

運営も各々のクラブ運営委員に一応任せられるため、クラブを独自の方向に持ってゆくこともできるわけです。そんなところに区立には見られない主体性が存在するのだと考えますが、はたして、せっかくのこの主体制が充分に、いかさられているのでしょうか。最近は共同保育所的要素を持っていたクラブが企業化してきており、企業者が十名前後、従業員が二名という、異質な企業体となりつつあります。

共同保育所の長所は子ども中心に集まる人たちが、同じ地盤にたって話し合い、保育、運営するというところだと思いますが、企業化となると、いままでの横の線が、縦の線と変ってくるわけです。そうなるとたった二名の指導員の身分保障、保育の主体性がどれだけされるかと心配になります。区立

保育日誌より

ほんとうにかわいい

▼**二月九日**（水）　三時宿題を終える。きのう途中でやめになった「あいさつをしよう」という問題について話し合いをする。いろいろ子どもたちの話を聞いてみると、ほとんどの子どもが、「おとうさんもおかあさんもそんなことをいわないから、あいさつはしてもしなくてもいいと思う」などという。どういうことかよく調べてみなくてはならないが、こういう子どもたちこそ、クラブが必要なのだと思われた。いろいろと話しながら、「あいさつ」が必要なことを考えさせ、実演させてみた

五時近く、教頭先生の案内で業者がオルガンを運んできた。「教室のより大きい」とか、「スタイルがいい」とか、急ににぎやかになった。なかよく使うためのきまりを考えさせた。風間君が、「本間先生にいい子になるのよといわれたからがんばる」といっていた。ほんとうにかわいいと思った。

〔**保育目標**〕あいさつをしよう

〔**指導事項**〕①宿題をみてあげる②グーパー遊び③ボール投げ

〔**おやつ**〕バーブラーペン、あめ、シュークリーム、せんべい

（**東京・柳田みどりクラブ**）

だったら共通の地盤に指導員は立つわけですが、半民半官の場合は地盤が多少異なり、指導員の身分保障について運動するにしても、各々のクラブの指導員の力に頼りがち、つまり孤立化する恐れがあるわけです。現実の問題にしても根本はこの点にあるわけで、力が分散し、指導員が団結しようにも大変難しく、ひいては施設の改善、その他の問題をよりいっそう、困難なものとしていると考えます。

アキ教室では夢が育たない……

つぎにクラブが学校の中にあるということについても、学童保育の性格が当然でてくるわけですが、普通の子どもの生活を考えてみると、学校から家に帰る。そこには学校とは違った環境が存在します。（この環境の変化が子どもの成長に必要であることを前提とする。）できるかぎりこうした環境を与えたいとなると、外では、今のところ公園のようなところしかないわけです。

ところで、校庭は遊び場として、どうでしょうか。雑草のはえた、がらくたのある、おばけでも出てくるようなところを子どもは好みます。そういったところほど子どもの成長に役立つのだと考えます。コンクリートのような運動場、片端にある鉄棒をながめながら私はいつも、なんて夢のないところかと思います。

切実な身分保証の問題……

また身分保障の問題は指導員にとって切実な問題です。当面のことを思っているのでなく、学童保育の発展を心から願う時、良い指導者が是非とも必要となってまいります。そのためにはそれ相応の身分保障がなされなくてはと思います。その場まかせの人員確保は、決して良い結果をうまないと確信いたします。

まだ未熟な私が、おこがましいのですが、これらは心から、学童保育の発展を願って、常日頃悩んでいることがらです。一人でも多くの方のご理解をえられれば幸いと存じます。（東京・品川）

運営主体の異なったさまざまなかたちの学童保育

共同保育

公立または公費補助が十分でない今日お母さん方の早急な要望から、父母と指導員たちの努力で運営し、いずれも費用や場所で悩み、多くは公立への運動をおこしているが、「みどり会」は、独自の行き方をしている。

■みどり会

出発とあゆみ

みどり会は昭和三十六年三月、東京板橋区陽光、小山、風の子の三つの保育園で卒園を目前にした父母と、毎年、就学とともに放課後野放しになる卒園児のことを心配した三園長から、必要性が話し合われたことによって生れた。

場所は各家庭のもちまわりから陽光保有園の二階の保母休養室、近くの板橋第十小学校の運動場を土曜日だけ遊びにつかい、つぎに空いている老朽校舎の一室、空教室、教具室最後に校庭内の給食倉庫が改造されて八帖二間を放課後の子ども専用の部屋として使用することができた。これは都の予算化以前で、東京ではじめてのことである。三十七年の区議会に、板橋社会事業協議会から請願して採択された「区立小中学校空教室の使用」は板橋区教職員組合の協力と、二十二の保育園からの学童保育を必要とする数の調査で支えられた。また現実の問題として、板十小学校長の好意と理解、保育園長である革新議員の力も大切なことであった。

運営は保育料千二百円、おやつ代一日十五円（現在も同じ）、（当初は各家庭の負担は出せる範囲で八百円から二千円）給料一万円は、学童保育連絡協議会で最高級で、担当者がいかに犠牲が多いかがわかる。

学童数二十名の頃、熱心な協力者を得て、指導内容実践に、力をいれる時期となり、みどり会研究会を開いて区内外の関心ある人びととともに研究を深め、広めた。子どもは学校側から紹介されつぎつぎ入所し、二十六名を二名の担当者では限度と思われた。給料一万四千五百円と一万三千五百円。

なお当初から運営に経験ある有力な父親が代表者で、外部からはじめて援助を受けたり、賛助会の組織もでき（現在では約百名にふえた）あるいは年末に板橋社会福祉協議会から援助を受けはじめることもできた。（現在では都の共同募金からも受けている）

区立に統合の問題

みどり会にとって最も重要な点で、共同保育形態とはどのようなものか、どうあるべきかを強く考えさせられるきっかけを作っているのは、この区立に統合ということである。三十九年度、ようやく区立学童保育クラブが

三カ所予算化、その一つをみどり会のいる同じ場所に設置し、会を吸収統合する。聞かなければ出ていけという問題であった。区側としては、さきに補助金要請を二度とも不採択としているが（子どもを守る会からも請願してあった）助成の要請に対し吸収するという解決策であった。そのため三年生をも全員入所させてもいいという。役所の考えるカギっ子対策、救済事業に対してみどり会は〃この内容と組織を残したい〃とはじめ全員で拒否していた。それは子どもを守りたい要求をつよくもつ人たちが自ら生み出した内容と組織であった。単に母親代りや、学校の下請けでやるところではない。教育の権利をささえた上での保護をと、公費を要請したはずであった。そして子どもの問題を中心にしながら父母、担当者、まわりの人もともに高まっていこうとするこの集団を大事にしたいとの意味であった。担当者二名は体全体で感じ、結束した。そこでこのことを保育実践の場に生かす一方、父母や民主的な人びと、団体に訴え、夢中で力の結集に努力した。

しかし残念ながら数カ月の後に、父母は役所が子どもをみてくれるだけでありがたい、費用がかからないことが自分たちの生活では最も心要なのだ。とかこれから施設、設備で苦労したくない等の考えに変った。そこで子どもの権利の問題がぬけてきて、保育担当者へは、まわりの多くの気の毒な人びとのために、今までの保育実践をつづけ、何の身分保障もないパートで、公立へはいり内容をよくする努力を要求されるにいたった。

みどり会は、働らく母親を代表者として、たたかいつづけ、四十年二月で二年七カ月間の学校施設内での学童保育に別れを告げた。家のない公園での三月、オーバーをきての青空保育は冷たい日が多かった。区に反対したというので、公園課からまた圧力がかかったりした。四月からは現在の四畳の板の間をみどり会の一家庭から借りることができた。

展望と反省

将来健康で文化的な子どもとしての生活、放課後独自の生活の場をささえるために、担当者と父母は、基本的には、「こういう子どもに育てたい」というねがいを一つに結ぶ努力をしながら、なやみとよろこびをともにする共同保育に意義を感じつづけている。

遊び場、図書、音楽演劇等教育的環境を備えるために、また高学年までを発達段階に沿った指導を、あるいは留守家庭の子どもだけでなく、地域の商店の子ども、誰でもはいれる子どもの家を地域に根をはってつくらなければならない。

しかしこれは一部のものだけの独善の場にするのでなく、すべての教育の問題につながる放課後の生活指導として、ひろく願いと要求を育てながら、その要求の実現可能なやり方をつかみ、公費で施設をつくらせたいと苦斗している。

学校施設を使った区立しか認めないという区に、民間の要求を内容とした施設をつくらせる苦しさ、そのことはまた、共同保育が単に役所がつくった公立何々にはいる足がかりとしてのみ、存在意義があるとはいえないことを実証しなければならない。より多くの父母と保育担当者のよろこびやなやみとともに開拓していく困難な道である。

（指導員　松本ちさえ）

公立（アキ教室利用）

学童保育の一番の悩みは場所と施設である。公立の多くは学校のアキ教室を利用しているが、問題が山積している。あくまでもこれは独立の施設をつくるまでの暫定的なものであることを認識すべきであろう。

■杉並第三小学校学童保育クラブ

東京杉並第三小学校学童保育クラブは、昭和三十九年七月に、杉並区内で七カ所、同時に開催されたもので、三年目を迎えた現在では区内に十四カ所、指導員も二十八名となりました。児童の減少に伴った空教室を利用し

た祖末なものでありますが、〃学童保育〃という〃保育〃でも新しい分野のあり方を正しく認識し、よりすぐれた方向に発展させていくため、指導員としての毎日を真剣に取り組んでおります。

小学校の空教室利用の学童保育には、交通戦争の折からも〃遊び場〃として、いくつかの利点もありますが、複雑な問題も数多くあります。

㈠学校という建物と、放課後の児童の解放感との問題

子どもたちは、学校で秩序と規律と勉強とを学び、緊張して帰ってきます。その緊張をときほぐす親の目と心が、子どもたちにとっては、精神的なカテなのであります。指導員として、心から「おかえりなさい」と迎え、安心感を与え、暖かい家庭的な雰囲気をと、常に心がけてはおりますが、真の解放感を与える場としては、この空教室利用が適切な場であるとはいえません。

㈡教科中心の学校教育体系の中にあって福祉的な面の強い学童体育の運営における問題点

◎学校の制約と、ひとつの集団としての学童保育内の規律とを、子ども心に納得させるむずかしさ。一年から六年までという年令差のある混合保育でもあるので、いろいろ複雑な問題がある。

◎学童保育の子どもと、それ以外の子どもたちとの問題。

㈢、所管課の相違からくる問題

都としては、指示していないので、区によって厚生、社会教育のいずれの所管でもかまわないとされている。杉並では、一年目は民生課が管理していたが、四十年度からは厚生福祉課に移管された。同じ学校内にあって、学童保育以外はすべて教育委員会の方で担当しているので設備面、その他問題になる。

㈣、設備面での問題点

図工室をそのまま学童保育室に利用しただけで、ガス・水道は無論、畳の用意もない。

杉並では、徐々に、校内にプレハブ建築の保育室が建てられているが、同じ校内なら、かえってあまり孤立しない方がいいのかもしれないと今までの経験から指導員として心配もする。しかし現在のままでは、あまりにお祖末である。

㈤、法令等の関係

空教室利用について、都では、民生局と、教育庁との話し合いもあったらしく、当然その間の了解の上で進められてはいるのだろうが、長期にわたる「学校解放」としての学童保育には、いろいろ問題も出てくるのではないかと思う。一日もはやく制度化し、その位置づけを明確にすることが先決問題となるわけです。

㈥、将来の学童保育のあり方との問題点

先日も、六年の男子が「保育クラブが、お母さんが働いているとか、いないとかそういった子どもだけの場所でなく、誰でもはいれるところだといいのになあ……」とポツン！とつぶやいていました。子ども心にも空教室利用を「保育に欠ける児童」の〃ワク〃の中で動きのとれなくなっている状態を敏感に感じとったのだと思うのです。

ひとつの段階として、この小学校の空教室利用も大いに考慮されなければならないがこれではあまりに消極的な問題が多く、こうした状態で発展してゆくことにより、次の時点へ移りにくいのではないかとも心配しております。学童保育は、発生的には、いわゆる〃鍵ッ子〃対策として起ってきたものですが、近い将来には、すべての学童の問題として積極的な眼でみつめ、発展させてゆかねばならない事業であることを痛感いたします。

（指導員　松本恵子）

公費民営

東京の神谷子どもクラブのように、地方自治体からの補助金によって運営されているもの。東京では北区、大田区がそうである。半民半官の施設、公立よりは自主的な運営ができるというが……

■大田区の三つの子どもの家

御園子供の家

二年程前のこと、東京大田区駒込の小学三年生の子が学校で友だちと壁新聞をつくっていた。小グマ班の「小グマしんぶん」という。ちょうど近くに「保育所づくり運動」ではじめて一カ所できた時に、その子は絵入りの記事をだした。——「弟や妹たちは夕方までめんどうを見てもらいますが、学校からかえってきたわたしたちの遊びばがないのでこまります。」そして絵の中の女の子が、「あそこで遊ぶと大人におこられるでしょう。」男の子「つまらないなあ、遊ぶ所ないからなあ。」といっている。

その後、区でできた学童保育は三つになった。他の区に見られるような空教室利用ではないし、子どもが全然こないという悩みは今のところ出ていないが、いろいろ問題はある。

三カ所のうちの二つは、この子たちが希望してるような、みんなで遊べるのでなく、いわゆる「かぎっ子対策」として母親の就労条件のついた福祉保護施設である。あと一カ所は駅の繁華街近くの「御園子供の家」で、父母の生活条件はないけれど専任の保母がいない。環境上遊ぶ所がないというので区がクラブ形式に作ったが、利用率が悪くなったので週一、二回、バレーと絵の先生が来てくれるだけ、私がたずねた時は絵もバレーもない日で、おやつの四時頃何人かピンポンをしに集って来た。下校後の児童の全生活については深い考え方はされていないようだ。

古川こどもの家

今年できた「古川こどもの家」は、非行化とりしまりの青少年対策委員など七十人のメンバーを揃えた運営委員会に任され、区側は指導責任を持たず、まだ夏休みプランの見当もついてないという。危険化防止、不良化防止のための施設であり、内容、やり方とも区民の要求とちがっているので、監視と同時に、父母との話し合いが持てたらと思っている。

三カ所とも、数校を兼ねているが、私たちは学区毎に一つの学童保育が持ちたいと考える。歩いて行けないのでは心配である。一般の低学年児は、家の中ではテレビ、戸外の遊びばは少い、その上進学体制、採点方式がきびしくなり、家庭に責任が転化されるのでは、自主的な創造性など伸ばしようもなく、ますます知育偏重か無気力かのゆがみとなって現れる。「健康で文化的に生きる」権利をもつ子どもたちを、大人はもっといっしょになって考えてあげたい。

糀谷子供の家

先日大田で一番古い「糀谷子供の家」を訪ねた。町工場や内職で働くお母さん、手の空いたお父さんたちが先生と夏休み計画の連絡に来ていた。

おやつのあとの日記かき。宿題は、母親が目を通してやれば自然心が通うことになるとか、予習の時間があったらお話を読む。またあまり勉強ばかりにしばりつけると運動不足で、近視、肥満児がふえるなど、父母懇談会が持たれ、それらの記事が月一回の連絡機関紙「スモッグの子ら」にのせられる。区からの維持費が少いので父母が補助しながら、本棚と機関紙発行をしていた。区の規定する保母の待遇手当や人員の点が充分でないので、一時から五時のパート式でも午前中を研究時間にあてることもできず、自分の子の病気に人手も頼めずつい休んでしまうなど苦労があるとの話であった。（母親　赤塚世志子）

■このほか、大阪の今川学園や、神奈川県の横須賀基督教社会館の学童保育部ように、財団法人や、社会福祉法人等の施設がある。その他セツルメント（夏期のみのところもある）などその運営主体はさまざまであるが、それぞれの問題をかかえながら関係者によって熱心に研究され、努力がつづけられている。一日も早く、国のほんとうの施設が望まれる。

働く母親の義務と責任

たくましい子どもを育てるために

嶋津千利世

学童保育は、働く母親のためだけでなく、家庭と学校外の子どもの教育と組織化の課題として、すべての母親が先頭にたって積極的にとりくまねばならない課題ではないでしょうか。

すべてに不安定な婦人労働者

婦人労働者の数が年々増加していることはいまあらためていうまでもありません。日本でも「不況」といわれた六四年から六五年にかけて、婦人の雇用労働者数は三八万人ふえています。その数は八七三万人で雇用者総数の三一・四％にあたります。この婦人雇用労働者のうち未婚者は五四・二％ですから、あとの四五・八％のひとたちは有配偶その他（配偶者のいるひとは三四・九％）になります。この数は、総理府統計局の労働力調査による公式数字ですから、流動的なパートタイマーの大部分と内職は含まれていません。それを含めれば、いま労働婦人――搾取されている婦人――の数はぼう大な数にのぼると思われます。そしてその立場は、「合理化」攻撃による若年定年制や結婚退社制や退職かんしょうなど、婦人の職場しめだしでもわかるようにきわめて不安定です。婦人労働者自身が不安定なだけでなく、労働者全体の立場をも不安定にしています。

しかし、こんにち、労働婦人がいかに低賃金で搾取され不安定であっても、また夫やむすこたちの立場をも不安定にし労働条件をひきさげるとしても、婦人たちは職場からひきさがることはできません。あるいは内職をやめることはできません。それどころか、苦しい家計を背負いながらますます仕事に精をださなければならないのです。

こうして、資本主義制度のもとで家庭の生活形態は変化していきます。

旧来の家庭生活の崩壊現象は、機械制生産のもとで婦人労働の分野が拡大するにつれて深刻なものになってきますが、旧来の家庭生活のなかにつつまれ、やすらかに財産を保全しふやそうとする資本家、支配階級にとっては、この古い形の家庭の崩壊は、おそろしい「倫理」の衰滅としかみえません。そこで、この崩壊をふせぎ、あわせて、もっと基本的には古い搾取材料である家庭もちの婦人労働者を、新しく発剌とした搾取材料といれかえるために、資本家、支配階級は、つねに婦人を家庭におしもどそうとするのです。

働くことは自らを解放する

以上のようななりゆきは、どの資本主義国にも共通の事情です。エンゲルスは、古典的名著「イギリスにおける労働者階級の状態」のなかでつぎのようにいっています。

「婦人の労働はなによりもまず家庭をまったく解体させる。なぜかといえば、妻が日中十二ないし十三時間以上も工場ですごし夫がそれとおなじ工場かまたは他の場所ではたらくとすれば、その場合に子どもたちはいったいどうなるのか？　子どもたちは雑草のように野ばなしに生長する。……また工場地区では、幼児が監督のふゆきとどきのために災害の犠牲となる場合がおそるべきほど増加している」と。また当時の報告のなかから、「子どもたちをおとなしくさせておくために麻酔薬を使用するならわしが、工場地区ではいちじるしくひろまっている」とのべています。

じっさい、エンゲルスがくりかえしのべているように、「夫婦にとっても子どもたちにとってももっとも堕落的な」悲しむべき結果が、資本主義制度のどの国でもおこっていました。そしてそのような現象は、国民教育の普及と、文化水準の向上、労働者保護法の発展、それに労働者の組織化と組織の強化によって排除されつつあるとはいえ、その傾向は、資本主義社会では絶滅することはできないのです。それは、搾取制度そのものに起因するものだからですが、資本家、支配階級は、それを母親の責任であるとして婦人労働者を抑圧し、母親である婦人労働者の首をきることを合法化してきました。それに対して労働者たちは、このような家庭生活や子どもの問題を、社会の進歩の方向に解決しようと努力してきました。

旧来の家族制度の崩壊が、どんなに怖ろしく、いまわしいものにみえても、婦人が働くことは、新しい家族関係のための経済的基礎を創造するのだということは、百五十年も前からマルクスやエンゲルスによってのべられてきていますが、その進歩性は、つぎの二つの事実からであると思います。一つは、婦人が、独立した労働単位として組織化された社会的労働に加わることによって、婦人みずからの手で自身を解放する目標が与えられるようになること、そして二つには、同

時に旧来の家族制度——家父長制——における夫と妻の、支配と従属の関係を必然的に崩壊せざるをえないということです。それはまた、家族間に、平等の新しい関係をつくりだす基礎ともなるのです。そして、それらのことは、この社会制度のもとで、抑圧されながら働いているすべての働く者たちの、基本的な権利を要求し、たたかい、前進ある「自由」をかくとくすることをとおして促進されることなのです。

この二つのことがらは、私たちが、働く婦人の立場を、労働階級として、歴史的法則的に把握することによってはじめて認証することのできる進歩的な側面です。そのうえにたって子どもの諸問題を考えねばなりません。

教育の問題こそ最も重要

その最大の問題は、子どもの教育にかんする問題です。なぜならば、この資本制社会では、ブルジョアジーは、学校と家庭を、この社会制度を保持する召使いの育成のために利用するのですから、母親たちが、家庭にひきこもり、子どもたちを「生きた所有物」としてとりあつかっているあいだは、支配階級にとってなんの不安もないでしょうが、働く母親による家庭教育と、学校の外や家庭外の集団保育は、その教育が、しばしば、資本家や支配階級の手のとどかないところで行なわれる不安にかられるからです。それはブルジョアジーの将来にとってきわめて深刻な問題です。ですから彼らもまた、学校の外で子どもを組織することを考えるのです。

クルプスカヤは「家庭教育論」のなかで、ブルジョア的学外教育の典型的な形態は、ボーイスカウト運動で、遠足、遊戯などボーイスカウト運動の全活動をとおして、「皇帝（あるいはブルジョア共和国）への忠誠感情、宗教的狂信、排外主義の感情を子どもたちのなかに養うことに向けられている」とのべています。そして一九二九年当時、その運動はますます侵略的な性質をもつようになり、ファシズムに変容しつつあり、極反動組織に変容しつつあることをのべています。その伝統のうえにこんにち活発に活動を開始していることも決して忘れてはならないでしょう。

働く母親の子どもの問題は、たんに、わが子が危険にさらされるとか、非行化の不安をおしつけられるとか、かわいそうだとかというおとなの利己的な感情の問題ではありません。また、婦人が経済的に自立したい、社会的に能力実力を発揮したいという欲求を実現するためのわが子の処理の問題だけでもありません。家庭や学校の外におきざりにされているようにみえながら、じつは、働く母親から意識的に子どもを奪い、支配階級のマスコミ教育によってほしいままにされ、支配階級の手中に子どもの全生活が組織されようとする教育の問題こそ最重要問題ではないでしょうか。

文部省のたくみな母親政策

さて、日本の現実の問題に目をむけてみましょう。

婦人労働者の数が年々増加してきていることはさきにのべましたが、とくに五五年ごろから「技術革新」による「合理化」の進行とともに、無権利労働者としてのパートタイマーが急増しています。六〇年の日米新安保条約後その傾向はいっそう顕著です。アメリカ帝国主義と日本独占資本の「合理化」攻撃によって、他の資本主義国よりいっそう苛酷な状態で日本の婦人労働者は増加しているのです。そして、一方ではいろいろな形をとった婦人の職場しめだしとともに子どもの教育と母親と家庭を結びつける政策が系統的にすすめられています。そのうち、さいきんのおもな政策は文部省の「家庭教育振興策」でしょう。それによると「最近にいたって、青少年の健全育成、非行防止の対策として、健全な家庭づくりと家庭教育の充実が注目され、抜本的な家庭対策、家庭教育対策の必要性が各方面から強調されるようになった」として、そのような「家庭教育に対する社会的要請に応え」て「家庭教育振興策」を検討することをあげています。そのなかでもっとも力をいれているのは家庭教育学級です。そこでは「国や地方公共団体の家庭教育に関する奨励策の一つとして、社会教育の場で、両親等に家庭教育に関する学習の機会を提供しようとするものである。といっていますが、じつは、母親の子どもにたいする個人的愛情をたくみに利用した母親政策にほかならないのです。それは、支配階級の婦人にたいする組織化の新しい形としてみのがすことはできません。

このような、母親の新しい組織化とあわせて、家庭や学校外の子どもの組織化も支配階級によって活発にすすめられています。

こんにち、第三次防衛力整備計画期間中に、現在の陸上自衛隊一七万一千五百人を一八万に増員し、その増員部分の大部分が婦人自衛官と少年自衛官の予定であることはすでに発表されています。そして、この少年自衛官は戦闘要員として養成するといわれていますが、自から応募していく少年自衛官育成の準備教育のために、子どもの組織化が、政府の機関を動員して行なわれつつあることもみのがせません。

学童保育は、こんにち、働く母親たちの切実な要求にはちがいありませんが、働く母親の利己的な要求の道具にするのではなく、家庭と学校外の子どもの教育と組織化と課題として、職場で搾取とたたかいながらきたえられつつある母親が、すべての母親の先頭にたち積極的にとりくまねばならない課題です。

働く階級の子どもたちが、支配階級の戦争政策につれ去られようとしているとき、働く母親たちは、職場を捨てて、旧来の家庭にひきこもり子どもをとりかえそうとするのでなく集団の場で、未来を築く働く階級のたくましい子どもたちとして教育し、組織し、きたえていく、その仕事をなしとげる義務と責任がありはしないでしょうか。

私は、以上の考えからすべての地域に学童保育を設置することと充実することを提唱します。

（群馬大学教授）

たかまってきた地域的な要求

学童保育の背景と意義

鷲谷善教

学童保育は乳幼児保育と同様働く母親にとっては抜きがたい要求となっている。その要求は働く母親の増大と権利意識の高まりに対応する。

したがって、戦前においては、今日のように明確な形での大衆の学童保育要求は出てこなかったが、第一次世界大戦後、主として低所得階層の居住地域を中心として発達したセッツルメントや隣保館においては乳幼児保育と同様児童倶楽部等の名の下に学童保育が行われた。そして保育所においても、部分的には低学年児童が対象となった。しかし戦前においては、東大セッルメント等を除いてはそれらの多くは社会事業家や社会事業団体の貧民救済、貧児救済の一環としてとらえられていた。学童保育と学校の関係については、すでに明治末年、東京四谷の鮫橋尋常小学校で、放課後、教員がスラムの学童を校内の浴槽に入れたり、理髪をしたり、その他牛工科を設けて「独立自営の精神」を養成したという記録がある（内務省地方局編算感化救済小鑑明治四四年）。

これらの実践と今日の学童保育とを結びつけることには議論の余地はあるが、産業革命が生み出した婦人労働者の増大と無関係でなく、学童に対する何らかの社会的処置が必要であったという社会的事実は否定できない。

「保育に欠ける児童」を放置

戦後、児童福祉法（二二年末）が制定され、保育所は児童福祉施設として法的地位を得たが、二四年の第三次改正で、保育所は「日日保護者の委託を受けて、保育に欠けるその乳児又は幼児を保育することを目的とする施設である。保育所

は、前項の規定にかかわらず、特に必要があるときは、日日保護者の委託を受けて、保育に欠けるその他の児童を保育することができる。」と規定された。ここでは学童保育という言葉はでてこない。しかし、学童保育という言葉の由来はここにある。

しかし、「その他の児童」は、広く解釈すれば、十八才未満ということになる。これについて「その他の児童」は、「主として低学年児童をさし、学校からかえってきても家に誰もいないので、必要な世話をしてもらえないものを意味する」（高田正巳—児童福祉法の解釈と運用—二六年）というのが厚生省の解釈である。しかも「保育に欠ける」「その他の児童」は保育に欠ける条件をもっているがために」「保育に欠けない」乳幼児よりも優先的に保育所へ入れなければならないのであり、「保育に欠けない」乳幼児は「保育に欠けない」がために施設の収容力に余裕がある場合に始めて私的契約児として入所を認めてもよいというのである。ところで問題は「保育に欠ける」とは何かということであり現実に「その他の児童」にどのように入所の措置がとられたかということである。さらに保育所は「保育に欠ける」ことを何故入所条件としなければならないかである。

「保育に欠ける」とは「一般の家庭であるならとうぜん期待しうる保護養育をうけることができないという意味であって、家庭の貧困であるかどうかはとわない」（前掲書）という解釈の上に立っている。この「保育に欠ける」解釈がその後ますます行政によって一方的に縮少化され、それに基づいて設定された保育所入所措置基準が多くの保育に欠ける児童を排除していることは明白な事実である。解釈の縮少が保育所予算に対する圧迫と関係し、予算が逆に「保育に欠ける」解釈を左右したと評しても不当ではない。したがって、「その他の児童」はますます冷遇され、その他の児童については「入所の措置は市町村の義務であって、保育に欠ける児童をその所管区域内において発見したときは、申請がなくなっても、その児童につき保育所入所の措置をとらなければならない」は空文化し、保育に欠ける児童がいるのにこれを放置しておくことは、本条の義務違反であり、また児童福祉法第二条の『「国及び地方公共団体は、児童の保育者とともに児童を心身ともに健やかに育成する責任を負う」の精神にももとることとなる』。（前掲書）行為をあえて犯していることになる。そして「但し、附近に保育所がない等やむをえない事由があるときは、その他の適切な保護を加えなければならない」（第二四条）という条文に忠実に「適切な保護」がどのように加えられたかも論議のまとになる。さらに保育所が法制定当時は乳幼児施設と規定されていたにもかかわらず、第三次改正で、その対象児を「保育に欠ける」児童に限定した点についても問題にする必要がある。しかし、これに対しここで論ずる余裕はない。

自治体交渉への運動に発展

いずれにせよ、従来の地域的に、部分的に実施されてきた学童保育はほとんど、行政をこえたところで、ジグザグのコースをたどった。しかし学童保育の中心は保育所であり、その卒園児が主たる対象であった。と同時に、保育所とは直接的なつながりをもたず、乳幼児保育と同様に、母親たちが個人の家を転々として共同保育を実施した例も少なくなかったし、そして今日も絶えることはない。そしてそのような経営形態はつねに何らかの犠牲と支障をともなった。その最大原因は運営資金であり、それは保育料の問題になり、保母の待遇、施設や設備の問題となった。こうした状態の中から、自治体交渉による補助金獲得の運動が生れ、さらには学童の健全育成に対する公的責任の追求、より具体的には公的責任による学童保育実施要求の運動に発達するようなった。

こうした動きに先立って、東京では渋谷保育園の卒園児の母親たちと園側が共同で、都および区に対して学童保育所設置の運動を起し、その結果、彼らは三七年同保育園の改造、階上における母子会館の設立と人件費の区費からの支出に成功した。この先例はその後の公営の学童保育所設置に大きな刺戟を与えた。しかし、学童保育が都市だけでなく、農村においても一つの運動となり、対自治体交渉の中で解決する方向に向ったのは、それだけの理由がある。一つは人づくり政策と関係し、他は共働き世帯の増加と国民生活の不安定と結びついている。

人づくり政策は青少年対策を中核に展開されるようになった。それは高度経済成長政策を有効に遂行するための手段であったが、たんにそれだけではなく、資本と政府の求める、それはとりも直さず彼等にとって好都合な若年労働力の確保にあった。それは量と質の両面にわたり、経済、労働、教育、人口、福祉の面から一せいにとりあげられるようになった。国民に向けては乳児死亡率の一層の低下、年々増加する児童の溺死、交通事故死に対する事故防止が強調され、青少年非行防止が喧伝された。そして政府の打出した策は一方では家庭対策であり、他方では健全育成があった。そして共通の、基本の道徳律として「期待される人間像」が登場した。児童福祉白書（一九六三年）は母親の育児責任をうたい、非行原因はすべてが家庭にあるかのような論調で一部の母親を動揺させた。と同時に健全育成として、児童遊園、「子どもの国」のほか児童館の増設をあげ、子ども会母親クラブの組織の必要性を説いた。

事実、児童館は地域における健全育成の綜合センターとして性格づけられ三八年度からは児童館の設備費や運営費に若干の国庫補助を行うこととなり、その対象児童を幼児と学童とした。そして午前中は幼児保育、午後は学童保育ということになった。児童館は財政が貧しく、保育所設置要求に応えることのできなかった市町村にとっては魅力のある存在とな

った。それは独立の園舎の建築費と措置費の市町村負担を軽費の保育にすりかえることができ、幼児だけでなく、学童をも保育することができるからであった。したがってそのような児童施設の全く存しない地域では、住民は大いにこれを歓迎した。しかし、児童館は保育所ではなく、保母の代りに職員としては児童厚生員の規定があるだけである。保育に必要な諸条件の整備もなく、午前中だけの保育は働く母親にとっては痛し癖しである。こうした中途半端な状況の中では定着した幼児保育はもちろん、学童保育も期待することはできない。そして管理者も指導者も明確な指導理念のないままに暗中模索の状態が続いている。見せかけの安上り行政のしからしむるところである。

教育委員会系統と福祉系統が競合

　一方、地方自治体は児童館とは別に、健全育成と住民の要求から学童保育に着手した。その先鞭をつけたのは京都（民生局）であり、三八年度よりそのための予算を計上した。区は都の予算に区予算を追加して、自ら経営主体となり、あるいは民間委託の形式をとって、学童保育クラブとして、その多くに小学校の空教室をあてた。空教室利用はその後の公営の学童保育の主要形態となった。しかしその所管部課の違いが現場の学童保育に微妙な影響を与え、教育委員会系統と児童福祉関係系統との競合さえ生ぜしめるに至った。横浜市はその一つの典型を示している。そして公営の学童保育は一様にカギっ子（留守家庭児童）対策としてとらえられ、事故防止と非行防止を共通の目的としている。しかしその指導方針や指導内容は必ずしも明確でなく、また場所についても小学校の空教室を始め、北九州市のように母子寮を利用するものや、横浜市のように小学校のほかに青少年の家を利用するものがある。あるいは東京の一部のように一定の場所をもたず、区役所会議室や出張所を転々とし、あるいは校庭や公園を巡回するものもある。いずれにしてもやどかり的保育である。そして全体として施設、設備、備品等はすこぶる貧弱である。その上、多くの場合、保育者は非常勤職員として、給与は低く、身分は不安定である。

　しかも四、五〇人程度の年令の異なる児童を二人の保育員が指導しているのが大部分である。したがって休息、休暇はほとんど取りにくい状態にある。

　一方、文部省は昨年八月末、「留守家庭児童会」の設置計画を公表した。これに対して地方における学童保育の実績と学童保育の要求拡大に乗じて、学童保育をその掌中におさめようとする企図であるという批判がされた。その当否はとにかく、全国五百ケ所を、公民館、学校、社寺等におき、一カ所宛四〇人の低学年児童を、一週四日間、親の帰宅する時間まで預り、内容は学習、体育、レクリエーション、フォークダンス、サークル活動とし、ボーイスカウトやガールスカウトのリーダ、PTAの父兄に指導を依頼し、一日に七〇〇円

ないし一、〇〇〇円の謝礼を出し、そのための費用として、年間五十万円（半分は国、残りは、都、県、市町村が負担）を支出しようというのである。ただ、学童保育については公私立何れをとるかの論があったし、今日もこの論は消えたわけではない。しかし問題は公私よりも、学童保育の正しい理論と方法の樹立であり、誰が運営するかである。これを抜きにしては学童保育は間違った方向をたどらないとも限らない。そしてそうした懸念がとくに公立の場合につきまとうのは、学童保育が既述のように健全育成策として事故防止と非行化防止に目的をおいているからである。

こうして、一方では婦人よ家庭へ帰れという基本線を崩さず、他方においては留守家庭児童の事故や非行の防止に焦点を合わせている点に割切れなさを感じさせるのは政治に対する不信感があるからであろう。しかし現実には、公営の学童保育の歩みは遅々として進まず、多くの地域では個人的に、あるいは小グループで解決し、あるいは地方自治体に対して補助金や公立の設置を要求している段階である。ここで学童保育の社会的意義をもう一度考えてみる必要がある。

子ども集団の指導の一つとして

学童保育が婦人労働者の増大と直結していることはあらためていうまでもない。そして今日では単身の婦人労働者だけでなく、既婚の婦人労働者がかなりの速度で増加していることも明らかな事実である。婦人労働者は わが国の 産業革命（日清戦争から大正初年）のとくに繊維工業の盛んな時期においては男子労働者を凌ぐ主要な労働者であったし、今日においても、職場、職種によっては婦人労働者が労働の主要な担い手となっている。都市といわず、農村といわず、そして婦人労働は自営業の中でも重要な地位を占めている。ところで、資本家が婦人を雇用する立場と婦人が雇われて労働する立場とはつねに対立する。資本家が婦人を雇用する立場は何よりも低賃金で採用できるということであり、初任給は男子と同様、あるいはそれ以上であっても、結婚等によって勤続年限が短かくなり、新陳代謝が容易であり、男子より使い易いという期待があるからである。そして現に仕事の上で、昇給の上で、あるいは昇格の上で、男子との間に明らかな差別がある。しかし雇われる側の婦人労働者は、そのような使用者側の期待にそわなくなってきている。婦人の働く権利、生活する権利、幸福を追求する権利に目覚め、労働者意識を強める婦人がますます多くなっている。

学童は学校、家庭、地域の中で生活している。それぞれの生活の場はそれなりの条件や性格や役割をもっている。そして学童はそれぞれの中で種々の影響をうけて成長しているわけである。したがって家庭教育がきわめて大切であり、親の教育の中味が子どもの発達に大きな比重をもつことはいうまでもない。しかし、それは親子の皮膚の接触や接触時間の長短によって云々される性質のものではない。ことにべたつく愛情と執拗なまでの子どもへの干渉は害はあっても益はない。

子どもにとって重要なのは、親の政治や社会や労働に対するとり組み方の正しさ、日常生活における真面目さ、子どもに対する態度の正しさ等にある。だとするならば、やみくもに婦人は家庭へ帰れというのは為政者や資本家の論理であっても、働く国民の論理とはならない。しかし共働き世帯の場合、学校から帰宅しても、現に両親がいない場合、未発達の低学年児童は往々指導のない生活環境に投げ出され、その結果、子どもの成長、発達に好ましくない影響を一方的に、無批判的にうける可能性が出てくる。学童保育の直接的な必要性はここにある。しかしそれだけではない。子どもの地域における生活は遊びの生活であり、その生活は全体として守られなければならないし、それは子どもの組織化による自主的な集団活動によって自分たちを守り、自分たちを育てることによって達成される。学童保育もそうした地域社会における子ども集団の指導の一つとしてとらえることができるし、またそうでなければならない。このように考えると、学童保育の対象を留守家庭児童のみに限定し、さらには定員の関係から、学童を必要度の高い、低いに振り分けて、ごく一部の学童のみを対象とすることは問題であり、逆に定員不足を来たしたりしている。現に、小学校利用の学童保育クラブのあるところにおいては、クラブの学童とそれ以外の学童の間に対立が生まれ、クラブの学童を特別視し、さらにPTAの中にも、学童保育とその学童を差別する連中も出ているという。したがって、学童保育クラブは低学年児童のクラブとして解放されることが本筋であり、それは今日の大多数の子どもにとって外的条件には大差がないからである。

そして、学校、家庭、学童保育クラブがたえず緊密な連絡をとる中で、基本的な教育理念が三者の間で確認され、相互に矛盾のないようにすることが今日の課題となる。そして学童保育理論や実践は保育者の個別的、集団的な研究の成果として生み出されるべきで、行政指導を待つといった態度は排除されなければならない。そのためにも学童保育クラブはつくることだけが重要なのではなく、むしろ運営に保護者や子どもの要求や意志が反映しているかどうか、またそのような構成になっているかどうかを問題にしなければならない。

学童保育は働く国民のものであり、その子どものものだからである。（七・三〇）

附　記

わが国で文献上、外国の学童保育を最初に?紹介したものに井上友一著救済制度要義（明治四二年三月）がある。それはドイツの児童教養制度の中で触れているが、次の通りである。「就学後の教養制度中比較的全国に普及せるもの其第一は「学童留置制度」なり。此制度は学校閉鎖後に於て父母の監督充分ならざる児童に対し其父母に代り良家庭に準ずべき風化を与えんが為め之を留置するの制にして之に附帯して各種の娯楽及実業に関する設備を具ふるを常とす。千八百七十二年教授シミット、シワルツエンベルヒに依てアウグスベルヒ及ミュンヘン市に建設したるもの之が率先的制度たり」

（日本社会事業大学教授）

学童保育のあゆみ

——発達過程にみるいくつかのことがら——

手塚直樹

最近、カギッ子と結びついて、学童保育がとみに世間の関心を集めているし、新聞その他、マスコミ関係でも盛んにとりあげられるようになった。

このような現象は、ほんのここ二、三年のことであるが、この二、三年の変化が、実は学童保育の発展過程において重要な意味をもつので、その経過の中で起ったいくつかのことがらを中心に、学童保育のあゆみの概要をみることにしたい。

保育所のはたした役割

「学童保育」という呼び名は保育所から起っている。現在でもそうであるが、保育所では「保育に欠ける学童—小学校低学年児—」を保育してよいことは法令的に認められている。しかし現実としては、国から費用は出てこないし、乳幼児を扱う施設で学童を扱うことの無理、職員や指導方法の問題等から、法律で認められていながら、保育所ではほとんど学童を扱うことをしなかった。

けれども、保育所を出て一年生になった子どもが、次の日から「保育に欠けなくなる」ことは考えられないので、保育所側も父母も、そして地域の人びとも、小学校低学年児を保護指導してくれるところを切実に求めたのである。

こうした要求は、保育所というひとつのつながりから運動が起っただけに、地味ではあったが強烈な要求運動として広がっていった。しかし、その運動は、国や地方公共団体にきき入れられないまま、むしろ「自分たちの手で学童保育を設けよう」という方向にすすみ、学童保育のパイオニャ的役割をはたした。神谷子どもクラブ、豊島子どもクラブ、みどり会、白鳩会、などが、昭和三十二、三年から三十五、六年に

かけてつぎつぎに誕生していったのである。

共同保育から公立の誕生まで

こうした学童保育クラブは、指導者や父母、保育園長などが共同で運営していく共同保育クラブの形態をとった。この共同学童保育は、保育所の一室や、民家の借間などでスタートしたが、どこでも場所と金と人に大へん悩まされ、その後もひきつづき「民間施設への助成」というような請願運動をつづけたが、たいした効果もなく苦難の途を歩んだ。ところが、昭和三十七、八年をひとつの境にして、学童保育はにわかにクローズアップされてきたのである。

この当時は、例の池田首相の「人づくり政策」から、一貫した白書、答申類がつぎつぎに出され、そのムードが、青少年の事故防止や不良化と結びついた「カギッ子」を表面に押し出し、それと学童保育がつながって社会の関心を集める結果になった。もちろん、働く婦人の増加と切実な要求、また共同学童保育やその後発足した団地を中心にした学童保育クラブ等の中核的運動を見逃すことはできないが、表面的には、予想以上に急足に、それは一種のブームや流行ではないかと思わせるほど公立の学童保育が誕生し始めたのである。

すなわち、川崎市では昭和三十七年十一月から市内六ヵ所の青少年会館で、また横浜市では三十八年十月から、市の教育委員会が中心になって市内小学校十校を指定して学童保育を始めたのである。

東京都の学童保育所

東京都は、昭和三十八年度に都独自の立場から「学童保育事業五ヵ年計画」をたてた。この計画は、三十九年には「新五ヵ年計画」と手直しされたが、「特別区内の小学校のあき教室などを利用して年度内に百三ヵ所の学童保育施設を設置する計画」をたて、「学童保育事業運営要綱」および「指導要領」を定め、公立の学童保育施設を推しんすることになり、これが全国にも大きな影響を与える結果となった。

都の学童保育は「その目的として＜一定時間組織的に指導し、その危険防止と不良化防止を図ること＞であり、内容は＜健康的な遊びの指導をその主なものとし、必要に応じ生活指導および学習指導を行なう＞。児童定員は＜三十人以上五十人以下＞。指導員は＜保母または教員の資格を有する者など二名（身分は非常勤）＞」。というものであった。

公立移管とみどり会の反対運動

こうした都の学童保育クラブは、各区によってその設置方法も異なり、全く新しい形としてスタートしたところも多いが、従来の共同学童保育を吸収して、その地盤の上に公立の施設を運営していこうとする動きもあった。例えば白鳩会は杉並第九小学童保育クラブに吸収されたし、豊島子どもクラブ、神谷子どもクラブは、区の方針による運営委員会を設置し依託経営の形ですすむことになった。

こうした中で、板橋区のみどり会は、「公立移管反対」を押し出し、区の施設に吸収されれることに真向から反対した。当時みどり会は、板橋第十小の校庭の片隅で、学校の倉庫を改造して学童保育を行なっていたが、この建物を利用して公立の施設ができることになり、みどり会はこの公立に吸収、解散するように通告を受けた。これに対し、みどり会では、「都や区で考えている学童保育は、単にカギっ子の保護、救さいというものであり、これはみどり会の実践から生れた〈学童保育は集団指導（教育）の場である。という立場に反する。また運営も父母や保育者の会議制であればこそよりよい指導ができるのに、区は名目的な運営委員を押しつけ、その中には保育者も入れようとしない。こうした状態ではよりよい学童保育の発展は望めない〉と――この教育内容を守るために共同保育の組織を残したい――。」というスローガンをかかげ、三十九年夏から四十年二月にかけて反対運動を展開したが、結果的にはその施設を開け渡さざるを得ない状態となり、みどり会は純すいな民間施設のまま再スタートすることになった。

指導目標と内容を深める動き

みどり会の公立移管反対運動は、そのスローガンが〈この教育内容を〉というものであっただけに、学童保育の指導内容を深めることの心要性を大いに反省させた。

たしかに公立の学童保育施設は量的には急足に伸びてきたが、しかし反面、学童保育の指導目標はなんであり、そこではいったい何を、どう教えたらよいか、ということになると、どこの施設もまさにお手あげの状態であったし、指導者の間ですら十人十色の解釈と指導方法がとられるありさまであった。こうしたことを反省して、学童保育の内容を探り、深めようという研究が、昭和四十年の初めから起り、まず学童保育連絡協議会がその研究に着手し、機関誌に中間報告を行なったりした。これと並行して、東京保育問題研究会保育政策部会でも学童保育の指導目標や内容を研究する特別研究会がもたれ、一年近い討議の結果を「がくどうほいく―生活と指導」というレポートにまとめて発行した。

ここでとらえられた学童保育は次のようなものであるが、「教育の場」としてはっきり規定したのである。「学童保育は、学校、家庭、地域との相互のつながりの中において、児童の校外生活―地域社会生活―を守り、組織化し、発展させていくために、地域の全児童の集団を育て、自主的に活動できるよう十分な環境と専門の指導者によって指導される拠点であり、地域社会全体の児童館（児童福祉センター）としての役割をもつものです。

しかし、今の社会状勢や児童福祉行政の段階においての当面の学童保育は、児童が放任されていると思われる共稼き家庭や欠損家庭の児童を主に、放課後の生活を守り、集団の中で指導することにより、児童の教育と福祉を増進する役割を担うところと考えられます」――「学童保育における指導

理念は、児童自身が仲間や指導者のつながりの中で、集団の一員として高められていくことであり、このため指導者は一人一人の個性を十分把握するとともに、その児童に適する役割を与えることにより、児童自身の人間性と集団の向上をはかるものだといえます。」

このレポートは、その指導理念のみであり、具体的な指導内容や技術にまで深めることはできなかったが、∧あき教室の利用∨・∧カギッ子の保護・救さい∨という「単純な考え方に深く切り込む第一歩であった。」という点で高く評価されてよいであろう。

カギッ子対策に文部省が乗り出す

都内はじめ、いくつかの大都市でつぎつぎに誕生していった公立の学童保育は、すべて地方公共団体の段階で独自の立場として行なったものであり、国は、この問題にほとんど手をつけようとしなかったし、厚生省は、むしろ傍観の態度をとるかのようであった。しかし、現実として、直接の業務を扱う窓口では、区の福祉課系統が大部分であり、都でも民生関係であった。だが利用する建物は小学校、最高責任者も校長という教育関係であるというようなことから、系統的にもやもやとして進んできたのである。こうした状態の中で、文部省は四十年九月に、「青少年の健全育成を推進する立場から、〃カギッ子対策〃をとりあげ、全国に五百ヵ所、小学生を対象とした施設を設け、共かせぎ家庭児童の放課後の指導を行なうこと」をきめたのである。ここに至って、カギッ子対策としての学童保育の所管は、文部省が名のりをあげたかっこうになったのである。

地方に広がる学童保育所

文部省のこの計画は、「地元負担分の予算がない、指導員や適当な場所がみつからない。」等で当初の期待ほど伸びを示さなかったが、しかし、学童保育クラブを設置する都市は、東京、横浜、川崎、名古屋、大阪、京都、北九州市という大都市ばかりでなく、静岡、広島、仙台、秋田、新潟、最近に至って金沢、徳島、下関そして更には西大寺、笠間、伊丹市等、地方の小都市にまで学童保育クラブが設置され、全国各地に設置運動がくりひろげられるようになった。

このような学童保育の広がりは、一方では量的に飛躍的伸びを示していながら、他方では、指導目標や内容がほとんどわからない。更に、利用する建物や環境、指導員の身分の劣悪という大きな矛盾を持ちながら進んでいるのである。

学童保育は確に初歩的段階である。しかし、この時期にこそ、しっかりした構想と、着実な歩みが必要なのである。そのためには、もっと深くつっこんだ研究と検討が必要であり、学童保育の意義と役割をしっかりとらえた設置運動が展開されていかなければならないであろう。

（鉄道弘済会館・資料室）
（東京保育問題研究会員）

わたしがはじめて学童保育をやったとき

蓮見みち子

昭和三十一年一月の寒風のふきつける夜、東京北区労働者クラブ保育園事務所のダルマストーブを囲みながら、国側と七名の父母と、「カギっ子」問題についての話合がもたれた、三月の保育園の卒園期までに熱心に話合い、国側の好意で、クラブの事務所の一角を借り四月入学式の当日、学童保育所がうまれた。いわゆる共同学童保育所である、児童十二名、部屋の広さ三坪、装飾品一つなく殺風景な事務所であった。その好意で借りたテーブル二、長いす（板）四、あるものはこれだけだったが、とにかく場所と子どもを保護してくれる人を、まずそれだけでも見つけ出さなくてはと、短かい期間、仕事から帰っての奔走は、なかなか大変なことだった。が、入学式の帰り子どもを連れて、あいさつに立寄った父母たちの顔は、安堵の思いも加わって、はればれとしていた。しかし、預かる側にとっては、なにぶん初めてのことではあったし、短兵急に決ったことなので、研究する場もなく、どこにどう連絡をとって、「なかみ」の充実をはかっていったらよいのか、皆目見当がつかず、さっそく、父母会を開いた。父母会では、とにかくこれで安心して働けるということが大きく、生活指導の内容については、①できるだけ、家庭的な雰囲気をもって欲しい　②保育所で育ぐくまれた、よい面を、生かして欲しい③宿題はやらせておいて欲しい。と、中心はこの三点にまとまった。

保育料は月額五百円（おやつ代、一日五円）暗中模索で初まったこの施設も、子どもたちが学校生活にもなれ、新しい友達ができるにしたがって、どうやら落ちつきをもちはじめた。

①おともだちの家に行くときは、どこのだれかを必ず知らせてゆく、3時までには帰って来る　②おやつが終ったら宿題をする……。最低のところでの約束が子どもたちによってできた。その間、学校への連絡、といっても下校後の生活は、学校としては、関心はあるが、関知する責任はない、として相談にはのってくださらず、ただ個人的に受持の子が、学童保育所にいるということで、好意的に、受持の子のことなら話合ってくださる先生方に、折あるごとにたずねて、理解していただくように話合いをすすめていった。その間、保育園からも、物質的にも精神的にも援助を受けたが、疲労困憊、後任者がいないことで一時閉鎖のやむなきにいたった。この貧しい経験をいかし、地域の人たちに呼びかけ、近設の保育所と話合って、昭和三十三年、名称も新しく「豊島子どもクラブ」として、豊島町連合町会立の地域ぐるみの、学童保育施設ができ、三十四年には、やはり北区内神谷町にも「神谷子どもクラブ」が名のりをあげた。三十六年、板橋に「みどり会」三十七年（?）青戸団地、杉並、白鳩会、大森、糀谷子どもの家、世田ケ谷、ナオミホーム内と、とびとびにではあったが、必要にせまられたところの人々が、手をとり合って、場所作り、人手をさがし、施設づくりをはじめ、三十八年には、これ等の施設が手をとりあって運動を全都にひろげる運動に進めてゆく力になったことはよろこばしい。

（前神谷保育園園長）

アンケートにみる
現状と問題点

学童保育の実態を知るために

まとめ／手塚直樹

学童保育は東京やその周辺の都市ばかりでなく、急速に地方へ広がりをみせています。また同じ都市内でも、公立や私立、そして運営形態もさまざまな形をとるなど、学童保育は以前に比べて量的にも質的にも、かなり変化してきています。しかし一方では、その現状や実態はなかなかつかみにくく、特に公立の学童保育はできてから間もないので、その内容がよくわかりません。

こうしたことから、編集部ではその所在地がつかめた約百施設に対し、五月初めに調査を実施しました。回答のあったものは三十九施設でした。この三十九という回答数は調査を分析する上からいって少ないきらいもありますが、しかし、全国の学童保育施設が二百から三百程度という現在、その数から学童保育の傾向を推定してもさしつかえないのではないかと思います。なお、このまとめを鉄道弘済会資料室勤務・東京保育問題研究会会員の手塚直樹氏におねがいしました。

それでは、実態調査結果の概要をみていくことにしましょう。

（編集部）

〈Ｉ〉その現状

1. 利用している建物

——学校利用が66％——

学童保育が使用している建物は、学校の空教室が38％で一番多くなっており、その他学校内の施設を利用しているものを加えると66％に達する。現在の学童保育が小学校に依存して発展してきていることがよくわかるし、その反面、教育施設としての学校を利用していくことからくるいろいろな問題点を推定することができる。

学童保育独自の建物をもっているところ、或は独立建物を利用できるところは13％にすぎず、学童保育の未発達な現状を示している。

第１表　利用建物状況表

公私別	区分	独自の建物	空教室	学校内独自の建物	学校内その他	公共物その他	民家
公立	都内	3	10	2	5	2	—
	都下	1	2	—	3	—	—
	地方	—	—	—	—	3	—
私立	都内	—	3	—	1	—	1
	地方	1	—	—	—	1	1
計		5	15	2	9	6	2
割合		13％	38	5	23	16	5

2. 経営主体（所管の係）

——公立は福祉関係課が大部分——

その経営主体——公立の場合は所管する係——をみたのが第２表である。

公立の場合、教育委員会、社協、福祉事務所の各一箇所を除いて、他はすべて役所の福祉関係の係が所管している。この福祉関係の係が所管することは、それ自体領けるところであるが、利用している建物が小学校という教育関係の係なり、教育委員会であるということは、実際の生活のうえに、いくつかの困難を生む大きな原因のひとつになっているということができるようである。

私立の場合は、北区の三カ所が町会やＰＴＡ、学校の代表者等による運営委員会によって経営され、費用は区からくるという半官半民の形態をとっているもの、板橋の学童クラブみどり会や埼玉県の箱田学童クラブのように父母と指導者との共同経営によるもの、その他保育所で行なっているもの、全く個人でしているものなど、いくつかあげることができる。

第２表　経営主体　（所管係）状況表

公私別	区分	福祉関係	教育委員会	社協	福祉事務所	運営委員会	父母等と共同運営	その他	不明	計
公立	都内	21	1							22
	都下	3		1	1				1	6
	地方	3								3
私立	都内					3	1		1	5
	地方						1	2		3
計		27	1	1	1	3	2	2	2	39
割合		69％	3	3	3	7	5	5	5	％ 100

3. 入所している児童の状況

―定員に満たないところが86%
一年～三年で86%―

学童保育を利用している児童の状況は第3表のとおりである。

調査結果による定員合計一三五〇名に対し、現在員は九七八名で、充足率は72%、定員に満たない施設は85%である。

また、入所児童の学年別構成は一年生30%、二年生37%、三年生19%となっており、一年生から三年生で86%を占め、現在の学童保育の対象は低学年という特徴をはっきり示している。

第3表　入所児童状況表

公私別	区分	定員	現在員 計	1年	2年	3年	4年	5年6年	不明
公立	都内	875	626	201	219	120	51	35	—
	都下	235	181	56	85	30	7	3	—
	地方	90	33	—	—	—	—	—	33
私立	都内	140	128	33	56	27	10	2	—
	地方	10	10	1	4	4	1	—	—
計		1,350	978	291	364	181	69	40	33
割合		—	100%	30	37	19	7	4	3

（註　定員不明の箇所は含んでいない）

4. 指導員の現状

―大部分が二名……保母資格23%
教員資格39%―

学童保育の指導員は大部分の施設で二名をおいているが、北九州市の公立施設では定員が一名しか置れておらず、大きな問題点となっている。

指導員が、なにかの資格をもっているかについて調べた結果が第4表であるが、保母資格をもつもの23%、教員の資格をもつもの39%と、その60%は保母か教員の資格をもつものが従事している。

また、指導員の給与をみてみると（第5表）一カ月一万四千円から一万九千円にその多くが集中しており、学童保育指導員の給与の低さを物語っている。特に問題なのは東京都の公立の

第4表　指導員資格取得状況

公私別	区分	保母	教員	その他	不明
公立	都内	11	14	17	—
	都下	1	7	3	—
	地方	—	3	—	—
私立	都内	3	3	4	—
	地方	1	—	1	1
計		16	27	25	1
割合		23%	39	36	2

第5表　指導員給与状況表

公、私別	区分	12,000円未満	12,000以上13,000未満	13,000～14,000	14,000～15,000	15,000～16,000	16,000～17,000	17,000～18,000	18,000～19,000	19,000～20,000	20,000～21,000	21,000～22,000	22,000～23,000	23,000円以上	不明
公立	都内				2	4		2	7		2		2	2	1
	都下		3				2							1	
	地方					1	2								
私立	都内				1	2	1	1		1					
	地方	1												1	1
計		1	3	—	3	7	5	3	7	1	2	—	2	3	2

場合、その大部分は時間給の臨時であり、その雇用関係は前近代的であるばかりでなく、就労上種々の問題を生む原因を作っている。なお、第5表の指導員給与状況表は、こうした時間給を月額に換算したものである。

　私立において二万三千円以上は、大阪の今川学園で午前中は保育所事務、午後は学童保育の指導員で、その70%を学童保育側で負担しているというものである。

5. 父兄の負担額
——公立の1/3は0、私立は二千三百円——

　父兄が負担する保育料は、公立の場合、その1/3は0であり、その他でも三百五十円以下が大半である。この負担額の大部分は給食費（おやつ代）補助である。

　一方、私立のみどり会では一カ月二千三百円、埼玉県の箱田学童クラブでは一千八百円とかなり高額であり、私立施設の財政的問題と父兄の負担額の問題点を提起している。

　この他、調査では、公立の場合いくらの措置費（指導料）がくるか、その内訳はどうか。また、公、私立施設での支出経費の内訳を調査したが、質問の仕方が理解しにくかったようで回答が得られず、最も知りたいことが集計できないことは残念であった。

第6表　　父兄負担額状況表（1月あたり）

公利別	区分	円 0	100	200	300	350	360	400	450	500	550	600	650	700	1,000	1,800	2,000	2,300	300〜600	不明
公立	都内	9	2		4	3	1		1				1						1	
	都下	3		1				1						1						
	地方									1	1						1			
私立	都内											1		2	1			1		
	地方							1								1				1
計		12	2	1	4	3	1	2	1	1	1	1	1	3	1	1	1	—	1	1

6. 保育時間
——大部分は5時まで——

　学童保育の開設時間は、平常の場合十二時〜一時に始り、五時〜五時半に終る。夏休みなど休暇期間中は多くのところで一日保育を行なっている。

7. 遊び場と遊具の不足

　遊び盛りの子ども、またその指導もあそびを通して行なわれる学童保育にあっては、屋内外の遊び場や遊具の整備はきわめて重要である。しかし現実はこの遊び場の確保にはどこの施設でも大へんに苦労しているようである。特に屋内での遊び場がなく、雨天の時は、まさにお手あげの状態のようである。

　学校関係の施設を利用しているところでは校庭という場所があり、屋外の遊び場は問題をかかえながらも応急処置的には利用できる状態にあるのでなんとか救われるが、私立では全く遊び場所がなく、指導上からも大きな悩みをかかえる原因となっている。

8．父母の会開催と、他機関との交流

父母の会の開催も、父母との意図的な交流は、学童保育にとって大へん重要であるが、これがなかなかうまく行なわれない。

公立の中には父母の会を全く行なっていないところもあり、開いていても不定期であったりしていて、かなりむずかしい問題を含んでいるようである。

また、指導員が他の学童保育と交流するとか、他機関の研修会へ参加するとかいうことについてみると、特に都下の市町がおくれているようにみえる。ただ、こうした市町は同じ区域内に他の施設がなく、中央の団体へ参加するには距離的に遠すぎるなどという悪条件があるからだと思われる。

他の学童保育との交流は、大部分が同じ区内との交流で、学童保育連絡協議会等組織体への参加は5カ所にすぎない。

〈Ⅱ〉その問題点

アンケートの中の「現在一番困っていることを簡単におかきください（運営・設備・保育面など）」という質問項目について、39施設中34施設でなんらかの回答があった。

そのまとめは第7表のとおりである。

まず施設の面では「独立した建物が欲しい」というのが一番多くあげら※

第7表　現在学童保育で特に問題と思われること

区分	問題点	内容	公立	私立	計	割合
施設設備上の問題	独自施設の必要	空教室はじめ校内や公共物利用はいろいろと不都合	12	2	15	
	遊具の不備	屋外の遊具初め、室内の遊び道具もない、ガス	7	2	9	
	設備の不足	水道がない、机も少ない、父母連絡の電話もない	4	1	5	
	屋内外の遊び場	雨天の際の遊び場、屋外に適当な遊び場がない	4	1	5	
	部屋がせまい	保育室がせまく、発展がのぞめないプレハブ住宅で夏暑すぎる	—	2	2	37
	その他		1	—	1	33%
運営上の問題	身分の不安定	非常勤職員、身分不安定で職員の移動が激しい	8	—	8	
	給与が低い	日給で給与がきわめて低い、超勤の予算もない	6	—	6	
	現金給付がない	現物給付なので困る、通信費など自己負担、要求品も20日もあとにくる	6	—	6	
	職員の不足	職員が2人では 休めない、産休もとれない１人(北九州)では不足	6	—	6	
	学校との問題	連絡がうまくいかない、異端者扱い、学校行事とのまさつ	6	—	6	
	その他	所管が福祉課なので学校は無関心で勤務規定なし児童不足	3	—	3	40
		財政上の困難不足	2	3	5	35%
指導上の問題	指導内容の不明確	指導内容の基本もなく指導上手さぐり状態である	5	1	6	
	施設上の問題	水道がなく手洗い指導できない、１部屋のため混乱する	3	1	4	
	その他	父母との連絡がうまくいかない父母の無関心１年から６年までの混合指導の困難解放感のむづかしさ等	4	2	6	16 15%
その他	特殊視	貧乏の子の集りという、学校でも「保育クラブの子が」という	4	—	4	
	父母との問題	父母との連絡がうまくとれない無責任な親がいる	2	—	2	
	研修の必要	指導員の養成所研修の場が欲しい	1	1	2	20
	その他	学校安全会の適要が欲しい子どもが長続きしない 指導者が積極的に動くのが好れない等	3	1	4	17%

（註）　１項目でも解答した箇所、公立270カ所、私立7カ所

集計総括表

指導者					児童							保育時間			保育室		室内遊び場	室外遊び場	父母の会	他の会との交流
給与(1カ月)		資格			定員	現在員														
専任	兼務	保母	教員	其他		1年	2年	3年	4年	5 6年	計	平常	土曜	休暇	数	広さ				
												時　時	時　時	時　時						
22,500	—	—	2	—	45	7	4	8	4	8	31	12 ～ 6	11 ～ 6	9～ 5	3	普通	有	校庭	定期	区内担当者会月1回
20,000	—	—	2	—	45	8	13	8	1	—	30	11 ～ 5	11 ～ 5	9～ 5	3	〃	無	〃	不定期	〃
18.000	—	1	—	1	45	14	13	2	4	5	38	12 ～ 5	11 ～ 5	9～ 5	3	せまい	無	敷地内公園	定期	〃
18,000	—	1	—	1	45	2	6	6	5	4	23	12 ～ 5	12 ～ 5	9～ 5	1	せまい	有	校庭	不定期	〃
22,500	—	2	—	—	45	7	12	6	3	1	29	12 ～ 5	11.30～5	9～ 5	1	普通	無	校庭	定期	〃
18,000	—	—	1	1	40	6	3	3	7	7	26	12 ～ 6	11 ～ 6	9～ 5	1	せまい	無	校庭	不定期	〃
18,000	—	2	—	—	40	12	4	7	5	—	28	12 ～ 6	11 ～ 6	9～ 5	1	せまい	無	校庭	不定期	〃
—	—	—	—	—	—	10	8	7	—	—	25	1 ～ 5	12 ～ 5	9～ 5	1	せまい	有	校庭	不定期	1カ月1回区内主任会　カリキュラム研究会1カ月1回
15,000	—	1	1	—	40	24	12	7	—	—	43	12 ～ 5	11:30～5	9～ 5	2	せまい	有	校庭	不定期	
18,000	—	—	—	2	50	16	22	5	—	—	43	1 ～ 5	1 ～ 5	9～ 5	2	普通	有	校庭	不定期	区内指導員勉強会
15,000	—	—	1	1	50	26	13	7	6	—	52	12:45～5	12 ～ 5	9～ 5	3	せまい	無	校庭	定期	〃　その他連絡協議会 葛飾父母の会
15,000	—	—	—	2	50	4	7	1	3	—	15	12:30～5	11:30～5	9～ 5	3	普通	無	校庭	定期	区内指導員
14,000	1,500	—	1	2	50	5	14	5	4	—	28	1 ～ 5	1 ～ 5	—	1	普通	無	校庭	無	—
15,000	—	1	1	—	50	—	12	12	—	—	24	1 ～ 5	1 ～ 5	9～ 5	1	広い	有	校庭	不定期	時々
23,000	—	—	—	2	50	14	11	2	—	—	27	下校時～5	下校時～5	9～ 5	—	—	有	校庭	不定期	区内で時々
23,000	—	1	—	1	50	16	14	13	—	—	43	〃	〃	〃	2	普通	有	校庭	定期	〃
18,000	—	—	1	1	30	5	12	3	—	—	20	1 ～ 5	1 ～ 5	9～ 5	—	せまい	無	—	不定期	—
18,000	—	1	—	1	30	5	19	6	—	—	30	1 ～ 5	1 ～ 5	9～ 5	—	広い	無	校庭	不定期	—
17,000	—	—	2	—	30	8	7	3	—	—	18	12:30～5:30	11:30～5:30	9～5:30	3	普通	有	校庭	定期	区内の指導員と月1回
17,000	—	1	1	—	40	13	12	7	—	—	32	1 ～ 5	1 ～ 5	9～ 5	1	普通	無	校庭	無	指導員間の交流は時々
20,000	—	—	—	—	—	10	5	6	2	—	23	12 ～ 6	12 ～ 6	9～ 6	1	普通	無	校庭	定期	—
14,000	8,000	—	1	2	50	9	9	9	9	10	46	1 ～ 5	1 ～ 5	1～ 5	2	広い	有	校庭	無	無
12,500	—	—	2	—	50	6	6	13	—	—	25	1 ～ 5	12:30～4	—	1	広い	無	校庭	不定期	無
12,500	—	—	2	—	50	10	22	2	—	—	34	12 ～ 5	12 ～ 5	—	1	普通	無	校庭	不定期	無
23,000	—	1	—	1	40	20	12	5	—	—	37	10 ～ 5	10 ～ 5	8:30～5	1	普通	有	敷地内	不定期	無
12,500	—	—	1	1	20	2	19	2	2	—	25	1～4:30	12:30～4:30	—	1	広い	無	校庭	定期	小金井小学童クラブで時々
16,200	—	—	1	—	30	11	12	6	—	—	29	1 ～ 5	12 ～ 4	—	1	普通	有	校庭	無	無
16,200	—	—	1	1	35	7	14	2	5	3	31	12 ～ 5	11:30～5	9 ～ 5	1	広い	無	校庭	定期	連絡協議会
15,000	—	—	1	1	30	6	12	2	2	—	22	12:30～5	11 ～ 5	9 ～ 5	1	普通	有	校庭	定期	区内担当者会
16,500	—	—	1	1	35	11	18	5	—	—	34	下校時～5	下校時～5	10～ 5	1	せまい	無	校庭	不定期	連絡協議会
15,000	—	—	1	1	30	1	9	7	4	2	23	1:30～5:30	12.30～5.30	9～5:30	1	普通	無	校庭	不定期	
19,700 17,000	—	1	—	1	30	15	15	9	—	—	39	下校時～5	下校時～5	9 ～ 5	1	せまい	無	校庭公園	不定期	
14,000	—	2	—	—	15	—	2	4	4	—	10	1～5:30	1～5:30	9:30～5:30	2	せまい	無	無	定期	連絡協議会
8,000	—	—	—	1	—	2	1	1	—	1	5	下校時～5:30	下校時～4	9:30～5:30	1	普通	無	敷地内	定期	—
25,000	—	1	—	—	10	1	4	4	1	—	10	〃～:30	〃～5:30	～5:30	1	普通	有	敷地内	定期	大阪セツツルメント学童保育研究会
—	—	—	—	—	—	—	—	—	—	—	—	—	—	—	—	—	—	—	不定期	—
16,100	—	—	1	—	30	8	7	3	—	—	18	1 ～ 5	12 ～ 5	9 ～ 5	2	せまい	有	敷地内	不定期	協議会
15,000	—	—	1	—	30	(内訳不明)		—	—	—	10	1 ～ 5	1 ～ 5	9 ～ 5	1	普通	無	敷地内	不定期	〃
16,100	—	—	1	—	30	(〃)		—	—	—	5	1 ～ 5	12 ～ 5	9 ～ 5	4	せまい	有	敷地内	無	〃

学童保育調査

第　8　表

No.	箇所名	公私立別	所在地	設立年月	地域の状況	建物	経営主体	おやつ代（1カ月又は1日）	父兄負担額合計（1カ月）	指導員 現在 専任	兼務	計
1	四宮小学童保育クラブ	公	杉並区上井草	39. 7	一般住宅街	独自の建物	区・福祉課	円 600	円 350	2	—	2
2	高井戸小学童保育クラブ	公	杉並区上高井戸	39. 7	商店街	学校内の独自の建物	〃	500	360	2	—	2
3	和田学童保育クラブ	公	杉並区和田本町	40. 5	一般住宅街 団地	独自の建物	〃	500	300	2	—	2
4	杉並第3小学童保育クラブ	公	杉並区高円寺	39. 7	一般住宅街	空教室	〃	500	300	2	—	2
5	杉並第9小学童保育クラブ	公	杉並区天沼	39. 7	一般住宅街	空教室	〃	550	350	2	—	2
6	若杉小学童保育クラブ	公	杉並区天沼	40. 5	一般住宅街	空教室	〃	250	0	2	—	2
7	高井戸第4小学童保育クラブ	公	杉並区大宮前	39. 7	一般住宅街	空教室	〃	500	350	2	—	2
8	上板橋学童保育クラブ	公	板橋区東山町	40. 8	一般住宅街 商店街	空教室	区・区民課 青小年対策係	1日　15	0	2	—	2
9	板橋第10小学童保育クラブ	公	板橋区大谷口	40. 3	—	空教室		1日　15	100	2	—	2
10	高砂学童保育クラブ	公	葛飾区高砂町	40. 6	団地	空教室	区・福祉係	650	450	2	—	2
11	青戸学童保育クラブ	公	葛飾区青戸町	40. 8	団地	学校内独自の建物	〃	750	650	2	—	2
12	松南学童保育クラブ	公	葛飾区新小岩	40. 5	一般住宅街	空教室	〃	250	300～600	2	—	2
13	柳原学童保育クラブ	公	足立区柳原	39. 8	一般住宅街	学校内	区・福祉課	1日 15円～20	0	2	1	3
14	花畑第1学童保育クラブ	公	足立区花畑	40. 7	農村	空教室	〃	1日　20	0	2	—	2
15	上北沢小学童保育クラブ	公	世田谷区上北沢	40,12	一般住宅街	学校内	〃	1日　10	0	2	—	2
16	祖師谷学童保育クラブ	公	世田谷区祖師谷	39.10	一般住宅街	学校内	〃	—	100	2	—	2
17	品川福祉センター学童保育〃	公	品川区南品川	40. 5	一般住宅街	公共物	区・厚生係	1日　10	0	2	—	2
18	大井福祉センター学童保育〃	公	品川区南中延	40. 5	—	公共物	〃	1日　10	0	2	—	2
19	石神井東小学童保育クラブ	公	練馬区南田中	40. 7	一般住宅街	学校内	教育委員会社会教育課	1日　20	300	2	—	2
20	第3葛西学童保育クラブ	公	江戸川区宇喜田	40. 5	工場街	空教室	区・福祉課	1日　10	0	2	—	2
21	千早学童保育クラブ	公	豊島区千早町	—	一般住宅街	学校内	区・児童福祉係	300	300	—	—	—
22	御園子供の家	公	大田区御園町	38. 3	商店街	独自の建物	区・厚生管理課	1日　10	0	2	1	3
23	谷戸学童保育クラブ	公	都下．田無町	39. 5	一般住宅街	空教室	役場福祉課	1日　10	0	2	—	2
24	田無学童保育クラブ	公	都下．田無町	38.11	一般住宅街	学校内	〃	1日　10	0	2	—	2
25	清瀬町立学童保育クラブ	公	都下．清瀬町	37. 4	一般住宅街	独自の建物	—	1日　10	200	2	—	2
26	東小学童保育クラブ	公	都下．小金井市	39.11	一般住宅街	学校内	市、社協	250	0	2	—	2
27	小平市立学童保育クラブ	公	都下．小平市	38.12	一般住宅街	学校内	福祉事務所	400	400	1	—	1
28	国立第4小学童保育所	公	都下．国立町	39. 1	一般住宅街	独自の建物	役場福祉課	250	平均 700	2	—	2
29	荒川ふじクラブ	私	北区中十条	40. 7	商店街	空教室	運営委員会	600	700	2	—	2
30	豊島学童保育クラブ	私	北区豊島町	33. 4	一般住宅街	学校内	運営委員会	300	700	2	—	2
31	柳田みどりクラブ	私	北区豊島町	40. 3	一般住宅街	空教室	—	300	600	2	—	2
32	神谷子どもクラブ	私	北区神谷町	34. 4	—	空教室	運営委員会	150	1,000	2	—	2
33	学童クラブみどり会	私	板橋区大谷	36. 4	一般住宅街	民家借間	父母と共同経営	400	2,300	2	—	2
34	箱田学童クラブ	私	埼玉県熊谷市	40. 4	一般住宅街	民家借間	父母と共同経営	500	1,800	1	—	1
35	今川学園隣保部学童保育室	私	大阪市東住吉区	23. 4	一般住宅街	保育所	法人	100	400	1	—	1
36	かもの子供会	私	新潟市海辺町	5年位前	住宅街	独自の建物	個人	—	—	—	—	—
37	黒崎学童保育クラブ	公	北九州市八幡区	39. 6	一般住宅街	母子寮	市民人児童課	500	550	1	—	1
38	抜光学童保育クラブ	公	北九州市八幡区	39. 6	一般住宅街	八幡児童ホーム	〃	250	2,000	1	—	1
39	学童保育初音クラブ	公	北九州市戸畑	40. 6	工場街	母子寮	〃	250	500	1	—	1

※れている。現在の空教室を初め学校施設利用が、物質的にも精神的にも指導者や児童に大きく影響していることを物語っている。

「一年生の教室を一カ月交代で使っている」。「図書室を使っているが、図書にはいっさい手をふれてはならない」「学童保育の部屋は二階にあり上級生のクラスにかこまれている。学童保育が始まるころはまだ上級生は勉強しており、すごく神経を使う」「学校内の建物を使っていてもいそうろうのようにかたみのせまい思いをする。他の子ども達も〃学童クラブの子が……〃と特別視するし、教師や父母の中には特殊学級か貧乏人の子の集りのように感じている人もいる。」「学校行事の連絡がなく急におい出されたり変更を余儀なくされたりする。」……など、こうした声は今回のアンケートに出た声ではあるが、今までにもいろいろの場面で訴えられた事がらである。こうした環境の中で指導にあたっている指導員が「学童保育に使える独立した建物が欲しい」と願うのは当然すぎるくらい当然のことであろう。

運営上の問題で最も多いのは、指導員の身分保障の問題と給与の改善の問題である。現在多くの公立で指導員は時間給の臨時雇員であり、身分上の保障はほとんどない。こうしたことは優秀な指導員の確保をむずかしくし、指導にあたっている指導員には犠牲と奉仕を強要することになる。また北九州市の公立のように指導員一名の配置では「オチオチトイレニモイケナイ……」ということになってしまう。二名配置されているところでも、「有給休暇や病気で休みたくても、他の一人に負担がかかると思うと休めない」という現状である。

指導上の問題点については「指導要領のようなものでは困るけれど、なにか学童保育の指導の目標、その基本になるような指針が欲しい」ということが多い。現在の学童保育は「つくってはみたけれど、いったい何をどう教えたらよいのだろうか」ということで多くの指導員が悩んでいる。それは〃利用している建物も間借り生活、教材も不足、遊具もない、その上遊び場は気がねしいしい校庭の片隅を使用する。でも雨の降る日はまさにお手あげの状態である。〃

ま と め

学童保育のアンケート集計結果の概要をみてきた。詳しくは第8表の「集計総括表」をご覧いただきたいし、問題点は第7表をご検討いただきたい。

今回の調査は、その数からいっても、調査の内容からいっても、必ずしも満足できるものではないが、その現状や実態がほとんどつかまれていない現在、少しでもその傾向が把握できたことは大きな収獲であったと思う。

集計をしながら、そしてその問題点をまとめながら「あまりにも遅れている建物や設備、指導員の給与の低さや臨時雇員という身分の不安定さ、子ども達の置れている環境の劣悪さ。」にむしろいきどおりをおぼえてしかたがなかった。

（編集部より）この調査にご協力くださった学童保育の先生方、調査を指導された鷲谷先生はじめまとめてくださった手塚氏ほか多くの方がたに心からお礼申しあげます。なお、その後数カ所から回答がおくられてきましたが、集計にまにあいませんでしたのでご了承ください。

学童保育を知らなかった厚生省

公文照夫

　昭和四〇年一一月に、厚生省から「厚生の指標・福祉と国民生活の動向」（昭和四〇年・厚生統計協会刊）という資料がでました。

　そのなかに「かぎっ子対策」としてつぎのようなことを書いていました。農林業、非農林業を問わず、年次別傾向として女子の就業表の占める割合いが増えてきている。同時に、近年の核家族化の進行とあいまって、児童の保育、母親の接触問題が新たな脚光をあびてきているとして、「今後こうした有夫の婦人雇用者はなお増加するものと考えられ、昼間における欠損家族的状態の出現に対応する準備が早急になされる必要があろう」（同誌一二〇頁）といっています。

　「早急な対策」について、どの程度厚生省が考えているかを問いあわせてみようと思い、昨年暮、実は電話をかけてみました。

　まず児童局の企画課員が電話にでました。

「学童保育？　どんなことなんでしょう。よくわかりませんが……」ということです。それはこちらのいう台辞で、小学校にいっている学童の放課後対策のことですよ、と説明してもラチがあかない。「ちょっとお待ちください」ということで、やがて電話は母子福祉課にまわりました。そこでも最初にでた係官はさっぱり要領を得ず、同室の係員の誰彼かまわず「いったいなんのことだ」と問いあわせていたようです。そのうちすこしは内容を知っているらしい課員が電話にでました。

　いやあ、お待たせしました。児童福祉法によると「保育所に学童を入所せしめて保護し教育する」となっていまして、そういうケースのことじゃないですか。なにか学校などの空教室利用もいくつかあるようですがね。ええ、もちろん厚生省では予算化など考えていませんよ。カンカツの問題もありますし、文部省あたりで聞いてみてくれませんか」

　電話のやりとりですし、これ以上会話をつづける気をなくしてしまいました。

　とにかく「早急になんとか」といいながら実はなにもしていないというのがいまの政府のやり口です。しかし、政府みずから発表している資料は、すでに「学童保育」政策的具体化が時間の問題になってきていることを示しています。

　厚生省の「全国家庭児童調査結果報告」（昭和三八年七月）は、児童のいる世帯の五四・六％の母親が収入を得るために家事以外の労働に従事していること。そしてこのうち一六・六％が「自分のほかに働く人がいないから」とこたえ、さらに四六・八％の母親が「自分が働かないと家庭の収入が不足するから」といっていることをあきらかにしています。

　昨年来、私たち勤労者のうえにのしかかってきている合理化首切り、諸物価の値上げなど高度経済成長政策の進行と破綻は、今日、この調査結果をおそらくもっときびしい姿にかえていることでしょう。

（労働組合書記）

庭教育の谷間

をたのしい子どもの集団の場に

日本子どもを守る会会長

羽　仁　説　子

愛知県立女子大学教授

宍　戸　健　夫

東京・沓掛小学校教諭

渥　美　寿　二

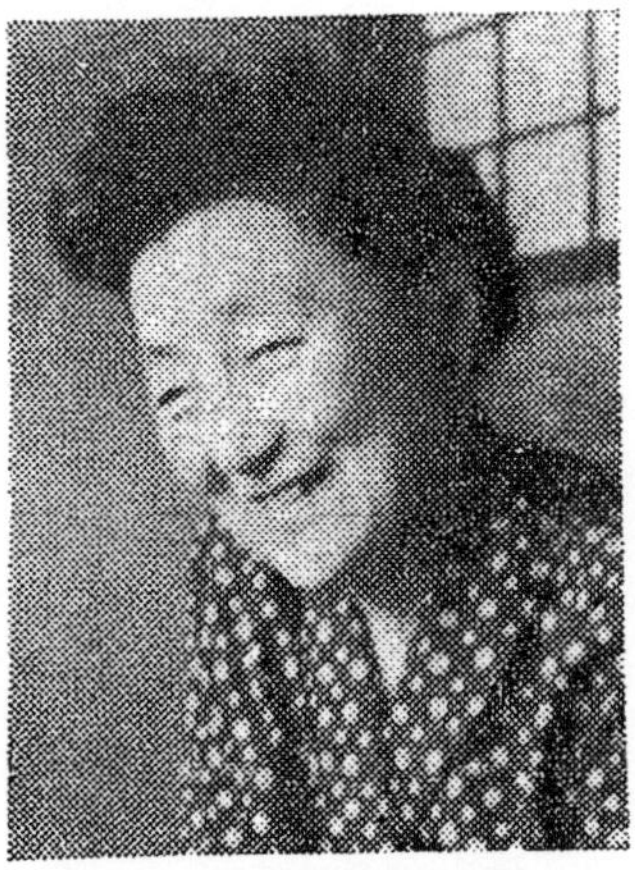

羽仁説子氏

羽仁　学童保育のことが各方面で問題になっています。あちらこちらで、やむにやまれぬ必要から、さまざまの実行が、努力が払われています。

政府も、自治体もようやく当面する問題としていわゆる「かぎっ子」対策ということを考えだしています。しかし、これは「かぎっ子」対策では片づけることのできない大きな問題だということを、認識して欲しいとおもいます。

働く婦人の問題としてはいうまでもなく、夫の出稼ぎで農村はいわゆる「さんちゃん農業」で、母親はこれまで以上の働き手として農業にタッチすることになり、子どもたちは放りだされています。最近の村の小学生のアンケートなどをみると六〇％以上が第一に、「家にかえってもつまらない」と答えています。むかしでも田舎の子どもは放りだされていたといわれるかもしれませんが、その背景になる農村の生活は急変しています。現金収入とはいっても不安定な出稼ぎや周辺の工場

<ていだん>

学校教育と家

学童保育

宍戸健夫氏

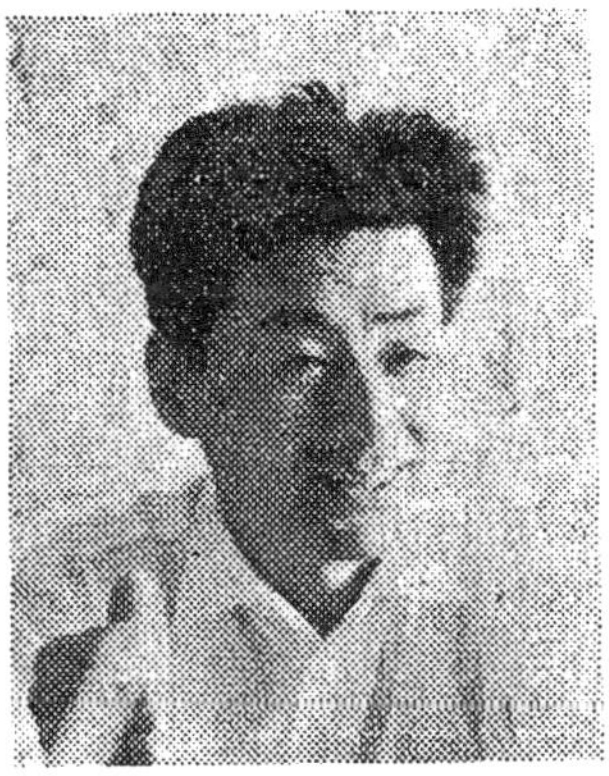

渥美寿二氏

の雇いなどで現金が動き、消費生活的部分が増しています。子どもたちのアンケートには小遣いを欲しい」とか「小遣いの使い道をうるさくされるのは困る」とかいうようなものが目立ってきています。都市生活でも同じことがいえます。団地などでは放任ではないが、安全な遊び場もなく、親べったりの過保護の実情が目立ち、心身のぜい弱な子どもができているということも大問題です。

　このごろ、家庭教育ということがさかんにいわれますけれど、家庭があまりに閉鎖的になりがちのこのごろですから、学童保育については家庭のお母さんたちも、目をあげて、そのなりゆきに注目して欲しいようにおもいます。

現在の学校教育の矛盾になやむ

渥美　今日の学校教育は子どもの生活を大事にしていないですね。知能テ

ストで五段階にふるいわけられてしまう。しかも、子どもが事実をありのままにみて解答すると、正解にならないといった矛盾の多いテストです。けれども教師は、そうした子どもひとりひとりの能力を認めてやらなくてはならない。それが教育というものでしょうから、なやみます。

羽仁　私は学校そのものが生活のなかに組織されなくてはならない。そこに教育が、詰めこみでなく、地域性に根づく強い根のある人間をつくるとおもいます。

宍戸　学校教育がほんものでないから学童保育でやりましょうということになりかねない。私は、学校教育がほんものであればあるほど、学童保育が必要であるともいえはしないかと思うのです。つまり、学校教育でなされるべき科学的な教授、それが有効になされるために、校外での活発な、生活的な面での活動と指導が必要になってくるのではないかと思うのです。

渥美　それを豊かに発展させる力を学校教育は創りあげる。

羽仁　そうなればすばらしいですね。

宍戸　地域での生活活動、文化活動と結びつかなくてはならないと一面ではいえますね。だからといって、学校では学校教育の任務とか体系的な教授を忘れてはならないし、逆に、学童保育が学校教育の片がわりするようでは、本来の学童保育のあり方が見失われてきます。

話し合いから行動へ　行動から話し合いへ

宍戸　学校教育に不満はあるのだけど、しかし現在、劣等生がいきいきするようなものに学童保育はなっているかどうか——。子どもを大自然の中で遊ばせるという発想、たとえば、明治時代の市川源三とか、生活つづり方の元祖といわれる小砂丘忠義とかいう人の、野性的な、あるいは原始的な、かなりロマンチックな発想があるけれど現実の中でその教育の意味をとらえなおす必要があるのではないかと思う。

羽仁　もう十年近く前のことですが、コペンハーゲンのある進歩的といわれる小学校を見学したことがありますが、そこでは既に、都会生活の子どもにおよぼす害を考えて、校外生活を生産と結びつけることを考えていました。学校からかえる、子どもたちは作業着にきかえてアパートを出、三々五々、子どものための建築場へゆきます。そこには芸術大学を出た若い指導者がいて話し相手になってくれる。ここには、建築労働組合が現場であまった材料をすべてとどけてくれている。それを子どもたちが数人づつグループになって、おもいおもいの家をたててたのしんでいる。泥まみれのそうぞうしい、実にたのしい光景でした。

宍戸　名古屋のヤジエセツルメント保育所の実践例ですが、子どもたちが運動会をするために自分たちでスコップをもって土地を整えるということをやってましたが、歌ったり絵をかいた

りが苦手な子でもこういうときはいきいきとやるわけです。てはずが整っているところに労働教育があるのでなく、何もないところでも子どもの意欲をひきだすことが可能だと思うのです。

羽仁　学校でもそうだし、学童保育のなかでも、子どもの好きな土いじりや大工仕事をさせて、設備をまかせてやるのがよいとおもいます。幼稚園などきれいな色でぬっており、美しいカーテンをそなえたりはつまらないとおもいます。子どもたちの相談でカーテンの色もアップリケも考えてやらせれば驚くほどの仕事をやりますね。

宍戸　子どもたちが話し合ってやってみる。失敗したらどうしたらよいかをみんなで考える。「話し合いから行動へ、行動から話し合いへ」。こうした思考活動を活発にし、思考力を伸ばすのが教育だと思うのです。

渥美　水泳の練習でも、先生が一生懸命説明しても子どもはやりたがらないが、上級生などが一しょになってやると楽しみながら覚えてしまうということがありますね。

学童保育をたのしいものに

宍戸　そういう意味で、学童保育はもっとも楽しいところでなくてはならないと思いますね。

渥美　ところが、実際は、アキ教室を使っていたりして思いきり子どもたちは動けない。つまり解放感が味わえない。

宍戸　戸塚廉さんの「いたづら教室」によると、子どもたちが村の青年たちに読ませる図書を配ってあるくという仕事をするわけですが、子どもにできる社会的な仕事、それも優良子ども会のように町の清掃とかそんなことだけでなくもっと創意あるものを生みださなければと思いますね。

渥美　子どもには冒険心があるから、そういう子どもの行動力を生かしていく――。そういう意味で、学童保育の指導員が問題になってきますね。子どもたち自身が楽しい生活をつくっていくように指導員がもりたてていくようでなくてはほんものにならない。現在の学校教育では集団の中の規律というと、すぐ、上から誘導尋問してしまいます。「こうしなければいけない」「何々をしてはいけない」禁止々々ですね。そして一定のわくにはいらない子は問題児扱いされ、何かあるとあの子がやったのではないかという見方をする……。こうした学校教育のあり方が家庭をも支配していますが、ここに一つの教育の危機があると思うのです。もっと多面的に子どもをみていかなくては……。

学童保育でも子どもを「守ってやらなくてはならない」というものではないでしょう。

宍戸　地域ではその辺に目をつけていくことですね。

羽仁　家庭が小さい効果を期待しすぎないほうがよいでしょうね。

父母によく考えてほしいこと

宍戸　全般的に学校教育を中心にして家庭教育を考えようというのが父兄の中にあるが、受験体制の中でそれがつよくなっているし、また逆に子どもにあきらめている親もある。どちらも家庭教育の本来の作用、機能を失っているのではないでしょうか。親と子どもという年令の違うところで営む生活、その中で相互に学ぶものは何か――。形式的には家庭での民主的な話し合いだと思う。家庭独自の集団生活のあり方、それぞれに家庭を築いていく任務があると思います。家庭、学校、学童保育のような地域と、それぞれ三者の教育形体を親ははっきりつかむ必要があると思う。

渥美　母親も自分たちの生活を発展させていくという観点で学童保育を考えていかないと、「貧乏人のいくところだ」とか「学童保育へやったために子どもが悪くなった」などという偏見にもなりますね。

宍戸　お母さんたちにいいたいことは、地域での民主的な、そして大衆的な組織が必要だということ、そこでの教育が意味をもつということをつかんでほしいということです。それなしに子どもは伸びていかないのだということ、学校のみ、家庭のみでの教育は不十分であるということ、その民主的な大衆的な教育組織――、それをわれわれは新しく創造していかなくてはならないのではないでしょうか。その意味で国の積極的な予算化を望みます。慈恵的なものでなく――。

渥美　父母は最近の子どもは理屈っぽくて身勝手だ。もっと規律ある教育をやらなくてはということで、たとえばボーイスカウトのように規律あるものがよいなどと簡単にいいますが、ボーイスカウトの掟とは、軍人勅諭みたいで、神（仏）、国家に忠誠をつくし親には孝行、長上にはすなおに服従するなどというものですが、これが親には魅力があったりするわけです。それに海洋少年団、これも学校教育の中だけでなく放課後の中にまではいりこんでいます。

学童保育の教育的位置づけ

宍戸　いま教育的にみて、学校でもできない、家庭でもできない、第三のものがあるのではないかと思うのです。つまり、学校では、文化遺産を教授するという任務があるし、家庭では談らんの中での教育がある。しかし、一つぬけているものがありはしないか、児童文化の創造――、そういう任務として、学童保育は考えられると思います。学校では同年令ですし、家庭は親子の年令が開きすぎている。そこで「異年令集団」、年令の異る子どもの集団ですね。この集団をどうやっていくか、その辺が問題となっているのではないでしょうか。

渥美　現在、そこまで考えて学童保

育を実際にやっているところは少ないのではないですか。

羽仁　さきほどあげたアンケートで子どもたちが「小遣いの用途をさしずするな」といっているのは、そのままでは困ったことでしょうが、子どもたちが自主的に独立の世界をもとうとしていることは教育の新しい芽として捉える問題だと思います。

宍戸　異年令集団は労働教育と結びつくのではないでしょうか。学校では成績があまりよくない子でも、鉄屑はいくらで売れるかはよく知っていたり、つまり、学校では問題児扱いをされる子でも、地域では指導者であったりしますね。ところが学校の先生はそこに気がつかない。

渥美　学童保育「みどり会」の実践例をみますと、おやつの買出しなど、子どもたちが自主的に当番制で運んでいますね。年長者は年少者のことを考え、それぞれの好みまで考慮して。こういうことは学校ではとてもできないことです。学校で道徳の時間に、「親切」とか「思いやり」を教えても、こうした実践と結びつかないと話としてきくだけで終ってしまいます。また、学校で掃除当番によって労働教育をやろうとするのはおかしいですね。労働とは価値を生産するものです。いままでは罰当番などといって罰のためにお掃除をさせるなんてこともありますしね。羽仁先生がよくおっしゃってますが、二十日大根を育てさせることも理科でやらせるが、その大根を給食のおかずにするのであれば、学校での労働教育の位置づけがなされると……。

子どものエネルギーをどう組織するか

宍戸　優等生はだめだ、劣等生が社会にでてすばらしい働きをするといわれたりしますが、実際は学校では優等生はほめられるし、家庭でもそうですね。劣等生のもつ能力は社会にでたとき有能だが、それが子どものとき発揮されることが少ない。

渥美　学童保育の中みは地域によってさまざまなものであってよいと思います。遊びなら遊びの質をどう高めていくかということも、指導員や父母の意見の一致が必要ではないでしょうか。そして地域にあった新しい教育的観点を生みだしていくことですね。

宍戸　指導員が何をやらせたらいいかしらというのではだめだと思うのです。その子どもが地域でどんな生活をしているかを知り、子どものエネルギーをどう組織化していくかですね。学校の中では子どもを組織できないが、地域では組織できますから。いわば子どもの大衆組織とでもいえるのでしょう。そういう意味でも、学童保育の指導員はわんぱく坊主をもっともよく理解する人でなくてはならないと思いますね。

渥美　人間としてみとめあえる集団をつくるということ、それなくして形式的にあてはめると、子どもは疎外されてしまいます。しかし、実際やるとなると、指導員は身分保証もされてい

ず、へたすると、自分のもちだしになるのですから、大へんですよね。

宍戸　だから学童保育は父母の要求を基礎にすえていないと……。篤志家の運動だけではできないですね。

羽仁　父母の要求だということも形式的にとらえることは、まちがいを起しやすい。父母の要求を発展させてゆく方向をもっていなくてはいけない。私は四十年前に、新しい幼児の集団をつくったとき、家庭との連絡に大きな精力を使いました。子どもたちの起す大小の事件を報告し、それに対して私たちはどういう態度をとったかをガリにして流しました。集団とは個性によって支えられているものだということがはっきりしないと、軍国主義な、右にならえの訓練がてっとり早いということになる。ひとりびとりの子どもの自主性を、意欲を重んじたものでなくてはだめです。

宍戸　今日の集団主義教育を考えるとき、子どもたちは現在のテスト体制は一種の選別機関となり、そこで差別される子どもたちを考えていかなくてはならないという一つの基本的観念があると思うのです。現在の学校教育自体をかえていくという任務が教師にはあるけれど、同時に、地域における子どもたちの組織づくりを有効に行なわれるとすれば、すぐれた教育組織が生まれる可能性が十分あると思うのです。だから、学童保育を、子どもが現実に差別されている状況に抵抗し、学校教育への批判を含め、子どもが個性を十分にのばすことを保証する運動が、学童保育の役割としてあると思うのです。

渥美　指導者にはより高いものが要求されるわけです。学級の中でも、集団主義教育を考えてやっている級の子と、そうでない級の子では、子どもの態度が違っていますが、家庭でも同じだと思います。正しいものを判断し、行動する子に育てるのは学校教育としては必要だし、それが放課後の生活にも、うけつがれるべきだと思う。

宍戸　具体的には何をやったらよいかということだけども、生活つづり方などを学童保育でやったらよいのではないでしょうか。そのほか図書とかピアノとかそうした文化活動のセンターになってほしい。それから、現在いろいろ子どもの文化活動が組織されているけれども、労働という観点がぬけているのではないかと思うのです。労働と教育を学童保育の中でとらえようとしている点は学校ではみられないことだけれど、それがおやつを買いにいくとか、お掃除をするとか、何かスケールが小さいのですね。もっとダイナミックな労働教育を行うようになったらよいと思います。そして、「文化と労働の教育」を、ここでやってほしい。しかも創造的な……。

学童保育では
文化と労働の教育を

渥美　少なくとも学童保育では、人間性を無視されるものでない組織であってほしいですね。

羽仁　私は農村セツルで季節保育所をしたとき、農村では幼児にその子守りをしている二年生ぐらいまでの子どもが集まっているので、うさぎの飼育をやりました。農家ではそれが儲けとむすびついているから、子どもにはいじらせない。だから一そうやりたかったのでしょう。実によく世話をして、たちまち子兎をつくりました。鶏でもよい。都会なら花づくりがたのしい。せまいところでも鉢づくりならいくらでもできる。うちではおやじさんのものだったのを自分たちにまかせられるのだからうれしい。栽培日記をつけさせればたのしんで勉強になる。

渥美　家庭では、父母が働いている家庭では話し合いの時間がない。そうでなくても宿題々々で学校の延長で家庭生活が破壊されているから、生活のリズムがない。これが子どもを衝動的で不安定にしていると思いますね。

羽仁　いま生活のリズムということが出されましたが、飼育栽培がよいのはひとつのいのちをくりかえし、根気よく見守り育てるということが、すべてをばらばらにされている世の中にリズムを与えるとおもいます。生活のリズムはやはり本人がのっていない丈夫な橋をつくる事ではなくては意味ないので、学童保育では、よい栽培をさせるような成績根性を捨てて、失敗をおそれず、子どもにまかすことです。二十日大根などからはじめると、じきたべられるようになるので小さい子どもでもよろこびます。

私は農村の子どもたちと近所の家に燕が巣をつくって巣立つまでを毎日見たり、かいたり、話しあったり、文学的な質問をする子がいたり一と月ぐらいたのしんだことがあります。

また、生活指導は個人のしつけということとともに、より大切なのは自分の住む環境への理解だとおもいます。そこに人間らしい生活への愛情が培われる。村にかかっていた橋がおちていまは橋げただけがのこっているのをみて話しあったとき、大水の話、子どもたちはおばあさんにきいた、大水の話、その翌日

粘土をして遊んだとき、大水にやられない丈夫な橋をつくる遊びに熱中していました。中都市の子どもたちが、近所の店などについて絵をかきこみながら、みんなで地図をつくった時、「雑貨屋が多すぎるよ」と指摘した幼い子がありました。町の中の商売という、社会への開眼があって、その中に生きる自分という目標も理想も生れてくるので非行という脱線がなくてもいいすぎではないとおもいます。取締によって非行防止はできない。

宍戸　学童保育は生活指導になりますね。生活の要求がふきでてくる場だという事。子どもの要求を十分とりいれていくことですね。それを、知識を与えるのみでなく、現実の生活をどう切り開いていくかまで、たち向わせるような内容であることだと思います。

渥美　文化と労働の教育を理想としながら、現実には破壊されている生活から子どもたちの人間性を回復させる組織だということですね。

子どもたちの生活を中心に

最近現われたいくつかの特徴

子どもたちが、人間性をゆがめずに強く成長していけるような組織は、まだ極めて少数です。おとなの連帯を深めながら、子どもたちのよりよい組織づくりのために援助していきましょう

渥美寿二

最近の教育の中に現われている傾向

① 各種の学校行事（卒業式、運動会等々）には「日の丸」を揚げ、「君が代」を唱うことを当然のこととして、これに異議をとなえたり、反対する教師は非常識者扱いや、アカ呼ばわりをされています。そのことはマスコミの皇室を国民感情の中に定着させようという努力と合わせて今問題になっている「建国記念日」の設定にまでつながっていっています。

② そして、それは必然的に教育の中味にも現われ、音楽の時間に一年生から「君が代」をうたうことを強制し、特設道徳の授業などで簡易国旗掲揚竿を用意しておもむろに日の丸をあげ、日の丸の美しさをたたえながら、「白地に赤く」や「君が代」をうたわせたりすることを賞揚します。

③ ぎゅうづめの各学年ごとのおしつけ時間数と盛りだくさんな教材をまえにしてそれを忠実にこなそうとするには、授業を事務的に流さざるを得なくなり、ついていけない子どもたちには智能検査の結果をおしつけてそのせいにし、クラスのお客さんにしてしまうのです。

子どもたちのそれぞれの性格が大事にされ、のばされるのでなく、のみ込みの「早い」「遅い」がその子の評価の基準にされがちです。

型にはめられるのが嫌いな、行動的な子どもたちは、とかく問題行動児とラク印をおされて教育委員会では各学校より登録させたり

します。これらのことがひいては差別をうみ、子どもたちを非行にかりたててしまう結果をまねきます。

④　さらに「集団の中の規律」ということを盛んに問題にし、『「集団行動」の手引き』などもだして、児童朝礼の回数をふやして始業のベルがなったらその場で不動の姿勢をとることを要求し、次のレコードの合い図で隊形に整列させることを厳しくおしつける学校が急激にふえつつあります。

「……の遊びをしてはいけない。」「廊下を走ってはいけない。」………。の、いけないずくめ。

安全教育にしても、毎朝ＰＴＡのおかあさん方を当番制で動員して道路に立たせるというだけの大人の活動に終わらせたり、一年に一回交通標識を運動場に立てて一時間ほど訓練をするというように、とかく大人の側からの一方通行で、子どもたちの自発活動、自分の行動を自分から責任をもたせるという自主性確立の教育は無視されがちです。

また「グループ」や「班」に分かれて子どもたちが相談する声が教室外にもれても巡回している校長や教頭から注意をうけるというように「静かな教室」が教師や児童に強要されるというように、年々教育が形式に流れていく傾向が強くなってきています。

⑤　教師には年間二十日の有給休暇が認められています。ところが実際には、定数ギリギリの教員配置で、休むと同僚に迷惑をかけるとか、休むと校長があまりいい顔をしないなどということで休暇がとれないというのが実情で、どの職場でも少々の病気は無理おしをしても出勤している状態で、年々教師の死亡率も高くなってきています。それなのに東京都の小尾教育長は、ＰＴＡ連合会の主催する各地の講演会の席上で

「学校に行ってごらんなさい。教室に先生がいない状景がみられるから、休む教師は悪い教師なんで、組合活動にばかり熱を入れ………。」と、言ってあるいています。

ところが、やれ生活指導部会だ文部省の教育研究集会だと、教師を強制的に指名割り当てし、三、四日の宿泊をさせたり、まる一日とか半日教室不在にさせたりしている張本人は当の教育委員会そのものなのです。

教育に対する不信感をうえつける

大学生とか高校生とかの非行事態がおこると、新聞はすぐに戦後の教育の欠陥だ（具体的にその根本はあらいださずに）といい、いわゆる識者なる人びとの談話をのせて、道徳教育の徹底、教育内容の変革、教師の質の向上と、教員養成制度の再検討等………を訴えます。

小学生に学校登校拒否児がふえ、中学卒業生の口からは、「中学の教育あれでいいのかな早くから進学するのか、就職するのかを決めろっていってさ、進学する者と就職する者とクラスを分けて扱いから違うんだからな、あれで就職組のものがグレない方がおかしいよ。」と中学教育に対する不満が述べられます。するとその原因はあせった教育ママや、教師の扱い方に問題があると全く個人的な追求のしかたに終わらせて、なぜあせる母親や教師がでるのかということは不問に附されてしまいます。子どもたちの遊ぶ場所がないのに、ただ「道路で遊んではいけない。」だけを繰り返し、はては垣根にマリが再三ころがり込んだ「うるさいので取り上げだ、いくら言ってもきかないから明日学校の先生に言って先生からかえさせる。」といっておきながら約束を果さず、大人はウソつきだと子どもたちに不信感を与えておきながら「最近の子

どもは理屈ばかりいって素直でない。」と教育に対する不満がのべられます。

戦争の終結によって今まで正しいと思いこんでいて、ことが逆転し、価値基準がくずれ、自分の経験から判断しなければならない大人にとって、自分を主張する現代の子どもたちは過去の子どもたちにその姿をみいだそうとしても見出すことのできない全く新しいタイプだけに面くらうのはあたりまえかもしれません。

子どものしつけについて児童観、教育観がバラバラで、個々の責任にまかされ、自信をなくしてしまっているその間隙をぬって、また親の生活が破壊され、それだけに子どもに対する期待が大きくなってきているところにもってきて思い通りならないのは戦後の教育がすべていけないのだ。」というささやきがひそかに根づけられ人間無視の軍国主義教育が再び顔を出しかけていることには十分に警戒をし絶対に許してはならないことです。

子どもの教育を他力にすがろうとしている

家庭教育にも自信がなく、学校教育にも不信をいだく結果は子どもの教育を他の力にまかせようとする動きになって学校外で「家庭教師」「塾」「進学教室」「各種のおけいこ」というように現われてきます。

ところが最近これらの他に特徴的に出てきている二つの傾向があります。

その一つは、ボーイスカウト、下部スカウト、ガールスカウト、ブラウニー、海洋少年団、少年消防クラブ等の組織にゆだねようとしている傾向です。

特にボーイスカウト、ガールスカウトの組織は東京だけでも現在ボーイで約三百近く、ガールで百を越す団があり、急激に増えています。

ボーイスカウトは明治晩年から大正のはじめにかけて乃木希典、田中義一等が日本に紹介し、大正十一年四月に後藤新平を総長として組織されたもので、活動をつらぬく支柱というべきものに、「ちかい」と「おきて」があります。「ちかい」は三項からなっておりその第一項に

神（仏）と国とに誠をつくし　おきてを守ります。というのが

「私は名誉にかけて次の三条の実行を誓います。」という前文につづいてあげられています。

さらに「おきて」は、ボーイでは十二項、ガールでは十項からなりたち、そのうちの幾つかをぬき出してみますと、

△スカウトは忠節をつくす。

スカウトは義務を尽すべき相手に対し常に真心をもって義務を尽す。即ち国家に対しては忠誠であり、社会および家庭に対しては忠実であり、両親に対しては孝行である。そして自分の利益やわがままのためにこの義務を怠ることはない。

△スカウトは従順である。

スカウトは両親や先生や隊長、班長その他の長上に素直に服従する。また法律や公けの決定は必ず守る。

△スカウトは快活である。

スカウトは、いつも朗らかで笑顔を忘れない。受けた命令には喜んで従い、どんな困難な仕事も進んでやり不平や不満は決していわない。……略……

長々と引用したのはことばが次から次へと出てくるからですが、これらはガールスカウト、それらの下部組織である下部スカウト、ブラウニーにも共通です。

内部は幾つかの階級にわかれていてその級の教育課目をすべておえた者が試験をうけて

進級していくようになっています。

そしてそれぞれの級の課目の中の基本というところには、

初級・国旗の様式　意味、歴史、家庭での掲揚法。

二級・正しい国歌の歌い方。野営での国旗の掲揚法。

などがおさえられているのです。

また海洋少年団の活動も、ボーイスカウトとは本質的に違うと言いながらも、昭和二十六年「少年海の会」として誕生。昭和二十八年に運輸、文部両省の共管の社団法人として認可され、事務局を海上保安庁において、やはり、二つの「ちかい」と、十の「おきて」のもとに級別に団体訓練と各種の個人技の訓練を行い、教育の中には、国旗の掲揚、降下と取り扱い、国家（君が代）などの項目を入れています。

さらに注目すべき点は消防クラブ等とともに隊員の勧誘を教育委員会を経由して学校を通して公然と行っていることで、身分証明書には学校長名と職印がおされ、前海軍に関係のあった教師などが数多くその指導者になっており、日常の訓練など（日曜）は学校をつかってやられることが多いなどです。

しかもボーイスカウトも海洋少年団も共に制服があり、それに三千数百円を要します。

もう一つの傾向は国が積極的に子どもたちの組織化にのり出してきていることです。

東京の中野区に見られる「青少年特別推進地区」がそれで、費用は国が¼、都が¼、区が半額負担で、世話人は各町会長と町会内の青少年委員があたり、町会と提携して、子どもを非行から守るために、子ども会を組織することになっており、今夏は、各学校の夏休み行事やＰＴＡの地域別の子ども会の行事と一体化した活動をしようとしています。

また古くから地域にある進歩的な子ども会の会員などに対して「新しくできた子ども会の方がいいからはいれ」などと勧誘し、その子ども会をつぶそうとする動きもでてきています。

これはすでに各地にみられる校外生活指導（あるいは校外補導）組織で、本部長に教育委員会の指導課長があたり、校長、教頭、ＰＴＡの会長、青少年委員、町会長、生活指導主任、地域の有力者、警察少年係、等が連絡会をもって非行の可能のある者をチェックしあっていたものから、一歩進んで地域ぐるみの組織化にとりくみはじめたことを意味し、地域の民主組織の弱い所では自衛隊一日入隊だとか見学などという計画が必ずとびだしてくることだと思います。

よりよい組織づくりのために　――むすび

「日本は軍国主義化の方向に進んでいる」といいますとよくそれは「一部の者の薄をお化けに見る類で、昔の幻影におびえているのだ。」と反論されます。ところが現実にそれは巧みに教育の中へ、そして思想へと浸透してきているのです。

みせかけは害のなさそうな、よさそうな部分をかくれみのにし、教育二法。教育委員の任命制。教頭の任命特設道徳教科書の採択権等々を足がかりに、注意してみなくてはわからないような項目が一つ一つ積み重さなって、後に既成事実としてあらわれてくるのです。

子どもたちが人間性をゆがめずに強く成長していけるような組織はまだ極めて少数です。まわりの大人の連帯も深めながら子どもたちのための よりよい 組織が できあがるよう、まわりから援助していきましょう。

（東京・沓掛小学校教諭）

学童保育所づくり

みんなほんとによくやった

わたくしたちの要求を実現するために

本誌三月号では広島・静岡・東京地区の学童保育所づくりの様子をお知らせしましたが、運動は現在もなお、地域の要求として各地でおこっています。本号では、新婦人や子どもを守る会その他一般のお母さん方の運動によって成果をあげている新潟と京都の様子をお知らせしましょう。

ついに七十万円の予算獲得

新潟

小林文江

新潟地震で赤字財政だから新規事業は一切おこなわないといっていた新潟市に、学童保育のための予算を七十万円組ませたということは、単一組織としての新日本婦人の会が一貫してこの運動に取り組み、三カ年にわたってたゆまず指導し、会員の先頭に立って地域の要求をたたかい通した成果だといえます。

□教師の協力をもとめて□

新潟支部では三十八年の春に、会員の切実な要望である学童保育を実現させるために、専門部を設け、調査や研究を行い、この資料を各班に提供し、

(イ)　自分の子どものために実現が間に合わなくとも、たくさんの苦しんでいる母親と子どものためにがんばろう。

(ロ)　地元の会員が共働きのお母さん

を、しんぼうづよくたずねて集会をもち、話合い、母親の要求や声を具体的に市に要求しよう。

(ハ)　学校の先生との関係を大切にし、話合いをもち、調査や集会、父母との連絡に協力を得るようにしよう。

という具体的な方針のもとで活動がなされました。

三十九年の春に提出した請願は否決されましたが、この年の新潟地震の折に、一年生や二年生の子をもった親たちの心配は想像以上のものでした。

「子どもは学校にいるだろうか？家に帰宅しているだろうか？　外で遊んでいるのか…」と、一時二分という時間は一年生の下校の時刻だったのです。無事の子どもを抱きしめながら、どうしても学童保育は必要だという気がこみあげ、特にひどい被害を取けた舟江班の地域からおこり、再度請願すべく運動がはじまりました。

まず班会議で討議され、各人が署名簿を持って署名に廻り、紹介議員になってもらうべく議員訪問をし、市会議長と助役に面会して実情を訴えて請願しました。

四十年の三月にようやく市議会で採択され、一同ほっとしました。

五月市会には山ノ下、木戸班から提出した請願も採択されましたが、実行に移される様子がありませんので、教育長や学校教育課長等に面会して、市の計画を聞きました。

さっぱり進んでいない市の計画に腹を立てた母親たちは、この実情をもっと多くの人に知ってもらって、運動に参加してもらうため地道な活動をはじめました。

校長先生、教頭先生とよく話合って、カギッ子の名簿を作成してもらい、その名簿をもとに、各家庭を訪問し、希望を聞いて市長に直接陳情しました。

働いている母親たちが、如何に切実な要求とはいえ、仕事を休んで陳情に出向けない実情を訴えて市長のとコンダン会を夜間に開いてもらいたいと希望し、実現することができました。

このコンダン会には、市長はじめ学校教育課長、社会課長、その他が出席し、「調査の段階」から一歩も出ていなかった市側に地元の実情を強く訴え、一日も早く表現するように拍車をかけることができました。

□三　地域に「子どもを守る会」が□

当夜の参加者は六十名を超え、こうした運動がもとになって、三地域でそれぞれの学校を連絡所とした「子どもを守る会」が結成し、子どもを守る会に新婦人の会員が積極的に加入してその会の運動を助けました。

予算がないということで一日のばしにしかいた市に対し三地域がいっしょになって交渉し、夏休みに実施させるべく奮斗しましたが、再三、再四の交渉にもかかわらず、「テストケース」ということで、社会福祉協議会から経費を出させて、十日間だけ午後のみ実施されたのでした。

連日交渉した私たちにとっては実に

不満でしたが、当時の力関係では「実によくやった」と思うと同時に、「役所」という所がいかに腹立たしいものかということがよくわかりました。

実際に共働きし、学童保育の実現を強く望んでいる新婦人の会員や、子どもを守る会の世話人が中心になって活動しているのですから、連日の陳情は職場の関係もあって、本当に大変でしたが、支部の方針にそって学習した新婦人の会員が、学童保育と自治体斗争の意義をよく理解して、毎日の交渉の経過を話合い、連絡しあって、時間をやりくりして交渉に参加し、子どもを守る会の会員を力づけてくれました。

それと同時に、交渉の日程や動員の連絡等の一切を受持ち、交渉には必らず参加してくださった支部の役員のご苦労が、身にしみて感じられる毎日でした。

「予算がない」ということで実行をさぼっている市に対し、日ぐれの早い冬場を前にして遊び場もなく、火の気のない家で、親の帰りを待つ子どもたちのために、一日も早く学童保育の完全実施をしてもらおうと、世論に訴えるために、地方新聞に投稿したり、カギッ子問題と積極的に取材するよう依頼したりする一方、教員組合にこの問題を取り上げてもらい執行委員長の呼びかけで、各労組団体に働きかけ、こんだん会がもたれました。

このこんだん会をもとにして、「新潟市学童保育連絡協議会」が発足し、事務局を教組支部におくことになりました。

□一時希望は断たれたが□

冬休みを前にして年間実施のための請願を、十二月市会に提出すること、従来、要求があっても運動にならなかった他の校区にも学童保育が実施されるように、全市的な請願運動もあらたに行なって来年の予算化をに実現させる裏付けにしよう紹介議員になる、ならないは別として、市会議員の全員に依頼し、実情を知ってもらおう。」ということになり、立派な趣意書と署名簿が多量に用意されました。

この署名簿を持って、子どもを守る会の会員およびPTAの母の会の役員が、各戸を訪問して署名をとり、労組を通じて各職場に署名が廻され、新婦人は町内会長と話合って隣組を通じて回覧板で廻してもらうなどして、巾広く活動し、短い期間に三千名を越える署名を集めることができました。

自民党の議員に再三、再会して紹介議員になってもらうべく努力したのですが、クラブの決定だということで断られました。しかし自分たちの選出地域での署名が多いのを見ていささか驚いた様子の議員もありました。この請願が委員会にかかる折には意見陳情を行ない、本会議開催中は、連日各団体が昼休みの議員を訪問して陳情をしたのですが、結局継続審議となり、冬休みの実施はまにあわなくなりました。

テストケースだったとはいえ、夏休みに既に市の手で実施されたものが、冬休みに実施できないわけはないと、

みんなでがんばって交渉したのですが、一向にラチがあかず、最後に、「指導員、経費、事故の責任は一切協議会がもつから、小学校の校舎使用を認めて欲しい」と申しでたところ、学校課長が「校長会で、カギッ子の問題は、一地区、一学校区の問題でないので学校教育の限界について検討するとともに、その筋の意見をよく聞いて、今後の態度を決定するまで、独断で処理しないようにとの申し合せを行なったとのことであり、校長会は自主的な団体であるから、その結論を尊重したいので三ヶ校にのみ校舎を使用するようにという命令は出せない」というばかりで、校舎借用上、自主的に学童保育を実施しようとしていた私どもの希望は断たれてしまいました。

□放っておくことはできない□

といっても、子どもを守る会の中で活動してきた新婦人の会員としては、子どものおかれている実情がよくわかっているだけに、母親の切なさがわかるだけに、「市は冬休みは学童保育をしないとさ」「困ったもんだね」といって、放っておくことができず、「年末を目のまえにしてみんなが大へんなのはわかるけれど、今回は支部あげて協力し、何とか冬休み中の十日間を自主運営しよう」ということになりました。従来子どもの会用として使用していた児童館（子どもを守る会の世話人の一人が建てて町内の子ども会に使用していました。）にストーブを取付け、新潟大学教育学部地域文化研究サークルの学生さんたちに指導を頼みました。指導補助として、新婦人の各班から一名以上が手伝い、遊具、絵本等は小学校から借りたり、保育園から寄附してもらったりして、毎日平均二十名以上の子どもが、無事楽しい冬休みを送りました。

小学校の校門前に毎朝集合して、ガランとして、空いている学校を横目で見ながら雪道を三十分近くも一列に並んで学童保育所まで通う子どもたちを送っていったのは、出勤前の新婦人の会員であり、もう一人は賛助会員でした。年末と正月のことですから、預ける親も、世話をする親も、多忙な毎日でしたが、職場のやりくりをして手伝い、娘さんや、保育専門学校の生徒さんも交替で世話をして下さいました。この冬休みにかかった経費は、一切を夏休みの時と同じように、父兄負担をなくしておやつ代の二十円だけにしたいものだと考え市に出費方を陳情しました。

が、予算がないと断られ、社会福祉協議会は「済んでしまった冬休みの分については、一円も出すことはできないが、春休みについては、見せかけでもよいから実施することにして、予算書を作り地域の児童委員の賛同書を添付すれば何とか考慮しよう。」ということでした。市が実施する気のない春休みの学童保育を、補助金が欲しいということで、子どもを放置しておいてみせかけの計画で金をもらうことは、とてもできない実情ですので、冬休み

の経験を生かして、よりよい学童保育を春休みにも実施しようと早くから計画にかかり、児童委員の賛同も得て、予算書を提出し、三万一千余円の補助金を出してもらいました。

三月の予算市会では、市が百万円の予算を計上することになっていると聞いて、この予算が削減されることなく通過するよう、子どもを守る会で市長や総務部長に一せいにハガキ陳情し、七十万円の通過をみました。四月から早速実行してもらうべく、再三、再四交渉しましたが、七十万円では三カ所の学校でどう実施したらよいか、（人件費にも足りない額なので）目下検討中だというだけで五月になっても、何の処置もされておらず、「夏休みは見込みはないから、九月からは実施する。

月火水木金の五日間だけで、長期の休業は計画にはいれない」、ということですので、目下夏休みのための自主運営のために活動しています。

□PTAの校外補導部へも申入れ□

児童館のあった地域が、地震復興のため、目下二・五メートルの土もりをしており、危険な場所になっているため、夏休みには使用できませんので、復旧のできた（三月末に竣工式があったので）入舟校を使用させるようにと、署名運動し、PTAの校外補導部に申し入れ、校外補導部から常任委員会にかけてもらうところまできています。常任委員会が二十日ですので、時間的な余ゆうもなく、心配ですが、ともかく、子どもを預けたい母親たちが熱心に署名に廻り、PTAの、役員廻りをしておりますが、校舎使用について、校長は「市の条例で、一週間位の校舎使用については校長の権限で貸せられるが、それ以上になると教育委員会の許可がいるので、教育委員会に届けなければ……」と市にゲタをあずけている状態です。「校外補導部が夏休み中の行事を行なっている」ということで校長の裁量で校舎使用を認めてくれるようにと申し入れています。

（新婦人会員）

近くてよい場所とよい指導員を

京都

神先和子

□話は無残にこわされて□

昨年の十月に学童保育所づくり協議会発足以来九カ月間、働らくお母さんとともに、市役所に陳情を重ね、場所さがし、育友会、学校地域と、協力を求めて歩きました。職場では署名運

動、カンパ集め、みんな来年の四月をめざして、一生懸命でした。四月になれば、いやおうなしに、カギッ子としての生活がはじまる子どもたちを思うと、もう、いても立ってもいられないのです。

桂保育園の保護者会から生まれたこの運動は一週間毎に保育園内で準備会を開き、いままでの反省、これからの方針等を決めながら進めてきました。

ところが十二月にはいって、保育園の近くに土地と建物を貸そうという方が現れました。私たちは天にも昇る思いで喜んだのもつかの間、年が明けてみるとこの運動を好ましく思わない人たちによって、無残にもこの話はこわされたのでした。その真相は今だにわかっていません。とつぜん「この話はなかったものにしてくれ」と人を通してつたえられました。私たちは直接あうことも許されずに、なんとなく、協議会の中にも重苦しい空気が流れていました。

しかし、その後もいろいろな人によって「ああでもない、こうでもない」とまだ望みがあるかのようにいう人がありそれにつられて、三月まで、もたもたしたまま過しましたが、もうこれではいけないと思い、空地に古い電車でも置こうということになり、空地をさがしたところ、保健所の横に市有地があることを知り、早速、交通局と衛生局に足を運びました。その結果、電車は何十万円といわれ、土地は「あの保健所は将来乳児保育所になるから貸せない」との返事でした。

□待ちに待った開所式□

そのうちに四月になって、もうあせりのいろは、どうすることもできません。いままでいっしょに運動をして来たお母さんたちも一人、二人と引いて行き、子どもを個人で預けるところを決めるということになっていったのです。だからといって運動をやめるわけにいきません。そこで残ったものが頭をよせ合って対策を考えることにしました。

その日はもう四月八日の入学式の日だったのです。ところが、桂保育園の園長先生から院長をしている、京都保育専門学院の寄宿舎の一部を貸すから保健所の方はあきらめるようにいわれたのです。私たちは何が何でも実現したい気持から、泣いて喜んだのです。

そして四月十一日待ちに待った開所式を迎えることができました。

現在八名の児童を預っています。保育料一ヶ月千五百円（内訳、バス代五百円、おやつ代五百円、教材費その他雑費等で五百円）です。人件費は一銭も含まれていないのです。でも千五百円という金額は共働きの家庭にとって決して安い金額ではありません。そのため指導員を雇うこともできず、協議会のお母さんが交替でめんどうを見ることにしましたた。

やはり私たちにとって「近くてよい場所」「良い指導員を雇えるだけの経費」「経営がなり立つだけの児童を収容すること」等が現在の望みです。

（学童保育所づくり協議会）

学童保育所づくりをすすめるために

——運動のあり方とすすめ方——

「子どものことが心配で勤めをやめようかと思っているんだけど」と悩んでいる人がいたら、たとえ、二人でも三人でもいいからすぐ活動を始めましょう。かならず成功します。

一、学童保育所はつくりやすくなつた

その条件と客観情勢

「学童保育所づくりは必らず成功する」という条件が実際に存在するというのが、いま、保育所づくり、とくに学童保育所づくりをめぐる客観情勢の特徴です。

いま、子どものために勤めをやめようかという悩みをもっている人は、すでにほかの文章で先生方が書いておられるように、たくさんいます。社会と経済の仕組みが、母親が働らかなければ一家が生活できないようになってきているのです。ですから、運動を始め、呼びかけていけば、二、三人が十人に、やがて数十人にすぐなります。

学童保育の運動が各地で始められてから、もう四、五年になります。はじめての人たちは、とても苦労しました。どこでも市や区当局はすぐ受けいれず、各地とも父母がお金を出しあって、一年か二年共同保育をやりながら運動をつづけなければなりませんでした。しかし、い

までかなり事情が変わってきています。三八年から東京都が自主事業（国の補助なしにおこなう事業）として始めた学童保育所は約一五〇ヵ所になったのをはじめ、全国主要都市の多くが公立学童保育所をつくるようになりました。また、文部省は四一年度から「留守家庭児童会」という名目で、学童保育の問題を取りあげざるをえなくなっています（この内容には、あとでのべるようにとても大きな問題がありますが）。

このような努力と情勢の発展のために、学童保育所づくりは、当初からくらべたらかなりやりやすくなっています。地方自治体当局がその必要を認めざるをえなくなっているからです。実際に、三人の父母が力をあわせて運動を始めてから、たった一年で市立の学童保育所ができた例（東京都府中市）もあります。もちろん、どこでも、そう簡単にいくわけではありません。二年近く運動してもまだ、市がつくらない（静岡市）ようなところもあります。しかし、その場合でも市は、父母の要求にこたえて補助金を出さざるを得なくなっています。

そして、各地の働く父母の運動が広がれば広がるほど、それは既設の学童保育所の内容をよくし、保母の待遇を改善する運動と結びついて政府や都道府県をゆすぶる力になっています。学童保育所づくりの運動に取り組んだり、あるいは関心をもつ場合、まず、このような客観情勢にたいする理解をもつことが大切だと思います。

二、だれのために、なんのために、だれがつくるのか

——運動の目的と展望

学童保育所はいうまでもなく、働く母と子どものためのものです。これをつくり、よくすることは、すべての働く父母とその子どもの生活と健康を守り、教育の民主化をすすめるための、いろいろな運動の一つです。

学童保育所づくりの署名運動などを始めるとよく、「子どもを育てるのは親の責任ではありませんか。社会におしつけて、よい子に育てられるでしょうか」といった反発にあいます。これは、父母だけでなく、教師のなかの一部からも出ることがあります。

これらのことばが「母親の手で育てなければこどもは不良化する」という政府のスローガンとまったく一致していることさえあります。こんなとき、父母たちは「その社会の支配的思想は、支配者の思想である」ということを身をもって知るわけです。

こういう場合、この人たちの生活をよく見ることが大切です。多くの場合、この人たちも、生活を支え、子どもを教育するために、必死になって働いています。夫は残業、妻は内職、そして子どもたちは遊び場もなく塾へ追われていく……。しかもこの人たちは、平和と生活の

向上と教育の民主化にたいして、潜在的であれ、切実な要求をもっています。

　この人たちの目には、共かせぎしている人たちの生活が（共かせぎがつづいている間は当然のことながら生活水準が比較的よいことが多いので）〃うらやましく〃見えることもあり、学童保育という要求が〃ぜいたく〃にうつることがあるのです。

　もちろん、学童保育づくりの要求は正しく、その運動は正々堂々とやるべきです。しかし、この運動を成功させるためには、要求する父母の数は住民のなかでは少数なのですから同じ地域の父母と教師の理解と支持が必要です。理解と支持を得るためには、この人たちと話しあいおたがいの生活と要求を理解しあわなければなりません。現に、学童保育所のできているところでは、公立小学校だけでなく、私立小学校へかよっている子も入会しています。また、ＰＴＡの会合に集まる母親は、「ＰＴＡの会合のときにあずかってもらえないかしら」といっています。いえ、もっとすすんで「遊び場もなく、学童保育のこどもたちをみていると、とても楽しそうだし、しっかりしているから」と、その集団保育にひかれてくる母親さえあります。

　ここから、学童保育の運動を、地域のすべての子どもを守る運動へ結びつき、発展させていくという展望がひらけます。すでに民主少年団、あるいは地域の子ども会と交流したり、学童保育の子が、これらの組織にはいっているところもかなりあります。では、学童保育を、民主少年団や地域の子ども会に吸収させることができるでしょうか。

　民主少年団の目ざすところは「子どもたちの生活全般を自分たちの手で確立することにあり、活動の場面は、学校教育、校外生活、家庭生活全般にわたるもの」ですが、「学童保育は……校外生活の時間内に限定されて」（渥美寿二氏）いる現状では、まだ、適当な時期とはいえないでしょう。むしろ、それぞれ、独自に発展させながら、交流を深めていくべきでしょう。

　ここで、地域の保育所づくり運動や幼児教育の勉強会、学校教育の民主化をすすめる運動、子どもの生命と健康を守り、そのゆたかな成長をはかることを目的とする、父母と教師たちのいろいろな運動――つまりすべての子どもを守る運動へ発展させることの重要性が出てくるのです。こういう全地域的な運動の芽は各地に出ています。図式的にすぐこのような形を追及するわけではありませんが、学童保育所づくりの運動が、こういう展望をもったとき、それはいっそう大きく発展していくということができるでしょう。

三、いっそう力をあわせ、学習を深めて

真に大きな団結にするために

　運動をしているところ、学童保育をかちとったところはどこでも、父母たちは、運動の始めのころとくらべて、ものすごく自分たちが成長したことに気がつきます。はじめ、こんな要求はとおらないのではないかと考えていた母親も、学習したり、市と交渉しているうちに、自分たちの要求の正しさを感じとるようになり、ついで、こんな当然の要求がとおらないのはなぜだろうか、と考えるようになります。こうして、日本の政治がどの方向に向いているのか、なぜ生活が苦しいのか、なぜ社会保障や社会福祉の予算をもっとふやすことができないのか、学校教育のなかでこどもがなぜ差別されなければならないのかを、徐々に、あるいは急速に理解していきます。

　こういう父母の成長は、市町村当局に交渉するときの態度も、はじめと変わって、毅然として、要求の実現をせまり、一方、自分たちの苦しみ、悩みの原因である政治にたいしてたち向かっていく（たとえば小選挙区制、憲法改悪アメリカのベトナム侵略にたいする加担に反対し、生活と権利を守るための）他の統一行動にも参加していくようになります。それぞれの地域によって、多少の高低はあっても、運動はかならずこの方向に向かっていくし、いかざるをえません。

　ここに、私たちは、父母たちのもつエネルギーに確信をもつことができます。そして、前にのべたように、学童保育づくりが、平和で民主的な生活と、すくすくと子どもが成長するような教育を要求する広範な運動の一つだという意味はここにある、と思います。

　同時に、政府や自治体も、父母と教師の団結の度合に応じて、その要求にこたえながら、またはこたえるようなふりをしながら反撃してきます。保育所と学童保育所づくりの運動の発展にたいして、福祉事務所の所長をはじめ、幹部を入れかえ、補強してきた市があります。もっとも、露骨にこのことがあらわれたのは、この四月から実施された文部省の「留守家庭児童会」です。

　これは全国の働く父母の要求に応じたかのようですが、じつは、自主事業（国の補助を受けない）である東京都などの学童保育事業を後退させ、軍国主義を目ざす政治と教育の方向に向けて、子どもを組織していこうという意図にもとづくものです。

　都をはじめとする学童保育事業は、おやつ代一日一人一〇円、教材費五円などをとっていますが、文部省の「留守家庭児童会」にはまったく計上されていません。「そんなものは個人負担すべきです」と文部省の係はい切っています。ここには児童福祉法にもとづく児童の保護、育成という考え方はまったくないのです。「これらの児童の生活指導をおこない、もって少年教育の振興に資する」文化活動「体育、レクリエーション活動、そ

の他教育的な配慮をもっておこなわれる諸行事を実施」（引用は文部省の「留守家庭児童会育成補助要項」から）するといっていますが、年間五〇万円の予算のうち二〇万円しか補助せず、定員五〇名にたいし二名の指導者という内容では、これらはことばだけに終わってしまうのはあきらかです。

むしろ、こういう抽象的なことばの裏で、昨年一〇月、文相が新聞発表にのべたように、「ボーイスカウトに入団するカギッ子については、制服を無料支給するようその団体に補助金をあたえる」といったのと同じ方向を目ざしていることに注意を向けなければならないでしょう。このように、国民の要求を逆手にとってくるのが目立つ現在、これに正しく対応するために、いっそう学習し、いっそう団結を広げ、固めていかなければならない段階にきています。

四、どのようにしてつくるか

学童保育所づくりのてびき

①　土台は保育所に

「学童保育がほしい」という人がいたら、二人でも、三人でも運動を始めましょう。運動の手始めは、まず福祉事務所へいって所長、保育係長に交渉することです。平行して教育委員会、教育長に交渉することも大切です。これは、市町村によって学童保育を、福祉事務所でやっているところと、教育委員会でやっているところがあるからです。福祉事務所でやっている場合でも、空教室を借りたり、プレハブを学校の敷地に建てるときに、教育委員会の許可がいるからです。

運動しながら、同じように困っている人の人さがしです。いま困っているだけでなく来年、さ来年困る人もふくめることが大切です。そうなれば、公私立保育所は学童保育所づくりの土台です。ここは、ほとんどが共かせぎの父母たちなのですから。そして話しあい、組織をつくりましょう。「〇〇町学童保育をつくる会」というように、できれば、すべての保育所へ呼びかけ、地域が広範になったら、いくつかに会をわけ、市とか、町の連絡協議会にしていってもよいでしょう。これらの組織は、学童保育づくりの母体です。みんなが意見をだし、みんなで動くように運営するようにすることが大切です。

②　請願と陳情。署名運動。

請願というのは、国会や都道府県、市町村の各議会に、実現してほしい要求を申し出ることです。学童保育に必要なのは、市町村議会にたいする請願です。

これにたいして陳情は、政府、自治体の首長、および各級議会の議員にたいして要求の実現を申し出ることで

す。

陳情と請願のちがいは、請願には法的な拘束力があることです。すなわち議会が採択した請願は、官公庁は「誠実に処理しなければならない」（請願法五条）と定められ、さらに議会は、送付した「請願の処理の経過および結果の報告を（市町村長に）請求することができる」（地方自治法一二五条）と定めています。つまり、請願が採択されると、法的に一定の力を発揮するわけです。同時に、請願が採択されるからには議員の多数が賛成したわけですから、市町村当局に政治的な圧力を加えることになるわけです。

もちろん、請願が万能ではありません。請願と同時に、多数の人が市町村長や福祉事務所、教育委員会にねばりづよく交渉しなければなりません。

請願は一人でも二人でもできます。しかし、議会に採択させ、市町村当局に影響をあたえるには多数の署名が必要です。ここで署名運動の必要が出てくるわけです。署名運動は、署名を集めるなかで、要求をよく住民に理解してもらうという目的もかねています。請願は議員の紹介が必要です。この紹介議員は、この請願を審議する委員会のメンバーの全員または多数になってもらうようにした方がよいようです。請願の書き方は、紹介議員になってくれる人に教われば、すぐわかります。

③　目標は公立保育所

差当たって目標は、公立保育所を少くも一学区に一つ以上つくらせることでしょう。いま、ほとんどの学童保育所が空教室利用です。しかし、これではほんとうの学童保育はできません。子どもにとって「学校から帰ったという解放感は貴重なものなのですが、これが空教室ではえられません。できるだけ学校の近くの広い敷地に建物を建てることが望ましいのですが、できなければ校庭でもよいでしょう。

共同保育は、公立保育所をつくるまでの父母の〃自衛自活〃手段と考えられます。地域の事情によっては、すぐれた共同保育所に補助金を市町村から出させようとして運動しているところもあります。また、民主的な私立の学童保育所に市町村が補助金を出して、委託しているところもあります。真の集団づくりのために、そういう運動も必要です。とりわけ、委託保育所は民主的ですぐれた保育内容を保障することができる点で、非常に有利な形態です。しかし、全体としては、二、でのべた展望からいっても、公立のしっかりした学童保育所をつくり、これを民主的に運営させる運動は基本となるでしょう。

なぜ公立保育所づくりに力点をおくかについては、いろいろ理由があります。その主なものは、公立保育所は、原則として無料であり（実際には予算不足のためおやつ

代などを父母が補充していますが）、国と自治体に、子どもの安全とよい生活環境をあたえるという義務を遂行させることになるからです。

しかし、共同保育は、市町村当局に、公立保育所をつくらせるうえで、とても大きな役割りを果たします。実物があるのですから、市町村として、だまっていられなくなります。また、住民に訴える場合にも、具体的でわかりやすく、その運営は保母と父母の手で民主的におこなうことができます。

大切なのは、この民主的運営と保民の手による子どもたちの民主的な集団づくりを内容とする保育をそっくり、公立保育所にもちこむことです。東京都杉並九小をはじめ、これに成功した例はかなりあります。共同保育を始めたら、公立保育所ができたときに、保母もふくめて引きつげるよう、大きな力をつくりあげておくことが大切です。

④　運動しながら学習を

共かせぎのうえに、運動するだけでもたいへんなことです。しかし、運動するなかでわからないこと、知らなければならないことがたくさん出てきます。たとえば、「学童保育とはどういうものか」「子どもにとってほんとうによいことか」について、まず父母自身が確信をもつ必要があります。

また母親が働くことの意味をつかみ、いまの労働者のおかれている状態をつかむようにすることも大切です。こうした学習を積みかさねたなかで「こりゃあ、国や市が、当然やらにゃあいかんというこってすなあ、いや、よくわかった」とさけびだした父親がありますが、このように、学童保育所の要求は働く父母の当然の権利であるという考え方をしっかり持つことが大切です。

他の父母に、学童保育所づくりの理解と支持を得るために、学童保育について勉強すると同時に、その人たちの置かれている状態、つまりは、いまの日本の勤労者、国民多数のおかれている状態についても、ぜひ勉強する必要があります。こういう学習と、署名などで話しあい、協力しあうなかで、連帯感が生まれてくるからです。これは、子どもを守る運動にとって、とても大切なことです。

(5)　協力者を得よう

学童保育所づくりの最大の協力者は教師であり、教員組合です。そして実際に各地の運動に、良心的で誠実な教師や、民主的な教員組合が、大きな協力をしています。学童保育所づくりの学習会の助言者になったり、いっしょに運動してくれている場合も少なくありません。しかし、まだこの運動に無関心の教員組合、あるいは理解のない教師もかなりいます。

　このような場合は、父母の生活の実情や子どもの実態を具体的に話し、働く父母たちとの話しあいに教師に参加してもらいましょう。地区の教研集会に学童保育の問題をもちこんで、賛成派の父母と教師、反対派の父母と教師というように、討論のなかで、意見が二つにわれてしまったこともあります。しかし、これが、あとで、学童保育にたいする理解を広めるのに役立っていることがわかりました。

　忘れてならないのは、ＰＴＡの協力を得ることです。いま、ＰＴＡのなかには、民主的に運営されていないものがかなりあります。それでも、ねばりづよく学級から、地区の校外補導部から話しあうなかで、取りあげてもらうことは、決して不可能ではないでしょう。都営住宅や公団住宅の自治会の協力も、署名運動や、敷地の確得などのときには大きな力をだしてくれます。

(6) その他

　運動のなかで、とくに議会や市当局との交渉、陳情、議会での審議のときに、共産党、社会党の議員はたいへん心づよく、ぜひ必要です。しかし、同時に議会のなかの多数の議員が協力せざるをえないように仕向けることを忘れないようにしましょう。なぜなら、請願などの場合、採択するかどうかは議員多数が賛成するかどうかにかかっているからです。共産党や社会党の議員がいない場合でも、議員のなかの良心派を見つけて、協力してもらうようにすることが大切です。

　議員にしてもらうと有利なことはたくさんあります。

○市長など自治体の当局者に面会の約束を取りつけるとき（かならずしも必要でないが、たとえば共かせぎのために市長に夜間あってもらうなどの便宜をはかる交渉をしてもらう）。

○他の市町村の学童保育所見学に市のバスを出してもらうとき。

○議会で審議するさい、運動の代表者に説明の機会をあたえるようあっせんしてもらうとき（これは請願書のおわりにも書きそえておくとよい）。こういうなかで、ほんとうに市民ために働く議員はどの政党の者かがよくわかってくるでしょう。

　このほか、市町村当局者は、不勉強か、知っていてもとぼけることが多いので、事前に学童保育についてよく調査して、市当局に具体的に要求できるようにしましょう。

　この項は、本号を編集するにあたって、いろいろの方がたのご意見をきき、まとめたものです

（編集部）

参考資料

学童保育事業関係法令

―抜萃―

〔児童福祉法〕

第二条　国及び地方公共団体は、児童の保護者とともに、児童を心身ともに健やかに育成する責任を負う。（児童育成の責任）

第二十四条　市町村長は、保護者の労働又は疾病等の事由により、その監護すべき乳児、幼児又は第三十九条第二項に規定する児童の保育に欠けるところがあると認めるときは、それらの児童を保育所に入所させて保育しなければならない。

但し、附近に保育所がない等やむを得ない事由があるときは、その他の適切な保護を加えなければならない。（保育所への入所措置）

第三十九条　保育所は、日々保護者の委託をうけて、保育に欠けるその乳児又は幼児を保育することを目的とする施設とする。

②　保育所は、前項の規定にかかわらず、時に必要があるときは、日々保護者の委託をうけて、保育に欠けるその他の児童を保育することができる。（保育所）

第四十条　児童厚生施設は、児童遊園、児童館等児童に健全な遊びを与えて、その健康を増進し、又は情操をゆたかにすることを目的とする施設とする。（児童厚生施設）

〔教育基本法〕

①**第七条**　家庭教育及び勤労の場所その他社会において行われる教育は、国及び地方公共団体によって奨励されなければならない。

②　国及び地方公共団体は、図書館、博物館、公民館等の施設の設置、学校の施設の利用その他適当な方法によって教育の目的の実現に努めなければならない。（社会教育）

〔学校教育法〕

第八十五条　学校教育上支障のない限り、学校には、社会教育に関する施設を附置し、又は学校の施設を社会教育その他公共のために、利用させることができる。（学校と社会教育）

留守家庭児童会育成事業費補助交付要項―（文部省）―

一、目　的

下校後保護者が家庭にいない小学校児童を対象に、留守家庭児童会を開き、これら児童の生活指導を行ない、もって少年教育の振興に資する。

二、補助事業の内容

補助対象となる事業の内容は、次のとおりのものとする。

(1)　参加対象

ア、参加対象者

小学校児童で下校後午後五時頃まで保護者が家庭にいない場合等、保護指導を受けることができないことが常態（月間一五日以上、三か月以上継続）であるもの。

イ、人　員

一留守家庭児童会当り年間を通じて四〇人以上をもって構成する。

(2)　実施場所

公民館、学校、その他この事業を行なうに適切な施設で実施するものとする。

(3)　実施時間

児童の下校時から午後六時頃までとする。

(4)　実施回数

年間三か月以上継続して、週三日以上実施する。

(5)　指導内容

文化活動、学習活動、体育・レクリエーション活動、その他教育的な配慮をもって行なわれる行事等を実施し、留守家庭児童の生活指導を行なう。

(6)　保護者連絡

当該児童の指導育成上必要な連絡を行なうとともに、月一回程度面接を行ない、その後の指導について理解を深める。

(7)　指導者の人数・資格

ア、指導者は一留守家庭児童会について原則として二人以上とする。

イ、指導者の資格は、留守家庭児童の育成指導について熱意を有するもので、教員、社会教育主事の免許資格を有するもの、またはＰＴＡ、青少年団体などの社会教育関係団体で指導者としての経験を有するもの等児童の指導につ

いて知識・経験を有するものとし、市（区）町村教育委員会が委嘱する。

三、国庫補助対象経費

指導者謝金、消耗品費、印刷製本費、借損料、会議費

四、国庫補助金の額

国庫補助金の額は一留守家庭児童会当り、十万円、十五万円、二十万円の定額補助とする。

ただし、三か月以上七か月未満の場合はそれぞれの国庫補助金の額の二分の一とする。

五、国庫補助金の算定方法

一留守家庭児童会当りの国庫補助金の配分は、原則として次表によるものとする。

ただし、実施期間が三か月以上七か月未満の場合における補助金配分額、補助対象経費はそれぞれの二分の一とする。

補助金配分額	補助対象経費	一児童会の人員	一週間の実施日数
一〇万円	二五万円以上	四〇人以上	三日以上
一五万円	四〇万円以上	四〇人以上	四日以上
		六〇人以上	三日以上
二〇万円	五五万円以上	六〇人以上	四日以上

六、提出書類

次の書類を二部ずつ提出するものとする。

(1)　事業計画書　　別紙様式　一 ｝略
(2)　収支予算書　　別紙様式　二

学童保育施設所在地

―東京都―

二十三区（区の下の数字は施設数）

（四一・八・一〇現在）

〔荒川区〕　④

▼第七峡田小学校学童保育クラブ（東京都荒川区町屋一―二八―八）▼大門小学校学童保育クラブ（東京都荒川区町屋四―三六―一〇）▼尾久小学校学童保育クラブ（東京都荒川区東尾久五―六―七）▼第九峡田小学校学童保育クラブ（東京都荒川区荒川六―一八）

〔足立区〕　⑧

▼宮城クラブ（東京都足立区宮城町一八　宮城小学校内）▼柳原クラブ（東京都足立区柳原二―四九　柳原小学校内）▼保木間クラブ（東京都足立区　保木間二七九〇　保木間小学校内）▼関原クラブ（東京都足立区本木町二―一七九七　関原小学校内）▼島根クラブ（東京都足立区島根町五三〇　島根小学校内）▼花畑クラブ（東京都足立区花畑町三一三〇　花畑第一小学校内）▼大谷田小学校学童保育クラブ（東京都足立区中川四―四一　同校内）▼千寿第八小学校学童保育クラブ（東京都足立区千住関屋三三　同校内）

〔板橋区〕　⑨

▼志村坂下小学校学童保育クラブ（東京都板橋区相生町二六　同校内）▼板橋第九小学校学童保育クラブ（東京都板橋区栄町六　同校内）▼板橋第十小学校学童保育クラブ（東京都板橋区大谷口上町四三　同校内）▼志村第三小学校学童保育クラブ（東京都板橋区清水町八三　同校内）▼志村第六小学校学童保育クラブ（東京都板橋区蓮根町一―二一　同校内）▼板橋第八小学校学童保育クラブ（東京都板橋区双葉町四二　同校内）▼上板橋小学校学童保育クラブ（東京都板橋区東山町四七　同校内）▼弥生小学校学童保育クラブ（東京都板橋区弥生一九　同校内）▼板橋第七小学校学童保育クラブ（東京都板橋区大山金井町三一　同校内）

〔江戸川区〕　⑥

▼小松川第二小学校学童保育クラブ（東京都江戸川区小松川一―一〇〇　同校内）▼第三葛西小学校学童保育クラブ（東京都江戸川区宇喜田一九―七　同校内）▼松江小学校学童保育クラブ（東京都江戸川区東小松川三―三二一三　同校内）▼瑞江小学校学童保育クラブ（東京都江戸川区西瑞江町三―三九　同校内）▼南小岩第二小学校学童保育クラブ（東京都江戸川区小岩町一―一六四　同校内）▼下小岩第二小学校学童保育クラブ（東京都江戸川区興宮三三一　同校内）

〔大田区〕　③

▼御園子どもクラブ（東京都大田区御園一―一五）▼糀谷子どもクラブ（東京都大田区東糀谷町四―三―五）▼古川子どもの家（東京都大田区古川町一四五）

〔葛飾区〕　③

▼高砂学童保育クラブ（東京都葛飾区高砂町一五六六・高砂小学校内）▼松南学童保育クラブ（東京都葛飾区下小松町一七〇四　松南小学校内）▼中青戸学童保育クラブ（東京都葛飾区青戸町一―二五　中青戸小学校内）

〔北区〕　⑮

▼豊島子どもクラブ（東京都北区豊島二―一六　豊

川小学校内）▼神谷子どもクラブ（東京都北区神谷二—三〇　神谷小学校内）▼若葉子どもクラブ（東京都北区昭和町三—五　滝野川第五小学校内）▼もみじクラブ（東京都北区田端町一八三四　滝野川第四小学校内）▼若竹子どもクラブ（東京都北区滝野川五—四四　滝野川第六小学校内）▼柳田みどりクラブ（東京都北区豊島二—五　柳田小学校内）▼ふじクラブ（東京都北区中十条三—六　荒川小学校内）▼桐ケ丘子どもクラブ（東京都北区赤羽北三—一六　桐ヶ丘北小学校内）▼桜草クラブ（東京都北区浮間三—四　浮間小学校内）▼谷端子どもクラブ（東京都北区滝野川七—一二　谷端小学校内）▼二岩若葉クラブ（東京都北区志茂一—三四　岩淵第二小学校内）▼王一さくらクラブ（東京都北区王子五—一七—一八　王子第一小学校内）▼赤羽子どもクラブ（東京都北区赤羽町一—二一〇　赤羽小学校内）▼稲田子どもクラブ（東京都北区稲付二—一九五　稲田小学校内）▼東十条子どもクラブ（東京都北区東十条三—一四　東十条小学校内）

〔品川〕③

▼品川学童保育クラブ（東京都品川区南品川五—二〇五　品川福祉センター内）▼大井学童保育クラブ（東京都品川区東大井六—一四—一六　東大井福祉センター内）▼中延児童センター（東京都品川区西中延一—六—一六　同　センター内）

〔渋谷〕③

▼渋谷学童クラブ（東京都渋谷区神宮前三—二五一一五　母子館内）▼氷川町学童クラブ（東京都渋谷区東二—一一—四　青年館氷川分館内）▼代々木学童クラブ（東京都渋谷区代々木一—三七　青年館代々木分館内）

〔杉並区〕⑭

▼杉並第三小学校学童保育クラブ（東京都杉並区高円寺二—四二三　同校内）▼杉並第九小学校学童保育クラブ（東京都杉区天沼三—八三二　同校内）▼西田小学校学童保育クラブ（東京都杉並区西田町一—四七二　同校内）▼四宮小学校学童保育クラブ（東京都杉並区上井草二—一二—二六　同校内）▼高井戸小学校学童保育クラブ（東京都杉並区上高井戸五—二〇五八　同校内）▼高井戸第四小学校学童保育クラブ（東京都杉並区大宮前六—三九五　同校内）▼方南小学校学童保育クラブ（東京都杉並区方南町一九一　同校内）▼若杉小学校学童保育クラブ（東京都杉並区天沼三—一五—二〇　同校内）▼高井戸第三小学校学童保育クラブ（東京都杉並区下高井戸二—四二七　同校内）▼和田学童保育クラブ（東京都杉並区和田本町四二　和田公園内）▼桃井第四小学校学童保育クラブ（東京都杉並区善福寺三—三　同校内）▼馬橋小学校学童保育クラブ（東京都杉並区馬橋三—三〇五　同校内）▼堀ノ内小学校学童保育クラブ（東京都杉並区堀ノ内一—一六三　同校内）▼新泉小学校学童保育クラブ（東京都杉並区和泉町二—一九　同校内）

〔世田ケ谷区〕③

▼祖師ケ谷学童保育クラブ（東京都世田ヶ谷区祖師ヶ谷二—四七〇　祖師ヶ谷小学校内）▼上北沢学童保育クラブ（東京都世田ヶ谷区上北沢一一三一　上北沢小学校内）▼尾山台学童保育クラブ（東京都世田ヶ谷区玉川等々力一—一六　尾山台小学校内）

〔豊島区〕⑭

▼仰高小学校学童保育所（東京都豊島区巣鴨二—四六　同校内）▼西巣鴨小学校学童保育所（東京都豊島区巣鴨三—七六七　同校内）▼大塚台小学校学童保育所（東京都豊島区西巣鴨一—三二七七　同校内）▼池袋第一小学校学童保育所（東京都豊島区池袋八—二三〇三　同校内）▼池袋第二小学校学童保育所（東京都豊島区池袋五—二〇二　同校内）▼池袋第五小学校学童保育所（東京都豊島区池袋四—四五三同校内）▼日の出小学校学童保育所（東京都豊島区池袋東三—七同校内）▼長崎小学校学童保育所（東京都豊島区長崎二—六—三　同校内）▼椎名町小学校学童保育所（東京都豊島区東長崎四—三〇　同校内）▼要町小学校学童保育所（東京都豊島区要町二—七　同校内）▼千早小学校学童保育所（東京都豊島区千早町三—二一　同校内）▼巣鴨小学校学童保育所（東京都豊島区巣鴨六—一四八三　同校内）▼千川小学校学童保育所（東京都豊島区要町三—三九　同校内）▼富士見台小学校学童保育所（東京都豊島区南長崎一—一〇　同校内）

〔文京区〕③

▼柳町子どもクラブ（東京都文京区柳町二八柳町小学校内）▼関口台町子どもクラブ（東京都文京区関口台町四八　関口台町小学校内）▼真砂子どもクラブ（東京都文京区真砂町一一真砂小学校内）

〔練馬〕⑥

▼北町小学校学童保育クラブ（東京都練馬区北町一—一五—二六　同校内）▼北町西小学校学童保育クラブ（東京都練馬区北町八—八—一一　同校内）▼南町小学校学童保育クラブ（東京都練馬区練馬三—一—五　同校内）▼練馬第二小学校学童保育クラブ（東京都練馬区貫井四—一四—一八　同校内）▼旭町小学校学童保育クラブ（東京都練馬区旭町六〇八　同校内）▼石神井東小学校学童保育クラブ（東京都練馬区富士見台四—一三—三〇　同校内）

〔新宿区〕②

▼東五軒町子どもクラブ（東京都新宿区東五軒町三五　保育園内）▼柏木子どもクラブ（東京都新宿区柏木二—四一二　保育園内）

〔墨田区〕④

▼業平小学校学童保育所（東京都墨田区平川橋二—二同校内）▼墨田第二小学校学童保育所（東京都墨田区四—六—五　同校内）▼第一寺島小学校学童保育所（東京都墨田区東向島一—一六—五　同校内）▼第四東小学校学童保育所（東京都墨田区京島三—六四—九　同校内）

〔江東区〕④

▼深川小学校学童保育所（東京都江東区深川高橋一—三　同校内）▼砂町小学校学童保育所（東京都江東区北砂町四—一三　同校内）▼第三大島小学校学童保育所（東京都江東区大島七—三八　同校内）▼—九月より—平久小学校学童保育所（東京都江東区深川平久一—六　同校内）

〔台東区〕③

▼谷中子どもクラブ（東京都台東区谷中三崎町五一谷中小学校内）▼田中子どもクラブ（東京都台東区浅草田中町三—九　田中小学校内）—九月より—▼石浜子どもクラブ（東京都台東区浅草石浜町二—一三　石浜小学校内）

〔港区〕①

▼青山児童館学童保育部（東京都港区青山北町五—二四）

〔目黒区〕　十月半ばより二ケ所開く予定

〔中野区〕　二八校全校校庭開放

〔中央区〕　一八校全校校庭開放

〔千代田区〕　なし

—市町村部—　⑮

〔武蔵野市〕▼市立子どもクラブ（東京都武蔵野市関前　市立第五小学校内）

〔三鷹市〕第一学童保育クラブ（東京都三鷹市上連雀三四三　市立第七小学校内）▼第二学童保育クラブ（東京都三鷹市野崎四〇五　市立第二小学校内）

〔昭島市〕▼学童保育園（東京都昭島市柞島町三九二七　市立柞島第二小学校内）

〔町田市〕▼森野クラブ（東京都町田市森野四—一六四　森野四丁目会館内）▼金森クラブ（東京都町田市金森一二二一—一　金森二丁目集合所内）

〔小金井市〕▼第三小学校クラブ（東京都小金井市梶野町五—一一一六　同校内）▼東小学校クラブ（東京都小金井市東町四—一六六一　同校内）

〔小平市〕▼学童保育クラブ（東京都小平市大沼町一—一四六　市立第七小学校内）

〔府中市〕▼府中第六小学校学童保育所（東京都府中市天津町四—一四　同校内）

〔調布市〕▼学童保育部（東京都調布市金子町一一二二　児童会館内）

〔青梅市〕▼第一小学校子どもクラブ（東京都青梅市二二二　同校内）

〔国立町〕▼第四小学校学童保育所（東京都北多摩郡国立町保谷八九五五　町立第四小学校内）

〔大和町〕▼大和第三小学校クラブ（東京都北多摩郡大和町清水一三六一　同校内）

〔清瀬町〕▼学童保育所（東京都北多摩郡清瀬町梅園二—九—三八）

〔田無町〕▼田無学童保育クラブ（東京都北多摩郡田無町本町四—五—一二　田無小学校内）▼谷戸学童保育クラブ（東京都北多摩郡田無町二九五〇　谷戸小学校内）▼向台学童保育クラブ（東京都北多摩郡田無町八九八　向台小学校内）

—その他—

▼学童クラブみどり会（東京都板橋区[redacted]鈴木方）▼ナオミホーム（東京都世田ケ谷区轟町二—二四四）▼品川学童園（東京都品川区小山四—七一）

—地方—

〔大阪〕▼学童保育の会（大阪市東淀川区東淀川団地内）▼今川学園隣保部学童保育室（大阪市東住吉区今川町二六二）▼さかえ隣保館学童保育部（大阪市浪速町西四—九）▼セツルメント協議会学童保育部会（不明）

〔京都〕▼桂クラブ（京都市桂野里町桂保育園内）▼砂川小学校学童保育クラブ（京都市伏見区　砂川小学校内）▼希望の家（京都市南区西九条）

〔神奈川〕▼横須賀基督教社会館児童クラブ（神奈川県横須賀市田浦町七—八一）

〔埼玉〕▼箱田学童クラブ（埼玉県熊谷市[redacted]関田方）

〔新潟〕かもめ子ども会（新潟市[redacted]熊倉豊典方）

〔北九州〕▼黒崎学童保育クラブ（北九州市八幡区八千代町中二　黒崎母子寮内）▼豊山学童保育クラブ（北九州市八幡区春ノ町一　豊山母子寮内）▼枝光学童保育所（北九州市八幡区山王町一　八幡児童ホーム）▼初音学童保育クラブ（北九州市戸畑区弁天町一　初音母子寮内）▼門司学童保育クラブ▼（北九州市門司区宗利町一　源林寺内）▼寿山校区社協学童保育クラブ（北九州市小倉区字富野八三三）▼香月学童保育クラブ（北九州市八幡区香月町字高塚）

—学童保育連絡協議会のあるところ—

○東京都北区神谷町二—三三　神谷保育園内

○京都市桂野里町桂保育園内

○静岡市[redacted]石黒方

○広島市国泰寺町二丁目一番—一九　教育会館内　広教組広島支部気付

○新潟市東仲通一—八六　厚生財団会館内

○北九州市（住所不明）

編集室だより

　働くおかあさんたちのあいだで、乳幼児保育、学童保育の施設をもとめる要求は、ますます高まっています。全国各地で、その実現をめざす運動が、さまざまに進められてきましたが、とくに学童保育問題については、それが新しい運動だけに、困難も少なくないようです。

　日本子どもを守る会では、学童保育問題が子どもを守る運動の上で重要な意味をもつと考え、大きな関心をはらってきました。そして、その意味を理論的にはっきりさせ、施設の実状と向上、さらには普及の方向をあきらかにして、運動に寄与する責任を果たそうと念願してきました。

　とりあえず「子どものしあわせ」の本年三月号に小特集を試みましたところたいへんに好評でした。それを企画するまえから、わたくしたちは、この問題についてもっと本格的な別冊特集を計画していたのでした。そして、そのために、関係諸分野の専門家や学童保育運動の活動家の協力をもとめ、充実した指針というのにふさわしいものをまとめようと努力を重ねてきました。その結果が、このような形で出ることになったわけです。普通号に重ねて別冊を発行することには、いろいろ問題も予想されるので、不本意ながら、これを九月号としてまとめました。その結果、連載その他を一切ストップさせることになり、読者各位のご期待にそむくことになってしまいました。この不手ぎわは重々におわび申しあげます。しかも、半年余にわたって編集の企画・執筆にご協力いただいた、後記の方がたにも何かとご迷惑をかけることになり、まったく申しわけないことです。

　しかし、わたくしたちとしましては、この特集号が、学童保育運動の当面の課題と方針をあきらかにした、最高の文献であることを信じて疑いません。この特集号を武器として全国各地に学童保育運動がもりあがり、子どもを守る国民運動の一翼に重要な拠点が確保されることを期待してやみません。

　「子どものしあわせ」では、今後も、日本の子どもを守る諸運動のなかから時宜を得た適切な問題を選んで、その一般化・理論化をはかる特集にまとめ、読者各位のご期待にこたえたいと念願しております。条件が整えば別冊特集も、いろいろ出せるわけです。どんな問題をとりあげていったらよいか、そういう点についても、ご意見を聞かせてほしいと思っております。

（日本子どもを守る会副会長
（菅忠道）

編集協力

全国幼年教育研究協議会
渥美　寿二
学童保育施設みどり会
松本ちさえ
東京保育問題研究会々員・日本社会事業大学教授
鷲谷　善教
鉄道弘済会資料室　手塚直樹
新日本婦人の会中央本部
学童保育連絡協議会・保育問題研究会・日本母親連絡会・東京母親連絡会・婦人民生クラブ・全国社会福祉協議会

子どものしあわせ　9月号（第124号）1966年9月1日発行
定価　70円（送料6円）　編集/日本子どもを守る会　発行所　草土文化
東京都千代田区神田一ツ橋教育会館内　東京都千代田区九段4の1斎藤ビル
電話(265)３９２９　振替・東京7448　電話(262)4025,0625振替・東京46122
編集責任　羽仁説子　印刷所/明治印刷株式会社
購読ご希望の方は最寄りの書店へ。直接の場合は6カ月分456円，1年分912円（送料共）をご送金下さい

子どものしあわせ
昭和三十一年七月五日　第三種郵便物認可
昭和四十一年九月一日発行（毎月一回一日発行）
定価七〇円（送料六円）
IBM 3785

子どものしあわせ

父母と教師を結ぶ雑誌　日本子どもを守る会編集

3

特集・もっとほしい学童保育

■学童保育所づくりの運動をめぐって　公文昭夫

■その基準と入所の手続き

■できあがったが問題はある－国立・大田の例－

父母のための教科書ものがたり（新連載）

教育補助を受けましょう

子どものしあわせ

1968

3　月　号

特集

もっとほしい

学童保育

＜表紙＞　いわさきちひろ　　＜カット＞　笠原八重子

特集　もっとほしい学童保育

日本の未来のために
たくましい子どもを育てるために
集団の場をあたらしくつくるために

一学校に一学童保育

これが理想とおもいます

岩城セツ子

私は、現在七才と二才の女の子を育てながら働らく母親である。今年の四月、長女の学童保育が決るまでは、ほんとうに心配だった。家の近くには、学童保育をする学校がぜんぜんなかった。そこで、友だちも多く、まだ次女が保育園へ行っているため、保育園に近い、学童保育のある学校へ入れるよう、知人に頼んで寄留させてもらった。

そこの学童は、希望する人が少なく、定員の半数ぐらいで、先生の目もよくゆき届き、学校としても、学童保育の子どもということで、特に差別をしないようなので安心した。

学童保育では、学校の先生との申し合わせで、予習は一切しないが、宿題はみてくれるということだった。勉強については、なかなか毎日みてやれないので、学童保育へ期待する面は多いのだが、学校の先生の話では、授業のときしっかり頭に入れてもらって、通信簿で3点以上の子どもは特に家で勉強しなくともよい。それより、できるだけいろいろな本を読むように、ということなので、学級文庫から、本を借りてきた子どもが、自分で三十分でも毎日本を読むように指導してくださるよう、学童保育の先生にお願いした。協力してくださっているようだ。

ただ、学童保育は五時までなので、四時半に勤労の終る私の職場から、飛ぶようにして帰っても、迎えに行く時間が間に合わないこと。

家まで二十分近くある交通量の多い道を、一人で帰らせることは、まだ心配だった。そこで、保育園で待ち合わせることにした。その帰り道は、子どもから、今日あったことを聞きながら、話し合える貴重な時間にもなっている。

そんななかで、長い夏休みを迎えた。夏は夏時間があって、五時半までになると知って待ち望んでいたのだが、逆に、朝は十時からとなり、これまた大変だった。そのうえ、夏休みには、田舎や親せきに泊りに行く子が多く、おそくまで毎日いるのは、家の子一人だけ、という日が何日もあり、先生方は、遊び仲間がなく、一人だけでかわいそうだからと、親切心から、早く帰そうとしてくれた。夏時間を待っていただけに、考えられなかったこの現実にとまどってしまった。

問題は、すべての学校に、〝学童保育〟があれば、さらに、保育時間が長ければ、母親としては、安心して働けるのだが、とつくづく思うのだった。

また、もう一つの問題は、学童保育の先生の給料が、一カ月、一万五千円という、全くの低賃金だということです。このことも、学童保育の時間延長と併せて考えてゆかなければならないことだ。

そしてまた、学童保育がないために、多くの母親が、子どもが学校へ行くようになったら職場をやめたい、やめるということではなく、一学校に一学童保育の実現を強く望むものです。

（東京）

差別が門を狭くする

"子持の弱味"の解決のためにも

なかそ　ゆりこ

生後四十二日目から保育ママの手で一年。その後、北区からひばりガ丘の友人のところで三カ月。高崎の妹のところで三カ月。やっと今の保育園へ一才六カ月から預けられるようになってホッとしたと思ったら、もう一年経てば就学するという新しい問題が始ろうとしています。

私が結婚して共働きを始めてから間もなく職場には二十五才定年制、結婚定年制がしかれ、職場における女子は半パ人足だという考え方が支配的になっているなかで、子持ちの弱味が、自分に「後家のがんばり」を強いる時期もあったけれど、とにもかくにも、私は、たった一人子どもを持って働く者としてそれをかんばってきた。

生まれても安心して預けられる保育所がなかったときには、カンガルーのようにおなかの中にいてくれた方がよかったと思い、「鍵っ子」だとか「学童保育の子どもは問題が多い」などといわれているのを聞くと、いつまでも保育園にいてくれた方が—と、問題をさけて通りたいと思うときもたまたまある。

昨年保育園を卒園して就学した子どもたちの中で、学童保育を必要とする子どもたちのおかあさん方が、連日のように集りをもって相談しながら学校側や区に対して交渉をし、あまりにも狭すぎた学童保育の部屋の拡張を実現させたり、ともすれば学童保育を受けている子どもに対して偏見をもつ教師に対して働く母親の立場を理解させる活動をしているのを、私もまもなく子どもを学童保育を受けさせようとしている母として、無関心ではいられなかった。わけても、「共働きの家庭の子どもは落ちつきがない」とか、「親の目がとどかないからしつけが悪い」とかいわれて校内でなにか問題がおきると、事実をたしかめてみるまえに、学童保育の児童を疑ってかかることなどをきくと、これから先の不安というより腹立たしくさえある。

共働きの親をもつ子らが、母親が絶えずそばにいて育てられた子どもと比較して、いろいろの違いがあろうと思う。幼児期の子どもにとって集団生活の必要が強調されるのは、裏返して言えば、母親がそばにつきっきりで育てることのマイナスを意味している。だから最近は、"集団生活"をさせることだけを目的として幼稚園へ殺到しているのかも知れない。同じ集団生活でも、幼稚園と保育園を比較する考え方にも納得がゆきかねるし「働く」ことの尊さを説くべき場にある教師が、両親が働いている—ということで、その子どもを差別する—。こういう考え方が多いから学童保育への門は狭く、「鍵っ子」の問題が出て来るのではないか。

私たちは、今までも子どもと「働く」ことについて話し合って来たように、これからも今まで以上に話し合ってゆきたい。そういうとき、親にとっても子どもにとっても完全な学童保育の場がなくてはならない存在なのです。私は、保育園の中で、同じなかまと共に元気に育って来たこの子らの芽を、これから着実に伸ばして行ってくれる、学童保育を欲しいと思う。

私たちは年末に北区西ケ原から北区豊島町

へ移転した。子どもが就学するまではまだ一年間の余裕はあったけれど、学童保育に入れるためというのが第一の目的であった。苦労して学童保育を確保して来てくれた多くのおかあさんたちの力の上におんぶするような形ではあるが、私は、学童保育を受けるために移住しなければならないということに問題を感ずる。

（東京）

創造力を伸ばす教育の場を

同情や良心に頼っているようではダメ！

漆原喜一郎

私は学童保育という言葉がきらいです。保育というのは、幼児に対する言葉であり、内容だと思うからです。そのためか、最近では呼称をかえて「子どもクラブ」と言うようになりました。

しかし、内容や施設、設備、指導者が変ったわけではありません。問題は名称を変えてすませようとする、考え方や施設のなかにこそあるのだと思います。

子どもクラブ設置の理由を考えてみると、

① 高度経済成長のひずみが、昭和35、36年ごろから現われだし、共働き夫婦がふえて「鍵っ子」問題の対策にせまられたこと。

② 地域住民の権利意識が高まり、高校全入運動、保育所増設運動などの諸要求の高まりのなかから、各地に自主的な学童保育実施の具体的な運動が進められたこと。

などが、行政担当者をして、「学童保育」を発足させざるをえなくしたのだと考えます。

したがって、東京文京区の場合などでは、要求度が強く、必要度が高い校区を優先し、しかも校舎の一部が使用できる学校が、まずえらばれたわけです。

柳町、真砂、関口台町の三校にクラブができ、昨年、指ケ谷、根津にでき、計五つの小学校に設置されました。

教科外活動として、青少年に対する教育に対する配慮は、各国が心をくだいている問題です。ソ連や中国の例を考えても、「ピオネール宮殿」、「少年の家」など、放課後の自由な活動をつうじて、能力を最大限に伸ばすことを考え実施していると聞きます。

日本は、「世界で第三位の国民総生産力を持っている国である」と、言われていることがほんとうなら、鍵っ子対策の、保育第一主義のような「子どもクラブ」ではなく、子どもの夢を育て、能力を引き出すような施設、設備をこそ作るべきだと考えます。

指導員についても、私の聞いたところでは月収二万円で、ボーナスも、健康保険の保証もないということでした。昇給制度もなく、パートタイマー扱いが現状のようです。

これでは、意欲を失わせてしまいます。指導員の良心によって、かろうじて運営されているようなことでは、まずいのではないかと思います。

区では、厚生課の方がたの努力で、年一回のハイキングとか、毎日のおやつなどが実施されていますが、好意と善意による童心主義、同情的運営でなく、青少年の創造力を伸ばすような、教育の場を実現させることを望みます。

（東京柳町小学校教諭）

学童保育（クラブ）に子どもを預けるには

——その基準と手続きについて——

菅野正幸

学童保育に入れたいが、さてその手つづきはどうするか。それがわからないために迷っているお母さんも多いと思います。

そんなときにはまず先生に相談をしていただきたいのですが、それでもわからないときにはこのように……。

家庭にかわって、子ども達を、健全で明るく遊ばせ、その成長を伸ばそうという〝良き環境〟として生まれた学童保育の施設にわが子を入会させるにはどうしたらよいか。

ここでは東京都内の学童保育の幾つかの例によって説明しましょう。

まずどこにあるか調べる

両親が働いていたり、または子どもの成長のために学童保育に入会させたいと希望している家庭は相当な数にのぼります。しかし一般には学童保育とはどういうものかということは殆んど知らされていませんし、また子どもを入会させる手続きというものも知らされておりません。

東京都内には公（区）立、私立を含めて約一四〇ヵ所の学童保育所があります。これの所管は公立では区の福祉課（区によっては教育委員会）ですので、まず子どもを入会させるため地理的に一番近い学童保育所はどこにあるかを調べる必要があります。例えば近くにあっても車の交通量の多い危険な道路を渡らなければならない場合もありますし、子どもにとって下校後安全に通える所になければなりません。またあまりに遠いところでは、子ども自身が通いきれないことにもなってしま

います。

学童保育所がどこにあるかはとりあえず前記の区の福祉課（教育委員会所管であっても福祉課に聞けばどこが窓口かはわかるはずです）に場所を確かめる必要がありましょう。

公立の学童保育所は校舎の一部（空教室）を利用している所が多い（近頃は独立したプレハブの施設も多くなったが）ので、学校の先生に聞くのもよい方法です。もしその学校に学童保育所があればすぐわかりますが、ない場合は先生からさらにさらに探してもらうのも一法です。さらに学童保育連絡協議会（TEL二九二—〇八五五＝東京都千代田区神田神保町一の二七児童文化研究所内）に問い合わせれば都内全般の学童保育所の実態を把握しているからどこそこに適当な学童保育所があるか、さらにその他の問題も親切に相談にのってくれます。

指導員に手続きをたのむ

学童保育所の場所がわかったら、つぎにはそこの学童保育所に行って指導員に相談するのが入所する一番手近な方法でこれに限ると思います。なぜならば学童保育の入所方法、手続きは各区まちまちで、例えば

A区では入所についての所管は区の福祉課であるにもかかわらず、実際には指導員が入所の申込書を受付ければそれで足りる。

B区では指導員が入所申込書を受付け、園長である校長を通じ、教育委員会より入所受理しなければ入会できない。

C区は入会申込書の他に、収入証明書を添付、区の福祉課が指導員に入会決定通知を出さなければ、入会できない。

等々例を挙げればきりがありません。指導員をたずねればその区の入会手続きは整えてくれます。

つまり学童保育（公立）は、入所手続き一つとっても、東京都の中でも統一がとれていないのが現状です。これは学童保育に対する国（文部省）と都（民生部）の方針の喰い違いが反映して各区の学童保育に対する姿勢がマチマチであることを示しています。

とはいっても、都内の学童保育の施設や保育内容は、おとうさん、おかあさん達の運動を背景にして、その数もふえ、施設、保育内容とも日に日に良くなって行きつつあります。

北区、あるいは品川区のように、町の有力者を含めた運営委員会により運営されている学童保育も、都内になんヵ所かあります。その場合でも、入所に関しては指導員に相談するのが早いようです。完全に私立もありますが、数が少ないので省略します。この場合は園長に直接申込めばよいことはもちろんです。

どんな入所基準があるか

学童保育にはどういう入所基準があるか公立の杉並区および葛飾区の例をとってご紹介しましょう。

〔杉並区の場合〕

一、クラブにはいれる人

区内の小学校一年から四年までに在学している留守家庭児童。ただし特別な事情があって、区が特に認めたときは、五年～六年でもはいれます。

二、クラブの開かれる日

日曜日、祝日を除く毎日

三、保育時間

①平日…下校時から午後五時まで

②休校日…午前九時から午後五時まで（夏休み、冬休み、学年末休み、その他学校が特別に休校になるときなど）

四、保育のしかた

①遊びを重点にした集団指導を行なう。

②勉強は自習（宿題）をみてあげる程度

④一日十円程度のおやつをあげます。

五、①保育料…無料

②教材費…個々に必要なとき、実費負担をお願いします。

六、職員…

①園長一名（クラブのある学校の校長が兼任）

②指導員二名（教員、保母などの資格のある専門職員）

③嘱託医一名（学校の校医を委嘱）

〔葛飾区の場合〕

一、目的　　**二、場所…省略**

三、保育時間　午後一時から午後五時まで（日曜、祝祭日は休み）です。ただし、学校休業期間中は午前九時より午後五時までです。

四、間食　クラブ児童に対し、一日十八円程度の間食を支給します（実態は四十円近い）

五、保護者の負担　（クラブの保育料は無料）ただし個々の児童の必要とする保育材料費は保護者の負担とします。一ヵ月三〇〇～六〇〇円ぐらいになります。

六、対象児童　葛飾区立小学校一年、二年に在学する児童で、つぎのいずれかに該当する場合。

○第一順位　両親がなく、かつ児童が下校しても勤労等に従事し家庭に監護する人が誰もいない場合。

○第二順位　母子又は父子家庭で…以下同文

○第三順位　両親が共に外勤者で児童が下校しても家庭に監護する人が誰もいない場合但し定員が少いので同順位の場合は収入状況によって決定する。

七、入会申込手続　区役所厚生部民生課福祉係に学童保育クラブ入会申込書を保護者の給与証明書を添付して提出のこと。

以上のように学童保育の入所案内もこの二つの例でも相違が見られます。また入所の案内にもかかわらず、葛飾区では入所児童の最高学年は五年生ですし、また全区の学童クラブの父母会では入所申込書に収入証明書を添付することには反対した結果、証明書はとらないで入所することになりました。

さて、以上は、すでに適当な学童保育所があった場合の話ですが、東京都内全体の要入所小学校児童数（所謂留守家庭児童）が約十一万人という調査結果が出ていますし、東京都でも五年間に三八八ヵ所の設置を必要と認めているほどですから、なんといっても学童保育所の数が不足しています。早速近所のおかあさん達と話しあって、良い学童保育所を作って欲しいと区や都に訴える運動を展開していきましょう

（青戸学童保育父母会）

ますます要求は強くなっている

学童保育所づくりの運動をめぐって

公文昭夫

沖縄でも学童保育の要求

昨年一〇月に、仕事の関係で沖縄を訪れました。滞在は二週間ぐらいでしたが、その期間中に二つの貴重な体験をしました。

ひとつは、本土の一〇・二一斗争にあわせておこなわれた祖国復帰要求県内大行進に参加できたことです。それも、現地の労働組合の好意で、行進の起点となった辺戸《へど》岬（沖縄本島の最北端ではるかに与論島がみえます。）まで行き、大行進団と握手する機会を得ました。

ふたつめは、沖縄官公労（本土でいえば国家公務員労働組合を統一した組合）婦人部が定期大会をひらいていて、その集まりに参加できたことです。大会は午前中全体会議、午後分科会という形式で、私は「物価と保育問題分科会」に助言者というかたちで出席させてもらいました。どこの労働組合の婦人部や民主的な婦人団体の集会でもだされる同じ悩みや意見が、この分科会でもかわされていました。

夜勤の多い看護婦さんからは『職場保育所がほしい。個人にあずけているが月四〇ドル（一万四、六〇〇円）もかかる。とても生活していけません』、那覇保健所につとめている婦人からは『小学校の放課後みてくれる施設、学童保育がほしい』という訴えがありました。法務局につとめる婦人は『保所育の絶対数が足らないため、さいきんは入所措置がきびし

くなり簡単にはいれなくなった。もっとたくさん建てて誰でもはいれるようにしてほしい』という意見をだしていましたし、そのほか保育時間が短かいので困る、なんとか延長できないかという、本土とまったく同じ悩みもだされていました。沖縄の保育事情については、いずれ機会をあらためて書いてみたい思いますが、とりあえず当日の大会で、保育所増設のための保育所設置委員会をつくろう、一小学校一学童保育所の設置、保母養成学校の設立（大学への併設）などの決議が採択されたことだけ報告しておきます。

沖縄県の労働者は、衆知のようにアメリカ独占資本のさしずどおりに動くアメリカ民政府、事実上その支配下にある琉球政府、さらに日本の独占資本、沖縄の群小資本家といった三重、四重の支配のもとで苦しめられています。賃金も本土労働者の約六割、婦人労働者はそのまた五割以下という状態です。したがって、結婚して子どもができても仕事をやめるわけにはいかないという共働きの労働者が年々増加しています。

共働き労働者の増加は、東京など大都市を中心に全国各地でけん著になってきています。決して沖縄県だけの特殊性ではありません。ただ、島のすべてがベトナム戦争の前線基地になっている沖縄では、社会環境、学校教育、労働、文化すべての面で本土以上のきょくたんな差別と低水準がおしつけられており、より深刻な問題をなげかけているといえましょう。ともあれ、わが沖縄県でも学童保育所づくりが運動としてすすめられようとしているということにいいようのないうれしさを感じました。

婦人だけの問題ではない

共働きの労働者をふくめて、いまの日本では婦人労働者が年々増加しています。労働省婦人少年局の統計『婦人労働の実績一九六六年』をみても、婦人労働者（農業をのぞく）の数は九二九万人にたっしています。雇用者総数にたいして婦人の比率は三二％、つまり三人に一人は女性ということです。婦人労働者のうち既婚者は三六％、年令別では三〇才以上の婦人が四三％を占めるようになってきました。単純すぎる見方かも知れませんが、この数字ひとつとっても、学童保育所を必要とする世代の婦人労働者がいかに多くなってきているかが推測できると思います。しかもこれらの数字には、出稼ぎ農民の激増でますます生活苦のふかまっている農村婦人、一定時間かならず家をあけるパートや臨時の婦人労働者、家庭内職の婦人がふくまれていないので、この人たちまでいれると、さらにたいへんな数になると思われます。

資本家が婦人を雇用する意味は、いうまでもなく男子の半分以下という低賃金で酷使できるということ、しかも、結婚、出産を契機に退職させ、常に新しい搾取の材料といれかえられるということです。さらに婦人の賃金が低いということは、臨時や下請の労働者、青年労働者、失業者が同様に低

いという意味で、きわめて意識的、政策的なものであり、資本家の高い利潤を保障し、資本主義体制を維持するたいせつな歯車の役目をはたしていることを示しています。つまり、低い賃金の労働者をたくさんつくり、それを固定することによって、日本全体の労働者の賃金を低い水準でおさえるオモシになっているということです。

婦人労働者には、このほか男性とちがっていろいろな半封建的差別がおしつけられています。労働条件、社会生活、夫婦、家庭生活などすべての面で実質的な差別がもうけられており、日本の民主々義運動の前進をはばむ要素のひとつとなっているのです。だから、私たちが婦人労働者の低賃金をなくし、権利の差別をとりはらう運動をすすめることは、婦人だけの問題でなく、全体の労働者階級の解放、しあわせに結びつく運動だといってよいでしょう。

いっぽう、資本家にとってはたいへんなことです。この運動の前進が、資本家の心臓をえぐりだし資本家の政府をなくし、資本主義社会をすっかりかえてしまうことになるのですから。そのため、資本家陣営やその政府は、私たちの運動をあらゆる手段をつかって妨害し、ごまかし、弾圧しようとはかってきます。沖縄県にかぎらず、だからこの運動は必然的にきびしい対立関係を生みだすのです。

学童保育所をつくる運動も、基本的にこの対立関係からのがれることはできません。なぜなら、学童保育所をつくらせるということは、婦人労働者の生活をまもるという直接的な要求をみたすものであると同時に、婦人の働く権利、生きる権利、子どもの教育としあわせを追求する権利のたたかいであり、それを常に破壊しようとする自民党政府の戦争政策に反対し、平和をまもるたたかいにつながるものだからです。私たちの学童保育所運動は、つねにこういう立場を基本にしてすすめられなければならないと思います。

そして、この運動をいっそう力づよいものにしていくために、私たちは力をあわせ、労働者階級の一員としての意識にめざめた婦人を、運動を通じて一人でも多く生みだし、組織していくことがたいせつではないかと考えるのです。

さいきんの特徴的な動き

学童保育所運動をすすめるにあたっての根本的なことについては、すでにのべたとおりです。そこで、この問題をもうすこし具体化してみようと思います。(なお具体的な運動の手びきについては、昭和四一年九月号の本誌の特集号「運動のあり方とすすめ方」をぜひ参照してください）それも、どこから手をつけていくか、ということではなく、主としてその基本的な考え方という面にしぼってみたいと思います。

まずはじめに、学童保育所運動をめぐるさいきんの特徴をいくつかあげてみましょう。

第一の特徴は、結婚している婦人労働者とくに三〇才以上の婦人労働者の数が激増し、学童保育所を要求する条件がま

すますつよくなってきているということです。それは資本の自由化に対応する高度成長政策の進行のなかで、もっともっと深刻になってくるでしょう。とうぜんのことですが、その結果、沖縄をはじめ全国各地で、かつてなく広はんに学童保育所がほしいという要求がだされ、運動が高まろうとしています。

第二の特徴は、第一の特徴とウラハラの関係にあるものですが、こういう私たちの運動をなんとかしておさえつけようとする自民党政府、その支配下にある地方自治体の妨害とごまかしがけん著になってきたということです。

第三の特徴は、学童保育所もふくめて、文部省を中心とした軍国主義的人づくり政策がきわめて意識的につよめられてきているということです。すなわち留守家庭児童会の推進、家庭教育学級による母親教育、（現在文部省は「家庭教育に関する団体補助事業」の名目で大日本女子社会教育会など官製婦人団体に補助金をだしています。PTA対策としてもたいせつな問題です）、昨年一二月四日から六日までひらかれた第一回全国子ども中央会議などを通じての人づくり政策（文部省などでは、この会議の対象を一、六〇〇万人とおさえています）など、徹底した軍国主義教育の路線をいこうとしています。自民党政府が主導権をにぎっての学童対策の動きは、こんご十分に監視していかねばならないでしょう。

以上、三つの特徴を簡単にみただけでも、こんごの学童保育所運動には容易ならぬ問題がよこたわっていることがわかると思います。しかし、いったん燃えあがった私たちの運動の灯を消し去ることはできません。日々高まっている大衆の要求を基礎に、民主的な話合いと統一行動をしっかり組織していくなら、かならず私たちの運動は成功します。全国各地での運動の成果や教訓が、そのことをはっきり証明しています。

目標は公立をめざして

さて、最後に私なりに感じているこんごの運動の課題をいくつかあげ、みなさんの話合いの素材にしてもらおうと思います。

まず第一の課題は、ほうはいとして起こってきている要求を組織し、全国的な統一行動へどう発展させていくかということです。要求はあるけれども、どこから手をつけていいかわからないという人たちがまだたくさんいます。そこで私たちは、とりあえず運動の目標をあきらかにし、全国の仲間がおたがいに交流し、助けあえる共通の基ばんをさだめたいと思います。

運動の目標は、公立の学童保育所をつくらせるということです。公立か私立かという議論もたしかにありますが、あとでのべるような理由で、やはり基本は公立に集中すべきだと考えます。いまいちばんたいせつなことはどうすれば学童保育所をもっとたくさんつくらせることができるか、そういう

要求をもっている人たちを一人でも多く組織し、力づよい運動にすることができるか、そのために要求をどう統一するかということだと思うのです。正しい理論と方法は、東京都の各区をはじめ、全国各地で生活をかけた運動と実践をおこなっている父母、指導員、子どもたちそしてさいきんでは、小学校の先生の協力も得ながら、いま現在つくられつつあるといえましょう。また、いままでの運動のなかで、すでに地域のおかあさんを納得させるいっていの理論と方法もつくられているといってよいでしょう。

公立学童保育所に目標をすえる理由は、おおきくいって二つあります。ひとつは、いろんな問題はあっても経済的負担がすくなくて済む（保育料は無料または僅少）ということです。それは、ボーダライン層まで含めて低賃金共働き世帯の父母を結集しやすいたいせつな要素です。第二に、私たちの学童保育所運動は、地域における婦人と子どもの権利をまもり、ひろげていく運動だからです。日本を支配する独占資本とその政府、出先機関である地方自治体はとうぜんその権利を保証する義務を負っています。軍事費や大資本家に奉仕する予算をけずって働く婦人と子どものためにたくさんの予算を組まねばなりません。この目標をはっきりさせたうえでとうざの自衛手段、過渡的な形態として共同学童保育所がつくられるべきだと思います。

第二の課題は、東京都の二三区、都下市町村での運動の強化と、その全国へあたえる影響力をもっと重視すべきではないかということです。東京都の学童保育所では、まだ部分的ですが民主的な父母会、地域の民主団体、指導員のあつまり（労働組合を組織しているところもあります）などが中心になって、施設や備品、教材の内容改善、指導員の身分保障、労働条件、賃金の改善、引上げなどの要求行動がおこなわれ、貴重な成果をあげています。また学童保育所の指導理念、内容をふかめていく研究活動も関係者の協力を得て自主的にすすめられています。

この運動の成果や教訓が、全国の学童保育所運動への大きなはげましとなり、支えになっていることをあらためてみつめることがたいせつだと思うのです。

ただ残念なことは、この経けんや成果の教育宣伝、交流がきわめて不十分にしかおこなわれていないことです。東京都には、学童保育連絡協議会がありますが、まだまだその力はちいさなものです。この団体の機能をつよめると同時に、一日もはやく革新政党、各種民主団体、労働組合などの協力で全国的な指導連絡機関がつくられねばならないと思います。すでに、そういう時期がきているような気がしてなりません。

第三の課題は、文部省の留守家庭児童会をはじめ、自民党政府の考え方にもとづく『にせものの学童保育所』おしつけにたいする徹底したバクロと教育宣伝活動をつよめることです。留守家庭児童会のねらいは、すでにあきらかにされているように私たちの学童保育所運動の高まりをおさえ、あわせ

て軍国主義をめざす政治と教育の方向にむけて子どもたちを組織していこうというものです。しかも、昭和四一年から実施されている施設内容をみても、備品、おやつ一切無し、指導員の賃金も寸志程度（六、〇〇〇円ぐらい）というお粗末なもので学童保育所の体をなしていません。さらに、さいきんでは、既設、新設の児童館（現状のままでは学童保育所としての指導も管理もできません）のなかに、学童保育所のもつ機能を無責任に解消させたり、校庭開放という美名にかくれて常設の学童保育所の設置をさぼるといった傾向が一部にあらわれてきています。

このような傾向は、姿、形はかわってもこんごますます意識的にすすめられてくると思われます。私たちは、短かい歴史ですがいままでの運動の成果や教訓をもとにして、自民党政府や、地方自治体のおしつけてくる『にせものの学童保育所』をつくらせないよう力をあわせねばならないと思います。

（団体書記）

ランドセルの支給がうけられます

福祉事務所へ申請すれば無条件で

教育を受ける権利のひとつ

生活保護を受けている家庭の子どもが小学校または中学校へあがるときには、国から学童服を支給してもらうことができます。また市町村によってちがいますが、ランドセルや帽子を支給してくれる市町村がふえています。これはあまり知られていませんが、経済的に苦しい家庭の当然の権利ですから（つまり教育を受ける権利のひとつ）、堂々と申し出て支給してもらいましょう。

この制度は生活保護法のなかの「被服費」として支給されるもので、同法にもとづく社会局長通達で「小学校または中学に入学する児童、生徒が、入学の際にいわゆる学童服を購入する必要がある場合は、小学校入学時二千五百円以内、中学校入学時三千円以内の範囲で被服費を計上し」、支給できるときめてあります。

現金で支給される

これは「現物給付」と定められていないので、現金で支給される場合が多いと思います。手つづきは、福祉事務所へ申請すればよいので、生活保護家庭（医療扶助だけの支給を受けている家でもよい）ならほとんど無条件で支給してもらえます。

ランドセルや帽子は、支給してくれる市町村とくれない市町村があります。たとえば東京都渋谷区では新入学の小学生には皮革製ランドセル、中学生にはズックの手さげかばんと辞書（英和）をお祝いとして出しています。この場合は、同区の社会福祉協議会(民生委員などが中心になった組織)がくれるもので、法律によって支給されるものではありません。

支給のやり方としては、福祉事務所が生活保護家庭の新入学児童の名簿を社会福祉協議会に渡し、それによって同協議会が贈るところが多いようです。

なお、中学卒業のときに保護家庭の子どもに腕時計を贈る市町村もあります。

学童保育所づくり二つの例

〈その一――国立市の場合〉

公立の施設は開設されたが

現実は理想とくいちがった

佐々木　忍

はなやかにスタート

昭和三十九年一月の小春日和のある日、国立町立第四小学校校庭の片隅に急造の、プレハブ建造物の中で行なわれた、国立町で初めての（三多摩地区では田無、清瀬、小平などについで四番目とか）学童保育所開所式は、一種異様ともいえる光景であった。

プレハブ建築とはいえ、新しい材料で建てられた保育室は新しく採用（もちろん臨時）された保母二名の手で、造花や旗、テープなどが飾られて、それなりにはなやいだ雰囲気をかもし出していた。

しかし、急いで運びこまれた小学校の古机にすわっている、十数人の入所児童を真中にして、室の回りにずらりと並んでいるのは、国立町長、助役、教育委員長、教育長、教育委員、公民館長、小学校長、福祉課長、民生委員等々〝長〟と名のつく町のお偉方ばかり。

そして、学童保育所開所式の祝辞として述べられることばは、異口同音に「いまや社会に共稼ぎ家庭が激増し、……両親から放置された子どもはいわゆる〝鍵っ子〟として……、児童非行化の原因……、しかしこうして学童保育所を開設したからには……町の〝鍵っ子〟対策の一環として万全……」。

とうとうとして祝辞を述べるお偉方にむかって、町の広報担当職員がカメラのフラッシュをたく。

ここには、下校後の児童の生活を守る施設と集団の誕生を、心から喜ぶべき顔、働く両親の生き生きとした顔、学童保育所の必要性を強く訴えて、きょうの開所式のほんとうの力になった人たちの顔はひとつもなく、たとえ形式的な代表にしろ、PTAや教組など民間の関係者の顔はなにもなかった。

その運営のじっさい

国立市（昭和四十一年一月市制施行）には現在、この第四小学校保育所（現在は北学童保育所と呼称、定員三十名）のほか、昭和四十年の秋から入居を始めた、日本住宅公団富士見台団地の中の、市立第五小学校に併置された中央学童保育所（定員四十名）がある。

開設の主体はどちらも国立市福祉事務所で学童保育所長は両校の校長に、市が委嘱するという形になっている。

施設は、双方とも校庭の一角にプレハブで造られた独自の建物。その広さ内部備品など、現状では〝まあまあ〟（係員の話）といえるらしい。

指導者には、有資格者、経験者の婦人を市の臨時職員として採用。健康保険、失業労災保険、退職金制度などの身分保障は確立されていない。自治労国立市職員組合の臨時職員対策もおくれていて、年二回の一時金支給期に、臨時職員の話しあいの持たれる場合もあるといった程度。

二つの学童保育所の運営費は、昭和四十二年度国立市一般会計の当初予算で別表のような金額が「民生費、児童福祉費、学童保育費」として計上されており、福祉事務所の担当窓口は「保育係」である。

意外に少ない利用者

学童保育所を利用しようとする保護者は、四小、五小の学区にかかわらず市民なら誰でもいいわけで、子どもの通学している学校へ申込んで、入所の手続きをとることになっている。保護者の負担は一ヵ月八〇〇円。

学童保育所の運営の概況は前記のとおりであり、一市における設置数とか予算、施設など、他の地方自治体との比較のうえでは〝恵まれている〟（関係職員の話）方であるらしいが、運営の内容や方法、あり方などについての悩みや問題点は山積している。

それらのうち、学童保育所そのものの具体的な問題は一応おいて、学童保育所を利用しようとする市民の側からの一般的な問題をあげてみると、国立市にはいま、両親が勤労者で、学童保育所を利用したいと考える市民の数は非常に増えているにもかかわらず、実際の利用者は意外と少なく、両保育所とも定員を大きく割っているという現状をなによりも問題にしなくてはならない。

この利用者の少ない理由の第一は、市内の五つの市立小学校のうち、二ヵ所に設置されているとはいっても、北保育所は、市内の北部を走る国電中央線をへだてた、さらに北のはずれ、中央保育所は、地理的には確かに市の中

央部であるが、交通の便が悪い、つまり学童保育所へ子どもを預けたいが、なにしろ遠くてということが、利用者の少ない大きな原因で、このことはいま、やはり学童保育所は各校ごとにほしいという、たくさんの市民の要求となって現われている。

　利用者の少ない第二の理由として、学童保育所開設までの経緯が大きな原因となっているのだが、〝親が共稼ぎをして、鍵っ子を施設に預ける〟ということばの語感があらわすような、学童保育所に対する一部の市民の偏見が実際に利用したい人たちの気持をおさえていることであり、これは、いま実際に学童保育所を利用している人たちそこで働く保母たち、子どもの下校後の生活に心を配る教師たちなどによる学童保育所運営の民主化を要求する動きとなって反映している。

さっそく入所してみたが

　さて、はじめにもどるが、いまから四年前に国立市の最初の学童保育所が第四小学校に併設された経緯を知ることは、きわめて重要である。

　この北学童保育所設置の最初のきっかけをつくった人が、同地域にある私立保育園のM園長と、そこのPTA有志だということを知っている人は、現在の学童保育所運営の公的な関係者の中にはほとんどいない。当初から現在までずっと教育長を続けているその人すらこの学童保育所は、東京都の民生課が示した〝学童保育所設置要綱〟にもとづいて、教育委員会、学校、福祉課の三者が協力して設置したものであると説明している。

　ところでM園長は当時のことを、こう語っている。

「その頃、K保育園へ登園させている家庭の母親に、労働婦人が非常に多くなり、彼女らは子どもが学令期を迎えて、保育園から小学校へ移ることを喜こんでいても、一、二年生のうち学校から午前中ぐらいで帰宅したあとの、親のいない生活のことをたいへん気にしていた。何人かの児童を、引続き保育園で預かるということもしてみたがそれも限度があり、そこで、すでに各所で実現している学童保育所の設置以外に解決方法はないと考えて、それを希望する母親たちといっしょに教育委員会へ働きかけた。その後、教育委員会や福祉課の職員が、参考意見をききたいということで何度か来園したので設置の準備をしているらしいことはわかったが、実際に開所されたのを知ったのは、町の広報をみてだった。

　開所当時の利用者の一人は、

「四小に学童保育所ができたということを広報で知って、早速利用したものだが、はじめからお役所仕事という感じがつきまとったことはたしかだ。保育所開設までの直接の力になった人たちも、とにかく設置されたのだからそれでいいというようなところもあったようだし、学校の先生方も、できるだけ直接のかかわりにならないことを先ず考える、といった態度だった。私たちも保母さんと協力して、父母会づく

りの努力をしてみたが、なかなかうまくいかなかった」と話してくれた。

父母の側にも責任が

地方自治体に新しく公的な施設がつくられる、あるいは新しい事業が起される場合の経緯には、前記のようなことは珍らしくないかも知れない。むしろ国立市の場合は、学童保育所設置にからんで、保守的な議員や地域の政治ボスなどの暗躍があったわけではなく一私立保育園の関係者の要望を、すんなりとき入れて実現していった、福祉や教育の行政当局の手際のよさを、進歩的、近代的と賞揚すべきかも知れない。事実、中央学童保育所も、住宅団地の新設小学校の父母の少しの働きかけで、市当局はすぐ開設の努力をしている。つまり「子ども中心、教育中心」という〝文教都市くにたち〟の行政スローガンは、当時保守町政下でも生きていたのである。

しかし、開設後五年目のいま、現実にはせっかくの学童保育所も利用者が少なく、北保育所の場合、定員を満たすために隣接の国分寺市の児童の〝越境入所〟を認めるかどうかということを問題にしている。

もちろん、この根本的な原因は、いち早く〝善政〟の実績をつくっておきながら、その内容に魂を入れず、いまでは恩恵的な民生保護事業のひとつぐらいの取扱いしかしていない、行政当局の責任にあることはいうまでもない。

しかし、一方、どのような「善政」も、ただ行政的の実績づくりだけに任せておくといった、住民の側の安易なよりかかり主義があったら、ましてや子どもや教育の問題についてこそ、父母の強力な発言や、あとおしがなかったら、せっかく住民の力で引き出した「善政」も、いっこうに生きていかなくなるという大きな教訓を学ばなくてはならない。さいわい、国立市には昨春の統一地方選挙で、革新都知事と革新市長を同時に生み出した、大きな民主的な力が育っており「子ども中心、教育中心」のスローガンについても、これをことばや形だけに終らせない市民の努力が具体的にあちこちで起っているということだけ報告して、終る。

（国立市職・公民館勤務）

昭和42年度国立市学童保育費予算

総　　額	1,579千円
（内　訳）	
賃　　金	1,020千円
1人1日 680円，月25日　4人分（期末手当も含む）	
消耗品費	180千円
燃料費	76千円
食糧費	180千円
おやつ代1人日10円	
光熱水費	12千円
修繕費	10千円
医薬材料費	20千円
通信運搬手数料	5千円
学童応急処置料	3千円
自動車借上料	3千円
備品購入費	50千円

〔その二―東京・大田区の場合〕

児童館と学童保育

これで充分と役所はいうけれど……

高塚美佐代

カバンを持ってははいれない

〝ねえお宅のまゆみちゃんどうするの来年学校でしょ〟

〝そうなのよ、それで困っているのよ。うちのなんかまだカギも一人じゃあけられないし、結局はやめなければならなくなると思うわ〟

〝このまえ、児童館で学童保育ができるよう運動してたけどあれどうなったのかしら〟

〝ああ、あれ、だめだったらしいわよ。それどころかカバンをもった子ははいれないし、月曜日は休館だし、だいたいこの二ツでもう学童保育なんかやる気なんか全然ないってことわかるでしょ〟

ある日の保育園年長組こんだん会での親達の会話である。

四月になればいや応なしに始まる学校。保育園とちがい最初のころは午前中には帰されてしまう。そんなことを考えあぐねてほんとうにいてもたってもいられなくなる気持―。夜もおちおちねむれなくなる。なんとかしなければならない、そんなつきつめた思いの親達のなかから大森学童保育促進会が生まれた。

子どもが学令に達すれば学校にあがるのはあたりまえ、まえからわかっていたことだけど、うちの子があがるまでにはなんとかなるだろう、そんな気でいたことがあまかったと、いまにしてつくづく思う。

ここ大森東地区―決して住宅地とはいえないし、町工場的なものがそちこちにたっている。保育園児の母親の多くがそこのパートとして働いている。だから子どもが学校にいくようになっても、昼休みには家に帰り、学校から帰って来た子どもにごはんを食べさせまた午後の三時間あまりを勤める。こういった気やすさが今まで積極的な学童保育所づくり運動にまでいかなかった原因の一つでもあったと思う。

でも去年五月、この地域の小学校の隣接地に児童館がたった。五カ年計画で区に七カ所の児童館をたてる最初のものである。当時大田区連絡協議会が

主体になって、その中に学童保育室を始め、老人ルーム、乳児ルーム等の設置を要求する請願が出されたが、採択されたものの、いざフタをあけてみると、その一連の要求はなにひとつ通されておらず、ただ一般的な児童館が建てられていた。おまけにこれは運営上のことであるが、前記のように、カバンを持った子ははいれず、月曜日は休館日であった。これでは困る。なんとしてもあの中に学童保育室をつくってもらわなくては……。学童保育の新しいタイプとして、児童館における保育がふえている現在、あそこにつくらなくていったいどこにつくろうというのだろう。ともかくやってみよう。歩きださないことにはどうしようもないということで運動の第一歩は始められた

対区交渉にのりだす

なにしろなにもわからない親達のなかから始められることですからたいへんです。恥しい話ながら〝対区交渉〟の言葉すら知らず、「〝タイクコウショウ？〟なんですかそれ。体育のことですか」などと大笑いです。それでも園長始め地域の守る会の方がたのアドヴァイスでどうにか、請願書もできあがり、それをもって地元の議員、それもなるべく各党の議員に紹介議員になってもらった方がなにかとよいということで回り始めた。

まず最初の議員宅で、〝この問題はまず無理だと思いますね〟と言われた。

最初のことではあるし、〝あーだめか〟と頭がカーッとして顔ばかりほてってしばらくは耳もきこえなくなってしまったほどだ。でもそのうち、なぜだめなのかどうしてできないのか、これでひっこんでいたら子ども達はいったいどうなるのだ、という意識がでてきて、すこしずつ冷静になっていった。

理由としては〝児童館は大ぜいの子ども達のものであるから、一部の子どものためにそういうことはむりだ〟と言うのです。そのうえ「児童館があるんだからあなた達はしあわせだ。児童館すらない地域がまだまだたくさんあるんだから〟ということで、その日は〝私の一存で決められないからあずからしてくれ〟といわれ、最初の訪問は終った。帰りの道みち〝これが役所の人から言われたことならまだしも、私達の選んだ地元の議員さんからでた言葉なので、いささかショックね〟と話しながら家路についた。

それは地域の子ども全体の数からみれば、学童保育のぜひ必要な子どもは一部の子どもだけかもしれない。

しかし、東京都でようやく腰をあげた〇才児の問題にしても、都民全体の数からみれば一部の問題だ、それを、都をうごかすまでにいたったのは必要だったからではないか。すべて必要度のうえにたって考えてほしい。

それに私達は、学童保育が、留守家庭児のみの問題ではないと思っている。一般家庭の下校後の子どもをみていると、母親とか年寄が家にいるとは言うものの、広い意味での教育的配慮

のもとにおかれているとは思えない。保護者がいるとは名ばかり、実際にその効果がでているとは思えないからである。だから一部の児童のために云々と言う議員さんの言葉は私達には納得できないし、逃げ口上としか思えない。

請願書作成のかたわら、対区交渉に参加した。十一月八日、促進会から七人の母親達が始めての参加にドキドキしながらも、目だけは真剣そのもの。交渉が開かれるまえに、区長あてに陳情書を提出し、自分達の問題がとりあげられるのを待つ間も、生活保護、日雇人夫、〇才児の問題等が種々答弁されていた。やがて私達の学童保育の問題も出され、区長在席中一生懸命発言した。「児童館が立ったことには非常に感謝しているが今のままの児童館では十のうち三ぐらいしか効果が出ていないと思う。ぜひあの中の一室を学童保育のために開放して欲しい」むねをのべると、それに対し、区長、厚生部長ともども「最初の施設ではあるし、十分検討し、みなさまにも具体的に教えてもらい、そのうえで改善していきたい。」という返事であった。

ただ遊ばせればよいのか

一方請願書の方も、自民、社会、民社、公明、共産と各党の紹介議員もとれ、十一月十五日、区議会に提出した。あとは委員会にかけられ、本議会での決定を待つばかりだが、委員会が開催されるときは傍聴させて欲しいと申し入れ、二十七、二十八日の厚生委員会傍聴に四名の母親代表を送った。学童保育の問題が出されたのは二十八日の午後にはいってからだったが、当日の傍聴者は私達の関係者だけだっだ。係の人が請願書を読み終ると議長がまず理事者側に現行の状況や今後の予定を質問、それに対し、児童館は一般の子どもが広く自由に出入りして遊ぶことをねらいにして建てたものであるからことさら学童保育施設設置の必要をみとめないという答弁があった。それに対し、ある革新系の議員さんから、大田区には児童館条例（一般の子が対象）と、子どもの家条例（留守家庭児童が対象）とにハッキリ区別された条例があるし、児童館より学童保育の方が先んじて考えられなければならない段階にあることをはげしくつき、「いまの児童館方式での学童保育は間違っている。このさいぜひ住民の要望をいれてほしい」と強い申し出があり、結果は採択された。しかしその方法は理事者側にまかされたかたちになっている。

こうして私達の要望はまがりなりにも通されましたが、この問題を通して得たものといえば、多くの議員はじめ役人の、実に安易なものの考え方でした。〝児童館があるんだからそこで遊ばしておけばいい、せいぜい利用したらいい〟こんなことでいいのでしょうか。ただあるからそこで遊ばせればいい、それで安心している親がどこにいるのでしょう。問題はこれからです。これからの努力こそ成功につながるみちだと思っています。（母親）

私の月給は二万円

ある学童保育クラブ男子指導員の訴え

梅田和彦

学童保育の新しいイメージ

私は二六才の男です。

私はこんなことを耳にします。

「へえー、男の人がいるのですか」

「保父さんというのですか」

「めずらしいですね」

「男なのによくこんな仕事がやれますね」

私はそんなときほんとうに嫌な思いをしているのです。というのは、それだけ子どもたちの施設とか、児童文化とかがひどくたちおくれているのではないかと思えることと、働く者（同業者）と母親の考え……頭の中が明治的に古く思えるからです。私自身、自分を保父ともめずらしいとも思っていません。

近頃ジャーナリズムで、保父がときどき出てきます。そして保母にまけないで子どものせわをしていることを主張し、保父の必要性を云々しているようです。だが私は保父のようにみられるのですが、保父を認めるような児童心理学を知りません。また学童という年齢ゆえに私は指導員として取組んでいるのです。そこいらに保育所という従来のイメージとは根本的に違う問題があるのではないかと思います。それゆえに学童保育所の新しいイメージをつくりあげていくことが必要なのでしょう。

サルとボクの生活の比較

月々六、〇〇〇円の赤字

私はそれは内容からつくられていくと思ってますが、保父とか男なのにという言葉にはいつもそのように抵抗を感じるとともに、男の仲間がいないことが淋しく思えるのです。ということは、身分保障がされないことが一大原因のように思えます。現に私はなんの保険も手当もなく、月給二万円です。都は一五、〇〇〇円の月給を、支払っているそうですが、二万円の月給では部屋代を支払い、電気、ガス、水道等の料金を支払うと、あとはどうこの一カ月をたべようかと思うととても暗い思いになってしまうのです。そして食物代が月八、〇〇〇円以内を目標にすると月々

六、〇〇〇円の借金になるのです。

都の上野動物園のサルは、六五年一二月で一日五〇〇円でしたが、私は現在月八〇〇〇円として一日二五八円ということになるのです。しかも彼等は病気になっても怪我をしても保証されていると思うのです。だが私は国民健康保険にはいりたくとも、お金を支払う能力さえありません。病気や怪我は今の栄養不足のかげにかくれていて、ときどき私をおびやかすのです。でもそのようなことばかり考えていると、私自身いつまでこの仕事をやれるかと考えてしまいます。が、父母とも運営委員とも手を取りあって子ども達のために区から都から指導員の身分保障を勝ちとっていかれると思っています。

（42年10月の帳面）	
健保なし月給	20,000円ぽっきり
（内5000円は運営委員が厚意によって後援会費より負担。）	
支　出	
アパート（4.5畳）	6,300
居住雑費	1,000
食　　事	8,000
ガス，電気	1,000
交際費（主に交通費）	4,000
図書費（雑誌）	1,000
新　　聞	480
バイク維持費（ガス含）	1,000
生活衛生費	2,000
（ちりがみ・せんたくせっけんから入浴まで）	
理　　髪	400
病気事故のときは借金にかけまわる	
たばこ，酒その他	1,000
計　　支出	26,680
収入	20,000
赤字	6,680

だが現在のところ、運営委員とともになにかできるという具合ではありません。父母の方も主体性のある動きもしていませんので、まず、父母から要求活動ができるようにと思っていますが、具体策があるわけではありません。

ほしい父母と教師の協力

また父母の意識は、父母のどちらかの仕事が休みの時は、学童（保育所）の方を休ませるのです。またソロバン、習字、オルガンに通わせる親もあって、統一されていないし、むしろご都合主義的傾向の利用者は五年という歴史を持つ当所ではやむをえないことかもしれませんが残念に思えます。

残念といえばもう一つあるのです。それは小学校の先生方と連絡を取りあいたいのですが、今のところ時間的に折合わなかったりして学校の先生と手を組むところまでいきませんが、関心を持っている先生が多いようです。

学童保育はなによりも制度化されなければならないのでしょうが、それをさせるような運動をしながら学童保育（クラブ）というものの内容をしっかり持ちたい。学校の教育が、教育二法とかいうものでしめつけられ、反動教育というより軍国主義的教育が、強大な力で行なわれることのないようにしたいものです。

これでは結婚もできない

私は今あるもの、教育基本法にもとづく民主的な教育を守り、それを基盤に、学童保育を発展させたく思っているのですが、身分保障が低いためにそれにうちこむことができないでいるのです。そこになんともいえない焦躁を覚えるのです。また青春という時間をボーリング、スキー、等々に向けられない自分にときどき淋しさと孤立感がありますが、五〇人（指導員二名）もの労働者の子ども達がいることと、彼等の仕事をしていることに充実感を覚えます。ただ、自分の労働がギセイになっていると思えるときはなによりもつらいものです。

そんなとき、真にこの仕事を助けてくれたり励まし合ったりできる女性がほしく思えますが、今のところ結婚は無理です。なにしろ健保もなく月六、〇〇〇円の赤字なのですから。

（東京大田区糀谷子供の家児童指導員）

□手　　記□

学童保育一年の体験

金田昌代

指定校を変更しよう

宿蟹が、自分の家をしょって歩きまわるように、私どもの生活も、子どもの保育のために、転々と引越し、移り住んできました。私の家庭は共働きで、学童クラブは絶対的な要求です。

長男が学童クラブにはいったのは昨年の四月でしたが、その一年まえ、次男の出産と保育のために、ここ阿佐ケ谷に引越してきました。次男のためばかりではなく、長男の先の見通しも考えての引越でした。入学まえは保育園に通っており、近所の友達も少なく、学校が始っても親しい友達がいなければと、思い一年間で友達がつくれるだろうかと考えたり、また入学後も学童クラブのあるところへと、考慮に考慮を重ねてのうえでした。

しかし入学通知書を区の教育委員会から受けとったのは、学童クラブのない学校でした。校区ということ、地理的に校区内に引越ししなければまずかった失敗がありました。それでもと思い、通知された学校へ、一日入学にまいりました。最後の面接で学童保育について質問しましたが、担当の先生自身も、「最近こちらの学校へきてよくわかりませんが、ここの学校にはありません」との、回答でした。保育園からの友人も二人ほどいましたが家におばあさんや、お手伝いさんが、いるので、下校後は家にいられる。という条件でした。同じ要求をもった人がいれば、相談し、新しく学童保育をつくらせていくことも考えたのですが、「杉並も今年は七つつくっていくことになっているが、ここは今年の予定にはいっていない」など噂もききました。個人的にたのんでもなにかと問題が多いし、おいそれと手だてはありません。

いよいよ決心して、指定校変更を教育委員会へ申請に行きました。長男には事情を話しましたが、ぼくは馬橋小学校がいい、といってなかなか納得しませんでした。保育園からの二人の友だちとは、特に親しかったようですし、胸ふくらむ思いでの入学に夢も抱いていたのでしょう。先輩も二、三人いて、道で合うと入学を待っていられるような話も交したことがありました。子どもの気持を押切っての変更は少々私どももとても心残りのものがあったのですが、学童保育のある学校の近くに引越していき将来を約束しながら、子どもに納得させました。右を向いても左をむいても、自分たちの手で解決しなければならないはめになって、公共の力をかりずには生きら

れないぎりぎりの立場である私どもにこそ、学童保育の必要性があるのだとつくづく感じられました。

やっとのぞみの学校に

区の教育委員会にまいりますと、同じように、子どもの気持を心配してくれて、「友達がいなくなるのではないか、学校だけは、指定校に入れて、下校後学童保育のある学校へ行かせることもできる」等々言ってくれました。下校後、学童保育のある学校まで行かせる。私どもも考えないわけではありませんでした。乗り物も便が悪くおとなの足で三十分子どもでしたら小一時間はかかってしまうでしょう。交通事故、誘拐、他校へのはいりにくさ等々の不安もあり、同じ学校の中で一日過せる方が、事故も少ないのではないかと思い、なかなか納得してくれない、教育委員会の若い男の事務員に、三十分以上もねばってこれからの生活まで、打ちあけていっしょに考えてもらい、申請を出しました。その人は「申請しても、理由によっては許可にならない場合もある」との一言を残して、書類を持ち去りました。

区役所を出ながら、もし変更ができなかったら、軌道に乗りかけた汽車が脱線顚覆してしまう。念には念を入れて、と思いながら、日頃お世話になっている区会議員の方を尋ねて、これまでの話をして、教育委員会の承認にお力添えをたのみました。

それから何日してからか、許可の通知をうけとりました。

さっそくに、変更した学校へ行きこれも土曜日の午後でしたが、新入生への連絡事項など出されていないかどうか、これから変更してくる旨を話し、プリントをもらいました。また学童保育を希望していることなど、いあわせた先生に伺いました。「今日土曜日だから、まだやっているでしょう。あの入口からはいって、音楽室の上です」といわれて訪れたのが、学童クラブ第一日でした。

普通の教室より大きな部屋で、半分に机と椅子、半分に畳と、一段ひくくなった畳に絨たんを敷いたひろびろとした保育室で、先生が二名。子どもたちは十人くらい。なかに保育園で顔見知りだった女の子がいました。クラブの子どもたちも、ものめずらしそうにして私たちを見ていましたが、先生からお話をきいたり、これまでの写真ブックを見せていただいて親しみをましました。ちょうどおやつの時間でみんな手洗いをして、袋菓子を各自の席に坐っていただいていました。それから「学童保育クラブの申込について」と「入園注意書」をいただいて、帰りました。

連絡ノートをうけとる

いよいよ四月六日入学式。喜びと興奮のいりまじった式を終えて、他の人たちは校門を出る頃、学童保育クラブへ入園手続きに行きました。十二、三人ぐらいの人が手続きをしていました。先生から、上靴の話、手拭の話、クラブ費、おやつ代等連絡をうけて、明日からの準備をしました。中でも、連絡ノートをいただいたのは、私どもにとって、一番の感激でした。それというのも保育園生活では、連絡ノートを自発的につくり、先生方にもおねがいしたのですが、保母さんは多忙をきわめ、なかなか実現できずにいたのです。

長男については、集団生活にはいって（一才三カ月）からのわが家の記録が、十冊にもなっているのです。この記録が、また続けられるということが、大変嬉しかったことと、昼の間、私どもの目のとどかないところでの生活を知らされることは、客観性をもってわが子をみつめることができるわけで、その重要性を痛感していたからでした。食事の様子いたずらの様子、友だちとの協調性、約束の出来、不出来など。毎日の記録は、先生方も

相当のエネルギーを要するでしょうが、このひとつひとつが子どもの成長の姿なのです。夕方、クラブのノートをみてからでないと、家事の雑用も始められないほど、私どもは記録を大切にしています。子どもの方から、今日はよい子でなかった、こんなことをしてしまったなどと、帰途にしんみりと語りかけてくることがあります。ノートを見るまえに話してくるのは反省しているときで、こちらの叱り方も考えてのぞむことができます。ノートを開いてびっくりするときは、ついと叱りつけてしまうこともあります。わが家の長男も人一倍のいたずら、わからずや、甘えん坊で、毎日のノートは、注意を要することばかり。これまでに〝良い子でした〟とは、数えるほどもありません。四月からの記録の二、三をひろってみましょう。以下ことわりのないものはすべて先生から家庭へあてての連絡です。

連絡ノートから

〔四月一〇日〕　保育園では、昼組でお天下さんだったので学校はつまらないといいます。廻りの級は高学年なので、クラブに帰って来たらあばれてはダメといくらいってもきかず少しきつく叱ったら、泣き出してしまいました。お昼は残さないで、ちゃんと食べます。

〔四月一九日〕　友達と仲よく遊んでいると思うと、すぐ手が早くなぐったり泣き出したりしてしまいます。口でお話をするよう、もしわからない時には先生に言うように話しますと、「わからない、悪くない」とあやまりません。私たちも両方の言い分を聞き、三者のいるときは他の子にも聞いて、お互いに話し合い素直に謝まれる子どもにと思っております。他に迷惑をかけないよう指導しておりますが、元気な子どもばかりで、二人では手におえなくなるときもあります。（中略）自分のやることが少しでもできないと、他の子に当ってしまうようです。

　それから今日も、昨日も鼻血をよく出します。今までもそのようなのでしょうか。一年生になって緊張と興奮で、鼻血が出るのでしょうか。ちょっと心配です。

〔七月五日〕　今日は階段の横から下に降りようとして二メートルぐらい下に落ち、鼻の上の所を相当ぶっつけてタンコブをつくってしまいました。

　廊下の横にやっとからだがはいるような小さい穴なのです。しばらく静かにして、タオルで冷やしておきました。

　昨日は渡辺君が昇ってはいけない所に昇って背中を打ち、注意したばかりでした。

〔八月一八日〕　大げんかを二度ほどしましたあっちゃんのおべんとうを投げつけるやら大荒れです。（略）

（家から）毎日けんか続きのようですね、昨日もおとうさんと、けんかをしない約束で登校しましたのに、やはりだめでした。おとうさんの帰りが九時すぎでしたが、大変叱られて十一時まで外に出されてしまいました。本人にいわせると、それぞれけんかになる理由があるようで、「あっちゃんがぼくの梨を投げたからだ」と言っています。それにしても、食べるものを、ましてお友達の食事を投げるとは最低です。今日は決してけんかをしない相手に打たれても手を出さない約束をしました。

　あっちゃんの食事がなく、お腹をすかせたと思いますので、今日おわびに同じ食事を用意しましたのでお渡しください。

〔八月一九日〕　朝たくちゃんが、おべんとうを持ってきて、あっちゃんに渡しておりました。お昼には、二人とも嬉しそうに食べていましたから、おかあさんが、二人に作ってくださった話をしました。

〔八月二一日〕　毎日いやなことばかりで申しわけありません。三日間、夏休みをとりました。十六日の夕べ帰るときに、先生がお休みだから、窪川先生の云うことをきいてねと申しますと、指きりして、いうことをきかない時は池川先生（クラスの担任）に言ってよい

と申しました。今日きてみて、窪川先生が一人で、どうにもならなかったとのこと。今日も窓から半分、からだをのり出しておりました。注意してもやめず、落ちてもよいと申します。校長先生も高いところは、けがしてからとめても間に合わないから、きびしくと、今日はとことんまで叱りました。集団のせいもあり男の子が多く、私達いささかお手あげです。十人足らずの子どもの面倒もできないではと思いますがなにせすごいのです。君たちがあまりすごいとクラブはやめになるのよと申しました。―（中略）―

私達のしつけが悪いと言われれば、それまでですが、お家ではそのような悪さはないと思います。集団になると悪いことも平気でやるのだと思います。集団の中にもきめられたルールはあります。お家でもよくお話合いください。

人間関係をもっと尊重して

以上は、クラブ「連絡帳」の記録の一部ですが、大変先生を困らせてきています。それと同時に、毎日帰宅してノートをみる私どもにとって、なんともやり切れないような感じを抱いて、うつうつとしてしまいました。夏休みのために学校生活がなく、一日中クラブにいるためでしょうか。先生にあまえて、これでもか、これでもかと手をやかせ、いたずらを連発しています。

「二度とそのようなことがないように注意するのよ」〝はい〟――そしてまた繰返す。毎晩毎晩、情況の探索とお説教では、親としてもいらだちが出てきてしまいます。〝先生がぼくたちがいたずらがひどいとクラブはやめにするといった〟と帰途しょんぼりと言ったとき、親と先生にはさまれて、重大なことになったと思っている様子でした。

私どもの生活は、帰宅が六時すぎになります。夕食をすませますと、七時半か八時です。入浴する日は、九時に雑事が終り、それからお勉強になるので、どうしても、ねむくなります。お勉強の時間がほとんどありません。昼の時間にやれたらと思い、何回か、下校後クラブで勉強するようにいいましたが、実行されていません。クラブ自体が、学習させる義務を持っていませんし、一人だけやろうとしてもできないことだと思います。今は、国語の本など暗記して、帰途の暗い道をよみ合って帰るような工夫もしてみていますが、机に向っての勉強でありませんので、やはり限界があります。

クラブで少しでも勉強する雰囲気があって本を開いたり、話し合いができるようになれば、親の側としては、好都合ですし、子どものためにもよいのですが、先生方にまた負担がかかるということになります。

また終了時間は五時ですので、私が職場からかけつけるまでに、一時間のブランクがあり、この点気になっていますが、保育所のように時間延長の要求は多いことと思います。現在、長男は、去年卒園した保育園へ行って次男といっしょに、私を待つという方法でなんとか解決しています。なお、クラブの経費はおやつ代として三百円、運営費五〇円、それに給食のない日の食事代として、毎週土曜日に五〇円をもっていきますので、月の支出は五五〇円ほどになります。

学童保育が過渡期であることは、先生方の身分保障をみてもあきらかです。先生、働らく親たち、子どもたちの三者の立場を現実的にとらえ、お互いの人間関係を尊重してゆかなければならないと思っています。

新年になって、〝おとうさんが病気で休んでいるから早く帰ったら〟という親の言葉をあとに、〝ぼくクラブに五時までいるよ〟と元気に出かけていく姿に、クラブ一年のたくましい成長ぶりをみる思いでした。

（東京・杉並区）

学童保育クラブは連絡をとりあいましょう

都内は一九九ヵ所

東京都では、四十二年度で一九九ヵ所の学童保育クラブが設置されました。各区、都下の状況はつぎのとおりです。

〔港　〕2　〔新宿〕3　〔文京〕4
〔台東〕5　〔墨田〕4　〔江東〕6
〔品川〕5　〔目黒〕2　〔大田〕4
〔世田谷〕4　〔渋谷〕5　〔中野〕28
〔杉並〕17　〔豊島〕15　〔北　〕17
〔荒川〕7　〔板橋〕11　〔練馬〕8
〔足立〕11　〔葛飾〕3　〔江戸川〕6
〔八王子〕2　〔立川〕1　〔武蔵野〕4
〔三鷹〕2　〔青梅〕1　〔府中〕1
〔昭島〕2　〔調布〕1　〔町田〕2
〔小金井〕3　〔小平〕1　〔国立〕2
〔保谷〕2　〔田無〕4　〔福生〕1
〔大和〕1　〔清瀬〕1　〔久留米〕1
以上一九九ヵ所

なお都では、四十三年度の予算も決まり、施設数もさらに増える見通しです。

学童保育連絡協議会は、学童保育について、定期的な研究会や、集会を開いています。より多くの仲間とともにこの運動を全国的にすすめていくために、現在、学童保育をやっていられる関係者、また、これからつくろうとされていられる方は、左へご連絡ください。

東京都千代田区神田
神保町一ノ二七
児童文化研究所内
学童保育連絡協議会
電話東京(二九二)〇八五五

特集／学童保育をどうすすめるか

41年9月号　(残部僅少)

学童保育は、現在、働く母親のみでなく、低学年児童の放課後の教育問題として、関心が高まっています。

この特集は、学童保育所づくりにとりくんだ、母親、教師、低学年教育の専門家、婦人団体を総動員してつくりあげたもので、学童保育に関心をもつ方、低学年教育をしんけんに考えておられるおかあさんにおくるものです。今月号とあわせてご活用ください。

■主な内容■

〈座談会〉**学童保育所をつくったわたくしたちの体験**

〈手　記〉ほんとうの学童保育をのぞむ母親・教師・保育者から
共同保育・公立(アキ教室利用)・公費民営

〈論　文〉●働く母親の義務と責任　嶋津千利世
●たかまってきた地域的な要求　鷲谷　善教
●学童保育のあゆみ　手塚　直樹

〈ていだん〉**〝学校教室と家庭教育の谷間〟**　羽仁説子・宍戸健夫・渥美寿二
子どもの生活の中に最近現われたいくつかの特徴
学童保育所づくりのてびき
―運動のあり方とすすめ方―

〈参考資料〉関係法令抜率・文部省留守家庭児童会育成補助要項・学童保育所名簿

◉——編・解説者紹介

石原剛志（いしはら・つよし）

1969年生まれ

静岡大学学術院教授

主要論文・著作

「大阪学童保育連絡協議会結成の経過とその歴史的意義」、日本学童保育学会『学童保育』編集委員会編『学童保育』第14巻、2024年

「日本の学童保育史研究の課題と展望」、日本学童保育学会編『学童保育研究の課題と展望』明誠書林、2021年

連載「講座　学童保育を求め、つくってきた人々　学童保育の歴史から学ぶ」（第1回〜第6回）、全国学童保育連絡協議会編・発行『月刊日本の学童ほいく』第506号〜第511号、2017年10月〜2018年3月

編集復刻版

学《がく》童《どう》保《ほ》育《いく》関《かん》係《けい》資《し》料《りょう》集《しゅう》成《せい》

第3巻　ISBN978-4-86617-269-9

2024年12月15日発行

揃定価　本体80,000円＋税　セットコードISBN978-4-86617-266-8

編　者　石原剛志

発行者　山本有紀乃

発行所　六花出版

〒101-0051　東京都千代田区神田神保町1-28

電話03-3293-8787　ファクシミリ03-3293-8788

e-mail：info@rikka-press.jp

組　版　昴印刷

印刷所　栄光

製本所　青木製本

装　丁　臼井弘志

乱丁・落丁はお取り替えいたします。Printed in Japan